现代产业经济学文库·名著译丛

反托拉斯革命
——经济学、竞争与政策

THE ANTITRUST REVOLUTION
ECONOMICS, COMPETITION, AND POLICY

（第五版）

[美] J. E. 克伍卡
John E. Kwoka, Jr
[美] L. J. 怀特
Lawrence J. White 编著

林 平 臧旭恒 等译

林 平 校

经济科学出版社

图书在版编目（CIP）数据

反托拉斯革命：经济学、竞争与政策（第五版）/（美）克伍卡，（美）怀特编著；林平，臧旭恒译．—北京：经济科学出版社，2014.7

（现代产业经济学文库·名著译丛）

ISBN 978-7-5141-4837-4

Ⅰ.①反… Ⅱ.①克…②怀…③林…④臧…
Ⅲ.①经济学-应用-反垄断法-研究-美国-现代
Ⅳ.①D971.222.9

中国版本图书馆 CIP 数据核字（2014）第 160724 号

责任编辑：柳　敏　李晓杰
责任校对：杨晓莹
责任印制：李　鹏

反托拉斯革命
——经济学、竞争与政策

[美] J. E. 克伍卡
John E. Kwoka, Jr
[美] L. J. 怀特
Lawrence J. White　编著
林　平　臧旭恒　等译
林　平　校

经济科学出版社出版、发行　新华书店经销
社址：北京市海淀区阜成路甲28号　邮编：100142
总编部电话：010-88191217　发行部电话：010-88191522
网址：www.esp.com.cn
电子邮件：esp@esp.com.cn
天猫网店：经济科学出版社旗舰店
网址：http://jjkxcbs.tmall.com
北京汉德鼎印刷有限公司印刷
三河市华玉装订厂装订
787×1092　16开　37.75印张　660000字
2014年10月第1版　2014年10月第1次印刷
ISBN 978-7-5141-4837-4　定价：70.00元
（图书出现印装问题，本社负责调换。电话：010-88191502）
（版权所有　翻印必究）

图字号: 01 - 2010 - 3190

"The Antitrust Revolution: Economics, Competition, and Policy, Fifth Edition" was originally published in English in 2009. This translation is published by arrangement with Oxford University Press.

Copyright@ 2009 by Oxford University Press, Inc.

现代产业经济学文库

主　　　编：臧旭恒
学术委员会（按拼音排序）：
陈甬军　丁任重　干春晖　黄泰岩　胡　军
金　碚　金祥荣　林木西　林　平　刘　伟
刘志彪　荣朝和　石　磊　宋冬林　谭国富
唐晓华　王　珺　王俊豪　武常岐　夏大慰
杨蕙馨　杨瑞龙　于　立　原毅军　臧旭恒
张东辉　张晖明

总　　序

臧旭恒

　　编辑出版《现代产业经济学文库》（以下简称《文库》）已经酝酿了很久。现在，终于迈出了关键的一步。这一步的迈出，与经济学界同仁的鞭策、鼓励和支持密不可分。我曾就《文库》的编辑出版同北京大学、中国人民大学、南开大学、复旦大学等高校的同行反复商讨过，他们的珍贵建议已经体现在《文库》的整体构思中。这一步的迈出，还与我们同经济科学出版社的长期合作紧密相关。自 20 世纪 80 年代中期在经济科学出版社出版第一部学术专著以来，在近二十年时间里，我们合作出版了一批学术专著、教科书、辞典，其中不乏产生了较大学术影响的得意之作，如《产业经济学》先后被南开大学、中央财政金融大学、山东大学等一些高校用做高年级本科生或研究生教科书，这次纳入《文库》出版的已经是修订第三版了。再如《寡头垄断市场效率分析》出版后产生了较大影响，这次修订后纳入《文库》再版。当然，《文库》的出彩之处将是推出一批学术新作，包括学术专著、教科书和译著，分为三个子系列：《现代产业经济学文库·学术文集》、《现代产业经济学文库·教材系列》和《现代产业经济学文库·名著译丛》。应该说，呈献给广大读者的《文库》是迄今为止中国产业经济学研究领域中涉及范围较广、研究成果较新的一批佳作及译作。

　　这里，我不准备就产业经济学学科的界定多作议论。不论是欧美经济学界将产业经济学等同于产业组织学，还是中国、日本的许多学者，或者说主流学派（如果可以称为学派的话）界定产业经济学除产业组织理论外还包括产业结构等内容，应该说是智者见智、仁者见仁，各有其发展的背景和理由，合理不合理很难一概而论。也许，就像经济增长理论与经济发展理论，反映了发达国家与发展中国家，或者说经济先行国与经济后进国对经济理论的需求差异。中国是发展中国家，也许从这一点出发能够解释为什么在中国多数经济学家认同产业经济学包括的内容应该比欧美的产业组织理论要广。实际上，欧美国家的产业经济学，或者说产业组织理论也早已突破了传统的较狭窄的产业组织理论藩篱，譬如说已经将现代企业理论囊括其中。又如国际贸易与产业组织，这一原本传统产业组织理论中研究的课题的进一步拓展，也已面目全非，极大地拓宽了传统产业组织学研究的空间。再如产业竞争力、企业竞争力的研究，也已经大大超越了传统产业组织理论的框架。考虑到以上因素，《文库》的选题范围很宽泛。希望这会成为其特色之一。

感谢经济学界的许多同仁、朋友欣然允诺担当《文库》的学术委员会委员，感谢各位同仁、朋友慷慨应诺把自己的大作纳入《文库》出版，感谢国际经济学界的同仁、朋友大力协助、推荐名著翻译出版。感谢经济科学出版社，特别是吕萍总编辑为《文库》正式出版给予的大力支持。

作为《文库》的始作俑者，我希望《文库》得到学界和读者的认可，期待《文库》能够为中国产业经济学的发展做出一点贡献，这也就达到了编辑出版的目的。另一方面，也恳请学界同仁和读者对《文库》的不足之处多加批评，惠赐高见，共同促进中国产业经济学学科的发展。仅此为序。

2005 年 3 月 26 日晨草拟于青岛香格里拉大酒店
夕修改于日照曲阜师范大学

献给：

  我的父亲——约翰·克伍卡
  我的朋友——比尔·博纳特
            J. E. 克伍卡

  大卫——最好的儿子
              L. J. 怀特

  肯尼斯·G·埃尔津加（Kenneth G. Elzinga）
  大卫·E·米尔斯（David E. Mills）

目录

译者序 ·· (1)
英文版序 ·· (1)
作者简介 ·· (1)
编者简介 ·· (1)
导言 ··· (1)

第一部分　横向结构 (1)

经济与法律背景 ·· (3)

案例 1　重组后电力供应行业的并购分析：PSEG 与爱克斯龙公司的并购案（2006）
法兰克·A·沃拉克（Frank A. Wolak）
肖恩·D·麦克雷（Shaun D. McRae） ·· (26)

案例 2　甲骨文并购仁科（PeopleSoft）：美国政府诉甲骨文案（2004）
普雷斯顿·麦卡菲（R. Preseton McAfee）
大卫·S·斯布里（David S. Sibley）
迈克·A·威廉（Michael A. Williams） ·· (59)

案例 3　协调效应与证据标准：阿奇煤炭公司（Arch Coal）并购案（2004）
帕特里克·德葛拉巴（Partrick DeGraba） ····································· (80)

| 案例 4 | 太空战：艾科思达公司与直播电视公司的尝试性合并案（2002）
理查德·J·吉尔伯特（Richard J. Gilbert）
詹姆斯·拉特里夫（James Ratliff） ………… (106) |

| 案例 5 | 协调效应分析：邮轮并购案（2002）
玛格丽特·E·谷琳—卡尔文特（Margaret E. Guerin – Calvert） ……… (132) |

| 案例 6 | 效率与高集中度：亨氏（Heinz）提议并购碧娜（Beech – Nut）案（2001）
乔纳森·B·贝克（Jonathan B. Barker） ………… (149) |

| 案例 7 | 价格、市场界定和合并的效果：史泰博—欧迪办公（Staples – Office Depot）合并案（1997）
塞尔达·达克尔（Serdar Dalkir）
弗雷德里克·R·沃伦—博尔顿（Frederick R. Warren – Boulton） …… (171) |

第二部分　横向行为　(195)

经济与法律背景 ……………………………………………………… (197)

| 案例 8 | 航空业的掠夺性定价：精灵航空公司诉西北航空公司案（2005）
肯尼斯·G·埃尔津加（Kenneth G. Elzinga）
大卫·E·米尔斯（David E. Mills） ………… (214) |

| 案例 9 | 专利诉讼和解中的"反向支付"：先灵葆雅公司、氯化钾、联邦贸易委员会案（2005）
约翰·P·比格洛（John P. Bigelow）
罗伯特·D·威利格（Robert D. Willig） ………… (243) |

| 案例 10 | 一个主导厂商对捆绑回扣的使用：利伯殊公司诉 3M 公司案（2003）
加里·L·罗伯斯（Gary L. Roberts） ………… (271) |

| 案例 11 | 打击全球卡特尔：氨基酸、赖氨酸反垄断诉讼案（1996）
约翰·M·康纳（John M. Connor） ………… (293) |

目录

案例 12 投标、投标串谋与学校牛奶价格：俄亥俄州政府
诉创士（Trauth）案（1994）
罗伯特·H·波特（Robert H. Porter）
道格拉斯·J·佐纳（J. Douglas Zona） ………………………………（321）

第三部分 纵向与相关市场问题
(345)

经济与法律背景 ………………………………………………………（347）

案例 13 不适宜搭售："三叉戟—独立墨水"（Trident V. Independent
Ink）案的分析（2006）
巴里·纳勒布夫（Barry Nalebuff） ……………………………（361）

案例 14 独家经营与反垄断排他性：美国政府对登士柏（Dentsply）案
（2005）
迈克尔·L·卡茨（Michael L. Katz） …………………………（384）

案例 15 捆绑销售：通用电气—霍尼韦尔案（GE – Honeywell）（2001）
巴里·纳勒布夫（Barry Nalebuff） ……………………………（408）

案例 16 零售商发起的对供应商销售的限制：玩具反斗
城案（Toys "R" Us）（2000）
F. M. 谢勒（F. M. Scherer） ……………………………………（435）

案例 17 最高转售价格控制的重新探讨：State 石油公司诉可汗
（Khan）案（1997）
古斯塔沃·E·班伯格（Gustavo E. Bamberger） ………………（450）

第四部分 网络问题
(467)

经济与法律背景 ………………………………………………………（469）

案例 18 规制、反垄断和 Trinko 案（2004）
丹尼斯·W·卡尔顿（Dennis W. Carlton）
霍尔赛·德勒（Hal Sider） ……………………………………（482）

· 3 ·

案例19	管理层、发卡限制与支付卡网络竞争：美国政府诉维萨（Visa）和万事达卡（MasterCard）案（2003）
	罗伯特·S·平狄克（Robert S. Pindyck） ……………………（501）
案例20	垄断地位的维持：美国政府诉微软案（2001）
	丹尼尔·L·鲁宾费尔德（Daniel L. Rubinfeld） …………（523）
案例21	销售市场与售后市场的联系：柯达案（1997）
	杰弗里·K·麦凯—梅森（Jeffrey K. MacKie - Mason）
	约翰·梅茨勒（John Metzler）………………………………（550）

译者序

在中国反垄断法实施五周年之际,《反托拉斯革命》第五版中文版由经济科学出版社出版了。五年前,我们翻译了该书的第四版,其初衷是希望通过向中国读者介绍现代经济学分析在发达国家竞争法实施中的应用实践,为中国反垄断法实施提供前沿的参考资料。在过去五年间,中国反垄断法实施在垄断协议、滥用市场支配地位行为和企业兼并各个领域所做的努力及成就,得到世界竞争法界的瞩目和赞赏。

《反托拉斯革命》第五版包含了美国和欧盟在1996~2006年期间的21个重大案例,其中12个为全新的案例。这些新的案例涉及对企业并购审查的一些新的动向,同时也涉及了企业行为方面新型表现形式的一些案例,这包括掠夺性定价行为、知识产权纠纷中的所谓反向支付问题、独家经营与捆绑、捆绑折扣与网络问题等。同第四版一样,该版所有章节的作者都是参与这些案例判案的主要专家证人,他们对案例中控方与辩方各自的论点和分析方法的描述、评估显然是不可替代的。

可以说,在过去五年中,中国已经奠立了与国际惯例基本接轨的反垄断法实施的基础设施和分析框架,中国下一阶段需要继续努力的一个重要方面,是在已定的框架之内进一步充实经济分析的力度,以求更加科学合理地评估每一个案件中企业行为的竞争效应,充分发挥反垄断法保护市场竞争机制的作用。该书第四版和第五版共包括32个典型的案例。我们希望,该书第五版中译版的出版,能给中国反垄断的实施增添更多的可以借鉴的实战案例。

参加《反托拉斯革命》第五版译校的有林平、臧旭恒、曲创、乔岳、余东华、陈强、唐明哲、尹莉、杜颖等,全书由林平主校。山东大学产业经济研究所部分研究生做了校对译稿等工作。译校者在此感谢经济科学出版社吕萍、于海汛、李晓杰等为本书出版付出的辛勤劳作。

英文版序

"革命"一词的字面意思为"转向",已被使用于许多事件、产品与思想。这本书是关于现代反托拉斯转变为基于经济学政策的真正革命性过程。经济学应该成为反托拉斯政策的核心并非什么新思想,但反托拉斯的多数历史有着更为广泛的目标。然而,在过去的40年里,经济学已经日益影响反托拉斯政策,以至于现在人们把反托拉斯视为经济学的延伸。

这本书记录了这个革命性的转变过程。它由近期的反托拉斯案例组成,作者为亲身参与这些案例的经济学家们。这些案例研究可供我们透视经济学家对于反托拉斯问题的看法,以及经济学如何影响这整个过程:哪些案子被提出,它们如何被评估,以及如何在法庭呈现。为了这些目的,每个案例都提供了对关键问题的详细描述,辩论及证据。每个案例都包括对以上方面经济与法律意义的评估。而且每个案例还解释了该案对于公司、行业及所涉行为的影响。所有这些案例都反映出经济学与日俱增的核心角色。

20年前出版的《反托拉斯革命》第一版深受欢迎,令人欣慰。许多人向我们说起,学生、教师以及反托拉斯执业者对于本书的经济学导向案例充满热情。这种反响鼓励我们再版又再版,现在已经第五版了。在某种意义上,我们的动机一如既往:试图捕捉与传达产业组织经济学在反托拉斯过程中越来越大的作用。但随着时间的推移,这个目的也呈现出其他维度。

例如,人们已清楚地认识到"反托拉斯革命"是一个持续的现象。有关反托拉斯分析与政策的演化,并不存在普遍认同的目标。更确切地说,随着产业组织经济学作为一个知识体系的不断演化,看问题的新角度不断地涌现。每一版《反托拉斯革命》都理所当然地反映了这些视角的变化。然而,更进一步,这五版整体而言清晰地显示,经济学在越来越多的案例中起着核心作用,特别是在我们这个时代的所有主要反托拉斯案例中。

这一版与以前版本有很大变化。在21个案例中,12个为全新的案例。这些新案例反映出，经济上重要的问题更加频繁地被提出与抉择。其中的几个新写案例涉及到并购政策，这是一个变化巨大的领域。这些并购案例包括爱克斯龙–PSEG 电力并购、阿齐煤炭、甲骨文—仁科以及游轮。这一版也包括了一些关于行为的案例，从掠夺性行为与所谓的反向支付，到独家经营与捆绑、捆绑折扣与网络问题。有两个案例涉及到知识产权。尽管这些概念有许多都很熟悉，但它们现在的表现形式带来了新的问题，或者尚未进行更好的经济分析。这些都是我们革命的重要部分。

与以前一样，虽然本书的多数案例涉及联邦贸易委员会或司法部审理的反托拉斯问题，但也包括私人诉讼问题、州检察官处理的案例，以及政府监管机构行使它们保护竞争责任所调查的案例。在某些案例中，作者代表的是取胜的一方；而在另一些案例则代表论据不足的一方。虽然大多数案例均已了结，但至少有两个案例仍在庭审或上诉过程中。

我们保留了前一版中仍有助于理解重要问题与产业组织经济学应用的几个案例。我们总是感到遗憾，不能保留更多的过去案例，但牛津大学出版社把本版未包括的从第一版以来所有过去案例都放在其网站上，这样教师、学生与执业者都可以方便地获得。网址为 www.oup.com/us/antitrustrevolution.

读过以前版本的明眼读者会发现，在本书的四个部分，我们把最新案例放在最前面（而非像以前版本那样按时间先后顺序）。

对于第五版，我们要感谢许多提供协助的人们。他们包括牛津大学出版社编辑特里·沃恩（Terry Vaughn）与凯瑟琳·雷（Catherine Rae）对此项目的支持。另外，我们还要感谢本书的许多作者——现在共有 31 位——有兴趣参与此项目，并愿意为这些案例进行平衡的描述（他们对这些案例都有强烈的情感），以及对我们所有建议与最后期限的反馈。

然而，更重要的是，我们要感谢我们自己的学生，各地的学生、教师与执业者持续地阅读《反托拉斯革命》。你们的热情回应与有益评论促使第五版成为现实。我们希望这一版能达到您的预期。

J. E. 克伍卡
L. J. 怀特

作者简介

乔纳森·B·贝克（Jonathan B. Baker） 美利坚大学华盛顿法学院教授。他曾担任联邦贸易委员会经济局主任，总统经济顾问委员会高级经济学家，司法部反托拉斯处经济学副助理司法部长的特别助理。

古斯塔沃·E·班伯格（Gustavo E. Bamberger） Lexocon 公司高级副总裁。他曾作为专家证人在美国、新西兰与加拿大的反托拉斯与并购案件中作证。

约翰·P·比奇洛（John P. Bigelow） 位于新泽西州普林斯顿的普林斯顿经济集团高级经济学家。他曾在联邦法庭作为反托拉斯专家证人，并曾任教于耶鲁大学经济系。

丹尼斯·W·卡尔顿（Dennis W. Carlton） 芝加哥大学商学院教授，NBER 研究员，最近曾担任司法部经济学副助理司法部长。他曾是麻省理工学院与芝加哥大学经济系成员，芝加哥大学法学院成员，以及反托拉斯现代化委员会委员。

约翰·M·康纳（John M. Connor） 普渡大学产业经济学教授，美国反托拉斯研究所顾问。他曾任美国农业部经济研究服务部食品生产研究主管。

色达·德齐亚（Serdar Dalkir） 博士，Microeconomic Consulting and Research Associates 公司经济学家和主要合伙人。

帕特里克·地格拉布（Patrick DeGraba） 联邦贸易委员会专职经济学家。过去职位包括 Charles River Associates 公司合伙人、美国联邦通信委员会副首席经济学家，科奈尔大学约翰逊管理学院助理教授。

肯尼思·G·艾辛格（Kenneth G. Elzinga） 弗吉尼亚大学 Robert C. Taylor 经济学教授。他曾是美国司法部反托拉斯处的第一批特别经济助理之一。最近曾为剑桥大学 Thomas Jefferson 访问学者。

理查德·J·吉尔伯特（Richard J. Gilbert） 加州大学伯克利分校经济学教授。他曾任司法部反托拉斯处副助理司法部长，并领导撰写了司法部与联邦贸易委员会的共同文件《知识产权许可的反托拉斯指南》。

玛格丽特·E·谷琳-卡尔文特（Margaret E. Guerin-Calvert） Competition Policy Associates 公司总裁。她自 1979 年起就在公共部门（曾任司法部反托拉斯处副处长、联邦储备委员会经济学家）与民间部门从事反托拉斯工作，曾在许多行业从事并购与非并购工作，包括银行业、交通业与医疗保健业。

迈克尔·L·卡茨（Michael L. Katz） 纽约大学 Stern 管理学院商业领袖 Harvey Golub 讲席教授，也是加州大学伯克利分校战略与领导 Sarin 讲席教授。在 1994～1996，他曾担任联邦通信委员会首席经济学家。在 2001～2003，他曾担任司法部反托拉斯处经济学副助理司法部长。

杰弗里·K·麦奇-梅森（Jeffrey K. MacKie-Mason） 密西根大学 Arthur W. Burks 信息与计算机科学学院教授（Collegiate Professor），也是经济学与公共政策教授。他是 ApplEcon LLC 公司高级合伙人，也是斯坦福大学胡佛研究所研究员。

R. 普雷斯顿·迈克菲（R. Preston McAfee） 加州理工学院 J. Stanley Johnson 教授，雅虎公司副总裁。他在拍卖、定价与反托拉斯领域著述盛丰。

肖恩·D·麦克雷（Shaun D. McRae） 斯坦福大学经济学博士候选人。

约翰·梅茨勒（John Metzler） ApplEcon LLC 公司常务合伙人。

作者简介

大卫·E·密尔（David E. Mills） 弗吉尼亚大学经济学教授。

巴里·奈勒波夫（Barry Nalebuff） 耶鲁大学管理学院 Milton Steinbach 经济学与管理学教授。

罗伯特·S·平狄克（Robert S. Pindyck） 麻省理工学院 Sloan 管理学院东京银行三菱经济学与金融系教授。他的研究与著作涵盖了微观经济学、产业组织与金融，并曾在一系列反托拉斯案件中担任顾问或专家证人。

罗伯特·H·波特（Robert H. Porter） 西北大学 William R. Kenan Jr. 经济学教授，美国经济研究局（NBER）研究员。

詹姆斯·拉特利夫（James Ratliff） Competition Policy Associates 高级副总裁。他任教于亚利桑那大学经济系，也曾任教于加州大学伯克利分校 Haas 商学院。

加里·L·罗伯茨（Gary L. Roberts） CRA International 副总裁。他曾任联邦贸易委员会经济局反托拉斯副主任。

丹尼尔·L·鲁宾费尔德（Daniel L. Rubinfeld） 加州大学伯克利分校 Robert L. Bridge 法学教授与经济学教授。1997~1998 年，他曾任美国司法部反托拉斯副司法部长。

F. M. 谢勒（F. M. Scherer） 哈佛大学肯尼迪政府学院荣誉退休教授，仍在教授产业经济学与技术变迁的课程。1974~1976 年，他曾任联邦贸易委员会经济局主任。

大卫·S·希布利（David S. Sibley） 得克萨斯大学奥斯汀分校 John Michael Stuart Centennial 经济学教授。2003~2004 年，他是美国司法部反托拉斯处经济学副助理司法部长。

哈尔·赛德（Hal Sider） 芝加哥 Lexecon 公司高级副总裁。

弗雷德里克·R·沃伦－博尔顿（Frederick R. Warren – Boulton） Microeconomic Consulting and Research Associates 公司合伙人。他曾任美国司法部首席经济学家与副助理司法部长。他是美国企业研究所常驻学者，华盛顿大学经济学教授，美利坚大学心理学副教授。

迈克尔·A·威廉姆斯（Michael A. Williams） ERS 集团董事，曾任美国司法部反托拉斯处经济学家。他曾为美国州地方法院、美国联邦索赔法院（U. S. Court of Federal Claims）以及联邦管理机构提供专家证词，并曾为反托拉斯处与联邦贸易委员会提供反托拉斯咨询。

罗伯特·D·威利格（Robert D. Willig） 普林斯顿大学经济学与公共事务教授。他是 Competition Policy Associates 高级顾问，并曾任美国司法部反托拉斯处副助理司法部长。

弗兰克·A·沃拉克（Frank A. Wolak） 斯坦福大学经济学教授。他专门研究网络部门的私有化、竞争与规制，这些网络部门包括电力、电信、供水、天然气与邮政服务。

J. 道格拉斯·若那（J. Douglas Zona） LECG 董事。他曾为美国司法部反托拉斯处以及联邦贸易委员会提供反托拉斯与计量经济学的咨询。

编者简介

约翰·E·克伍卡（John E. Kwoka, Jr.） 美国东北大学 Neal F. Finnegan 杰出经济学教授。他也是产业组织协会董事会成员，美国反托拉斯研究所研究员，ENCORE（以阿姆斯特丹大学为核心的反托拉斯学者国际网络）成员。他曾任教于乔治华盛顿大学、北卡罗莱纳大学教堂山校区，担任过哈佛大学与西北大学访问学者，并任职于联邦贸易委员会、司法部反托拉斯处以及联邦通信委员会。

劳伦斯·J·怀特（Lawrence J. White） 纽约大学 Stern 商学院 Arthur E. Imperatore 经济学教授，经济系副主任。他也是《产业组织评论》(*Review of Industrial Organization*) 主编，西部经济学国际协会（Western Economic Association International）财务长。他曾三次离开纽约大学而供职于美国政府：1986~1989 年，他是联邦家庭信贷银行董事会成员；1982~1983 年，他是美国司法部反托拉斯处首席经济学家；1978~1979 年，他是总统经济顾问委员会高级专职经济学家。

导　　言

反托拉斯政策在美国至今已跨越了三个不同的世纪，并在美国经济史留下了许多回响。第一部反托拉斯法——1890年的《谢尔曼法》——是工业革命期间对企业广泛不满的一种反应。1914年的《克莱顿法》与《联邦贸易委员会法》针对的是在美国迈向工业成熟后仍存在的反竞争性并购与行为。在最近这段时期，美国正经历着有同样深远意义的信息革命。每个时期都提出了有关支配企业、并购、合谋行为、纵向一体化、掠夺性定价、捆绑的效应以及其他问题。而每个时期都有反映那个时期目标与理解的反托拉斯政策来回答这些问题。

但在过去三、四十年里，还发生了另一场革命——反托拉斯政策本身的革命。这场革命包括产业组织经济学在反托拉斯政策制定过程中地位的上升，对反托拉斯的制度、解释与执行产生了深远影响。纵观整个历史，反托拉斯概念一直享有政治与民众的广泛支持，但对于具体政策应该如何则从未达成同样的共识。原因之一是，最初法案的语言留下了许多未决的重要细节，故该政策只有在法庭对诸如垄断行为（monopolization）、对竞争的巨大损害（substantial lessening of competition）、共谋（conspiracy）等术语进行界定之后才成为关注的焦点。起初，在这个过程诞生了对法律的形式主义解释，置有关公司与产业的经济学于不顾。另一股力量是产生反托拉斯法的民粹主义（populism）与不应干预私有企业的强烈信念之间的矛盾。这个矛盾贯穿了反托拉斯的整个历史，间歇地导致政策随着当前潮流或对某些商业行为看法的变化而转移。

这些观点在20世纪60年代末开始转变。1968年司法部反托拉斯处颁布了《并购指南》，由一组经济学与政策专家以及该处的专职律师所制定，体现了产业组织的分析框架。法院发布的一些值得关注的意见表明了对过去反托拉斯处理方法及对经济论证接受性不够的不安。联邦贸易委员会与司法部都开始雇佣著名学者作为首席经济学家或经济顾问。这一做法又使得其他经济学家加入到政府部门，增强了它们的经济学实力，并保证这些部门能进行更深入的分析。

在过去的三、四十年，这个革命已经发展到这样一个阶段，即产业组织经济学已在反托拉斯政策制定的几乎所有阶段都起着重要作用。司法部与联邦贸易委员会借助经济学来决定审查哪些案子。经济学提供了调查核心问题的框架，基于数据分析与理论对不同的公司行为或行业结构变化的效应进行评估。随着法官的经济素质不断提高，法院本身也在其分析中大量使用经济学。所有这些进步使得一位著名反托拉斯学者声称，"反托拉斯首先而且显然是法律；它也是一套不断演化的有关产业组织的经济学理论"（Bork，1978，第10页）。

回顾一点历史会有帮助。反托拉斯经济学革命的第一声礼炮由所谓"结构－行为－绩效"经济学派所带来，通常与爱德华·梅森（Edward Mason），乔·贝恩（Joe Bain）以及在哈佛大学受过训练的其他人相联系。这个视角强调竞争的根源在于结构，该观点为将行业集中度与利润、价格成本差（price-cost margin）相联系的开创性经验研究所支持。由此引申，该学派对于许多并购、支配企业的许多行为、纵向一体化，甚至混合并购都持怀疑的眼光。需要强调的是，结构－行为－绩效学派当时在业内拥有广泛支持，在1968年的《并购指南》中有所表现，也体现于反托拉斯机构所任命的杰出经济学家。该学派对于审查机构、法院以及反托拉斯政策曾有过巨大的影响。

反托拉斯革命的第二波则是"芝加哥学派"经济学，以其发源地芝加哥大学而命名，因为该学派的许多核心倡导者在此教书，比如亚伦·狄莱克特（Aaron Director）与乔治·斯蒂格勒（George Stigler）。从20世纪70年代开始，该学派强调使用基本的微观经济学理论来评估产业结构与行为对经济绩效的影响。比如，它认为，并购分析应同时包括可能的价格效应，以及合并公司可能的成本节约。它进一步认为，抬高价格并不容易实现，或者因为达成默契合作的内在困难，或者由于新竞争者的进入。基于这些原因，并购一般地被认为是促进竞争的，并不能用市场份额与行业集中度来衡量。对于其他问题，芝加哥学派也同样地立场坚定。降价几乎总是被视为对低成本的反映，是正当的竞争行为而非掠夺。生产厂家确立零售价格的努力，或者对独立经销商行为的限制，几乎总被视为生产厂家控制某些销售环节的正当做法。

芝加哥学派的不同视角也延伸到对反托拉斯根本目的的看法。它认为反托拉斯应以经济效率为唯一指南。该学派坚持，平白的法律语言所指的正是效率，这也是唯一可以理性追求的目标。该学派提供的许多案例表明，追求其他

导　言

目标实际上使消费者付出了代价,但并未提高市场竞争性。

然而,不管过去还是现在,这绝非共识,无论是关于反托拉斯的本意,还是应追求何种反托拉斯;但芝加哥学派的挑战使得反托拉斯的焦点更为集中,并使一些过去可疑的做法失效。例如,许多反托拉斯的学生都会学到60年代的案例,这些案例支持民粹主义的目标,即保护小企业,禁止市场份额小的公司并购。相反地,到了八九十年代,大型石化企业的并购稍加修改就批准了,而钢铁与航空业的并购,尽管市场份额大也批准了。近些年,许多高度集中行业的并购也批准了。

在企业行为方面,反托拉斯政策也发生了类似变化。尽管早期最高法院案例认为几乎所有对市场价格的干预本身就违法,到了70年代末,法院承认即使是横向竞争者的价格协定也有促进竞争的可能。在掠夺性定价领域,传统观点似乎是损害竞争者的降价就是掠夺的证据,但近来案例则对什么构成现存企业可接受的定价行为采取了更为宽容的态度。与早期对于多数纵向并购与价格协议的敌意形成对比,反托拉斯机构现在很少挑战此类案例。这些机构也不再考虑价格歧视案例,因为其经济效应并不明确;不再考虑潜在竞争,部分因为其司法证明标准过高,部分因为潜在进入者很多;不再考虑混合并购,过去曾依据潜在竞争或仅仅规模太大而提出挑战。

这些变化并非仅由芝加哥学派的批判所造成,因为持各种观点的许多经济学家长期以来就推动反托拉斯政策能更好地反映经济学知识的演变。然而,许多人相信,芝加哥学派的立场方法过于简单化,而且存在近乎废除大部分反托拉斯的危险性。这些经济学家认为,市场份额与集中度包含竞争条件的信息——即使不是决定性的,新厂商很少能轻易而迅速地进入以防止现存厂商的合谋行为。对于削价与支配厂商其他行为的宽容政策,他们持严重的保留意见,认为掠夺性或惩罚性行为确实会发生。相当多经济学家不愿意走到这样一个极端,即排除所有纵向关系的反竞争潜力。许多人也拒绝认为纯粹的经济效率曾是或应该是反托拉斯的基本目的。

在过去20年中,对芝加哥学派方法的应答通过向反托拉斯经济学中输入更高级理论与经验研究而实现。更有威力的理论,更能适用于具体问题,已被证明能够确定不同行为在何种具体条件下会有反竞争的效应,尽管在其他情况下可能无害。对于不完全信息、沉淀成本、声誉效应、战略行为的仔细考虑提高了对许多事物的理解,包括掠夺性定价、纵向限制、捆绑、抬高竞争对手成本等行为。另外,实证研究的技巧也日臻成熟,数据更适于研究任务,模型更具理论基础，计量经济学工具更为高级。比如，实证证据对于集中度影响竞争的假说提供了新支持，这个假说曾为早期的批评所侵蚀。

简而言之，整个反托拉斯的系列问题都被重新考虑。这个更精密的"后芝加哥经济学派"认为，过去20年的许多思想框架都依赖于过分简化的理论，导致重要区别被忽视，并得出过强结论。它主张，许多行为应根据事实进行评估，而非简单地按照理论框架来对号入座。它对于市场能自动约束企业并消除并购与其他行为的反竞争潜力更加怀疑。

后芝加哥经济学派并不是（至少还不是）一个统一的替代范式。在许多方面，它还没有取代芝加哥学派的方法。有些人担心，它更加基于事实的方法会使得判定是否违背反托拉斯法更加困难——最近几个法院判决凸显了此可能性，这几个案例都要求有对反竞争效应极高程度的证明才能对具体案件采取行动。但它作为一个学术上严格的反托拉斯替代方法已经被接受。当然，这也是反托拉斯领域经济学革命的一部分。经济学构成其基础，正如经济学在过去曾是结构-行为-绩效学派与芝加哥学派的指南。这些新观点代表了革命的又一步。毫无疑问，伴随着经济学试图澄清结构变化与不同商业行为对市场绩效的效应，还会有很多进步。

虽然此进程的结果无法预料，但可以肯定地做两个预测。首先，经济学在反托拉斯中至高无上的地位已经牢固确立。在更大程度上，实施政策与法庭判决将更加基于经济学分析。对于政策问题的所有支持者与批评者现在都通过竞争与效率的术语进行辩论，显然已把核心位置让给经济学了。

此外，这些经济学知识的进步不断改善着反托拉斯政策的合理性与一致性。当这些进步被接受后，使得政策决定的范围不断缩小。也就是说，通过说明某些命题不正确、缺乏一般性或有其他缺陷，这些进步在一定程度上限制了政策回到那些错误的命题上。

但这并不意味着对于反托拉斯应如何发展已有完全共识。可接受的政策范围仍然很大，仍有（未来也会有）在此范围内对于目标与策略的正当分歧。但此范围越来越受到经济学的限定，并将随着经济学知识的增长而缩小。反托拉斯革命已牢不可破。

参考文献

Bork, Robert H. *The Antitrust Paradox*. New York：Basic Books, 1978.

第一部分　横向结构

经济与法律背景

市场结构可划分为多种类型,但在纯粹的市场结构方面,反托拉斯则仅关注垄断与寡头垄断这两种类型。由于垄断模型在几乎所有反托拉斯分析中居于核心地位,因此,我们将首先讨论垄断,然后再讨论寡头垄断。

垄断

关于垄断的经济学

有关垄断的微观经济理论直截了当:如果某商品或服务没有好的替代品且市场进入困难(在能带来正常利润的价格水平下),则单一销售商就能利用其市场势力。如果卖方只能以同样价格向所有买方出售(即无法进行价格歧视),则相对于竞争性行业的情形而言,该厂商对最大利润的追求将导致更高的价格与更低的产量[1]。

图Ⅰ-1描绘了该结果。如图所示,一个垄断厂商的利润最大化价格将不会位于"天价"水平,而是与其需求曲线(由此决定边际收益)和边际成本相关[2]。重要的是,需求曲线——该曲线表达了价格越高则顾客购买量越低的经验现实——限制了垄断价格能够超出完全竞争水平的程度。

---

[1] 类似观点可应用于买方垄断市场(monopsony):相对买方竞争的状况而言,市场上的唯一买方能够以更低价格购买更少数量而获利。

[2] 常见的利润最大化公式为 $P_M = MC/(1 + 1/E_D)$,其中,E_D 为(负的)需求弹性。一旦确定了 P_M,就可以从需求关系得到垄断厂商的产量(Q_M)。

图 I-1 垄断与竞争的比较

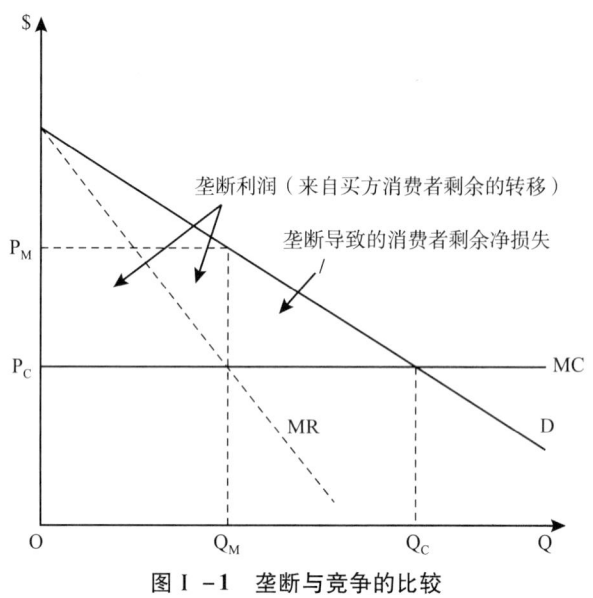

P_C = 完全竞争价格
Q_C = 完全竞争产出
P_M = 垄断价格
Q_M = 垄断产出

由于资源配置的低效率,垄断条件下的社会效率低于完全竞争的社会效率:垄断厂商的产出太低;也就是说,有些买方愿意以高于边际成本的价格购买(在完全竞争条件下可以购得),但却不愿以更高的垄断价格购买(不得不转买其他不合意产品)。如图 I-1 所示,这些购买方损失的消费者剩余通常表示为"净损失三角"(deadweight loss triangle)。

对垄断者厂商而言,较高的价格(配置低效率的原因)会带来较高的利润或"过高要价"(有时也称为"垄断租金")。此过高要价由图 I-1 中的矩形表示,主要是买方向垄断者的转移①。每个垄断厂商都希望实施价格歧视,从而按买方的支付意愿来分割市场。成功实施价格歧视须具备几个条件:

---

① 由于垄断者愿意支出等于矩形大小的数额来维护其垄断地位,此矩形的某些部分或许会在保护其地位的昂贵努力中耗尽(如政治游说、提高进入壁垒等)。这些努力对全社会而言是资源浪费,故增加了垄断的净损失。参见 Posner (1975)。而且,由于没有竞争压力,垄断厂商的生产过程中也会产生一些低效率("X-无效率",X-inefficiency),从而增加社会净损失。参见 Leibenstein (1966)。

经济与法律背景

（1）必须存在具有不同支付意愿的买方①；（2）厂商必须能够识别这些买方（或以某种机制使他们显示自己）；（3）厂商必须能防止套利的出现（即防止以低价购进的买方再转售给可接受高价的买方）。如果销售商能够识别每个购买方并在买方最大支付意愿上向其提供一个"全部接受或一无所有"（all-or-nothing）的报价，这将构成"完全"价格歧视（常称为"一级"价格歧视）②。其他价格歧视形式包括批量定价（block pricing）（"二级"价格歧视）、按照地域市场或消费者类型划分买方的定价方式（"三级"价格歧视）、组合销售（Bundling，亚当斯和耶伦（Adams and Yellen），1976）和捆绑销售（Tying，伯斯坦（Burstein），1960）。

尽管垄断厂商的产出总体上仅占美国 GDP 的一小部分，但美国经济中确实存在着垄断。例子包括本地电话服务（在某些地区）、地方电力销售、地方天然气销售、第一类（first class）或批量邮件投递、位于岔路口孤立城镇的唯一五金店（或汽油站、药房）、生产受专利保护产品的企业（比如受专利保护且无好替代品的药品）。随着时间推移，技术进步倾向于侵蚀现存的垄断地位（例如，通过制造新替代品或利用更廉价的电信和交通成本来扩展市场边界），但同时也创造出新垄断。

从单一销售商（single seller）到支配企业（dominant firm）在概念上是个小飞跃。支配企业是指一家独一无二的大企业，其周围是一群较小的边缘竞争者。尽管从定义上说支配企业并非垄断者，但支配企业还是能够享受市场势力的果实。享受的程度由其成本优势（相对小企业而言）、产品需求弹性、边缘企业的供给弹性以及市场进入的难易程度来决定③。这种市场结构在历史上的例子包括钢铁业的美国钢铁公司（U. S. Steel）、铝业的 Alcoa 公司、计算机主机市场中的 IBM、影印业中的施乐（Xerox）以及照相机与胶卷业中的柯达公司（Kodak），至少在某段时间是如此。最近的例子包括微软（Microsoft）的个人电脑操作系统④、微处理器市场中的 Intel⑤，以及小包裹投递服务业的联合

---

① 该条件在垄断情况下显然满足；任何厂商，只要面临向下倾斜的需求曲线（即销售差异化产品）也满足此条件。因此，价格歧视在垄断竞争或差异化寡头垄断的情况也会发生。

② 这种完全价格歧视会带来一个悖论，即资源配置不再无效率，既使消费者向垄断者转移增多了。

③ 参见 Stigler（1965）以及 Landes and Posner（1981）。尽管支配企业模型通常应用于单一产品市场，边缘企业的劣势在于较低的生产技术；该模型很容易拓展到差异化产品市场，边缘企业的劣势在于较低的品牌接受度。

④ 参见 Gilbert（1999）以及丹尼尔·L.鲁宾费尔德（Daniel Rubinfeld）在本书第Ⅳ部分的案例20。

⑤ 参见 Shapiro（2004）。

包裹服务公司（United Parcel Service）。

垄断结构可在四种情况下产生。第一，规模经济或许表明单一企业是服务整个市场的最有效市场结构。从本质上讲，这主要是因为生产技术可以使得单位成本在相关的生产范围内递减。需要着重注意的是，这种"自然"垄断的结果依赖于技术性质与市场规模两方面因素。较大的市场能够容纳多个有效率的生产者（如果在相对高的产量上，单位成本最终随产量上升，或者如果产品差异化对于买方是重要的），而在较小的市场，垄断存在的可能性更大。此外，尽管技术方面通常表明规模经济可能没有上限，但管理大企业的难度或许会在较高产量上产生更高而非更低的单位成本。

第二，现有厂商可以进行合并，从而产生一个垄断者或支配企业。历史上，1887~1904年间的购并浪潮产生了大量的此种联合体，包括美国钢铁（U.S. Steel，钢铁业）、标准石油（Standard Oil，石油）、美国烟草（American Tobacco，香烟）、美国罐头（American Can，锡罐头）、柯达公司（Kodak，照相机与胶卷业）、杜邦（DuPont，炸药），以及六十多家其他行业的垄断者或支配企业（Markham，1955；Scherer & Ross 1990，第5章）。正如下文所述，现代反托拉斯政策的重要目标之一就在于防止企业通过并购获得市场势力（通过并购导致垄断是个极端例子）。

第三，某企业在生产中可能拥有一些具有优势的独特投入品。例如，市场势力可能来自于拥有独特的自然资源（如金属矿石）或专利所有权，如Polaroid公司对人工冲洗胶卷的早期专利、施乐（Xerox）在影印方面的早期专利、医药公司对独特药品的专利以及英特尔（Intel）对微处理器的专利。然而，大部分专利很少甚至不带来任何市场势力。专利的作用只不过是通过赋予财产所有权来鼓励人们投资于新知识的发明及其应用，专利所有权能够防止他人对创新者的努力轻而易举地"搭便车"。正是由于专利的这方面特征，才称之为"知识产权"。

第四，政府政策也可成为垄断的来源。从历史上看，排他性的政府特许经营权包括铁路、航空、卡车运输服务（在某些城市之间）；本地或长途电话服务；地方有线电视服务；地方银行业务；邮递服务等；这些政府特许权已经带来了垄断以及管制垄断的政府规制。随着20世纪70年代中期放松管制运动的兴起，这种受政府保护的垄断变得稀少，但仍未绝迹。

最后，一个垄断者或支配企业或许可通过提高进入壁垒或对手成本来确立或提高其市场地位（Salop and Scheffman，1983，1987）。这种行为将是本书第

II、III、IV 部分中许多案例的讨论主题。

对垄断的反托拉斯规制

对于垄断,政府主要是实施明确的规制,比如通过正式的规制委员会,或采取政府所有制的办法。自从 1890 年,反托拉斯法开始应用于垄断问题。谢尔曼法(Sherman Act)第 2 部分规定对"垄断、试图垄断、或通过与他人合谋来垄断的每个人"(every person who shall monopolize, or attempt to monopolize, or combine or conspire with any other person, to monopolize)施以重罚。

但是,至少自 1920 年以来,美国对横向结构问题的反托拉斯规制并不有力。在 1911 年两个重要的高级法院案例(标准石油公司(Standard Oil)[①] 和美国烟草公司(American Tobacco)[②])中政府胜诉,分别导致石油和烟草业支配企业的分拆。在随后的九年中政府也赢得了一些类似的胜利。然而,在对这些案例的审理中,法院确立了应用于垄断案的"合理原则":法院不仅要考虑垄断结构,同时还应该考虑行为、意图与效率[③]。此原则的确立导致了政府在 1920 年美国钢铁(U. S. Steel)案中的败诉[④]。此后,政府在提交这类诉讼时变得谨慎。

20 世纪 30 年代后期,反托拉斯执法恢复活力,导致对 Alcoa 公司的诉讼(美国政府诉美国铝业公司,148 F. 2d 416,1945),其法院终审决定可谓强调市场结构的历史最高点,但同时也是转折点。在此案中,法院宣布 Alcoa 公司拥有铝业市场 90% 的份额这一事实本身显然代表了垄断,并似乎准备从其高市场占有率中推断出垄断。然而,法院进而陈述了宣判 Alcoa 公司有罪的其他原因,而这些原因在本质上是其不良行为。结构或行为是否是关键因素一直模糊不清,直至 1966 年 Grinnell 案(美国政府诉 Grinnell 公司,384 美国 563,1966),高级法院才阐明违反谢尔曼法第 2 部分的两个要件:拥有垄断势力,并有获得或保持此势力的故意行为。

法院的这一表述,实际上要求在判案时要通过仔细考察企业的行为来审视其效果、意图以及其他可能的解释。所有这些都导致了大部分这种诉讼案例相当冗长、复杂,并且通常是不明确的。又因为法院不愿干涉企业结构,这导致

[①] *U. S. v. Standard Oil Co. of New Jersey et al.*, 221 U. S. 1 (1911).
[②] *U. S. v. American Tobacco Co.*, 221 U. S. 106 (1911).
[③] 毕竟谢尔曼法第 2 部分谴责"垄断"行为,而非垄断结构。
[④] *U. S. v. United States Steel Corp.*, 251 U. S. 417 (1920).

了在随后的案例中，政府很少请求结构分解，而政府胜诉的案例就更少了[1]。此后，与私人提起的垄断案做法一致，政府提起的垄断案通常只关注纠正行为，基本不涉及市场结构[2]。

总之，反托拉斯（至少 1920 年以来）在通过缓解横向结构来处理垄断市场结构方面并未起到很大作用。如果法律环境不出现大的变化，这种情形恐怕还会延续。

寡头垄断

寡头垄断的经济学

寡头垄断的实质在于卖方的数量足够少，以至于每个卖方都意识到其竞争对手的身份并且认识到自身行为会影响到竞争对手的决策（而其他竞争对手可能也会洞察到这一点）。这种情形有时被称为"推测的相互依赖（conjectural interdependence）"。

从理论上讲，各种价格—产量结果都有可能。在一个极端，严格自律的卡特尔或许能够维持与垄断企业相近的价格和产量。在另一极端，如果卖方在一个产业中缺乏远见地只关注于价格竞争，则只需要两个卖方就能够近似完全竞争的结果[3]。相应地，不像在垄断结构或完全竞争结构下人们能够预测市场竞争的特定结果，对寡头垄断来说，理论上并不存在明确而唯一的价格—数量"解"或结果。

正如本书第二部分将要深入探讨的，经济理论认为，市场结构特征（比如，卖方数量、卖方规模的分布、进入条件、卖方及其产品特点、买方特点）有可能影响各销售商对价格或产品的其他重要方面达成互利理解的难易程度。

---

[1] 参见 Scherer and Ross（1990，ch. 12）的概述。政府成功达成 1982 年和解协议书，分拆 AT&T 以缓解纵向结构问题（vertical structural relief）；参见 Noll and Owen（1994）。类似地，政府对微软胜诉的短暂补救方法涉及纵向结构问题的缓解；参见本书第 IV 部分中丹尼尔．鲁宾费尔德（Daniel Rubinfeld）撰写的案例 20。

[2] 参见本书第 II、III、IV 部分中的案例讨论。此外，个人原告在法律上不能从法庭获得对结构问题的缓解；参见 International Telephone & Telegraph Corp. v. General Telephone & Electronics Corp. et al, 518 F. 2d 913（1975）。

[3] 然而，产品差异化会"软化"竞争并导致缺乏竞争的后果（a less competitive outcome）。

这将意味着市场结果存在着差异性①。因而，寡头垄断结构与行为之间存在着重要联系，寡头垄断结构有重要作用——这自然地将我们带到反托拉斯的考量。

寡头垄断的反托拉斯规制

针对寡头垄断结构问题的主要工具②是克莱顿法（Clayton Act）第7部分，它要求司法部（Department of Justice，DOJ）及联邦贸易委员会（Federal Trade Commission，FTC）阻止"在任何商业或影响国家任何部门商业活动业务的并购行为，如果这种并购会大幅削弱竞争或趋向垄断"。尽管该法于1914年通过，但由于存在无心的疏漏，在1950年之前很大程度上只是一纸空文③。1950年赛勒-基福弗法（Celler-Kefauver Act）填补了这个漏洞，第7部分才获得生命。

20世纪50年代与60年代出现的一系列政府对并购的挑战引致了一系列重要的高级法院判决（始于1962年布朗鞋业案（Brown Shoe）④）。在这些判决中，法院指出应禁止竞争者之间的横向并购以及顾客和供应商之间的纵向并购，即使在并购参与者的市场份额相对较小、进入容易的情况下也是如此。法院表达了对于竞争的关注，但也指出国会曾试图为了维持大量企业存在的市场结构而阻止并购，即便是牺牲并购所能取得的某些效率也在所不惜。然而，1974年法院的两个并购决定却从此强硬立场退却了⑤。从那以后，高级法院没再就政府对并购的挑战做出判决。

在20世纪60年代高级法院有利判决的影响下，司法部反托拉斯处于1968年起草了《并购指南》（以下简称《指南》）。《指南》指出司法部有可能质疑并购的情况（根据四厂商产业集中度以及合并企业的销售份额来描述），由此私人反托拉斯律师便能够为客户提供更好的指导和建议。尽管《指南》反映了当时的经济学与政策观点，人们很快就发现该《指南》过于局限而僵

---

① 除了第Ⅱ部分的讨论外，参见 Shapiro（1989）的综述，特别是 Jacquemin and Slade（1989）关于横向并购的文献。
② 本书第Ⅱ、Ⅲ、Ⅳ部分将讨论处理寡头垄断问题的行为主义方法（behavioral approaches）。
③ 1914年法案禁止通过一个公司通过购买另一公司股份来实现并购。但并购企业很快意识到可以让一个公司购买另一公司的全部资产而轻易逃避此约束。
④ Brown Shoe Co. v. U. S., 370 U. S. 294（1962）.
⑤ 参见 U. S. v. General Dynamics Corp. et al., 415 U. S. 486（1974）以及 U. S. v. Marine Bancorporation et al., 418 U. S. 602（1974）.

硬。以至于在20世纪70年代，该《指南》被废弃不用，等待其修订稿能更符合经济学的发展以及关于适当政策的不同看法。

在1982年新《指南》推出之际，1968年的《指南》已基本废弃。经济学家在新《指南》的起草以及随后1984年、1992年、1997年的修订中起了关键作用（1992年以后，联邦贸易委员会也参与编写）①。这些指南已对反托拉斯律师、经济学家以及法官的并购分析产生广泛影响（Werden，2003）。他们当然也影响了该部分所讨论案例中的许多经济观点。相应地，我们下一步将更详细地讨论《指南》②。

横向并购指南

《横向合并指南》（以下简称《指南》）基于以下基本前提：克莱顿法（Clayton Act）的反并购条款目的在于阻止并购可能导致的市场势力滥用或提升。所以，《指南》抛弃了在评估并购时仅考虑并购企业规模的民粹主义立场。

基于上文的讨论以及本书第Ⅱ部分对垄断和寡头垄断的微观经济分析，《指南》阐述了六个关键问题：

- 分析并购所需的市场界定（delineation of the market），以决定并购参与者是否为竞争关系以及他们各自（以及其他相关销售商的）的市场份额；
- 在一个相关市场上，卖方集中度应达到什么水平才引起反托拉斯对并购的质疑；
- 并购可能带来的潜在负效应，比如通过销售商之间的协调行为，或通过并购厂商在并购后单方影响价格和产量；
- 市场进入的程度和作用；
- 能够使并购后企业更易或更难利用市场势力的其他市场结构特征；
- 在何种程度上应允许并购双方用并购带来的成本节约和效率提高作为

---

① 1992年修订时将标题修改为《横向并购指南》。
② 可以从 www.usdoj.gov/atr/public/guidelines/hmg.htm 下载《指南》。Baker（2003）、Kolasky and Dick（2003）、Scheffman et al.（2003）、Werden（2003）以及 Williamson（2002）概述了关于《指南》的讨论。FTC and GOJ（2006）提供了执法部门关于《指南》的近期评论。另外，参见 Baker and Bresnahan（2008）、Kuhn（2008）、Werden and Froeb（2008）、Antitrust Modernization Commission（2007）以及 Collins（2008）。

并购的辩护理由，尽管此并购会增加企业利用市场势力的可能性，以及应考虑的效率证据类型。

下面将逐一讨论上述问题。

市场定义

《指南》将反托拉斯并购分析的相关市场定义为这样一种（或一组）产品，如果生产这种产品的所有厂家联合起来一致行动，就能够带来"小而显著且非短暂性的价格上涨"（a small but significant and nontransitory increase in price，SSNIP）。这相当于将相关市场定义为市场势力能够得以实施的市场（或现存市场势力能够得到加强的市场）。《指南》指出，一年上涨5%是执法机构可能使用的SSNIP临界值，能够满足SSNIP检验的最小厂商集合通常被选为相关市场。这些原则同时适用于产品市场和地域市场的决定。在该定义下，市场既可以象邻近地区那样狭小，也可像整个全球经济那样广大；决定要素只在于是否有足够数量的买方转向其他市场以抑制价格上涨。

该方法的逻辑来自于阻止会获得或提升市场势力的企业并购的政策目标，该市场势力以价格上涨幅度来衡量。SSNIP检验可识别出能够利用市场势力的最小销售商集合。市场定义范式（market definition paradigm）强调的是卖方（因为是卖方行使市场势力），但也有一个例外：当一组卖方能够对一组可识别的客户（利用地域范围或商业功能来定义）行使价格歧视并且大幅度提高价格时，这组客户也可视为一个相关市场。

一个利用地域差异的格式化图例能够进一步阐明有关市场定义的这些观点。在图Ⅰ-2中，设想一组鞋店（A，B，C，……）沿着一条高速公路分布，每个店间隔1英里①。顾客沿着这条公路连续地分布于鞋店之间。首先，假设顾客仅从紧挨着的右边或左边的两个鞋店中以最低价格购买②；即她不会跳过一家鞋店去另一家鞋店买鞋（我们称之为对邻域的强偏好，a strong preference for adjacency）。在此情形下，每个鞋店与其两边的鞋店可以有效地竞争，并且获得几乎同等份额的位于其两边的潜在客户。

如果鞋店D和E合并，则位于他们之间的顾客就被锁定了；如果合并了的D-E能够识别出哪些顾客来自锁定地区并实施价格歧视，则有可能提高对

---

① 该例使用地理空间且只有一个维度；但其主要思想同样适用于产品空间和多维度情形。
② 为了简便起见，这里忽略了运输成本。

这些顾客的售价。如果涨价幅度满足 SSNIP 标准，该合并将不利于竞争。这时，位于任何两个相邻鞋店的被锁定顾客就构成一个相关市场。即使合并的 D－E 鞋店无法识别被锁定了的顾客（或设计出一种方法让顾客显示自己），它也可以将统一的价格提到相当的高度，并从锁定顾客中获取足够高的利润（如果这些顾客对鞋的需求弹性很低）来抵消流失的非锁定顾客（即它以前的 C 和 D 以及 E 和 F 之间的顾客份额）的那部分利润①。在此情况下，D－E 并购是反竞争的，并且任何相邻的两个厂商都构成一个相关市场。

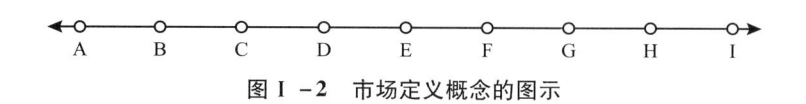

图 I －2 市场定义概念的图示

其次，我们假设买方对邻域的偏好不那么强烈，顾客愿意跳过一家商店去寻找更便宜的商店。在此情况下，每个鞋店实际上与其右边的三家店以及左边的三家店进行竞争。D 和 E 之间的并购对竞争并无大威胁，因为其顾客未被锁定。

在这种情况下，可能构成相关市场的相邻商店的最低数量是四家（两家甚至三家商店明显不会构成相关市场，因为没有被锁定的顾客）。如果一个假想的垄断者要控制 C、D、E 和 F，则 D 和 E 之间的顾客就被锁定。如果垄断者能够实施价格歧视，它可以提高对这些顾客的销售价格，D 和 E 之间的顾客就组成了一个相关市场。如果价格歧视不可能，则 D－E 之间被锁定顾客的价格提升所获得收益，就不太可能抵消流失的未锁定顾客（C 和 D 之间以及 E 和 F 之间的所有顾客，以及 B 与 C 之间和 F 与 G 之间的部分顾客）的那部分利润。因此，相关市场将包括更多的相邻商店（使得假想的垄断者能从足够多的被锁定顾客所获收益足于抵消其流失的未锁定顾客的利润），对这样一个市场（例如，任何邻近的七家商店）中任何两个厂商之间的并购是否会产生反竞争的问题，则需做进一步分析（下文将讨论)②。

---

① 这也可视为下文将要讨论的"单边效应"的例子。
② 这个例子也指出了一个有趣的悖论。假设七个卖方 B、C、D、E、F、G 与 H 构成一个市场，而顾客愿意跳过一个商店购买。七个卖方达成的提价共谋将不可能持久，因为两侧厂商（B 与 H）将失去顾客、无法从共谋中获益，故可能抛弃共谋，这样就暴露出 C 和 F，促使它们也离开共谋，等等。但是，如果 E 拥有 B 和 H，则两边就受到了保护。因此，E 与 D，F 之间的三方合并将比 E 与 B，H 合并更有利于七个卖方串谋涨价。

经济与法律背景

正如该例所阐释的那样，买方所表现出来的对给定公司产品的偏好程度是描述相关市场的关键。

卖方集中度

在决定了市场边界之后，分析转向并购后的卖方集中度，并购所引起的集中度变化可能引起执法部门关注。其分析的基础在于这样一种传统的观点：较高的卖方集中度更可能导致厂商之间的合作行为（例如，参见 Stigler, 1964），尽管也会考虑到反竞争危害的其他理论，如"单边效应"（将在下文讨论）。

《指南》利用赫芬达尔—赫希曼指数（Herfindahl - Hirschman Index, HHI）来度量此集中度。一个市场的 HHI 是市场上所有卖方的市场份额（利用百分数表示）的平方之和。因此，一个拥有无限多个无限小企业的市场 HHI 很接近于零；一个纯垄断市场的 HHI 将为 10 000（$100^2 = 10\,000$）；一个由市场份额分别为 70% 和 30% 的两个厂商组成的双寡头的 HHI 将为 5 800（$70^2 + 30^2 = 5\,800$）。

《指南》明确定义了两个名义决策点：对于合并后 HHI 低于 1 000 的"非集中"市场而言，并购几乎不会受到政府的质疑。对于合并后 HHI 高于 1 800 的"高度集中"市场而言，如果并购本身导致 HHI 提高了 100 或者更多[1]，则并购基本上被认定是反竞争的；但如果 HHI 的升幅在 50~100 之间，政府就会对并购进行严格审查。无论在哪种情况下，其他因素（例如，市场进入的容易程度、强大的买方势力）都有可能影响到对并购的判决。对于并购后 HHI 在 1 000~1 800 之间并且并购使得 HHI 提高 100 的"中度集中"市场而言，反竞争的假设则更弱些[2]。

在实际执法中，执法机构要远比名义 HHI 门槛来得仁慈。合并后市场 HHI 低于 2 000 的并购很少受质疑，而合并后市场 HHI 更高的并购有时也逃脱

---

[1] 计算两个企业合并所导致的 HHI 变化的一个快捷方法是将合并前的市场份额相乘，然而再乘以 2。

[2] 有两种将 HHI 指数转变为更熟术语的方式。十个同等规模厂商（每个占 10% 的市场份额）所组成的市场 HHI 为 1 000；五至六个同等规模厂商所构成的市场 HHI 为 1 800。此外（由于大部分市场没有同等规模的企业），从经验计算（基于简单相似性）来看，这两个门槛点大约分别相当于 50% 和 70% 的四厂商集中度水平（Kwoka, 1985）。

了调查[①]。本质上讲,这些例子中的并购双方能使执法机构相信,市场的其他特征和(或)并购本身使得他们在并购后不大可能滥用市场势力。

负效应

有关并购的负效应,《指南》提出了两个理论,即协调效应(coordinated effects)与单边效应(unilateral effects)。较为传统的第一个理论认为,厂商数目变少以及合并企业的市场份额增加将提高企业协调行为的概率。《指南》认识到除了卖方集中度以外的其他特征也会影响协调行为的可能性,这些特征包括市场进入(下一部分将讨论)以及其他有利于监督与维持卖方共识的市场特征(将在其他市场特征一节中讨论)。

除了并购后寡头卖方更易协调的传统顾虑外,《指南》(自1992年以来)指出可能导致竞争性危害的第二个机制:单边效应[②]。即使在不与其他厂商协调的情况下,如果合并厂商能通过单边提价而使利润上升,则在此市场就会产生单边效应。当合并双方为差异化产品市场的竞争者时,单边效应最可能发生,因为并购消除了两者的竞争从而大大削弱了以前双方所能感受到的价格压力。其他产品由于不是相近的替代品而无法阻止价格上涨,而且基于同样理由,并不需要其他销售商的协同涨价[③]。

奥多瓦和威利格(Ordover and Willig, 1993)提出了一个单边效应的特别例子,本书用该例进行分析。假设所有的冷冻甜菜根由单一公司B生产。另一家公司C生产所有冷冻的胡萝卜,而所有的冷冻菠菜由公司S生产。每家公司为了达到自身利润最大化而制定自己的价格。每个公司定价时面临的一个重要制约条件是消费者对各种蔬菜之间的替代弹性。

现在假设甜菜根生产商B与胡萝卜公司C合并。这样会发生两件事。首先,合并公司BC发现提高甜菜价格有利可图,因为某些流失顾客转向胡萝卜,但合并公司BC可从这些顾客中获得(内在化)这些利润,而合并前的孤

[①] 在20多年里,此种仁慈(与《指南》所确定的HHI正式标准相比)已是并购执法的公开秘密。联邦贸易委员会(FTC)与司法部(DOJ)最近提供的数据证实了Leddy(1986)的看法。例如,参见FTC and DOJ(2003), FTC(2004), Kwoka(2004), Coate(2006),以及Coate and Ulrick (2005)。

[②] 在现在的执法过程中,执法机构对并购的挑战理由几乎必然部分地基于这两个可能顾虑中的一个。

[③] 《指南》强调指出,如果合并企业在并购后的市场份额达到35%,并且顾客对两个厂商并购前的产品呈现出强偏好,则应该特别关注单边效应问题。

立公司 B 则无法做到；与此相似，提高胡萝卜的价格对于孤立公司 C 毫无益处，但对公司 BC 则有利可图，因为部分流失顾客转向甜菜根。其次，合并公司 BC 可以做得比这更好，因为它在总体利润最大化过程中能够同时制定两个产品的价格①。

应该注意的是，这种合并对竞争的损害并非来自厂商间的合谋或合作，而来自于合并公司更有能力内在化提价所带来的正外部收益。很明显，此结论强烈依赖于差异化产品集合中的所有产品的弹性以及相互之间交叉弹性的模式②。尽管估计或明确说明这些需求弹性并非总是易事，反托拉斯执法机关在过去十年中已在该领域取得了一些进步。在详细的扫描数据（在超市、药店等销售点所记录的数据）的帮助下，联邦贸易委员会和司法部（以及被告）已经常在实际的并购案中估计差异化产品竞争的模型③。

同样值得注意的是，《指南》的市场定义范式是解释并购负作用的协调效应理论（coordinated effects theory）的基本要素（并为此而发展起来），因为卖方集中度是该理论的核心，而唯有先界定市场才能计算卖方的市场份额。然而，市场定义范式对于单边效应理论则不太合适，甚至是多余的，因为该理论主要依赖于并购前对一组差异化产品（其中有些被合并）的弹性及交叉弹性的经验估计。本质上，如果这些经验估计表明合并后企业单边提价有利可图，则此结果自然意味着存在一个或多个相关市场（涵盖合并后提价有利可图的产品）④。

市场进入

由于新厂商的进入会妨碍厂商行使市场势力（即使在高度集中的市场上也如此），《指南》意识到市场进入是并购分析的重要组成部分。《指南》认识到，要让进入可以防止并购后市场势力的发生，进入必须"及时、可能，且在数量、特点和范围上都足够"（timely, likely, and sufficient in magnitude,

---

① 奥多瓦和威利格的例子有更多精妙之处，他们允许存在多个甜菜根和胡萝卜生产商，并且考虑甜菜根和胡萝卜的支配企业进行合并。尽管这样或许更接近现实，但问题的本质与此处的讨论几乎一样。
② 参见 Werden and Froeb（1994）。
③ 关于这些建模技术的讨论，可参见 Werden and Froeb（1994）以及 Shapiro（1995）。这种方法已被用于分析 Oracle - People Soft 并购案，Preston McAfee, David Sibley 与 Michael Williams 在此书本部分案例 2 对此进行了讨论。
④ 比如，参见 White（2006）。

character, and scope）。及时性要求进入在两年之内发生，可能性则要求进入者在进入后的市场中能够获利，而数量、特点和范围上的充分性则要求进入者能恢复市场上由并购而损失的竞争程度——即新进入者像合并中所消失的企业一样有能力与活力①。

《指南》认识到高昂的"沉淀成本"可能是严重的进入壁垒；"沉淀成本"是指为获得有形或无形资产而"特别发生的为相关……市场服务"（uniquely incurred to serve the relevant…market）的成本，而这些资产如果转为它用则必然面临损失。（例子包括专业化的生产设备、营销成本、培训成本、研发以及广告等）。《指南》特别关心，在并购导致价格上涨以后，尽管存在沉淀成本，是否可能在两年之内发生充分的市场进入②。

其他市场特征

正如上文所述，有关并购后企业协作的传统理论已认识到，其他市场特征可能影响市场结果。比如，在卖方之间达成无形（或明确）的压制竞争的共识之后，卖方常有"欺骗"动机，特别是他们相信这种欺骗（如削价）能够在相当一段时期不被察觉。相应地，卖方发觉和惩罚"欺骗者"偏离共识的能力（比如，通过大幅度降低价格）对于成功维持持久的非竞争行为很重要。

《指南》讨论了寡头垄断理论认为决定卖方察觉和惩罚偏离行为，进而协调企业行为的重要市场特征：

- 所有厂商获得市场条件和个体交易重要信息的难易程度；
- 市场中厂商惯用的定价或营销行为；
- 市场上买方的集中程度；
- 有关产品在质量和服务方面的复杂程度；
- 相关市场中所有卖方的反托拉斯历史。

成本节省与效率

原则上讲，企业并购所带来的成本效率（规模效益）能给社会带来节约，

---

① 有趣的是，当前的《指南》没有指定明确的方法来分析"潜在进入者"，即准备迅速进入市场的厂商。这些厂商能对现有卖方施加显著约束，使得市场比仅考虑现有企业时更具有竞争性。但如果潜在进入者自身是并购的一方，则也会带来严重的竞争性问题。

② 能够在一年内轻松进入（不必花费高昂的沉淀成本）的厂商被视为已经在市场中，这是市场界定过程（market delineation process）的一部分。

经济与法律背景

这种社会节约可能远远弥补并购企业实施市场势力所带来的社会损失。图Ⅰ-3（摘自 Williamson，1968）阐述了此权衡关系。假设并购将竞争性行业变为垄断性行业，但同时也带来成本效率。社会收益由减少了的成本矩形来代表；社会（净）损失由三角形来代表。如果矩形面积超过三角形面积，并购就产生净社会收益。但如果反托拉斯的目标仅仅是帮助消费者，或者如果消费者比生产者更重要，则额外收益矩形（买方向卖方的转移）仍然可能是并购的障碍。

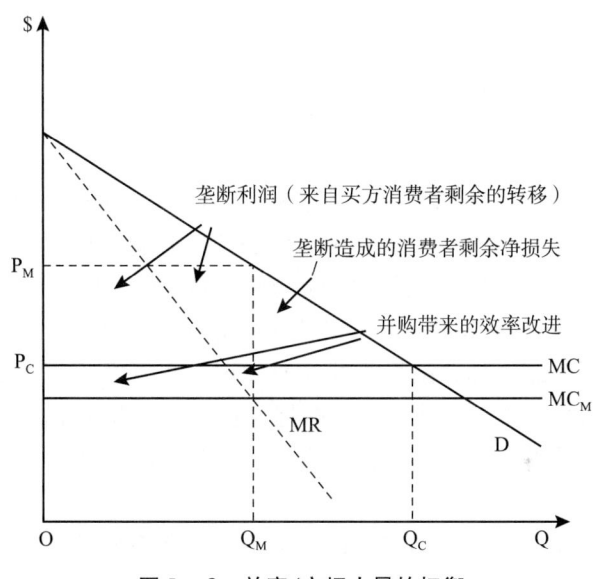

图 Ⅰ-3 效率/市场力量的权衡

P_C = 完全竞争价格
Q_C = 完全竞争产出
MC_M = 并购后的边际成本
P_M = 垄断价格
Q_M = 垄断产出

但如果成本降幅足够大，则即使考虑到合并后企业会实施市场势力，合并后价格或许仍会低于合并前价格。另一种观点认为①，并购后的效率或许会给停滞的寡头垄断行业带来活力，使得合并企业积极挑战行业领导者。但在更多的情况下，合并只会导致中等水平的成本效率，这就需要执法部门和（或）

---
① 比如，参见 Jonathan Baker 在此书本部分案例6对 Heinz - Beech - Nut 并购案的讨论。

· 17 ·

法院判断为了达到成本节省，到底可以忍受什么样的涨价可能性。

实际中的一个重要问题是，成本效率在合并前容易承诺，在合并后却通常难以实现，尤其在合并后厂商在整合双方人力、设备、系统、文化存在难度的情况下①。《指南》认识到成本与收益的权衡问题和两难困境，并试图达成折衷办法，声称执法部门"将不会挑战一项并购，如果该并购能带来可辨识的足够效率改进（即由并购所带来且可证实），以至于在任何市场上该并购都不太可能是反竞争的"。

企业并购执法过程

根据1976年哈特—斯科特—罗迪尼奥法（Hart–Scott–Rodino）（2001年修订）的规定，对所有超过指定申报门槛的预期并购，并购方都应事先向联邦贸易委员会和司法部申报他们并购意图②，并提供并购涉及公司的基本信息③。联邦贸易委员会和司法部会在几天内决定由哪个部门负责审查合并。该决定通常基于哪个部门具有该行业的专业知识（尽管在一些大案中有时也存在政治上的"讨价还价"）。大多数并购提议得到快速审查并被认为是无害的。如果存在潜在的反竞争效应，则相关部门的一组律师和经济学家就被委派做进一步分析。

从最初申报开始，执法部门须在30天内（如果并购涉及恶意收购，则为15天）作出决定，而并购不得在此期间完成（除非执法部门的快速审查显示没问题，并通知并购各方）。在此期间结束后，除非执法部门"二次要求"（second request）更多信息，并购各方可完成其并购。如果执法部门提出"二次要求"，则在并购各方提交所需信息后④，执法部门须在30天内（在恶意收

---

① 比如，参见 Kwoka and White（2004）对 UP–SP 并购案的讨论。
② 申报门槛涉及并购企业的规模及交易规模。基本原则是，收购方应拥有至少1亿美元的销售额或资产，而被收购方必须拥有至少1千万美元的销售额或资产。而且，并购交易额应在5千万美元以上；如果交易金额高于2亿美元，则不管并购企业规模多大都要申报。从2005年开始，申报门槛的美元金额每年按美国GDP的变动百分比进行调整。（比如，2008年交易金额的下限调整为6 310万美元）。而执法部门依然有权挑战更小规模的并购。比如，参见 FTC and DOJ（2007）。
③ 此法案起源于执法部门的如下抱怨，即它们有时很晚才发现并购，甚至在并购完成之后才获悉，这种事后追溯在法律上给并购执法带来了不必要的负担。
④ 并购各方的律师常要求会见执法官员以阐明其并购案不存在竞争危害，并常携公司总裁与经济顾问或专家参与会见。

购的情况下为 10 天）作出决定。但在复杂而有争议的并购案中，从最初申报到执法部门决策的时间可能远远超过 60 天时间，一方面是由于并购各方未及时递交所需信息，另一方面可能由于执法部门要求延迟有关期限。

如果执法部门认为某并购存在潜在问题，并购各方与执法部门将试图决定是否存在可接受的补救或"和解"方法，以减轻执法部门对竞争问题的顾虑，而并购各方仍可获得并购的效率或其他利益[1]。通常情况下可这样解决问题：并购各方同意将某些（产品生产线和/或在某些地区的）生产设施出售给较小的竞争对手或新进入者，从而将相关的 HHI 降低到可接受水平。例如，对于分支网络在大都市地区交叠的大银行之间的合并，标准的补救方法是要求合并银行将足够的分支机构出售给较小的竞争对手，从而将每个大都市地区的 HHI 水平降低至可接受水平[2]。

如果无法找到可接受的补救方法，则执法部门将表明向法庭挑战该并购的意图。该声明本身常能使那些不愿忍受额外延迟、成本和法庭不确定性的并购各方放弃并购[3]。如果他们选择对执法部门的做法提出异议，执法部门通常会很快地从联邦地方法院法官（a federal district court judge）那获得临时阻止命令。

然后，执法部门会要求法庭颁发初步强制令（Preliminary Injunction，PI）。通常，在几周内，法官会进行持续一周或两周的小规模审判，该审判名义上是关于授予 PI 的公平性，而实际上是考察控辩双方立场合理性的微型审判，围绕并购案的潜在反竞争性而展开。

法官关于 PI 动机的判决通常是决定性的：如果执法部门胜诉，则并购各方便就取消并购不再上诉[4]；如果并购方胜诉，则执法部门也就放弃该案。但是任何一方都有可能上诉至联邦巡回上诉法庭（federal circuit court of appeals）[5]。或者，败诉方会（但很少这样做）请求对案子进行全面审判。如果发生这种情况，审判前的调查和角逐、广泛的文件要求或作证，以及冗长的审

---

[1] 比如，Bulow and Shapiro（2004）所讨论的 BP - ARCO 并购案就是如此。
[2] FTC（1999）对这些补救方法进行了有趣的分析。
[3] 比如，Pelcovitz（2004）所讨论的 MCI WorldCom - Sprint 并购案就是如此。
[4] 塔（Serdar Dalkir）与弗雷德里克（Frederick Warren - Boulton）在此书本部分案例 7 所讨论的 Staples - Office Depot 并购案就是如此。
[5] 贝克（Jonathan Baker）在此书本部分案例 6 所讨论的 Heinz - Beech - Nut 并购案就是如此。

判本身可能会持续许多月甚至很多年①。

值得注意的是,并非所有的企业并购案都由司法部或联邦贸易委员会来审核,有些并购甚至不受《并购指南》的管辖。在被管制的行业(regulated industries),反托拉斯权力通常主要掌握在管制部门手中②,或由他们和司法部或联邦贸易委员会分享③。管制部门通常使用更宽泛的"公众利益"标准来评估并购,而反托拉斯问题仅是该标准的一部分。

并购反托拉斯政策去向何方?

当"现代版"《并购指南》于20世纪80年代早期诞生时,曾引起很大争议,激起广泛批评甚至替代方案。在四分之一多世纪后,该《指南》作为并购反托拉斯分析的组织框架显然经受住了时间的考验。正如上文所述,后来的一些增补使《指南》与随后的理论与实证进展相适应。

然而,在此框架内,仍有批评之声,特别是关于执法方面。一方面,有些批评家认为,执法部分批准了过多反竞争的并购(比如,并购各方在高卖方HHI行业中拥有很大的市场份额),高估了市场进入与效率改进的前景,却低估了在高集中度行业的卖方协调行为④。另一方面,另一些人则相信执法部门未充分考虑并购可能带来的效率改进⑤。只要并购政策依然是反托拉斯的主题,对这些问题的辩论很可能将一直延续;不太可能达成使双方都满意的解决方案。尽管如此,此辩论也凸显了并购政策在美国经济中持续重要性。

参考文献

[1] Adams, W. James, and Janet L. Yellen. "Commodity Bundling and the Bur-

---

① 如果司法部为起诉机构,则审判在联邦地方法院(federal district court)进行,败诉方可向巡回上诉法院(a circuit court of appeals)上诉,然后还可向最高法院(the supreme court)上诉。如果联邦贸易委员介入该案,则该案将由行政法法官(administrative law judge, ALJ)审判,该法官作出判决并写意见书。败诉方可向全联邦贸易委员会(full commission)上诉要求最终决定。如果并购各方对联邦贸易委员会的判决不满,还可向巡回上诉法院上诉。
② 阔卡与艾特(Kwoka and White, 2004)对UP-SP并购案的讨论就是如此。
③ 理查德·吉尔伯特(Richard Gilbert)与詹姆斯(James Rafliff)在此书本部分案例4讨论的EchoStar-DirecTV并购案,以及Frank Wolak与Shaun McRae在此书本部分案例1讨论的Exelon-Public Service并购案都是如此。
④ 比如,参见American Antitrust Institute (2004)。
⑤ 比如,这是Antitrust Modernization Commission (2007, ch. LB.) 讨论并购政策的重点。

den of Monopoly." *Quarterly Journal of Economics* 90 (August 1976): 475 – 498.

[2] American Antitrust Institute. "Statement of the American Antitrust Institute on Horizontal Merger Analysis and the Role of Concentration in the Merger Guidelines." Washington, D. C.: AAI, February 10, 2004. http://www. antitrustinstitute. org/archives/files/296. pdf.

[3] Antitrust Modernization Commission. *Report and Recommendations*. Washington, D. C.: AMC, April 2007.

[4] Baker, Jonathan B. "Responding to Developments in Economics and the Courts: Entry in the Merger Guidelines." *Antitrust Law Journal* 71 (2003): 189 – 206.

[5] Baker, Jonathan B., and F. Timothy Bresnahan. "Economic Evidence in Antitrust: Defining Markets and Measuring Market Power." In *Handbook of Antitrust Economics*, edited by Paolo Buccirossi, 1—42. Cambridge, Mass.: MIT Press, 2008.

[6] Bulow, Jeremy, and Carl Shapiro. "The BP Amoco-ARCO Merger: Alaskan Crude Oil (2000)." In *The Antitrust Revolution: Economics, Competition, and Policy*, 4th edn., edited by John E. Kwoka, Jr., and Lawrence J. White, 128 – 149. New York: Oxford University Press, 2004.

[7] Burstein, Meyer L. "The Economics of Tie-in Sales." *Review of Economics and Statistics* 42 (February 1960): 48 – 73.

[8] Coate, Malcolm B. "Empirical Analysis of Merger Enforcement under the 1992 Merger Guidelines." *Review of Industrial Organization* 27 (December 2005): 279 – 301.

[9] Coate, Malcolm B., and Shawn W. Ulrick. "Transparency at the Federal Trade Commission: The Horizontal Merger Review Process 1996 – 2003." *Antitrust Law Journal* 73 (2) (2006): 531 – 570.

[10] Collins, Wayne D., ed. *Issues in Competition Law and Policy*. Chicago: American Bar Association, 2008.

[11] Federal Trade Commission, Bureau of Competition. "A Study of the Commission's Divestiture Process." Washington, D. C., August 1999. http://www. ftc. gov/os/1999/9908/divestiture. pdf.

[12] Federal Trade Commission. "Horizontal Merger Investigation Data, Fiscal Years 1996 – 2003," February 2, 2004 (revised August 31, 2004). http://www.ftc.gov/os/2004/08/040831horizmergersdata96 – 03.pdf.

[13] Federal Trade Commission and U.S. Department of Justice. "Merger Challenges Data, Fiscal Years 1999 – 2003," December 18, 2003. http://www.ftc.gov/os/2003/12/mdp.pdf.

[14] Federal Trade Commission and U.S. Department of Justice. "Commentary on the Horizontal Merger Guidelines," March 2006. http://www.ftc.gov/os/2006/03/CommentaryontheHorizontalMergerGuidelinesMarch2006.pdf.

[15] Federal Trade Commission, Bureau of Competition, and U.S. Department of Justice, Antitrust Division. "Hart-Scott-Rodino Annual Report: Fiscal Year 2006," July 24, 2007. http://www.ftc.gov/os/2007/07/Pl 10014hsrreport.pdf.

[16] Gilbert, Richard J. "Networks, Standards, and the Use of Market Dominance: Microsoft (1995)." In *The Antitrust Revolution: Economics, Competition, and Policy*, 3d edn., edited by John E. Kwoka, Jr., and Lawrence J. White, 409 – 429. New York: Oxford University Press, 1999.

[17] Jacquemin, Alexis, and Margaret E. Slade. "Cartels, Collusion, and Horizontal Merger." In *Handbook of Industrial Organization*, vol.1, edited by Richard Schmalensee and Robert H. Willig, 415 – 173. Amsterdam: North Holland, 1989.

[18] Kolasky, William J., and Andrew R. Dick. "The Merger Guidelines and the Integration of Efficiencies into Antitrust Review of Horizontal Mergers." *Antitrust Law Review* 71 (2003): 207 – 252.

[19] Kuhn, Kai-Uwe. "The Coordinated Effects of Mergers." In *Handbook of Antitrust Economics*, edited by Paolo Buccirossi, 105 – 144. Cambridge, Mass.: MIT Press, 2008.

[20] Kwoka, John E., Jr. "The Herfindahl Index in Theory and Practice." *Antitrust Bulletin* 30 (Winter 1985): 915 – 947.

[21] Kwoka, John E., Jr. "Non-Incumbent Competition: Mergers Involving Constraining and Prospective Competitors." *Case Western Reserve Law Review* 52 (Fall 2001): 173 – 211.

[22] Kwoka, John E., Jr. "Some Thoughts on Concentration, Market Shares, and Merger Enforcement Policy." Paper presented at the FTC/DOJ Workshop on Merger Enforcement, February 17, 2004. http://www.ftc.gov/bc/mergerenforce/presentations/040217kwoka.pdf.

[23] Kwoka, John E., Jr., and Lawrence J. White. "Manifest Destiny? The Union Pacific and Southern Pacific Railroad Merger (1996)." In *The Antitrust Revolution: Economics, Competition, and Policy*, 4th edn., edited by John E. Kwoka, Jr., and Lawrence J. White, 27 – 51. New York: Oxford University Press, 2004.

[24] Landes, William M., and Richard A. Posner. "Market Power in Antitrust Cases." *Harvard Law Review* 94 (1981): 937 – 996.

[25] Leddy, Mark. "Recent Merger Cases Reflect Revolution in Antitrust Policy." *Legal Times*, November 3, 1986, p. 2.

[26] Leibenstein, Harvey. "Allocative Efficiency vs. X-Efficiency." *American Economic Review* 56 (June 1966): 392 – 415.

[27] Markham, Jesse W. "Summary Evidence and Findings on Mergers." In *Business Concentration and Price Policy*, 141 – 212. Princeton, N.J.: Princeton University Press, 1955.

[28] Nelson, Ralph L. *Merger Movements in American Industry, 1895 – 1956*. Princeton, N.J.: Princeton University Press, 1959.

[29] Noll, Roger G., and Bruce M. Owen. "The Anticompetitive Uses of Regulation: United States v. AT&T (1982)." In *The Antitrust Revolution: The Role of Economics*, 2d edn., edited by John E. Kwoka, Jr., and Lawrence J. White, 328 – 375. New York: HarperCollins, 1994.

[30] Ordover, Janusz, and Robert Willig. "Economics and the 1992 Merger Guidelines: A Brief Survey." *Review of Industrial Organization* 8 (2) (1993): 139 – 150.

[31] Pelcovits, Michael D. "The Long-Distance Industry: One Merger Too Many? MCI Worldcom and Sprint (2000)." In *The Antitrust Resolution: Economics, Competition, and Policy*, 4th edn., edited by John E. Kwoka, Jr., and Lawrence J. White, 101 – 127. New York: Oxford University Press, 2004.

[32] Posner, Richard A. "The Social Costs of Monopoly and Regulation." *Journal of Political Economy* 83 (August 1975): 807 – 827.

[33] Salop, Steven C, and David T. Scheffman. "Raising Rivals' Costs." *American Economic Review* 73 (May 1983): 267 – 271.

[34] Salop, Steven C, and David T. Scheffman. "Cost-Raising Strategies." *Journal of Industrial Economics* 36 (September 1987): 19 – 34.

[35] Scheffman, David, Malcolm Coate, and Louis Silva. "Twenty Years of Merger Guidelines Enforcement at the FTC: An Economic Perspective." *Antitrust Law Review* 71 (2003): 277 – 318. http://www.usdoj.gov/atr/hmerger/11255.htm.

[36] Scherer, F. M., and David Ross. *Industrial Market Structure and Economic Performance*. 3d edn. Boston: Houghton-Mifflin, 1990.

[37] Shapiro, Carl. "Theories of Oligopoly Behavior." In *Handbook of Industrial Organization*, vol. 1, edited by Richard Schmalensee and Robert D. Willig, 329 – 414. Amsterdam: North Holland, 1989.

[38] Shapiro, Carl. "Mergers with Differentiated Products." Address to ABA International Bar Association, November 9, 1995, Washington, D. C.

[39] Shapiro, Carl. "Technology Cross-Licensing Practices: FTC v. Intel (1999)." In *The Antitrust Revolution: Economics, Competition, and Policy*, 4th edn., edited by John E. Kwoka, Jr., and Lawrence J. White, 350 – 372. New York: Oxford University Press, 2004.

[40] Stigler, George J. "A Theory of Oligopoly." *Journal of Political Economy* 72 (February 1964): 55 – 69.

[41] Stigler, George J. "The Dominant Firm and the Inverted Price Umbrella." *Journal of Law & Economics* 8 (October 1965): 167 – 172.

[42] Werden, Gregory J. "The 1982 Merger Guidelines and the Ascent of the Hypothetical Monopolist Paradigm." *Antitrust Law Journal* 71 (2003): 253 – 276.

[43] Werden, Gregory J., and Luke Froeb. "The Effects of Mergers in Differentiated Products Industries: Logit Demand and Merger Policy." *Journal of Law, Economics, and Organization* 10 (October 1994): 407 – 426.

[44] Werden, Gregory J., and Luke M. Froeb. "Unilateral Competitive Effects of

Horizontal Mergers." In *Handbook of Antitrust Economics*, edited by Paolo Buccirossi, 43 – 104. Cambridge, Mass. : MIT Press, 2007.

[45] White, Lawrence J. "Horizontal Merger Antitrust Enforcement: Some Historical Perspectives, Some Current Observations." Paper prepared for the Antitrust Modernization Commission's "Economist's Roundtable on Merger Enforcement," January 19, 2006 (revised March 16, 2006). http://www.amc.gov/commission_hearings/pdf/White_Statement_final.pdf.

[46] Williamson, Oliver E. "Economies as an Antitrust Defense: The Welfare Tradeoffs." *American Economic Review* 58 (March 1968): 18 – 36.

[47] Williamson, Oliver E. "The Merger Guidelines of the U. S. Department of Justice—In Perspective, 2002." http://www.usdoj.gov/atr/hmerger/11254.htm.

案例 1

重组后电力供应行业的并购分析：
PSEG 与爱克斯龙公司的并购案（2006）

法兰克·A·沃拉克* (Frank A. Wolak)
肖恩·D·麦克雷 (Shaun D. McRae)

1.1 引　　言

2004 年 12 月 20 日，爱克斯龙公司（Exelon Corporation）与公共服务企业集团（Public Service Enterprise Group，PSEG）宣布达成一项并购协议，将成立爱克斯龙电力煤气公司，成为美国最大的公用事业公司[1]。合并后的公司将为伊利诺伊州、新泽西州、宾夕法尼亚州近 700 万电力用户与 200 万天然气用户提供服务，并将拥有略多于 51 000 兆瓦的发电能力，其中 40% 为原子能。

并购双方指出，爱克斯龙在运行原子能发电设施方面的专业技能，以及 PSGE 所拥有的 3 500 兆瓦原子能设施，是推动此项并购的重要因素[2]。与此并购协议相伴随的是一份单独的服务协议，规定无论此并购的最终结果如何，爱克斯龙都将管理 PSEG 的原子能发电工厂[3]。

爱克斯龙拥有宾夕法尼亚州最大的公用事业公司 PECO，该公司为费城及周围地区大约 160 万电力用户提供服务，并为费城之外 48 万天然气用户提供

---

* 法兰克·A·沃拉克曾协助美国司法部分析此并购动议。本书观点不代表美国司法部的立场。
[1] 有关此并购的新闻发布及该陈述，参见网页 http：//phx. corporate – ir. net/phoenix. zhtml? c = 124298&p = irol – newsArticle&ID = 656265&。
[2] 有关此并购的新闻发布及该陈述，参见网页 http：//phx. corporate – ir. net/phoenix. zhtml? c = 124298&p = irol – newsArticle&ID = 656265&。
[3] 有关此并购的新闻发布及该陈述，参见网页 http：//phx. corporate – ir. net/phoenix. zhtml? c = 124298&p = irol – newsArticle&ID = 656265&。

案例1：PSEG 与爱克斯龙公司的并购案

服务①。PSEG 拥有公共服务电力与煤气公司（Public Service Electric and Gas Company，PSE&G），为新泽西州210万电力用户与170万煤气用户提供服务。PECO 与 PSE&G 的服务区域相邻，并且这两个公司所拥有的发电设施的相当一部分都位于这两个服务区域之内或附近。因此，PECO 与 PSE&G 的合并将会减弱电力批发市场的竞争，该电力批发市场为 PECO 与 PSE&G 服务区域内的用户提供电力，以及其余 PJM 互连（PMJ Interconnection）批发市场的相当部分。PJM 互连是一个覆盖宾夕法尼亚州、新泽西州、马里兰州、特拉华州、北卡罗莱纳州、密歇根州、俄亥俄州、弗吉尼亚州、西弗吉尼亚州、印第安纳州与伊利诺伊州部分或全部的批发市场。

在20世纪90年代电力行业重组（electricity industry restructuring）之前乃至21世纪初，电力供应行业的大多数并购并未带来多少反垄断的顾虑。该行业由纵向一体化的区域垄断者所组成，每个区域垄断者均负责在其服务区域内的所有电力生产、传输、分配与销售。每家企业都有法律义务按照州公共事业委员会（state public utility commission）设定的价格向所有在服务区域内的用户提供服务。这些价格的具体设定，已经考虑到企业能有机会弥补其提供服务所发生的正常成本，以及给予企业股东的资本回报。因此，基于州政府对零售价格与服务质量的管制，电力供应商无法使用通过并购以提高市场势力并抬高最终消费者价格的许多常用机制②。

电力行业重组废除了基于成本的管制，而代之以市场机制作为确定电力批发价格的主要方式。向批发市场出售电力的厂商之间的并购会导致反垄断的重大顾虑，因为占有供应需求的总发电量份额过大会导致企业控制产量以抬高市场出清价格。在2000年6月至2001年6月期间，加州电力市场提供了一个单边市场势力对短期电力批发价格潜在冲击的例子（参见 Borenstein，Bushnell，and Wolak，2002；Wolak，2003c）。

两个占据相当市场份额的相邻电力供应商之间的合并——这可能是爱克斯龙与 PSEG 合并动议的最终结果——可能极大地削弱竞价型（bid-based）批发市场的竞争。加州电力市场的经验表明，竞争条件的微小变化可以导致财富从

---

① 爱克斯龙还拥有 ComEd 公司，该公司为伊利诺伊州北部520万用户提供电力服务，包括芝加哥。

② 跨州经营的纵向一体化电力公司给各个州的管理者带来了很大挑战。每个州只能保证它所制定的价格让企业能弥补在该州范围内发生的成本。如果一个纵向一体化的电力公司同时在越多的州经营，则对于这些州管理者的挑战越大，即这些州应如何定价才能不让该企业在弥补正常的生产成本仍享有超额收益。由于这个原因，纵向一体化的区域垄断者之间的跨州并购可能导致反垄断的危害。

消费者向生产者的巨大转移，以及显著的福利净损失（deadweight losses）。并购双方认识到需要对并购可能带来的损害竞争的潜在危害采用补救措施①。在向联邦能源管制委员会（Federal Energy Regulatory Commission，FERC）最初提交的申请中，并购双方计划出售共计 2 900 兆瓦的石化燃料发电设施与 2 600 兆瓦的原子能设施，试图通过这种"虚拟资产剥离"（virtual divesture）的方式来弥补并购的潜在经济危害②。在此并购刚宣布的时候，一位行业顶尖出版物的主编认为，并购方与审查部门之间的主要争论可能是如何最好地弥补并购对 PJM 互连电力批发市场竞争的影响（Radford，2005）。

正规电力批发市场的主要特征是一个竞价型的短期市场，确定明天以及当天实时的批发电价。这些市场提供了每个生产商供给意愿的丰富数据来源，可以用于模拟兼并后与剥离后的不同市场结果。各州政府的行业管制历史提供了各电力公司拥有的发电设施的技术特征信息，这是精确估计边际成本函数所必需的。竞价型批发市场使用的市场规则在 FERC 有备案——FERC 是美国批发市场的管理部门——这些规则指明了，市场参与者的行为如何决定它们的收益所得与成本支出。清晰而具体的市场规则使得经济学家在模拟兼并后与剥离后的市场结果时，不需要做有关市场如何运作的无法检验的假定。这三个特征使得可以对电力批发市场进行丰富的定量分析，只需假定厂商的利润最大化行为以及少量其他经济建模假设，就可以分析并购以及补救措施的作用。

本章的其余部分对于电力批发市场并购分析的定量方法进行了图解的讨论，然后将其中的几个观点应用于 PSEG 与爱克斯龙的并购案例。下一节描述了 PJM 互连批发市场，负责分析并购对竞争影响的几个政府部门，以及并购各方对并购理由的基本说明。接下来的一节描述了电力生产与竞价型电力批发市场的重要特征，这有助于理解并购分析的定量方法。对于基本经济理论与定量分析的直观理解，使用了图解的方法。之后，描述了并购审查的正式过程，包括由并购方提出的最初申请，每个相关政府部门的审查结果，以及此项并购案的最终结局及可能的原因解释。本章最后讨论在竞价型电力批发市场未来的并购各方可能从此并购案结果中学到的经验教训。

---

① 参见 NJBPU（2005）第 20～21 页。
② 有关此资产剥离的计划，参见网页 http：//phx. corporate-ir. net/phoenix. zhtml？c = 124298&p = irol-newsArticle&ID = 670685&。在本章的后面正文中，将解释"虚拟资产剥离"（virtual divesture）的概念。

案例1：PSEG 与爱克斯龙公司的并购案

1.2 并购分析的行业及制度背景

本节首先描述了 PJM 互连批发市场的重要特征，以及并购双方的特点。然后描述了四个相关的审查部门，以及并购各方的立场。

1.2.1 并购分析的行业背景

图 1-1 提供了 PJM 互连批发市场的一种地图。根据发电能力的兆瓦数（大约 165 000 兆瓦）以及高峰用电需求（大约 145 000 兆瓦），PJM 是美国最大的电力批发市场。PSEG 所拥有的大多数发电机组都位于图 1-1 中标注"PSE&G"的地区。爱克斯龙所拥有的大多数发电机组都位于标注"PECO"与"ComEd"的地区。PSE&G（位于新泽西州）与 PECO（位于宾夕法尼亚州）的共同边界表明，如果没有一个适当的发电机组剥离方案，合并后的企业将有动机与能力提高批发电价，特别是在 PJM 互连批发市场中的 PSE&G 与 PECO 服务区域。

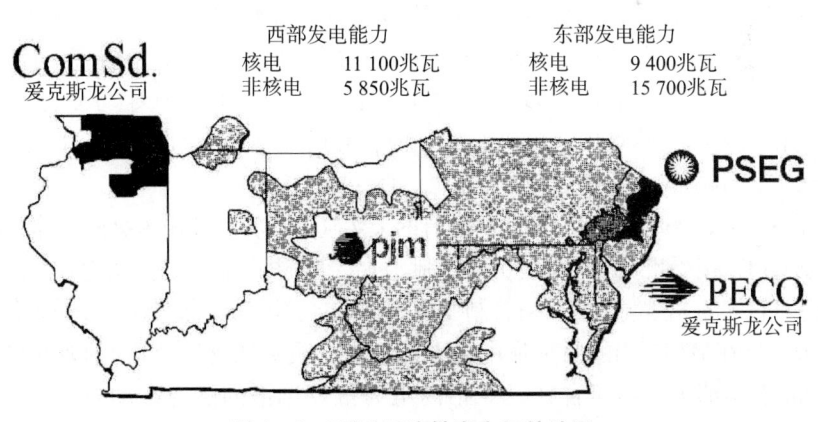

图 1-1 PJM 互连批发市场的地图

表 1-1 列出了并购双方的特征，数据来自并购时 PSEG 的网站。在 2003 年末，爱克斯龙拥有 34 467 兆瓦的发电能力，PSEG 拥有 17 117 兆瓦的发电能

力，合计拥有 51 584 兆瓦的发电能力。爱克斯龙专长于经营原子能电厂，拥有 16 943 兆瓦的原子能发电能力[①]。PSEG 拥有 3 510 兆瓦的原子能发电能力，故（不考虑剥离）二者合并将拥有 20 453 兆瓦的原子能发电资产。

表1-1　　　　　　　　　　并购双方的特征

	爱克斯龙 2003	PSEG 2003	两公司合并
电力用户	5 100 000	2 000 000	7 100 000
天然气用户	460 000	1 600 000	2 060 000
美国发电资产（兆瓦）*	34 467	17 117	51 584
原子能发电（兆瓦）	16 943	3 510	20 453
资产、营业收入与净收入（10 亿美元）			
总资产	$41.9	$28.1	$70.0
营业收入	$15.8	$11.1	$26.9
净收入**	$1.7	$0.9	$2.6

*2004 年底的预期数。
**来自持续经营的收入。
资料来源：《PSEG 与爱克斯龙：创造明天的一流公用事业》（http://www.pseg.com/media_center/pdf/CommerceMagazine07-05.pdf）。

并购双方估计，合并后的企业将拥有总资产 800 亿美元，2004 年总收入将超过 270 亿美元[②]。正如 Radford（2005）所指出，新企业将在总资产方面比美国第二大电力企业还要多 25% 以上。表 1-1 显示，PSEG 与爱克斯龙同时也为相当多的天然气用户提供服务。但合并后的企业所拥有的电力用户几乎将是天然气用户的 3.5 倍。

在兼并后，PSEG 与爱克斯龙所拥有的天然气公司将继续作为纵向一体化的公用事业公司，接受州政府的零售价格管制。主要审查机构似乎并不认为二者的兼并会使得对它们的天然气零售价格管制变得更困难。美国司法部（Department of Justice，DOJ）在最初提出的反对兼并意见中指出，"爱克斯龙与 PSEG 的兼并将使二者之间的竞争消失，给予合并企业抬高电力批发价格的能力与动机……"，但

[①] 爱克斯龙于 2000 年由芝加哥 Unicom 公司（该公司拥有 ComEd）与 PECO 兼并而组建。此兼并的主要动机在于整合二者的原子能发电能力。
[②] 参见《PSEG 与爱克斯龙：创造明天的一流公用事业》（http://www.pseg.com/media_center/pdf/CommerceMagazine07-05.pdf）。

案例1：PSEG 与爱克斯龙公司的并购案

并未提及对天然气批发或零售市场的任何危害①。FERC 对并购的调查几乎仅仅关注评估此项兼并对电力批发价格的影响（参见 FERC，2005）。

1.2.2 审查机构与审查标准

四个政府机构评估了此项并购动议对竞争的影响，即美国电力批发监管部门（FERC），新泽西州与宾夕法尼亚州的公共事业委员会，以及美国司法部②。法律要求联邦与州政府的监管机构在决定是否批准该并购时，使用"公共利益"（public interest）标准，该标准与横向并购指南（Horizontal Merger Guideline，HMG）的标准有所不同。HMG 的标准主要关注某些并购是否会"导致或增加市场势力"或"方便运用市场势力"。

在评估并购时，FERC 的公共利益标准考虑三个因素：（1）对竞争的影响；（2）对价格的影响；（3）对管制的影响。对竞争的影响基本上就是 HMG 对竞争影响的评估。对价格的影响探讨并购是否会影响电力批发或传输的价格。这个评估与对竞争影响的评估紧密相连，因为如果并购减弱了竞争，则批发价格与某些用户的价格就可能上升。对管制的影响探讨并购是否会影响联邦或州政府管制的有效性。

宾夕法尼亚州公共事业委员会与新泽西州公共事业委员会（New Jersey Board of Public Utilities，NJBPU）的公共利益标准略有不同。宾夕法尼亚州的标准要求并购能给宾夕法尼亚的消费者带来大量的利益，并且不会导致反竞争或歧视性行为，或非法运用市场势力。NJBPU 的标准要求评估并购对竞争、价格、相关公用事业员工的影响、能否提供安全与足够的公共事业服务，以及对新泽西州消费者的切实利益的影响。

从公开的陈述来看，州政府管理机构对于并购竞争效应的主要担心在于，PSEG 与爱克斯龙的发电资产整合后将对电力批发市场价格，乃至各州电力零售市场价格的影响。宾夕法尼亚州公共事业委员会援引爱克斯龙同意截至 2010 年冻结 PECO 电力零售价格的事实，作为批准该项并购的主要原因③。

---

① 有关此项反对意见，参见网页 http://www.usdoj.gov/atr/cases/f216700/216785.htm。
② 伊利诺伊州商业委员会与公共事业管理委员会曾通知并购各方，它们对于此项并购案无管辖权，故不需要获得它们的同意。
③ 有关批准此项并购的新闻发布，参见网页 http://www.puc.state.pa.us/General/press_releases/Press_Releases.aspx?ShowPR=1451。

NJBPU 则认为,"爱克斯龙兼并 PSEG 将使得新泽西的批发市场竞争者数量显著地减少一个……",而且"……如果没有弥补或其他措施,目前并购双方在相关市场所占有的巨大份额将必然导致更高的市场集中度,以及未来滥用市场势力的潜在可能"(NJBPU,2005)。因此,基于这些公开陈述以及上面的引文,州与联邦机构对于竞争的主要顾虑在于对电力批发市场的竞争影响。

1.2.3 并购各方的立场

并购双方声称,该并购将为两家公司的客户与股东提供很高的价值[①]。这些利益多数来自于合并企业扩大经营规模的结果。据悉,这将导致服务更可信赖,以及收益更可预测。更可信赖的服务被认为是消费者的福利。对于在 PJM 互连批发市场中的几个受管制公用事业企业,以及大型、低可变成本、低排放发电企业的整合——主要是这两家公司的原子能发电工厂——据信将提供稳定的盈利与现金流增长。所有这些利益都将归股东所有,而这些利益可能仅仅来源于合并后的企业有更多的机会单边地在电力批发市场运用市场势力,而非来自于任何成本的节约。

成本节约的一个可能来源是爱克斯龙有机会拥有 PSEG 的原子能设施,并在这些发电设施中使用其管理与运营方法。爱克斯龙管理着美国最大的原子能发电设施,并成功地实施了原子能绩效项目:爱克斯龙原子能管理模式(Exelon Nuclear Management Model)。并购双方在并购公告提供的资料表明,如果 PSEG 原子能设施使用爱克斯龙的管理方法,将可以显著地提高设备利用率,并降低非燃料的生产成本[②]。在这份公告中,并购双方还声称,PSEG 的原子能设备利用率每提高 1%,将带来 1 200 万美元的税前收入。

虽然通过提高 PSEG 原子能设施的运营效率可以实现经济上相当可观的成本节约与收入增长,但与 PSEG 和爱克斯龙所声称的这种协同效应只能通过并购来实现相不符的是,在签订并购协议的同时,还签订了一份单独的原子能运营服务协议。根据此服务协议,爱克斯龙将派出高级职员管理 PSEG 位于希望溪(Hope

---

① 有关并购双方所声称的并购对于股东与客户的利益,参见网页 http://phx.corporate-ir.net/phoenix.zhtml? c=124298&p=irol-newsArticle&ID=656265&。

② 在 2004 年 12 月 20 日的这份公告第 22 页的两张图显示,爱克斯龙的原子能设备利用率明显高于 PSEG,而非燃料生产成本则明显低于后者(http://media.corporate-ir.net/media_files/irol/12/124298/pdfs/EXC_PSEG_AnalystPres_122004.pdf)。

案例1：PSEG与爱克斯龙公司的并购案

Creek）与塞伦（Salem）的原子能发电机组，并执行爱克斯龙原子能管理模式。关于PSEG与爱克斯龙只有兼并才能提高运营效率的必要性，进一步的反面证据是，在2005年与2006年，由爱克斯龙根据运营协议派出员工来操作PSEG的原子能设施，相比协议签订的前一年已经显著地提高了运营效率[①]。

如果没有资产剥离，合并后的企业将大约控制PJM互连市场1/3的发电能力。由于PECO与PSEG的服务区域在地理上十分接近，合并后的企业将控制包含这两个服务区域的那部分PJM互连市场——PJM东部——一个大得多的份额。在PJM东部与PJM其余部分之间有一个很大的传输界面（transmission interface）：东部界面。许多低可变成本的发电机组都位于东部界面的西边，并通常输送电力到PJM东部。因此，如果东部界面发生拥塞，合并后的企业所面临的与之竞争的发电机组数目将显著下降。

基于各审查机构公开表述的批准此项并购的先决条件，对于如何保证该并购不会危害PJM互连电力批发市场的竞争，各审查机构似乎仍有不同意见。比如，FERC要求剥离的石化发电能力低于司法部的要求。但FERC要求对原子能资产进行虚拟剥离，而司法部则无此要求。NJBPU从未明确其所要求的资产剥离数量，但在2006年8月，新泽西州的公共议政员（public advocate）提议，在司法部方案之外，再剥离2 500兆瓦以上的火力电厂[②]。因此，关于如何弥补并购对竞争的影响，意见分歧具体表现为（1）需要剥离的发电能力兆瓦数；（2）需要剥离的发电能力的可变成本与位置；（3）资产的虚拟销售或实质销售是否足以弥补对于竞争的这些顾虑。为了便于分析在竞价型电力批发市场中并购对竞争的影响，下一节将介绍电力供应行业的重要特征。

1.3 电力批发市场反垄断分析的工具

电力供应行业包含四个环节：（1）发电；（2）输电；（3）配电；（4）零售。这些环节的生产技术特性对于应在多大程度上由一个区域垄断者来经营的要求并不相同。

---

① 有关2005年与2006年相对于2004年的运营效率改进，参见《PSEG将运营原子能但雇佣爱克斯龙员工以提高产出》，《电力事业周刊》（Electricity Utility Week），2006年12月25日，第27页。
② 参见《爱克斯龙与PSEG对新泽西州公共议政员的并购反要约保持沉默》，载《电力事业周刊》（Electricity Utility Week），2006年8月14日，第1页。

发电是将热能或动能,比如化石燃料、原子能燃料、水流、风或太阳能,转化为电能[1]。输电是将电能从发电厂通过高压传输,运送到地方配电网络。配电是将电能通过低压输送给最终消费者。电力零售商购买批发电力,支付使用输电与地方配电网络的成本,以传送电能给最终消费者[2]。在批发市场上,所有在该批发市场地理区域内的发电厂商相互竞争为零售商提供批发电力,零售商然后使用地方配电网络销售给最终消费者。在此地理区域内的所有发电厂商与零售商都可以按管制的价格使用输电网络。所有零售商都可以按州公共事业委员会制定的价格使用地方配电网络的服务。

电力批发市场与其他产品的批发市场运作机制相似,但由于电力的独特性质而具有以下几个非常重要的例外特征。首先,在传输网络上,供给与需求必须在任何时刻与任何地点都相等。第二,所有发电都必须通过传输网络来传送,该网络在任何两地之间的输电能力都是有限的。第三,电力生产明显地受到发电能力的约束,即一个发电机组在单位小时内只能生产有限的能量[3]。第四,存储电能的成本很高,故几乎所有在本期消费的电力必须也在本期生产。最后,对电力的实时需求近乎是完全没有价格弹性,因为几乎所有最终消费者支付的零售价格都不随着每小时的电力批发价而变动。

批发市场的实时操作员必须保证以上所有技术要求都能满足,才能为最终消费者提供稳定的电力供应。虽然电力批发市场运作的细节非常复杂,但其基本特征却可以用简单的经济术语来描述。每天发电厂商都会把在下一天从其发电机组供给电能的意愿(willingness to supply energy)提交给市场操作员,该意愿是在下一天的每一小时市场价格的函数。

对于在美国境内的所有电力批发市场,这些供给意愿函数都是阶梯函数,阶梯的高度等于要价(offer price),而发电厂商在此价格下愿意供给的产出等于阶梯的长度。比如,在 PJM 互连批发市场,每个供应商每天可以为每个发电机组提交不多于十个价格水平,以及对应的产出增量。之所以允许提交对应于不同产出的不同要价,是因为在本时段或前几个时段,电力生产的可变成本

---

[1] Wolak(1999)讨论了电力供应行业的技术与生产组织,并与电力批发市场的早期经验相比较。

[2] Joskow(1989)提供了美国电力供应行业的一个很有见地且容易理解的历史,以及管制上的失败导致行业的重组。Joskow(1997)美国选择此行业重组过程的基本理由。

[3] 标明具有 200 兆瓦发电能力的发电机组通常可以在一小时内生产略多于 200 兆瓦(大约多 10%)的电能,但需要超出该发电机组最低可变成本所对应的产出。在此范围内运作将增加发电机组出故障的风险。

案例1：PSEG 与爱克斯龙公司的并购案

会随着产出水平而变动①。由于每个发电厂通常包含多个发电机组，而发电厂商通常拥有多个发电厂，因此厂商层面的供给意愿曲线由几百个价格水平与产出增量所构成。爱克斯龙与 PSEG 都分别拥有上百个发电机组，这意味着每个公司在每天的每个小时都将向 PJM 互连批发市场操作员提交由上千个价格水平与产出增量组成的供给意愿曲线。为了简化后面的图解分析，本章其余部分假设这些供给意愿函数与所有的边际成本函数都是平滑的。

如果输电网络不出现拥塞，市场操作员可以根据每个发电机组的供给意愿曲线，计算出下一天每个小时的总供给曲线。根据该小时总供给意愿曲线与总需求的交点就可确定唯一的市场出清价格。所有要价低于市场出清价格的发电厂商都有在此价格或更低价格供给兆瓦小时（megawatt hours，MWh）的义务。

图1-2画出了批发电力市场上三个供应商在厂商层面的供给意愿曲线。纵轴表示市场价格，横轴表示每个厂商在该价格下愿意供给的产量。把厂商1，2，3的供给意愿曲线分别记为 $S_1(p)$，$S_2(p)$ 与 $S_3(p)$。在每兆瓦小时60美元（\$60/MWh）的价格下，厂商1愿意供应200MWh，厂商2愿意供应100MWh，而厂商3愿意供应300MWh。总供给意愿函数 $S_T(p)$ 是这三个厂商在每个可能价格上的供给意愿之和。垂直线表示市场需求 Q_d，等于600MWh。市场需求与总供给意愿曲线相交处的价格就是出清价格，即 \$60/MWh。

图1-2 总供给意愿曲线与市场出清价格

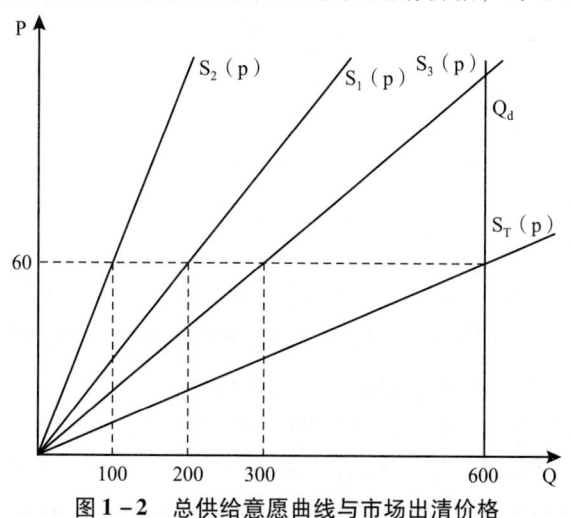

① Wolak（2007）提供了在澳大利亚电力市场发电机组层面的竞价与运营行为的证据，表明发电机组层面的边际成本随着当天本时段与前几个时段的产出水平而变动。

根据市场规则，每个厂商的营业收入为市场出清价格乘以它的产量。在本例中，厂商1获得$12 000的营业收入，即市场出清价$60/MWh乘以它愿意在此价格上的供给量200MWh。厂商1的利润为其总营业收入与生产此200MWh的总成本之差。厂商2与厂商3的营业收入与利润可以类似地确定。

为了分析在竞价型电力批发市场的并购动议，有必要理解每个厂商是如何构建其供给意愿曲线，以此提交给批发市场操作员，以及该曲线如何构成了总供给意愿曲线，最终决定市场出清价格。对于这个过程的直观理解可以通过垄断者利润最大化的标准模型来获得①。

第一步是要根据市场需求以及除该厂商以外所有其他厂商的供给意愿函数，来构建一个厂商层面的单边市场势力的度量。假定我们要构建厂商1的期望利润最大化的供给意愿曲线，并暂时假设厂商1可以观察到市场需求，以及厂商2与厂商3的供给意愿函数。这显然在现实中不成立，因为所有厂商必须同时提交供给意愿曲线，而且在提交时通常不知道市场需求的取值。但这个假定使得陈述简化，并且可以在引入一些重要概念后放松。

图1-3画出了厂商1的所谓"剩余需求曲线"。在每个价格水平上，厂商1的剩余需求为在给定所有其他竞争者的供给意愿曲线的情况下，市场需求中剩余给厂商1的部分。在图1-3中，厂商1的剩余需求曲线通过计算市场需求与厂商2、厂商3在此价格下愿意供给数量之差而得。在$60/MWh的价格之下，厂商2愿意供给100，厂商3愿意供给300，故厂商1的剩余需求为200，即市场需求600减去厂商2与厂商3供给意愿之和。对所有在$0/MWh与$90/MWh之间的价格使用这个计算方法，即可得到厂商1的剩余供给曲线D_1。

给定上述剩余需求曲线（由市场需求与厂商1的竞争者们的供给意愿曲线所决定），根据垄断者的利润最大化理论即可得到使厂商1利润最大化的价格水平。图1-4复制了图1-3中的剩余需求曲线D_1，并加上与此剩余需求曲线对应的边际收益曲线MR_1，以及厂商1的边际成本曲线MC_1。利润最大化的垄断者将选择产量使得边际收益等于边际成本处，即$MR_1 = MC_1$，这意味着厂商1将生产200MWh。如果厂商1生产200MWh，从它的剩余需求可得到市场出清价格$60/MWh。在此剩余需求曲线与边际成本函数组合下，厂商1的可变利润（variable profit）等于边际成本曲线之上、市场出清价格$60/MWh

---

① Wolak（2000，2003a，2007）提供了电力批发市场上期望利润最大化竞价行为的一般模型，该模型中的供给意愿曲线为阶梯函数。这个模型构成了本书的图解分析基础。

案例1：PSEG与爱克斯龙公司的并购案

之下的阴影区域。给定其竞争者们的供给意愿曲线与市场需求，厂商1无论在任何其他价格与产出水平上都无法获得高于这一对价格与产出所对应的利润水平。基于这个原因，这一对价格与产量（$60/MWh，200MWh）被称为厂商1针对剩余需求曲线 D_1 的"最佳反应"（best-reply）价格与产量。

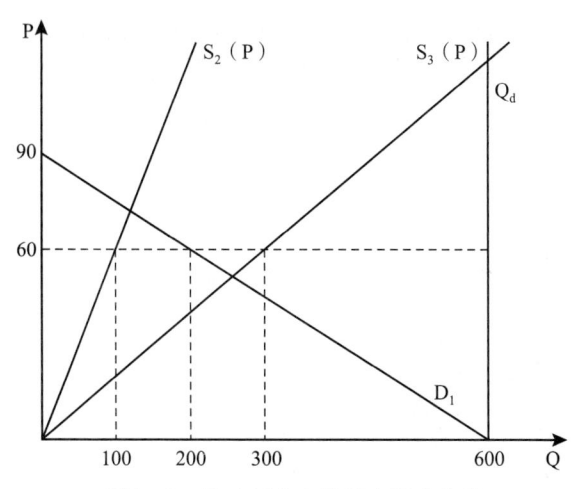

图1-3 构建厂商1的剩余需求曲线

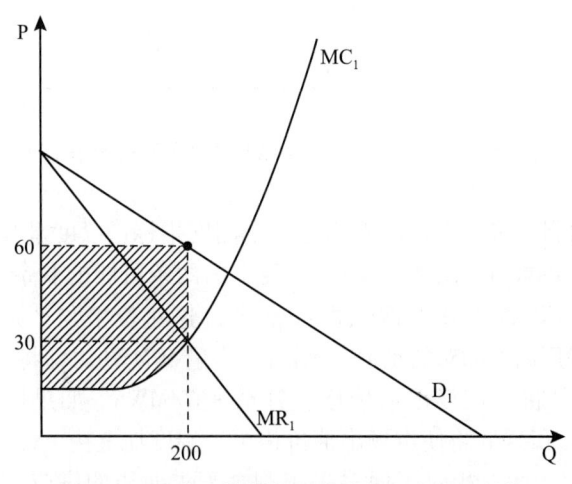

图1-4 厂商1的最佳反应价格与产量之计算

正如前面所指出，由于厂商1在提交供给意愿函数给市场操作员时并不知道剩余需求曲线的实际实现值，这使得构筑厂商1的期望利润最大化的供给意愿函数变得复杂。然而，厂商通常可以观测到当天市场关闭后的市场需求水平以及其他竞争者的供给意愿曲线。虽然电力总需求在每天、每周或每年中的不同小时段会大幅变动，但提前一天的预测通常非常准确。在提交供给意愿曲线时，通常批发市场上所有发电机组是否可以运行及其技术特征都为所有市场参与者所共知。这些事实以及已知的前期市场需求与供给意愿曲线，为每个厂商提供了有益的信息，可以确定可能的剩余需求曲线的集合，以及对应的发生概率。

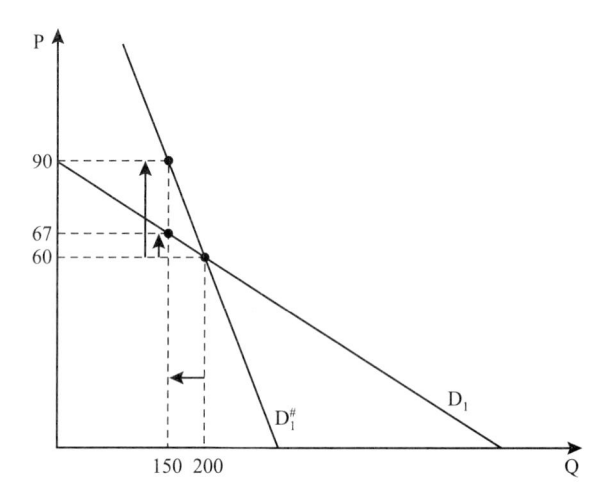

图 1-5 剩余需求曲线的形状与限产导致的价格上升

一个厂商的剩余需求可以用来构建一个测度指标，以度量其单方面抬高市场价格的能力（ability）。图 1-5 画了厂商1的两条可能的剩余需求曲线，D_1，以及另一条更为陡峭的 $D_1^\#$。两条曲线都经过这对价格与产量（$60/MWh，200MWh）。如果厂商1面对的是 D_1，则减少产量50MWh，即将产量从200MWh减少至150MWh，将使市场出清价格上升至 $67/MWh。如果厂商1面对的是 $D_1^\#$，则减少产量50MWh将使市场出清价格更大幅度地上扬，即从 $60/MWh 上升至 $90/MWh。因此，相对于面对平坦剩余需求曲线的供应商，面对陡峭剩余需求曲线的供应商拥有更大能力通过限制产量以抬高市场价格。

剩余需求曲线的陡峭程度可以用一种不依赖于价格或产量单位的方式来衡

案例1：PSEG与爱克斯龙公司的并购案

量。需求的价格弹性被定义为，当价格上升1%时，剩余需求变动的百分比：

$$\varepsilon(P) = \frac{剩余需求的变动百分比}{价格变动的百分比}$$

此需求弹性的倒数度量的是，在价格水平 P 上，当厂商产量减少1%时，市场出清价格变动的百分比。此弹性倒数的绝对值即可认为是对厂商通过减少电力供给意愿而抬高市场出清价格的能力（ability）[①]。

以上描述的所有电力批发市场特征都倾向于使得大供应商面对的剩余需求曲线的弹性之绝对值非常小，这意味着非常大的弹性倒数，故即使供应商仅限制其产量很小一个百分比，也会使得市场出清价格大幅上升。通常来说，一个供应商所占的总发电能力比重越大，则其所面对的剩余需求曲线的弹性绝对值越小，而通过单边行动抬高价格的动机越强烈。因此，一个占总发电能力比重较大的供应商相对于一个小供应商而言，如果二者都减少10%的产量，则前者可能更有能力抬高价格。

在一个竞价型短期批发市场上，电力零售商与州公共事业委员会可以采用某些手段来限制大供应商运用其单边能力来抬高市场出清价格。最重要的手段是电力供应商与电力零售商之间签订的固定价格远期合同供应量（fixed-price forward contract obligations）。下一节将解释，在短期市场上，这些固定价格远期合同如何影响供应商抬高价格的动机。基于这个原因，我们相信，这些远期合同应在分析竞价型批发市场中并购的竞争效应中起到关键作用。

1.3.1 固定价格远期合同对供应商行为的影响

为了保证以一个合理的价格获得稳定的批发电力供给，电力零售商会签订固定价格远期合同，这些合同保证它们可以在某价格上购买一定数量的电力。记 P_C 为电力供应商同意销售给电力零售商的价格，Q_C 为在此价格下的能源销售量。此合同在发电厂商供应能源之前就已经谈判决定，因此对于短期批发市场上的供应商行为而言，P_C 与 Q_C 的价值是提前确定的。

很容易证明，对于同样的剩余需求曲线实现值，一个供应商的固定价格远

[①] 为了理解在1998年夏天、1999年夏天与2000年夏天之间加州电力批发价格大幅上升时竞价行为的变化，Wolak（2003b）计算了加州电力批发市场上最大的五个供应商的小时剩余需求弹性。

46 期合同供应量越多，则其利润最大化的价格水平越低，因为该厂商在短期市场价格上只从其实际产量与远期合同数量的差额中获得收益。因此，当该厂商的远期合同数量相对于实际产量较大时，通过抬高短期价格所得的收益增量将较小。

图 1-6 复制了图 1-4 中厂商 1 的剩余需求曲线与边际成本曲线。假设厂商 1 的固定价格远期合同供应量为 100MWh。厂商 1 的实际产出仍然决定着由剩余需求曲线所确定的市场出清价格。例如，如果厂商 1 生产 200MWh，则市场出清价格为 $60/MWh，正如图 1-4 所示。然而，这个远期合同供应量改变了厂商 1 的收益，因为只能从其中的 100MWh 收取 $60/MWh 的价格。（200MWh 中的）其余 100MWh 将以价格 P_C 出售，即固定价格远期合同中的价格。

为了确定在 100MWh 固定价格远期合同情况下，厂商 1 限制 1MWh 产量对总收益的影响，图 1-6 画出了厂商 1 的剩余需求曲线减去其固定价格远期合同供应量，这部分远期合同产量将以价格 P_C 出售，而非市场出清价格。与扣除远期合同的剩余需求曲线 $D_1 - Q_C$ 相对应的边际收益曲线，可以通过标准的构建边际收益曲线的方法得到。

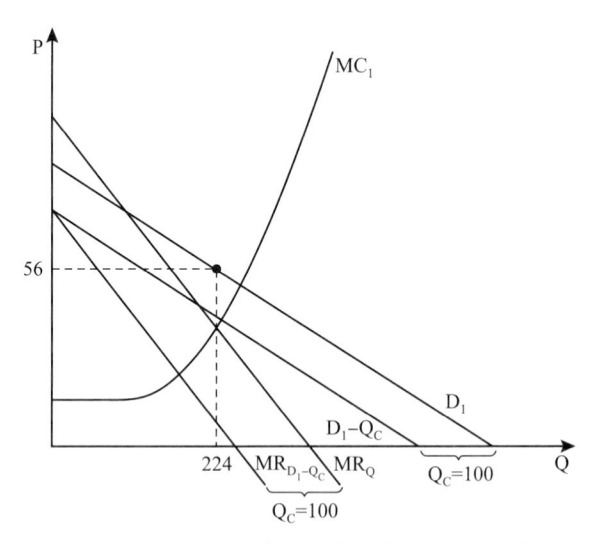

图 1-6 有远期合同情况下的最佳反应价格与产量

案例1：PSEG与艾克斯龙公司的并购案

为了将与扣除远期合同的剩余需求曲线相对应的边际收益曲线 $MR_{D_1-Q_C}$ 转化为与厂商1的产量相对应的边际收益曲线，将曲线 $MR_{D_1-Q_C}$ 向右移动其固定价格远期合同供应量的距离。记这条曲线为 MR_Q，并将其与图1-4中的 MR_1 相比较可知，无论在任何产出水平上，前者都比后者更高。这表明，MR_Q 与 MC_1 将相交于比图1-5所示的200MWh更高的产出水平。

在图1-6中，与剩余需求曲线 D_1 以及固定价格远期合同供应量 $Q_C=100$ 相对应的厂商1的利润最大化产量为224MWh，这意味着市场出清价格将降至 \$56/MWh。该图展示了这样一个一般结论，即给定同样的剩余需求曲线的实现值，一个供应商的固定价格远期合同供应量越大，则其最佳反应的产量越高，而最佳反应的价格越低。将这个逻辑推广到对期望利润最大化的供给意愿曲线的计算上意味着，对于同样的剩余需求曲线的分布，固定价格远期合同供应量越大，将导致厂商1在任何可能的市场价格下，都更愿意供给产量①。

扣除固定价格远期合同供应量的剩余需求曲线的弹性，反映了一个供应商在短期市场上抬高价格的动机（incentive）。记此弹性为 $\varepsilon^C(P)$，定义为当价格上升1%时，该厂商的在价格P上 ε^C 剩余需求与远期合同供应量之差的变动百分比。如果该厂商的固定价格远期合同供应量为正数，则市场价格上升1%所带来的剩余需求的变化百分比将大于该厂商扣除远期合同供应量的剩余需求的变动百分比。

例如，假设厂商1的销量为100MWh，但其中95MWh为远期合同供应量。如果市场价格上升1%使得该厂商的销量下降0.5MWh，则该厂商的剩余需求弹性为 $-0.5=(0.5\%$ 产量下降$)/(1\%$ 价格上升$)$。该厂商扣除远期合同供应量的剩余需求弹性为 $-10=(10\%$ 扣除远期合同产量下降$)/(1\%$ 价格上升$)$。因此，尽管该厂商具有通过单边行动而抬高短期批发价格的巨大能力（ability），但固定价格远期合同供应量的存在大大地降低了它限制产量以抬高短期批发价格的动机。

在一般情况下，$\varepsilon^C(P)$ 与 $\varepsilon(P)$ 之间存在以下的方程关系：

$$\varepsilon^C(P)=\varepsilon(P)[实际产量/(实际产量-Q_C)]。$$

一个厂商扣除固定价格远期合同供应量的剩余需求弹性等于其剩余需求弹性乘以其总产量与扣除远期合同的净产量之比率。该方程表明，对于 $\varepsilon(P)$ 的

---

① Wolak（2000）使用澳大利亚电力批发市场中大供应商的竞价、市场结果与远期合同供应量数据，证明了供应商影响短期市场价格的动机对于其固定价格远期合同供应量比较敏感。

任何非零取值（它度量的是该厂商通过单边行动抬高市场出清价格的能力），只要远期合同供应量相对于总产量足够大，则意味着该厂商抬高市场出清价格的动机很小（$\varepsilon^c(P)$ 的绝对值很大）。

如果所有厂商都有大量的固定价格远期合同供应量，则厂商 2 与厂商 3 的期望利润最大化竞价行为意味着，这些企业提交的供给意愿曲线，将在任何价格水平上都比图 1-2 所示的产量更高。根据图 1-3 所示的构建厂商 1 的剩余需求曲线的逻辑，厂商 1 所面对的剩余需求曲线将更为平坦。图 1-5 表明，此时厂商 1 通过限制产量而抬高市场出清价格的能力将下降，因为产量每下降 1% 所导致的市场出清价格上升将更少。这个逻辑显示，如果一个批发市场上所有供应商都面临着较大的固定价格远期合同供应量，这将同时削弱供应商使用单边市场势力的单边动机与单边能力。

由于固定价格远期合同供应量的数量限制了供应商在短期市场上使用单边市场势力的动机，也许一个拥有巨大能力抬高短期价格的厂商会避免签订远期合同，除非它得到的远期价格能使其在短期市场获得同样的期望利润①。然而，如果固定价格远期合同的买方在比交货日期足够早的时候就议定此合同，则大量厂商可以参与竞争供应此产品，故买方可以得到更有竞争力的远期合同价格。具体而言，如果签订合同的时间与首次供应能源的时间距离足够远，使得新的发电设施可以进入并供应此能源，则固定价格远期合同的买方将面对一个由新进入者的长期平均成本所决定的非常有弹性的远期合同供给②。因此，在此较长的交货期间，现有供应商无法将远期合同价格定得高于新进入者的长期平均成本。进一步，由于过去 25 年发电效率的提高，有许多现有发电机组的可变成本都远比新进入者所用技术的可变成本更高。

因此，如果买方在比交货日足够早的时候就通过固定价格远期合同购买所需要的大部分能源，则可以避免由远期合同或短期市场上的巨大单边市场势力所导致的高价格。如果所有买方都遵循此提前购买远期合同的策略，而某个现有发电厂商未能签订固定价格远期合同，则该厂商将面临以极低价在短期市场上销售的巨大风险，因为其他供应商拥有较高的固定价格远期合同供应量，以

---

① 正如 Wolak（2003c）所指出，这个逻辑能够解释为什么加州政府议定的 2001 年冬天远期合同（2001 年夏天开始供应）的价格如此之高。加州不得不为这些供应商期望能在随后两年的短期市场上行使的市场势力而付出代价。

② 由于某些发电场地或技术只能有限度地扩张，故新的固定价格远期合同的供给不太可能是完全有弹性的。然而，在与已有发电机组所有者竞争的产出水平范围内，不同场地与技术的长期平均成本不太可能有很大不同。

案例1：PSEG 与爱克斯龙公司的并购案

及新进入者为满足远期合同供应量而新增的发电机组。在所有买方都在比交货日足够早的时候就购买其所需的大部分能量的情况下，为了避免上述不盈利的结局，现有发电厂商将会愿意以略微低于新进入者的长期平均成本的价格来签订固定价格远期合同[①]。

上述逻辑表明在电力批发市场进行任何横向合并分析时的一个要点：如果合并前并购双方的远期合同供应量能带来与竞争性市场相似的结果，而且并购使得合并后的企业所面临的剩余需求曲线的弹性显著下降，这将导致合并后的企业减少其固定价格远期合同供应量，以便可以更自由地在短期批发市场上限制产量以抬高价格。因此，我们的观点是，试图找到适当措施补救这类并购的竞争效应的主要挑战在于，需要找到一个资产剥离方案使得合并后的企业愿意维持高水平的固定价格远期合同。

在进一步讨论如何应用这些方法来确定并购动议的竞争效应，以及评估在竞价型批发市场中潜在剥离方案的效应之前，还需要在分析中考虑到电力供给行业的另一重要特征。

1.3.2 输电约束与市场定义

根据 HMG 的市场定义检验，我们认为相关产品市场很容易确定，因为消费者很难找到电力的替代品。地域产品市场的定义则更为复杂，因为消费者使用远方的电力来替代当地的电力的能力受到输电网络容量、其他发电机组的运营状况，以及输电网络中其他地方的需求水平的限制。总的来说，如果输电网络没有拥塞，则相关的地域市场为整个 PJM 互连市场，因为任何一个地方供应商如果试图提高输电网络中某处或某几处的价格，这种企图将被 PJM 中其他地方的供给来源所替代抵消。因此，在一年中没有拥塞的所有时间里，相关产品是批发电力，而相关地域市场为整个 PJM 互连。

输电网络的约束可以显著地减少为输电网络中某处或某几处服务的发电机组与独立供应商的数量。回到三个厂商的例子，假设（1）厂商3远离厂商1与厂商2；（2）在厂商3与厂商1、厂商2之间有一个容量有限的输电线。图

---

① Wolak（2006）表明，远期合同供应量可以让一个期望利润最大化的供应商以当日内更低的平均成本模式进行生产，大约低 5%～10%。因此，如果该厂商期望以相同的价格在远期市场或短期市场销售，它可能会认识到，签订固定价格远期合同以使其采用每日产出的较低平均成本模式，这在期望意义上是利润最大化的。

1-7说明了这种输电约束对构建厂商1的剩余需求曲线的影响，使用的供给曲线与图1-2中相同。唯一不同的是，厂商3的供给中最多只有300MWh事实上能与厂商1与厂商2竞争，因为这是厂商3与厂商1、厂商2之间输电界面的容量。这个输电约束意味着，在计算厂商1的剩余需求曲线时，厂商3的有效供给曲线在300MWh处变为一条直线。图1-7画出了在考虑到此输电约束之后，厂商1所面对的剩余需求曲线。在任何产出水平上，这条曲线都比图1-3中未考虑输电约束的剩余需求曲线同样陡峭或更为陡峭。

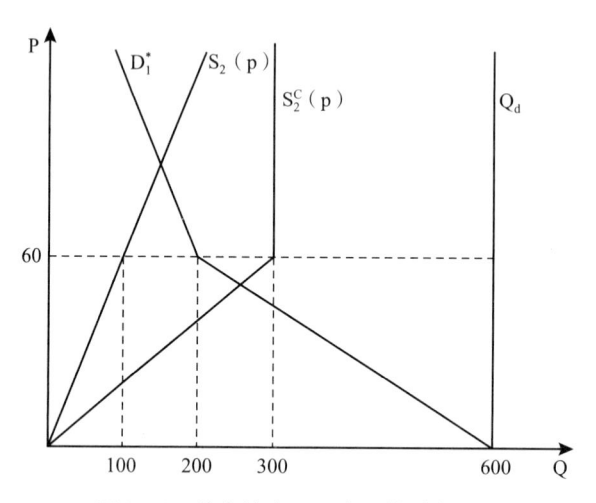

图1-7 输电约束下厂商1的剩余需求

这个例子表明，输电约束会减少消费者转移到替代供给来源的机会，并使得市场的地域范围缩小。在图1-7中，当价格在\$60/MWh之上时（在此价格水平，厂商的供给为300MWh），厂商1与厂商2不再面临来自厂商3的竞争。在这种情况下，输电网络限制了厂商1与厂商2相互竞争的市场大小。因此，对比厂商1与厂商2在输电网络拥有无限输电能力情况下的并购与在输电能力有限情况下的同一并购，结果将很不相同，取决于厂商1与厂商2的位置，以及其竞争者的位置。司法部的控诉（complaint）与FERC的并购批准决定都强调，如果没有适当的补救措施，该并购将可能损害在PJM互连中由于

案例1：PSEG与爱克斯龙公司的并购案

输电拥塞而产生的小地域市场中的竞争[①]。

1.4 竞价型电力批发市场的并购分析

本节将说明如何运用发电机组的供给意愿曲线、市场价格与销量，以及固定价格远期价格供应量来评估并购动议可能的竞争效应。

回到三个厂商的市场例子，并假定并购双方为厂商1与厂商2。按照前面概述的步骤，并购前厂商1与厂商2的剩余需求曲线分别为市场需求减去厂商2、厂商3的供给意愿曲线，以及市场需求减去厂商1、厂商3的供给意愿曲线。合并企业的剩余需求曲线为市场需求减去厂商3的供给意愿曲线。

根据图1-2中的供给意愿曲线，图1-8画出了厂商2的边际成本曲线MC_2与剩余需求曲线D_2。当厂商2面对剩余需求曲线D_2时，它的最佳反应价格与产量组合为（\$60/MWh，100MWh）。图1-9画出了合并企业的剩余需求曲线D_M，以及合并企业的边际成本曲线MC_M，为厂商1与厂商2的边际成本曲线的横向加总（horizontal sum）。图1-10计算了在没有固定价格远期合同的情况下，合并企业的边际收益曲线MC_R与合并企业的边际成本曲线的交点，以确定合并企业的最佳产出与市场价格。对于合并企业，在此交点的产出水平为237MWh，这意味着最佳反应价格为\$72/MWh。因此，基于并购的结果，厂商1与厂商2发现，把价格从\$60/MWh抬高到\$72/MWh，而把它们的共同产量从300MWh减少到237MWh能够单边地实现利润最大化。

图1-11使用与图1-10中合并企业同样的剩余需求曲线D_M，再次进行同样的假想并购计算，但假设厂商1的固定价格远期合同供应量为100MWh，而厂商2的固定价格远期合同供应量为50MWh，故合并企业的固定价格远期合同供应量为150MWh。图1-11遵循图1-6的逻辑来计算合并企业在有固定价格远期合同情况下的最佳反应价格与产量。合并企业的最佳反应产量为289MWh，而相应的最佳反应价格为\$62/MWh。这个价格比没有固定价格远期合同的并购后最佳反应价格\$72/MWh低得多，而非常接近于并购前的市场价格\$60/MWh。这个结果显示了并购分析中的一个重要因素：如果合并企业

---

① 参见司法部诉讼文件的第10页（http://www.usdoj.gov/atr/cases/f216700/216785.htm），以及FERC（2005）的第5页。

的固定价格远期合同供应量足够高,则并购的竞争效应将非常小。根据这个逻辑,对并购的弥补措施应为合并企业提供尽可能高的激励,以维持高水平的固定价格远期合同供应量(相对应其期望产量)。

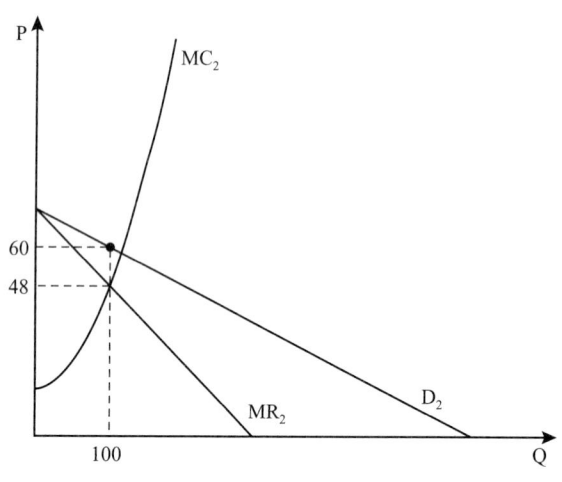

图 1-8 厂商 2 的最佳反应价格与产量

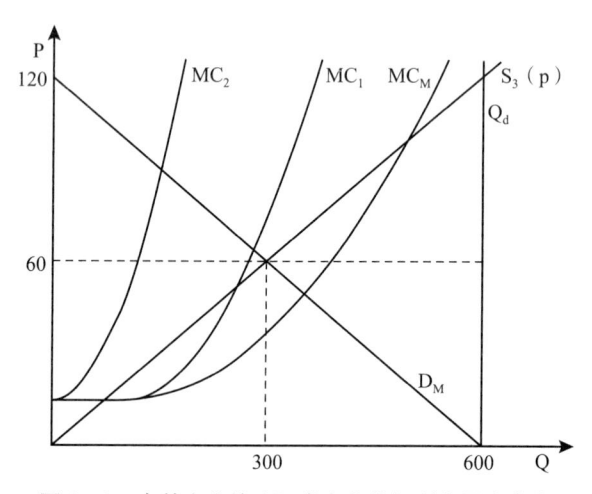

图 1-9 合并企业的边际成本曲线与剩余需求曲线

案例1：PSEG与艾克斯龙公司的并购案

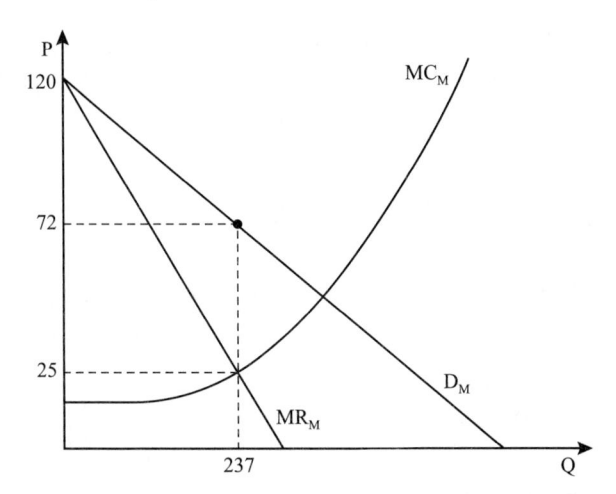

图1-10　无固定价格远期合同时合并企业的最佳反应价格与产量的计算

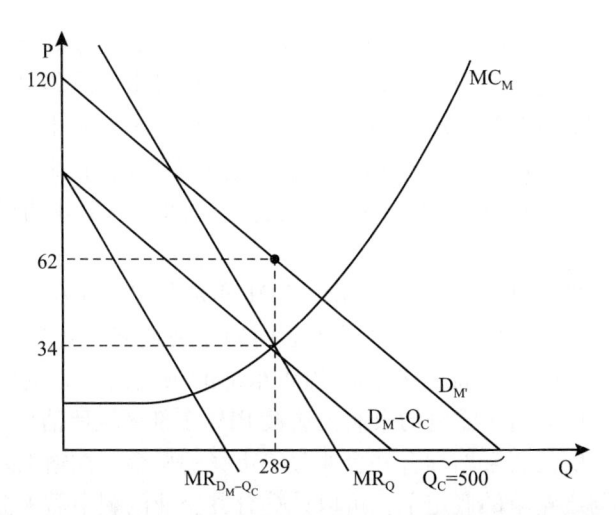

图1-11　有固定价格远期合同时合并企业的最佳反应价格与产量的计算

比较图1-4与图1-8中厂商1与厂商2的剩余需求曲线与图1-10中合并企业的剩余曲线，可以发现两类差异。首先，在每个价格水平上，合并企业所面对的剩余需求都大于厂商1或厂商2所面对的剩余需求。其次，合并企业所面对的剩余需求曲线比厂商1或厂商2所面对的剩余需求曲线都更为陡峭。这意味着，合并企业减少产量1MWh所导致的价格上升将总是高于厂商1或厂商2减少产量1MWh所导致的价格上升。这两个因素表明，在没有固定价格远期合同的情况下，合并企业相对于合并前的单个企业更有能力限制产量以抬高价格。

1.4.1 寻找适当的并购补救措施

我们相信，上述对竞价型电力批发市场中并购的竞争效应的图解分析揭示了两个重要问题。第一个问题是，并购后企业是否更有能力导致输电阻塞，以此限制来自其他供应商对其发电机组的竞争。第二个问题是，并购后企业将选择什么水平的固定价格远期合同。

1.4.2 输电阻塞的建模

围绕图1-7的讨论显示，输电约束会使供应商面对的剩余需求曲线变得更为陡峭。取决于并购双方与其竞争者所处区域的输电网络容量，并购可能极大地提高并购双方通过造成阻塞而置身竞争之外的能力。由于并购双方均拥有PJM东部相当大的发电能力，而PJM东部在电力上可能与PJM互连的其余部分隔开，故并购会影响输电阻塞的频率与持续时间，减少并购后企业面临的竞争。

当拥有许多低可变成本发电机组的PJM西部与PECO和PSEG所服务的PJM东部存在输电阻塞时，并购分析所适用的相关地域市场为PJM东部。在阻塞时，PJM西部的供应商无法限制PJM东部的供应商抬高批发价格，因为PJM西部生产的电力由于输电约束而无法被PJM东部区域所消费。

为了评估并购是否会增加合并企业分隔市场的机会，在输电阻塞使得某些发电机组无法与之竞争的假定下，可以计算合并企业的剩余需求曲线。在这种情况下，合并企业面对的剩余需求曲线排除了位于阻塞输电界面另一边的所有其他发电机组。对于PSEG与爱克斯龙的并购动议，这意味着在向PJM东部输电存在阻塞时，合并企业的剩余需求曲线将排除所有在PJM东部之外的供应商。这将降低在阻塞时合并企业所面对的剩余需求曲线的价格弹性，推高并购

案例1：PSEG与爱克斯龙公司的并购案

后的价格[①]。

1.4.3　并购后远期合同的决策

上述的图解分析表明，通过选择适当水平的固定价格远期合同，可以极大地限制或消除拥有很大能力抬高价格的厂商运用单边市场势力的动机。一个州或联邦管理者或反托拉斯机构不太可能设定合并企业的固定价格远期合同供应量，直至无限远的未来。因此，如果这些机构希望合并企业维持高水平的固定价格远期合同供应量（相对于其期望产量），则并购的一个先决条件是应该有足够多的发电能力剥离，以保证合并企业从自身利润最大化出发也愿意在无限远的未来签订足够多的固定价格远期合同，以限制其在短期批发市场上运用单边市场势力的动机。

州公共事业委员会也可以要求（或至少提供很强的经济刺激），在其辖区内的零售商在交货日很早之前就签订高水平的固定价格远期合同（相对于其最终需求量）。在本案中，宾夕法尼亚公共事业委员会要求PECO（为爱克斯龙所拥有）冻结其价格直至2010年，达到了这个目的。然而，我们认为，如果不针对并购的批发竞争效应采取措施，零售商过早地购买可能需求为这些远期合同支付高价，因为合并企业控制了现有发电能力的很大比例。剥离合并企业的发电机组也许是保证它不能在远期合同市场上抬高价格的必要手段。

这个剩余需求的分析框架可以容易地拓展，以分析发电机组剥离对批发价格的影响。为了研究某一发电机组或某些发电机组的剥离效应，图1-12画出了合并企业的剩余需求曲线，假设合并企业被剥离了100MW的低成本发电能力。为了简化分析，我们假设这被剥离的100MW将由新的所有者无弹性地供给，这等于把合并企业的剩余需求曲线向内移动了100MWh。记剥离后的剩余

[①]　PECO与PSEG都在PJM东部区域拥有输电设备，故并购也将增加PJM东部输电设备所有权的集中度。然而，我们认为这不太可能导致合并后企业使用这些输电设备来引发PJM西部与PJM东部之间的拥塞。无论在并购前后，PJM互连都将根据发电机组的能源供给意愿来分配输电设备的使用。PJM互连的市场规则要求对所有PJM区域内的输电设备有同等使用机会，这意味着并购后企业或并购前的PECO与PSEG都不能拒绝任何市场参与者使用这些设备。尽管如此，合并后企业仍可能通过增加输电中断（transmission outages）的频率与持续时间来提高PJM东部成为单独市场的频率。这个策略不太可能盈利，因为合并后企业也在PJM东部以外的区域拥有相当多的低可变成本发电能力，也希望用来服务于PJM东部。并购公告的第18页（http：//media.corporate-ir.net/meo%fiW）包含了一个2006年所有PSEG与爱克斯龙在PJM的发电机组的可变成本的估计图。PJM互连也可能发现并惩罚PJM西部与PJM东部之间输电中断频率与持续时间的显著上升。因此，我们认为输电设备所有权集中度的增加不太可能影响合并后企业在电力批发市场上运用单边市场势力的程度。

需求曲线为 $D_{M'}$，而合并企业剥离后的边际成本曲线为 $MC_{M'}$。如果没有固定价格远期合同，则合并企业的最佳反应价格为 \$65/MWh。这显著地低于图 1-10 中没有固定价格远期合同情况下，合并企业的最佳反应价格 \$72/MWh。不同的剥离方案对合并企业所面对的剩余需求曲线以及其边际成本曲线都有影响。

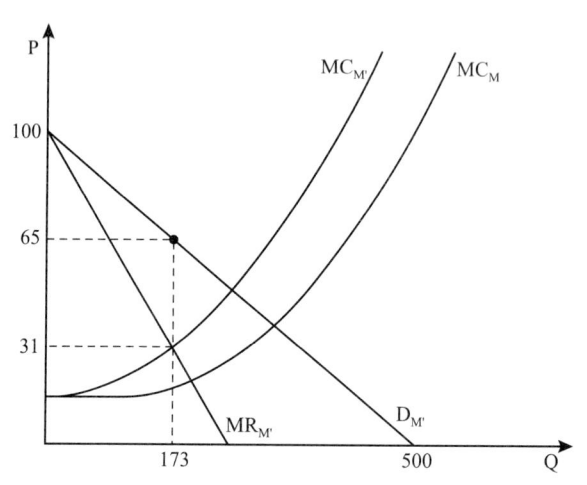

图 1-12 剥离厂商 1 的 100MW 低成本发电能力后的最佳价格与产量

在剥离后，由于合并企业在任何产出水平上都面临一个更具弹性的剩余需求曲线，它将更无能力通过单边行动来抬高价格。剩余需求曲线的更高弹性意味着，供应商更愿意签订给定水平的固定价格远期合同，因为签订这些合同只使得供应商放弃极少的运用单边市场势力的机会。另外，比较图 1-4 与图 1-6 可知，通过签订这些固定价格远期合同，供应商预定的产量将比没有远期合同时更多。

根据我们的模型框架逻辑，寻找最优的可行剥离方案必须权衡以下几个相互竞争的因素。首先，并购双边必须愿意接受此剥离方案。第二，剥离方案不应增加发电所有权的地域集中度，否则合并企业将有更多机会通过造成输电阻塞而分隔市场。第三，合并企业的总边际成本曲线影响其运用单边市场势力的动机，以及签订固定价格远期合同的动机。此边际成本曲线可通过剥离并购双方所拥有的发电机组的不同组合而改变。

为了理解最后这一点，考虑一下极端但却相关的例子：假设此 100WM 的

案例1：PSEG与爱克斯龙公司的并购案

发电能力剥离来自厂商2的高可变成本发电机组。图1-9中的边际成本曲线显示，厂商1几乎有150WM极低可变成本的发电机组，而厂商2少于10MW。图1-13画出了合并企业的剥离后平均边际成本，假设100MW的剥离来自厂商2所拥有的高可变成本发电机组，而非来自厂商1的低可变成本机组，正如图1-12所示。为了与图1-12保持一致，假设此100MW的剥离发电能力由新所有者无弹性地供应，故合并企业面对的剩余需求曲线与图1-12中相同。剥离后的边际成本曲线$MC_{M'}$与剥离后的边际收益曲线的交点，给出的最佳反应价格为\$61/MWh。这个分析表明，适当地选择在合并企业边际成本曲线进行发电能力剥离的位置，对于限制并购动议的负面影响有重要意义。

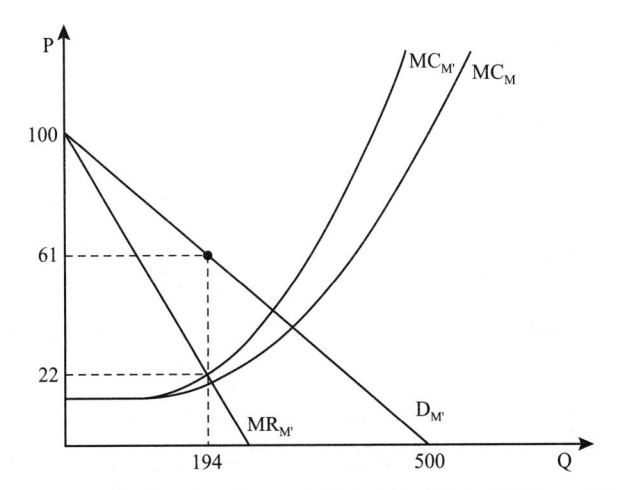

图1-13 剥离厂商2的高成本发电能力后的最佳价格与产量

这个例子与PSEG与爱克斯龙的并购案是相关的，因为厂商1可视为爱克斯龙，而低可变成本发电机组就是它的原子能发电设施。厂商2可视为PSEG，因为它拥有的原子能发电兆瓦数小很多，但拥有相当多的高可变成本天然气发电机组。在本例中，给定同样的发电能力剥离总兆瓦数以及合并企业面临的剩余需求曲线，仅仅出售高可变成本机组将比出售同样兆瓦数的低可变成本机组更能缓解不利的价格效应。

这个逻辑也导致剥离后的合并企业签订固定价格远期合同的不同动机。如果合并企业只剩下低边际成本的机组，则该企业更有激励去签订固定价格远期合同，因为该企业知道在短期市场上运用单边市场势力只有很少的盈利机会，而且可能长时间内面临市场出清价格低于其平均成本。相反地，如果合并企业仍有相当多的高边际成本机组，该企业将缺乏激励去签订固定价格远期合同，因为它知道这样做会放弃很多在短期市场上运用单边市场势力的机会。

1.5 PSEG－爱克斯龙的并购分析

本节首先介绍了并购双方为缓解并购的竞争效应而提出的最初剥离建议，然后讨论了不同机构的审查结果，以及并购双方与审查机构所同意的并购前提条件：FERC、宾夕法尼亚公共事业委员会、司法部以及NJBPU。本节最后分析了为什么并购双方最后决定不再进行并购。

1.5.1 最初的并购动议

在最初提交给 FERC 的动议中，并购双方承认该并购可能对 PJM 互连以及 PJM 东部区域市场造成潜在的竞争问题。FERC（2005，第 7 页）指出，取决于如何计算赫芬达尔－赫希曼指数（Herfindahl－Hirschman index，HHI），并购后 PJM 东部的 HHI 指数介于 2 057～2 492 之间，其中与并购相关的变化介于 848～1 067 之间，远远超出在高度集中的市场上令人担心的水平。根据最初向 FERC 提交的申请，并购双方计划总共剥离 2 900MW 的发电能力，受限于出售机组的最低特征：大约 1 000MW 的高峰发电能力，1 900WM 的中度发电能力，其中至少 550WM 为煤炭火力发电[①]。合并企业计划在并购完成后的 8 个月之内尽快地完成这项销售。

并购双方也提议对 2 600MW 的基荷原子能发电机组进行"虚拟剥离"（virtual divestiture），其中 2 400MW 在 PJM 东部。此虚拟剥离将采取以下两种形式之一：（1）签订至少 15 年或发电机组使用年限内的固定价格长期合同（fixed-price long-term contracts）；或者（2）每年拍卖 25 兆瓦块（MW blocks）以固定价格购买原子能发电机组 3 年的产出。并购双方设计此虚拟剥离，为的是限制合并企业在短期市场抬高价格的动机，而又不失去通过在合并企业的所

---

① 发电能力常常根据其在一天中何时段运作而分类。基荷机组（base-load units）通常全天运转。中度机组（mid-merit or intermediate units）在全天大多数时候都运转。高峰机组只在全天需求最高峰的时候才运转。

案例1：PSEG与爱克斯龙公司的并购案

有原子能设施使用爱克斯龙的原子能专业技术所能获得的收益①。

并购双方向州管理机构提交的申请考虑了州政府对于并购的公共利益要求。在这些申请书中，并购双方强调，该并购将使得每个公司更有能力提供成本效益好、安全、稳定的服务，而不会对任何PECO、ComEd与PSEG的零售顾客提高价格。这些申请书强调，并购会通过改善规模经济、范围经济以及分享最先进技术而节约运营成本，但除了讨论把爱克斯龙的原子能电厂专业技术应用于PSEG设施外，并未提供以上这些收益来源的细节。这些申请书也提到，此并购将导致合并企业的劳动力减少约5%，并尽可能地通过员工退出（attrition）而实现，尽管也可以启动离职程序（severance program）②。

并购双方声称，税前的并购协同收益（pretax merger synergies）为第一年4亿美元，第二年增加至5亿美元。大约86%将来自于运营成本节约，通过去除这两个公司的冗余活动，并提高投入品购买的规模经济。根据爱克斯龙2005年度股东大会联合委托书（joint proxy statement）与内容说明书（prospectus），其余14%将来自PSEG原子能设施更高的设备利用率③。此联合委托书估计，达成此协同效应的成本为并购完成后第一年4.5亿美元，以及并购后四年共计7亿美元。

基于这些数字，联合委托书估计并购的净收益大约为2亿美元，并不会从中拿出相当多的收益与宾夕法尼亚与新泽西州的消费者共享以通过这两个州批准并购的公共利益检验——这一点与该并购案的最终结局密切相关。我们相信，由于即使没有并购也能实现PSEG的原子能运营成本节约以及效率提高（因为前面提及的爱克斯龙与PSEG的单独原子能运营协议），这可能进一步降低了并购双方所认为的并购直接收益。在与NJBPU谈判破裂之时，并购双方的联合运营协议已经几乎存在两年了，这可能也降低了并购双方与新泽西州的消费者分享原子能电厂运营成本节约与收益增长好处的意愿。

向州政府的申请书同时强调，在并购后PECO、ComEd与PSEG仍是单独的公司，公司总部分别在费城、芝加哥与纽瓦克（Newark）。最后，申请书强调，在各州当地的慈善贡献以及对经济发展的支持都将在并购后保持同等或更

---

① 有关爱克斯龙提出的虚拟剥离基本理由的讨论，参见《PSEG为并购辩护，认为剥离与PJM将防止市场操纵》，载《能源市场周刊》（*Power Markets Week*），2005年12月15日，第10页。

② 并购公告的第25页（http：//media.corporate-ir.net/media_files/irol/12/124298/pdfs/EXC_PSEG_AnalystPres_122004.pdf）讨论了并购带来成本节约的这些来源。

③ 参见《2005年度股东大会联合委托书与内容说明书，包括对PSEG与爱克斯龙并购动议的决议》第96页（http：//www.exeloncorp.com/corporate/investor/proxy_statements/2005/proxy_2005.pdf）。

高的水平。

1.5.2 并购审批过程与剥离方案的修改

在审查过程中，FERC 发现了并购方为支持其最初剥离方案所提交的最初分析报告中的几个概念性与事实性错误①。一些机构也质疑并购双方限制剥离资产潜在买者的提议，该提议要求买者在 PJM 互连没有较大的现存市场份额。为了对这些控诉做出反馈，也为了放松对剥离资产潜在买者现存市场份额的限制，并购双方在 2005 年 5 月把最初的 2 900MW 剥离提议提高到 4 000MW，大约由 700MW 基荷机组，2 100MW 中度机组，以及 1 200MW 高峰机组所构成②。2005 年 7 月 1 日，FERC 批准了此并购案，连同此剥离方案以及前面提及的 2 600MW 原子能发电能力的虚拟剥离。

第二个行动的是宾夕法尼亚公共事业委员会，在 2006 年 1 月底批准了带有以上剥离方法的并购案。作为并购协议的一部分，PECO 同意直至 2010 年不提高零售价格。它也同意增加享有低电价待遇家庭的平均每户用电量，并开支 120 万美元用于增加消费者联络，使得低收入消费者熟悉这个项目。PECO 也承诺至少直至 2010 年以前把公司总部留在费城。基于这些条款与条件，宾夕法尼亚公共事业委员会认为并购双方已经符合批准并购的公共利益标准。

从 2005 年初夏至 2006 年 6 月，司法部对此并购案进行了全面的分析③。在 2006 年 6 月底，司法部与并购双方达成解决方案，包括剥离 5 600MW 的火力发电能力。此解决方案明确规定，剥离 PECO 与 PSEG 服务区域内 6 个发电厂的所有发电机组。在此剥离方案中，所有电厂的可变成本均接近 PJM 在样本期间一天中若干时段的平均市场出清价格。这与图 1－12 和图 1－13 所推荐的剥离模式相一致：给定发电能力剥离的兆瓦数，销售可变成本在实际市场出清价格范围内的机组，相比出售同样数量的低可变成本机组，可能带来更低的剥离后价格④。

需要着重指出的是，司法部所要求的工厂剥离会导致合并企业在 PJM 东

---

① 参见 FERC (2005)，第 23～24 页。
② 有关这份向 FERC 提交的补充申请书细节，参见 2005 年 5 月 10 日 PSEG 的新闻发布 (http://www.pseg.com/media_center/pressreleases/articles/2005/2005-05-10.jsp)。
③ 有关司法部对此并购案的分析及最终结局的讨论，参见 Armington, Emch, and Heyer (2006)。
④ 并购公告的第 18 页 (http://media.corporate-ir.net/media_files/irol/12/124298/pdfs/EXC_PSEG_AnalystPres_122004.pdf) 显示了 PSEG 与爱克斯龙所有在 PJM 中的发电机组的可变成本估计值。

案例1：PSEG与爱克斯龙公司的并购案

部拥有的石化燃料发电能力比并购前 PSEG 所拥有的更少，这与司法部在其诉讼文件中希望补救 PJM 东部的竞争问题是一致的。根据司法部的协议条款，合并企业必须在合并完成后 150 天内签订出售此发电能力的协议。另外，并购之后 10 年内，合并企业必须获得司法部的提前批准才能兼并或控制在 PJM 东部区域的电厂。

司法部的剥离方案并不要求剥离任何的原子能发电能力。这与前面图 1-12 与图 1-13 的分析一致。并购双方的一位专家证人指出，合并企业并不会限制原子能发电量以抬高价格，因为相对于 PJM 互连的通常批发价格，这些原子能发电的可变成本非常低，使得限制这部分产量代价高昂[①]。正如前面指出，并购双方声称，并购收益主要来源于通过实施爱克斯龙的管理技术来提高 PSEG 原子能设施的效率，而如果爱克斯龙拥有而不仅仅是通过虚拟剥离在有限时间内运作 PSEG 的原子能设施，则将更有动力去节约运营成本并增加收入。这个逻辑以及图 1-12 与图 1-13 的分析表明，司法部将注意力集中于可变成本等于或接近 PJM 每小时平均价格的化石燃料机组是明智的。

此时唯一悬而未决的并购审查在于 NJBPU，即新泽西州的公共事业管理机构。NJBPU 于 2005 年 6 月 20 日签发了一项命令，要求爱克斯龙与 PSEG 证明 PSE&G 与新泽西州将从并购中受益，而且并购不会导致不良的竞争效应，也不会影响 PSE&G 员工，以及新泽西州电力供应的稳定性。在司法部的协议公布之后，并购双方与 NJBPU 的谈判几乎又持续了 3 个月。在其向证券交易委员会（Securities and Exchange Commission）提交的截止于 2006 年 6 月 30 日那个季度的 10-Q 表中，PSEG 指出并购双方最近向 NJBPU 提出了一个大大改进的现金解决方案，并相信此方案会给客户及新泽西州带来显著的正面收益[②]。此现金方案可用于改善一系列的客户及州的利益，主要是给予 PSE&G 客户的价格折扣。10-Q 表报告显示，由于此项现金解决方案，PSE&G 的收入与现金流将在近期显著下降。在此文件中，PSEG 也希望能及时地与 NJBPU 达成解决方案，使得该并购能在 2006 年第 3 季度末完成。

2006 年 9 月中旬，PSEG 与爱克斯龙宣布，爱克斯龙已给予 PSEG 终止并购协议的正式通知。与此同时，并购双方撤回了已在 NJBPU 受审超过 19 个月

---

① 有关这一点的讨论，参见《PSEG 为并购辩护，认为剥离与 PJM 将防止市场操纵》，载《能源市场周刊》(*Power Markets Week*)，2005 年 12 月 15 日第 10 页。

② 此文件的下载地址为 http://yahoo.brand.edgar-online.com/EFX_dll/EDGARpro.dll?FetchFilingHTMLl?SessionID=w6NXCuNdQ_SqCgc&ID=4566197。

的并购申请。虽然并购各方都未说明终止并购的具体原因，主要分歧在于新泽西州的付费者从并购可望获益的大小，以及如何解决并购对批发市场竞争的影响。基于 PSEG 在 10-Q 表中的公开披露，NJBPU 想要的公共利益可能大大超过了并购双方对其他审查机构的让步，以致于 PSEG 与爱克斯龙从并购所得的期望收益非常接近于零或甚至为负。前面提到的 2 亿美元并购净收益估计值，使得对并购协议终止的这种解释更为可信。

1.6 给予电力批发市场上未来并购各方的经验教训

本章的定量分析方法适用于任何竞价型的电力批发市场。随着这些电力市场在美国数量的增长，应用这些方法的机会也会增多。使用这些方法可以对发电机组剥离的竞争效应进行详细的定量评估，这种剥离方案将促使合并企业在并购后保持较高的固定价格远期合同供应量，以此限制合并企业分割区域市场以提高其机组发电批发价格的机会。

此并购案的最终结局表明，在电力批发市场中，涉及发电机组的并购很少能顺利通过多阶段的联邦与州的反托拉斯及管理机构的审批过程，而仍为合并企业的股东带来价值。多数公共事业委员会使用的公共利益标准赋予州政府很强的能力，从并购各方攫取经济利益上的让步，可能导致并购各方中止潜在有益的并购。

本章的并购案是否是这样一个例子还不清楚。对并购的描述说明，很难找到可以仅仅归功于并购的有形的显著收益。然而，此并购是否在广义上符合公共利益仍是未决问题，即是否能使 PJM 互连的所有消费受益；该并购由于新泽西与宾夕法尼亚的公共事业委员会要求给予付费者与公民过多的经济让步而中止。爱克斯龙的高级管理层似乎持有这种观点[①]。2006 年 5 月底，在司法部协议公布之前，爱克斯龙的一位主要投资者，对冲基金迪凯纳资本（Duquesne Capital），要求爱克斯龙的董事会终止此并购协议，声称"这项交易随着时间

[①] 有关爱克斯龙高级管理层对于当时完成并购主要障碍的陈述，参见《NJBPU 官员要求分享节约收益是爱克斯龙与 PSEG 并购案的最大障碍》，载《电力事业周刊》（*Electric Utility Week*），2006 年 6 月 5 日，第 4 页。

案例 1：PSEG 与爱克斯龙公司的并购案

推移而变得很糟"①。

因此，传统上用于州范围内公共事业并购分析的公共利益标准可能并不适用于并购各方经营跨州批发市场的情形，比如 PJM。或许只有改变这种基于当地公共利益的观点，才能使得这类涉及跨州批发市场的电力企业并购案得以审批通过。

参考文献

[1] Armington, Elizabeth, Eric Emch, and Ken Heyer. "The Year in Review: Economics at the Antitrust Division, 2005 – 2006." *Review of Industrial Organization* 29 (December 2006): 305 – 326.

[2] Borenstein, Severin, James Bushnell, and Frank A. Wolak. "Measuring Inefficiencies in California's Restructured Electricity Market." *American Economic Review* 92 (December 2002): 1376 – 1405.

[3] FERC. "Order Authorizing Merger under Section 204 of the Federal Power Act." Federal Energy Regulatory Commission Docket No. EC05 – 43 – 000, July 1, 2005.

[4] Joskow, Paul L. "Regulatory Failure, Regulatory Reform, and Structural Change in the Electrical Power Industry." *Brookings Papers on Economic Activity— Microeconomics* (1989): 125 – 208.

[5] Joskow, Paul L. "Restructuring, Competition and Regulatory Reform in the U. S. Electricity Sector." *Journal of Economic Perspectives* 11 (Summer 1997): 119 – 138.

[6] NJBPU. "Order on Standard of Review, New Jersey Bureau of Public Utilities." BPU Docket No. EM05020106, June 22, 2005.

[7] Radford, Bruce, W. "Electric M&A: Exelon's Epic End Game." *Public Utilities Fortnightly* 143 (May 2005): 21 – 24.

[8] Wolak, Frank A. "Market Design and Price Behavior in Restructured Electricity Markets: An International Comparison." In *Competition Policy in the Asia Pacific Region*, EASE Volume 8, edited by Takatoshi Ito and Anne Krue-

---

① 参见《迪凯纳资本要求爱克斯龙放弃与 PSEG 的并购，已成极糟糕交易》，载《电力事业周刊》(*Electric Utility Week*)，2006 年 5 月 22 日，第 15 页。

ger, 79 – 134. Chicago: University of Chicago Press, 1999.

[9] Wolak, Frank A. "An Empirical Analysis of the Impact of Hedge Contracts on Bidding Behavior in a Competitive Electricity Market." *International Economic Journal* 14 (2) (2000): 1 – 40.

[10] Wolak, Frank A. "Identification and Estimation of Cost Functions Using Observed Bid Data: An Application to Electricity." In *Advances in Econometrics: Theory and Applications*, *Eighth World Congress*, *Volume II*, edited by Mathias Detwatripont, Lars Peter Hansen, and Stephen J. Turnovsky, 133 – 169. Cambridge, UK: Cambridge University Press, 2003a.

[11] Wolak, Frank A. "Measuring Unilateral Market Power in Wholesale Electricity Markets: The California Market 1998 to 2000." *American Economic Review* 93 (May 2003b): 425 – 430.

[12] Wolak, Frank A. "Diagnosing the California Electricity Crisis." *Electricity Journal* 16 (August/September 2003c): 11 – 37.

[13] Wolak, Frank A. "Quantifying the Supply – Side Benefits from Forward Contracting in Wholesale Electricity Markets." *Journal of Applied Econometrics* 22 (December 2007): 1179 – 1209.

案例 2

甲骨文并购仁科（PeopleSoft）：
美国政府诉甲骨文案（2004）

普雷斯顿·麦卡菲（R. Preseton McAfee*）
大卫·S·斯布里（David S. Sibley）
迈克·A·威廉（Michael A. Williams）

2.1 引 言

2003年6月6日，甲骨文公司主动提出以现金收购仁科公司所有在外流通的股票。甲骨文和仁科均为企业软件公司，从事开发、制造、营销、销售软件产品，以帮助企业管理其生产运营，并提供相关软件服务。两家公司与 SAP 一起，为此行业的三巨头。甲骨文公司在 2004 年的总收入为 101 亿美元，而仁科和 SAP 的总收入在 2003 年分别为 23 亿美元和 80 亿美元。此三家公司生产企业资源运作类（ERP）软件，帮助企业管理人力资源、财务、供应链以及客户关系。

2004年2月，美国司法部联合康涅狄克州、夏威夷州、马里兰州、麻省、密歇根州、明尼苏达州、纽约州、北塔科达州、俄亥俄州及得克萨斯州，上告甲骨文对仁科的收购[①]。司法部的理由是，此项兼并会因为单边竞争效应对

---

* 作为经济专家，普雷斯顿·麦卡菲（Preston McAfee）代表 U. S. et al. v. Oracle。美国司法部反垄断局雇用迈克尔威·廉姆斯（Michael Williams）和 ERS 集团，以协助对麦卡菲证词背后经济分析的准备工作。在此期间，大卫·希布利（David Sibley）在反垄断局中担任副首席检察官助理。

① 2004 年 2 月 26 日的状告书，其他相关的法律文件和审讯出示的证据可以在 http://www.usdoj.gov/atr/cases/oracle.htm 获得。由于司法部在所有原告中领头，我们在讲述原告的呈供时就以司法部代表。

ERP 的买方产生不利影响。① 换言之，司法部没有宣称该并购案会导致暗地或明里的合谋，但认为，此次股票收购会导致双方不再彼此竞争，从而对优先购买两家公司产品的顾客产生负面影响（若假定其他竞争对手不改变他们的竞争策略）。特别是，司法部认为，顾客购买 ERP 软件的行为符合拍卖理论，此收购会使仁科不再成为 ERP 的竞价供应者。司法部的一位专家在分析中使用了根据拍卖理论建立的并购模拟模型。这是第一次在法院审断中使用并购模拟模型。此案引发了反托拉斯中两个有趣的问题。在分析横向并购的竞争效应中，并购模拟模型究竟应该扮演怎样的角色？尤其，在并购模拟单边效应时，市场界定的角色又是什么？

司法部和甲骨文都大量依赖顾客证词来获得市场界定以及意向收购所导致的可能竞争效应之证据。客户的证词在分析这两个问题时起到怎样的作用？

在加州北区的美国区法院一次审讯后，凡·渥克（Vaughn. Walker）法官于 2004 年 9 月 9 日做出判决，司法部没能证实意向收购违反了美国的反托拉斯法。司法部在 2004 年 10 月 1 日宣布，对渥克法官的判决不提出上诉。2004 年 12 月，仁科公司的董事会接受了甲骨文 103 亿美元的收购价。

2.2　市场背景：企业应用软件

甲骨文和仁科拟议的并购提高了对被称为"企业应用软件"之类产品的关注，ERP 属于其中之一。使用这些产品能使企业必要的业务功能实现自动化。其中重要的组成部分（或核心组成）包括下面几种：(1)"人力资源管理"软件（HRM），它能使发薪服务，招募和培训员工自动化，因此有益于管理部门；(2)"财务管理系统"软件（FMS），它可以使总分类账，应收、应付账款和资产管理自动化；(3)"供应链管理"软件（SCM），它可以在存货的控制，生产和分配方面提供帮助；(4)"客户关系管理"软件（CRM），它管理销售的整个周期，从潜在客户发展到客户支持和服务。每一部分可能包括 30～70 个模块。一些公司所出售的产品系列，可能使用来自好几个不同的组成部分的系统模块。这样的组合就被称为"企业资源规划套件"（ERP 套件）。

---

① 美国司法部和联邦贸易委员会，《横向并购指南》（1992 年、1997 年修订），第 2 章 2 节（以下简称《横向并购指南》）

通常，一个企业资源规划套件是套装软件的组合，它整合了企业大部分经营活动的数据。当套装软件的某一组成部分被单独销售时，大家就称之为"单点解决方法"或"单项最佳解决方案"。

企业在规模，复杂度以及支持其运作所需用的信息技术基础的效率运作等方面有很大的差异。因此，企业对资源规划产品（ERP）特性的价值评估以及他们愿意为此支付的价格方面也会有很大的不同。一个符合拥有国际业务的大型跨国公司要求的产品，可能无法满足另一家大型跨国公司或一家小公司的要求。故此，ERP 软件拥有很多的差异产品，经常定位于行业的特定需求，例如银行、医院和政府。对于不同的客户，他们开发的软件类型也不同。有一些企业专注于成品，满足业务相对简单的小企业的要求。其他一些专注于复杂、个性化的软件及辅助服务，来满足规模较大且复杂的企业（LCE）的特定需求。① 对于这些企业，ERP 软件许可使用费用以及维护费用经常只占所有权全部成本的 10% 到 15%，这些成本包括员工培训、咨询服务和将新程序与客户旧有软件及数据库整合的成本。

需要购买复杂的、定制式软件的大型企业通常靠竞标获得其经营需要的解决方案。这样的企业首先在所有供应商中确定出少数能满足其经营需求的供应商，向他们提供招标说明书，并和那些在首次询价中提交了较具吸引力的供应商开始长期谈判。

2.3 美国司法部的论据

2.3.1 竞争效应理论

美国司法部把企业应用软件（EAS）分为三类：（1）适合于众多小型企业、以个人计算机为基础的成品；（2）适合于中型企业、功能有限但相对便宜的软件，这些软件必须进行专业安装和维护；（3）满足企业用户或者复杂的大型企业（LCE）要求的高端企业软件。这种软件产品可以供几千个用户同

---

① "定制软件"系指能够进行配置使其适应客户要求的软件。但不意味着为特定的客户进行基本软件代码的修改。例如，甲骨文销售给大型跨国公司的软件和销售给小公司的软件相同。"定制"通过软件设置来实现，可以对软件设置进行配置以适应客户的要求。

时使用,并支持上万个交易同时进行,能够把不同的系统模块进行无缝整合(例如,人力资源管理和财务管理系统模块),而且具有充足的灵活性可以支持复杂大型企业独特的商业运作过程。

高端企业软件的关键特性在于支持企业的扩张,包括(1)在多币种、多语言的不同司法体系下运作;(2)企业内拥有的多个法人实体或部门;以及(3)多条产品线等方面。高端企业软件也从其他方面迥别于其他企业软件,如(1)所有权的总成本,此成本通常高达上百万美元;(2)客户购买时要花相当长的时期考虑(例如,几个月);(3)使用这些软件有一定的难度。企业用户不会考虑那些在产品的生命期中无法提供持续性的技术支持和产品升级服务的供应商。复杂的大型企业(LCE)也不愿意考虑那些在高端企业软件系列方面缺乏经验和资质的供应商。

LCE 的典型采购包括以下步骤:企业分析和确认其需求;决定投资的预期收益并准备预算;成立选择委员会;确定细节功能需求;发布信息需求(RFI)来初步甄选可能的供应商;向有资格的供应商发出招标书;安排三到五个有资格的供应商进行展示;接受标书;与两三个供应商进行价格和条款谈判;选择最终的供应商。

基于对产品的描述和其获得途径,美国司法部将注意力集中于高端产品,并认为此市场主要的竞争者为甲骨文,仁科和德国思爱普电脑软件公司(SAP AG)的美国子公司,即 SAP America 公司。因此,原告认为这个案例为"3 变 2"的并购案,① 在这个案例中:

与具有同一价格的消费者产品相异,在这个案例中的竞争包含一个区分每个顾客的招标过程。大量的证据证实,折扣在不同的消费者之间差别很大,这取决于每个消费者的特定环境和提供给消费者的竞争程度。对甲骨文网上销售数据的系统分析和其折扣报表及销售代表的调查报告均显示,当和仁科竞争时,甲骨文的打折力度更大。由于对特定的顾客,出售高端人力资源管理和财务管理系统软件的价格竞争是特定的,所以并购的影响在不同的顾客之间也将不同,这可以从甲骨文和仁科之间激烈的竞争中看出。②

基于此分析,美国司法部决定,对购买企业资源规划软件的购买者,在某种意义上,可以用拍卖理论来对其适当的建模。由于并购将消除仁科作为一个独立的

---

① 控方审判后诉书第 1 页。
② 控方审判后诉书第 33 页。

竞标者的地位，美国司法部认为甲骨文将可能以更高的标价赢得合并后的采购。

在审讯中，美国司法部没有提供证据表明企业资源软件市场上的卖方协同合作可能产生不利的福利影响。然而，在审后简报中，美国司法部简单地列示了此提议的合并将透过协同合作效应导致价格升高的可能性。美国司法部评论到，考虑到相关市场的高度集中性，协同合作是有可能的，并进一步指出，对单个消费者来说，市场集中在赢家通吃的竞争格局中可能以顾客资源的重新分配形式呈现。

2.3.2 市场定义

美国司法部应用了《横向并购指南》中陈述的市场界定的标准原则。特别地，美国司法部定义了两个相关产品市场：高端人力资源管理和高端财务管理系统企业软件。出售给中间市场企业的这些软件，模块的定制版本是不包括在相关的市场中的，原因是这些版本不能满足复杂的大型企业（LECs）的要求，因此不能限制向这些顾客收取费用。相关的地域市场被定义为美国市场。这是基于美国司法部的观点。假设把所有出售高端人力资源管理或财务管理系统软件的美国供应商看成一个垄断者，垄断者会发现小幅、但显著且长期的涨价是有利可图的。美国司法部也认为供应商在相关市场上曾有价格歧视性出售。[1] 然而，美国司法部没有运用在《横向并购指南》中描述的价格歧视方法来解释所谓的相关市场。

为了支持此市场定义，美国司法部提供了系列证据。由独立的市场研究企业做的报告也被引用来证明中间市场软件不是很好的高端软件的替代品的观点，还用来证明美国司法部的关于市场参与者的结论。复杂的大型企业经常运用"五大"咨询公司来帮助它们组织和管理企业应用软件的安装过程[2]。美国司法部指出，五大企业中的2位高级行政人员是支持美国司法部的市场定义和市场参与者的名单的。甲骨文的证据，包括它对这个产业的描述，顾客研究和它为了在中等市场获得份额所定的计划，也被引用来证实美国司法部的市场定义。仁科（市场参与者）和微软（宣称是新进入者）的证据被用来证明中等

---

[1] 价格歧视是指对于相同成本的同一种产品对不同的消费者收取不同价格的行为。
[2] "五大"为企业软件使用者提供咨询服务的企业是指：埃森哲（Accenture）、毕博（Bearing-Point）、凯捷咨询公司（Cap Gemini）、安永（Ernst & Young）以及IBM全球服务公司（IBM Global Services）。

市场的软件不适合很多复杂的大型企业。仁科收购 JD Edwards（一个中等市场软件开发者）的证据，也被提供来证明中等市场软件不是复杂的大型企业所需产品的替代品。最终，美国司法部依赖于一个并购模拟模型的结果，此模型认为甲骨文和仁科的并购将使高端人力资源管理软件的价格提高 13% 到 30%，使财务管理系统软件的价格提高 5% 到 11%。①

美国司法部将上面定义的市场刻画为能准确识别控制价格的主要经济力量的市场。原告认为，甲骨文、仁科和 SAP America 之间的产品差异远小于这些企业和其他软件供应商之间的产品差异。原告认为，不管中等市场软件是否是高端人力资源管理和财务管理系统软件产品的近似替代品，都可以得出结论，这个软件是不属于相关产品市场的范畴的。美国司法部也认为，自给、数据源系统、外包、微软新产品、免费开源软件和"点计算"并不是充分相近的替代品，因此它们均不能被包括在相关市场中。

原告也分析了甲骨文公司内部的"折扣授权表"，发现其中来自于仁科的竞争被提及和确认过 122 次，并作为甲骨文的销售人员提请能够获得选择性折扣权限的理由。SAP America，下一个最可能被提及的企业，仅被列示 81 次。美国司法部得出结论，这些数据支持其有关产品市场的定义，此定义仅限于出售给复杂的大型企业（LCE）的高端财务管理系统和人力资源管理软件。

2.3.3　市场结构

73　　原告运用有甲骨文、仁科和第三方产生的数据来分配市场份额。低于 50 万美元的交易被去除，因为它们有可能是相关市场外的中等市场的产品交易所产生的。对于财务管理系统软件，2003 年的总销售额为 1.14 亿美元。仁科的市场份额为 32%，甲骨文为 17%。SAP America，它们仅有的大型竞争对手，拥有 39% 的市场份额。此外，奥地利微电子公司（AMS）拥有 10% 的市场份额，微软拥有 2%，SCT 拥有 1%。并购使赫芬达尔—赫希曼指数（HHI）增长了 1 064 点，并购后的 HHI 值达到了 3 994。

对于人力资源管理软件，2003 年的总销售额为 1.29 亿美元。仁科的市场份额为 51%，甲骨文为 18%，另外，SAP America 的为 29%，SSA 的为 2%，

---

①　这个模拟模型以拍卖理论为基础。这个模型是由 McAfee 发明的，McAfee 是本章的作者之一，他被美国司法部留用来分析提议的并购案可能产生的竞争效应。

Lawson 的为 1%，SCT 的为 0.4%。并购使 HHI 增加了 1 802 点，并购后的 HHI 值达到了 5 497。

于是，美国司法部认为高端软件市场是高度集中的，存在三个大型企业（甲骨文、仁科和 SAP America）和一些小型处于边缘竞争的企业。基本上，此拟议的交易是"3 变 2"的并购。边缘企业的特征是生产只能吸引极少量顾客的差异化产品，而且这些产品在这些顾客之外没有竞争影响力。

2.3.4 竞争效应的证据

美国司法部注重此提议的并购可能产生的单边效应。供应商提供具有特定特征的软件来匹配复杂的大型企业的独特要求，这一过程可能导致不同的交易以不同的价格成交。对甲骨文业务的保密记录的分析表明，供应商在对服务的顾客进行竞争时，可以获得大量的相关信息。相似的，对甲骨文业务记录的分析同样表明，在同一时间出售的相同软件的价格决定于非成本因素，因此使供应商获得了进行价格歧视的能力。

为了量化并购的反竞争效应，原告采用三个不同的数据源进行了三个独立的分析。其采用的三种方法分别是：（1）基于并购方内部交易数据库的统计分析；（2）价格回归；（3）基于拍卖理论的模拟模型。

2.3.4.1 交易数据的统计分析

并购方的交易数据库表明，在较大的交易中，甲骨文更经常地和仁科及 SAP America 进行竞争，即交易很可能包含具有争议的高端软件。而且，当和仁科竞争时，甲骨文赢的几率比较低，但当和其他企业竞争时，甲骨文赢的几率会大很多。同样可以发现，当竞争对手不是甲骨文时，仁科更可能会赢。此结果表明，人们可以构造一个局部化的产品空间，在其中，甲骨文和仁科是彼此最直接的竞争对手。

2.3.4.2 价格回归分析

美国司法部对由甲骨文为其电子商务套件提供的价格折扣进行了回归分析。回归结果表明，在一个给定的采购竞争中，甲骨文的折扣是如何随其竞争对手的改变而变化的，其竞争对手可能包括仁科、JD Edwards、SAP America、Siebel 和其他大型的生产者。当仁科（或任何其他的供应商）存在于一个采购竞争中，虚拟变量被设定为 1。当其不存在时，此虚拟变量被设定为 0。回归由 37 个销售额高于 500 000 美元的交易组成（见表 2－1）。仁科变量的回归系数为 0.097。这表明，和仁科竞争时，甲骨文将提供 9.7% 的折扣，此折扣高于没有仁科的竞争时的折扣。回归结果还表明，当甲骨文没有竞争对手时（即每一个虚拟变量都为 0），它定价的平均折扣为 62.5%，即为回归方程中的常数项。当仁科是仅有的额外的竞争对手时，甲骨文的折扣价平均从 9.7%（仁科的虚拟变量的系数）到 72.2%。这个回归结果的解释和渥克法官的陈述是一致的，他认为"当甲骨文为了其电子业务套件和仁科竞争时，消费者比甲骨文在出售此套件没有竞争对手时可以多获得 9.7 个百分点的折扣。"[1]

表 2－1　　　因变量：甲骨文电子商业套件价格折扣的百分比

仁科	0.097 (0.049) [0.056]
杰迪.爱德华（JD Edwards）	0.071 (0.058) [0.228]
SAP America 公司	0.097 (0.074) [0.197]
西贝尔	0.030 (0.051) [0.561]
利基	－0.052 (0.044) [0.248]
$500k < 交易额 < $1M	－0.015 (0.043) [0.723]
常数项	0.625 (0.040) [<.001]
拟合度	0.287
变量个数	37

注：括号中为标准差，方括号中为 p 值。

---

[1]　United States V. Oracle，第 1169 页。

案例2：美国政府诉甲骨文案

然而，仁科存在时的竞争效应不限于此特殊案例。回归结果表明，与在所有没有仁科参与的采购过程中甲骨文提供的折扣相比，仁科的出现使甲骨文折扣平均增加了9.7个百分点。例如，在只和SAP America竞争的采购中，甲骨文的折扣的幅度小于其和SAP America及仁科同时竞争的情况。在后一种情况中，甲骨文的总折扣等于仁科变量的系数（9.7%）、SAP America变量的系数（9.7%）及常数项（62.5%）之和，即为81.9%。因此，这个回归模型不限于测量甲骨文和仁科竞争时，相比于在无其他企业竞争时，甲骨文所提供的额外的折扣。①

2.3.4.3 并购的模拟模型

并购的价格效应可以用一个并购模拟模型来量化（Werden，2005）。模拟模型采用来自市场的数据，例如价格和数量，校验一个有竞争者参与的经济模型。校验之后，此模型可以对重要的经济参数给出估计值。特别的，一个比较好的模型得出的参数可以描述由竞争者数量决定的市场价格水平。然后，我们可以去掉一个竞争者来模拟并购的价格效应，也可以运用模型的初始参数预测并购后的价格水平。

因为使用市场数据来估计隐含的经济模型，因此所估量出来的并购效应决定于所选择的能够代表市场的模型。尽管有大量的不同的模型，在并购模拟中主要采用三个经典的经济模型：伯川德模型、古诺模型和拍卖模型。每个模型都运用一系列不同的规则来阐述适合企业的选择。在企业出售差异化产品的市场中，经常运用伯川德模型假设，企业竞争者同时选择销售价格，而且在给定所有其他企业选择的价格时，此价格可以使企业的利润最大化。当没有企业通过改变价格以增加利润时，伯川德均衡就出现了。在企业出售同质产品的市场中，常用古诺模型假设，所有的企业同时选择生产数量，在给定所有其他企业选择的数量时，这些数量可以使企业利润最大化。在没有企业能通过改变产出增加利润时，古诺均衡就达到了。我们熟知的有不同的拍卖类型。在并购背景下，拍卖通常以采购拍卖的形式进行。在这种形式下，企业竞争供货，最低价

---

① 在随后有关甲骨文案例的评论中，似乎回避了对回归结果更加宽泛的解释。科尔曼（Coleman，2005）错误地断定"美国司法部的一名专家证人估计甲骨文的折扣在有仁科参与以及没有任何竞争者参与时存在差异，并且在仁科参与下，其折扣比没有竞争者参与时更大……［T］此人的发现没有提供有关仁科和甲骨文之间的竞争是否比较特殊的信息，因为没有证实折扣在有其他竞争者参与时更大。"

者中标。

伯川德模型中，企业提供的价格取决于企业所面临的需求弹性。① 需求弹性越小，它的成本加价就越高。并购模拟模型分析消费者在企业之间的消费替代模式，预测合并后的企业将面对的需求弹性，然后预测并购后的价格。古诺模型中，企业的价格是市场需求弹性和企业市场份额的函数，并且市场份额越高，价格也越高。② 基于古诺模型的并购模拟估计需求的市场弹性，并运用它和并购后的市场份额一起来预测价格。最后，运用拍卖模型，由于在一些特定的拍卖中价格并不会因为并购而改变（当并购企业的产品并不是买者的第一和第二选择时，这种情形可以出现），供应商数量的减少可以增加中标的几率。如同下文描述的，在甲骨文的案例中使用的是拍卖模型。

并购模拟模型使用标准的经济学工具，使用得当的模型必须牢牢地依据相关市场事实。因此，这可以避免以专家直觉为基础的描述性分析所产生的问题。它也可以避免传统合并分析所要求的市场划定的通常性难题（见下文的讨论）。尽管并购模拟模型要求确定包含的产品种类，但相关的弹性仍可以解释分析之外的与产品联系在一起的任何竞争效应。然而，并购模拟模型依赖于隐含经济模型的适宜性。因为事实上没有一个模型能完美地描述一个市场，因此选择正确的模型涉及对市场显著特征的评估、模型的匹配，以及使用数据检验模型。

美国司法部采用的并购模拟模型基于英式拍卖（即，竞价依次递增，公开喊价拍卖）模型，因为这种模型允许有大量的竞价者和多轮竞价。此分析运用完全信息模型，在这一模型下，每一个软件供应商知道购买者为每个供应商产品所设置的价值。在这个模型中，一个购买者对第 i^h 个竞争者的产品的估价假定为 V_a，且 $V_a > 0$，其中 $a_\xi > 0$，并假设 V 在 [0, 1] 上均匀分布。对所有的竞争者给定 a_ξ，我们可以计算每一个竞争者能赢的相对概率。或者，给定市场份额，我们可以计算 a_ξ 的相对值。

并购模拟模型运用上面提到的市场份额来计算 a_ξ 的相对值。为了获得 a_ξ 的绝对值，模拟模型部分取决于一个假设，这个假设是以销售价格的形式衡量软件产品的价值对买者和卖者来说是如何增加的。美国司法部对这个参数赋予了一系列不同的值，对买者的价值增长值从 50% 到 90% 不等。基于估计参数

---

① 特别的，一个企业的"价格—成本边际"（价格与成本之差再除以价格）等于这个企业产品的反需求函数的弹性。

② 对古诺模型来说，价格—成本边际等于一个企业的市场份额除以这个市场的需求价格弹性。

的并购模拟模型表明,在交易额大于或等于50万美元的交易中财务管理系统软件的价格将可能增加5%(使用50%增长的假设)到11%(使用90%的增长假设)。根据模拟结果,在这样的交易中,人力资源管理软件的价格将可能增加13%(使用50%的增长假设)到28%(使用90%的增长假设)。

2.4 甲骨文的论点

2.4.1 市场定义

甲骨文的辩护指出了限制相关产品价格的需求和供给因素。甲骨文认为,美国司法部定义的相关市场在地域和产品维度方面都太狭窄。对于地域市场,辩护方使用了 Elzinga–Hogarty(E–H)(1973)测试方法,来检验仁科出售给非北美消费者的财务管理系统和人力资源管理软件的销售数据,以及 SAP America 出售相关产品给北美消费者的销售数据。检验基于产品在区域间的实物流动,运用检测区域开放度的两种测量方法:LIFO(本地消费自足率)和 LOFI(本地产出自消率)。它们的定义如下:

LIFO = 由本地供应满足的本地总消费/本地总消费量

LOFI = 由本地产出满足的本地消费/本地总产出量

埃尔津加和霍格蒂(Elzinga & Hogarty)认为,如果上述的两个比率都高于75%或两个比率的平均值超过90%,一个特定的区域市场将构成了一个地理市场。基于此测试和其他证据,甲骨文认为相关地域应该是全球性市场。甲骨文也引用了欧盟委员会对拟议并购的决议,该决议认为高端财务管理系统和人力资源管理软件的相关地理市场是全球性的(欧盟委员会2004,第179段)。

甲骨文批评美国司法部产品市场的定义不精确,并且采取了为把甲骨文、仁科和SAP America公司定义为相关市场而进行反向论证的方法。辩护方声称,这些顾客中的大部分处境并不相似,而且美国司法部的市场定义没有考虑到制约价格的重要因素。譬如现在的或旧有的系统,外包和其他美国司法部排除的企业,如AMS和Lawson,都是这些重要因素的一部分。甲骨文提供了复杂的大型企业使用这些替代产品的例子。

辩护方也对美国司法部的相关市场上卖方从事价格歧视的论点进行了争

论。甲骨文认为，购买者为大型的、富有经验的顾客，他们不会让供应商获得必要的关键信息来使其实施有利可图的价格歧视。为了支持这些论点，甲骨文的专家引用了一项研究以证实垄断者必须以90%的几率正确地预测顾客的意愿出价，才能使价格歧视有利可图（Hausman，Leonard and Vellturo，2006）。

甲骨文没有试图定义相关产品市场，相反，它认为美国司法部的相关产品市场定义是不正确的，而且合理界定的产品市场将比美国司法部定义的市场宽泛。

2.4.2 竞争效应理论和证据

甲骨文认为，在大多数案例中，客户在最后一轮的购买周期会把竞争者的数量限制到一到两个，因此表面上看似乎明显地缺乏竞争（即使在合并前）。为了协商最终的合同，客户拥有充分的买方权利以确保他们能获得较低的价格，而且和第二个或第三个供应商的额外协商可能不会导致更低价格。

相应的，讨价还价理论，而非拍卖理论，是评估该合并竞争效应的合适的分析框架。讨价还价理论依据诺贝尔得主约翰·纳什（John Nash）（1950年和1953年）的著作，他证明在合理的条件下具有相同议价能力的双方将协商出一个结果，这一结果使参与者通过相互合作获得总的新增收益的一半。这一结果使两方在交易中获得的收益之积最大化。

甲骨文认为，该合并案中的商业谈判方式在任何重要方式上都不同于英式拍卖。在绝大多数的交易中，买方把潜在的供应商减少到一个或两个。因为拍卖商不会这样限制投标人的数量，甲骨文得出结论，买方使用他们的议价能力以及他们作为参考顾客的价值，而非一场拍卖，以获得低价格。甲骨文指出，不同客户在价格、条款和条件方面的差异反应的可能是谈判技巧和其他相关的因素（如协商是否发生在季度末或年末）的不同。

关于司法部提出的回归分析，甲骨文指出，SAP America公司和仁科的系数相同，所以该回归分析没有对司法部的论点提供支持，即仁科和甲骨文之间的竞争比和SAP美国公司之间的竞争更为紧密。被告方使用回归的结果表明，甲骨文和仁科之间在产品空间上不构成一个"局域节点"。甲骨文同时也认为，DOJ司法部对回归没有做出合适的界定，因为没有控制每次竞争中竞争者的数量。

甲骨文做了另外一个回归分析，包括仁科、杰迪·爱德华（JD Edwards）

案例 2：美国政府诉甲骨文案

和 SAP 美国公司等的虚拟变量，以及在假定的购买中甲骨文面对一个竞争者（即共有两个竞争者），面对两个竞争者，和面对三个竞争者（见表 2-2）的三个额外虚拟变量。甲骨文指出，它们分析结果显示，SAP America 公司和仁科对甲骨文的折扣继续存在类似的影响，即他们的回归系数类似。司法部回应说，甲骨文的回归分析不可靠，认为用于甲骨文竞争者的虚拟变量和用于个别公司的虚拟变量之间存在很大的相关性。的确，当甲骨文的回归包括希柏（Siebel）和目标竞争者的虚拟变量时，虚拟变量便形成多重共线性，以至于无法对回归方程进行估计测算。

表 2-2　　　　因变量：甲骨文 E-商务程序组的价格折扣百分比

仁科	0.105 (0.0542) [0.0714]
杰迪·爱德华（JD Edwards）	0.0575 (0.0789) [0.4718]
SAP America 公司	0.0975 (0.0812) [0.2396]
1 竞争者	-0.0086 (0.0544) [0.8762]
2 竞争者	-0.0471 (0.0666) [0.4851]
3 竞争者	0.0241 (0.1404) [0.8648]
$500k < 交易额 < $1M	-0.0098 (0.0436) [0.8235]
常数项	0.6238 (0.0469) [<.001]
拟合度	0.2695
残差平方根	0.1204
变量个数	37

注：括号中为标准差，方括号中为 p 值。

甲骨文也反驳控方对客户投诉的使用，声称这些投诉受"选择"偏差的支配，不是来自甲骨文客户的随机样本，而是来自有偏差的选择性样本，目的是为了针对甲骨文。甲骨文同时称，对于在合并后将面临价格上涨的行业和客户（假设这一情形果真出现），其他的公司诸如 SAP America 公司和 Lawson 等，可以透过重新设计更具吸引力的产品，使之在竞争中胜出，击败合并公司。

最后，被告方认为，司法部关于该交易是"3 变 2"合并的观点也不成立。甲骨文认为，控方必须证实，给定相关产品的差异性特征，合并后的公司将具有市场支配地位；然而，控方却没能够做到这一点。

2.4.3　效率

甲骨文指出，在恶意收购中，收购方不能进行详细的协同效应分析。但是甲骨文认为，并购将导致销售额和市场营销费用的大幅度减少。由于这些成本花费是可变的，并购后的成本节省应有效的抑制价格上升。

2.5　渥克法官的裁决

渥克法官做出了有利于被告方甲骨文的判决。他的基本结论如下：

法庭做出判决，控方完全没有证实单边效应根本的方面——即他们没能证实"结点"或甲骨文和仁科之间的本地化竞争区域。换句话说，控方没能证明有相当数量的顾客（"结点"）把甲骨文和仁科分别作为首选和次选。如果控方对此做出证实，那么，法庭将会分析合并后甲骨文实施这种垄断势力的可能性，或 SAP 或劳森（Lawson）在结点内是否会进行产品重新定位，以限制甲骨文实施其垄断势力的可能性。

2.5.1　市场定义

法官渥克在其判决中指出，控方定义的高端企业软件在行业中没有公认的

案例 2：美国政府诉甲骨文案

意义。① 他认为，没有明确的界限测试以区分"大"客户和"中端市场客户"，而且他发现，控方没能证实 ERP 供应商和这些依据他们在 ERP 购买上的数量的客户存在区别。法官渥克总结了甲骨文、仁科、和 SAP America 公司，劳森、AMS、微软和最佳供应商，以及由埃森哲咨询公司和 ADP 提供的外包服务，并发现这些产品间存在差异性。

渥克法官指出，控方依靠客户证人、系统集成商和行业证人以及他们的经济学专家。而且，客户证人的证词在很大程度上对定义高端 HRM 和 FMS 软件市场没有帮助，因为客户在甲骨文合并后提高价格的应对措施方面提供的证词（如果有）很少。渥克法官得出如下结论：

这些［公司］证人就这些客户在合并发生后将会做些什么、能够做些什么，以及什么不能够做，以避免甲骨文价格上涨方面提供的证据，如果真有，也是寥寥无几。虽然每一个证人都提供证词表明，有时死记硬背，他们别无选择，只能接受合并后甲骨文/仁科 10%的价格上涨。但是没有任何公司证人对此假设性价格上涨后它们其他替代方案的成本给出证词，例如外包业务的实际成本是多少，或对其他供应商的产品加以修改以提供与甲骨文和仁科软件相同的产品的成本是多少。②

与此相反，渥克法官发现甲骨文客户证人的证词更有用，因为它具体，并且描述了应对价格上涨采取的具体行动。

渥克法官发现，司法部的市场集中化统计有几项缺陷。第一，司法部的计算依据所有金额大于 50 万美元的交易。法官推断，司法部考虑的交易样本太小并且没有把 HRM 和 FMS 的销售和它们在成批产品中的销售区分开来。

渥克法官还指出，司法部一方面称没有"定量的度量"可以用于确定高端产品，另一方面却认为，争论中的产品有"不同的地方"。法官判定，控方并没有证实所谓的相关产品市场是仅限于高端 FMS 和 HRM 软件。他断定，外包公司，诸如劳森（Lawson）和 AMS，微软公司（Microsoft）等中期市场供应商提供的产品和最佳的解决方案不能从相关产品市场中被排除。法官还发现，旧的 FMS 和 HRM 系统（即：在获取新系统之前客户原来的系统）应该从相关产品市场中排除。关于地域市场，法官发现 Elzinga – Hogarty 测试是建立市场地域范围的一个有效方法，并且断定，该测试（由辩护方所使用的）支持

---

① 参考案例，United States V. Oracle，第 1102 页。
② 参考案例，United States V. Oracle，第 1131 页。

了相关地域市场应是全球市场的论点。基于上述相关产品和地理市场的假定，渥克法官判定，司法部提出的市场份额和集中化统计不适用于该并购的反垄断分析。

2.5.2 竞争效应

渥克法官表示，有关合并单边效应分析的判例法很少。法官引用《横向合并指南》来讨论"第7节中涉及差异产品单边效应控告的必要因素"①，该指南指出，在差异产品合并中要证明显著的单边效应，必须要满足两个条件：

市场上的差异产品显著的单边价格上涨要求：视合并公司的产品为第一以及第二选择的客户在市场上占有显著的销售份额，其次，非合并企业重新定位其产品线以补偿合并可能造成的局部竞争的损失的可能性极小。合并公司的产品可替代性越高，即购买一项产品的需求方视另一合并企业产品为他们的第二选择的可能性越高，价格涨幅就越大。②

法官发现，这一论述不完全，因为它强调卖方的第一选择和第二选择相对的接近性，而没有强调市场中的其他可替代产品的相对接近性。他提出了共同构成差异产品单边效应的四个因素：（1）合并后公司的产品必须存在差异；（2）它们必须是接近的替代产品；（3）其他产品必须和合并公司的产品之间存在很大的不同，以使合并产生小却显著的、非暂时性的有利可图的价格上涨（SSNIP）；（4）非合并公司不可能对其产品重新定位。在案例中至关重要的部分，法官对这些重要的条件做了如下详细的解释："在单边效应案例中，一名控方试图证明合并各方可以单方面提高价格。因此，控方必须证明合并双方在合并后将具有垄断或市场支配地位，至少在'局部竞争'的产品空间内是这样。"③

与此观念相反，法官认为控方没能证实"节点"的存在或甲骨文和仁科的案件本地化的竞争区域，特别是控方没有证实有相当数量的客户（节点）把甲骨文和仁科视为他们的第一和第二选择。渥克法官批评控方没能使用"透彻的经济计量方法，诸如可证实夺回效果（recapture effects）的转换率

---

① 参考案例，United States V. Oracle，第1117页。
② 参见《横向并购指南》，第2章21节。
③ 参考案例，United States V. Oracle，第1118页。

(diversion ratio)",而这也许会符合他提出的单边效应"四点测试"。

法官也对司法部三个竞争效应分析发表了评论。在评论控方的甲骨文折扣授权书和回归分析中（分析表明来自仁科的竞争通常使甲骨文产生较大的价格折扣），法官指出这项证据只是被单独提出来，并没有和仁科和 SAP America 公司折扣授权书的类似信息作比较。他推断，分析仅证实甲骨文和仁科之间的相互竞争比较激烈。分析没有证实这一竞争比甲骨文和 SAP 美国公司或比仁科和 SAP America 公司之间的竞争更加激烈。同样的，渥克法官推断，分析没能证实必要的节点或局部竞争空间[①]。

法官也认为，司法部依据英式拍卖的合并仿真模型不可靠，因为它依据不可靠的市场份额，关于这点他之前已经在分析司法部提出的市场定义中做出了判定。

最后，渥克法官指出，控方在审讯中没有提交有关协同效应的证据，但他们却在审讯后的要点摘要中有一节声称该合并具有协同效应。他指出，企业协调将会很困难，因为产品大相径庭，同时也因为市场缺乏价格透明度。考虑到有关隐性市场分割的记录缺乏任何的证据，法官推断协同效应的指控缺乏法律依据。

2.5.3 效率

法官认为，甲骨文没有提交充足的证据，以证实并且核实所估算的合并特有的效率提高。

2.6 结论和后果

该案中，美国司法部的立场和法官决议之间有两个重要分歧点。

第一，控方反对在涉及差异产品的合并中有关单边效应所需因素的决定。在《横向合并指南》中，控方认为，必须满足两个条件："在差异产品市场中，实质性的单边价格提升需要（1）把合并公司的产品作为首选或次选的顾客在市场中占有显著的销售额，（2）通过合并，非合并方产品线的重新定位

---

① 参考案例，United States V. Oracle，第 1169 页。

以弥补局部竞争损失的可能性极低"①

相反，渥克法官认为，需要四个要素以证实单边效应的存在：（1）合并公司的产品必须存有差别；（2）它们必须是近似代用品；（3）其他产品必须和合并公司的产品有足够的差异，以使合并公司能获得 SSNIP 利润；以及（4）非合并公司的产品重新定位必须是不可能的。此外，渥克法官认为，为了"让差异产品单边效应的申诉令人信服，控方必须证明相关市场中的合并各方将实质性的拥有垄断或市场支配地位。"②

渥克法官对于差异产品市场中合并公司可能的竞争效应的描述受到许多经济学家的指责。他们认为，在差异产品合并的标准化分析中，法官的结论，"让差异产品单边效应的申诉令人信服，控方必须证明相关市场中的合并各方将实质性的拥有垄断或市场支配地位"，是不正确的。正如沃登（Werden，2006）所做的评论："对于要产生重大价格变化的合并公司，从大量个体客户的角度来说，其合并品牌必须是极为相近的替代品。但是如果从全体客户的角度来考虑的话，合并品牌则不需要是很接近的替代品。"因此，合并各方不需要拥有"绝对的垄断或支配地位"从而在差异产品市场中施加有利可图的 SSNIP。夏皮罗（Shapiro，2005，第 15 页）评论说，法官"似乎使用第 2 节中的市场权力概念，即垄断权或支配权，专用于第 7 节中的情景。但是经济学家认为，市场势力是一个涉及程度高低的概念；有比垄断势力较弱的市场势力的版本。[法官]把两者混为一谈了。"

此外，如果法官上述的第三个条件得到满足（即，如果合并公司实施 SSNIP 可以获利），则通过最小的市场原则③，合并公司的产品将成为一个独立的反垄断相关市场，而且合并公司将在"本地化竞争"利益空间内获得垄断地位，而不仅仅是获得支配地位。法官指出的用于确定合并后垄断或支配地位的额外条件将是多余的。在渥克法官指定的条件下，并购将导致垄断，这就构成了表面证据，从而可以禁止该合并，任何有关单边效应的其他分析似乎是多余的。

第二，控方不同意法官有关价格歧视如何影响单边效应分析的判定。控方

---

① 参见《横向并购指南》，第 2 章 21 节。
② 参考案例，United States V. Oracle，第 1123 页。
③ 《横向并购指南》，第 1 章 11 节。市场定义始于对相对有限的产品和市场地理范围进行定义，然后不断扩展产品与市场地理范围，直到小幅但十分重要的价格增长变成利润。最小的市场原则是相关市场通常被定义为价格增长变得盈利的最小的产品和地域市场。

案例2：美国政府诉甲骨文案

把该案例视为"3变2"合并①，即"竞争在这种情况下涉及一个投标过程，对于每个顾客来说都是分离的，因为销售高端HRM和FMS软件的价格竞争对于特定客户是具体的，根据甲骨文和仁科之间肉搏战的意义，合并对不同的顾客影响不同"，②因此，根据原告的立场，从经济学角度来看，每次购买就是一次拍卖，在这一过程中，价格的设定独立于其他此类的拍卖，很大程度上因为套利不可行。这一分析的逻辑结论是，每次购买竞争或拍卖组成一个独立的市场。

相反的，法官关注的是合并的产品差异方面，并谴责原告没有使用"诸如转换率（diversion ratio）等证实夺回效果（recapture effects）"，而这本可能满足他发现单边效应的测试。但是，在独立拍卖情况下，无论不同产品之间的转换率是多大，一项合并都可能会导致反竞争效应。转换率测量是由一个产品价格（对所有顾客）上涨所损失的销售部分中流向第二个产品的那部分，假设第二个产品的价格（对所有的顾客）保持不变。在价格歧视市场中，"价格竞争……是针对于特定顾客的"，合并公司对每一个体客户的提价幅度是不同的。在这样一个针对个体定价的市场中，本身假定所有客户面对同样价格上涨的转换率概念发挥不到任何作用。

甲骨文案例一个有趣的方面是它涉及未来单边效应案例的相关市场界定问题。单边效应案例中合并公司竞争效应的经济分析可以如甲骨文案例那样依赖模拟。正如渥克和沃登（Waker & Werden, 2005）指出的那样，原则上合并模型不要求界定相关市场。正如渥克法官指出："并购模拟模型可以对可能产生的竞争效应作出更准确的估计，从而消除定义相关市场的必要性或减小市场界定的内在任意性。"③

但是在实践中，并购模拟通常以真实的市场为测算依据，这就要求（1）能识别所有相关竞争者，以及（2）它们的市场份额，这两个方面都需要对相关市场进行划定。正如布金斯基和克里斯琴森（Budzinski & Christiansen, 2007, 第155~156页）所总结的："在实践中，使用并购模拟模型也无法自动避免界定相关市场，这项具有'天生任意性的'工作"。具有讽刺性的是，法院[在美国政府诉甲骨文案中]完全拒绝了模拟模型，因为[法院发现]它没有考虑所有相关竞争者并且没能包括所有相关产品——换句话说，模拟模型的结

---

① 控方审判后诉书，第1页。
② 控方审判后诉书，第33页。
③ 参考案例，United States V. Oracle，第1122页。

果之所以被拒绝，是因为之前不充分的市场划定。"因此，尽管理论上合并模拟减少或消除划定相关反垄断市场的必要性，但是这些方法的实际应用似乎要求必须考虑（至少是）反垄断的相关市场。

关于客户证词的作用，甲骨文一案的经验是，这些有关证词（即客户对可能的价格上涨会做出如何应对的信息）应尽可能地详细。客户证词可能成为经济分析的有效补充。但是，如海耶（Heyer，2007）所说的那样，合并公司的客户可以选择"理性无知"——考虑到搜集信息的成本和利益，客户可能会理性地选择不费力去了解合并后的公司如何在将来给他们造成伤害。而且，直接采购者（可能是制造商或经销商）考虑的经济诱因可能不同于最终消费者的经济诱因。此外，企业客户可能会很谨慎的公开他们的观点，因为那会导致机密商业信息的泄露。

参考文献

[1] Budzinski, Oliver, and Arndt Christiansen. "The Oracle/PeopleSoft Case: Unilateral Effects, Simulation Models and Econometrics in Contemporary Merger Control." *Legal Issues of Economic Integration* 34 (2007): 133 – 166.

[2] Coleman, Mary. "Key Issues in Proving Unilateral Effects after Oracle." *Antitrust* 19 (Spring 2005): 26 – 29.

[3] Elzinga, Kenneth, and Thomas Hogarty. "The Problem of Geographic Market Delineation in Antimerger Suits." *Antitrust Bulletin* 18 (Winter 1973): 45 – 81.

[4] European Commission. Case No. COMP/M. 3216 (October 26, 2004).

[5] Hausman, Jerry A., Gregory K. Leonard, and Christopher A. Vellturo. "Market Definition under Price Discrimination." *Antitrust Law Journal* 64 (Winter 1996): 367 – 386.

[6] Heyer, Ken. "Predicting the Competitive Effects of Mergers by Listening to Customers" *Antitrust Law Journal* 74 (1) (2007): 87 – 127.

[7] Nash, John. "The Bargaining Problem." *Econometrica* 18 (April 1950): 155 – 162.

[8] Nash, John. "Two Person Cooperative Games." *Econometrica* 21 (January 1953): 128 – 140.

[9] Plaintiffs' Post – Trial Brief, http：//www.usdoj.gov/atr/cases/f204500/204591.

案例2：美国政府诉甲骨文案

htm.
[10] Shapiro, Carl. "Unilateral Effects Analysis after Oracle." *Antitrust* 19 (Spring 2005): 8 – 19.
[11] *United States V. Oracle, Inc.*, 331 F. Supp. 2d 1098 (N. D. Cal. 2004).
[12] U. S. Department of Justice and Federal Trade Commission. *Horizontal Merger Guidelines.* (1992, revised 1997), reprinted in 4 Trade Reg. Rep. (CCH).
[13] Walker, Michael. "The Potential for Significant Inaccuracies in Merger Simulation Models." *Journal of Competition Law & Economics* 1 (3) (2005): 473 – 196.
[14] Werden, Gregory J. "Merger Simulation: Potentials and Pitfalls." *In Modelling European Mergers: Theory, Competition Policy, and Case Studies*, edited by Peter A. G. van Bergeijk and Erik Kloosterhuis, 37 – 52. Cheltenham, UK: Edward Elgar Publishing (2005).
[15] Werden, Gregory J. "Unilateral Effects from Mergers: The Oracle Case." *In Handbook of Research in Trans – Atlantic Antitrust*, edited by Philip Marsden, 1 – 15. Cheltenham, UK: Edward Elgar Publishing, 2006.

案例 3

协调效应与证据标准：阿奇煤炭公司（Arch Coal）并购案（2004）

帕特里克·德葛拉巴（Partrick DeGraba）*

3.1 引　　言

2003 年 5 月，位于美国怀俄明州的保德河盆地南部地区（Southern Powder River Basin，以下简称"SPRB 地区"）的第三大煤炭生产企业阿奇煤炭（Arch Coal）公司宣布，它将收购该地区第四大煤炭生产企业锐盾煤炭（Triton Coal）公司。2004 年 4 月 1 日，联邦贸易委员会（以下简称"FTC"）向联邦地区法院提出起诉，寻求初步禁令，以阻止该项交易。

由于 FTC 关于并购可能产生竞争损害的理论依据是协调效应理论，因而该项并购案在一开始就格外引人注目[1]。FTC 认为，该项并购将有助于三家最大的煤炭企业行使"市场约束"（market discipline），联合起来消除 SPRB 地区已经存在了十多年的剩余生产能力。而剩余生产能力的存在将保持现货价格接近增量成本，并降低远期合约价格。

约翰·贝茨（John Bates）法官的判定中[2]，很多结论无疑将在司法人员

---

* 作者系 FTC 内部分析这一案例的经济学家，文中观点既不代表委员会的观点，也不代表委员会内任何个人的观点。

[1] 《横向并购指南》中既提供了单边效应理论，也提供了协调效应理论。在单边效应理论下，并购给并购企业带来了足够的市场力量，使得它们能够将价格提高到竞争性价格之上。大部分并购案都是应用这一理论进行评估分析。在协调效应理论下，并购被指控为有助于剩余竞争者在相关市场上进行默契串谋。

[2] FTC v. Arch Coal, Inc., 329 F. Supp. 2d 109 (2004).

案例3：阿奇煤炭公司（Arch Coal）并购案

与反垄断专家中引起大量争论[1]。首先，最引人注目的争论是，顾客所断言或关心的并购将导致价格上升的发现并不构成并购具有反竞争效应的证据，只应给予较小的权重[2]。第二，一些评论家认为本案中用于分析协调效应的证据标准比以往案例中所采用的要高很多[3]。这源于在以下条件没有得到满足时，法庭明显不愿意接受协调效应理论：没有证明并购企业已经成功协调，或者是"生产者之间存在惩罚性约束的理论"[4] 不仅仅意味着（即超越了）当竞争者观察到背离默契串谋时以扩大产量作为报复措施。第三类争论在于判定所阐述的"这一案例建立在FTC的新奇理论之上：相对于直接协调价格而言，竞争者未来可能通过默契协调限制产量"[5]。最后，判定认为在计算HHI指数时，采用每家企业的总煤炭储量优于采用企业的实际产量和产能。

3.2 案例背景

SPRB是怀俄明北部的一个包含大量相对低热量和低硫磺煤炭的地区。在并购发生时，该地区共有5家公司拥有12家露天矿，每年大约生产3.5亿吨煤炭，大约占美国动力煤总产量的40%。这些煤矿生产的煤炭是所谓的"次烟煤"（sub bituminous coal），热值范围从每磅8 900英热单位（BTU）到8 200英热单位。这一地区还存在一个给两类基准英热水平（8 800BTU和8 400BTU）的煤炭进行定价的二级市场。最南部的5个煤矿被称为1类矿（Tier 1），生产8 800 BTU煤炭；其他7家煤矿被称为2类矿（Tier 2）和3类矿（Tier 3），生产8 400BTU煤炭（2类矿生产的煤炭的英热值要高于3类矿）。

所有的2类矿和3类矿所生产的煤炭（在电力公司燃烧煤炭产生蒸汽用于发电时）每百万英热单位所产生的二氧化硫（SO_2）的平均水平大约为0.8磅。由于在不使用洁净装置的条件下符合1990年清洁空气法案（Clean Air

---

[1] 参见 Katz and Shelanski (2007, P. 33), Froeb et al. (2005).
[2] 这一结论与司法部同时提交的 U. S. V. Oracle Corporation (331 F. Supp. 2d 1098, N. D. Cal. 2004) 一案中的判定形成了相互印证。参见本书中由 McAfee, Sibley and Williams 整理的案例2.
[3] 参见 Mason, Sterbenz and Callahan (2004).
[4] FTC v. Arch Coal, Inc., 329 F. Supp. 2d 109, 145 (2004).
[5] 同上，115.

Act）第二阶段标准①，因而这类煤炭被称为"达标煤炭"（compliance coal）。生产 8 800BTU 煤炭的 5 家煤矿中的 2 家每百万英热单位所产生的二氧化硫也为 0.8 磅，其他 3 家煤矿所生产的煤炭的硫排放水平接近 0.4 英镑，被称为"超级达标煤炭"（super compliance coal）。

SPRB 地区有广阔的煤炭层，厚度在 60 到 90 英尺之间。并购案评估审查期间，这些煤炭层位于距离地表 150～250 英尺的地层，具体深度取决于煤矿和地表的拓扑结构。因此，剥采比——覆盖层（即煤层上的地表厚度）与煤层厚度的比例因矿而异，在并购期位于 2.5∶1 和 4.1∶1 之间。在 SPRB 地区，剥采比每提高一个百分点，采矿的平均成本每吨大约提高 1 美元②。随着采矿作业向西移动，剥采比小幅上升。有人估算，如果开采速度为每年 4.6 亿吨，SPRB 地区的加权平均剥采比将由 2004 年的 2.9∶1 上升到 2015 年的 3.2∶1③。在现有采矿技术下，煤炭储量可满足超过 20 年时间经济开采期，并且再往西更深的煤炭储量可开采更多的年数。

SPRB 地区采矿要求一开始就使用被称为"挖掘机"（drag lines）的大铲和自卸卡车组成的车队打开一个很大的矿口，然后使用较小的铲子揭出煤层。一旦煤层暴露，电铲就将煤炭铲出并装入自卸车，自卸车将煤炭倾倒在传输系统，然后将煤炭运送到输出站。输出站是一个位于铁路支线的大型机械，它能将煤炭输入火车，由火车将煤炭运输到发电厂用于发电。一家煤矿的产量或是受到卡车（铲车）挖煤产能的限制，或是受到传送带（输出站）将煤炭输送到火车的产能限制。一般情况下，一家煤矿有多台卡车/铲车同时作业。

一旦一脉煤被挖出，卡车和铲车将向西移动，开始挖掘下一个覆盖层，将覆盖层的土填入刚刚挖空的煤坑内。所有 SPRB 地区的采矿作业都是以这种方式向西移动。当有足够多的矿藏被挖出时，就用返回的地表土填埋矿坑，保持回填的地表满足能够维持生命的条件。

---

① 1990 年修订的《清洁空气法案》要求所有的电力公司生产每百万英热单位的电力排放不超过 1.2 英镑的二氧化硫。法案的第 4 部分要求污染程度较高的公司在第一阶段（1995 年以前）每生产百万单位英热单位的热能时排放不超过 2.5 磅的一氧化硫。第二阶段要求更多的工厂从 2000 年开始每生产百万单位英热单位的热能时排放不超过 1.2 磅的二氧化硫。修正案同时确立了"上限和交易"系统，允许硫排放量低于标准的企业将排放额度卖给超标企业。这一计划限制了整个国家的硫排放水平，同时与要求每家企业都符合排放要求相比较也可以降低总体成本。只有 SPRB 地区、Uinta 地区和 Central Appalachia 地区生产的煤炭符合这些标准。其他地区生产的煤炭在使用时需要在烟囱上安装洁净装置，在排气系统里混合石灰石和水以吸收二氧化硫。安装洁净装置和维持洁净装置运转的成本都很昂贵。

② 作为比较的基础，煤炭的矿口价通常为每吨 4~6 美元。

③ Hill and Associates（2004, p. S-6）。这将使采矿的可变成本每吨提高大约 0.3 美元。

案例3：阿奇煤炭公司（Arch Coal）并购案

在并购发生时，开办一个新矿需要超过一年的时间。这就使得现存的矿井成为有价值的资产，因为相对于重新开办新矿而言，现存矿井提供了获取煤炭的"便捷"通道。

实质上，美国政府拥有 SPRB 地区煤炭储备所在的所有土地。这些土地通过"按应用租赁"（lease by application，LBA）的程序①拍卖给了出价最高的竞标者。中标者每五年分期支付租赁费用，费用的高低不受采矿速度的影响。在并购发生时期，LBA 竞标价格从最好的煤炭每吨大约 0.75 美元到最不理想的煤炭每吨大约 0.25 美元。对于一个给定的渠道，LBA 程序大约持续 3~4 年。实质性建成煤矿、重新进入市场大约还需要一年时间，但这不是反垄断分析时需要考虑的因素。

3.2.1 煤炭购买者

SPRB 地区的煤炭大部分用于中西部地区的发电厂，但东南方向最远如佛罗里达州、东北方向最远如缅因州的发电厂也购买 SPRB 地区的煤炭。一些电力公司建设了特殊的发电厂以使用低英热煤炭。很多其他电力公司在设计伊始就是使用来自美国其他地区的高英热、高含硫煤炭，但是后来转向使用 SPRB 地区的含硫达标的煤炭，而不是继续使用东部地区或伊利诺伊州盆地的高含硫煤炭并加装成本较高的脱硫装置以达到清洁空气法案的标准。使用 SPRB 地区煤炭的异质性将至少导致发电厂的四个维度的差异。

一是发电厂的位置。对于矿口价格在每吨 4~6 美元的煤炭而言，运输成本将达到成交成本的 80% 左右②。由于要想获得既定的总英热水平，相对于 8 800 BTU 煤炭而言，8 400BTU 煤炭需要多购买和运输 5%，因而离 SPRB 地区越远的发电厂购买 8 800BTU 煤炭的价值要远远高于那些离 SPRB 地区较近的发电厂。

二是煤炭英热水平对于锅炉性能的影响。无论是使用 SPRB 地区的 8 400BTU 煤炭，还是使用该地区 8 800BTU 煤炭，发电厂都能在最高效率状态下运行。

---

① 在这一程序下，矿主（或任意其他人）指定一块土地。地块一旦指定，就分配时间进行地质勘查与环境研究。然后，进行密封拍卖，将地块租赁给出价最高的投标者。中标价要高于美国土地管理局（the U.S. Bureau of Land Management）的保留价格——煤炭"市场价值"的估计值。指定的地块通常位于已有煤矿的附近，所包含的任何地方具有 5~15 年的可采储量价值。

② 发电厂以离岸价（FOB）向煤矿购买煤炭，然后再与铁路公司单独签订煤炭运输合同。

然而，对于很多将锅炉设计成燃烧高英热单位煤炭的发电厂而言，转向使用 SPRB 地区的煤炭将降低产出水平。在这种情况下，8 400BTU 煤炭将意味着比 8 800BTU 煤炭更低的电力产出。

三是煤炭的含硫水平。在限制硫排放水平方面，不同的州有不同的标准（一般都超过了清洁空气法案的要求）。更进一步，在发电厂通过购买硫排放指标达到硫排放要求方面，在当发电厂的硫排放量低于标准时是否允许售卖硫排放指标方面，不同的州的规定也是不一样的。

第四个差异的可能来源是，3 类矿只是由北伯灵顿圣达菲公司（the Burlington Northern Santa Fe，以下简称为 BNSF）提供运输服务，而 1 类矿和 2 类矿是由 BNSF 和联合太平洋铁路公司（Union Pacific Railroad，以下简称为 UP）以及这两家铁路公司共同拥有的"合资线路"（joint line）提供服务。一家只与 UP 订立合同的发电厂如果要从 3 类矿转运煤炭还需要向 BNSF 缴纳一笔额外的转车费。

3.2.2　SPRB 地区采矿简史

20 世纪 70 年代，SPRB 地区就开始了露天作业，开采 8 400BTU 煤炭，这些煤矿现在成为了 3 类矿。由于这一地区的煤炭具有很低的剥采比，此时煤炭生产的可变成本大约为每吨 2 美元（反映了 SPRB 地区的现货价格）。随着开采作业向西推进，剥采比逐步提高，在 20 世纪 80 年代采矿成本最高峰达到每吨 8 美元。在这一时点上，采矿技术得到提升（主要是由于大型卡车和挖掘机的使用），采矿成本随之下降。到 1987 年，当第一眼 8 800BTU 单位煤炭矿井（1 类矿）开采，8 400BTU 煤炭的现货价格降低到每吨大约 3.5 美元，8 800BTU 煤炭的现货价格大约为每吨 4.5 美元。这些平均价格一直持续到 2000 年（见图 3-1）。这一期间，SPRB 地区的煤炭产量从 1.05 亿吨提高到 3.5 亿吨，并且这一期间的产量扩张没有出现规模不经济现象。

1999~2000 年，许多煤矿开始降低产能。2001 年 1 月，8 800BTU 煤炭的现货价格飙升至每吨 13 美元（8 400BTU 煤炭的现货价格也同样上升，高峰价格比 8 800BTU 煤炭低 3 美元左右）。2001 年 7 月，美国司法部发布了一项关于这一地区主要生产商操控价格的调查报告，但没有违规个案被起诉。2002 年，8 800BTU 煤炭的现货价格降至 5.50 美元，2003 年现货价格又升至大约 6.50 美元。

案例3：阿奇煤炭公司（Arch Coal）并购案

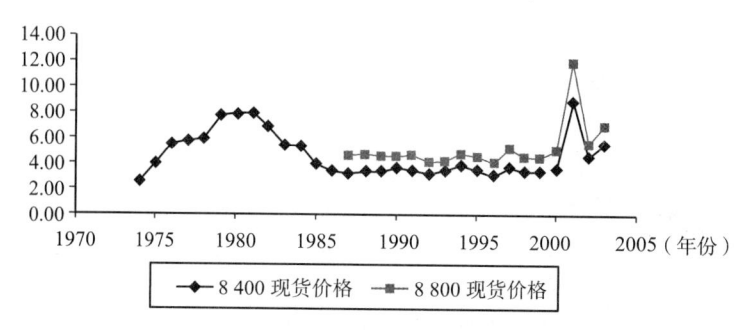

图 3-1 SPRB 地区煤炭每年的平均现货价格（美元/吨）

资料来源：Hill and Associates（2003，表4-3）。

1984 年，三类矿中的每类矿大约生产 3 500 万吨煤炭。到 2003 年，1 类矿产量升至 2.32 亿吨，2 类矿升至 7 600 万吨，3 类矿升至 4 600 万吨，总产量达到 3.54 亿吨。

1993~2000 年，SPRB 地区的煤矿主从 10 名减少至并购发生时的 5 名，分别为 Arch Coal 公司、Triton Coal 公司、Peabody 公司、Kennecott 公司和 R. A. G. 公司（现在称为 Foundation Coal 公司）。这些煤炭公司及其煤矿的相关信息可以从表 3-1 中找到。

表 3-1　　　　　　　　SPRB 地区煤炭统计表

公司	煤矿	类别	平均英热单位（2003）	每百万英热单位所含 SO_2（2003）	剥采率（2004）	产量（2003，百万吨）	承载产能（2004年1月，百万吨/年）
Arch	Black Thunder	1	8 819	0.70	3.0	62.6	68
	Coal Creek	2	8 328	0.82	闲置	闲置	闲置（24）
Triton	N..Rochelle	1	8 775	0.48	4.0	23.9	35
	Buckskin	3	8 457	0.81	2.0	17.5	24
Peabody	N. A. R. C.	1	8 838	0.45	3.2	80.1	83
	Caballo	2	8 511	0.82	2.4	22.7	30
	Rawhide	3	8 236	0.64	1.0	3.6	10
Kennecott	Antelope	1	8 839	0.57	2.5	29.5	30
	Jacobs Ranch	1	8 719	1.02	3.0	35.5	40
	Cordero Rojo	2	8 475	0.78	3.0	36.1	48
R. A. G.	Belle Ayr	2	8 583	0.68	3.8	17.8	23
	Eagle Butte	3	8 413	0.83	2.1	24.7	30
在采煤矿合计						354	421

资料来源：Hill and Associates（2003，2004）。

3.2.3 市场界定

在正式申诉中，案件双方都没有将 SPRB 地区以外生产的煤炭纳入相关市场。这是因为美国四个主要产煤区中的两个——北阿巴拉契亚（Northern Appalachia）和伊利诺斯盆地——所产的煤炭都没有达到清洁空气法案对于硫排放的要求，因而使用 SPRB 地区所产煤炭的工厂在没有使用脱硫装置之前无法转向使用这些地区的煤炭。虽然来自其他两个地区——阿巴拉契亚中部（Central Appalachia）和尤因塔盆地（犹他）（Uinta Basin，Utah）——的煤炭含硫量达标了，但是开采成本要昂贵很多。因而，如果使用这些煤炭来替代 SPRB 地区的煤炭，其价格过于昂贵。如果 SPRB 地区的煤炭价格上涨 10%，大多数发电厂还是愿意使用 SPRB 地区的煤炭。

因此，唯一的问题是 8 800BTU 煤炭是否与 8 400BTU 煤炭之间具有充分的差异，从而能够构成一个独立的市场。《并购指南》规定的 SNNIP 测试，就是假定一套产品被垄断者控制，如果垄断者将这些产品的价格提高 5%~10%，是否还有足够数量的需求者继续购买这些产品，从而使得价格上升有利可图。如果这一价格上涨是有利可图的，那么相关市场就不会比所考虑的那套产品所构成的市场大。那套产品所构成的最小市场通常被认为是相关反垄断市场。

这一市场上的交易数据主要来自于发电厂提交给联邦能源管理委员会（FERC）的报告。当煤炭交付运输时，发电厂就需要在报告中记载。这些数据不适合于能够用于计算 8 800BTU 煤炭和 8 400BTU 煤炭之间交叉价格弹性的标准需求分析。这是因为发电厂在超过一年之前就签订了大部分煤炭（大约 80%）合同，即使是"现货"交易量也只有比交货日提前至少一年才能签约。因而这些数据不能用于确定每个购买决策单独做出时的不同煤炭的相对价格，故而也不能用于计算交叉价格弹性。

另外一种数据来源原则上能够用于计算 8 800BTU 煤炭和 8 400BTU 煤炭之间交叉价格弹性。辩护方证人解释了发电厂如何通过计算各种煤炭产生每千瓦电力的有效成本来评估标书。这种分析有效地计算了发电厂在各种竞争性煤炭之间的交叉价格弹性。积累并购发生时期少于 200 家购买 SPRB 地区煤炭的发电厂的分析资料，能够提供用于 SSNIP 测试的较好资料基础。

没有哪一方以这种分析为基础提供结果，因而没有哪一方能够提供 8 800BTU 和 8 400BTU 煤炭之间的市场替换意愿的直接证据。相反，他们提供

案例3：阿奇煤炭公司（Arch Coal）并购案

了更多的间接证据。FTC 的经济学家提供了一些协整分析结果[①]，认为 8 800BTU 和 8 400BTU 煤炭的现场价格之间具有足够低的相关性，它们属于不同的市场；但是，他也不能从这些证据中得到肯定的结论[②]。FTC 也提交了 Triton 公司营销总监的证词。他指出，当他为 Triton 公司制定来自 Buckskin 煤矿的 8 400BTU 煤炭的招标书时，没有考虑 8 800BTU 煤炭的价格；在为 North Rochelle 公司的煤炭制定价格时也没有考虑 8 400BTU 煤炭的价格。

被告方专家提交了一份分析报告，仅是通过估计不同电厂的交易成本差异来分析 8 400BTU 与 8 800BTU 煤炭之间的交叉价格弹性。她发现，8 800BTU 煤炭价格上升 10% 可能是无利可图的。然而，在交叉质询中，她不得不承认她所提交的一份表格中显示，8 800BTU 煤炭价格上升 25% 时将是有利可图的[③]。

3.2.4 卖方集中度

FTC 以负载能力、实用能力等生产能力测度以及实际生产量为基础提供了卖方集中度的测算值。被告方认为，最好的基础是每家煤矿主所租赁的 SPRB 地区煤炭总储量。正如表 3-2 所显示的，所有测度的结果都是 HHI 指数略微大于 2000。FTC 的测度结果显示，并购导致 HHI 提高 163-224，而被告方的测度结果是并购使 HHI 仅提高 49。

表 3-2　　　　SPRB 地区煤炭市场集中度（HHI）

	实际产能	承载产能	产量	储备
当前市场	2 152	2 068	2 201	2 054
并购后	2 346	2 292	2 365	2 103
并购后上升	193	224	163	49

资料来源：FTC v. Arch Coal, Inc., 329 F. Supp. 2d 109, 125。

---

① 协整分析就是考察随着时间的推移两种产品的价格之间的相关性。如果价格是高度正相关的，那么它们之间就是相互替代的；如果价格之间不相关，那么它们之间可能就不是紧密替代的。

② FTC 并非是在室内分析相关市场，而是将分析外包给外部咨询企业。这样只能以交易成本为基础估计转换不同类型煤炭的动机，而不能考虑不同含硫水平或低 BTU 煤炭对锅炉生产力的影响。因此，这一分析的价值不大，没有提交到法庭。

③ 庭审笔录 7-01-04，第 102 页。这一结论的一种解释是，当 8 800BTU 煤炭价格上升 10% 时，大部分电厂能够轻易地由 8 800BTU 煤炭转向 8 400BTU 煤炭；但是由于 8 400BTU 煤炭减少了一些发电厂的产出，当价格上升幅度在 10%~25% 之间时，几乎没有额外的发电厂能够从转向 8 400BTU 煤炭中获利。这就意味着一个 25% 的价格上升是有利可图的。

3.3 FTC 的起诉

FTC 完全以"协调效应"理论为基础向法庭提起了诉讼,避开了任何关于"单边效应"的概念①。起诉书认为,一旦 Triton 所属的生产 8 800BTU 煤炭的 North Rochelle 煤矿(当面临"三大企业"的部分煤矿降低产量时,该煤矿的立场是扩大产量)被兼并,三家最大的企业——Arch、Peabody 和 Kennecott(被称为"三大企业")——将具有较强动机限制产量,提高价格。

第一,FTC 认为,该项并购将提高三大企业协调价格上升的利润率,因而即使是在没有明显(非法)沟通的情况下将使协调更有可能发生。North Rochelle 煤矿生产的煤炭具有高英热值和低含硫量,是 SPRB 地区价值最高的煤炭。它拥有 SPRB 地区最大的未使用承载能力,使得其能够在未来以较低成本扩大产量。它也是该地区过去五年扩张速度最快的煤矿,并且公开宣称,由于其具有超额承载能力,它能够快速扩大产出。

因此,理论上的逻辑是,如果三大企业试图限制产量提高价格,Triton 就能够扩大 North Rochelle 的产量(由于该矿的现金流为正②),明显降低三大企业的获利能力。这反过来使得三大企业中的每家企业都很难预期从降低产量中获得更高价格,从而使默契串谋变得很困难。一旦 Triton 被收购,扩大产量的威胁就会消除。FTC 的经济专家提供的分析显示,剩余的两家边缘性企业将不太可能扩大产量(驱使价格下降),并购后三大企业之间达成默契协议将更加积极,也更有利可图。

第二,FTC 坚持认为市场特性有利于默契协调。由于美国劳工部采矿健康与安全管理局(MHSA)每季度将以采矿的工作小时数为基础公开发布各个煤矿的产量③,因而产出是可观察的。并且每家受规制的发电厂要求向联邦能源管制委员会(FERC)和能源部的能源信息管理局(EIA)报告每次的发货量、交货价、BTU 水平、含硫水平和煤灰水平,因而信息是公开的。由于每个矿

---

① 在协调效应理论下,由于并购将提高一些企业成功参与默契串谋的机会,而被认为是反竞争的。单边效应认为,并购将允许新并购企业独自提高价格。
② FTC 认为,用于偿还 Triton 规模庞大债务的主要收益来自于 North Rochelle。
③ 参见 http://www.msha.gov/drs/drshome.htm。

案例3：阿奇煤炭公司（Arch Coal）并购案

主都知道向自己客户所收取的矿口价格，它可以退回每个客户所缴纳的铁路费用。也就是说，它可以从其顾客所报告的 SPRB 地区竞争性煤矿的交货价中减去这些费用，以获得竞争者所收取的矿口价格。因此，通过私下更改产量、价格或煤炭性质来背离默契协议的难度较大，因为这些内容需要在交货后三个月或更短时间内向有关机构报告。煤矿还需要向 COALdat[①] 存储数据，提供现货交易和长期合同交易的矿口价的估计值。

煤炭市场的特征由很多小型交易、产量以及公开可获得的交货价格等因素所界定。这些煤矿位于同一地区并且都是露天矿。产量、生产能力（例如新增卡车或铲车）或载荷能力的任何提高都能够被轻易发现。因此，企业能够观察到其竞争对手的产量，这便于发现企业背离串谋的行为[②]。

第三，三大矿的矿主曾经公开宣称他们需要所有生产者执行纪律并降低产量。作为对持续低价格的反应，Arch 公司的首席执行官（CEO）史蒂文·里尔（Steven Leer）已经在多个场合附和 Peabody 和 Kennecott 公司的 CEO 的观点，并在工业贸易展览会上公开指出，煤炭的低价格主要归咎于煤矿过多的生产能力和以仅高于成本的价格销售"增量吨位"的意愿，因此每个煤矿都应降低产能。在 1999 年和 2000 年的贸易展览会上，三大企业公开宣称，它们已经减少产能，并要求其他煤矿效仿。2001 年煤炭价格上涨期间，里尔公开承认价格上涨是前几年逐渐降低产能所致，所有权合并有利于约束企业行为。2002 年里尔又公开宣称 Arch 公司正在减少产量，即使这将减少 Arch 公司的短期利润，因为他相信 Arch 公司从这些销售量中获得的正利润并不是很高。FTC 认为，这种公开申明是三大企业协调降低产量的一种方式。

2003 年 4 月，里尔私下确认了从市场上撤出未提交的煤炭是正确的策略选择，但他本人也不知道 Arch 公司能够持续多长时间"领导这一收费"。他警告，如果价格不能很快提高，Arch 公司会将煤矿产量提高到满负荷生产[③]。

---

① COALdat 是由普氏能源资讯创办的数据库，它提供能源价格信息。
② 参见 Baye（2006, pp. 369 – 371）。
③ 在直接询问时，Leer 提供的解释不同于 FTC 所主张的"领导这一收费"意味着在 SPRB 地区领导默契协调的产量下降。Leer 认为"扩大产量"是适用于一般公司的整体战略，并不仅限于 SPRB 地区。至于"领导收费"这一短语，Leer 作证时指出，"它的确是引用于我在之前的一次董事会上关于 2003 年一项工程的讨论。当时的考虑是，2003 年的市场需求在上升，我们试图用长期合同取代短期现期销售。董事会同意这一策略，在发言和讨论中我的观点是，大家都在同一条船上，如果这一策略不能实行，我们都将掉入水中。实际上到了 2003 年 4 月，市场需求没有上升，我们错估了市场。我告诉董事会，我们失去了主导收费者地位"。庭审笔录6 – 28 – 04，第41页。

FTC认为，这种扩大产量是一种对背离协调产量限制的惩罚机制①。

第四，FTC认为三大企业已经成功开始协调互动。具体而言，三大企业已经参与了"产量约束"和"价格限制"。FTC指出，2000年底8 800BTU煤炭现价从每吨4.5美元上升到13美元，其后9个月内又下降到大约每吨5.5美元，然后又上升到每吨6.5美元，直到并购被起诉为止，煤炭价格一直在这一区间内波动。

在2001年7月司法部宣布对操纵价格行为进行调查之前，三大企业价格上涨的公开申明立即引发了发电厂的不满。

第五，Arch公司将Triton公司的Buckskin煤矿剥离给一家非SPRB地区采矿公司的计划（作为对FTC关注的一种反应）不会限制默契协调，这是因为Buckskin煤矿生产的是第三类低英热水平和最高含硫水平的煤炭，不是1类矿所生产煤炭的较好替代品。2003年Buckskin煤矿的产量实质上与1998年的产量相同，而这一时期SPRB地区的煤炭产量上升了20%。FTC认为，Buckskin煤矿不是一家能够限制三大企业的获利煤矿。Arch公司购买Triton公司的两家煤矿总计花费了3.64亿美元，然后仅以8 000万美元的价格卖出Buckskin煤矿②。

最后，FTC认为绝大多数客户相信并购将导致煤炭价格上涨。

为支持其论点，FTC召唤了一定数量的、为发电厂购买煤炭的企业作为证人。他们解释了他们不能（或能力十分有限）将SPRB地区煤炭转换为其他地区煤炭的原因。他们都作证说，他们都听说了三大企业CEO的公开申明，并且担心这将导致更高的价格。他们解释道，即使他们有一些长期合同，这些合同都有这样的条款，即要求价格每隔三到四年就要根据市场价格进行调整，因此现期价格上涨不仅影响他们即将购买的煤炭价格，也将影响已经承诺购买的煤炭价格。他们作证时也提到，过去煤炭所有权也存在联合，只是没有引起关注。然而，这次并购使他们相信价格将上升，部分原因在于三大企业所作的关于减少产量的申明，部分原因在于发电厂通常可以通过不同来源购买煤炭，而这次并购8 800BTU煤炭的来源数量由四个减少到三个。

FTC也从RAG煤炭公司传唤了代表，他的证词包括RAG已经准备扩大产量，但如果扩大产量意味着将使煤炭价格降低，那么它将停止扩大产量。

---

① 参见FTC起诉书第14页。
② 参见诉状第4页。Hill and Associates（2004年第2~39页）所列的转移价格为7 290万元。

案例 3：阿奇煤炭公司（Arch Coal）并购案

FTC 的经济学家解释了以上所列出的案情的关键点，包括并购将如何提高三大企业从协调中获利的能力，SPRB 地区的市场一些使协调互动很容易发生的特性等。

3.4 被告方的辩护

被告方提出了以下论据进行辩护：

第一，并购将使相邻近的两家煤矿合二为一，这将提高效率，降低生产成本。

第二，这一案例是史无前例的，它是"从 5 到 5"的并购。Triton 公司经营了两家煤矿：North Rochelle 和一个 3 类矿（即 Buckskin 煤矿）。在调查期间，Arch 公司签订了合同，如果并购能够被批准，它将把 Buckskin 煤矿卖给 Peter Keiwit and Sons 公司，这是一家在 SPRB 地区没有业务的采矿公司。因而，煤矿矿主数量不会下降。

第三，FTC 采用的是一个未经证实的法律理论。被告方觉得，FTC 所认为的三大企业正在产量上进行协调是没有依据的。他们认为，这一案例是与过去那些以价格为基础进行协调的案例完全不同的情况。

第四，被告方认为三大企业进行协调将会十分困难。他们认为，由于煤矿有能力私下签订长期煤炭合同，削减任何超过竞争水平的价格，因而这种协调将会很困难；由于市场需求在上升，这也使得三大企业在产量水平上进行协调很困难。

第五，即使三大企业真的试图限制产量以提高价格，剩余的其他三家煤矿——Eagle Butte 煤矿、属于 RAG 的 Belle Ayr 煤矿和正待剥离出来的 Buckskin 煤矿，所有生产 8 400BTU 煤炭的企业（被称为"边缘性企业（fringe firms）"）——将扩大产量有效地阻止价格上升至超竞争水平。他们认为，8 400BTU 煤炭与 8 800BTU 煤炭是充分可互换的，因此 8 400BTU 煤炭能够限制 8 800BTU 煤炭的价格。

第六，2001 年 5 月以后 Arch 公司采纳了一项"反特立独行"策略，而非成为一名特立独行企业。辩护方认为，Triton 公司采用了一种"保持最后矿藏"（"last mine standing"）的策略，它将招标价格设置超过竞争性价格和等待 SPRB 地区其他煤矿产能耗竭作为对发电厂请求建议书（RFPs）的反应，一旦其他煤矿产能耗尽，Triton 公司就能以超过竞争水平的价格销售煤炭。

第七，被告方辩称，FTC 认为构成协调互动行为的生产能力下降实际上是企业发现它们已经超出生产能力后所做出的单边决策。

第八，被告方认为煤炭市场的集中程度不足以使并购产生损害效应。被告方特别提到，HHI 的计算应该以并购时 SPRB 地区煤矿所拥有的煤炭储存量为基础，而不能以产量测度或生产能力为基础。如果以储存量为基础测算，HHI 的上升值相对较小，——只有 49——因而不需要反垄断干预。

被告方的辩护集中在以下几个主题上：第一个主题是没有顾客有任何关于煤矿正试图协调的知识和信息。如果询问采取这一立场的发电厂官员，他们是否具有关于煤炭试图协调的任何知识和信息，他们的答案是"没有"。如果询问他们是否具有关于煤矿成本结构的任何信息，答案也是否定的。如果询问他们是否相信该煤炭市场是竞争性的，答案是肯定的。

第二个主题是声称（关于市场界定）对于大多数发电厂而言 8 800BTU 和 8 400BTU 煤炭是较好的相互替代品，二者之间的选择仅是一个价格问题；因而相关市场是由两种煤炭联合构成的较为广阔的市场。一个重要的辩护方证人是一家发电厂的煤炭采购者，他制作了一张价格评估书，发电厂在表中将每个价格作为一次具体的投标（RFP），并将出价转化为每千瓦时发电量的有效成本。因此，生产电力的成本差异减少了煤炭的差异。

第三个主题是历史数据并不是预测现期出价的良好基础。被告方一个重要的证人是一家企业的营销主管，他作证指出，他在选择如何投标现期现货价格合同时，不会使用超过三个月时间的价格数据作为基础。相类似的，证人们也被问到，现期现货价格是否是未来长期价格的良好指示器。

第四个主题是 Triton 公司太"弱小"，难以限制三大企业的定价行为，Buchskin 煤矿是 Triton 公司的实力较强的煤矿，而 North Rochelle 是 Triton 公司实力较弱的煤矿。这里的关键证人是来自 Triton 公司的首席财务官（CFO），他作证时指出，Triton 公司糟糕的财务状况导致了债务协议，这将阻止其提供竞争性价格。相反，North Rochelle 被迫采取一种"保持最后矿藏"的策略。

3.5 判　　定

该项并购案的司法判定以市场界定和确定并购所导致的 HHI 的变化开始。

案例3：阿奇煤炭公司（Arch Coal）并购案

然后，判定关注了两个主要问题：一是 SPRB 地区煤炭企业之间协调可能发生的程度；二是不属于三大企业的哪些煤矿能够阻止三大企业成功进行协调。

3.5.1 市场界定

判定认定，此案涉及的相关市场包括 SPRB 地区的所有煤炭。法庭注意到，FTC 有义务证明存在一个 8 800BTU 煤炭市场。法庭仅侧重于质询 FTC 的专家，注意到 FTC 专家不愿意承认有绝对证据证明 8 800BTU 煤炭是一个独立的市场。于是判定转向唯一剩下的问题，即几家发电厂（包括一些原告方）所提供的证词，证词认为 8 800BTU 与 8 400BTU 煤炭之间的选择是一个经济问题。"以原告方专家所不愿意承认的 SPRB 地区 8 800BTU 煤炭是一个独立的相关市场和 8 800BTU 与 8 400BTU 煤炭之间明显的互换性为基础，法庭倾向于认为 8 800BTU 煤炭是一个独立的相关市场"。

3.5.2 HHI 分析

法庭判定考虑市场集中度时将专注于计算 HHI 指数为"最佳"基础。法庭首先参考了 General Dynamics 一案[1]，在该项并购案中被收购的煤矿已经将其所有的煤炭储藏卖出，并且没有准备再收购更多的储藏。该案中，由于被收购企业不再出售新的煤炭，对竞争不会产生影响，最高法院维持了原判。Arch Coal 的判定援引了 General Dynamics 案，"……表示一家公司能与其他公司有效竞争的实力的更有意义的指示器在于这家公司所拥有的可采煤炭的储备状况"[2]。

然后，判定引用了 FTC 专家的意见，North Rochelle 煤矿还剩下 7.5 年的储藏，通过 LBA 程序购买额外储量也没有任何障碍；"虽然在 General Dynamics 案中最高法院依赖储藏进行判定，但此案中仅依赖测度现在 SPRB 地区的市场集中度显得理由不是很充分。现在 SPRB 地区的煤炭市场与 General Dynamics 案中的煤炭相关市场并不一样，特别是后者使用的是更短期的合同。此外，本案中是以所有的储藏量为基础进行统计，而在 General Dynamics 案中仅

---

[1] *United States v. General Dynamics* 公司，415 U. S. 486（1974）.
[2] 同上，502.

考虑到可开采的储藏量,这与评估未来竞争力更相关。并购企业以现有储藏量为基础提交市场状况,更大的可通过 LBA 程序获得的额外储藏量并没有得到充分考虑。因此,虽然法庭将主要以现有储藏量的测度来考察市场集中度,但她也将考虑其他测度情况"①。

3.5.3 SPRB 地区内的企业协调

3.5.3.1 "新奇理论"

判定将 FTC 的竞争损害理论描述为仅以产量协调为基础的"新奇理论"("Novel Theory"),在该理论中"SPRB 市场上的主要煤炭生产商将限制其产量以使得供给的增长滞后于需求的增长,从而产生价格上涨压力……这就意味着 FTC 必须证明预计未来发生的默契协调本身不是非法的,带有投机性并且难以证实,如果有先例也很少"②。判定继续解释,"正如辩护方已经注意到的,以所谓的产量协调为基础的预先协调效应对并购的起诉都会不约而同地伴随着以价格协调为基础的协调效应理论"③。判定进一步指出,"本案中 FTC 所采用的神奇方法使得证实协调效应的负担……更加困难"④。

FTC 随后对法庭判定的上诉强调了这样一个事实,即产量减少与价格上升是同一个硬币的两个面,这里没有什么东西是"新奇"的。上诉法庭同意这一点⑤,但并不认为这一点足以推翻地方法庭的判定。

3.5.3.2 协调的可能性

第一个主要问题是三大企业在并购后是否更有可能协调。判定引用了《并购指南》并注意到"成功的协调需要两个要素:(1)达成能够使参与协调的企业有利可图的协调条款,(2)发现和惩罚破坏协调互动的背离行为的能力……可信的惩罚……可能不需要比市场中的其他企业临时放弃协调条款更复杂"⑥。

在阐述 FTC 需要展示哪些内容时,判定指出"……原告需要证明拟进行

---

① *FTC v. Arch Coal* 公司, 329 F. Supp. 2d 109, 127.
② 同上, 131.
③ 同上, 131. 强调部分为原文所有。
④ 同上, 132.
⑤ *FTC v. Arch Coal* 公司, 2004 WL 2066879。
⑥ *FTC v. Arch Coal* 公司, 329 F. Supp. 2d 109, 131.

案例3：阿奇煤炭公司（Arch Coal）并购案

的交易将提高协调限制产量的风险和减少背离 SPRB 地区市场的可能性。这就需要付出较大努力去证明 SPRB 地区正在形成默契协调的倾向，这一倾向受到 SPRB 地区的企业相互监督彼此行为的能力的支持"[1]。在阐述法庭将要审查的内容时，判定指出"法庭将继续审查 SPRB 地区市场现在的竞争状态，以确定协调互动是否是可行的；如果可行，是否有证据显示实际或默契协调已经发生，然后审查 SPRB 地区市场结构及其动态变化、Triton 公司的竞争优势以及 RAG 和 Kiewit 公司在并购后市场上可能扮演的角色"[2]。

在这里，判定再次明显"提高标准"（raises the bar），这一标准可能就是在考虑协调效应案例时需要展示哪些证据。有人可能将"提高协调限制产量的风险"解释为证明并购提高了协调行为的获利可能性[3]，尽管 FTC 的专家作证认为并购将提高从协调行为中获得的利润，但是判定几乎没有讨论协调的动机问题。

反而是法官似乎关注到了协调是否已经发生[4]。当法庭不认为过去协调的证据是该法庭发现竞争损害的必要条件时，法官好像已经对这一事实赋予了较大的权重。如果其他法庭采用了这一姿态，那么就提高了标准。这一标准可能明显批准那些以前存在竞争而并购后可能协调的并购案，因而这一标准是站不住脚的。因此，显示过去协调的证据可以作为证明并购可能产生损害竞争效应的一个"有利因素"（plus factor），但是他不能作为审查协调效应案例的合理的先决条件。

3.5.3.3 过去协调状况分析

判定认为 SPRB 地区没有成功协调的历史。FTC 认为三大企业中的每家企业都拥有闲置的生产能力，在贸易展销会的公共声明中敦促其竞争对手也闲置生产能力。其后，2001 年 8 800BTU 煤炭的现货价格从每吨 4.5 美元上升到高峰价每吨 13 美元，然后回落到每吨大约 6 美元。

判定认为闲置生产能力并非过去协调的证据，因为每次生产能力减少事件都能够解释为在产能过剩时企业为了节约成本的单边决策。（虽然判定没有认

---

[1] FTC v. Arch Coal 公司，329 F. Supp. 2d 109, 132. 强调部分为原文所有。
[2] 同上，132.
[3] 参见 Kovacic et al.（2006）.
[4] FTC 通过陈述企业已经成功协调很可能已经将法庭引向了这一方向。

定关于这些单边决策的贸易展销会上的声明是"可能的生产者协调的表征"①。）2001年的价格上涨是发电厂不同寻常的低库存和一系列意外事件（例如，极端天气，天然气价格上涨，东部几家煤矿因破产而关闭）的结果。最后，判定引用了辩护方经济学家观点，高价格可以解释为"……购买者通过抢购对这些不同因素进行反应"②。

判定也提到一些顾客，当被问及立场时，他们作证认为煤炭市场具有竞争性③。

3.5.3.4 市场协调的难易程度

判定发现，"虽然产量限制由 Arch 公司在 2000~2002 年间提倡甚至实践，SPRB 地区生产者更广泛地协调限制供应量也是可行的，但是 SPRB 地区主要煤炭生产商之间实际上没有发生显性或默契协调"④。

接下去，判定认为 SPRB 地区煤炭市场结构及其动态变化使得协调不具有可能性⑤。原因如下：

SPRB 地区的产品是差异化的，"产品和生产者的异质性将限制或阻碍企业达成协调条款的能力。"⑥

"FERC 数据是以交货价格为基础……并且难以单独分离出煤炭的成本。"⑦

"FERC 统计（和 MSHA 数据）也不能解决一系列关键问题，不能提供关于大多数竞争性显性条款和煤炭合同条件的信息……例如，FERC 数据不能准确反映煤炭合同中影响生产商合同总体价值的不同条款和条件"⑧。

由于20%的发电厂没有要求提交数据，因而 FERC 数据并不完整。

---

① *FTC v. Arch Coal* 公司，329 F. Supp. 2d 109，137.
② 同上，133.
③ 参见 The Antitrust Source（2004，p. 10），讨论了顾客是否具有专业知识判断市场是否具有竞争性。
④ *FTC v. Arch Coal* 公司，329 F. Supp. 2d 109，140.
⑤ 判定引用了一个促进协调的案例，即 In re High Fructose Corn Syrup 案，295 F. 3d 651（7fh Cir. 2002）（HFCS），该案中，高果糖玉米浆生产商已经形成一种机制，便利于维持超过竞争水平的价格。判定认为，在 HFCS 案中出现的很多因素在 Arch 案中没有出现。参见 FTC v. Arch Coal 公司，329 F. Supp. 2d 109，131–132.
⑥ 同上，140.
⑦ 同上，141. 判定明显相信，使用 FTC 经济专家所述分析方法不可能从交货价格中推算出矿口价格。
⑧ 同上，141. 这些文字并不表明除价格、产量、BTU 水平、含硫量和交货期以外的对竞争很敏感的条款并不反映在这些数据中。

案例3：阿奇煤炭公司（Arch Coal）并购案

定价数据不够及时："……很简单，不能通过观察 FERC 或者 MSHA 数据估计现期煤炭价格"①。

"无论是在长期内，还是在短期内，SPRB 地区煤炭需求都是不可预见的。煤炭消费的最大两个需求驱动因素是气候和经济，二者都难以准确预测"②[引自辩护方专家]"发电厂不透明的库存也使得一年一年地预测 SPRB 地区煤炭需求变得很困难"③。

"强调密封投标和保密是市场结构及其动态变化的重要方面，它将阻止生产商之间的协调"④。

判定在这一方面的内容总结在以下段落中：

由于协议条款很难在生产商之间进行沟通，因而在市场上默契协议也将难以协调产生。并且 SPRB 地区缺乏有效机制对任何背离协调条款的生产商进行约束。原告方经济专家也假定生产商之间没有惩罚性约束理论。由于保密性招投标的性质和承包商鼓励生产商提交高额标以获取长期合同，如果有背离行为的话，直到事实已经发生，这种欺骗行为都难以发现，并且任何惩罚措施都只有在事实发生后才能实施⑤。

这一段话可能意味着，提高证明协调行为的举证责任是有可能的。即使《并购指南》概述了阻止背离行为的具体机制，以上分析似乎也拒绝了以下想法：由于一旦背离行为被发现、默契协调被打破而导致的价格降低能够阻止背离协调行为。相反，判定看上去是在寻找一种临时的报复性反应措施。

3.5.4 边缘性煤矿可能限制"二大企业"

判定指出，"被告方有义务举证说明 SPRB 地区的边缘性企业能够有效扩大产量抵消包括价格上升在内的并购反竞争效应"。判定发现 Kiewit 和 R.A.G. 都是"强大"的公司，"有扩大产量的可信计划，能够减少协调的风

---

① 判定引用了一个促进协调的案例，即 In re High Fructose Corn Syrup 案，295 F. 3d 651（7fh Cir. 2002）（HFCS），该案中，高果糖玉米浆生产商已经形成一种机制，便利于维持超过竞争水平的价格。判定认为，在 HFCS 案中出现的很多因素在 Arch 案中没有出现。参见 FTC v. Arch Coal 公司，329 F. Supp. 2d 109，142。在这里，判定很明显有所跳跃，因为人们很难用历史数据去估计限价，人们也不能利用这些数据去推测竞争者在过去提供了低价。
② 同上，142。
③ 同上，142。
④ 同上，142。
⑤ 同上，145。

险……相关记录证据表明，他们也可以扩大产量，以达到 SPRB 地区主要生产商的产量限制水平"①。

判定相信，如果 8 800BTU 煤炭价格上升，三家边缘性企业能够将销售再扩大额外的 3 100 万吨；即使如此，2003 年它们联合产量仅为 6 000 万吨；并且，1998 年它们的产量占 SPRB 地区的 20%，1998~2003 年它们产量的增加量仅占 SPRB 地区产量上升量（6 500 万吨）的 2%。

3.5.5　作为特立独行企业的 North Rochelle

在确定 North Rochelle（Arch 公司所保留的煤矿）是否能够作为三大企业的限制力量时，法庭不得不确定是否考虑 North Rochelle 在 2002 年以前一个时期内的行为，在该时期内它扩大了产出，被 Arch 公司认定为产量限制的障碍因素；或者考虑其 2002 年以后的行为，在"他们同意让 Arch 公司试图收购"② 以后的一段时期内，它停止了竞争并采纳了"保持最后矿藏"的策略。法庭选择了主要关注 North Rochelle 在 2002 年以后的行为。

3.5.6　顾客的关注

判定中对未来案件将产生最大影响的部分也许是它如何处理顾客对于并购的关注。FTC 所提供的几个煤炭客户的观点是煤炭供应下降一定程度上将导致更高的价格（绝大多数宣誓作证的煤炭客户也持有与此相同的观点）。判定发现"顾客明确表达的关注实质只不过是一个经济学中不言而喻的道理：供应数量的减少可能导致市场上竞争水平的下降。顾客当然不具备专业知识去说明 SPRB 市场上将会发生什么，也没有人试图去说明。法庭因此认为，并购交易将减少竞争的 SPRB 市场上的一些煤炭顾客所关注的并不是 SPRB 地区生产商之间协调更有可能发生的有说服力的证据"③。

---

①　判定引用了一个促进协调的案例，即 In re High Fructose Corn Syrup 案，295 F.3d 651（7fh Cir. 2002）（HFCS）。该案中，高果糖玉米浆生产商已经形成一种机制，便利于维持超过竞争水平的价格。判定认为，在 HFCS 案中出现的很多因素在 Arch 案中没有出现。参见 FTC v. Arch Coal 公司，329 F. Supp. 2d 109，147－148。然而，没有任何证据表明仅有的两家边缘性企业能够将产量扩大到将价格保持在竞争性水平的程度。
②　庭审笔录 6－24－04 上午，P. 39。
③　同上，146。

案例3：阿奇煤炭公司（Arch Coal）并购案

让顾客根据竞争损害的经济理论得到结论超出了顾客的专业知识这一判断是合理的，经济专家在作证时需要解释如何使用某些特定的市场数据去说明所考虑的竞争损害理论。然而，一般而言，"顾客不具备专业知识去说明 SPRB 市场上将会发生什么，"这又提出了一个问题，即对于并购后市场上的未来价格，顾客能够说什么。在公开辩论中，这一问题成为了法官和 FTC 律师交流的重点：

法庭：对于一名声称"这是我认为将会发生损害"的顾客，我应该给予其多少权重？

FTC：……这些人将直接参与到煤炭的购买中。他们的任务是预测公司，他们自己的公司，将在未来支付多少用以把握产业发展趋势，观察未来价格，了解竞争状态，如何才能够从另外的供应商那里获得更好的交易……①

这一考虑被一名客户的证词再次强调，该名顾客作证认为，作为对并购公告的反应，他（代表其所在的电力公司）提供一个明显高于 Arch 公司现期回报率的价格从 Arch 公司购买低于十年合同期的煤炭，并且通过将价格上升与 Arch 公司成本变化相捆绑的方式锁定这一回报率。由于 Arch 公司希望将价格与市场价格变化而不是其成本的变化相捆绑，这一谈判没有达成协议。这一证词提出了一个问题，以普通商业过程中得到的事实结论为依据，应该赋予顾客关于未来价格上涨判断多少权重，发电厂以这一判断为依据投入多少资源（提供超过现期竞争水平的价格）。

到庭审这一天结束时法官已经听到，大多数顾客相信这一并购将导致价格上涨，卖者则宣称上升的市场集中度已经导致价格的上升。然而，法庭在亲自对证词进行调查以后认为，市场集中度上升将不会导致价格上升。

3.6 判定以后市场的发展状况

法庭的判定于 2004 年 8 月 13 日被正式公布。FTC 立即上诉，请求紧急暂停实施法庭判定。上诉法院以两句话的判定对上诉进行了回应："责令拒绝原议案。虽然法庭同意这一案例中它（FTC）没有提出什么新理论，但是法庭认

---

① 庭审笔录 6-21-04 上午，P.35.

为它还没有达到发出强制令等候上诉判定的标准"①。于是，这起并购立即完成。2005 年 6 月，联邦贸易委员会宣布放弃起诉这起案件。

并购后的市场绩效很有意思。在没有具体分析现价和长期合同价格以及生产成本的任何变化的情况下，不可能得到关于并购效果或默契协调的市场后果的结论。要想得到这些结论将需要获得非公开的信息，而这又超出了本章讨论的范围。然而，由于判定引发的一些关于 SPRB 地区煤炭市场竞争水平的有趣问题（例如市场行为）值得关注。

图 3-2 表明主要煤炭区，包括 SPRB 地区 8 800BTU 煤炭，从 2004 年 7 月到 2007 年 7 月的煤炭现价。2004 年 8 月到 2004 年 12 月，每吨煤炭的现价一直在 5.75~6.50 美元之间徘徊。2004 年 12 月到 2005 年 5 月 6 日，每吨煤炭价格从 5.75 美元上涨到 8.01 美元②。

分析 2005 年 5 月以后的煤炭现价较为复杂，这是由于 2005 年 5 月 14 和 15 日的大暴雨冲坏了为 SPRB 地区输出煤炭的几节关键运输线上的轨道。这一事件和随后的几个月的道路维修和养护导致发电厂派遣火车到 SPRB 地区接受交货煤炭的能力显著下降。2005 年 5~11 月，联合太平洋（Union Pacific，UP）铁路援引了不可抗拒力条款（Force Majure Clause），实际上只运输了其合同规定运输量的大约 85% 的煤炭③。（有意思的是，仅在遭到暴雨冲刷的几周后 BNSF 就援引了相似的条款）④。

正如图 3-2 所显示的，大暴雨后的几个月内 8 800BTU 煤炭的现价上升到了高峰，10 月份为每吨大约 17 美元，2006 年 1 月为 20 美元。此后价格稳步下降，2006 年 9 月降到了每吨 10 美元以下。2006 年 9 月到 2007 年 7 月，价格在 8.5~10 美元之间波动，仍然远远高于并购前的现价，并购前的价格范围是每吨 5.75~6.50 美元⑤。

这一定价行为，尤其是在遭受大暴雨冲蚀以后的定价行为，产生了一些有趣的问题。可获得的公共信息显示，允许进入 SPRB 地区的火车受到铁路公司和发电厂的控制。煤矿无法控制哪一列火车（从而哪一个客户）能够从 SPRB 地区运走煤炭。因此，在铁路成为瓶颈制约因素的那段时间内，从 SPRB 的角

---

① *FTC v. Arch Coal, Inc.*, 2004 WL 2066879.
② 参见 http://tonto.eia.gov/r^PROOT/coal/newsmarket/coalmar050501.html.
③ 参见 http://www.uprr.com/customers/energy/sprb/updates_2005.shtml 和 http://www.uprr.com/customers/energy/sprb/lifting.shtml.
④ 参见 http://www.apscservices.info/PDF/06/06-055-u_57_l.pdfat 3.
⑤ 参见 http://www.eia.doe.gov/cneaf/coal/page/coalnews/coalmar.html.

案例 3：阿奇煤炭公司（Arch Coal）并购案

度来看现货煤炭的需求下降了。也就是说，相对于铁路公司所服务煤矿（包括 1 类矿和 2 类矿）的预期需求而言，运输煤炭的火车和购买煤炭的吨数都更少了①。因此，如果煤矿与发电厂之间的现货市场，比如说，是完全竞争的，煤炭是完全同质的，那么人们能够预期现价下降，正如 SPRB 地区的煤矿，经历超额生产能力，竞争使价格下降②。

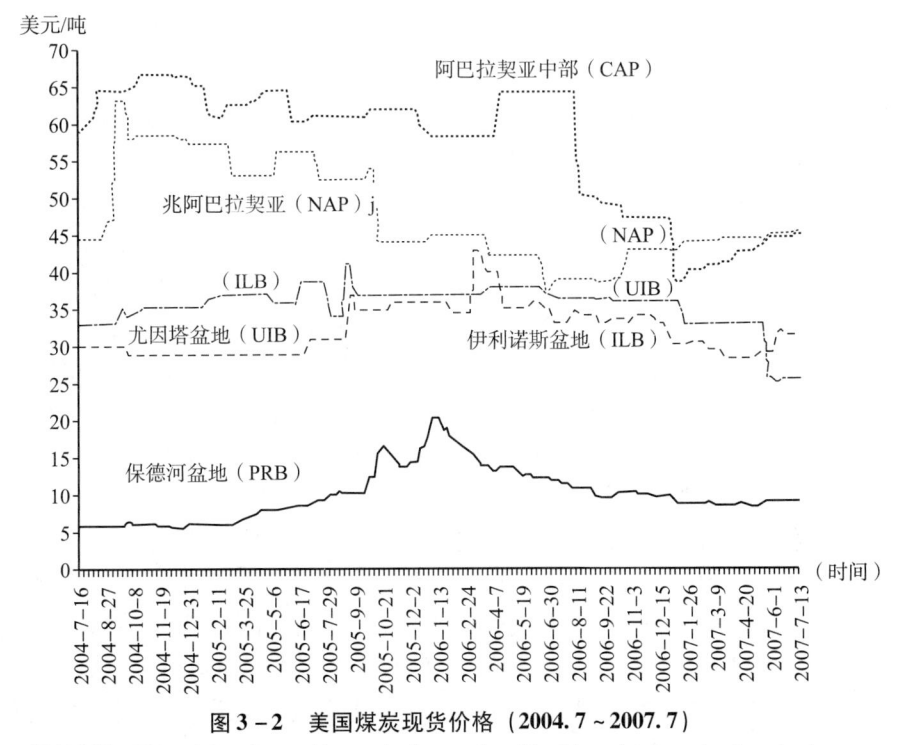

图 3-2 美国煤炭现货价格（2004.7~2007.7）

资料来源：EIA website：http://www.eia.doe.gov/cneaf/coal/page/coalnews/coalmar.html.

铁路脱轨创造了一种稀缺资源（那就是铁路运输能力）。由此产生的稀缺性

---

① 如果每家发电厂从 SPRB 地区购买的煤炭数量受限于车皮的分配，并且煤炭生产能力大于火车运输能力，那么每家发电厂将不能从哄抬煤炭价格中获利，这是因为提高其支付意愿并不能提高它所能够购买的煤炭数量。因此，在这种事实状况下，将煤炭现价上涨归因于发电厂的支付意愿上升是不合理的。

② 考虑到存在二级市场交易，由于二级市场上不存在过剩的生产能力，人们可能预期二级市场价格将远高于一级市场上的竞争性价格。二级市场上煤炭有效供给的实物交割将受制于铁路运力的制约。

租金应归于那些控制这一稀缺资源的人,在这种情况下或是发电厂或是铁路公司(取决于是否存在合同允许铁路公司在短缺情况下提高运费)。然而,正如图3-2所显示的,8 800BTU煤炭价格上涨了(虽然在图中没有显示,8 400BTU煤炭价格同样也上涨了,但二者价格上涨的差额大约为每吨2.5美元)。

一旦瓶颈问题得到解决,人们可能预期SPRB地区的煤炭需求将上升。在瓶颈期,发电厂可能已经动用了煤炭库存,一旦瓶颈制约消除,它们可能预计需要更多的煤炭以补充库存。因此,一旦瓶颈因素消除,在SPRB地区,当煤炭现价在生产的平均可变成本附近时,由于需求大于煤矿的短期生产能力,人们可能预期煤炭价格上升。这似乎与2006年1月每吨20美元的现价相一致,接下去几个月当发电厂补充了它们的库存后价格又下降。

更具体的分析能够观察到,铁路短缺减少了从SPRB地区移除的吨位,也减少了从沿线煤矿提取的英热(BTU)总数量,发电厂在边际上可以用低英热水平的煤炭替代沿线煤矿所生产的煤炭(即8 400BTU煤炭)。然而,这似乎没有发生。在铁路短缺发生的2005年后三个季度中,煤炭健康与安全管理署(Mine Health and Safety Administration)的网站①公布了4家生产8 800BTU煤炭的煤矿产量。数据显示,与2004年同期相比,产量实际下降了500万吨。与此同时,8 400BTU煤炭的产量在2005年相同的三个季度内提高了大约300万吨。

因此,很难调和以下两种现象之间的矛盾:煤炭现价上涨看成是铁路运力短缺所导致的与SPRB地区市场上的主体像是在完全(或者至少是"很")竞争市场上一样行动。人们需要再次谨慎考虑这种分析,因为还有一些难以获得的制度细节问题需要考虑,例如,在2005年后三个季度期间还有一部分煤炭是按照已经承诺的长期合同交货,合同制约了发电厂在边际上进行转换的能力。

判定预期,作为对并购导致供给下降并引发价格上升的反应,三家边缘性煤矿将大幅度提高产量。("因此Kiewit和RAG的产量扩张将足以补偿需求[原文如此]短缺……并挫败任何价格上涨。"②)人们也可能预期:不位于联合铁路线上的两家边缘性3类矿将在2005年提高产量,作为对8 800BTU煤炭高现价的反应,三家边缘性煤矿也将在2006年当发电厂可能试图补充库存时

---

① http://www.msha.gov/drs/drshome.htm.
② *FTC v. Arch Coal, Inc.*, 329 F. Supp. 2d 109, 149.

案例3：阿奇煤炭公司（Arch Coal）并购案

提高产量。由于并购是在2004年9月完成，实际上2004年所生产的所有煤炭都是在并购前承诺交货的。2004～2006年，Buckskin公司将产量从250万吨提高到2 280万吨，Eagle Butte公司将其产量从240万吨（虽然2003～2004年其产量下降了170万吨）提高到2 540万吨，Belle Ayr公司的产量从590万吨提高到2 460万吨。因此，总产量达到7 280万吨（见表3-3）。

表3-3　　　　　　　　SPRB地区煤炭产量　　　　　　　单位：百万吨

	1998	2003	2004	2005	2006
"边缘煤矿"					
Buckskin	17.3	17.5	20.3	19.6	22.8
Eagle Butte	18.1	24.7	23.0	24.1	25.4
Belle Ayr	22.5	17.8	18.7	19.3	24.6
其他8 400英热煤矿					
Rawhide	5.3	3.6	6.9	12.4	17.0
Coal Creek	7.1	0	0	0	3.1
Caballo	26.0	22.7	26.5	30.5	32.8
Cordero Rojo	37.0	36.1	38.7	37.8	39.7
1类煤矿					
Black Thunder	42.7	62.6	72.2	87.6	92.6
N. Rochelle*	0.4	23.9	15.2		
N. Antelope/Rochelle*	64.6	80.1	82.5	82.7	88.5
Antelope	19.4	29.5	29.7	30.0	33.9
Jacobs Ranch	29.1	35.5	38.5	37.3	40.0
合计	289.7	354.0	372.2	381.3	420.4

资料来源：Mine Health and Safety Adrninistration website：http：//www.msha.gov/drs/drshome.htm.
* N. Antelope/Rochelle 1998 and N. Rochelle：Hill and Associates（2004）.

2004年11月，Hill & Associates公布了SPRB地区的年度报告。在报告中，Hill & Associates预测了每家煤矿的产量。Hill & Associates预测Buckskin、Eagle Butte和Belle Ayr三家公司2006年的产量分别为2 400、2 500和2 200万吨，总产量为7 100万吨①。认识到这仅是一家咨询顾问公司的预测②，人

---

① 参见Hill and Associates（2004, Table S-1）.
② 原告方和被告方的专家都在庭审中引用Hill & Associates的报告。

们可能认为它是不考虑 2005 年铁路问题时的关于产量水平的一个无偏估计。考虑到 7 100 万吨的预测产量和 7 280 万吨实际产量,实际上所有三个边缘性煤矿的产量都在 2005 年 6 月铁路中断前预测到了①。因此,像人们以判定为依据所做的预期那样,推论三家边缘性煤矿作为对 2005 年和 2006 年煤炭价格上升的反应将生产更多的煤炭,似乎是比较困难的。

3.7 结　　论

Arch Coal 案是一个很有意思的案例,不仅因为它是近期极少数完全依靠竞争损害的协调效应理论做出判定的案例,而且因为在该案中地方法院做出了若干关于市场竞争水平和协调可能性的较强结论。这些结论无疑将引起反垄断专家的争论。随着时间的推移和 SPRB 地区更多的数据和分析的获得,看看这些数据和分析能在多大程度上与判定结果相匹配,将是一件十分有趣的事情。

参考文献

[1] Baye, Michael. *Managerial Economics and Business Strategy*, 5th edn. Columbus, OH: McGraw – Hill, 2006.

[2] *The Antitrust Source*. "Coordinated Effects analysis: The *Arch Coal* Decision an ABA Section of Antitrust Law Brown Bag Program" (October 27, 2004). http://www.abanet.org/antitrust/at-source/05/03/04 – mar05 – coalbag 323. pdf.

[3] *Federal Trade Commission v. Arch Coal*, *New Vulcan Coal and Triton Coal*, (Complaint) for Preliminary Injunction Pursuant to the FTC Act 13 (b) (Complaint), http://www.ftc.gov/os/2004/04/archcoalcmp.pdf.

[4] Froeb, Luke, James Cooper, Mark Frankena, Paul Pautler, and Louis Silvia. "Economics at the FTC: Cases and Research." *Review of Industrial Organization* 27 (November 2005): 223 – 252.

[5] *FTC v. Arch Coal, Inc.*, 329 F. Supp. 2d 109 (D. D. C. 2004).

[6] *FTC v. Arch Coal, Inc.*. 2004 WL 2066879 (D. C. App. August. 20, 2004).

---

① 2004～2005 年,Rawhide 公司将产量从 680 万吨提高到 1 240 万吨。Hill & Associates 预计 2005 年 Rawhide 公司的产量为 1 200 万吨。它还预测 2006 年 Rawhide 公司将把其生产能力提高到 1 700 万吨。2006 年 Rawhide 公司实际的确生产了 1 700 万吨煤炭。

案例3: 阿奇煤炭公司（Arch Coal）并购案

[7] Hill and Associates. *Western U. S. Coal Supply Series*, *Powder River Basin*, *Coal Supply*, *Demand*, *and Prices*, 2003 – 2014 (November 2003).

[8] Hill and Associates. *Western U. S. Coal Supply Series*, *Powder River Basin*, *Coal Supply*, *Demand*, *and Prices*, 2004 – 2015 (November 2004).

[9] Katz, Michael, and Howard Shelanski. "Mergers and Innovation." *Antitrust Law Journal* 74 (1) (2007): 1 – 85.

[10] Kovacic, William, Robert Marshall, Leslie Marx, and Steven Schulenberg. "Quantitative Analysis of Coordinated Effects," CACP Working Paper, Pennsylvania State University, 2006.

[11] Mason, Mary Anne, Jola Sterbenz, and Mary Ellen Callahan. "Is the Bar Lowered for Acquisitions in Highly Concentrated Markets?" *Spark Fortnightly* (November 2004). http://www.pur.com/pubs/spark/nov04.pdf.

[12] Statement of the Commission, *In the Matter of Arch Coal, Inc., et al.*, Docket No. 9316/File No. 031 – 0191. http://www.ftc.gov/os/adjpro/d9316/050613commstatement.pdf.

[13] Stigler, G. J. "A Theory of Oligopoly." *Journal of Political Economy* 72 (February 1964): 44 – 61.

[14] Trial Transcript, In the United States District Court for the District of Columbia, *Federal Trade Commission et al. v. Arch Coal et al.*, Case No. 1: 04VC000534.

案例 4

太空战：艾科思达公司与直播电视公司的尝试性合并案（2002）

理查德·J·吉尔伯特（Richard J. Gilbert）
詹姆斯·拉特里夫（James Ratliff）

4.1 引 言

2001 年 10 月 8 日，艾科思达通讯公司（EchoStar Communications Corporation）宣布了收购休斯电子公司（Hughes Electronics Corporation）资产的打算。在拟议合并时，艾科思达旗下拥有碟形网络公司（Dish Network），直播电视公司（DirecTV）则由休斯电子公司经营，之后直播电视公司完全成为通用汽车（General Motors）的子公司。艾科思达和直播电视公司是全美国大陆当时仅有的两家直播卫星（DBS）公司，并提供多频道视频节目分发（MVPD）服务。

美国的卫星电视服务最早可追溯到 20 世纪 70 年代末期。最初的卫星电视服务是在相对低功率的电磁频谱 C 波段以大概 4 千兆赫操作的，且需要直径大概 4 到 8 英尺的接收天线。"直播卫星服务"一般是指在 12.2 千～12.7 千兆赫的 Ku 波段更高功率的传输。这种传输的更高功率和更短波长（波长与频率正好相反）使人们可以使用比在 C 波段系统中更小的接收天线。

北美的直播卫星电视服务始于普莱姆思达公司（PrimeStar），普莱姆思达公司是由美国最大的几家有线电视公司成立的合资企业，它在 1991 年推出了模拟服务并于 1994 年过渡到数字广播。普莱姆思达提供一项中等功率并需要一个直径 3 英尺的圆盘天线的技术。直播电视公司在 1994 年 6 月推出了更高功率的全数字化直播卫星服务，这项服务需要一个大比萨饼那么大的圆盘天线，比普莱姆思达的小并且比 C 波段接收要求的拖车大小的圆盘天线还要小。

案例4：艾科思达公司与直播电视公司的尝试性合并案

普莱姆思达与直播电视公司抗衡，后者使用更小的圆盘天线且提供更多的节目。直播电视公司于1999年收购了普莱姆思达并将其全部用户转接到了直播电视公司的设备下。艾科思达的碟形网络公司于1996年3月在美国推出了直播卫星服务，比直播电视公司晚了两年。两家公司的圆盘天线样式相像，由于两家公司信号加密方法不同，这两套使用不同的系统并不兼容。

直播卫星系统的销售如雨后春笋般发展并迅速取代了C波段系统的销售。直播电视公司和艾科思达推出之后的两年之内就各自拥有了超过两百万的用户。直播电视公司在两家公司中实力更雄厚，是由于它起步早了两年并拥有收购的普莱姆思达的安装基础。但艾科思达通过侵略性的定价与推广缩小了差距。截至2002年，直播电视公司的用户规模已扩张至1 900多万，而艾科思达也拥有了超过750万的用户（司法部2002a）。

提供直播卫星网络广播的卫星位于同步轨道，所以从地球上看这些卫星总是出现在空中的相同位置。国际电信联盟（International Telecommunications Union）制定这些轨道的数量和位置的法则以避免传输时的相互干扰。有三条轨道位置使得直播卫星可以覆盖全美国大陆，但不包括阿拉斯加（被称为全美国大陆空隙），这三条轨道分别位于西经（W.L.）101度，110度和119度。联邦通信委员会管理着轨道位置和可供直播卫星运营商使用的转发器频率的分配。① 每条轨道位置有32个可用的转发器频率，一共有96个覆盖全美国大陆的频率。每个频率都可以承载多频道（如娱乐体育节目电视网（ESPN）和家庭影院（HBO））。

在直播卫星产业的早期，多家公司控制96个可使用的全美国大陆频率，但到1999年中直播电视公司和艾科思达已经拥有了所有96个频率的使用权，艾科思达拥有50个而直播电视公司控制了剩余的46个。尽管大功率的直播卫星服务也可以由非全覆盖美国大陆的轨道提供，但这些轨道对于大规模市场的直播卫星服务来说并不合意，因为他们并不能覆盖整个美国大陆。在拟议合并时，艾科思达拥有500个频道，而直播电视公司有460个，这源于假设10个频道共用一个转发器的标准定义。

司法部反托拉斯局和联邦通信委员会都审查了拟议的艾科思达与直播电视公司合并。联邦通信委员会的介入是因为有许多由联邦通信委员会签发的不同的广播执照和授权需要转让。艾科思达与直播电视公司宣布它们合并意向的一

---

① 一台转发器接收地面卫星接收站上传的信号并对地面重播信号。

年之后，由23个州的司法部长加入的司法部、哥伦比亚特区和波多黎各自由联邦提起了民事反托拉斯诉讼，以阻止拟议收购。司法部表示，如果合并继续进行，就会消除美国最重要的两家提供直播卫星服务公司之间的竞争，并大幅降低多频道视频节目分发服务领域的竞争，有损于全美国的消费者。[①] 几天之前联邦通信委员会宣布他们反对此次合并同时指出了行政听证的系列问题。由于司法部的质疑与联邦通信委员会的关注，艾科思达与直播电视公司最终放弃了他们的拟议合并。

与此同时，合并特别考验了反托拉斯执法人员，他们需要权衡可能获得的经济效率与更高价格的风险。艾科思达与直播电视公司拟议的合并在这两方面都十分突出。作为全美仅有的两家直播卫星服务提供商，艾科思达与直播电视公司的合并对那些没有接入有线电视的消费者来说就是潜在的垄断性合并。对其他大多数消费者而言，合并将提供多频道视频节目分发服务的公司从三家减少为两家，尽管合并双方强调来自有线领域的竞争会足够充分，从而使合并后的卫星供应商规范价格。拟议的合并也有可能带来更高的效率。艾科思达与直播电视公司提供的节目里有大量是重叠的，且两家公司都面临容量限制。两家直播卫星服务供应商的合并可以消除重复的节目，并为其他服务腾出空间。但两难问题是合并所带来的效率提高是否超过价格提高造成的损失。

司法部与联邦通信委员会的分析遵循了司法部与联邦贸易委员会颁布的《横向并购指南》中的研究方法（司法部和联邦贸易委员会，1997）。我们首先讨论产品市场与地域性市场的定义。接下来我们转向竞争的效果以及效率，这都是分析合并的关键问题。我们也讨论潜在进入和合并双方声称的效率。最后，我们会回顾艾科思达与直播电视公司放弃合并之后的业绩。

4.2 产品市场定义

艾科思达与直播电视公司都在多频道视频节目分发服务领域。根据联邦通信委员会所说的，多频道视频节目分发服务的供应商是企业实体并向用户和顾客出售多频道视频节目。[②] 联邦通信委员会所提到的多频道视频节目分发服务

[①] 美国司法部新闻公告，《司法部关于阻止艾科思达—休斯电子的并购诉讼档案》，2012年10月31日，参见 http://www.usdoj.gov/atr/public/pressreleases/2002/200412/htm.
[②] 美国联邦法规第47卷76部分第1000条（e）

案例 4：艾科思达公司与直播电视公司的尝试性合并案

包括有线电视、直播卫星电视、多路多点分配业务（MMDS）、卫星共用天线电视（SMATV）以及 C 波段。①

到 2001 年，多频道视频节目分发服务的用户在所有家庭电视用户中占 86.4%（联邦通信委员会 2002b，表 C-1）。表 4-1 显示了多频道视频节目分发服务的每一项服务在 2001 年的份额。多路多点分配业务、卫星共用天线电视和 C 波段加在一起也仅占所有多频道视频节目分发服务的不到 4%。且他们的市场份额并没有增加。与他们不同的是，直播卫星所占的比重飞速增长，从 1997 年到 2001 年，直播卫星在多频道视频节目分发的家庭中增长了 75%。有线电视系统可以是数字的或是模拟的。数字有线电视提供更高画质，更多频道，还有其他内容比如更多按观看次数付费的电影的选择。直播电视公司与艾科思达提供的都是全数字服务。

表 4-1　全国多频道视频节目分发用户份额（2001 年 6 月）

多频道视频节目分发用户的百分比	
有线	78.0
直播卫星	18.3
卫星共用天线电视	1.7
C-波段	1.1
多路多点分配业务	0.8

资料来源：联邦通信委员会第 10 次年度报告（2004），表 B-1。

产品市场定义在这次拟议的合并中并不是特别有争议的问题。尽管合并双方和反托拉斯执行机构有时就相关产品市场的精确边界产生争执，但这些争执对艾科思达与直播电视公司的合并将显著提升一个已高度集中的市场的集中度这个总的结论几乎没有影响。

合并双方声称，相关产品市场包括所有多频道视频节目分发服务甚至更多（威利格，2001，第 4 页），尽管双方的竞争力分析集中于直播卫星和有线电视。司法部的申诉认为，受拟议合并影响的相关产品市场是多频道视频节目分

---

① 多路多点分配业务是一种广播无线技术。卫星共用天线电视是为了在一座或多座相邻的建筑中分配电视信号。其他技术，如数字用户线路在拟议并购时无法提供多频道视频节目分发服务，并且几年后也无法广泛应用。

发服务，但是拒绝将 C 波段服务作为一个可以接受的替代品，是由于其高成本和必要设备的不便（司法部 2002a）。假定多频道视频节目分发服务的份额很小而不是有线电视和直播卫星服务，无论这些其他的多频道视频节目分发服务是否被包括在相关产品市场，在对评估的市场份额问题上，对拟议合并的效果几乎没有定量的意义。司法部同时指出，相比更老旧的模拟有线系统，数字有线系统是直播卫星电视更近的替代品。

联邦通信委员会通过了一个多频道视频节目分发服务产品市场的听证会指定决议。然而，联邦通信委员会也找到了支持更狭窄的市场定义的证据。联邦通信委员会指出：多频道视频节目分发服务被高度差异化，证据强有力地说明艾科思达与直播电视公司是对方相近的替代者，而不是其他的有线系统服务或多频道视频节目分发服务运营商的替代者；比起低容量的模拟有线系统，高容量的数字有线系统似乎是直播卫星电视更好地替代者（FCC 2002a, pp. 49 – 51）。

大多数消费者认为，对于有线和直播卫星服务来说，无线广播电视并不是可接受的替代品，特别是那些生活在无线信号很弱的地区的消费者。无线广播电视并不涵盖有线和直播卫星用户能看到的各种各样的节目。它不提供频道的数目或接入像娱乐体育节目电视网（ESPN）、美国有线电视新闻网（CNN）这样受欢迎的频道，还有像家庭影院（HBO）或是做秀时刻（Showtime）这种需要额外付费的频道。尽管无线节目是免费的，但大部分消费者宁愿每年支付几百美元来订购有线或直播卫星服务。正如以上所述，截至 2001 年 6 月，超过 86% 的美国家庭电视用户订购付费的多频道视频节目分发服务。此外，有线的价格一直在不断上升，同时无线广播依然免费，这说明来自无线广播的竞争不足以规范有线的价格。应用一项《并购指南》的检验，由假设有线/直播卫星垄断者实施的幅度不大但显著的涨价将会因为顾客转向无线电视而无利可图是绝不可能的，由此得出广播电视并不与有线和直播卫星处于同一个相关市场。

可信的是，直播卫星与数字有线在各自的相关产品市场与模拟有线电视有明显区别。比起模拟有线和无线广播，直播卫星和数字有线都有更高的画质和音质，并能提供更多的节目内容。直播卫星作为一项全数字的服务，相比模拟有线与数字有线更具可比性。相对于模拟有线，数字有线需要额外付费。就在临近拟议合并时，大多数有线系统需要消费者在他们常规的模拟服务之上订购一个数字层，以接收数字广播。到 2001 年 7 月，被订购最多的有线系统的数字层的平均月收费为 9.62 美元，相比之下，被订购最多的只包括模拟频道的

案例 4：艾科思达公司与直播电视公司的尝试性合并案

扩展层级的月平均收费为 33.81 美元。这意味着数字有线服务的月平均费用是 43.43 美元，数字服务的额外费用占 28%。① 模拟与数字有线服务之间明显的价格差距意味着两种服务间的巨大差异，对照一个由直播卫星和所有有线系统构成的产品市场及一个由直播卫星服务和数字有线系统构成的市场，进行了独立的市场份额计算。

并不是所有的消费者都能得到直播卫星电视和有线电视服务，估计有线电视线路穿过了大约 81%～97% 的家用电视用户，② 但是有些被线路穿过的家庭却无法接入线路。根据美国联邦通讯委员会所提供的数据，到 2001 年，在所有的有线电视用户之中有大约 76% 接入了数字有线电视线路，而在 2002 年则有 88%（联邦通信委员会 2003b，表 10）。直播卫星电视并不是有些消费者的选择。直播卫星电视需要在卫星与用户的圆盘天线之间有畅通无阻的线路。有些消费者或是没有通畅的线路，或是不想放置圆盘天线。而那些生活在住宅单位的人则不被允许放置直播卫星电视所需的设备。

4.3 地域市场

合并各方最初宣称相关的地域市场是在国家范围内。因为艾科思达和直播电视公司都有全国性定价计划（威利格，2001，第 11 页），尽管他们的竞争分析结果显示了各地区在竞争中有所不同。在直播卫星公司提供全国性服务的同时，有线只是地区性地提供。即使艾科思达和直播电视公司的频道服务对全美国大陆的消费者实行统一定价，这两家全国性直播卫星服务供应商合并的影响也将取决于有线的价格和在地区层面上提供的服务。此外，如果艾科思达和直播电视公司选择这么做，他们都能在地区层面有目的地推广并能进行地区层面的定价。在有线专营领域层面，在具备有线服务的地区以及在没有有线服务的地区，在有线特许经营地区的层面都进行了结构的分析。③

几乎所有的多频道视频节目分发市场都是高度集中的，为了分辨可能产生的重大竞争问题的兼并，拟议合并的赫芬达尔—赫希曼指数（HHIs）超过了

---

① 联邦通信委员会（2003b），这些价格不包括设备成本，该成本比数字服务价格稍高。
② 联邦通信委员会（2003b），第 11～12 页，范围反映家庭定义的不同。
③ 一个指定的市场区域是尼尔森媒体研究公司（Nielsen Media Research）将一组构成特定电视市场的国家定义为一种地理区域。

司法部/联邦贸易委员会的《横向并购指南》中的市场结构审查。联邦通信委员会的工作人员参照4 984个当地的有线系统计算了地域市场的集中度指数。兼并后的赫芬达尔—赫希曼指数的中位数是5 653，当地的多频道视频节目分发市场，包括直播卫星业务和所有有线系统，无论是模拟的还是数字的，其赫芬达尔—赫希曼指数的中位数都增长了861。当产品市场被限定在直播卫星和高容量数字有线系统时，兼并后的赫芬达尔—赫希曼指数的中位数是6 693，赫芬达尔—赫希曼指数的中位数上升了206（联邦通信委员会，2002a，57页）。这些数据可能保守地说明了艾科思达和直播电视公司的拟议合并对多频道视频节目分发市场结构的重大意义，因为在拟议合并的过程中，直播卫星业务也正处于高速成长期。额外的成长将会提升艾科思达和直播电视公司的市场份额，且合并也会改变市场集中度。

  市场定义分析表明，合并后的艾科思达和直播电视公司会有足够的市场势力将价格提到高于合并前的价格水平。不论相关产品市场包括了所有的有线系统还是只限定于数字有线系统的子公司，这种担忧都是显而易见的。在一些地区，尤其是没有接入有线的农村地区，艾科思达和直播电视公司的合并将会改变市场结构，由两个多频道视频节目分发公司竞争变为唯一的垄断供应商。① 正如以上所述，在2001年，估算的没有接入有线的家庭比例约在3%~19%之间，这取决于数据的来源。在没有有线接入的地区，直播卫星的用户比例更高。因此，对于许多直播卫星的家庭来说，艾科思达和直播电视公司的合并是一场走向垄断的合并。其他的家庭没有接入数字有线，艾科思达和直播电视公司的合并对这些家庭来说，将会产生数字视频节目分发服务的垄断供应商。②

4.4　竞争效应

  虽然市场份额表明了兼并后的"新艾科思达"公司可以行使市场势力的结构性因素，但是它们并没有表明合并后的公司会通过减少提供的节目或降低

---

  ① 这忽略了农村地区的极少数人群会接收C波段和多频道视频节目分发服务而不是有线和直播卫星。

  ② 对所有这些家庭来说，合并不会产生垄断效应，因为合并前一些家庭无法接收直播卫星信号，还有一些家庭无法都接入艾科思达和直播电视公司的服务。

案例4：艾科思达公司与直播电视公司的尝试性合并案

其他服务质量的标准而涨价或提高质量调整的价格。

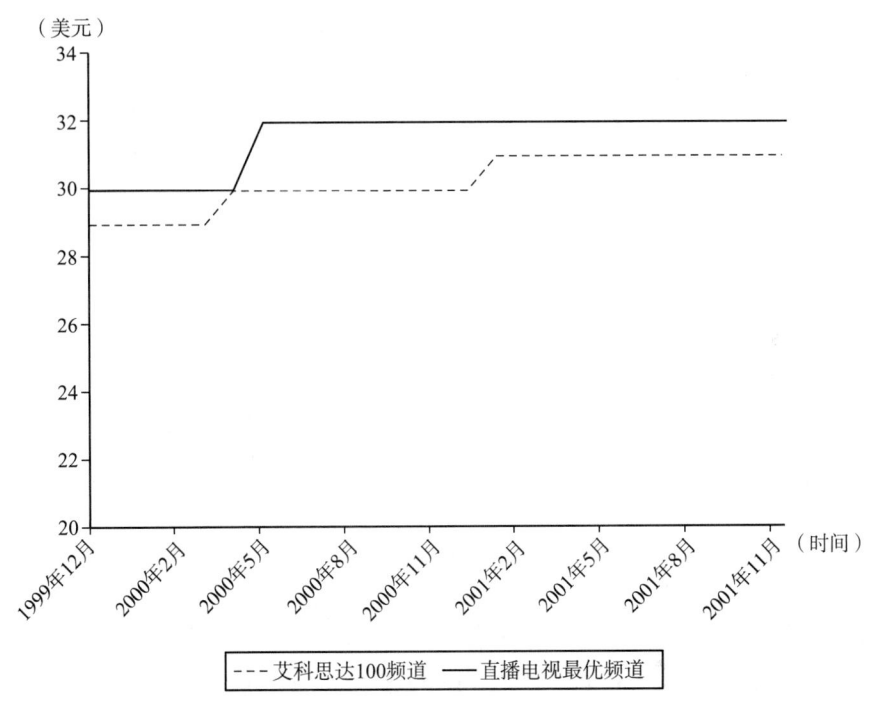

图4-1　直播电视公司和艾科思达公司最受欢迎的节目组合的月度价格

资料来源：2002年访问 directv.com 和 dishnetwork.com 的归档副本。

对于具备有线接入的家庭来说，有可能新艾科思达公司为了和有线竞争的动机足以限制合并后的价格。进一步说，如果新艾科思达公司仍然基于全国对直播卫星服务定价，那么在有线服务竞争的地区，来自有线的竞争会形成足够的规范以抑制其对于没有有线接入的家庭提价。

合并支持者认为，合并不会对价格或者服务质量产生消极影响，因为艾科思达和直播电视公司更多的是和有线服务争夺顾客，而不是彼此竞争。[①] 但是，有证据表明艾科思达和直播电视公司存在直接竞争，艾科思达和直播电视公司曾经提供相近的价格和类似的服务。表4-1表明了艾科思达和直播电视公司推出的受欢迎的节目组合的每月价格。在此期间，虽然每月的差价都不超

---

① 参见，例如威利格（Willig，2001）。

过2美元，但艾科思达的定价更低。

增加频道数量和种类是另一种降低有效价格的办法。表4-2表明艾科思达和直播电视公司推出的最受欢迎的节目组合中每个频道的价格。① 每个频道的价格从1998年初的0.55美元降到2000年初的约0.35~0.38美元，并在之后的两年基本稳定在这个价格水平。②

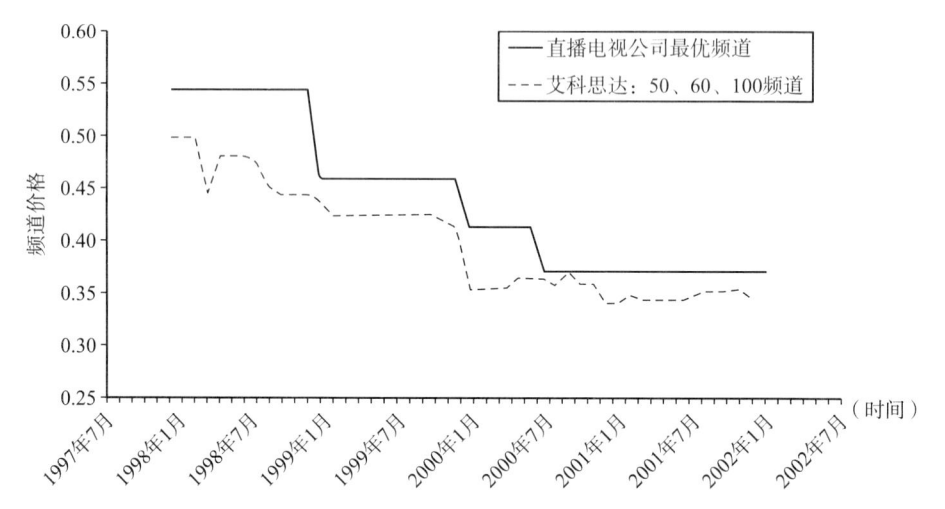

图4-2 直播电视公司和艾科思达公司最受欢迎的节目组合中每个频道的月度价格

资料来源：2002年访问directv.com和dishnetwork.com的归档副本。

艾科思达和直播电视公司在用户端设备和安装价格上的竞争似乎尤为激烈，价格从几百美金降到几乎免费。③ 司法部的申诉指出，2000年，在美国地区法院的备案中（在一项反托拉斯的诉讼中，艾科思达曾起诉直播电视公司，但最终撤诉），艾科思达公司自身承认，在安装设备和服务价格上，直播电视公司和艾科思达公司首先互相影响。司法部的申诉中也提出了来自艾科思达的首席执行官—查尔斯·厄尔根（Charles Ergen）的证词，即艾科思达十分重视和直播电视公司的直接竞争。阿拉斯加地区的直播电视公司的信

---

① 在此期间总的选择是直播电视公司最受欢迎的组合。AT50、AT60和AT100是此时段艾科思达的最受欢迎的组合。在每个时点，图形反映了那里最受欢迎的艾科思组合中每个频道的价格。
② 这些图形不包括安装和设备费用。
③ 麦卡沃伊（MacAvoy，2002，34-35页）描述了每家直播卫星服务供应商对其他公司提供的价格和质量做出竞争性反应的几种情形。

案例4：艾科思达公司与直播电视公司的尝试性合并案

号很弱，在一封提及此事的电子邮件中，厄尔根写到："既然我们在阿拉斯加有信号而直播电视公司的信号很弱，在那里就不存在竞争。我们没必要表现得那么积极。"

另一个可以证明艾科思达和直播电视公司之间存在竞争的证据是订购这些服务的总价，在将模拟服务调整为数字服务后，似乎这些价格比有线服务的价格稍低。由于节目组合的特定构成，设备和安装成本差异及其他服务成本的可行性或不同，直播卫星服务和有线服务的价格比较十分复杂。2001年7月，有线业务的月平均收费是33.81美元，不包括设备成本（联邦通信委员会，2003b，表1）。购买了平均59个模拟频道，包括本地广播网络。在享有数字有线服务时需要额外收费。2002年，艾科思达公司推出了近60个全数字频道，每月收费31.99美元。使两家公司的比较很困难的原因还有，艾科思达公司的本地频道每月还要额外收取5.99美元，并且根据电视机的不同，设备成本也不一样。如前所述，直播电视公司的价格和艾科思达的要价所差无几。

尽管直播卫星服务的价格毋庸置疑比有线价格低，但并不能确切地说，艾科思达和直播电视公司之间的竞争要比直播卫星业务和有线服务之间的竞争重要。因为直播卫星服务的低价有可能是受到直播卫星和有线之间为争夺多频道视频节目分发客户的竞争所驱动。的确，很大部分直播卫星的潜在顾客是有线的用户或潜在用户。新艾科思达公司是否激励继续通过降价从有线市场赢得市场份额，还需要对直播卫星和有线服务的需求进行更深入的分析。

4.4.1 协调和单边效应

合并可以通过两种途径引致涨价：一是在受合并影响的市场中促进协调作用，二是通过提升合并公司单方面涨价的获利能力。当同一产业中的公司意识到他们彼此间互相依赖并采取行动保持共同利益时，协调效应会产升。司法部的申诉中声称，合并带来协调效应的风险，因为合并后的公司可以在一些本地有线公司背离串谋价格的地区进行目标折扣和促销。

当一个合并公司有足够的市场势力将价格提高到合并前的水平而无需协调相关市场中其他公司的价格反应时，单边效应就会提升。虽然对艾科思达和直播电视公司拟议合并的竞争性分析认识到协调效应的风险，但合并双方、司法部、联邦通信委员会所做的分析大都还是集中在合并可能产生的单边效应上。

表 4-2　　　　　　　　　　　估算的价格弹性

服务商	扩展的基本服务	付费有线	直播卫星
天线	1.30	0.92	0.12
扩展的基本服务	-1.54	0.92	0.29
付费有线	1.26	-3.18	0.49
直播卫星	0.93	1.17	-2.45

资料来源：古尔比斯和佩特林（2004）。

单方面提高价格的能力取决于合并公司所售产品的需求弹性和各公司产品差异化的程度。假设合并公司追求利润最大化，直播卫星的需求弹性和提供直播卫星服务的边际成本依据利润最大化的必要条件决定了合并后直播卫星服务的价格：

$$\frac{p_j - MC_j}{P_j} = -\frac{1}{\varepsilon_{jj}} \qquad (1)$$

在等式（1）中，P是产品J的价格，MC_j是边际成本，ε是产品自身的需求弹性。等式（1）的左边是市场势力的勒纳指数。

对于直播卫星的需求调查十分复杂，因为直播卫星系统之间的价格差别非常小。艾科思达和直播电视公司的每一项服务组合都是全国统一定价，并且这个价格几乎没有随时间变化改变过。节目变化和价格促销会导致一些有效价格的变化，但是节目变化是全国范围的，价格促销又很难获取精确和综合的数据。

古尔比斯和佩特林（Goolsbee and Petrin，2004）调查需求对称条件下测算出直播卫星的价格弹性。具体来说，如果一个家庭对所有多频道视频节目分发项目的消费支出比例不受价格影响，那么直播卫星服务涨价1美元对家庭的需求影响等同于其替代品——多频道视频节目分发服务降价1美元。利用这个关系，他们估算了表4-2中的需求弹性。[①] 古尔比斯和佩特林（2004）的需求分析中涉及的服务包括无线广播（天线）、基本有线服务的扩展订阅节目、付费有线服务和直播卫星服务。基本有线服务扩展订阅节目是一项模拟服务，包括当地网络在内的共约60个频道。付费有线服务包括一个或多个付费网络比

---

① 表4-2中对直播卫星估算的价格弹性比起同一作者在之前的工作论文中估算的值更低。在合并是埘得到这篇论文（古尔比斯和佩特林，2001）。本章和其他章节使用保密数据的作者所做的独立分析得到对直播卫星的价格弹性与表4-2中的结论非常接近。

案例 4：艾科思达公司与直播电视公司的尝试性合并案

如家庭影院。该分析集合了两家直播卫星服务供应商——艾科思达和直播电视公司的总需求。

表 4-2 的弹性是可预见的。自身弹性为负，交叉弹性都为正，这意味着不同种类的服务是可替代的，尽管对直播卫星服务和无线广播业务的替代性来说不那么明显。

估算的直播卫星的需求弹性表明，一家合并后的直播卫星公司将有能力把价格提高到远远大于边际成本的水平。通过等式（1），假设古尔比斯和佩特林（2004）估算的直播卫星的自身弹性 e = -2.45，一家合并后的直播卫星公司通过选择约 40% 的勒纳指数可以实现利润最大化。这相当于把价格定在超出边际成本 70% 的水平。

需求分析显示出对新艾科思达公司来说，利润最大化的价格要远远大于边际成本，但是分析并没有确定相对于合并前的价格，合并将会减少竞争并导致价格提高和服务质量的调整。通过精确地估计边际成本，直播卫星的弹性足以预测合并后利润最大化的价格，并由此可与合并前的价格对比，以估算合并后涨价的可能性。然而，边际成本很难估算，因为有些成本的构成对某些顾客来说是不同的。例如，安装和设备费用对现有顾客来说是沉没的，但是对于新顾客来说就是边际成本。

通过使用节目支出和客户购置成本的会计数据，麦卡沃伊（MacAvoy，2002，41页）估算直播电视公司的每月边际成本是 26.80 美元，艾科思达的每月边际成本是 30.39 美元。从等式（1）中得出，表 4-2 中直播卫星的自身需求弹性 -2.45，结合对直播电视公司使用较低的边际成本估算，可推导出合并后的价格是 44.20 美元，对艾科思达使用较高的边际成本估算，合并后的价格则是 50.12 美元。两种估算价格都远远高于兼并前的价格。艾科思达月均价格大约 30.99 美元，直播电视公司月均价格大约 31.99 美元，加上每月 5.99 本地频道费用，不包括付费频道服务的费用。尽管顾客因为特殊的安装要求或额外的机顶盒被额外收费，但设备和安装通常是免费的。

另一种应用在现代单边效应分析中的方法是估计相关市场中产品需求的自身弹性和交叉弹性的矩阵，用估算的数据和假定的竞争行为来估算边际产品成本。① 这种方法生成了合并前艾科思达和直播电视公司的勒纳指数的估算。若实际价格既定，合并前的勒纳指数可用来估算边际产品成本。估算的边际成本

---

① 参见，例如，尼沃（Nevo，2000）和贝里（Berry，1994）。

可用等式（1）来估算合并后的可能价格。

理论上来说，自身弹性和交叉弹性的矩阵可以用古尔比斯和佩特林（2004）改进的计量经济学方法来估算。在他们的文章中消费者首先在卫星直播与其他多频道视频节目分发服务中选择，然后在艾科思达和直播电视公司之间选择。在这个"嵌套的"选择模型中，巢参数计算了两种直播卫星服务的消费税的相似度，也度量了如果艾科思达和直播电视公司合并后可能会消失的竞争程度。不幸的是，用这种方法做出和实验没有说服力。如果艾科思达和直播电视公司的要价稍作改变，就很难得到使用巢参数的稳健估计结果。① 相反，我们考虑用其他的更具启发式的方法去估算合并带来的竞争方面的损失。

两种方法对于估算是否合并可能导致高价格都很有用。具体为：（1）竞争的纳什—古诺模型（2）估算消费者对直播卫星支付意愿的限制条件，由此直接测算新艾科思达提价的动机。这些都是单边效应分析的范畴，因为他们在假定有线供应商不对价格做出反应的条件下，调查合并后企业提价的动机。

4.4.2 纳什古诺竞争

假设艾科思达和直播电视公司会像纳什—古诺竞争者一样行事，② 对于每一个网络来说，合并前的价格会满足以下条件

$$\frac{p_j - MC_j}{p_j} = -\frac{s_j}{\eta}, \quad (2)$$

这里 s_j 是公司在直播卫星项目中所占的份额，η 代表直播卫星的需求弹性。③ 等式（2）的右边为对于产品 j 公司特有的需求弹性的倒数。例如，如果艾科思达有40%的直播卫星用户，直播电视公司拥有其余的，直播卫星的需求弹性是-2.54，那么对艾科思达的公司特有的需求弹性会大约是-6.4左右，对直播电视公司，企业特有的需求弹性会是大约-4.2。④

---

① 罗桑斯基和汤普森（Rozanski and Thompson, 2005）探讨了反托拉斯局在他们对拟议合并的调查中陈述的经济问题。
② 一个纳什—古诺的竞争者，在假设其他公司产量不变的情况下，通过选择产出水平来最大化利润。这不是对于一个产业中竞争行为的准确刻画，以直播卫星为例，供应商制定价格，并没有限制产能。然而，这作为合并前公司行为的底线来说是有效的，既不过于激烈也不存在勾结。
③ 等式（2）中的相关份额是直播卫星的份额，不是所有提供多频道视频节目分发服务的份额，因为等式（2）中市场弹性是直播卫星的需求弹性。
④ 更一般的模型会包含感知到的其他公司的竞争反应。参见，例如，贝克和布雷斯纳汉（Baker and Bresnahan, 1988）。

案例4：艾科思达公司与直播电视公司的尝试性合并案

除非网络的边际成本也不相同，这些企业特有的不同的弹性意味着不同的价格，这似乎是合理的。艾科思达每月可观察到的价格为30.99美元，直播电视公司每月为31.99美元，再加上每月本地频道的5.99美元，如果直播电视公司的边际成本是28.94美元且艾科思达的边际成本为31.20美元，就与等式（2）得出的勒纳指数一致。这些估算的边际成本接近麦卡沃伊（2002）独立估算的水平。

假定拟议的合并不会产生效率或额外费用，保守地假设新艾科思达的边际生产成本等于两个从纳什—古诺模型得出的较低边际成本。对直播电视公司来说是28.94美元，运用这个边际成本和直播卫星的2.54的弹性得到的并购后的直播卫星服务价格为每月47.73美元。即，从等式（1）

$$P = \frac{MC}{1 + \frac{1}{\eta}}$$

得到

$$47.73 = \frac{28.94}{1 - \frac{1}{2.54}}.$$

艾科思达公司和直播电视公司合并前的价格为平均每月37.48美元。这是艾科思达公司和直播电视公司每月价格的简单平均，加上本地频道每月5.99美元。根据纳什—古诺对合并前的竞争的假设，合并将引起价格比合并前的水平提高约27%。

合并引起的预计价格上涨取决于估算的价格弹性、合并前的竞争程度以及合并前后估算的边际成本。合并前的竞争强度影响合并带来的预计价格上涨，因为合并前的价格成本差距是估算卫星电视边际成本的基础，这反过来又是估算合并后价格的一项投入。如果合并前艾科思达公司和直播电视公司之间的竞争比纳什—古诺的假设更激烈，则合并估算的价格上涨将大于纳什—古诺模型的预测，如果竞争不太激烈，价格则会降低。在前一种情况下，估算的边际成本很接近合并前的价格，等式（1）将意味着合并带来更高的价格上涨。如果艾科思达公司和直播电视公司避免合并前的价格竞争，那么估算的边际成本将会更低，合并带来的价格上涨会更小，甚至根本不存在。

双方认为，合并不会提高价格。部分原因是因为他们声称消费者并不把艾科思达公司和直播电视公司看作近似替代者，因此合并不会消除显著的价格竞争。根据双方意见，竞争主要存在于直播卫星和有线之间，而不是艾科思达公司和直播电视公司之间。各方运用"流失的用户数据"证明其结论，估算了离开某个特定的直播卫星供应商而转向其他直播卫星供应商或无线电视的少数用户数量。数据显示，消费者在直播卫星和有线之间的转换比起在艾科思达公司和直播电视公司之间的转换更多。

但是，流失的用户数据很难解释。因为只有当相对价格变化直接导致行为转换时，才可以说消费者的转换行为表明了价格弹性。消费者由于许多不同的原因转向多频道视频节目分发供应商，而艾科思达公司和直播电视公司的相对价格的显著变化几乎不会发生。例如，如果一个消费者由于特定的原因停止订阅艾科思达不是因为艾科思达的价格相对于直播电视公司的价格上涨，如果消费者认为两家直播卫星供应商是近似的替代品，并且其相对价格没有变化，消费者不太可能转换到直播电视公司。因此，流失的客户数据显示，人们在直播卫星和有线之间的转换比在艾科思达公司和直播电视公司之间转换更频繁。如果人们是由于一定原因转换而不是因为两家直播卫星供应商的相对价格变化，这些数据就与艾科思达公司和直播电视公司之间的激烈竞争相符合。

各方还认为，合并不会提高质量调整的价格，因为新艾科思达公司将有更低的边际生产成本并提供改进的产品。运用等式（1）得出合并后的价格与合并后的边际成本成正比。如果合并后的边际成本小于合并前的边际成本，合并后的价格可能不会比合并前的现有价格更高。此外，合并后的公司提供新的改进的产品将有利于消费者，这种方式虽然不由等式（1）直接获得。我们在下文陈述各方的效率问题，并证明合并对于艾科思达公司和直播电视公司来说以得到很多所谓的效率是没有必要的。

4.4.3 消费者选择卫星电视的演变

消费者选择卫星电视的历史为合并带来的价格上涨问题提供了更多的证据。自从艾科思达公司1996年首次推出直播卫星服务，直播卫星相对于有线价格已经下降，很大程度上是因为艾科思达公司和直播电视公司为消费者削减了设备和安装的成本。相对于有线，卫星电视的早期使用者比后来的使用者对直播卫星有更高的支付意愿。对于这些早期的使用者，随着卫星电视设备网的质量调整价格和安装成本相对于有线而下降，艾科思达公司和直播电视公司之间的竞争产生了消费者剩余。随着时间的推移，合并后的公司将有更强的动机

案例4：艾科思达公司与直播电视公司的尝试性合并案

以获得它的安装基础中的这些消费者的支付意愿。①

图4-3显示了1998年2月到2001年12月期间直播卫星相对与有线价格的三种计算方式。每月价格的计算需比较（1）艾科思达AT100组合的每月价格加上两年内平摊的安装费，② 和（2）包括设备成本在内的有线服务的每月平均费用。③ "单个全国性的传输网络"的计算是用国家提供的网络数量除以每月费用所得。④ 对于消费者而言，"每个质量调整频道的价格"说明具有大量频道的节目组合中的每个附加频道并不如较小组合中的每个附加频道划算。

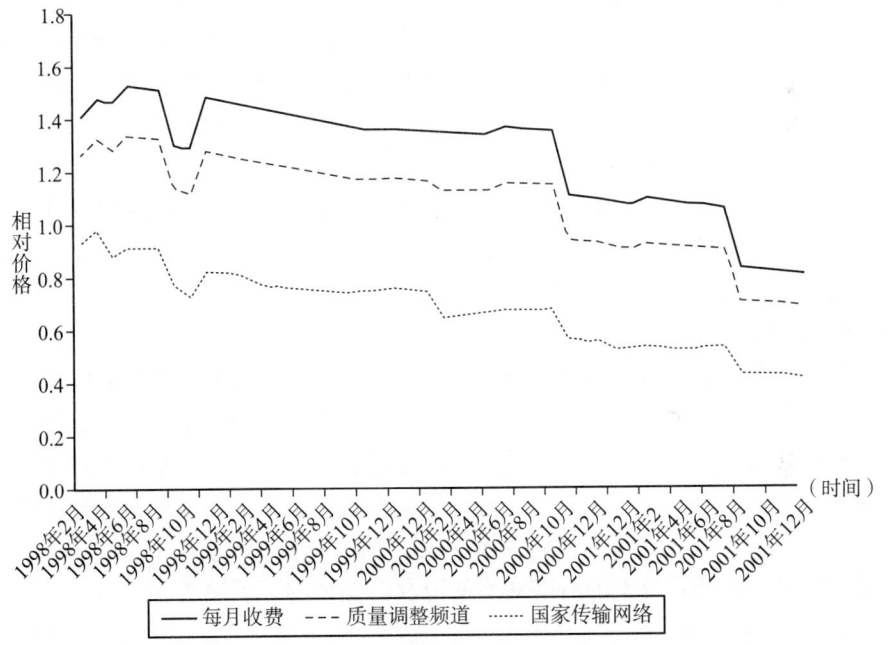

图4-3　直播卫星对有线的相对价格的三种计算方式

资料来源：2002年访问dishnetwork.com的归档副本；联邦通信委员会对有线产业价格的年度报告系列。

---

① 这种分析与基于观察的价格歧视相关弗登伯格和泰勒尔（Fudenberg and Tiróle, 1998）曾提到过，消费者曾经的购买行为反映了她的支付意愿。
② 正如前面解释的，艾科思达公司和直播电视公司的价格在这一时期非常相似。
③ 这些每月的有线服务价格是经插值计算出的一年之中的每月基本服务层的价格和主要有线节目服务层的价格及设备的年度平均，从联邦通信委员会的有线产业价格的系列报告汇编而成，参见 http://www.fcc.gov/MB/csrptpg.html。
④ 这些都是传统意义上被认为的与本地节目有别的"有线电视频道"。参见，例如，见注11联邦通信委员会（2003b）。

这种计算由国家提供网络数量的凹函数除以每月收费。[①] 在此期间，所有这三个相对价格约下降了 40%～55%。这表明，在早期的直播卫星用户转换到有线之前，新艾科思达公司可以大幅涨价。

有两个因素有助于保持直播卫星相对较低的价格：艾科思达公司和直播电视公司之间的竞争，以及直播卫星和有线之间的竞争。尽管合并将消除艾科思达公司和直播电视公司之间的竞争，但新艾科思达仍然想要从有线那里吸引新顾客，并且从正转身有线的人中保留现有顾客。新的直播卫星顾客可能比老客户更富有价格弹性，部分是因为当直播卫星的价格相对于有线价格更高时，老客户通过订阅对直播卫星表现出高的支付意愿。假定新艾科思达不能对新老顾客明显收费不同，新艾科思达将有动机设置一个低的统一价格来建立它的用户基础。然而，随着直播卫星用户的安装基础随时间增加，合并后的公司会倾向于涨价以开发直播卫星传统用户的安装基础。

本章作者建立了一个合并模拟模型，来综合估算传统用户的价格弹性，新用户的依赖价格的增长率、用户的流失和转换成本，来研究合并后新艾科思达涨价的动机。通过选取广泛的似乎合理的参数，模型预测合并后的直播卫星服务将涨价 15%以上。[②]

在这种分析中，价格的时间路径显示，过去购买直播卫星服务的顾客对直播卫星有高支付意愿。当顾客安装基础相对于新客户的到达率较大时，新艾科思达就可盈利性地开发这些顾客的高支付意愿。当顾客的安装基础相对于新顾客的达到率较大时，转换成本就可进一步解释为什么新艾科思达会盈利性地涨价。转换成本是消费者对下列的沉没支出，包括安装和设备、长期购买合同、寻找多频道视频节目分发的时间和不便以及已安装的某项设备。[③]

4.4.4　全国性定价

这一合并的支持者认为，全国性定价的承诺的确可以保护消费者的利益，

---

① 尼尔森收视率用于网络降序排名。相对于收视率最高的网络评级，每个网络是一个规范化的评级。作为频道的数量函数，累积的规范的归评级估算为 $0.347+2.218\ln(n)$，其中 n 节目组合中的频道数量。

② 要抵消这种效应就是传统用户的边际成本低于新用户，因为传统用户的用户购置成本已经沉没。这已被作者开发的仿真模型纳入考虑，以估算艾科思达随时间提高价格的动机。

③ 见克伦佩雷尔（Klemperer, 1987）对转换成本的竞争性意义所做的一般性讨论，怀斯和杜瓦第（Wise and Duwadi, 2005）则分析了直播卫星需求的特定应用。

案例4：艾科思达公司与直播电视公司的尝试性合并案

并且是可信的。因为这两家公司一直都是基于全国为他们每月的服务包定价。然而，全国性定价也仅仅是对所有的消费者，将合并引起的涨价进行了平均。除非所有消费者对直播卫星的需求弹性的平均数非常大，否则全国性定价的承诺并不能够消除人们关于此次合并会导致全民价格上涨的忧虑。

要知道为什么全国性定价的承诺不会保护所有消费者，请注意，对直播卫星服务的总需求（Q_{DBS}）可以被写成

$$Q_{DBS} = q^c_{DBS}(p_{DBS}) + q^{nc}_{DBS}(p_{DBS}),$$

其中，p_{DBS}代表直播卫星服务的统一价格，q^c_{DBS}代表有线电视领域的需求量，q^{nc}_{DBS}代表在没有有线接入的领域的需求量。在统一价格（η_{DBS}）方面，对直播卫星服务的总需求弹性是

$$\eta_{DBS} = s^c \eta^c_{DBS} + s^{nc} \eta^{nc}_{DBS}.$$

其中，s^c和s^{nc}是指需求的比例，η^c_{DBS}和η^{nc}_{DBS}是直播卫星分别在有线电视接入地区和没有接入地区的需求弹性。古尔斯比和帕特林以及其他人（2004）对于直播卫星需求弹性的估算都是总需求弹性的估算η_{DBS}。这些估算的数值很低，以至于足以让人们担忧此次合并会带来全国性涨价。在一定程度上来说，在没有有线服务接入的地区，需求弹性的绝对值较低，如果新艾科思达没有建立独立的全国性价格的话，那么比起具备有线接入的地区，新艾科思达有动机在不具备有线服务（或数字有线）接入的地区选择更高的价格。该分析引起的关注是，合并会针对所有的消费者群体明显涨价，全国性定价是对所有消费者的涨价进行简单平均。

4.5 市场进入

如果竞争的效果分析确定了合并会伤害竞争这一重要顾虑，分析中遵循司法部和联邦贸易委员会的横向并购指南的下一步就是对潜在进入的评估。来自艾科思达和直播电视公司拟议合并的竞争效果可通过进入来抵消，但进入程度有限，因为轨道卫星定位的可获得性受规制的约束。

艾科思达和直播卫星公司仅占用三个轨道卫星槽，这三个槽在获得的技术为直播卫星提供覆盖全美国大陆的广播，位于101°，110°，119°W. L。在拟议合并期间，唯一不被艾科思达公司或直播电视公司控制的卫星槽位于148° W. L和61.5°W. L。如果一个新进入者在"翼"的任一位置使用卫星提供的直

播卫星服务，由于地球曲率，从卫星发出的信号到达两岸将会非常困难。覆盖全美国大陆需要至少两颗卫星，这将极大增加进入成本。此外，每个位置都需要一个备份卫星以防设备故障。因此，进入翼槽将远比进入美国大陆槽昂贵，且不切实际，即使假定早已可能接入。

技术的进步已经可以使定位卫星即使相互之间小于9经度，在不会造成相互有害的干扰情况下为同一地理区域提供服务，广播到欧洲的这项工作已经由卫星完成（五频谱有限责任公司2004年，第3页）。然而，接入是非常困难的，因为一个新的直播卫星运营商不得不为了接入一个"短间距"的轨道位置而获得监管部门的批准，这甚至可能超过对新艾科思达的反对。此外，一个新的竞争者将不得不投资数十亿美元来设计、建造和发射卫星，并且设计和制造机顶盒和碟形天线，协调节目的合同（其中一些是排他性地授权给艾科思达公司或直播电视公司），并为卫星和地面技术创建一个分发和安装网络，这对于提供一个全国范围内的直播卫星服务是必要的。

自直播电视公司和艾科思达发射卫星以来，没有能提供全国范围的直播卫星服务的竞争者的进入。2002年4月，美国通讯公司提出定位一个新的短间距卫星的建议，其位置是105.5°W.L，国际通信卫星组织在2005年2月为新的直播卫星提交了四个轨道位置的申请，然而，直到2007年初也没有就这些建议的具体管制行动。[①] 显然，对潜在的新的直播卫星运营商来说，进入的机会要比其他行业的新竞争者有限得多。

随着前面讨论过的全国性定价的承诺，各方为合并的竞争效应提出了以下补救措施，（1）将有线电视系统公司的资产大幅度剥离或租赁，L/R直播卫星公司（称之为"彩虹公司"，Rainbow），（2）有有线电视的合资公司提供机顶盒并负责本地节目的传输（称为"本地到本地"的广播），（3）建立零售网点中对有线电视公司提供帮助。彩虹公司是在美国最东端的11个频率的持牌人，直播卫星的轨道槽位置是61.5°W.L。双方声称，额外的资产和其他援助将使彩虹公司成为一个全国性的直播卫星竞争者，如果没有从合并的公司得到的额外资产和其他援助这将不可能发生。

很难看出，拟议的补救措施怎样才能创建一个足够强大的新直播卫星竞争者来代替合并对竞争造成的损失，同时能以足够快的速度保护消费者免受竞争

[①] 艾科思达公司和直播电视公司也提出新卫星位置的建议。2006年6月23日，联邦通信委员会发布了一个拟议立法的通知以考虑这些要求（联邦通信委员 2006a）。

案例 4：艾科思达公司与直播电视公司的尝试性合并案

的损失。创建一个新的全国性直播卫星服务是极其昂贵的，即使经济上可行，两年时间内在司法部/联邦贸易委员会并购指南的考虑中也不可能发生。合并后公司提供援助的条款都要受到监测和执行。此外，新公司在纽约—新英格兰地区提供有线服务，有线电视作为新公司的所有者将会在有线和直播卫星之间稳占一席之位。

彩虹公司目前还没有成为重要的直播卫星的竞争者，即使有艾科思达公司/直播电视公司承诺的援助，它也不可能成为重要的竞争者。2005年，艾科思达公司收购了由彩虹公司控制的轨道位置，并用它们提供额外的高清和本地节目（联邦通信委员会2005）。

4.6 效 率

这一合并的支持者声称合并会创造可观的效益，特别是稀缺的无线电频谱的使用。通过消除重复的艾科思达和直播电视公司频道，各方认为，新艾科思达公司将能通过本地的渠道向更多的社区播放，提供额外的高清内容，并且独立成为一个比任何公司更有效的有线竞争者（威利格，2001，第4页）。艾科思达和直播电视公司在卫星广播中有明显的节目重叠。这两家公司有150个重复的全国性频道和140~175个重复的本地节目，总共290~325个多余的节目。

各方声称，合并将使合并后的公司获得100个直接内存访问的本地网络节目，额外的高清节目，对阿拉斯加和夏威夷的扩展节目以及近的视频点播（艾科思达公司等，2001）。在拟议合并时，艾科思达公司和直播电视公司播送本地网络节目到约40个直接内存访问，代表了约76%的美国电视家庭用户。

艾科思达公司和直播电视公司就像天空的双管，这其中充满了几乎完全相同的内容。效率的说法是，新艾科思达公司只需要一根管道来播放现有的内容，为更多的内容，更多的本地渠道，或更多的高清格式节目腾出另一根管道。

4.7 后续发展及反思

135　　艾科思达公司和直播电视公司声称，合并将在直播卫星频谱利用率方面实现显著改善，并且能使合并后的公司成为有线的更强有力的竞争者。此外，效率的论点意味着，任一直播卫星公司既不能够也不会独自做出必要的改善来配合有线系统提供的节目内容。

　　不论是绝对意义上还是相对于数字有线系统提供的节目内容，事实上，艾科思达公司和直播电视公司都已经找到提升能力和扩充节目的方法。目前，艾科思达公司提供了一个包括26个频道的高清节目组合，并且夸口它是"美国最大的高清阵容"（艾科思达公司，2007）。直播电视公司提供8个频道和一系列高清的地区性运动电视网（直播电视公司，2007）。这两家公司也提供按收视计费的付费频道，如"家庭影院"和"优秀时刻"，并以高清格式接入当地广播。2005年，有线公司提供了平均11.6个高清频道，除了全国性的电视网，还包括付费和本地广播频道，在有线电视系统中，可得到的高清频道数量在过去的两年里似乎没有大幅度增长。① 然而，有线电视公司已经在他们的电视网上取得了其他的长足进步，如视频点播和互联网接入。

　　各方认为，相比于拟议合并之前的约40个直接内存访问的数量，合并能给他们带来将本地广播传输到约100个直接内存访问的能力。事实上，艾科思达公司和直播电视公司已经分别超过了他们在合并中的收获预期。截至2006年底，艾科思达公司已能够在全国超过170个的市场中提供本地广播，已经在所有的美国家庭电视中占到了96%（厄根，2006）。同样，截至2007年底，直播电视公司在全国提供143家市场的本地广播，在家庭电视中占到94%以上（直播电视公司，2007b）。

　　经验表明，如果艾科思达公司和直播电视公司联合运营，要实现各方承诺的很多收益，合并并非是必要途径。由于艾科思达公司和直播电视公司放弃了他们的拟议合并，两家公司都通过使用信号压缩技术、发射或收购更多的卫星来增加节目内容。例如，从2002年1月1日起，艾科思达公司配置了四颗新

---

① 据一位业内人士透露，2007年大部分大型有线电视系统提供的大约8~9个高清电视台，通常包括付费电视网中的高清电视版本和一小部分其他的选择（科技资讯网，2007）。

案例 4：艾科思达公司与直播电视公司的尝试性合并案

的卫星，而直播电视公司配置了五颗。在每颗卫星 200 万 ~ 300 万美元的基础上，新卫星花费的成本上升至 20 亿 ~ 30 亿美元。合并将消除对新卫星的部分或者全部需求看来似乎合理，尽管要实现团结各方的利益将不得不投入巨资来为合并后的公司建立一个单独的平台以取代艾科思达和直播卫星公司不兼容的平台。

价值数十亿美元的问题是，如果艾科思达公司的和直播电视公司已获准合并，消费者是否能变得更好。合并也许会使两家公司在卫星发射上更节省，同时新艾科思达公司会成为任何节约所得的直接受益者，这些收益中的一部分会流向消费者。然而，合并也带来了因实施市场势力产生的更高价格的极大风险。本章前面的分析估算出合并将使新艾科思达公司平均每个月提高的价格相当于 10 美元。① 即使合并后每月只能将价格提高 2 美元，但对于直播卫星服务来说，每年将增加超过 5 亿美元的消费者支出，这可能会超过合并所带来的可信的年均效率提高。② 当然，如果福利标准能够考虑到生产者剩余，这种权衡将更加有利于此次的拟议合并。

由于司法部和联邦通信委员会的反对，在合并提议公布不久之后，艾科思达公司和直播电视公司放弃了这次合并，新闻集团收购了一部分直播电视公司的控股权益，这是联邦通信委员会于 2003 年的非歧视条款中已批准的。③ 可以想象的是，新闻集团在 2003 年收购直播电视公司股权的行动，为直播电视公司提升其基础设施提供了必需的资金，这本不应该发生在它缺席的情况下。由于直播电视公司并没有公开其财务成果，所以很难检验这一假设。然而，艾科思达公司确实报告了其财务业绩，并有证据表明，现金流并不对其投资构成很大的限制。同时，艾科思达公司报告了从 2000 年到 2002 年其净负收入值，从 2003 年到 2006 年，它报告的净收入值每年都为正。无论如何，与艾科思达

---

① 实际上，有线和直播卫星的价格差距似乎足以大到允许这种涨价。2005 年，艾科思达公司为大约 100 个频道和地方广播网服务的成本大约是每月 43 美元，而具备扩展模拟频道的数字有线的平均成本为每月 56 美元。然而，考虑到节目组合、安装成本、设备费等方面的差异时，这些数据需要谨慎解读。

② 此处的计算结果基于直播卫星截至 2005 年 6 月直播卫星的 2 600 万用户（联邦通信委员会 2005）。每月 2 美元的涨价相当于 2005 年直播卫星平均价格的 5%。假设直播卫星自身的价格弹性为 -2.5，5% 的涨价会将直播卫星的用户数量降至大约 2 300 万。

麦卡沃伊（2002）估计，消费者从公司合并中受到的损失将在至少每年 1 亿 2 000 万美元和 7 亿美元的范围内波动，这个数据仅包括农村地区的 250 万没有安装有线的消费者。

③ 有媒体报道称，新闻集团和通用汽车公司于 2001 年协商收购直播电视公司。例如，参见格罗弗（Grover, 2001）、布雷耶和科恩（Bryer & Cohen, 2001）。新闻集团的努力被艾科思达公司的合并投标所打断，但具有讽刺意味的是，新闻集团最终获得了胜利。

公司和直播电视公司的横向联合不同的是，新闻集团对于直播电视公司的股权收购行为主要是一种纵向交易，并且没有像艾科思达公司和直播电视公司的拟议合并一样，提出同一层面上的竞争问题。

参考文献

［1］ Baker, John, and Timothy Bresnahan. "Estimating the Residual Demand Curve Facing a Single Firm." *International Journal of Industrial Organization* 6（September 1988）：283–300.

［2］ Berry, Steven. "Estimating Discrete–Choice Models of Product Differentiation." *Rand Journal of Economics* 25（Summer 1994）：242–262.

［3］ Bryer, Amy. "Suitor Line Up for DirecTV." *Denver Business Journal*, June 29, 2001, p. Al.

［4］ CNET. com. "Three Ways to Get HDTV Programming," October 18, 2006. http：//www. cnet. com/4520–7874_l–5108854–2. html.

［5］ Cohen, Adam. "Satellite Showdown." *Time*, August 20, 2001, P. 64.

［6］ DirecTV website. http：//www. dkectv. corn/DWAPP/pacld^1100084.

［7］ DirecTV. "Local Channel Markets." http：//www. directv. com/DTVAPP/global/contentPage jsp? assetId = 1000013.

［8］ EchoStar Communications Corporation Form 10–K, *Annual Report for the Fiscal Year Ending December* 31, 2000.

［9］ EchoStar Communications Corporation, General Motors Corporation, and Hughes Electronics Corporation, "Joint Engineering Statement in Support of Transfer of Control Application," Consolidated Application for Authority to Transfer Control, December 3, 2001. http：//www. fcc. gov/transaction/echostar-directv/engineer_state. pdf.

［10］ EchoStar Communications Corporation website, http：//www. dishnetwork. com/content/our_products/dish_hd/programming/index. shtml.

［11］ Ergen, Charles. Letter in *EchoStar Communications Corporation* 2006 *Annual Report*.

［12］ Fudenberg, Drew, and Jean Tiróle. "Upgrades, Tradeins, and Buybacks." *RAND Journal of Economics* 29（Summer 1998）：235–258.

［13］ Goolsbee, Austan, and AmilPetrin. "The Consumer Gains from Direct

Broadcast Satellites and the Competition with Cable Television." NBER Working Paper No. 8317, June 2001.

[14] Goolsbee, Austan, and AmilPetrin. "The Consumer Gains from Direct Broadcast Satellites and the Competition with Cable TV." *Econometrica* 72 (March 2004): 351 – 381.

[15] Grover, Ronald. "EchoStar's Charlie Ergen: Odd Man Out in the Satellite Game?" *BusinessWeek*, April 23, 2001, pp. 72 – 73.

[16] Hughes Electronic Corporation Form 10 – K, *Annual Report for the Fiscal Year Ending December* 31, 2000.

[17] Klemperer Paul. "*The Competitiveness of Markets with Switching Costs.*" *RAND Journal of Economics* 18 (Spring 1987): 138 – 150.

[18] MacAvoy, Paul W. "The Effects of the Proposed EchoStar – DirecTV Merger on Competition in Direct Broadcast Satellite Rural Markets Where Cable is Not Available," declaration on behalf of the National Rural Telecommunications Cooperative, before the U. S. Federal Communications Commission, CS Docket No. 01 – 348, February 1, 2002. http://www.fcc.gov/transaction/echostar-directv/national_ehxia.pdf, http://www.fcc.gov/transaction/echostar-directv/national_ehxib.pdf, http://www.fcc.gov/transaction/echostar-directv/national_ehxic1.pdf.

[19] Nevo, Aviv. "Mergers with Differentiated Products: The Case of the Ready-to-Eat Cereal Industry." *RAND Journal of Economics* 31 (3) (Autumn 2000): 395 – 421.

[20] Rozanski, George A., and Scott T. Thompson. "Use of Econometrics at the U. S. Department of Justice." In *Econometrics*, edited by John D. Harkrider and Daniel L. Rubinfeld, 131 – 165. Chicago: ABA Section of Antitrust Law, 2005.

[21] Rubinfeld, Daniel L. Affidavit and Report, Attachment A to Pegasus Communications Corporation's Petition to Deny, before the U. S. Federal Communications Commission, CS Docket No. 01 – 348, February 1, 2002. http://www.fcc.gov/transaction/echostar-directv/pegasus_finalattachmenta.pdf.

[22] Rusch, Roger J. Affidavit and Report, Attachment B to Pegasus Communications Corporation's Petition to Deny, before the U. S. Federal Communications

Commission, CS Docket No. 01 – 348, January 31, 2002. http://www.fcc.gov/transaction/echostar-directv/pegasus_finalattachmentb.pdf.

[23] Spectrum Five LLC, Petition for Declaratory Ruling, before the Federal Communications Commission, In the Matter of Spectrum Five LLC, Petition for Declaratory Ruling to Serve the U.S. Market Using BSS Spectrum from the 114° W. L. Orbital Location, December 27, 2004. http://www.entrepreneurforum.net/files.asp7FileID=93946.

[24] U.S. Department of Justice. Complaint, filed in U.S. District Court for the District of Columbia, Case No. L02CV02138, October 31, 2002a.

[25] U.S. Department of Justice. "Justice Department Files Suit to Block EchoStar's Acquisition of Hughes Electronics," October 31, 2002b. http://www.usdoj.gov/atr/public/press_releases/2002/200412.htm.

[26] U.S. Department of Justice and Federal Trade Commission. "Horizontal Merger Guidelines," April 8, 1997. http://www.usdoj.gov/atr/public/guidelines/hmg.htm.

[27] U.S. Federal Communications Commission. *Annual Assessment of the Status of Competition in Markets for the Delivery of Video Programming*, Fourth Annual Report, CS Docket No. 97 – 141, January 13, 1998.

[28] U.S. Federal Communications Commission, Hearing Designation Order, Application of EchoStar Communications Corporation (a Nevada Corporation), General Motors Corporation, and Hughes Electronics Corporation (Delaware Corporations) (Transferors) and EchoStar Communications Corporation (a Delaware Corporation) (Transferee), CS Docket No. 01 –348, October 18, 2002a.

[29] U.S. Federal Communications Commission. *Annual Assessment of the Status of Competition in Markets for the Delivery of Video Programming*, Eighth Annual Report, CS Docket No. 01 –129, January 14, 2002b.

[30] U.S. Federal Communications Commission. "Public Notice No. 03 – 328, Subject to Conditions, Commission Approves Transaction Between General Motors Corp., Hughes Electronics Corp. and The News Corporation Ltd.," December 19, 2003a.

[31] U.S. Federal Communications Commission. *Report on Cable Industry Prices*,

Statistical Report on Average Rates for Basic Service, Cable Programming Service, and Equipment; In the Matter of Implementation of Section 3 of the Cable Television Consumer Protection and Competition Act of 1992, MM Docket No. 92 – 266, July 8, 2003b.

[32] U. S. Federal Communications Commission. *Annual Assessment of the Status of Competition in Markets for the Delivery of Video Programming*, Tenth Annual Report, MB Docket No. 03 – 172, January 28, 2004.

[33] U. S. Federal Communications Commission. *In the Matter of Rainbow DBS Company LLC, Assignor and EchoStar Satellite L. L. C. , Assignee*, IB Docket No. 05 – 72, Memorandum Opinion and Order, October 12, 2005.

[34] U. S. Federal Communications Commission. *Notice of Proposed Rulemaking, for the 17/24 GHz Broadcasting-Satellite Service (BSS)*, Docket No. 06 – 123, June 21, 2006a. http://hraunfoss.fcc.gov/edocs_public/attachmatch/FCC – 06 – 90A1.pdf.

[35] U. S. Federal Communications Commission. *Statistical Report on Average Rates for Basic Service, Cable Programming Service, and Equipment*; In the Matter of Implementation of Section 3 of the Cable Television Consumer Protection and Competition Act of 1992, MM Docket No. 92 – 266, December 27, 2006b.

[36] Willig, Robert D. Declaration of Dr. Robert D. Willig on behalf of EchoStar Communications Corporation, General Motors Corporation and Hughes Electronics Corporation, before the U. S. Federal Communications Commission, November 30, 2001. http://www.fcc.gov/transaction/echostar-directv/decl_willig.pdf.

[37] Wise, Andrew S. , and KiranDuwadi. "Competition between Cable Television and Direct Broadcast Satellite—It's More Complicated Than You Think." Federal Communications Commission, Media Bureau Staff Research Paper No. 2005 – 1, January 2005. http://hraunfoss.fcc.gov/edocs_public/attachmatch/DOC – 255869A1.pdf.

案例 5

协调效应分析：邮轮并购案（2002）

玛格丽特·E·谷琳—卡尔文特（Margaret E. Guerin – Calvert）[*]

5.1 引　　言

2002 年 10 月 4 日，经过大约一年时间的评估分析之后，联邦贸易委员会（the Federal Trade Commission，以下简称 FTC）以 3∶2 的投票结果，结束了对两起并购交易的调查。这两起交易涉及皇家加勒比游轮有限公司（Royal Caribbean Cruises, Ltd., 以下简称 RCC 公司）与 P&O 公主邮轮公司（P&O Princess Cruises pic，以下简称 Princess 公司）、嘉年华公司（Carnival Corporation，以下简称 Carnival 公司）与公主邮轮公司（Princess）。反垄断当局同时启动对这两起交易开展评估审查，其中 RCC 公司与 Princess 公司并购案属于一起"友好的"交易；而另一起则涉及恶意要约收购。这两起并购交易同时也被美国境外的反垄断当局评估审查，其中包括欧盟和英国。

对于反垄断领域的从业人员而言，从多个角度来看，这两起交易及其竞争分析都很有趣且具有启迪意义：

● 范围广泛的评估审查及其发现凸显了反垄断机构所分析并购的复杂性和最终分析与做出判定所需产业事实的重要性。分析邮轮问题的关键要素包括：这一产业相对"年轻"，"邮轮客"的快速发展和近期扩张，邮轮定价的商务模型（需要考虑高额固定成本、轮上收入、"易腐库存"以及与此相关的坐满船位的重要性）。

● 评估方和并购方对竞争效应的分析反映了《横向并购指南》在很多方

---

[*] 作者作为 Carnival 的律师参与了 Carnival – Princess 交易案的经济分析。她在从事这项工作时是以首席经济学家的身份与 Janusz Ordover 合作。本章资料主要来源于公开发布的信息和资料。

案例 5：邮轮并购案

面的有趣应用，包括产品市场、地域市场、协同效应、临界损失和分流率分析以及进入壁垒和产能扩张等。

- 评估分析采用的是相对直接而简单的实证分析方法，而不是复杂的计量分析或并购模拟分析。正如下文所要详细阐述的，并购的经验实证分析涉及预定模式的评估（例如，邮轮座位保留时间的确定和一艘特定邮轮上客舱售出率）和价格分流分析。

- 每一个审查机构在评估审查的细节和制定的关键要素方面的细致程度要高于那些没有受到审查的普通案例。事实上，在那些已经被批准的案例中，"邮轮案"的判定，作为反映并购评估审查中在提高透明度方面增加努力程度的案例，已经被 FTC 和其他反垄断机构所吹捧[1]。

本章将讨论这些导致最终结果的关键主题、评估过程和经济分析，最终结果是三大监管机构都不阻止这两起并购交易。评估审查之后，经过修订并购条款，最终 Carnival – Princess 并购交易也顺利完成[2]。

下一节提供并购的背景和反垄断评估审查中所提出的关键问题。在接下去的第三节中，对并购交易经济分析进行具体评估[3]。第四和第五节中，阐述反垄断评估审查的结果和后续行动，最后是结论和启示。

5.2 案例背景

邮轮并购案的调查开始于 2001 年底 Princess 公司的竞标活动。2001 年 12 月，继 2001 年 11 月宣布一项拟进行的、通过双重上市结构发起的 Princess 公司与 RCC 公司之间的并购交易之后，Carnival 公司发出了一个针对 Princess 公司股份的恶意收购要约[4]。那时，这三家公司代表了处于实质性竞争产业中的

---

[1] 由于信息透明，涉及判定这一问题的有趣谈论扩展到了更为具体的细节，出现了关于各种评估分析观点的积极交换。参见 Grimes and Kwoka (2003)、Coleman and Simons (2004)、Grimes (2004) 和 Coleman, Meyer, and Scheffman (2003)。

[2] 欧盟委员会 (2003)。

[3] 本章中这一节的分析在很大程度上依赖于 FTC 发布的信息和分析结果、欧盟和英国所提供的文件以及关注这一案例的其他分析材料。

[4] 英国竞争委员会 (2002, pp. 8 - 9) 和欧盟委员会 (2002, pp. 2 - 3) 提供了拟进行的 Princess 公司与 RCC 公司之间并购交易的细节。

四家最大邮轮公司中的三家。每家公司的业务都包括了多个品牌①、遍布世界不同地区和行业的船只，这些地区包括美国（例如加勒比海和阿拉斯加）、欧洲（例如地中海）和亚洲地区。其他邮轮公司包括拥有挪威邮轮（Norwegian Cruise Lines）和NCL商标的香港丽星邮轮（Star Cruises），该公司在很多相同地区经营者一定数量的邮轮。

5.2.1 审查进程和竞争问题

美国反垄断机构和他们的欧洲同行以相对较快的速度对拟进行的并购交易展开评估审查。根据2002年FTC发布的声明，美国在评估审查中主要关注并购在北美地区对北美顾客可能产生的竞争效应。这一评估分析包括航线（例如加勒比海和阿拉斯加）评估。欧盟在对Carnival – Princess并购交易的评估审查中主要关注并购在欧盟内部和外部对于欧盟顾客的影响，而英国在RCC – Princess案的评估审查中关注该项交易对英国顾客可能产生的影响（无论邮轮是发自英国港口还是其他港口；包括那些由英国运营的飞机或其他交通方式运送的顾客）②。

最终判定的中心问题包括：

- "邮轮"是否构成一个相关市场，或者相关市场是否更为广泛，包括陆地上的休假；
- 最终由FTC确定的相关反垄断市场上的高集中度是否足以推定竞争性问题，或者，如果不足以推定竞争性问题，举证责任是什么；
- 并购交易是否可能在邮轮公司之间促进协同，或者产生可能具有反竞争效应的单边行为；
- 为了提高价格而通过将邮轮分流到其他航线的产量限制行为是否是有利可图的——这一分析涉及对这种要求能够"移动价格指针"的分流规模的评估、竞争者可能的反应以及从分流中获得的相对利润收益或损失；
- 该项并购是否能够提高邮轮在游客中实行价格歧视的能力（例如，针

---

① 例如，Carnival公司经营的品牌包括CCL、Holland American、Costa Cruise Lines、Cunard Line、Seabourn和Windstar，共有超过40艘船只。Princess公司运营的品牌有Princess、P&O Cruises、Swan Hellenci、Aida Cruises、Arkona和A'Rose，经营20艘游船并提供河流邮轮服务。更具体的内容参见欧盟委员会（2002, P.2）。RCC公司在两个主要品牌下运营，即Royal Caribbean International和Celebrity，并购开始时在英国共有22艘邮轮，参见英国竞争委员会（2002, P.7）。

② 参见英国竞争委员会（2002, P.16）。

案例 5： 邮轮并购案

对特定目标顾客的定价能力)。

在下一节中，作者将对以上主要问题进行概述和总结。分析中所使用的资料来源于公开的档案和文件以及反垄断机构参考每个并购方的观点所做的陈述和申明，与并购相关的主体包括 FTC、欧盟、英国、旅行社和第三方[1]。为了便于论述，其他机构、第三方或者具体事项的其他参与者将 FTC（或者由 FTC 员工在系列文件中所处理）的分析和结论当做阐述相关补充或反对观点时所使用的框架。

5.3 评估分析的基本框架——《横向并购指南》框架的应用

以下开始的邮轮并购案的反垄断分析使用的是《横向并购指南》的分析框架，这也是 FTC 所使用的对判定进行分析和阐述的主要方法。欧盟反垄断当局采用的也是相似的分析过程，不过它们强调的是市场支配理论。

评估分析首先取决于以下第一阶段问题的答案：邮轮是一个相关市场，还是一个更大的"度假"市场的一部分？如果这一问题的答案是评估并购交易的相关市场包括非邮轮度假替代选择，那么所有并购方都同意，两起交易中合并企业的股份都将足够低，不足以引起实质性关注。与之相反，如果邮轮构成相关市场[2]，那么市场份额和集中水平将提高对并购交易本身和竞争效应、进入市场的难易程度、产量扩张等的额外进行实质性分析的关注门槛。

5.3.1 产品市场界定

产品市场界定的分析构成了反垄断当局详细评估报告的很大一部分，同时也是第三方意见书的内容。关键问题是陆地休假能够在多大程度上构成邮轮的足够接近的替代品，以使得在采用"小但显著的非临时价格上升"（SSNIP）

---

[1] 第三方包括旅行社、相互竞争的邮轮和美国反垄断当局。欧盟文件提供了各方意见的参考资料和各种档案的内容摘要。还可以分别获得一些第三方文件进行参考，例如 AAI 的研究报告和论文（Grimes，2002），关于 FTC 评估分析的更为具体的资料可以从 FTC 官员和工作人员提交的论文、演讲和 PPT 演示稿中获得。参见 FTC （2002）。

[2] 邮轮市场具有一个地理维度，若按照地理维度界定将导致相关市场比所有邮轮之和所界定的市场狭窄。

方法对邮轮进行假定的垄断者测试时不会有利可图①。邮轮并购案中采用了 SSNIP 测试，得到了与邮轮案有关的申报材料中所提出的不同的弹性估计值。另外，对价格歧视问题也进行了评估和判定，例如，是否存在足够大的并且能辨别的客户群，能够成功地作为价格提升的目标。

评估分析的一个起点是对产品进行详细描述和试图销售产品的具体方法。评估分析时考虑的邮轮的显著特征包括：（1）相当一部分邮轮乘客是首次乘坐邮轮，并且很少重复乘坐，或者重复的频率很低②；（2）游船的属性，包括客舱的数量和类型（例如，内部客舱与带阳台的客舱）以及客舱类型和客舱内部设施的发展趋势；（3）品牌的重要性，以及吸引特定品牌、游船类型或地点的邮轮类型的重要性；（4）船上设施和船上游乐活动的收益状况；（5）邮轮运营时间；（6）预订和销售邮轮门票的方法。至于最后一点，FTC 注意到，评估审查中获得的数据和信息都支持这一结论，即大多数邮轮的门票是通过旅行社预定的。另外，每个反垄断机构都知道以下事实，在邮轮出发前的相当长的一段时间内，门票就已经预订（或取消），很少有顾客支付"票面"价格，临近出航日期大量空闲舱位会导致门票价格下降③。

在评估相关市场界定问题时，FTC 考虑和评估了乘坐邮轮游乐的需求弹性测试结果和 SSNIP 测试中反映顾客从邮轮转向陆地旅游度假意愿和能力的相关证据④。FTC 的经济学家（Coleman et al. 2003，P. 12）指出，这一测试包括了审查"自然市场"（"natural market"）实验的结果，在该项实验中，在一个相对较短的时间内有大量旅客载客能力加入到邮轮行业，载客能力大幅度提升并没有导致价格大幅度下降。基于保密性报告的分析，FTC 工作人员认为邮轮门票价格上涨 5% 并非有利可图，这是因为估计的需求弹性大约为 -2.0，并有可能更高，其大小取决于对利润空间的准确估计。

欧盟列举了类似的分析，并参考了 NERA 经济顾问提交给委员会的论文，文中对载客能力大量扩张期间 Princess 公司的定价行为和获利能力进行了相似

---

① SSNIP 测试记于美国司法部和联邦贸易委员会（1997 年 4 月 8 日）发布的《横向并购指南》1.0 节中；有很多文章采用了 SSNIP 测试作为界定相关市场的方法。例如，参见 Verouden（2004）和 Coleman, Meyer and Scheffman（2003）。

② "重复频率"既指游客在乘坐邮轮后再次乘坐邮轮的倾向性，也指他们再次乘坐油轮的时间安排。FTC 提供的数据显示，游客重复乘坐的频率很低，邮轮公司不得不继续吸引新顾客以填补当前和可预期未来的空余舱位。

③ 英国竞争委员会（2002，pp. 11-12）。IRN Research（2002）在审查是否及选择什么旅游度假类型时，邮轮也被当做是陆上旅游度假。

④ 为了量化分流的程度，工作人员还明显在价格上升 5% 或 10% 的要求下进行了临界损失分析。

案例 5：邮轮并购案

的评估分析。其中有一篇论文，即由盖林－卡尔弗特和奥多瓦（Guerin-Calvert and Ordover）撰写的《产能扩张评估中的利润与价格》一文是以 Carnival 公司的数据和资料为基础完成的①。欧盟文件中的这些引文和讨论提供了并购企业经济学家在进行一些分析后所得到的洞见和他们对于市场界定问题（以及并购的竞争效应）的观点②。这两个文件表明，载客能力的大幅度提升在没有导致价格和利润的明显缩减的情况下被"吸收"，意味着这一结果与存在一个更广阔的市场是一致的。欧盟委员会表达了一些担忧，即由于市场营销或邮轮溢价推广活动，可能存在未量化的市场需求变化，可能影响对结果的解释和关于市场界定的结论③。

FTC 进行或考虑了其他类型的分析。委员会在初始分析中已经假定邮轮服务全额价格上升是 SSNIP 测试的一部分。考虑到邮轮使用的收益管理系统，FTC 推测，如果假设假定的垄断者有能力使用针对特定目标顾客的收益管理进而提高平均价格，那么 SSNIP 测试的结果可能发生变化。基于这一扩展分析，FTC 认为，当整体弹性高于临界损失的估计时，"经过权衡"的证据是与这样一个市场相符的，该市场比邮轮加上陆地度假市场更为狭窄，并且该市场应该仅限于邮轮市场④。欧盟委员会对市场界定问题进行了单独评估，最终也采用了（虽然没有宣布自己满意）这一观点⑤。

最后，FTC 审查了价格歧视的可能性，包括被认为是价格敏感度较低的顾客在内的不同类型的顾客。所评估各种类型顾客包括回头客、"提前团购顾

---

① 欧盟委员会（2002）。
② FTC 的文章中提供了对经济学家们所进行的各类实证分析的详细评估。这些分析既涉及跨部门分析，也涉及时间序列分析。这些分析既包括特定邮轮上给定类型的客舱在预定周期的不同时点平均支付价格（每日津贴）的评估，也包括对于给定类型的客舱，相似邮轮的平均支付价格的评估（以同一船舶的不同班次作为近似估算）。参见 Coleman、Meyer 和 Scheffman（2003）。
③ 参见欧盟委员会（2003，pp. 14-16）。
④ 参见联邦贸易委员会（2002，Sec. A）。FTC 将高弹性和价格歧视因素纳入了其竞争效应分析。持反对意见的委员们也支持 FTC 关于市场界定的总体结论。
⑤ 英国的文件表明，在邮轮是否属于一个更广阔市场的一部分这一问题上意见不一。部分观点支持这一结论，认为根据客轮和服务的质量进行划分，邮轮可能潜在地"细分为"一个以上的市场。尽管如此，还是有观点认为，即使从以上两种维度来看这一市场都更为狭窄，其他质量邮轮（例如，更高或更低）的存在和其他可选择的度假方式的存在，都会对公司的定价行为产生一些约束。参见英国竞争委员会（2002，P. 16）。欧盟也考虑了质量细分问题并认为没有充足的证据表明独立市场的存在，尽管他们已经注意到豪华邮轮可能构成一个相关市场。欧盟也考虑并拒绝了海洋和内河邮轮同属于一个市场的观念。欧盟也排除了将陆地旅游目的地作为保证市场相容性的定价行为的充分约束因素。参见欧盟委员会判定"Case No. COMP/M. 3071"第15页。无论是与 FTC 的评估审查同时的，还是随后的很多论文都评估了市场界定问题。例如，在给 FTC 的一封信中，AAI（Grimes，2002）表达了这一观点，即检查客户档案（例如，很多游客是老顾客并且常客）、陆地旅游与邮轮度假的区别以及邮轮旅行销售方式不支持存在一个持更广阔市场的观点。

客"和特定类型的"溢价"客舱顾客。科尔曼（Coleman et al., (2003, pp. 14 - 15）的分析显示，"存在不能用顾客、交易、客船或贸易等任何特性解释的非常明显的价格变化。也就是说，邮轮行业采用的收益管理体系产生的实际价格分布不能够用顾客或交易特性进行充分解释，即市场中不存在有力的价格歧视的必要条件（尽管不是充分条件）。①"

5.3.2 地域市场界定

在不同的机构和参与方内部，地域市场的评估分析是沿着不同思路进行。FTC评估了北美顾客能够获得的替代品状况，包括了一些地区或行业的邮轮，也将阿拉斯加和加勒比地区包括在地域市场之内②。

5.3.3 市场份额与集中度

在FTC所界定的邮轮市场上，市场份额和HHI指数是以下限载客能力为基础进行计算的，发现该项并购在高度集中的市场上导致了集中度的显著上升。持反对意见的委员则强调，"如果Royal Caribbean公司成功要约收购了Princess公司，并购后的HHI指数将从一个高集中度（超过2 800）上升到超过3 700。如果Carnival成功中标收购了Princess公司，HHI指数同样会提高到接近3 800。两家并购后的实体都将控制接近一半的北美地区邮轮市场载客能力。"③

还应当注意到，除了涉及并购交易的三家公司以外，其他大的玩家是Star公司（在世界范围内大约占有11%的份额）和分散在一些其他竞争者中的大约25%的载客能力④。欧盟和英国也对相关市场上的份额进行了估算，英国关注的是"溢价市场"和范围更广的市场，认为如果考虑到其他特性，联合市

---

① 其他变量的存在逻辑上不能排除价格歧视的可能性；有一种观点认为在存在其他因素的情况下，价格歧视更难区分出来。

② 英国得到了相似的结论。他们主要关注英国顾客并认为，相关市场应包括比那些出发于英国或接近英国更广阔的一些邮轮航线；他们同时指出，很大一部分的英国邮轮经常去加勒比海巡游。欧盟关注的是利用顾客国籍界定的更狭窄的市场。他们认为，以语言或其他与特定民族相关的服务设施为基础界定一个更为狭窄的市场是有一些理论和现实依据的。参见欧盟委员会（2002, pp. 26, 41）。

③ Anthony和Thompson, FTC Dissenting Statement (2002)。"如果存在一个北美邮轮市场，Carnival和Princess合并将导致HHI指数从1 848提高到4 474"（Moss, 2002）。Grimes和Kwoka (2003) 批评FTC没有更多地依赖这一假定，即高市场份额、高集中度和集中度的显著上升将产生市场势力问题。欧盟考虑了影响市场份额测度的系列因素，表示顾客对乘坐邮轮的时间存在某种偏好。

④ Coleman、Meyer和Scheffman (2003, P. 9) 对这些竞争者的市场份额进行了测算。

场份额并不意味着需要对市场集中度大量关注。欧盟的统计显示高集中度会对市场产生一些影响。

FTC 内部持不同意见的委员表达了对高集中度水平以及并购所导致的市场集中度上升的关注。这一关注也体现在 AAI（Grimes，2002）给 FTC 的信中，在信中他们提出了一个问题：在集中度已经很高的市场中，集中度如此大幅度上升是否不应被假定为具有反竞争效应[①]。

5.3.4 竞争效应分析

市场界定和市场份额估算只是对拟进行的并购交易可能带来的竞争后果进行系统分析的第一步。在对竞争效应的分析中，FTC 既分析了"协调效应"理论，也分析了"单边效应"理论。后一理论涉及以下情形，比如说，生产差异化产品的行业内两家直接竞争对手进行并购，可以使得参与并购每家企业都可以无约束地提高自身价格而不需担心客户转移到最接近的竞争对手那里。

在单边效应的评估分析中，FTC 进行了各种实证分析，包括对并购企业将生产能力从一个地区（例如，北美地区）转移到另外一个地区相关的获利能力的分析。并购企业希望通过生产能力转移获取足够数量的需求而能够受益。分析结果显示，不存在充分可预见性使得并购企业确定足以使得单边提高价格有利可图的、两家企业之间分流的数量。

在排除了单边效应理论的可适用性后，FTC 就开始考虑定价和产量的协调效应理论。

5.3.5 协调效应—定　价

正如上文所提到的，在分析该项并购的竞争效应时，协调效应理论被认为是与这一问题更为相关的理论。在给定通票价格上升被视为非赢利的前提下，FTC 分析协调的可能性是很复杂的。相反，分析协调效应将是有选择性的。FTC 考虑了价格透明度、价格变化信息、并购企业的动机、其他企业参与协调

[①] 另外，Grimes 和 Kwoka（2003）提出了高市场份额和高集中度的推定问题。推定高市场份额的概念是在强调这一法律程序可能将举证并购不会产生竞争损害效应的责任转移给并购方时提出的，而不是要求演示作为反对并购理由的某些特定的损害效应。

定价和该产业整体价格机制的复杂性等因素①。最终，FTC 分析了以下问题：
- 价格的复杂性，包括价格可能变化的不同维度；
- 价格歧视计划的复杂性；
- 相似邮轮之间在相同时点同一航线上的价格非系统性变化的特征和程度；
- 预定时间曲线上价格非系统性变化。

最终，FTC 以这些分析为基础所得到的结论为，价格协调的可能性很低。为了支持这一结论，FTC 的经济学家们在报告中提供了表明价格非系统性变化的大量表格和图形②。

这些分析涉及几个有趣的问题：

第一，这些分析是高度数据密集型的。例如，FTC 经济学家的一项努力就是评估顾客支付给相似邮轮的每日平均价格的变化。图 5-1 就是来自 FTC 经济学家一个总结性的 PPT 文稿，突出了可比邮轮的定价差异性。图中的分析既评估了一个日常行程中给定客舱的价格预定水平，也评估了价格变动水平③。

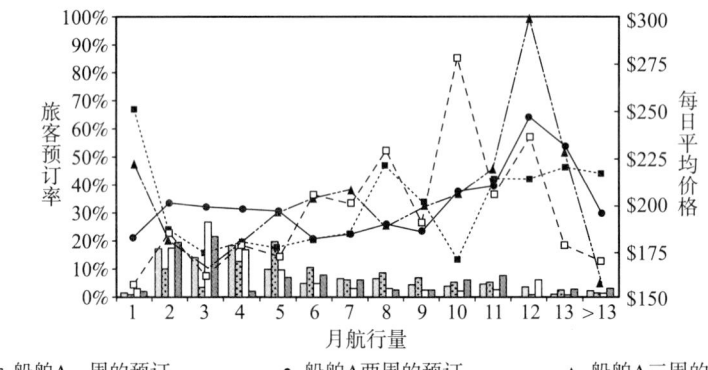

图 5-1 相似线路上连续四周的邮轮出航前数月预订的每日平均价格水平（X 类客舱）

---

① Coleman，Meyer 和 Scheffman（2003.P.21）和 Federal Trade Commission（2002）。
② 此处的实证分析均来自于 FTC 经济学家所提供的出版物；并购方的咨询经济学家开展了更广泛的分析，他们采用了相似的经济理论，但分析结论难以公开获得。
③ 这一分析采用了给定类型的客舱（例如，内部客舱或带有阳台的外部客舱），目的是能够控制由于质量差异而导致的价格差异。

案例 5：邮轮并购案

这一分析描述了邮轮出航前数月这一时间段内的价格状况。它表明价格随着时间推移的变动幅度相当大，因而可以说，邮轮公司查明"背离"（默契）协调价格行为是否发生的难度很大。

FTC 经济学家所提供另一个分析涉及所有顾客对于给定类型客舱在相似航线上每个客舱所支付的平均价格。这一分析使用了为数众多的邮轮在三年时间内的大量数据。图 5-2 提供了表示分析中所使用数据范围的一个代表性例子。图 5-2 的分析涉及三个不同年份内支付给三个航次的同一船舶的"起始"或年初价格的确定问题，也分析了所有顾客对这些航次的 1 类客舱所支付的价格。这一分析的目的是评估起始价格中是否存在共同比率的折扣，而图 5-2 表明不存在这一情况。

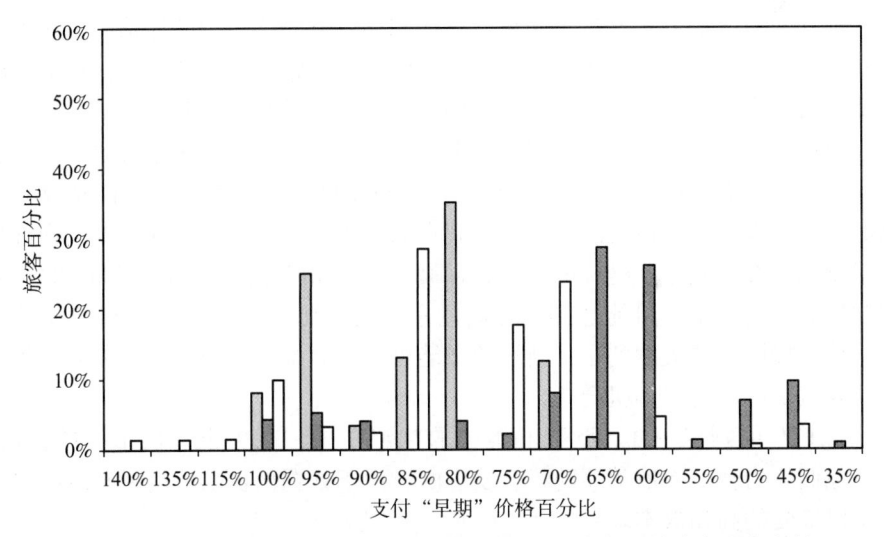

图 5-2 连续三年（1999~2001）内客轮 A 的三个相同航次中顾客支付"早期"价格百分比的分布状况（1 类舱）

第二，此项并购交易审查中还分析了竞争者是否难以将"背离"行为与竞争性反应行为区别开来。这是反垄断当局对并购进行实证分析的最新进展，也是这一方法明确提出后的最早应用之一[①]。FTC 认为，竞争者区别并确定背离行为比较困难。

---

① Athey、Bagwell 和 Sanchirico（1998）。

第三，在收益管理体系的情境下分析了竞争问题。正如航空运输业已经使用的那样，在顾客缺乏系统性目标的情况下，收益管理分析中的收益管理代表了竞争效应分析的一个有趣扩展①。

最后，分析人员在市场界定和竞争效应分析中明确使用了"临界损失"（critical loss）分析方法。这一方法关注的是某家企业有意提高价格时所必需损失的可能产量，目的是看看在产业现有需求状况下提价行为是否理性②。

5.3.6 协调效应—生　产能力

拒绝价格协调效应的观点后，FTC评估了充分降低产能（载客能力）从而提高邮轮旅行价格的可能性。这一实证分析的结果取决于有足够数量的船只分流到其他地区的假定和这一转移对整体利润率所产生影响的评估。分析的结论是，给定其他地区利润水平和扩大产能的影响的情况下，北美地区产能下降导致价格上升的程度必须足够大，否则它不会为公司整体盈利。

FTC的判定中对产能分配和分流理论的处理比较简洁，而随后的论文对这些问题进行了更为广泛和具体的分析③。它也是联邦贸易委员会内部持反对意见的委员和大部分委员之间产生对立观点的来源之一。联邦贸易委员会内部持反对意见的委员表达了这样的观点，即邮轮公司相互监督对方的定价和行为，并购后的市场集中度可能达到足够高的水平使得邮轮公司产生价格协调的动机。他们提出需要关注的是，新增的产能可能会被推迟或减少，因而能够提供协调和减少产能的更多机会。

与FTC的判定一样，欧盟和英国的判定在这一点上也提供了一些见解，包括他们认为在航次取消期间将会发生的、由于处罚而被取消的所有游船将产生难以接受的高昂成本。

5.3.7 进入与扩张/重新定位

进入和扩张的前景部分集中于邮轮公司将邮轮从一个地区分流或转移到另

---

① 参见 Borenstein and Rose（1994）。
② 有大量论文讨论临界损失分析的基本方法及其应用。这些论文包括 Harris and Simons（1989）、O'Brien and Wickelgren（2003）和 Katz and Shapiro（2004）。以上论文讨论了临界损失分析是否可能低估需要分流的销售量。
③ 参见 Coleman, Mayer, and Scheffman（2004）。

案例5：邮轮并购案

一个地区的能力，尤其是关注企业不能延期或取消已经向船厂做出坚定承诺、违约而无需缴纳大额罚金的新邮轮数量。在合同性质和公司承诺能力的大小上存在一些不同的观点。FTC认为，存在与取消合同相关的巨额罚款；并且，邮轮公司为了提高价格，将大幅度降低载客能力[①]。

5.4 结果与随后事态发展情况

三大评估审查机构得到了相同的结论：在其司法管辖和评估审查范围内批准邮轮并购交易。然而，正如上文所指出的，不同监管机构的评估结论和判定所依据的基础不一样。每个监管机构都在与确定竞争效应额外分析相关的市场界定问题上表达了整体上较为相似的观点，并认为有必要评估竞争效应。欧盟和英国将相当大的注意力放在了顾客转换和作为竞争约束的顾客对邮轮的选择上，而赋予一些实证分析较低的权重。FTC较为依赖实证分析，以证明在既定产业事实下协调效应和单边效应不可维持。

反垄断当局在特定案例中形成的分析方法和对这种分析的公开声明似乎对以后的并购案判定和分析产生了影响。例如，最近的《并购实施评论》（Commentary on Merger Enforcement）就对并购案中所使用的特定分析的一些细节进行了描述，明确了评估审查中的关键问题[②]。

正如上文所提到的，判定表明计划增加大量产能将给参与并购企业施加限制，并购不太可能导致产能下降或具有反竞争效应。虽然FTC一直没有提供详细的后续分析，对该行业的主要发展趋势的评估表明产能和定价的趋势在很大程度上与对判定后的预期一致。以下列出了分析中的一些关键要素。

由邮轮国际协会（the Cruise Line International Association，CLIA），即邮轮行业的贸易协会，所开展的统计调查显示，以所服务的乘客人数衡量，邮轮行业在并购后继续扩大。图5-3显示了1987~2006年游客人数和目的地数量的总体上升情况。图5-3表明，像加勒比和阿拉斯加这样的地区的邮轮业务在继续增长，其他目的地的情况也与此类似——虽然很难确定在没有并购发生时其业务是扩张更大还是更小。

---

① 并购案的其他方在降低产能的前景方面持一些不同的观点，虽然还不清楚他们所支持的具体观点。例如，AAI表示了对客船合同可能被取消的关注。
② Commentary on Merger Enforcement；也可参见Heyer（2005）。

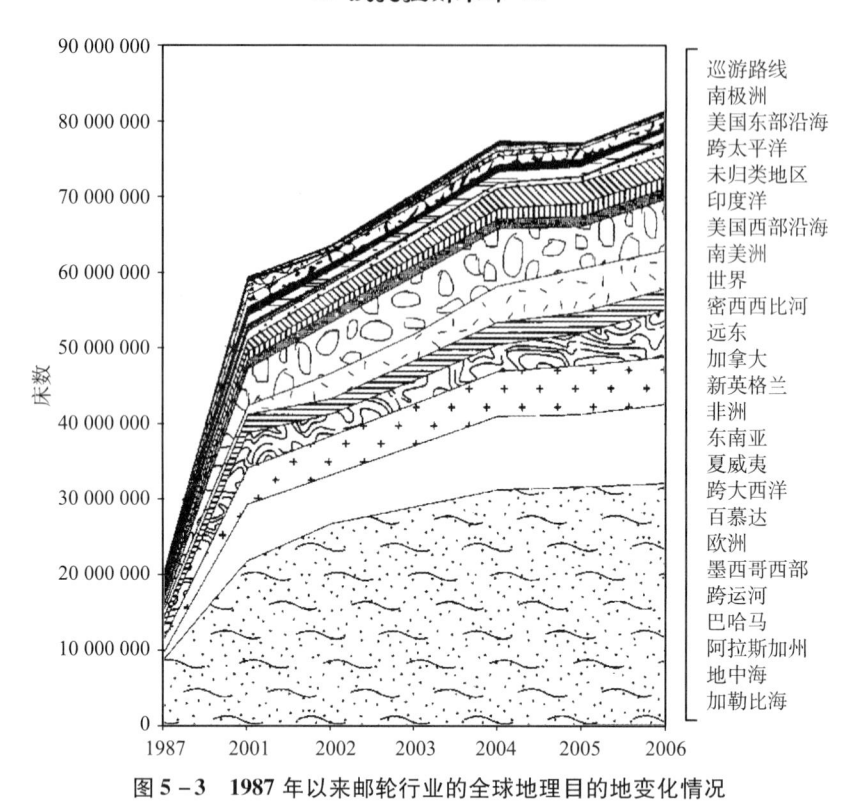

图 5-3 1987 年以来邮轮行业的全球地理目的地变化情况

邮轮乘客的增加反映了邮轮载客能力的潜在增长。2002~2003 年以后邮轮行业的载客能力出现了显著增长,如表 5-1 所示,该表显示了 2003 年以后新增的载客能力。

表 5-1 船舱卧铺数/总载客能力的增长:北美邮轮业经营情况统计

	2005 年	2004 年	2003 年	每年变化百分比(%)		
				2005 年	2004 年	2003 年
载客能力						
游船数量	192	192	184	0.0	4.3	4.5
低价舱卧铺数	245 755	240 401	215 405	2.2	11.6	9.5
承载量(百万)						
全球顾客	11.5	10.85	9.83	6.0	10.3	6.6

案例 5：邮轮并购案

续表

	2005 年	2004 年	2003 年	每年变化百分比（%）		
				2005 年	2004 年	2003 年
定居美国顾客数	9.06	8.31	7.48	9.0	11.1	7.0
美国出境顾客	8.61	8.10	7.11	6.3	13.9	9.4

资料来源："The Cruise Industry 2005 Economic Summary," CLIA, P.3. http://www.iccl.org/resources/2005_econ_summary.pdf.

虽然根据对公司 10-K 报告和贸易新闻报道（该报道显示，与 2002 年相比，2003 年价格发生了一些变化[1]）的评估，2003 年以后邮轮旅游价格已经有所上升，然而这些变化在总体上与成本的上升是一致的，尤其是与燃料相联系的那一部分成本。这些资料中没有证据表明价格发生了任何具有反竞争效应的变化[2]。

5.5 结　　论

邮轮并购案使并购评估审查中的一些因素成为大家关注的焦点。其中包括并购交易的初始竞争分析中市场界定的重要性。例如，如果市场像评审机构所认为的那样更为广泛，那么在评估审查中并购就应更早被批准。此外，并购评估审查包括了一些机构之间的数据、信息和分析内容的广泛交换。虽然评估审查持续了十个月，但是很明显的是，正如反垄断机构内部信息的收集与分析一样，反垄断当局外部的数据和信息的收集对于整体时序安排和评估也很重要。

从并购评估审查中得到的一个有趣的观点是，行业事实对于评估和判定极其重要。邮轮行业正处于起步阶段，需要添加大量游船的事实，分流或降低产能的成本高昂，不能明确实施价格歧视的市场，以非系统方式发生的价格极端变化——由许多因素驱动，包括较有弹性的需求、高额固定成本和白白浪费的

---

[1] 在 Carnival-Princess 并购被批准后很短的一段时间内，有新闻报道了竞争对手和旅行社表达了对并购企业扩大经营范围的关注。参见 Perez（2002）。
[2] 关于当时的文件，参见 Business Research & Economic Advisors（2004）和 Tsao（2003）。2003 年、2004 年和 2006 年 Carnival 邮轮公司的 10K 报告显示，在过去两年内平均票价上升了 4%～5%，这与 2002 年到 2003 年之间票价上涨 6% 有些相似。2003～2004 年价格变化幅度更大（平均票价提高了 17%），但是这体现了邮轮航线与两家合并企业的混合变化。

库存——所有因素集合起来指向同一个结论,即这项并购交易不会损害消费者利益。

对于反垄断从业者而言,回顾一下不同司法机构所进行的评估分析是有价值的。这是因为它突出了并购评估指南的一些共性,同时也反映了评估分析方法的一些差异。虽然三大反垄断结构都批准了该项并购,但是在地域市场的范围上(例如,是否以消费者或国家为基础界定相关市场)、品牌的重要性上、以产品质量为基础界定的更小范围市场上(什么能构成差异化产品之间定价的充分约束)和市场界定与竞争效应等方面还存在不同观点。

正如本章所阐述的,这些属于最终的实质性问题,并且贯穿并购案始终,在不同场合,这些问题得到了充分的辩论。某些实证分析结果的发布、详细具体的文件和实质性的评论提供了对所采用分析框架的若干洞见,这有利于形成能够应用于其他并购交易时如何进行对比分析的更好理解。

参考文献

[1] Anthony, Sheila R., and Mozelle W.. Thompson. "Dissenting Statement of Commissioners: Royal Caribbean/Princess and Carnival/Princess, File No. 021 – 0041" (2002).

[2] Athey, Susan, Kyle Bagwell, and Chris William Sanchirico. "Collusion and Price Rigidity." MIT Department of Economics Working Paper No. 98 – 23 and USC Law School Working Paper No. 98 – 15 (November 1998).

[3] Borenstein, Severin, and Nancy L. Rose. "Competition and Price Dispersion in the U.S. Airline Industry." *The Journal of Political Economy* 102 (4) (August 1994): 653 – 683.

[4] Business Research & Economic Advisors. "The Contribution of the North American Cruise Industry to the U.S. Economy in 2003." *Cruise Lines International Association* (August 2004): 11. http://www.iccl.org/resources/2003_economic_study.pdf.

[5] Clark, Donald S. Letter to Janet McDavid, "Re: Carnival Corporation's Proposed Acquisition of P&O Princess Cruises, File No. 021 – 0041" (October 4, 2002).

[6] Clark, Donald S. Letter to Richard J. Urowsky, "Re: Carnival Corporation's Proposed Acquisition of P&O Princess Cruises, and Royal Caribbean Cruises'

Proposed Dual Listed Company Combination with P&O Princess Cruises, File No. 021 - 0041" (October 4, 2002).

[7] Coleman, Mary, and David T. Scheffman. "Quantitative Analyses of Potential Competitive Effects from a Merger." *George Mason Law Review* 12 (Winter 2003): 319 - 370.

[8] Coleman, Mary T., David W. Meyer, and David T. Scheffman. "Empirical Analyses of Potential Competitive Effects of a Horizontal Merger: The FTC's Cruise Ships Mergers Investigation." *Review of Industrial Organization* (September 2003): 121 - 155.

[9] Coleman, Mary, and Joseph J. Simons. "Response to Grimes and Kwoka." *The Antitrust Source* (September 2004): 1 - 4.

[10] European Union Commission. "Case No. COMP/M. 2706! a Carnivl Corporation/P&O Princess (II): Article 8 (2)." *Office for Official Publications of the Europeans Communities L -2985 Luxemburg* (July 24, 2002).

[11] European Union Commission. "Case No. COMP/M. 3071! a Carnivl Corporation/P&O Princess (II): Article 6 (1) (b) Non - Opposition." *Office for Official Publications of the Europeans Communities L -2985 Luxemburg* (October 2, 2003).

[12] Federal Trade Commission. "Cruise Investigation: Empirical Economic & Financial Analyses." PowerPoint presentation, November 2002.

[13] Grimes, Warren. Letter to Timothy J. Muris, "Re: Proposed Combinations of Royal Caribbean Cruises Limited and P&O Princess Cruises, PLC or Carnival Cruise Lines and P&O Princess Cruises, PLC." *The American Antitrust Institute* (June 26, 2002).

[14] Grimes, Warren S.. "Reply to Coleman and Simons." *The Antitrust Source* (September 2004): 1^1.

[15] Grimes, Warren S., and John E. Kwoka. "A Study in Merger Enforcement Transparency: The FTC's Ocean Cruise Decision and the Presumption Governing High Concentration Mergers." *The Antitrust Source* (May 2003): 1 - 24.

[16] Harris, Barry C., and Joseph J. Simons. "Focusing Market Definition: How Much Substitution Is Necessary?" *Research in Law and Economics* 12

(1989): 207-226.

[17] Heyer, Kenneth. "Antitrust Modernization Commission Hearings on the Treatment of Efficiencies in Merger Enforcement." Mimeo, (November 17, 2005).

[18] IRN Research. "Investigation of Cruises in the UK Holiday Market," April 2002.

[19] Katz, Michael L., and Carl Shapiro. "Further Thoughts on Critical Loss." *The Antitrust Source* (March 2004): 1-9.

[20] Kreps, David M., and Jose A. Scheinkman. "Quantity Precommitment and Bertrand Competition Yield Cournot Outcomes." *Bell Journal of Economics* (Autumn 1983): 326-337.

[21] Moss, Diana L., "Cruise Mergers in the U.S. and Europe," *FTCWatch*, No. 593, July 22, 2002.

[22] O'Brien, Daniel P., and Abraham L. Wickelgren. "A Critical Analysis of Critical Loss Analysis." *Antitrust Law Journal* 1 (1) (2003): 161-184.

[23] Perez, Evan. "Carnival, Winning Princess Bid, Is Poised to Expand Dominance." *Wall Street Journal*, October 28, 2002, P. A3.

[24] Tsao, Amy. "Have Cruise Lines Weathered the Storm?" BusinessWeek Online, September 11, 2003: http://www.businessweek.com/bwdaily/dnflash/sep2003/nf20030911_6693_db014.htm.

[25] UK Competition Commission. "P&O Princess Cruises pic and Royal Caribbean Cruises Ltd: A Report on the Proposed Merger, Presented to Parliament by the Secretary of State for Trade and Industry by Command of Her Majesty" (June 2002).

[26] U.S. Department of Justice and Federal Trade Commission. "Horizontal Merger Guidelines" (April 8, 1997).

[27] Verouden, Vincent. "Merger Analysis and the Role of Efficiencies in the EU: Merger Enforcement Workshop." PowerPoint presentation, February 17, 2004.

案例 6

效率与高集中度：亨氏（Heinz）提议并购碧娜（Beech – Nut）案（2001）

乔纳森·B·贝克（Jonathan B. Barker）*

6.1 引 言

企业合并可能会通过使企业降低成本或开发更好的产品来为经济做出贡献。然而，最高法院过去一直对于引起市场集中度显著提高的并购交易所能引起的成本节约和其他效率是否应该考虑在内有所质疑。1967年，最高法院曾宣布：在评审企业合并时，"可能的经济效益的提高不能作为对合并不合法性进行辩护的证据。"[1] 最高法院过去也曾解释说，让法庭来评价社会或经济效益是否能使一项并购变得正当超越了通常的司法系统的能力范围，并且也与国会的意愿不相一致。[2]

1968年发布的同时期政府《合并指南》虽对效率因素稍有善意，但基本上也持相同观点：《指南》认可合并带来的经济效率可以作为该项并购的合理辩据，但只限于"特殊情形"。

有点出人意料的是，反对在分析竞争对手之间的并购（横向并购）时考虑效率的主要理由，是由理查德·波斯纳（Richard Posner）和罗伯特·博克

---

* 作者曾经作为并购公司的经济专家出庭作证。他感谢迈克尔·布莱克（Michael Black），史蒂文·R·布伦纳，克里斯托弗·卡瓦纳（Christopher Cavanagh），爱德华·亨内伯里（Edward Henneberry），理查德·希金斯（Richard Higgins），约翰·希尔克（John Hilke），戴维·格拉斯纳（David Glasner），理查德·路威克（Richard Ludwick），史蒂文·萨洛普（Steven Salop），马克·希尔德克劳特（Marc Schildkraut），和约翰·伍德伯里（John Woodberry）。

[1] Federal Trade Commission v. Procter & Gamble Co., 386 U. S. 568, 579（1967）。
[2] U. S. v. Philadelphia National Bank, 374 U. S. 321, 371（1963）。并购调查主要是根据克莱顿法的第七节来进行，但其中未明确提到效率的问题。

(Robert Bork）两位提出的，而他们是一直积极呼吁法庭在一般的反托拉斯分析中要考虑经济效率的有影响的反托拉斯评论家（见波斯纳，2001，第133～143页；博克，1978，第123～129页）。① 波斯纳和博克认为，效率辩护会因为以下几种原因使并购分析变得在法律上难以处理。首先，并购可以带来成本的节约虽然说起来容易，但很难证实或证否，特别是在大部分有关信息都掌握在作为相关利益方的并购企业手中时尤为如此。② 另外，在没有合并的情况下，在多长时间内这一效率可以通过其他对竞争伤害不那么大的方法（例如企业自身增长或管理层更换）来实现也是很难判断的。还有，法庭也可能在实际中无法衡量一项合并所带来的效率的提高和市场上少了一个竞争者的损失哪个更大。③ 因此，波斯纳和博克总结说：为了平衡对竞争者之间的合并对竞争带来伤害的担心和不要妨碍提高效率的合并所进行的考虑，一个体制上最好的办法是从总体上来把握而不是对案例逐个分析，具体来说，除非市场集中程度非常高，那么就应该让合并通过；在市场集中程度非常高的时候，不允许合并进行，也不要理睬合并方对效率提高的辩护。

虽然有这些考虑，反托拉斯法还是趋向于在具体案例中考虑效率的问题。尽管最高法院在20世纪60年代的禁止效率辩护的决定看上去还保持着形式上的控制力，但他们今天大多被理解为反映一个历史时期的情况，那时并购法的使用被认为是为了达到某些非经济的目的——例如从发端上阻止市场集中的趋势和保护小企业（同时也包括防止市场势力行使的经济方面的考虑）。随着这些考虑相对于经济方面的考虑位置逐渐退后，在大多反托拉斯领域中司法部门对效率的敌意减轻了。从1979年，最高法院在根据谢尔曼法审查竞争对手之间的协议（横向协议）这一个相关的反托拉斯领域时，认识到效率辩护的合理性。④ 像在反托拉斯的其他方面一样，这里最高法院从采用明确的判案标准退到有弹性的做法，以使法官能充分考虑有关可能对竞争有影响的各种因素，并因此保障在决定具体案例中尽量少犯错误。

---

① 包括菲利普·阿瑞达（Philip Areeda），唐纳德·特纳（Donald Turner）及威廉姆森在内的其他有影响的评论者则比较支持用效率因素来为企业并购辩护。

② 另外，平均来说，并购有可能降低企业利润（见雷文斯克拉夫特和谢勒（Ravenscraft and Scherer），1987），这与有时候我们观察到的合并双方所提到甚至其他人也期望能实现的效率的提高最终却不会发生的现象是相一致的。

③ 实际上，评论家关于权重大小并没有一致意见，特别是，不直接惠及相关产品市场的消费者的生产成本的降低应该占多大比重，因为这一问题涉及关于反托拉斯法目的的讨论。

④ *Broadcast Music, Inc. v. Columbia Broadcasting System, Inc.*, 441 U. S. 1 (1979)。

案例 6：亨氏（Heinz）提议并购碧娜（Beech-Nut）案

从上面的趋势受到启发，同时也是对金融学中所强调"企业管制市场"（合并）是一种扫除无效管理及将资产向其最有效的使用方式转移的手段的观点的认同，联邦反托拉斯实施机构已经至少从 20 年前开始在审查并购案时认真考虑效率问题。类似地，地方法院现在也不再把最高法院 20 世纪 60 年代的决定诠释为在并购分析中禁止所有效率方面的考虑。

尽管现在地方法院中流行接受以效率为理由为合并辩护，而且政府的《合并指南》在 20 世纪 90 年代作了修改后也制订了分析这种辩护的详细方法，但是，在市场集中度很高时，法庭和反托拉斯实施机构还是对接受效率辩护有所质疑。《合并指南》指出："效率的提高几乎从来不会使一项导致垄断或接近垄断的并购变得合理化。"① 而且，效率问题从来不是政府在法庭上反对横向并购失败的主要原因（贝里（Berry），1996，第 526~528 页；康拉思和威德内尔（Conrath and Widnell），1999，第 688~690 页）。② 亨氏（Heinz）对碧娜（Beech-Nut）的并购提案——美国最大的三个婴儿食品制造企业中的两个之间的合并——也许会成为第一个法庭基于效率考虑而做出的支持一个遭执法部门反对的横向并购案，地方法庭的法官同意关于这一合并的效率的辩护。但是，地方法院的这一裁决被上诉法院驳回，驳回的理由是市场在并购后的集中度将会太高。

对于亨氏（Heinz）和碧娜（Beech-Nut）之间的并购，法律控辩双方都认为，案子的关键在于到底消费者在合并完成之后会受益还是受损。③ 就像下面会看到的，亨氏（Heinz）和碧娜（Beech-Nut）声称该并购将产生各种成本节约，并导致相关市场中更大的竞争和更低的价格，相反，联邦贸易委员会则认为这项并购会减少竞争，价格会提高。因此，亨氏（Heinz）和碧娜（Beech-Nut）之间的并购提供了一个机会来考虑：（1）效率是不是一个法律

---

① 这种说法可以从决策经济学的角度来理解（Beckner and Salop，1999）。一般来说，在按照常规进行决策和保证详尽的经济分析之间取得正确的权衡是很难的。所以，法庭或其他政府部门往往倾向于依靠容易观察的信息和可以被反驳的假设来做决策。从这种视角来看，亨氏（Heinz）案中的问题在于法庭和反托拉斯机构只根据市场集中率高作裁决（捷径）是否合适，或者对本案的详尽的竞争分析是否可能做出来并且会得出不同的结论。

② 但是，效率的问题有时会使反托拉斯部门选择不干涉竞争对手之间的并购。

③ 因而，此案例可以在不涉及反托拉斯法的两个相对立的问题的情况下得出定论。第一，当并购公司参与多个市场的条件下，如果一项合并会导致一个市场上的价格上升，法庭能否以该合并可以使其他市场上的消费者从低价格中获益为理由来允许该合并。第二，对于一个导致市场价格上升的并购，法庭能否因为并购带来的成本节约大于资源配置效率的损失来允许该合并。这种情况在下面情形时可能发生：并购大幅降低固定成本（所以不太可能对相关市场上的消费者带来好处），但合并所带来的相关市场上产量的下降也不太大。

上难以操作的问题；（2）反托拉斯法有没有将竞争对手之间的合并会使社会受益的可能性适当地考虑进来。

6.2 婴儿食品产业

在 2000 年，也就是该并购案协议刚提交的时候，三个厂商占有几乎全部美国罐装婴儿食品市场。嘉宝（Gerber）是主导厂商，占有美国总销售量的 65% 以上，它是瑞士制药联合企业 Novartis 的一个子公司。亨氏（Heinz）是一个以生产番茄酱闻名的食品制造商，占有 17% 的市场份额。亨氏（Heinz）在欧洲市场上也是一个主要的婴儿食品供应商。第三家厂商是碧娜（Beech－Nut），它是投资公司密尔诺德（Milnotde）的控股公司，在美国市场占有 15% 的份额。碧娜（Beech－Nut）先前为七个不同公司所拥有，包括最近的两个大的食品企业。密尔诺德（Milnotde）在 1998 年从普日娜（Ralston Purina）收购了碧娜（Beech－Nut），而普日娜（Ralston Purina）是在不到十年前从雀巢公司购买到碧娜（Beech－Nut）的（另一个公司 Earth's Best，是一个有机食品品牌，占有一个较小且不断减少的市场份额。它在亨氏（Heinz）和碧娜（Beech－Nut）这一并购案的审查过程中几乎没有被考虑过。）

嘉宝（Gerber）和碧娜（Beech－Nut）是优质品牌，拥有吸引消费者的良好声誉。而亨氏（Heinz）是个价值品牌，在婴儿食品市场上起到类似于其他市场中的"私有品牌"的作用。亨氏（Heinz）所拥有的品牌声誉告诉消费者他们的产品是安全和健康的，但它的品牌只吸引那些主要对价格关心的消费者，他们购买其产品主要是因为较低的价格。在零售市场上，亨氏（Heinz）以嘉宝（Gerber）和碧娜（Beech－Nut）平均产品定价的 15% 的折扣来销售商品，而碧娜（Beech－Nut）的婴儿食品通常与嘉宝（Gerber）的价格相同或稍微低些。

超市一般不同时销售这三个品牌。货架空间和存储成本对以多种类的罐装销售为特征的生产线是非常高的，所以，超市在增加了第二个品牌后，为消费者提供更多产品种类的成本将会明显超过其收益。大多数超市只引进三个品牌中的两个；几乎没有超市引进所有三个品牌；有一小部分只引入一个品牌。在婴儿食品市场上不存在（超市自己生产的）私有品牌，大概也是由于类似的原因。

案例6：亨氏（Heinz）提议并购碧娜（Beech–Nut）案

主导厂商嘉宝（Gerber）的产品几乎在每个超市中都有销售。相反，亨氏（Heinz）和碧娜（Beech–Nut）则相互竞争以期成为超市货架上的第二品牌。从全国范围看，他们之间基本打成平手：亨氏（Heinz）在占全国超市销售总额40%的超市里出售其产品，而碧娜（Beech–Nut）的产品有在占全国超市销售额45%的超市里出售。但两个第二品牌都有自己占据的地理区域，在一些大都市区里，两个品牌中的一个占据大多超市而另一个几乎不占份额，而在另外的一些大都市里是另外一个品牌占据几乎所有超市。比如说，在很多中西部城市中亨氏（Heinz）是主要的第二品牌，而碧娜（Beech–Nut）在东北部和西部都市是主要的第二品牌。两个品牌的销售额都在10%以上的城市只占美国主要城市的大约1/5，主要是在东南部地区。碧娜（Beech–Nut）和亨氏（Heinz）表现出明显的不同地区优势是很正常的：大都市里零售和推广的规模经济性使得一个公司到另一家公司明显占主导的地区为少数零售商服务的成本很高。实际上，厂商一般不认为自己在其市场份额低于10%的地区是有效的市场参与者。

这种分销模式对认为亨氏（Heinz）和碧娜（Beech–Nut）的产品之间能相互替代的消费者带来了交易成本。这两个品牌几乎从不在同一个市场出售。而且，在一个碧娜（Beech–Nut）占主导的地区的碧娜（Beech–Nut）顾客通常很难在同一城市找到亨氏（Heinz）的产品，反之亦然。

随着超市之间的不断联合，亨氏（Heinz）和碧娜（Beech–Nut）两个品牌市场份额都超过10%的都市区也许在不断扩大。一些连锁店喜欢在自己的所有店里卖相同的商品，以取得存货管理的规模经济效益、增加同供货方谈判的筹码、为那些在连锁店的不同门店间购物的购物者保持一致的产品线（但也并不总是如此，一个超市也可能在不同的分店卖不同的商品以满足不同社区消费者的不同品味，像一些有种族特色的商品）。还有一些比较少见的情况是，一个把亨氏（Heinz）作为第二品牌的连锁店与一个销售碧娜（Beech–Nut）的连锁店合并，合并后的商店可能采用一种"要么全卖，要么一点都不卖"的策略来主导货架空间的竞争，导致合并后的商店只卖一种品牌而把另一个品牌从货架上撤下来。货架空间的竞争在其他非联合的情形下也有发生，比如亨氏（Heinz）或者碧娜（Beech–Nut）向一家超市给出一些优惠以取代对手占有的除嘉宝（Gerber）之外的货架空间。

碧娜（Beech–Nut）和亨氏（Heinz）在超市中相互竞争以取得第二品牌的位置，并通过向超市的支付方式来影响货物的零售价格。大多数婴儿食品制造商与超市之间订立的合约不是完全清晰写定的，合约的很多方面是非正式的。合约通常包含一个固定支付和一个与销量挂钩的变动支付两个部分，平均来讲大约各占一半。固定部分是所占货架空间的费用，不论是已有的产品还是新产品。变动的支付部分所起的作用相当于批发价格的折扣，以鼓励超市降低零售价格：更低的零售价格可以销售更多的产品，也就能得到来自生产商的更多的支付。与他们相反，嘉宝（Gerber）不对货架空间付钱，它甚至不需通过竞争来得到货架空间，因为其高市场份额和强大的品牌声誉自然将其置于一个有利的同零售商的谈判地位。

6.3　并购提议

2000 年 2 月，亨氏（Heinz）同意收购碧娜（Beech - Nut）的母公司。将要合并的公司以能为公司和消费者的利益降低成本和提高产品质量来证明其交易的合理性。亨氏（Heinz）打算在一年的转型时间后只生产碧娜（Beech - Nut）的品牌产品，其产品全部用亨氏（Heinz）的生产设备来生产，并以原来亨氏（Heinz）的价格水平销售碧娜（Beech - Nut）品质的产品，从而与消费者分享合并所带来的成本节约。这一并购将使得亨氏（Heinz）可以在占有美国食品销售额大部分的商店里出售其婴儿食品。

亨氏（Heinz）计划关闭碧娜（Beech - Nut）在纽约 Canajoharie 陈旧的高成本劳动密集生产设备。那个工厂里的生产线是在几层生产车间中垂直展开的，其生产过程自动化程度较低，需要工人频繁调整设备、测量和加入原料、在工厂内长距离地移动原料、手动设定和监控温度。合并后生产将被转到亨氏（Heinz）在匹兹堡的现代化高自动化工厂里，该工厂在 20 世纪 90 年代重建，用以生产婴儿食品和其他食品（例如私人品牌的汤）。在 Canajoharie，320 名工人一年生产 1 000 万箱婴儿食品，而在匹兹堡的工厂里，150 名工人一年能够生产 1 200 万箱婴儿食品。碧娜（Beech - Nut）已不可能在 Canajoharie 以较低的成本扩大生产。相反，亨氏（Heinz）在匹兹堡的工厂只使用了其设计生产能力的 40%，并购后碧娜（Beech - Nut）的生产量可以转移到这里，还能为未来保留 20% 的增长空间。并购后的联合婴儿食品生产还可以利用亨氏（Heinz）的六个地区性配送中心处理亨氏（Heinz）的所有食品产品，使并购的企业来分享配送过程中的范围经济和规模经济效益。据并购企业双方估计，

案例6：亨氏（Heinz）提议并购碧娜（Beech-Nut）案

这些效率上的提高将使亨氏（Heinz）生产和配送碧娜（Beech-Nut）的产品的变动成本节约15%。

6.4 联邦贸易委员会的反对

2000年7月，联邦贸易委员会决定反对亨氏（Heinz）对碧娜（Beech-Nut）的并购提案。在联邦贸易委员会内部也有不同的声音，参与调查工作的法律和经济方面的工作人员都建议联邦贸易委员会不要阻拦这一合并，而且联邦贸易委员会的5个委员中有两个也对反对并购投了反对票。联邦贸易委员会向法院提交了初步禁止令的请求，该案于2000年8月底到9月初在联邦地区法院开庭审判。

联邦贸易委员会强调了婴儿食品产业是高集中度的产业，不论在全国范围内还是在大多数都市中都是这样，而且该并购会大幅度提高产业集中度。联邦贸易委员会把相关市场定义为瓶装婴儿食品产品市场，同时还区分了全国性地域市场和具体城市地域市场。在全国范围内，该并购交易将会使市场集中度指数赫芬达尔—赫希曼指数（HHI）上升到5 285点，提高510点。在很多城市里，集中度的绝对水平和变化程度可能会更大。按照《横向合并指南》和过去案例中的标准，这些都是非常高的数字。并且，市场上主要厂商的数目在合并后将从三个变成两个。联邦贸易委员会还观察到（并购企业对此也无异议），不会有新的市场进入者来阻碍合并后的亨氏（Heinz）—碧娜（Beech-Nut）的市场势力的实施。因此，在联邦贸易委员会来看，这一合并案属于一种非常值得怀疑的类别：并购将导致由强大市场壁垒保护的双寡头垄断。

为了解释市场集中度的提高如何会伤害市场竞争，联邦贸易委员会强调，合并以后碧娜（Beech-Nut）和亨氏（Heinz）之间对货架空间的竞争将不复存在。联邦贸易委员会认为，这两家企业目前的对货架空间的竞争是相当普遍的。[1] 它认为，每个企业不断付出的抢占另一家的零售份额的努力在所有的连

---

[1] 联邦贸易委员会一个委员在解释为什么他投票赞成起诉该并购时说，他同时认为，即便是亨氏（Heinz）与Beech-Nut之间的竞争在合并前不充分的话，就像两个公司所说的那样（利里（Leary），2002，第32~33页），此合并对社会仍然是有害的。他说，如果两个公司在并购前竞争不激烈的话，这表明可能会有串谋的存在，我们不能因此允许两个公司并购从而彻底消除他们之间的竞争来奖赏这种行为。但是，在法庭上联邦贸易委员会并没有控告他们之间有串谋。

锁超市中形成对对方的持续的威胁。联邦贸易委员会的看法是，这一争夺杂货店货架上第二品牌地位的批发战斗的消失将从很多方面伤害竞争。

首先，由于该并购将会引起婴儿食品制造商在批发市场上的竞争，这将会使得他们之间的隐性合作变得更容易。亨氏（Heinz）和嘉宝（Gerber）之间的协调在今天不能实现，是因为存在着碧娜（Beech–Nut）的威胁；如果亨氏（Heinz）和嘉宝（Gerber）把批发价格提高的话，碧娜（Beech–Nut）会做出反应，向零售店提出比亨氏（Heinz）低的批发价格来占有其货架空间。类似地，因为存在来自亨氏（Heinz）的对货架空间的竞争，碧娜（Beech–Nut）也很难与嘉宝（Gerber）隐性勾结，即使是在亨氏（Heinz）不占多少份额的碧娜（Beech–Nut）的核心城市也是这样。另外，随着连锁超市之间的不断联合，亨氏（Heinz）和碧娜（Beech–Nut）分别在那些曾受到限制的城市不断地争取到货架空间；两者货架空间竞争的增加只会加强他们之间的竞争程度。

其次，合并所带来的货架空间竞争的减少，将会使合并的企业在不必与嘉宝（Gerber）合谋的情况下有单方面提高价格的动力。同时，货架空间竞争的减少将使婴儿食品总销售支出下降，从而使得零售店没有太强的财务激励把婴儿食品零售价格保持在低水平。而且，联邦贸易委员会认为，亨氏（Heinz）计划放弃亨氏（Heinz）的品牌的生产而钟情于碧娜（Beech–Nut）品牌也会减少消费者的选择范围从而使他们受到伤害。过去嘉宝（Gerber）的两个替代者——有良好声誉的价格较高的碧娜（Beech–Nut）品牌和更多在价格而不是在质量上竞争的亨氏（Heinz）品牌——在合并后将只剩下一个。还有，该并购会使碧娜（Beech–Nut）这一企业从市场上退出，而碧娜（Beech–Nut）在联邦贸易委员会看来一直是一个不断创新的企业，特别是在无添加剂产品的开发和推广上起到过推动作用。

最后，联邦贸易委员会认为，从反托拉斯角度来看，批发市场方面的货架竞争本身是值得保护的，不管它对零售价格和零售商行为的其他方面是否有影响。即使这一竞争不使消费者直接受益，它也会通过让零售商受益而间接使消费者受益。另外，联邦贸易委员会认为，为了保护政府对上游市场集中度大幅度增加（包括导致垄断的并购）的诉讼能力，人们应该假设批发市场上竞争的减少会对消费者造成损害，即使在合并交易对下游零售市场竞争的影响很难

案例6：亨氏（Heinz）提议并购碧娜（Beech－Nut）案

确定的情况下也是这样。[①]

由于并购后的市场集中度如此高，而且进入这个市场如此困难，联邦贸易委员会认为该并购对竞争构成了一个明显并且相对大的威胁。在这种情况下，除非并购所产生的效率非常之大，否则不可能消除人们对竞争方面的忧虑。但当联邦贸易委员会审查合并方关于效率提高的说法时，这些说法看起来是不充分的。特别是，联邦贸易委员会批评并购双方提供的关于效率提高的说法很难用《横向合并指南》的标准来识别：这些说法是无法证实的和被夸大的；这些效率本可以通过并购以外的操作方法（例如亨氏（Heinz）可以通过提高品牌声誉，碧娜（Beech－Nut）可以通过对其生产线作自动化改造，或者碧娜（Beech－Nut）拓展销售空间）来实现；而且这些效率的增加是以消费者选择的减少（亨氏（Heinz）牌婴儿产品的消失）为代价的。即使这些效率的提高是可以证实的，联邦贸易委员会仍然认为，效率的提高幅度也不足以弥补合并对竞争带来的可能伤害，部分原因是因为这些效率的提高没有扩展到竞争受到威胁的整个市场。

6.5 并购企业的辩解

在并购双方看来，嘉宝（Gerber）是一个在并购之前有能力实施市场势力的主导企业，而碧娜（Beech－Nut）和亨氏（Heinz）对市场竞争的影响则是有限的。因此，即使不会带来效率的提高，他们之间的合并也不会提升嘉宝（Gerber）运用市场势力的能力。另外，碧娜（Beech－Nut）和亨氏（Heinz）辩解说，通过提高生产和经营效率，他们的合并将会促进同嘉宝（Gerber）的竞争，从而导致产品价格的下降。

6.5.1 挑战嘉宝（Gerber）的主导地位

合并方对于嘉宝（Gerber）地位的看法是建立在关于市场结构、企业行为和市场绩效方面的证据之上的。从市场结构方面看，嘉宝（Gerber）控制了65%的婴儿食品市场销售的份额，而其主要竞争对手碧娜（Beech－Nut）和亨

[①] 例如，在上游产品（中间投入品）占最终产品成本很小一部分的产业部门，情况就是这样。

氏（Heinz）则缺少挑战嘉宝（Gerber）主导地位的激励，因为他们各自都受到扩展能力上的限制。碧娜（Beech-Nut）在一个陈旧的高成本的工厂里生产其产品，所以不能以比较低的成本来增加产量，它生产中的变动成本比亨氏（Heinz）高43%（比嘉宝（Gerber）也可能是高出这么多），生产和配送方面的变动成本总体上要高15%。亨氏（Heinz）不能扩展其产品的原因，是因为它是一个价值品牌，对于大量钟情于嘉宝（Gerber）和碧娜（Beech-Nut）的高品质商品的消费者来说缺乏吸引力，这一点限制了它的发展。

而且，根据并购方的说法，由于向以前从没有卖过他们产品的超市扩展十分困难，他们在扩大规模方面受到很大限制。虽然超市货架上的第二品牌的地位经常易手，但货架上亨氏（Heinz）和碧娜（Beech-Nut）之间的竞争是受限定的，占先的品牌往往占有优势。如果一个超市连锁店在一些分店卖碧娜（Beech-Nut）品牌而在另外一些分店卖亨氏（Heinz）品牌，那么，在"要么全卖，要么全不卖"的货架空间竞争中，在该超市的大多数分店中占据第二品牌地位的品牌会较容易取得胜利。类似地，企业说服非联合超市以取代其对手成为货架上的第二品牌的努力并没有在分配模式上产生大的变化，因为占先者在保持其现有货架位置上有着优势。

造成占先优势的原因有很多。首先，无论是对碧娜（Beech-Nut）还是亨氏（Heinz）来说，为了把分配渠道扩展到目前不销售他们产品的商店，他们必须从对手那里抢到婴儿食品货架上第二品牌的地位。这样做迫使他们在货架竞价上要超过对手。而且，他们还必须补偿超市重新调整货架和疏远竞争对手的长期顾客方面的成本。再者，建立和维护一个品牌的声誉需要高昂的广告和推广成本。以碧娜（Beech-Nut）为例，如果它想在一个亨氏（Heinz）有很多零售货架空间的城市扩展，而它自己的产品只在该城市的少数几家商店销售，那么，它在广告和推广方面的投资回报要比亨氏（Heinz）低。在这样的情况下，任何对整个城市范围的产品推销活动所能覆盖的顾客当中，大部分光顾的商店不买碧娜（Beech-Nut）产品。

碧娜（Beech-Nut）和亨氏（Heinz）在零售网络方面的局限降低了他们创新投资的获利能力，从而阻碍了这些企业通过引入新产品来扩展。亨氏（Heinz）对不能达到70%~80%的消费者的产品不作营销和推广方面的支持，部分原因是为了避免浪费其全国广告预算资源。另外，由于这些企业只涉足潜在市场的不到一半（亨氏（Heinz）40%，碧娜（Beech-Nut）45%），这限制了他们分摊新产品开发的固定成本的能力。嘉宝（Gerber）创新的激励也是

案例 6：亨氏（Heinz）提议并购碧娜（Beech-Nut）案

受到限制的，因为它担心新产品会与其现有的主导产品自相残杀。与这一观点一致，婴儿食品的销售总量一直没有增加；零售商经常描述这类产品是处于"睡眠状态"；大多数最新的产品引进也只是雷声大雨点小，或者有些（例如高价格的有机婴儿食品）只对小部分的购买者有吸引力。

因为亨氏（Heinz）可获得的货架很有限，它在并购前认为它所考虑引入的两种新产品是不会有利可图的。亨氏（Heinz）的"环境绿洲"计划是一个从"田野到餐桌"品质保证的运动，意图是为了说服消费者亨氏（Heinz）的婴儿食物比他们自己可以做的食物更有营养更安全。这一计划对亨氏（Heinz）在意大利的分支机构是成功的，也许因为"切尔诺贝利事件"（Chernobyl）的影响那里的人们对食物供给比较关心。亨氏（Heinz）还发现把新技术——无菌产品——引入婴儿食品生产也可能是不能盈利的，这一产品被作为一个高价格、高品质产品来推广，以区别于它的普通品牌产品。由于能使亨氏（Heinz）减少用来消毒的烹制时间，这一无菌生产方法会提高婴儿食品的口味，同时也会使亨氏（Heinz）引入一种有吸引力的新产品包装（一个可以在微波炉里使用的且可以重新密封的软包装袋）。

从企业行为和市场表现方面来看，嘉宝（Gerber）也是一个主导企业。在批发价格发生变化时嘉宝（Gerber）是价格主导者；它为整个市场定下一个伞状的价格结构。此外，嘉宝（Gerber）的价格在生产成本没有发生很大变化的一个时期中比食品总体价格上升得快，这一点也是与其具有一定的市场势力相一致的。

合并双方认为，如果没有这起合并的话，无论亨氏（Heinz）还是碧娜（Beech-Nut）都不会有很大的动力和能力来与嘉宝（Gerber）抗争。没有这一并购，婴儿食品市场仍然会糟糕地运行下去，价格将高于竞争水平，新产品的开发也会很有限。相反，如果他们之间可以合并的话，嘉宝（Gerber）的新竞争者（并购后的企业）面对的扩大规模的各种阻碍将被冲破，从而推动整个产业的竞争。合并后企业会把亨氏（Heinz）低成本的自动化生产技术和碧娜（Beech-Nut）的高品质品牌结合起来，使得合并的企业以更低的成本来生产高品质产品，并使其愿意降低高品质产品的价格。合并后的企业将在85%的零售店中拥有货架空间，这将使在所有主要城市中的广告和推广成本变得有效率，而且能使新企业引入创新（例如绿洲运动和无菌产品）变得有利可图。

合并双方认为，这场合并引起的市场集中度的增加不是重要的。它并不是

· 159 ·

由主导企业通过吞并小竞争企业以保护其地位引起的；相反，它是由两个小企业合并在一起所引起的，这一合并将在一个先前竞争受到限制的行业里创造新的竞争。

6.5.2 质疑联邦贸易委员会的理论

除了解释为什么并购会推动竞争，并购方还对联邦贸易委员会所提出的竞争影响理论提出了质疑。他们反对联邦贸易委员会声称的亨氏（Heinz）和碧娜（Beech–Nut）之间的竞争使价格在并购前保持较低水平，以及并购带来的效率对竞争的意义非常有限的论调。

6.5.2.1 单边竞争效应

首先，并购方认为并购的企业不可能单方面提高婴儿食品的零售价格。他们辩解说，人们不必担忧合并会降低追逐消费者方面的竞争，因为在并购之前亨氏（Heinz）和碧娜（Beech–Nut）之间就没有很多的零售方面竞争。毕竟这两个品牌从来没有在同一家零售店的货架上同时出现过，而且，在大多城市中也只有一个品牌出售。再有，据并购企业和一些超市声称，碧娜（Beech–Nut）和亨氏（Heinz）的定价是针对嘉宝（Gerber）的，而不是针对两者之间的。

亨氏（Heinz）和碧娜（Beech–Nut）之间缺少真正意义上的零售竞争也同样可以用系统的统计分析方法得以证实。并购企业提供了关于亨氏（Heinz）和碧娜（Beech–Nut）各占至少10%零售份额的大都市区（混合的市场）所以这两个品牌都在不同商店里占有不小的份额的情况下的交叉需求价格弹性的估计。这项研究估计，当碧娜（Beech–Nut）的价格下降5%时，亨氏（Heinz）产品的销售量会降低0.1%（交叉需求价格弹性大约为0.02），这表明消费者的反应只有很小的实际经济意义，在统计学上也是不显著的。相比之下，当嘉宝（Gerber）的价格下降5%时，亨氏（Heinz）的销售数量会减少3.1%（交叉价格弹性比0.6略高）。同样地，亨氏（Heinz）的价格下降5%会引起碧娜（Beech–Nut）销量减少0.6%（交叉弹性为0.12），这在实际意义上也是很小，尽管在统计学意义上有是显著的。嘉宝（Gerber）的价格下降5%会使碧娜（Beech–Nut）的产出有更大的减少，这里是4.0%（交叉弹性为0.8）。

案例6：亨氏（Heinz）提议并购碧娜（Beech-Nut）案

联邦贸易委员会决定不提供不同的需求弹性估计。但是，它通过超市方面这两个企业在零售方面存在竞争的证词，来反驳上述研究的结论。此外，联邦贸易委员会还指出了并购方需求弹性统计分析上的一个问题。联邦贸易委员会指出，合并方的需求分析是基于货架价格，而不是销售价格，因为它没有把碧娜（Beech-Nut）和亨氏（Heinz）发行的促销券计算在内。并购企业回应说，在取样本的时期中，并购企业促销券的绝对量是非常小的，而且，其主要的交叉价格弹性的估计结果并不会因为忽略一个促销活动的变量而产生偏差，这是因为样本时期内几乎所有亨氏（Heinz）和碧娜（Beech-Nut）发行的促销券是通过直接邮寄，以稳定和均匀的与零售价格无关的方式送到"新妈妈"手中的。[①]

两个公司出具的第二个系统的实证分析的证据也表明碧娜（Beech-Nut）和亨氏（Heinz）之间在零售环节的竞争并不强，这个分析比较了碧娜（Beech-Nut）和亨氏（Heinz）的4盎司瓶装的婴儿食品在亨氏（Heinz）或碧娜（Beech-Nut）的"中心市场"（即除了嘉宝（Gerber）外只有亨氏（Heinz）或碧娜（Beech-Nut）一家占10%以上的市场份额的城市）的价格水平和"混合市场"（三家企业的市场份额都在10%以上的地方）上的价格水平，在控制了城市间零售成本差异的条件下，分析发现上述两种市场间的儿童食品的价格差异很小，其差异也不具有统计显著性。联邦贸易委员会同样选择没有提供自己的统计分析，它只是引用了某些零售店的证词，这些证词说，当两种品牌都在同一地区出售时，他们的价格除了使嘉宝（Gerber）牌食品降价以外，也使他们之间互相降价。

合并双方也对联邦贸易委员会对货架的竞争的减少将导致儿童食品零售价提高的说法提出疑义。他们认为，为取得货架空间而进行的竞标所带来的交易费用的增加额是固定而非变动的。零售店的证人也同意经济理论预测的结果：固定费用的升高不会转嫁消费者。零售店增加的收益会以高利润的形式分配给股东。或者，如果零售业的竞争能将此部分收益耗尽的话，最终的受益者将是超市的一般的客户，而不仅仅是婴儿食品购买者，他们将受益于商店里更宽敞的过道或者是更长的营业时间。

合并公司提交的第三组证据分析与此经济分析是一致的。该分析研究了两

[①] 在线性回归中缺失的解释变量如果与包括的解释变量之间不相关，那么将不会使回归系数有偏（格林（Greene），2000，第334~337页）。

家公司对货架空间的竞争对婴儿食品零售价格的影响。销售亨氏（Heinz）产品的零售店按最近的协议达成时亨氏（Heinz）是否与碧娜（Beech-Nut）有竞争货架空间分为两类，研究结果表明，碧娜（Beech-Nut）和亨氏（Heinz）两者在批发环节是否有竞争，对货架上的两个品牌（嘉宝（Gerber）和亨氏（Heinz））中任何一个的零售价格的影响都很小，无论是从实际水平还是从统计意义上来看都是如此。作为回应，联邦贸易委员会引用了零售店的证词及两家合并公司的内部资料，这些证词和资料表明，超级市场会转而销售另一个品牌产品的威胁似乎与零售价格竞争有关。

6.5.2.2 协同竞争效应

联邦贸易委员会认为该合并将会使婴儿产品主要厂商之间的串谋变得更加容易，合并双方对这种说法提出了质疑。他们认为，由于这两家企业在发觉对方批发价格降价上存在着时滞，企业串谋的可行性是很低的。他们提到，上诉法院最近驳回了儿童食品生产者存在着明显的串谋的说法①。

更重要的，合并完成后的效率提高在合并企业对政府所谓串谋说的重要回应中占有重要地位。合并双方表示，效率提高应该作为加强竞争的证据，而不是作为合并有反竞争效果的证据。

在两公司的效率专家看来（后来地方法院的法官也认可），两公司通过工场的重新组合所带来的成本节约是"相当大的"，生产碧娜（Beech-Nut）产品线的变动成本将下降43%，总的生产及分销的成本将降低15%。合并双方声称，这些变动成本的大幅度下降会给予合并后的公司降价的强大动力。通过降价，合并后的公司可以从嘉宝（Gerber）抢占很多市场份额，这比与嘉宝（Gerber）以高价格但低市场份额来串谋要好得多。

换句话说，两公司宣称，合并所带来的变动成本的下降将会全部转移到消费者那里。亨氏（Heinz）表示，优质的碧娜（Beech-Nut）产品的价格在合并后将会定在较低的亨氏（Heinz）产品的价格水平，由此可降低大概15%，等于生产的变动成本节约。根据亨氏（Heinz），以上说法是可置信的，因为公司以前其他食品（包括猫食和番茄酱）的类似生产分销成本的节约都曾转移到消费者身上。更重要的，合并公司引用的经济学分析表明，合并前的传导率最小为50%，甚至可能像合并公司所说的那样是100%。

---

① 参见 In re Baby Food Antitrust Litigation, 166 F. 3d 112 (3d Cir 1999)。

案例6：亨氏（Heinz）提议并购碧娜（Beech-Nut）案

传导率是变动成本节约而导致的消费者价格的下降部分。例如一个企业的变动成本下降10%时，如果产品价格降5%，那么传导率为50%。即便是垄断者在变动成本下降时也有动力来降低价格：在边际成本线下移及需求线向下倾斜的条件下，两者交点时的产量更大，例如，对面对线性需求的垄断者来说，边际成本下降的传导率为50%[①]。

企业面临的需求曲线的形状是决定其传导率的重要因素，传导率的大小依赖于需求曲线的曲率（斜率或弹性的变化率）。如果企业以高于边际成本的价格出售产品，这对于差异产品的出售者很普遍，并且需求曲线的弹性随着价格下降而增加的话，那么，企业会有强烈的愿望降低其价格从而让消费者享受到成本下降的好处。在这种情况下，卖方通过降价而增加产量获利的利润，要比限制生产而保持较高的价格——成本率所获得的利润高。需求线的形状越是如此，卖方就越有动力以降价的方式将成本下降的好处给予消费者。

合并双方宣称，他们面临的需求线的曲率将会导致高的传导率。亨氏（Heinz）的经验表明，当其价格与嘉宝（Gerber）的差异越大，其降价导致的销售增长就越快。对亨氏（Heinz）和碧娜（Beech-Nut）两种产品的需求函数的计量经济学估计结果表明（估计中没有对需求函数的形状加任何限制），两个公司的需求弹性在价格稍微降低时会有很大的提高，提高幅度很大以至向亨氏（Heinz）所说的那样有100%的传导率。预期的竞争对手的反应也会影响传导率的大小，但是模拟结果表明，此影响相对于需求线的曲率对传导率的影响而言很小。因此，上面的经济分析结果表明，两个公司合并后的成本降低的传导率会很高，最低为50%，甚至可能是两公司所声称的100%。

根据合并双方的说法，亨氏（Heinz）打算合并后将儿童食品成本降低的好处全部给消费者，以更有效地参与市场竞争。合并消除了制约两家公司扩大规模的因素，它将给予亨氏（Heinz）一个名牌，使碧娜（Beech-Nut）产品可以在低成本的生产线上生产，并且使合并后的公司能获利于全国性的分销渠道，从而使新产品的开发变得有利可图。此交易的成功将创造一个独行侠，它将有能力和动力来扩大产量（贝克，2002）。对这样的公司而言，即使是在与嘉宝（Gerber）串谋可以提高价格的条件下，它也不会甘心只得到它合并前的市场份额。相反，因为有了低成本扩张和开发新产品的能力，从嘉宝（Ger-

---

[①] 一个公司的传导率可以认为是公司需求线的斜率与边际收益线斜率的比值。从直觉上讲，当边际成本下降时，企业会提高产出使边际收益下降相同的数量（布洛和弗莱德尔（Bulow and Pfleiderer），1983）。

ber）那里抢占更大的市场份额对合并后的企业来说是更佳选择。嘉宝（Gerber）和亨氏（Heinz）之间激励上的差异会降低合并后串谋的可能性。因此，嘉宝（Gerber）的内部资料认为，合并后的市场竞争会更加激烈而不是更有利于联合行动，也就不足为奇了。

如果并购可以使亨氏（Heinz）更有效地参与竞争，并且将生产及分销成本的下降全部让渡给消费者，那么儿童食品的价格将下降15%。以前碧娜（Beech–Nut）的购买者将能够以低15%的价格购买到心爱的品牌，而以前的亨氏（Heinz）购买者将以与以前同样的价格购买到价值比以前高15%的产品[1]，由于嘉宝（Gerber）的购买者可以选择价格低15%的另一个名牌产品，这也许会导致嘉宝（Gerber）也采取降价措施。因而，合并公司表示，合并所带来的效率的提高将惠及婴儿食品市场的所有消费者。

6.5.2.3 批发环节竞争的减少

最后，两公司也质疑联邦贸易委员会因为合并会降低两公司间激烈的批发环节的竞争所以应该被制止的观点，不管联邦贸易委员会是否能列举出该合并对于零售价格的负效应。合并双方认为，两家公司之间批发环节竞争的减少并不意味着对货架空间总体上竞争的减少，因为合并后更有活力的企业会加剧它与嘉宝（Gerber）关于销售货架的竞争，并且迫使嘉宝（Gerber）为得到货架而破例向零售店付费。另外，人们不能抛开合并对零售竞争的促进作用来讨论批发环节竞争的减少。两公司认为，即便批发价格会上升，但如果这是零售价格下降的必要条件的话，法庭则不应该反对批发价的升高。

6.6 法庭的判决

联邦贸易委员会不同意两公司的辩解，并在2000年7月7日投票决定向法院寻求初步禁止令来阻止合并的进行。在8月底到9月初间，联邦地方法院

---

[1] 亨氏（Heinz）这个品牌将从市场消失，联邦贸易委员会因此认为消费者由于选择的品种减少而受到损害。亨氏（Heinz）公司辩解说，亨氏（Heinz）这个牌子只是低成本的代名词而不会给消费者带来其他效用，因此，只要有其他产品如碧娜（Beech–Nut）产品以与亨氏（Heinz）产品的同样低价格销售，消费者的利益就不会受到伤害。另外，并购双方指出，并购后由于基于亨氏（Heinz）无菌生产过程的新产品线的开发也会增加产品的多样性。

案例6：亨氏（Heinz）提议并购碧娜（Beech-Nut）案

举行了为期5天的听证会。地方法院于2000年10月19日公布了它的判决。

地方法院站到了合并公司一边。[1] 地方法庭同意联邦贸易委员会关于合并所导致的高的市场集中度会造成有害竞争的假设的说法，也同意其市场进入困难的观点。但是，被告方用合并能带来效率的大幅度提高而成功地推翻了以上假设。"当合并造成的效率提高与新的产品创新平台相结合后……嘉宝（Gerber）所认为的激烈竞争……将成为现实。"[2]

地方法庭拒绝了联邦贸易委员会的竞争效应理论。法庭认为，合并后的公司不大可能单方提高零售价格，因为亨氏（Heinz）和碧娜（Beech-Nut）在合并前的竞争就不太激烈，他们之间对货架空间的竞争也没有使消费者受益。地方法庭之所以得出如此的结论，部分原因是因为它采用了两个公司提供的计量分析证据，并且拒绝了联邦贸易委员会关于数据不包括减价券所以结论不可靠的说法。[3] 地方法院也不认为合并会导致串谋可能性的增加。相反，它认为合并"实际上会促进竞争"的"可能性大于"减少婴儿食品市场的竞争的可能性。[4]

联邦贸易委员会提出了上诉。[5] 2001年4月27日，上诉法庭审理成员一致同意推翻地方法庭的裁决。[6] 上诉法庭认为，被地方法庭采纳的效率证据不足以作为该合并案不会降低竞争的辩护理由，也不能充分证明合并后市场不会产生串谋。没有了效率方面的证据，被告就无力反驳生产商数目减少和市场集中率提高将使竞争受到损害的推理。

上诉法庭指出，地方法庭对该合并所带来的效率的证据的验证方面存在三个主要问题：第一，地方法庭应当考虑到总变动成本的降低而不仅仅是生产方面变动成本的降低；第二，地方法庭应当分析合并后公司所有产出的成本降低而不是仅考虑碧娜（Beech-Nut）单一品牌的成本降低；第三，地方法庭不能令人满意地解释为什么有关的效率不能通过其他对竞争影响风险较低的途径

---

[1] *Federal Trade Commission v. H. J.* 亨氏（Heinz）Co., 116F. Supp. 2d 190 (D. D. C. 2000), rev'd 246 F. 3d 708 (D. C. Cir. 2001).
[2] 亨氏（Heinz），116 F. Supp. 2d at 199.
[3] 亨氏（Heinz），116 F. Supp. 2d at 196 n. 6.
[4] 亨氏（Heinz），116 F. Supp. 2d at 200.
[5] 曾在一本影响很大的反托拉斯书中反对以效率来为并购作辩护的Bork法官，向上诉法庭提交了一份个人意见书（amicus brief），支持碧娜（Beech-Nut）与亨氏（Heinz）的合并。他表示法庭应该允许两个较小的公司合并以形成一个有力的竞争者，与并购前占主导地位并且在无合并的情况下将继续保持主导地位的企业进行竞争。但他并未说明这种观点是否等同于要求法庭支持以效率来为并购辩护。
[6] *Federal Trade Commission v. H. J.* 亨氏（Heinz）Co., 246 F. 3d 708 (D. C. Cir. 2001).

来取得。特别地，上述法庭指出亨氏（Heinz）可以通过将购买碧娜（Beech-Nut）的资金投资于改进产品配方及建立一个新的知名品牌来提高效率。

上诉法庭驳回了地方法庭认为合并后共谋可能性不大的结论。上诉法庭认为，被告没能提供有力证据来表明，解决达成一致协议和防止成员欺骗等"卡特尔难题"在儿童食品市场上要比其他市场困难得多，所以，被告没有成功地扭转和消除这一合并会伤害竞争的假设，而政府在评审"造成双头垄断的合并"时通常都采用这一假设。[①] 另外，上诉法庭还认为，地方法庭之前认定的亨氏（Heinz）和碧娜（Beech-Nut）在零售环节无竞争及合并有利于创新的结论是错误的。

上诉法庭在这一案子上花费了大量的精力来推翻地方法庭的判决。一般情况下，上诉法庭必须接受地方法庭认定的证据，除非存在明显的错误。这种高度尊重地方法院的安排有利于限制上诉的范围，从而有利于司法资源的有效利用。[②] 但在此案中上诉法庭所做的工作，被一个评论者称为是"超常的上诉取证工作"（科拉斯基，2001，第82页）。

在指控地方法庭未考虑总变动成本的下降或者合并公司所有产出的成本节约时，上诉法庭忽略了碧娜（Beech-Nut）的总变动成本在把其部分生产转到亨氏（Heinz）那里后会下降15%的事实，也忽略了碧娜（Beech-Nut）品牌的消费者将少花15%的价钱买到同样的产品而亨氏（Heinz）的消费者以同样钱得到更好产品的事实。上诉法庭关于亨氏（Heinz）有可能自己创立一个名牌的理论（联邦贸易委员会并没有强行推销这一理论），忽略了亨氏（Heinz）在缺少全国性的分销渠道下投资新产品是无利可图的事实，亨氏（Heinz）也从来没有在这方面赚到过钱。上诉法庭关于没有一个合情合理的地方法庭法官能够证明亨氏（Heinz）和碧娜（Beech-Nut）在零售环节不存在竞争的结论，只是建立在某些证人的零散证词之上，而这些证人的证词与另外一些证人的证词是不一致的。上诉法庭的这一结论完全忽视了被告提供的并得到地方法庭认可的关于零售业竞争的系统的统计分析结果。相反，在推翻地方法庭关于该合并会促进产品创新的裁决时，上诉法庭的中心依据却是，地方法庭所用的相关证据没有统计显著性，所以只是高度的推测。

上诉法庭之所以彻底推翻地方法院的判决的原因，可能是由于它对以提高

---

① 亨氏（Heinz），246 F.3d 第380至381页。
② 作为对比，这个上诉法庭在亨氏（Heinz）案几个月后的关于微软案例中采纳了地方法庭认定的事实（见 U.S. v. Microsoft Corp., 253F3d. 34（D.C. Cir. 2001））。

案例 6：亨氏（Heinz）提议并购碧娜（Beech – Nut）案

效率的理由来为合并辩解的做法有怀疑，特别是对可以导致市场高度集中的并购。这在上诉法庭在案件审理期间发布的一项命令上就初露端倪，"尽管在原则上相信所谓效率的辩解方面还有许多需要澄清的地方，此案中的高市场集中度使是否允许并购的问题变得更加复杂。"① 这一点在上诉法庭最后发布其决定时再次予以强调："此案中市场集中度如此之高，它要求辩解方列举事实说明并购可以极大地提高效率，而被上诉人并未能提供相关证据。"② 上诉法庭在此案中非常担心高市场集中对竞争造成损害，这可能会导致一种新的法律标准，因此而提高了被告方进行辩解的门槛。上诉法庭指出，地方法庭要做出在有进入壁垒的高集中度的市场上串谋是不可能的裁决，只证明串谋的困难很大是不够的，它必须证明这些困难是儿童食品市场"特有的"，而且，这些困难必须"远远超过其他行业，以使得他们能够推翻具有进入壁垒的高度集中的市场容易导致串谋的假设"。③ 法庭看待市场进入的一贯原则是：无论市场集中度如何的高，只要市场进入相对容易，所有关于不利于竞争的效应的证据都无立足之处。④ 在这一案中，上诉法庭对高集中率市场中效率说的怀疑与对待进入的态度刚好相反。

为了支持它关于集中度和效率的观点，上诉法庭宣称，即使被告所认为的并购后亨氏（Heinz）会通过激烈竞争与嘉宝（Gerber）争夺市场份额的说法是正确的，这种动力最终会消失，两大公司会逐渐认识到隐性串谋要好于竞争。⑤ 如果上诉法庭真的接受了被告方关于并购后企业行为的观点的话，它也许可能会意识到：比起嘉宝（Gerber）在儿童食品市场上不受严重挑战而继续行使其市场势力，合并后所带来的激烈竞争加串谋可能更好一些。

6.7　前景预期

上诉法庭的判决使亨氏（Heinz）并购碧娜（Beech – Nut）的企图化为泡

---

① Federal Trade Commission v. H. J. 亨氏（Heinz）Co.，2000 Trade Cas.（CCH）P. 73，090（D. C. Cir. 2000）。发布这一命令的巡回法庭的小组中只有一位法官最终参与了对上诉案的裁决。
② 亨氏（Heinz），246 F. 3d 第 720 页。
③ 亨氏（Heinz），246 F. 3d 第 724 至 725 页。
④ U. S. v. Waste Management, Inc.，743 F. 2d 976（2d Cir. 1984）；U. S. v. Baker Hughes, Inc.，908 F. 2d 981（D. C. Cir. 1990）。相对于市场进入而言，法庭更有适当的理由怀疑以效率为依据的辩解，这是因为有关效率的证据往往是由合并双方来控制，并且有关效率的说法更加具有推测性。
⑤ 见亨氏（Heinz），246 F. 3d，第 725 页。

影。此判决并没有直接禁止这一并购；上诉法庭只是要求地方法庭签署一项初步禁止令，此案的各方仍然可以决定是否在联邦贸易委员会的行政法庭上继续对此案进行申辩。但是，就像其他的合并诉讼案一样，案子的拖延以及最终判决结果的不确定性使得继续追求并购变得不再具有任何经济意义。

从一般的合并政策角度来看，上诉法庭对这个案例的裁决并没有彻底否定用效率的提高来为合并进行辩解的合理性；建立在效率上的辩解仍可以在其他合并案中取得胜利，甚至在此案中也可能占得上风，如果它真的在行政法庭上继续进行的话。① 但是法庭对亨氏（Heinz）一案中"非同一般"的效率申辩的强硬立场，使人们疑惑到底多大的效率提高才能使得在高集中率的市场中进行并购时得到法庭的支持呢。

6.8 后　　记

本案之后，虽然三大主导品牌都有了新的所有者，但是婴儿食品产业的市场结构并未发生明显变化。有机婴儿食品变得更加流行，新品牌已经进入这一领域，但它们总市场份额仍然较小。在2001年谋求合并的两家主要品牌已经易手：2002年亨氏（Heinz）将其美国婴儿食品分公司卖给了一家大型的灌装水果和蔬菜生产商Del Monte；2006年碧娜（Beech-Nut）被卖给了Hero AG，该公司是一家生产其他婴儿食品业务的瑞士企业，业务范围主要位于西欧。2007年，Nestle也同意购买嘉宝（Gerber）。

嘉宝（Gerber）保持了行业领先地位，据报道，其市场份额大幅增长，达到约80%。嘉宝（Gerber）的情况似乎与合并企业的观点是一致的：嘉宝（Gerber）的竞争对手只能对主导企业行使市场势力的能力施加有限的影响。但是，FTC无疑会回复，嘉宝（Gerber）现在的市场地位不在讨论之列；该案中的问题是，亨氏（Heinz）与碧娜（Beech-Nut）施加给嘉宝（Gerber）的竞争虽然有限，但是是否会在并购后消失。

在合并案中，法庭对于效率的接受程度并未发生太大变化。2004年司法部审查的一项合并案中，并购企业所宣称的效率由于较为模糊和不可靠而被驳

---

① 亨氏（Heinz），246 F.3d 第725页。

案例6：亨氏（Heinz）提议并购碧娜（Beech-Nut）案

回①。同年 FTC 审查的另一起并购案中，法庭认定的效率不够大，难以仅凭效率因素做出有利于并购企业的判定②。政府在以上两起并购案中都败诉，但不是因为并购企业的效率辩护。

参考文献

[1] Baker, Jonathan B.. "Mavericks, Mergers and Exclusion: Proving Coordinated Competitive Effects under the Antitrust Laws." *New York University Law Review* 77 (April 2002): 135-203.

[2] Balto, David. "The Efficiency Defense in Merger Review: Progress or Stagnation?" *Antitrust* 16 (Fall 2001): 74-81.

[3] Beckner, C. Fredrick, and Steven C. Salop. "Decision Theory and Antitrust Rules." *Antitrust Law Journal* 67, No.1 (1999): 41-76.

[4] Berry, Mark N.. "Efficiencies and Horizontal Mergers: In Search of a Defense." *San Diego Law Review* 33 (May-June 1996): 515-554.

[5] Bulow, Jeremy I., and Paul Pfleiderer. "A Note on the Effect of Coast Changes on Price." *Journal of Political Economy* 91 (Feb. 1983): 182-185.

[6] Calvani, Terry. "Rectangles & Triangles: A Response to Mr. Lande." *Antitrust Law Journal* 58, No.2 (1989): 657-659.

[7] Conrath, Craig W., and Nicholas A. Widnell. "Efficiency Claims in Merger Analysis: Hostility or Humility?" *George Mason Law Review* 7 (Spring 1999): 685-705.

[8] Federal Trade Commission Staff. "Enhancing the Analysis of Efficiencies in Merger Evaluation." In *Anticipating the 21st Century: Competition Policy in the New High-Tech, Global Marketplace*, Vol.1, Chapter 2. Washington, D. C.: Federal Trade Commission, May 1996.

[9] Fisher, Alan A., and Robert A. Lande. "Efficiency Considerations in Merger Enforcement." *California Law Review* 71 (Dec. 1983): 1580-1696.

[10] Greene, William H.. Econometric Analysis, 4th edn. Upper Saddle River, N. J.: Prentice-Hall, 2000.

---

① *United States V. Oracle Corp.*, 331 F. Supp. 2d 1098 (N. D. Cal. 2004); 参见 Case 2 by McAfee, Sibley, and Williams.

② *FTC v. Arch Coal, Inc.*, 329 F. Supp. 2d 109 (D. D. C. 2004); 参见 Case 3 by DeGraba.

[11] Kolasky, William J.. "Lessons from Baby Food: The Role of Efficiencies in Merger Review." *Antitrust* 16 (Fall 2001): 82 – 87.

[12] Kolasky, Willam J.., and Andrew R. Dick. "The Merger Guidelines and the Integration of Efficiencies Into Antitrust Review of Horizontal Mergers." Unpublished manuscript, May 24, 2001.

[13] Leary, Thomas B.. "An Inside Look at the Heinz Case." *Antitrust* 16 (Spring 2002): 32 – 35.

[14] Marcus, David. "Two and Three, Sponsored by the FTC." *Corporate Control Alert* (Sept. 2000): 11 – 17.

[15] Muris, Timothy J.. "The Government and Merger Efficiencies: Still Hostile after All These Years." *George Mason Law Review* 7 (Spring 1999): 729 – 752.

[16] Ravenscraft, David J., and F. M. Scherer. *Mergers, Sell – offs, and Economic Efficiency*. Washington, D. C.: Brookings Institution, 1987.

[17] Williamson, Oliver E.. "Economies as an Antitrust Defense: The Welfare Trade – Offs." *American Economic Review* 58 March 1968): 18 – 36.

案例 7

价格、市场界定和合并的效果：史泰博—欧迪办公（Staples – Office Depot）合并案（1997）

塞尔达·达克尔（Serdar Dalkir）
弗雷德里克·R·沃伦—博尔顿（Frederick R. Warren – Boulton）*

7.1 引　言

1996 年 9 月 4 日，美国两家最大的办公用品连锁超市欧迪办公（Office Depot）和史泰博（Staples）宣布他们同意合并。基于这项合并很可能会危害竞争，并导致"通过超市形式出售办公消费品的市场上"的消费品价格的提高，7 个月以后，联邦贸易委员会以 4:1 的投票结果驳回这项合并申请。欧迪办公和史泰博选择挑战联邦贸易委员会的决定，并诉诸法庭。1997 年 6 月 30 日，经过 7 天的审判，美国哥伦比亚地方法院的托马斯·霍根（Thomas Hogan）法官做出判决，同意联邦贸易委员会的决定，并发出了一个初步强制令，有效地阻止了这项合并。

史泰博一案在经济理论和为审判提供证据两个方面都为反托拉斯开创了新的视角。在过去，反托拉斯执法机关主要是把合并会带来该行业企业串谋的概率的提高，作为反对一项合并的理论基础。相反，史泰博一案的关注点则集中在合并潜在的"单边效应"（unilateral effects）上，这是执法机关在联邦司法

---

* 弗雷德里克·R·沃伦—博尔顿是此案中联邦贸易委员会的专业证人。塞尔达·达克尔为经济分析和专业听证的准备工作做了大量的工作。这里一并感谢对早期评论的起草工作提供帮助的斯蒂芬·西尔伯曼（Stephen Silberman），罗伯特·莱文森（Robert Levinson），梅尔文·奥伦斯（Melvin Orlans），詹姆斯·费什莱因（James Fishlein）和丹尼尔·霍斯金（Daniel Hoskin）。

部和联邦贸易委员会自1992年对《合并指南》① 修改后的第一次政策上的变化。根据每一个公司的特点，联邦贸易委员会认为史泰博、欧迪办公和OfficeMax与其他的办公用品供应商有很大的不同，他们三家互为强劲的竞争对手。联邦贸易委员会认为，和一般的办公用品销售方式不同，"通过办公用品超市来出售办公用品"应该被界定为一个独立的市场。与传统做法不同的另一点是，为了证明这项合并有反竞争的效果，联邦贸易委员会主要依据合并对价格水平影响的直接评估上，而不像过去那样，只预测产业集中度的提高会引起明显（但无明确判定）的价格水平的上涨。除了提供一些公司内部的关于价格政策的材料，以及把当前史泰博和欧迪办公有竞争的城市的价格水平与那些不存在他们竞争的城市价格水平做简单（但是有力）的比较，联邦贸易委员会还采用了一个大规模的计量经济模型，用以预测合并对价格产生的影响。另外，联邦贸易委员会提供证据中还包括一个"事件研究"的结果，该事件研究使用股票市场上的数据来计算合并时股东的影响，以及金融市场对这一合并引起的办公用品超市上价格变动暗含的估计。

7.2 背　　景

欧迪办公和史泰博分别是美国第一大和第二大的办公用品连锁超市（office superstores，简称OSS）。史泰博在1986年倡导了这种连锁超市经营理念。1997年，史泰博在美国28个州大约经营了550个连锁店。1996年收入达40亿美元，1996年年底股票市场评估值为30亿美元。在史泰博发明这种模式的几个月后，欧迪办公也采用了这种经营模式，它在美国38个州经营500多家连锁店，1996年获得大约61亿美元的销售收入，到1996年年底拥有22亿美元的股票市场价值。超市经营理念的基本原理很简单：大经营商能够通过大量的文具商合约去直接从供应商那里购买办公用品，但小商家和个体经营者则不能获得这种相对便捷和低成本的供应源以及其他相关产品。办公用品超市经营的模式，完全是模仿一般超市经营家庭食杂用品的模式。

---

① 见美国司法部和联邦贸易委员会，《横向合并指南》，重新印刷在4 *Trade Reg. Rep.*（CCH）第13页，104（1992，1997修正版）。也可见网页 http://www.ftc.gov/bc/docs/horizmer.htm.

案例 7： 史泰博—欧迪办公（Staples – Office Depot）合并案

一般的办公用品超市都位于城市商业区，拥有大约 23 000 至 30 000 平方英尺的面积，并有 5 000 到 6 000 个销售品种，看起来像仓储库。欧迪办公和史泰博大约一半的收入来自办公用品的出售，另外的收入则来自计算机、办公设备以及相关种类产品的出售。两家办公用品超市都是通过从生产商那里大批量进货，以获得较大的折扣，这是小型或者中等规模的零售商无法获得的。这样的低成本带来几乎戏剧化的低价格：超市一般以低于厂商建议零售价 30%至 70% 的价格出售办公用品。

曾经一段时间里，有 23 家 OSS 在市场上相互竞争。但是到这一合并议案提出时，OfficeMax 是仅存的欧迪办公和史泰博的强劲的竞争对手。1994 年从 K – Mart 中分离出来的 OfficeMax 在美国 48 个州的 220 多个地区经营 575 个超市和 17 个递送中心。与欧迪办公和史泰博一样，每一个 OfficeMax 的超市都能以折扣价格提供 7 000 余项商品的详尽的选择，出售给小的和中等规模水平的商用、家用办公用品客户和个人。1997 财政年 OfficeMax 的全部收入为 32 亿美元，其中办公用品出售所得占全部收入的 40%。

OSS 经营理念的成功应用已经重新定义了美国的办公用品零售业，他们的发展使得数以千计的独立文具店倒闭，就像一般超市的发展使得数以千计的小型的"夫妻杂货商店"倒闭一样。这种办公用品超市间的竞争对抗却给消费者带来实在的福利。每一家连锁超市都大幅度削价，降低成本，在销售、分配和存储方案上开发新的方法，并迅速扩张，以低廉的价格带来消费者数量的增加和一站购物便捷性的增强。至少在最近几年里，欧迪办公已经成为最富有侵略性和价格最低的竞争者。

1996 年 9 月 4 日，史泰博和欧迪办公宣布一项协约，在这份协约下，史泰博以自身 1.14 股交换欧迪办公的每一发行股的方式来吞并欧迪办公，整个交易大约 40 亿美元。经过 7 个月的调查研究之后，联邦贸易委员会对合并正式提出反对。[①]

---

① 在联邦贸易委员会第一次投票之后，联邦贸易委员会人员与史泰博和欧迪办公经过谈判达成一个暂时的协议（待联邦贸易委员会批准）。根据协议，如果这两家公司同意把足够数量的分店卖给 OfficeMax，以保证当前只有史泰博和欧迪办公两家超市的城市中在合并后仍存在两个竞争者，那么他们将被批准合并。在 1997 年 3 月 26 日，OfficeMax 签署协议，将以 1.0875 亿美元的超低价格购买史泰博和欧迪办公的 63 家连锁店，待联邦贸易委员会最后同意。但是，在 1997 年 4 月，联邦贸易委员会投票否决了这项协议，并决定反对史泰博和欧迪办公的合并。

7.3 联邦贸易委员会的观点

联邦贸易委员会认为,这项合并会使通过办公用品超市出售办公用品市场上的竞争明显减少,该市场的价格水平会大幅度提高。为证明它的观点,联邦贸易委员会通过大量的数据和分析方法去预测合并对价格的影响。它认为,所有的证据都表明,会有大规模长时间的价格上涨,因此对消费者危害很大。

联邦贸易委员会很小心地将合并后价格和成本的改变与没有合并时的价格和成本的变化趋势进行了比较。特别是,联邦贸易委员会认识到合并后OSS市场的价格可能继续下降,但如果没有合并的话价格的下降可能会更大,因此合并仍然对竞争造成伤害。同样的,联邦贸易委员会强调,被告声称的合并后的效率上的增加,一定要是由合并本身带来的才对。

7.3.1 市场集中与合并的竞争效果

合并政策的理论基础认为,如果一项合并或并购会产生、加强或有利于企业实施其市场势力的话,这项合并就不应该进行。在这里,市场势力是指企业能够在相当长的一段时间内,把价格维持在完全竞争水平以上并可以获利的能力。《合并指南》强调了合并会导致高价格的两种途径:企业间的串谋和单边效应。

当市场上只有几家厂商占有某种产品的多数销售时,那些厂商有时就能够通过显性的或者隐性的串谋行为而实行其市场势力。这种串谋行为在同质产品市场上尤其可能发生,因为所有厂商的价格比较接近。在某些情况下,一个单独的而非垄断者的厂商通过单方或者是非协调的行为来行使市场势力,也就是说,在没有市场上其他厂商的同时间的行为或者是其他厂商协调反应的情况下行使市场势力。单方价格效应主要集中在这样的市场中:产品或者服务具有较高的差异性,而且与其他厂商的产品相比较,合并企业之间的产品具有很强的替代性。不管在哪种情况下,市场势力的行使都会导致福利从消费者到厂商的转移,以及资源分配效率的下降。

案例 7：史泰博—欧迪办公（Staples – Office Depot）合并案

7.3.2 相关市场的界定：通过办公用品超市出售的办公消费品

联邦贸易委员会认为，这项合并的相关市场是"通过办公用品超市进行的办公用品销售市场"。联邦贸易委员会通过下列几个方面的证据支持其对市场的定义：（1）OSS 提供的是一系列特殊的产品和服务；（2）OSS 各家认为彼此是最主要的竞争对手；（3）非超市经营模式的零售商对 OSS 的价格没有太大的影响力；（4）假设三家 OSS 合并的话，办公消费品市场上的价格会明显提高，而如果 OSS 和其他零售商属于同一市场的话就不会出现这样的结果。

1. OSS 提供的是一系列特殊的产品和服务。联邦贸易委员会认为，OSS 与其他非 OSS 办公用品卖主是不同的，因为他们手中持有多种消费品并拥有大量的存货。办公用品超市的这一特点为消费者提供了一站购物的机会，而这一点是办公用品的其他零售商和邮购商所不能提供的。

像超市和百货商店的顾客那样，办公用品超市的顾客通过逛一次超市就能够购买大量的不同种类的产品而受益。这里顾客购买产品的全部费用是其购买物品所支付的总金额加上非现金成本。这些非现金成本包括其逛超市以及对产品和价格信息的收集和购买所需时间的价值。鉴于每次逛超市都有固定成本，消费者更喜欢一次就购买大量的用品，尤其是那些需要经常购买的低成本消耗品。

顾客在购买大量不同用品前需要考虑下面的因素：（1）去哪家商店购买；（2）每次去购买什么用品。第一个方面的决定对分析一种特殊行业的零售商（比如办公用品超市、百货商店或者一般超市）的合并是有关的，因为这里需要为这种特殊种类零售商服务做一个市场界定；第二个方面的决定在分析这些零售商经营的某种特殊产品的生产者（比如资料装订器、女士服装或者罐装金枪鱼）之间的合并时是相关的。

OSS 为办公用品提供了大量的货架空间，并持有大量的存货以确保一站购物消费者的便捷。他们销售 7 500 种之多的一次性办公用品、计算机及其相关产品和办公家具。尽管一些非超市经营模式的零售商（如大规模商场、存货俱乐部商店、电脑商店和电子消费品市场）也出售一些 OSS 出售的产品，但他们一般储存数量很少的办公用品①，而且仅持有有限种类的一次性办公用品。

在法庭上，联邦贸易委员会和合并申请者双方都提交了证据、书面资料和宣誓书，来说明 OSS 模式经营商与非 OSS 模式经营商到底有什么程度的区别。面对大量互相冲突的证据，联邦贸易委员会强烈建议法官去走访一些办公用品零售商，去自己看一下办公用品超市与其他零售商有多大的区别。正如一位联邦贸易委员会的专业证人提出的"一次走访能够值数以千计的宣誓书"。

2. OSS 各家认为彼此是主要的竞争者。合并双方的内部资料（至少是那些日期在合并声明之前的）表明，这三家办公用品超市都曾经认为其他两家超市是自己主要的甚至全部的竞争对手。的确，史泰博对某一地方是"竞争的"或"非竞争的"市场的定义，就是只基于是否有其他 OSS 竞争者的存在，② 同时，史泰博称它自己的业务就是"办公用品连锁超市产业"。③ 欧迪办公的资料中也同样把竞争对手的界定集中在其他 OSS 经营者上。联邦贸易委员会宣称，这些证据表明，史泰博和欧迪办公都认为其他的 OSS 经营者是他们主要的竞争对手。

3. 非 OSS 模式的零售商对 OSS 的价格变动几乎没有影响。联邦贸易委员会辩称，当前的非 OSS 经营模式的零售商对 OSS 的定价几乎没有任何影响力，特别在那些存在一家以上 OSS 的地区。这意味着，非 OSS 零售商在一个地区的出现不能够阻止史泰博和欧迪办公的合并所带来的价格的提高，因此非 OSS 经营模式的零售商不应该被包括在相关市场中。

联邦贸易委员会并没有否定这样的事实，在由史泰博所界定的"非竞争市场"（也就是在那些只存在一家 OSS 的市场）上，像存货俱乐部或者电脑专卖店这样的零售商是 OSS 最强劲的竞争对手。但是联邦贸易委员会宣称，我们不能以此推断出，非 OSS 模式的零售商能够在"竞争市场"上，也就是那

---

① 据估计，由存货俱乐部商店提供的办公用品大约有 100 到 289 种。大规模商场如 K-Mart 和 Target 一般经营的办公用品不超过 570 项。即使经营相对更大范围项目办公用品的 Wal-Mart（1 067~2 400 种），看上去也不算是直接与 OSS 竞争。

② 例如，史泰博在其 1995 财政年（FY95）市场营销计划中，把竞争市场定义为有其他办公用品超市（也就是存在欧迪办公或者 OfficeMax 或者两者都存在）的市场，而把非竞争市场定义为只有非 OSS 销售商的市场。

③ 史泰博的内部资料进一步表明，它只把 OSS 商店看作自己主要的竞争者。它的 1996 年 3 月的一份讨论如果史泰博购买了 OfficeMax 以后价格上涨的可能性的备忘材料，只把欧迪办公称为其唯一的竞争对手。在一份题为"史泰博市场上竞争商店的增加"的分析材料中，只有欧迪办公和 OfficeMax 新开业的商店被列入其中，而没有任何其他的商家被列为竞争者。同样的，史泰博清楚地没有把邮递公司、独立文具商或者其他非超市形式的办公用品卖者作为自己价格变化的影响者。

案例7: 史泰博—欧迪办公 (Staples – Office Depot) 合并案

些已经存在两家或者更多家 OSS 的市场上,成为 OSS 有效的竞争者。垄断者通常会将价格维持得很高,以至于任何进一步的提高都会导致失去众多的消费者而无利可图。因此,垄断不是由其是否面对真实的竞争来辨别,而是应当根据其最强劲的竞争对手也无力去阻止其维持价格在明显高于成本的水平之上来判别。可以说,每一个垄断者最终都会通过维持自身足够高的价格来"制造"自己的"竞争者"。[①]

因此,在一个存在两家 OSS 商家的地区,每一个 OSS 都势不可当地成为另一个商家的主要竞争对象,并对对方目前持有的价格水平造成唯一的牵制。如果这样的两个商家合并,那么合并成的新商家就能够通过提高价格而获利,直到与非 OSS 模式零售商的竞争使进一步的提价变得无利可图。在价格上升到这一水平后,合并后 OSS 的垄断才会受到一些新的非 OSS 模式的"竞争者"定价的限制。简而言之,即使存货俱乐部或者 Wal–Mart 在没有其他 OSS 商场的地域市场上可能是史泰博最重要的竞争者,这些非 OSS 模式的供应商在存有另一家 OSS 商场的地域市场上,即在联邦贸易委员会认为的该项合并的相关市场上,就不是史泰博主要的竞争者。

联邦贸易委员会的计量经济学分析结果也支持了其在存在两家或三家 OSS 商家的地域市场上,非 OSS 模式竞争者不能限制 OSS 商家定价这样的结论。实际上,对从这样的市场中消除个别非 OSS 的影响的模拟表明,没有任何这样的一家非 OSS 型销售商(除了 Best Buy 以外,它曾尝试使用 OSS 经营模式未能成功,而在该项合并前夕几乎关闭),会对史泰博的价格在统计上有明显的影响。

联邦贸易委员会还提供了关于 OSS 商家和其他办公用品零售商的价格差异方面的证据。一般来讲,在同一产品市场上的竞争者通常都有很接近的价格。如果消费者能够在不同供应商之间很容易的转换,那么,为质量做调整以后的价格差额将不可能持久。[②] 联邦贸易委员会提供的证据表明,在同一地域市场上的不同办公用品超市倾向于对同一产品定价在同一个水平上,就像在一

---

① 在最高法院对 U. S. v. E. L. du Pont de Nemours & Co. ,351 U. S 377(1956)做出判决以后,这一点已经被认为是"塑料纸谬论"。在那个案件中,杜邦公司(du Pont)被政府指控为垄断塑料纸市场。法庭认为,由于塑料纸存在多种替代品,杜邦占有的强伸缩性包装材料市场的份额不足以证明其有垄断市场的势力。在这种思维方式下,法庭自然没有意识到,假如杜邦公司以竞争价格而非垄断价格出售塑料纸的话,类似定价的替代品就会从市场上消失。

② 当消费者决定在哪一家购买一类产品时,同一市场上相互竞争的商家对这类产品的价格定价通常是很接近的,尽管某些个别产品的价格可能不同。

个地域市场上不同的存货俱乐部对同一办公用品倾向于一致定价一样。但是，在同一地域市场上，OSS 商家们的价格和存货俱乐部们的价格却经常有明显的不同。①

4. 计量结果支持 OSS 作为相关市场的观点。根据《合并指南》，本案中对相关市场的争论实际上是这样一个问题：在一个城市中，所有 OSS 连锁店合并而成的企业有没有能力把一次性办公用品提价 5% 或者更高？如果答案是肯定的，那么在《合并指南》的意义上，"以办公用品超市形式出售办公用品"就是一个相关市场。

联邦贸易委员会建立了一个大规模办公用品售价的计量经济模型，以测定不同的史泰博店的价格是如何依赖下列变量而变化的：附近的欧迪办公或者 OfficeMax 的连锁店的数量，其他潜在的非超市模式竞争者的数量和公司类别，比如大众折扣店或者存货俱乐部商店，当地市场成本和需求状况的差异。联邦贸易委员会拥有合并双方超过 8 个月的周数据，这些数据覆盖 40 多个城市的 400 多家史泰博连锁店，而且数据包含大量的库存单位（stock-keeping units, SKUs）的价格和一次性办公用品的价格指数。

联邦贸易委员会的分析预计，在三家 OSS 商家同时存在的市场上，如果三家商家合并为一家的话，通过 OSS 模式销售的办公用品价格将上涨 8.49%。如果 OSS 商家受其他零售商的竞争限制的话，这种幅度的价格上涨是不可能的。这些结果证明，"通过办公用品超市形式出售的一次性办公用品"是《合并指南》标准下的相关市场。

7.3.3 合并可能带来的反竞争后果

联邦贸易委员会宣称，大量的结构性证据、公司内部文件和统计方面的数据均证明，史泰博店和欧迪办公之间的合并会使办公用品的价格上涨。首先，从结构性的证据角度来讲，假设市场上存在很多个 OSS 连锁超市的话，这两家 OSS 商家的合并不一定会带来反竞争的效果，因为合并后的商家将仍会有众多强劲的竞争者。但事实上，正如我们所知的，在美国的任何地区最多都只有三家 OSS 连锁店的竞争。因此，在所有目前史泰博和欧迪办公已经存在的

---

① 一份普天寿理财（Prudential Securities）公司的调查报告表明，在底特律的三家 OSS 商家对抽样的一组办公用品的定价几乎是一样的（价格差异仅为 0.4% 到 2%）。相反，这些产品在 Best Buy 却有高出 18% 到 19% 的价格（见 Prudential Securities，1995，第 64 页和第 67 页）。

案例 7: 史泰博—欧迪办公 (Staples – Office Depot) 合并案

地方,随着 OSS 竞争者的数量从三个降到两个或者从两个降到一个,OSS 市场的集中度都会明显增强。第二,公司的内部资料显示,欧迪办公是史泰博主要的提高价格的限制者①。并且,要不是两家合并的话,史泰博曾计划在今后的几年里进行大幅度的削价,以此应对欧迪办公带来的目前和将来的竞争压力。现在的合并计划会消除这一降价压力。② 最后,对这种合并交易的可能效果的统计分析显示,如果没有效率方面提高的话,合并将会引起大幅度的价格上涨。另外,股票市场的数据显示,投资者已经认为,即使是合并会带来经济效率的提高,办公用品的价格在这项合并后也会明显上升。

7.3.3.1 结构性证据:市场集中度的提高和市场势力

如果这项合并被批准的话,市场结构将发生如下变化:在现在有三家 OSS 商家竞争的地区,商家数目从三家减少到两家,在现在只有史泰博和欧迪办公竞争的地区,合并会带来垄断,至少在 OfficeMax 进入这些地区之前是这样(如果它进入的话)。

表 7-1 展示了史泰博的管理层对"只有史泰博一家"、"有 Staples 和 Office Depot 两家""有 Staples 和 OfficeMax 两家",以及"有 Staples、Office Depot 和 OfficeMax 三家"的不同地区市场上的 1995 年商店数目分布的描述,以及 2000 年商店数目分布的预测。我们可以看到,在没有合并的情况下,史泰博的管理层预期到它与欧迪办公和 OfficeMax 的竞争将明显加强,正如其预测的那样,到 2000 年,在存有三家连锁店的地区,史泰博商店数目占该地区市场商店总数的比例将从 1995 年的 17% 上升到 69%。

表 7-1 Staples 分店在只有 Staples 一家、两家 OSS,以及三家 OSS 市场上的分布

单位:%

年份	仅 Staples 一家	Staples & Office Depot 两家	Staples & OfficeMax 两家	所有三家	合计
1995	17%	29%	37%	17%	100%
2000	12%	7%	12%	69%	100%

资料来源:原告记录 15,第 32 页。

---

① 史泰博的执行总裁汤姆·斯坦伯格 (Tom Stemberg) 在法庭上证明这一点时说道:"欧迪办公是我们强劲的竞争者"和"我们最大的竞争者"。斯坦伯格描述说,在对我们的价格压力上,这个"最强劲"和"最大"的竞争者比第三大办公用品连锁超市 OfficeMax 来的更大。

② 事实上,考虑到两家要合并,史泰博取消了原来的非纸张类办公用品 3% 的减价计划。

由此可以看出，史泰博与欧迪办公的合并最终将使得多数地域市场上竞争者从三家减少到两家，以及差不多所有剩余的地域市场上竞争者从两家减少到一家（即使不合并，到2000年一小部分市场也会只剩下一家OSS商家。）

7.3.3.2 基于价格可能增长的经验性证据

在史泰博案以前几乎所有的合并案中，美国司法部或者联邦贸易委员会都主要是（如果不是全部的）依据上面展示的间接结构性证据来推断合并会带来价格的大幅度上升。但是，从在法庭上列举的不同渠道搜集来的大量有力的、不相互矛盾的和直接的证据，来证明合并的结果是价格可能会上涨这方面来说，史泰博一案是独一无二的。下面列举了这些证据的五种不同来源。

史泰博管理层的预测：史泰博的内部文件表明，史泰博的管理者预期，如果没有合并的话，市场上更广泛的竞争将迫使他们降低价格和/或者提高质量。联邦贸易委员会的部分证据之一，史泰博1996年的《公司战略修正》预测，到2000年，在市场中有三家OSS竞争的地区市场数目比重将会增加到接近70%。它进一步预测，这会加大史泰博的价格压力，并导致由服务质量提高和销售费用增加带来的运营成本的提高。

史泰博还预测，假设没有合并的话，到2000年，市场竞争压力的增加会使其零售利润率（所有销售总类的平均值（包括非一次性办公用品和那些需要面对欧迪办公竞争的市场））下降150个基本点（bps），或者1.5个百分点（见上面所引资料第66页）。在这一下降幅度中，有60个基本点的下降发生在只有史泰博和欧迪办公两家商家的市场上，并反映出史泰博要取消与欧迪办公在非纸类办公用品上价格差异的目标。

地方市场价格的直接比较：来自公司实际业务经营过程中的统计数据表明，平均来讲，当史泰博和欧迪办公在同一地区竞争的时候，其价格水平要比他们不处于同一地域的市场上低很多。① 如表2-2所示，由史泰博和欧迪办公共同控制的市场上，史泰博的办公用品价格比由史泰博自己控制的市场上的价格低11.6%。在存在三家OSS的市场上，史泰博的办公用品价格比有Sta-

---

① 在法庭上，联邦贸易委员会提供了一个关于这种价格差别的特别惊人的例子：史泰博有一些全页彩色打印的广告在佛罗里达州的两个城市奥兰多（Orlando）和Leesburg同一天出现，两个城市中的广告除价格外的其他内容均一致的，仅仅Leesburg（市场上只有欧迪办公一家竞争对手）的价格比Orlando（市场上存在三家OSS）的价格高出30%到114%。这一简单的证据，为OSS是相关市场以及合并对价格可能的影响提供了最清晰的证明。见记录的复印件，http://dalker.tripod.com/depotad/index.html。

案例 7：史泰博—欧迪办公（Staples – Office Depot）合并案

ples 和 OfficeMax 两家竞争的市场上的价格低 4.9%。史泰博和欧迪办公之间的竞争对欧迪办公的价格也有明显的限制效果。这些数据能够被用来推断合并之后可能的价格上涨（基于将史泰博的价格模式作为主导的假设基础之上）：在合并前史泰博－欧迪办公双寡头垄断的市场上价格将上升 11.6%（在双寡头垄断市场上史泰博分店数占其分店总数的 29%），在合并前存在三家 OSS 的市场上价格将上升 4.9%（在这种市场上，史泰博分店数占其分店总数的 17%）。

表 7–2　不同市场结构下办公用品超市产品的平均价格差异

基准 OSS 市场结构	相比较的 OSS 市场结构	价格下降幅度
Staples only	Staples + Office Depot	11.6%
Staples + OfficeMax	Staples + OfficeMax + Office Depot	4.9%
Office Depot only	Office Depot + Staples	8.6%
Office Depot + OfficeMax	Office Depot + OfficeMax + Staples	2.5%

基于计量经济分析的评估：联邦贸易委员会使用连锁店分店的价格数据演示一种计量分析，并以此来评估市场价格是如何随商家数量和商家名称的变化而变化的。[1] 从本质上讲，这种计量分析是对上面讨论到的各种数据的一个更加正规和全面的分析。利用这些评估，联邦贸易委员会计算了这项合并对办公用品价格总水平所带来的效果：在有两家或三家商家的地区市场上，合并双方都有分店，那么价格将平均提高 7.3%。

普天寿公司的研究评估：普天寿公司（1996）的一项价格调查，对新泽西的 Totowa 城和附近的 Paramus 城（驾车 25 分钟的距离）的办公用品超市出售的办公用品的价格做了比较。前者市场上拥有三家 OSS 竞争企业，后者只有两家竞争企业（Staples 和 OfficeMax）。这份调查表明，产品价格，尤其是办

---

[1] 这一统计分析是根据大量连锁店分店价格的样本数据进行的，这些样本数据是从美国 428 个史泰博连锁店抽取的，时间跨度从 1995 年 2 月到 1996 年 12 月共 23 个月。这一模型从统计角度检验了史泰博的价格水平是如何依赖于 OSS 市场的竞争程度、非 OSS 模式商家的存在（诸如 Wal－Mart，K－Mart，Target 和 Best Buy），以及潜在的地理位置成本和人口变量的影响。见贝克（1999）、阿申菲尔特等（Ashenfelter et al.，2002）和阿申菲尔特等（2006）关于计量研究的进一步讨论，这些研究用来检验合并企业之间的地区化竞争程度。对美国联邦委员会直通估算的评论见沃登（Werden）、弗罗比（Froeb）和查恩兹（Tschantz）（2005）。

公室家具的价格在三方竞争市场上比在两方竞争市场上低。具体来说，调查发现，史泰博的一组一般性办公用品的价格水平在三方竞争的 Totowa 比在两方竞争的 Paramus 市场上低 5.8%。调查中使用的这一组办公用品，包括这些 OSS 商家经常降价的办公室家具。

基于股票市场上事件—概率研究的评估：金融市场上的投资者用他们手里的美元（或者赌注）对一项合并是带来价格的上升还是下降进行投票。一项能够带来价格上升的合并将使合并双方及他们的竞争对手都受益，并因此使他们的股票升值。相反地，如果投资界认为一项合并所带来的经济效率的提高能够将市场价格拉下来，在这种情形下，合并企业的竞争对手的股价就会随合并可能性的增加而下降。因此，当一项合并的双方声称他们的合并会带来规模效益的提高时，人们可以用股票市场上的证据来预测合并对市场价格的影响。

本案例的作者分析了史泰博和欧迪办公之间的合并对股票价格产生的影响，并得出结论，合并完成后，OfficeMax 的股票将升值 12%（或者说 2 亿美元），但是对其他办公用品零售商的股票价格的影响却是很小或者几乎没有，见沃伦—博尔顿和达克尔（Warren - Boulton and Dalkir, 2001）。这些结果证明这项合并会带来反竞争的效果，同时他们也证明 OSS 构成了一个相关市场。①

7.3.4　市场进入

7.3.4.1　其他潜在进入的 OSS 商家不能限制在位者的行为

联邦贸易委员会认为，一个新 OSS 商家潜在进入的威胁并不会阻止合并所导致的价格上升，直到这一进入真实的发生。一个潜在进入者对其进入市场后获利能力的评定是基于它所预期的进入以后的价格，而不是进入以前的价格。因此，只要在位者能针对新的进入迅速地调整自己的价格，那么进入以前的市场价格与是否进入的决策是无关的。同时，既然在位者不能通过维持低于进入前利润最大化的价格水平来阻止新竞争者的进入，那么最好的价格策略就

---

① 见波斯纳（Posner, 2001, 第 135~136 页），一个用事件研究来间接证明合并案例有效性存在的讨论。

案例7：史泰博—欧迪办公（Staples – Office Depot）合并案

是"有钱赶快赚"（make hay while the sun shines）。换句话说，以低于成本的价格来试图阻止新进入的"投资"，对在位者来说并不是可获利的策略。

但是在某些情况下，潜在的竞争能够影响在位者的市场价格。通常这需要两个条件：较低的进入沉没成本和在位者不能对进入做出迅速的价格调整。① 但是，这些情况在当前的 OSS 产业中并不存在。相反，进入一个地区市场的成本中的一大部分是沉默成本，而且在位者能够很快地对进入做出价格方面的调整。因此，超市中办公用品的价格就不可能被潜在进入所影响。

这一结论被公司内部文件中的证据所支持（例如，史泰博的首席执行官托马斯·斯坦伯格（Thomas Stemberg）提到，当预期对手进入市场参与竞争时，史泰博没有对价格进行调整）。这些资料还表明，当史泰博考虑进入一个地区的市场时，它并不看当地的市场价格，而是看竞争对手的数量。

7.3.4.2 明显的进入壁垒

一家办公用品超市的分店能够获得一个店面水平的规模经济和范围经济，一系列的连锁超市也能够获得多家店面经营的经济优势。后者的经济优势因不同的机制出现不同的水平。例如，广告的规模经济明显地发生在局部或者整个地区范围内。因此，史泰博进入一个大的市区市场的战略就是这样构成的，首先在其外围建立大量的连锁店并在当地郊区的报纸上做广告，到它在这一市区市场的分店数目达到一个决定性的数量时，它改为在该大城市的新闻报纸或者电视经济栏目上做广告。对主要的市场，这意味着一个当地市场上的临界的、最小的运营效率规模（即分店的最小数量），同时，通过多店经营的规模经济，最后扩展到整个地区。斯坦伯格曾这样描述进入的这种规模经济效果（1996，第59页）：

"通过在像纽约和波士顿这样的大城市建立庞大的分店网络，我们得以把竞争者长时期地拒于这些市场之外。欧迪办公直到1995年才进入纽约市区，而且只是小打小闹。他们在波士顿、费城或两者之间任何地方也均不成气候。我们之所以如此成功的一个主要原因，是我们有非常好、非常好地分店网络，并且，当竞争者在做广告方面不能建立规模经济的时候，他们很难直接从我们这里抢走顾客。"

---

① 如果进入的沉没成本低（或者企业在进入前能够获得与客户的长期合约）并且在位者不能对进入做出迅速的价格调整，那么，那么在位者可能不希望鼓励进入，否则如果进入者保持较高的进入前的市场价格进入，在位者就有损失较大市场份额的风险。

斯坦伯格关于史泰博阻止其他厂商进入其总部地区市场的战略的描述是类似的："史泰博正努力在东北地区建立最大临界数量的分店，以此排除竞争者，并降低在当地高成本媒体做广告的成本"（第61页）。

可能由于更好地使用网络电视做广告的能力，广告的规模经济效益也可以扩展到全国范围。这一规模经济性给了史泰博更强的激励去进入那些欧迪办公和OfficeMax已经占领的市场，因为这样会降低史泰博每美元销售收益的广告成本，这是通过将成本分摊在增加的连锁店的数量和销售上实现的。

现有的三家OSS连锁店在评估新市场的前景时，都是根据这些市场中已经存在的OSS企业的数目和新增的地区性需求来进行的。那些有很小或者根本没有空间来增加连锁店的市场被称为"饱和市场"。① 由于进入大城市的市场时一般都需要兴建多家分店，进入已经饱和或者接近饱和的市场都是很困难的。在其一份文件中，欧迪办公列出了美国的每一个市场（欧迪办公所定义的），并给出了各个市场上已经有的Office Depot、Staples以及OfficeMax的连锁店的总数，同时也评估了每一个地区能够支持的OSS的全部数量。Office Depot的评估意味着，在当今美国的主要市场上，并没有足够的需求允许新的办公用品提供商以竞争性规模经济进入市场。简而言之，通过在新的市场上建立大量的连锁店又不会产生超市容量或者位置上的过剩的时代已经过去了。因此，当前试图进入市场的厂商所面对的，已经不是三个在位者以前所面对的可以获利的情况了。

7.3.5 合并所带来的经济效率的增加不足以抵消价格的上涨

联邦贸易委员会认为，合并双方对经济效率提高的说法，由于下面几个原因而被夸大了。首先，只有合并本身所带来的效率提高才算数，也就是说，那些在没有合并情况下也有可能实现的效率提高与本合并案的分析无关。在本案中，合并双方预期的效率提高是合并企业规模扩大的结果，这就提出了下面一些问题：（1）就现在的合并双方独立成长的速度，在短期内，很多与规模相关的效率能够通过内部成长来实现。（2）通过采购带来的规模经济的实现，并不需要合并带来的零售运营的扩张，采购成本的减少可以通过邮购或者签约

---

① 这些商家把一个地区能够在给定的市场条件下可以支撑的最大的分店数目定义为"潜在分店数"，并把现有所有OSS分店数与"潜在分店数"的比例定义为"市场饱和度"。

案例7：史泰博—欧迪办公（Staples – Office Depot）合并案

文具店的运营而扩大销售量的方式实现，而且在宣布合并之前史泰博和欧迪办公已经扩大了这种经营模式。因此，即使合并双方提供了过去的扩张有降低采购成本效果的证据，也不能确立这种效率的提高是由合并本身带来的。（3）规模经济很少能够无限地持续下去。因此，对本案中的采购成本来讲，史泰博和欧迪办公现有的规模已经足够促使他们获得供货商所能够提供的最大的价格折扣。

联邦贸易委员会怀疑该合并可提高效率的第二个理由，是合并双方缺乏可信的证据支持自己的说法。具体来说，合并双方向联邦贸易委员会提交的对合并效率提高的估计大大高于不久前史泰博董事会第一次批准两家公司合并时所做的估算。由于不清楚在那段时间内合并双方能够获得什么样新的信息和见解，联邦贸易委员会更倾向于相信第一次提交给史泰博董事会的关于节约成本的评估。

根据《合并指南》的精神，一项企业合并对经营效率的提高，只有在合并能够给消费者带来价格下降时才是相关的。这种由追求利润最大化的企业转给消费者的价格下降的幅度取决于多种因素：合并后成本的下降多大程度上是可变成本（而不是固定成本）的减少、该行业的竞争程度和该市场中成本下降的企业所占份额。本案中，被提议的合并实际会削弱市场竞争。同时，任何成本的节约都只限于合并的两家企业内部。因此，根据合并前两个公司自己的历史数据所作的成本下降给消费者带来的价格上的好处的估算，将会夸大这项合并本身对消费者所能带来的好处。

特别地，联邦贸易委员会自己的分析表明，这项合并所带来的真实效率的提高，只相当于两家公司销售量的1.4%，而这些成本节约中只有1/7才最终被传递到消费者手中。因此，这项合并对市场价格的影响是巨大的：由联邦贸易委员会的价格计量经济模型预测的7.3%的价格上升，减去0.2%（=1.4%×1/7）的效率传递，最终价格的净增长是7.1%。

7.4 原告的论据

史泰博和欧迪办公争辩，他们之间的合并不会有反竞争的后果。他们的辩护围绕着两个基本的论点：（1）联邦贸易委员会关于产品相关市场的界定是错误的；（2）不管市场如何界定，合并所带来的效率、OSS零售商进入的容易程度以及被告过去并购其他 OSS 厂商保持低价格的记录，都表明这次合并不会导致价格的提高。① 如果这两个论点中的任何一个被接受，都能够推翻联邦贸易委员会关于合并会导致相关的反托拉斯市场上竞争大幅度减少的论断。

7.4.1　市场界定

辩护方极力反驳了联邦贸易委员会以 OSS 商家作为反托拉斯的相关市场的论断。史泰博和欧迪办公争辩，联邦贸易委员会关于相关市场的界定是完全基于卖者公司本身，而非出售的产品或服务的特征。被告宣称，OSS 商家只是整个办公用品零售市场的一部分，他们在这一市场上只占有很小的份额。一家 OSS 商家的价格并不是受限制于其他 OSS 商家，而是受限制于所有的办公用品零售商。

辩护方争辩认为，产品零售市场的界定是根据所出售的产品的性质。因为由 OSS 出售的办公用品和由其他零售商出售的办公用品没有区别，两种类型的零售商应该属于同一个市场。OSS 连锁店使用不同的零售方式，只不过说明他们已经找到了一种与其他零售商竞争的特殊方法，而不是意味着与其他的零售商在不同的市场上。因此，辩护方拒绝了那种认为连锁超市提供了不同的产品和服务的组合，并以此能够形成垄断而提升 OSS 产品价格的论断。

辩护方也驳回了联邦贸易委员会关于史泰博和欧迪办公自身的内部文件是以 OSS 商家作为"竞争"和"市场"的界定的说法。他们引证了一种以前的法庭观点，认为"市场"这个词对于一个反托拉斯部门和对一个公司来讲，不一定有同样的含义。他们对联邦贸易委员会选择性地使用 Staples 和 Office Depot 的内部文件作为证据提出质疑，他们宣称文件的其他部分使用的"市场"一词也包括非 OSS 商家。辩护方并提交了有关记录证明，与经常核实其他 OSS 商家的价格一样，他们也经常各自核实跟踪非 OSS 商家，比如 Wal-Mart、Viking、Best Buy 以及 Comp USA 价格。被告认为，这些资料证明，在非 OSS 和 OSS 商家之间存在着激烈的竞争。作为另一例证，辩护方提交了一份研究报告，此报告表明，一家新的电脑超市的开业，新的 Wal-Mart 店开业，新的 Warehouse club 开业，新的 Best Buy 开业，将会分别使史泰博销售量

---

① 辩护列举了以前的两次并购，来作为合并后两家公司对其产品低定价的记录。辩护方宣称，欧迪办公在得克萨斯州达拉斯市并购 Office Club，Staples 在洛杉矶并购 HQ Office Supplies Warehouse 以后，在每一个地区办公用品的价格均已经下降。

案例7：史泰博——欧迪办公（Staples – Office Depot）合并案

降低1.4%、2.4%、3.7%和7.2%。

7.4.2 效率的提高和净价格效果

辩护方称，OSS商家是以通过大销售量提供低价格这样的原理建立的。因此，辩护方强调，这项合并将增加他们的采购量，这样他们就能够进一步降低办公用品进货价格。他们还宣称，合并将会降低行政、销售、广告以及分配成本。在辩护方关于合并实体会将成本节约的2/3传递给消费者的假设之下，史泰博和欧迪办公在合并之后能够明显地削低价格。

联邦贸易委员会认为被告宣称的效率的提高不进行合并也能够获得，对此被告表示质疑。而且，他们断言，即使这些效率能通过内部扩张获得，合并能够使这些效率的获得更加迅速。

被告提交了一份计量经济研究报告。该报告表明，欧迪办公对史泰博的价格有一个相对小的影响，他们二者之间的合并将使史泰博和欧迪办公当前共存市场上史泰博的一次性办公用品价格只提高2.4%（低于联邦贸易委员会7.3%的预期），史泰博所有办公用品价格平均提高1.3%，所有史泰博店的所有产品价格提高0.8%。被告还宣称，基于他们关于成本节约以及能够传递给消费者部分节约的预测（0.67对联邦贸易委员会预测的0.17，规模效率的提高本身将使所有史泰博店的所有产品平均价格下降3%。因此，合并的净效率将是史泰博的消费者支付的平均价格下降2.2%（0.8% – 3.0% = –2.2%）。[1]

7.4.3 无进入壁垒和自由扩张

被告声称，办公用品销售行业的市场进入很容易。商店可以在几个月内建成，而且沉没成本很低，因为产品不会腐坏而且没有流行狂热。[2] 另外，Office Max已经增加了它在1997年要新开连锁店的数量，这证明现存的竞争者能够轻松扩张。最后，进入和扩张都不必然需要承担新开连锁店的成本：当前

---

[1] 见霍斯曼（Hausman）和伦纳德（Leonard）（1997）；沃登（Werden）、弗罗比（Froeb）和查恩兹（Tschantz）（2005）。
[2] 被告提供了U. S. Office Product Co. 和Corporate Express两个例子，来证明市场进入是容易的。Office Product在1994年建成。这两家公司都通过收购当地小的经销商而迅速扩张，他们的销售量也在几年内迅速增加。

的多种产品的零售商可以通过增加他们分配给各种办公用品的货架空间，进入或者扩展办公用品销售业务。①

7.4.4 公共和私人效益

辩护方认为，阻止合并会使消费者和股东双方都受到损失。消费者的损失主要在于所宣称的合并将带来效率的提高和上面讨论的低价格；另外，合并后的公司能够比两家公司独立状况下扩张得更快，可以为整个美国经济和消费者创造价值。那部分没有通过低价格传递给消费者的成本方面的节约将会使史泰博和欧迪办公的股东受益。最后，辩护方认为，不需要一个临时的限制命令或者初步禁止令（preliminary injunction）去阻止合并，因为合并过程本身是可逆的。如果合并后的证据证明此合并有反竞争效果，那么合并的公司完全可以被拆分为两个分离的企业。

7.5 霍根（Hogan）法官的裁决

法庭最终赞同联邦贸易委员会的立场并发出了初步禁止令。托马斯·霍根法官首先指出，根据法律，联邦贸易委员会只需要提供合并有危害竞争的合理的证据，就可以获得法庭的初步禁止令。在他的裁决里，霍根法官界定该合并的相关产品市场为 OSS 这一子市场，并发现史泰博和欧迪办公合并以后在很多地方市场将拥有"主导性市场份额"（在 45%~100% 之间）。他也得出结论认为，联邦贸易委员会用有关于价格方面的证据比较合理地证明了合并有反竞争效果的可能性。

法官也提到，被告所称的合并的公共效益或私人效益都不足以去抵消可能的反竞争效果。②

---

① 这一辩护的例子是，Wal-Mart 已经开始增加各种办公用品的货架空间。
② 法庭认为复原炒好的鸡蛋，也就是说在合并完成后发现有明显的反竞争效果时再把两个公司分开，不是本案的一个现实选择。除了分离合并双方方面的困难，消费者将受到合并所可能带来危害，而这种危害是不能够通过分拆合并的公司而能修复的。见 *Federal Trade Commission v. Staples*, *Inc.*, No. 97-701（1997）。

案例7：史泰博—欧迪办公（Staples – Office Depot）合并案

7.5.1 产品市场

法庭发现，由办公用品超市出售一次性办公用品是全部办公用品零售大市场的一个子市场。[①] 贝克（1997）根据1997年4月8日修正的《合并指南》讨论了本案法官关于产品市场的观点，并推断认为，法庭"隐藏的立场"是将子市场这一概念作为"销售相近替代品卖者之间的合并会达到单边竞争效应这一结论的一个法律上的引子"。

霍根法官意识到，要克服人们对把连锁超市形式销售一次性办公用品定义为相关市场的"最初的不悦反应"是困难的。由于OSS出售的办公用品和非OSS零售商出售的办公用品是相同的，那么，由此推断所有这些零售商是竞争者关系是"合乎逻辑"的。但是，霍根法官指出，一个企业可以是一个"大的市场"上的竞争者，但却不一定被包含在一个反托拉斯的相关市场中。[②] 他发现联邦贸易委员会下面的说法是可信的：当一家超市的价格有微小但明显的升高时，不会导致其消费者大量的转向非OSS模式的零售商，相反地，这些消费者只会转向另一家OSS经营商。[③]

法官注意到，在外观、规模、形式、提供产品的种类和数量以及目标消费者类型方面，办公用品连锁超市和其他零售商有很大的区别。尽管"充分地、清晰明白地解释和说明办公用品超市与众不同的所有方面是很困难的"，他发现，"没有人走进Wal - Mart会误以为自己走进了一家办公用品连锁超市，也没有人走进史泰博或者欧迪办公时会误以为自己走进了Best Buy或者CompU-

---

[①] 关于一个市场的子市场的概念，法庭引证了最高法院在 *Brown Shoe* 一案中的观点：从反垄断分析的角度来看，完整意义上的子市场本身作为产品市场的存在是有可能的，有必要在每一个这样的经济意义上的子市场中去检验一项合并的效果，从而确定该合并是否有削弱竞争的合乎推理的可能性。最高法院在 Brown Shoe 一案中定义确定在一个大的市场中子市场存在的一些指标，霍根法官在界定OSS是否构成子市场时就使用了这些指标。见 *Brown Shoe v. United States*，370U. S. 294（1962）。

[②] 法庭引用了 *Du Pont* 一案（有关塑料薄膜纸和其他包装材料之间的可替代性）和 *Archer – Daniels – Midland* 一案（有关糖和玉米糖浆之间的可替代性）中所提到的功能可替代性的概念。由于史泰博或者欧迪办公出售的一个记录簿与由 Wal - Mart 出售的一个记录簿在功能上是完全可以替代的，法庭意识到 *Staples* 一案是功能可替代概念的一个很好的例子。但是，再一次引用 *Du Pont* 的案例，法庭认为对本案的分析应进一步找出产品间的交叉需求弹性。见 *U. S. v. E. I. Du Pont de Nemours and Co.*，351U. S.，377（1956）；和 *U. S. v. Archer – Daniels – Midland Co.*，866 F. 2d 242（1988）。

[③] 法庭的确注意到联邦贸易委员会一些分析中所用数据方面的限制，而且它进一步指出联邦贸易委员会是应该因此受到批评的，因为只关注简单的抽样并只考虑有限数量类别的产品。但是，法庭认为，把所有证据都放在一起来看，有足够的证据表明办公用品超市和其他零售商出售的一次性办公用品之间的交叉需求弹性很低。

· 189 ·

SA。当你看见一家办公用品超市时，你会确定地知道它是一家办公用品超市。"① 法官宣称，这是证明 OSS 在大的市场中构成一个子市场的一个实际指标。

另一个确定子市场存在的实际指标是，"行业或者公众认为 OSS 子市场是一种独立的经济实体"。法官发现，联邦贸易委员会已经从合并公司的内部资料找到了充足的证据，这些证据能够证明他们把自己定位为其他 OSS 商家的竞争者，并认为在长期的市场计划中他们与其他 OSS 商家是相互影响的。尽管史泰博和欧迪办公也没有完全忽略其他非 OSS 模式零售商，但是有足够的证据表明史泰博和欧迪办公认为只有其他的 OSS 商家是他们的主要竞争者。

7.5.2 对市场竞争的可能影响

法官确信这一拟议中的合并将在很大程度上带来反竞争的后果。他通过两方面的证据得出这一结论。第一，在接受联邦贸易委员会的产品市场界定以后，他发现市场集中度指标相当令人担忧。② 合并以后的史泰博－欧迪办公实体，将会在很多地域市场上处于主导市场地位。③

第二，价格证据显示当面对更少地来自其他 OSS 商家的竞争时，OSS 商家很可能去提高自己的价格。而且，没有合并，史泰博和欧迪办公将有可能进入对方的市场并降低价格。合并意味着这些增加竞争的更深远的好处将永远不可能实现。

7.5.3 市场进入

在以超市形式出售办公用品市场上，法庭关注的主要是新的 OSS 商家的进入，而并不是一些办公用品零售商的进入。为了达到规模经济并获利，一家新的 OSS 商家必须开很多连锁店从而投入很多的沉没成本。而且，由于很多

---

① 见 Federal trade commission v. Staples, Inc., No.97－701（1997）。
② 对于集中程度最低的市场（密歇根州的 Grand Rapids－Muskegon－Holland），合并前的赫芬达尔—赫希曼（HHI）指数接近3600，而对于集中程度最高的市场——华盛顿特区，合并前的 HHI 指数将近7 000。
③ 在15个大城市中，合并后的市场份额将会是100%。另外，在其他27个大都市的市场上，OSS 经营商的数量将会从3个下降到2个，合并的史泰博－欧迪办公市场份额将会在45%以上，合并将使赫芬达尔—赫希曼指数平均上升2715点。

案例 7: 史泰博—欧迪办公（Staples – Office Depot）合并案

地方的 OSS 市场上已经由现存的 OSS 商家达到饱和状态，新进入者在这些市场上并不容易达到规模经济。法官发现，靠新的 OSS 商家进入市场并且来平衡合并带来的反竞争效果几乎是不可能的。①

7.5.4 效率的提高

法官注意到，在现在的法律框架下，合并所带来的公司规模经济效益的提高能否成为一种合理的辩护还不是很清楚。他申明，即使效率的提高在原则上能够提供一种合法的辩护，本案中辩护方也没有能够展示，这种效率的提高能大到足以推翻联邦贸易委员会关于合并后反竞争效果的假设。法官认为辩护方对效率的评估不可靠、不可检验和不真实。其他方面的问题还包括，辩护方不能够区分合并本身所能带来的效率和其他种类的效率，而且，给定史泰博以前的转嫁价格的比率，合并后的 2/3 的节约成本将传递给消费者的说法是不现实的。②

7.6 结论及后果

在史泰博案中联邦贸易委员会的胜利对于很多观察家来说是出乎意料的。因为有众多的办公用品零售商，史泰博和欧迪办公合起来在全部的办公用品出售中只占有很小的市场份额，这个随意可观察到的事实似乎是无可争辩的。

但是，联邦贸易委员会人员精心组织的数据，特别是它使用价格数据来证明办公用品超市是一个独立市场的做法，在说服联邦贸易委员会本身和此后的

---

① 对于非 OSS 供应商到 OSS 市场上扩张，法官注意到，他们不大可能消除该合并所带来的反竞争效果。具体来说，U. S. Office Products 和 Wal – Mart 的扩张将不可能限制合并实体潜在的价格上涨。至于辩护方关于现存的零售商会通过重新分配货架来在办公用品市场上扩张的论点，法官推理认为，即使这些零售商有能力这样做，也没有证据表明他们在合并实体价格提升 5%（微小但是明显的）以后确实会这样做。

② 历史数据表明，史泰博只把其成本节约的 15% ~17% 转移给消费者，这正如联邦贸易委员会的计量分析所评估的那样。关于联邦贸易委员会对合并公司将成本节约由采购转移给消费者的估计的进一步讨论，见贝克（1999）。

霍根法官认同史泰博和欧迪办公的合并会削弱市场竞争,是至关重要的。①

在史泰博案以后,反托拉斯执法机关和合并申请者都开始经常使用衡量竞争者相近程度和合并的价格效应的直接证据,来界定相关的产品市场和/或者预测合并对消费者福利的影响。②

在史泰博一案中,辩护方对经济效率的辩护都是基于规模经济概念之上的。在放弃了合并之后的三年之内,史泰博和欧迪办公各自都达到了约1 000家连锁店的规模,这和他们当初提出合并时计划合并后所达到的规模一样(见巴图(Balto,1999))。正如合并双方合并前自己的发展战略文件所预测的那样,这些新的连锁分店中许多都建在相互交叉的市场上。③ 截止到2007年3月,Office Deport在美国和加拿大的办公用品连锁店已经扩展到1 200家,他的全球销售额高达150亿美元,史泰博在它的财政年2005年底也已经在美国和加拿大扩展到1 522家连锁店,它的全球销售额高达161亿美元。作为第三个OSS的OfficeMax在美国也有了935家连锁店(截止到2005年第一季度)和它的全球销售额在2004年也达到了133亿美元。因此,合并双方预期的由合并带来的效率的提高,在没有合并所带来的有害的价格效应条件下,没有延迟的实现了。

尽管互联网的发展导致了新的厂商进入④以及OSS在线业务的产生和扩大⑤,问题是到什么程度,如果可以,在互联网上的竞争可以改变在当地市场

---

① 怀特对比了法院对史泰博的决定和对水路运输委员会在1996年所做的允许联合太平洋铁路公司和南太平洋铁路公司的3-2的合并的决定,后者在20世纪90年代末对美国西南部的货运造成了灾难性后果,见克伍卡(Kwoka)和怀特(White)(2004)。

② 扫描技术大大增加了可以用来对合并企业零售商品进行分析的数据量,运用了这样数据的一个例子是乔纳森·B·贝克所写的本书的案例6,*FTC v. H. J. Heinz Co. and Milnot Holding Co.*("婴儿食品案")一案,就是这方面的一个例子。联邦贸易委员会也使用了扫描数据以同样的方式来评估超市的合并(见"A Blue Light for Merger?" The Deal,October 5,1999)。扫描数据的可利用性已经使预测合并效果的计量经济学产生了一个独立产业,无论是像在史泰博案中那样通过评估简化形式的方程,还是通过先估计需求弹性再将其放入一个合并的模拟模型的两阶段方法来实现(见沃顿,2002)。(较第四版有删减)这个方法非常成功,以至于其本身都有专门的算法程序(backslash)(见缪里斯(Muris),2001)。

③ 史泰博年度报告 2000~2005;"Staples Finds Office Market Staple:Chicago"(芝加哥太阳时报 2005.3.3);"Office Depot Acquisition Gives It Coffee Catch,Too"(棕榈滩邮报,2006.5.18)。

④ 作为一个例子,山姆俱乐部(属于沃尔玛)在2005年推出了在线办公用品的新目录。

⑤ 例如,Office Deport利用其遍布全国的连锁超市、仓库和库存在互联网上建立了最大的办公用品零售商,包括B2B(企业对企业)销售。Office Dport利用其在现实中的供应链来实现网络销售,从而保证了它的互联网业务是"每天打开就盈利",并成功规避了"互联网初创公司任何潜在的威胁"("Why Office Depot Loves the Net:Its Brick-and-Mortar Network Is a Big Plus,"商业周刊,1999.9.27)。

案例 7：史泰博—欧迪办公（Staples – Office Depot）合并案

原来保持的用经验来制定的 OSS 连锁店的定价的行为①。如果"潜在的"竞争（包括互联网）仍然有限，合并后的 Staples – Office Deport 将继续"有钱赶快赚"的策略，在局部市场提高价格。

参考文献

[1] Ashenfelter, Orley, David Ashmore, Jonathan B. Baker, Suzanne Gleason, and Daniel S. Hosken. "Econometric Methods in *Staples*." Mimeo（2002）.

[2] Baker, Jonathan B. "Econometric Analysis in FTC v. Staples." *Journal of Public Policy & Marketing* 18（Spring 1999）：11 – 21.

[3] Balto, David a. "Supermarket Merger Enforcement."（1999）http：//www. ers. usda. gov/briefing/foodmarketstructures/conferencepapers/balto. pdf.

[4] *Federal Trade Commission v. Staples, Inc.*, 970 F. Supp. 1066（1997）.

[5] Muris, Timothy J. "Antitrust Enforcement at the Federal Trade Commission：In a Word – Continuity." Prepared remark before American Bar Association's Antitrust section annual meeting, Chicago, Illinois, August 7, 2001; http：//www. ftc. gov/speeches/muris/murisaba. htm.

[6] Prudential Securities. *Office Supply Superstores*：*Industry Update*, October 3, 1995.

[7] Prudential Securities. *Office Supply Superstores*：*Industry Update*, March 28, 1996.

[8] Stemberg, Thomas G. , ed. *Staples for Success*：*From Business Plan to Billion – Dollar. Business in Just a Decade.* Santa Monica, Calif. ：Knowledge Exchange, 1996.

[9] Warren – Boulton, Frederick R. , and Serdar Dalkir. "Staples and Office Depot an Event – Probability Case Study." *Review of Industrial Organization* 19（December 2001）：467 – 479.

[10] Werden, Gregory J. "Perspective on the Use of Econometrics in Merger Investigations and Litigation." *Antitrust* 6（Spring 2002）：55 – 58.

[11] Werden, Gregory J. , Luke M. Froeb, and Steven T. Tschantz. "The Effects

---

① 由于互联网比实体办公用品供应商有明显的范围经济优势，所以互联网和传统的 OSS 操作可能互补作用大于替代作用。

of Merger Efficiencies on Consumers of Differentiated Products." European Competition Journal 1 (October 2005): 245 – 264.

[12] White, Lawrence J. "Staples – Office Depot and UP – SP: An Antitrust Tale of Two Proposed Mergers." In Measuring Market Power, edited by Daniel Slottje, 153 – 174. Amsterdam, Holland: North Holland, 2002.

第二部分　横向行为

经济与法律背景

横向反竞争行为在分散化产业到完全垄断产业之间的各种市场结构中都可能发生。但是，在每种市场结构中，这些反竞争行为的特性却可能有所不同。在一个有多家厂商的行业中，应当关注的最主要的问题是厂商间是否直接地串谋或间接地协调其行动以获取超过竞争性水平的超额利润。当厂商数量相对较少时，如在寡头或存在支配地位厂商的市场结构中，除了明确或隐性的价格合作或串谋的情况，反竞争行为也包括其他的策略方法，如损害自己竞争对手的利益或把他们逐出市场，或是阻碍新的厂商进入。这种掠夺性和排他性的策略行为引发了一些非常有趣也极具挑战性的反垄断问题。

反垄断法涉及了所有这些类型的反竞争行为。《谢尔曼法》（Sherman Act）第一节禁止任何"限制交易的合同、合并和共谋"，旨在阻止厂商间的串谋。该法第二节禁止任何"垄断或试图垄断"市场的厂商行为，这条规定主要针对那些试图通过不正当方式来达到或维持市场支配地位的行为。联邦贸易委员会法（Federal Trade Commission Act）第五节通过规定禁止任何"不正当的竞争手段"而将所有反竞争行为都包含在内。

横向行为与本书第一部分中论述的问题不同。第一部分的重点是市场集中度问题，尤其是企业间相互兼并所带来的市场集中度的提高以及对该行业竞争程度的影响。本书这一部分将要研究的企业行为并不是市场结构变化的结果，而是在给定的市场结构内，厂商们通过与竞争对手的紧密合作或者对其采取进攻性策略来增加自身利益的做法。我们下面分别讨论这两类行为：合作和进攻。

卡特尔、串谋和合作

微观经济学中的简单理论可以说明，竞争者达成价格协议可以增加彼此的利润，甚至有可能达到垄断的利润水平。从社会角度看，这种结果带来的效应和本书第一部分给出的垄断行为及产生市场势力的企业兼并行为所带来的效应是一样的：社会福利将会出现净损失，且福利剩余将从消费者方转移到生产者方。企业间相互的价格协议包括卡特尔、串谋、密谋、默契合作等多个方面。卡特尔和串谋是销售厂商间相对正式的协议，而默契合作涉及到厂商间行为的非正式协调，它是否合法要看具体情况来定。密谋通常比默契合作要正式，但没有卡特尔那么正式。

正式的卡特尔在大多数国家都是被禁止的，除了在一些特殊的情形，如出口促进、农业市场协议和某些体育联盟活动。① 但是，跨国界的卡特尔并不受到同样的禁止，并广泛存在于一些初级产品市场中，如咖啡、原油等。这些卡特尔运作经验表明，要确保他们的成功运行决不是那么容易；但一旦成功，则有巨额利润。其原因值得研究，因为，阻碍一个卡特尔成功运作的因素同样会影响到该行业的串谋或者默契合作。或者说，如果一个行业无法达成一个明确的协议，那么，采用诸如串谋协议或默契合作等效力更低的策略就更难成功。

大体上，一个卡特尔必须达到以下两个条件，（其一）是达成协议，（其二）是该协议能够得到遵守。经济理论和实证研究表明，在以下关于市场、卖方和买方以及市场需求条件的情形中，厂商能够更容易地提高价格和利润：②

- 厂商数量越少；
- 厂商规模越相似；
- 厂商进入越困难；
- 厂商的成本越近似；
- 产品的同质性越强；
- 订单越小和越频繁；
- 竞争对手价格信息越容易得到；
- 市场需求越稳定；
- 买方规模越小、数量越多；
- 固定成本越低。

---

① 参见费舍等（Fisher, Maxwell and Shouten, 2004）。
② 关于这些因素影响市场行为的讨论，可以参见产业组织教科书，如谢勒和罗斯（Scherer and Ross, 1990）、卡尔顿和佩罗夫（Carlton and Perloff, 2004）或佩普等（Pepall, Richards and Norman, 2004）。

经济与法律背景

　　这些因素也同样影响着厂商之间的串谋和密谋。① 但是，如前所述密谋和串谋是比卡特尔更为复杂的一种策略行为，这是由于串谋本身是违法的，同时，串谋协议的执行上也存在难度。即便如此，由于受高额利益的诱惑，厂商们仍然不断地以超人预料的频率达成串谋协议。②

　　价格协议中最普遍的形式是厂商间非正式的、"默契"的协调。已有大量经济理论和统计分析研究了厂商间互动的本质和采取自发合作的可能性。相关理论可以追溯到古诺，他在1838年就已经证明即使在没有达成明确协议的情形下，只要厂商的数目足够小，并且对于彼此间产量决定的反应是被动（短视）的，那么，就可以维持超过完全竞争水平的利润率。伯川德在1883年证明，即使在双寡头垄断市场结构中，如果产品是同质的，并且只进行价格竞争，那么，利润会降至完全竞争水平。但是，后来的理论研究表明只要产品是有差异的，即使价格竞争也会维持超过完全竞争利润率水平的市场均衡。

　　虽然这些理论研究表明预期价格和利润将超过完全竞争水平，但这并不意味着将达到垄断水平，因为，从每家厂商的自身利益角度来看，他们并没有充分的动机去进行完全的合作。我们可以借助博弈论中著名的囚徒困境来进行解释。如图 II–1 所示，假设有两个厂商 A 和 B，他们每一方的价格策略为 HI 和 LO。策略 HI 是指厂商的价格行为将完全遵守合作或串谋，而策略 LO 是指每家厂商价格决策是自身利益最大化而不顾及他的竞争对手或者彼此的总利益。我们假设每家厂商同时、独立地做出价格决策，但是他们知道自己的利润将取决于竞争对手的价格决策，这一点是寡头垄断模型的精髓。

　　厂商 A 根据推测厂商 B 的决策来理性评价自己的两个选择。如果厂商 B 选择 HI，那么，在它的两个选择中，厂商 A 选择 LO 的收益将大于选择 HI 的收益（15 > 10）。如果厂商 B 选择 LO，那么，厂商 A 选择 LO 仍然好于选择 HI（4 > 2）。因此，无论厂商 A 如何推测厂商 B 的价格决策，厂商 A 都有强烈的动机选择 LO。这样，LO 就被称为"占优策略"，即无论对方如何决策，选择该策略都将是最优的。同样的分析也将适用于厂商 B，③ 因此，均衡策略将是 LO – LO，即使这样的选择将使每家厂商的利润（及整个行业的利润）低

---

① 关于这些因素在实际串谋中的作用，参见海和凯利（Hay and Kelly, 1974）。
② 这一部分中约翰·康纳撰写的案例 11 是关于当前卡特尔行为的一个很好的例子。罗伯特·波特和道格拉斯·佐纳（Douglas Zona）撰写的案例 12 分析了在判断市场中是否存在串谋时所面临的经济理论和法律上的挑战。
③ 这样的分析同样适用于厂商 B，因为该博弈是对称的，即厂商 B 面临的收益和厂商 A 面临的一样。

于利润最大化的选择 HI - HI。这个模型显示出竞争——即每个竞争对手都将追求自身利益的最大化——在决定市场结果的过程中的强大力量。

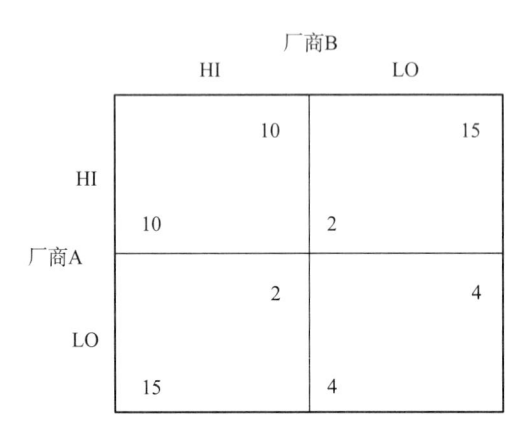

```
                      厂商B
              HI              LO
         ┌─────────────┬─────────────┐
         │       10    │       15    │
      HI │             │             │
         │   10        │    2        │
厂商A    ├─────────────┼─────────────┤
         │        2    │        4    │
      LO │             │             │
         │   15        │    4        │
         └─────────────┴─────────────┘
```

图 II - 1 "囚徒困境" 定价博弈

以上趋近于激烈竞争的推动力是单期（静态）博弈的特性。但是，大多数的市场交易都不是单期的，因而博弈理论也研究了多期或无限期博弈时的均衡。[①] 如果将多期博弈视为单期博弈的重复和序贯，那么，如图 II - 1 所示的博弈也可能产生 HI - HI 的博弈结果。首先考虑厂商 A 的选择。厂商 A 当然可以像单期静态博弈中那样选择 LO，但是如果它这样做了（并且厂商 B 选择了 HI），那么，在以后的博弈中厂商 B 势必要报复并一直选择 LO。这样，厂商 A 虽然在第一期博弈中获得了收益 15，但在以后的所有期博弈中都将只获得收益 4，如图 II - 2 所示。另一种选择是厂商 A 始终坚持选择 HI，并且厂商 B 也同样这样做，那么，双方都会无限期地获得收益 10。比较两种收益结果，除非厂商 A 具有很高的贴现率而将第一期的收益视为高于以后各期的收益，那么，稍低的但长时期的利润流可能会产生更高的现值收益。[②] 这一厂商间的默契行为将会导致合作均衡的结果，促成这一可能的条件是现代寡头博弈理论中

---

① 无限期交易博弈似乎是同样不合理的。但是，博弈理论证明，未知期限的有限交易博弈实际上可以按照无限期博弈进行处理。这方面的例子可以参见丘奇和韦尔（Church and Ware, 2000）或佩普等（Pepall, Richards and Norman, 2004）。

② 在这一例子中，对于任何小于 20% 的贴现率都将维持合作均衡。高贴现率情形包括厂商面临严重的财务危机而急需现金流和国家面临迫切发展的需要。从理论上讲，这些情形都与厂商背叛协议相关联。

经济与法律背景

的重要内容。

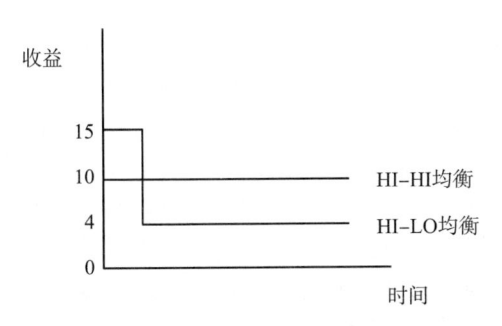

图 II-2 厂商收益的时间轨迹

在一些市场条件下，厂商间自发性的合作不一定能成功，但是一些小伎俩还是可以使用的。例如，在一些市场中明显存在一些不利条件阻碍了厂商间以获取更高收益的合作，因而，如果某些措施能够纠正这些不利条件，厂商们就可以提高利润。我们将这些措施称之为"促进性措施（facilitating practices）"，如以下这些：

• "最惠消费者"条款：根据该条款，如果卖方对某些买家降低了价格，那么，这种低价同时自动适用于所有其他买家，因此，这种条款降低了卖方低价销售的动机。

• 长期客户合同和解约费条款：通过与客户签署长期合同和收取解约费，在位厂商可以避免新进入者的竞争，同时，也可以避免在位厂商间相互争取客户的竞争。

• 价格变动的事先声明和事后通报：让竞争者尽快知道价格变动可以促使寡头垄断厂商努力达成价格协议并把价格维持在高位。

以上这些机制都可以促使市场上反竞争结果的形成。① 从公共政策的角度来看，这些机制比纯粹的默契合作更容易被发现和纠正。但这方面的政策困境是，许多这些所谓的"促进性措施"有时也具有良性即有利于竞争的作用，因此不能对他们简单地完全加以禁止。将反竞争的和有利于竞争的"促进性措施"区分开来一直是经济学研究和政策制定要解决的主要难题。

---

① 关于这些机制很好的分析讨论可以参见萨洛普（Salop, 1986）。海（Hay, 1999）对 Ethyl 案例中的促进性措施进行介绍。

在这一简短文献回顾的最后我们简述以下三点。第一,厂商之间的串谋和协调不仅可以针对价格和产量,也可以针对产能、产品特性、广告和研发等各种策略性变量。上面的一般性讨论大多也可以适用于这些方面的竞争和合作行为,虽然沉淀成本、不确定性和时间滞后等因素可能在其中是非常重要的因素(Scherer and Ross,1990)。第二,达成完全的串谋和合作不是成功的必要条件。在一个产业中,厂商即使不能实现完全的垄断,只要能够缓和一下彼此的竞争就可以从中获得收益。第三,高价格和高利润会诱使新厂商的大量进入,并且蚕食既有的市场势力。这种结果并不意味着密谋策略的"失败",因为替代性策略可能只是零收益,同时,它也不表示政府政策无存在的价值。后者取决于市场自发调节导致的市场势力的下降程度和政策实施的时机。

反垄断

在美国反垄断政策历史中时间最久远的先例是实质违法原则来禁止厂商间明确固定价格的协议。起始于 Trans-Missouri Freight Association 案件,[1] 并在 Trenton Potteries 案件中严正阐明,[2] 最高法院就根据谢尔曼法中禁止"限制交易的合同、合并和共谋"的条款,认定固定价格本身就违反谢尔曼法。在这些案例中,最高法院明确拒绝价格是固定在合理的水平上的辩词。固定价格本身就违法的结论源于对该法第一部分直接的字面解释,这同时也是界定某类行为的非常简单有效的做法。

实质违法原则对于以下三种情形是非常适合的:第一,该行为总会导致不利的后果;第二,该行为可能导致不利的后果,或导致中性的后果;第三,该行为总会带来不利或中性的后果,可能产生的有利后果很少并且很难识别。禁止前两种行为的理由是很充分的,因为并没有禁止有利的行为。[3] 禁止第三种情形可能会带来一些问题。因为它可能产生政策上的失误,即损害了有利竞争的行为。但是,这些有利的行为很少发生,并且要花费很高的代价才能识别他们。所以,在第三种情形下使用实质违法原则也是有道理的。上述情形的一个"完美"准则的执行成本是很高的(所有可能发生的情形都需要进行严格的分析),并且最终得到的结果并不一定都是正确的。

基于早期经济理论方面的讨论,最高法院采用实质违法原则是适当的做

---

[1] *U. S. v. Trans-Missouri Freight Association*, 166 U. S. 290 (1897).
[2] *U. S. v. Trenton Potteries Co. et. al.*, 273 U. S. 392 (1927).
[3] 关于禁止第二种情形并不完全没有争论,因为,它有时会禁止一些市场效果完全中性的行为。

经济与法律背景

法。当然,最高法院在对待固定价格方面也曾有一些微小的前后不一致的做法,比较著名的例子就是大萧条时期的 Appalachian Coals 案件。[1] 最近,最高法院开始收到许多有关允许厂商们在某些特殊情形对诸如价格等事项进行协调有好处的论点,这些特殊情形主要是指一些新产品只有通过厂商之间彼此协调才能够问世的情况。也就是说,如果没有企业之间的合作的话,交易成本或者其他障碍就会导致某种"市场失灵"。自 ASCAP/BMI 一案[2]以来,最高法院开始接受了这种逻辑上的可能性,不仅如此,它在这些案例中还允许企业间的价格协调。

采用这一例外原则的后果就是被调查进行价格协调的厂商就会声称他们的价格协调行为也属于这一例外原则。原则上讲,这会强迫反垄断执法机关和最高法院在使用实质违法原则之前要先考虑案件属于哪一种类型,这会动摇实质违法原则的地位。[3] 为了避免这种情况和保持实质违法原则操作上的简易性,执法部门建立了所谓的"调整的实质违法原则"。这种方法通过一系列事先设定好的问题来剔除掉那些没有任何正当理由的行为,对这些行为直接适用实质违法原则,而对剩下的很小一部分案例则进行更为细致的分析和调查。[4]

如果厂商行为对市场竞争效果的影响取决于案例的具体情况,那么,就应该采用所谓的"合理原则"来替代"实质违法原则"。如果厂商行为产生的不利效果或有利效果都比较可观,并且这些效果在实际中能够较容易地区分开来,那么,采用合理原则就会更加适合。虽然信息交换属于这种类型,但是,对最高法院试图区分这些不同效果的厂商行为的一个简单的回顾能让我们看到相关的困难。例如,行业协会不能采取任何措施来迫使其成员厂商来遵守公布的价格,但是,他们可以收集和发布相当一部分的价格信息,其中有一些显然会帮助各厂商间达成串谋。还有,最高法院对非价格方面的信息交换更宽容一些,因为他们相信这种信息的交换导致企业间价格协调的可能性较小,或者,企业间在非价格方面的协调对市场造成损害的可能性比较低。

---

[1] 见 *Appalachian Coals, Inc. v. U. S.*,288 U. S. 344(1940)。

[2] 见 *American Society of Composers, Authors, and Publishers et al. v. Columbia Broadcasting System Inc.*,441 U. S. 1(1979);以及 *Broadcast Music, Inc. v. CBS*,441 U. S. 1(1979)。

[3] 严格地讲,如果存在例外,那么,实质违法原则就已经不复存在了。

[4] 第一个要问的问题是,这种市场行为是否"本身就值得怀疑",就是说,如果没有效率提高的理由的话,这种行为是不是自动是反竞争的。如果答案是否定的,那么,则应直接使用合理原则。下一个问题是,这一行为是否有可信的效率方面的论据。如果没有,则直接适用本身违法原则;如果有,则需要进行进一步的调查和研究。这种方法首先在联邦贸易委员会的 *Massachusetts Board of Registration in Optometry*,110 F. T. C. 549(1988)案例中采用。

在近期的一些案例中，最高法院在判断串谋"促进性措施"方面遇到更多的困难。这些促进性措施是指可以促进厂商间的协调而无需达成明确的协议的一些制度性规则和机制。这些案例中涉及的促进性措施包括：严格遵守共同的定价手册以降低异质产品定价的复杂性的做法（在 GE – Westinghouse 案例中①）、旨在降低降价动机的最优惠消费者条款（在 Ethyl 案例中②）、依靠中央信息中心来即时发布有关竞争者的价格信息的做法（在 Airline Tariff Publishing 案例中③）。虽然最高法院认为这些行为中有些是对正常市场过程的干涉，但是，最高法院一直坚持找到可以鉴别在什么情形下这些行为是反竞争的原则。可是在许多情况下，最高法院都发现这种判断原则很难找到。

最高法院非常不情愿只单纯地就默契的串谋对厂商作出违法的判决，因为，这样做实际上将禁止所有在寡头垄断中不可避免的厂商行为（例如，跟随竞争对手采取同样的价格行为）。并且，要禁止这些行为也不是那么容易，因为哪些厂商行为需要禁止并不是很清楚。由于上述原因，反垄断法基本上一直将完全的默契合作排除在非法行为之外，在将来也极有可能是这样，除非在某些案例中人们可以清楚的看到某一促进性措施起到了非常关键性的作用，并且最高法院相信它可以采取实际的行动来纠正这一促进性措施。

垄断：掠夺性定价和排它行为

经济理论

除了与竞争者串谋和合作以外，寡头垄断厂商和支配厂商还可以采取其他一些反竞争性行为。实际上，这些厂商可以采取一系列策略性行为以损害现有的或潜在的竞争对手，减弱他们对自身行为的束缚，从而增加自身利益。例如，当一个厂商阻止潜在的厂商进入、或将一个或多个在位厂商逐出市场、或采取一些教训竞争对手的措施时，那么，从长期看，该市场竞争程度将会降低。但是，这些原则却无法解决在实际中操作的困难，即哪些行为在哪些情形构成对反垄断法的违反。实际上，对这些问题的回答随着时间和经济理论的发

---

① *U. S. v. General Electric Co. et al.* C. A. No. 28. 228（E. D. Pa.）（Dec. 1976）.
② *In re Ethyl Corp. et al.* FTC Docket No. 9128, 1975; *E. I. DuPont de Nemours & Co. v. FTC*, 729 F. 2d 128（1994）；见海（Hay, 1999）。
③ *U. S. v. Airline Tariff Publishing et al*；见博伦斯坦（Borenstein, 2004）。

经济与法律背景

展而在不断变化。本书这里的讨论主要集中在两个方面：掠夺和排他。

对于掠夺性定价，现有的反垄断法和经济理论分析比较多。典型的掠夺性定价是指支配厂商通过增加产量来压低市场价格，从而使小厂商亏损。这些小厂商最终将退出市场，降低或消除对支配厂商的约束，使其获得更大的市场势力。新的市场均衡价格将会提高，使消费者福利受到损害。这种情形，连同其他一系列反竞争行为，通常被认为可以解释 19 世纪后期标准石油公司 (Standard Oil) 的兴起和它为什么成为一个支配厂商。不可否认，在那时标准石油公司的许多竞争对手纷纷退出市场，所以标准石油公司占据很大的市场份额。但是，在随后近一百年的时间里，许多学者仍然认为标准石油公司的霸主地位是因为它的效率最高，而不是由于什么反竞争行为，其替代竞争对手是不可避免的。

这一争论代表了关于掠夺性行为两种截然相反的观点。芝加哥学派认为，掠夺性行为能够取得成功的市场环境是非常有限的，因此，理性的厂商很少试图这样做，所以，掠夺性行为在公共政策上并不是一个重要的问题。芝加哥学派还认为，支配厂商的规模比较大，如果降低价格其受到的损失也会比较大（其比例是它与其竞争者的市场份额之比），因此，他们如果采取掠夺性定价行为的话，其自身受到的伤害比其竞争对手要大。并且，即便是他们能成功将竞争对手逐出市场，支配厂商获得收益的前提是他们必须能够设置进入障碍以阻止其他厂商的进入。如果不能阻止其他厂商的进入的话，那么，提高价格只会诱使其他厂商大量进入，使支配厂商无法弥补以前遭受的损失。所有这些原因都会使掠夺性行为成为非理性的选择（McGee，1958）。

这个结论可以从掠夺性案例的历史性回顾中得到支持。许多声称掠夺性行为的案例都是小厂商由于受到更有效率的大厂商的竞争而提出的，这往往只会导致小厂商市场份额和利润的降低，而不是整个市场竞争程度的减弱。因此，许多学者认为，真正的掠夺性行为的案例是非常少的，完全可以忽略不计，甚至最好忽略不计，因为，将法律上的掠夺性定价行为和有益的市场降价行为区分开来是非常困难的，而且会损害一些正常的有益的降价行为。虽然这些理论上的引述对于许多学者们是有点过份夸张，但是，人们一般认为真正的掠夺性行为比告上法庭的要少得多。

现代经济理论证明，在某些市场情形下掠夺性行为的确可以是理性的，因此是可以发生的。这种分析是基于信息不对称模型和策略性行为的，主要分为三个方面:① 首先,一个支配厂商在一个市场上的掠夺性定价行为可能是为了阻止竞争对手在其他市场上的竞争行为,或者是为了阻止将来竞争者的进入。即使单独来看这样的掠夺性行为是非理性的,但这会帮助该支配厂商建立一种"具进攻性"的声誉,这种声誉可以削弱竞争对手进入的积极性。这种声誉的产生会弥补在原来市场上掠夺性定价带来的损失。

另外,由于融资渠道的不同,也可能存在另外一种机制,那就是支配厂商比他的竞争对手有更为强大的资金支持,以满足掠夺性行为对资金的需求。小厂商则需要付更高的利息来获得融资,或者是因为借款者认为支配厂商有更好的发展前景,或者是因为支配厂商故意行为造成的小厂商的发展前景比较黯淡。

最后,一些经济模型表明,支配厂商可能会使用定价行为来向在位和潜在的竞争对手传导自己生产成本更为低廉的信息。比较简单的做法是选择一种只有低成本厂商才能制定的价格即低价格。竞争对手可能不知道这种低价格行为是假的,因此,认为缓和自己的竞争行为可能会更好,或者干脆不进入这个市场而投资到其他领域中去。

这些新的模型对任何探讨理性掠夺性行为的经济分析都是重要的,但是,它们都不能给出掠夺性定价行为清晰和明确的鉴别方法,也就是说,实际政策不能简单地依赖这些模型得出的可能性,虽然许多人都试图为政策制定者提供可靠的决策准则(Brodley et al., 2000)。大多数的准则也都允许不同于古典模型描述的掠夺性行为,例如,非支配厂商的掠夺性行为(Burnett, 1999);针对特定竞争对手的掠夺性降价(Pittman, 1984);涉及到产品创新的策略性掠夺性行为(Ordover and Willig, 1981);还有产品扩散(Schmalensee, 1979);产品替代(Menge, 1962);和广告(Hilke and Nelson, 1983)以及成本控制(Salop and Scheffman, 1983)等等。所有这些模型的适用都依赖于特定的情形,即在进攻性厂商看来什么是其竞争对手最致命的弱点。这些复杂的情形使我们意识到掠夺性行为的多样性,以及制定出应用范围比较广的相关决策准则是如何的困难。

与攻击在位厂商非常相关的是支配厂商和垄断者试图阻止其他厂商进入该市场的策略行为。这种排他性策略行为是多种多样的,包括在那些新厂商可能进入的市场领域或者对新厂商可能瞄准的客户对象实行特殊的价格折扣、新产

---

① 更加详细的论述可以参见奥多瓦和萨隆纳(Ordover and Saloner, 1989)。

品开发和更替以使新厂商的进入无利可图、通过与现有客户订立长期的合同关系以割断他们对新厂商产品的需求、对某些新进入者或产品的广告围剿、不向潜在的进入者提供原材料等。① 为了使这些措施能够起到效果，经济理论必须表明这些行为和威胁是可信的，也就是说，支配厂商实际上真会采取这些行为措施，因为这样做是符合他们利益的。否则，支配厂商的威胁就不会起作用，他们就无法阻止其他厂商的进入。沉淀成本、先发优势以及其他不可逆的策略行为可以增强威胁的可信度。②

这些研究中最早也是一直最受关注的模型是关于生产能力扩张能否防止新企业进入的研究。斯彭斯（Spence, 1977）和迪克西特（Dixit, 1980）的研究工作表明在位厂商如何通过选择生产能力和一定的策略来改变可能进入者的最优反应函数。通过给进入者留下很小的生存空间，结果是进入者可能干脆不进入，或者以较小的规模进入，从而减少对在位企业的竞争威胁。随后，经济学家建立了大量的模型，以检验在各种假设和参数假定下阻止厂商进入的策略的可信性，并且将这些研究成果应用到上面提到的其他策略行为模型中。③ 这些研究的目的是为了把阻止市场进入和相关策略的研究建立在严谨的理论基础之上，并对在什么条件下这些策略可以奏效提供相关的政策建议。

另一种潜在的反竞争策略与"关键设施"（essential facilities）有关。关键设施是指那些企业进入某一市场必须具备的某种设施。在位厂商可以通过拒绝为可能的潜在进入者提供必备的设施而控制整个市场的结构和市场行为。由于关键设施经常发生于网络性产业中，相关的问题放在本书后面的第四部分讨论。

另外一种值得关注的策略性行为涉及到在相关市场（经常是垂直市场中）的排他性行为。虽然这方面的许多模型将放在本书的第三部分讨论，但有些问题值得在这里提一下。例如，一家在市场中占有主导性地位的厂商，可能会试图通过该产品的连接在其他市场上建立同样的市场地位。这样从一个市场向另一个市场的"杠杆"作用可能会取代第二个"完全竞争的"市场中的竞争对手，并且阻止随后的其他企业的进入。虽然有一些经济学家一直认为"杠杆"行为不会扩展垄断势力，但是，近期的一些模型（Rasmussen et al., 1992）研

---

① 在相关文献中，可以参见阿吉翁和博尔顿（Aghion and Bolton, 1987）以及谢勒（Scherer, 1979）。
② 丘奇和韦尔（Church and Ware, 2000）是这方面讨论的非常好的参考资料。
③ 进一步探讨可以参见夏皮罗（Shapiro, 1989）和马丁（Martin, 1993）。

究表明"杠杆"行为的确可以产生扩大垄断势力的后果。但是,理性的追求利润最大化的在位厂商在何种条件下采取"杠杆"策略在具体执法过程中仍然是不容易确定的。

总之,支配厂商可以采取各种各样的策略性行为来损害弱小的竞争对手和潜在的进入者。但是,许多策略性行为,包括增加产量、拒绝竞争对手进入某种组织、在相关市场上进行操纵等,也许是处于单纯的目的而并不会产生有损竞争的后果。经济学家仍然要不断努力研究如何区分促进竞争和损害竞争的市场条件和行为。

反垄断

反垄断法无法等待解决了这些理论上和实践上的困难后才处理掠夺性和排他性行为。由于很难将掠夺性行为和其他强硬的但是正当的和促进竞争的行为区分开来,因此,执法时往往会导致政策上的失误。如果对支配厂商的市场行为处理的过于苛刻,则可能会损害反垄断政策所要保护的竞争机制。但是,在另一方面,如果政策过于宽松,也会损害竞争者和消费者的利益。在过去各个不同时期,执法机关和法院可能都已经犯过这两类性质不同的错误。

早期针对垄断和支配厂商的案例显示法院倾向于将损害竞争者作为掠夺性行为违法的依据。在前面提到的标准石油公司案例中,标准石油公司被控对其竞争对手采取了恶劣的做法。不管这种指控是否准确,最高法院是根据这一点作出标准石油公司"垄断了"市场的判决。但是,在一些支配厂商的市场主导性地位不是通过损害其他竞争对手的利益而获得的案例中,判决的结果却是相反的。所以,美国钢铁公司市场主导地位的获得虽然引起了价格的上涨,但被认定没有违反反垄断法,因为证据显示该公司未对其竞争对手实行"残酷和霸道的"的竞争行为。[1] 实际上,它的高价格得到了竞争对手的夸奖,这一点也没有什么奇怪的。

针对大公司市场行为的司法审查和敌视态度在 20 世纪 60 年代达到了高峰。涉及合并、价格歧视、垄断行为的案件几乎都按照惯例地包含了对某些大厂商掠夺性行为的指控。例如,在 Utah Pie 案例[2]中,大型食品制造厂商被控对一个地区性的厂商实行掠夺性价格歧视,尽管这一厂商在当地市场上一直保

---

[1] 这一用语出自标准石油公司判决词。
[2] *Utah Pie Co. v. Continental Baking Co.*,386 U. S. 685(1967)。

持主导地位并且没有因为前者的定价行为而亏损过。这类的判决不禁使人怀疑是否应该牺牲价格竞争来保护小厂商。

为了推动关于掠夺性行为的争论，两位杰出的反垄断法专家（阿利达和特纳 Areeda and Turner, 1975）发表分析文章，旨在建立针对掠夺性行为的可操作的准则。在分析中，他们并没有说掠夺性行为决不会发生。他们将司法禁止的范围限定在那些被当代经济学认定将会损害竞争的低价格行为上。通过对各种价格和成本进行分析，他们得出结论认为只有当支配厂商的价格低于其边际成本时，其定价行为才具有损害竞争的效应，同时，他们提议将平均可变成本作为边际成本的近似值。

阿利达—特纳准则（Areeda - Turner rule）虽然现在受到许多批评，但是，批评者无法抹煞其作出的重要贡献。一个主要原因是，司法界对掠夺性行为的判断曾经非常混乱，阿利达—特纳准则由于非常具体，立刻引起了广泛注意，许多（但不是全部）法院根据自己的需要采用了这一准则。并且，这一准则的出现也引发了大量的旨在澄清掠夺性行为的经济学研究，并试图提出一个可操作的判别准则。不幸的是，这第二个目标并没有很好地达到，经济学上关于理性的掠夺性行为研究的进展对法院几乎没产生任何影响（Klevorick, 1992）。最高法院仍然坚持将有关成本和价格之间关系的证据作为判断掠夺性行为的标准，并且近年增加了一个新的要求，就是必须证明实行掠夺性定价的企业本身所受的损失在将来是可以收回来的。①

关于支配厂商的排他性行为的政策存在同样的困难。同判断真实的掠夺性行为一样，要把支配厂商的正当行为（即便是激烈的竞争行为）与排斥潜在竞争对手的行为区分开来，是一个非常令人退却的政策任务。这类的案例包括我们非常熟悉的支配厂商柯达、IBM、Kellogg/General Mills/General Foods 和 DuPont 等著名公司。在 Berkey 对柯达一案中②，原告指控柯达公司通过引入一套新的照相/摄影系统以试图垄断胶卷和相片制作过程，而不事先向其竞争对手披露有关信息。

一些外围设备制造商③以及后来司法部曾对 IBM 公司提出一系列的诉讼，控告 IBM 公司使用选择性价格折扣、策略性设备改造和其他针对潜在竞争者

---

① 参见埃尔津加（Elzinga, 1999）对 Matsushita 的分析。
② *Berkey Photo v. Eastman Kodak Co.*, 603F. 2d 263 (2d Cir. 1979).
③ 关于外围制造商针对 IBM 公司提起的诉讼，可以参见 Brock (1989)。

的市场行为。在早餐谷物食品案中①，联邦贸易委员会提出了一个有创意的新的经济理论，认为三个最大的厂商共同垄断了市场，他们通过开发新产品来"挤占了所有的产品空间"，目的是为了不给新进入者留下充足的空间。联邦贸易委员会也处理了 DuPont 垄断一案，DuPont 公司被指控在二氧化钛漂白漆市场上利用成本上的优势阻止竞争对手扩展业务。②

除了个别情况外，以上这些被告厂商在诉讼中都被判无罪。最高法院认为，柯达没有义务为了竞争对手的利益将自己的创新事先向他们披露。IBM 公司赢得了它面临的许多其他公司提出的诉讼中的大部分，司法部最终不得不撤回它对 IBM 的起诉。联邦贸易委员会承认三家早餐谷物厂商没有违法，在某种程度上否认了那种"更多的产品"会损害竞争的说法。在 DuPont 一案中，联邦贸易委员会最终得出结论，明确表明支配厂商没有义务为了保护小厂商和新进入厂商而避免激烈的市场竞争，不管这些厂商的最终下场怎样。

那种认为支配厂商在自身行为方面应拥有与完全竞争条件下厂商同样的自由度的观点在经济学上是没有根据的。同样的市场行为由小厂商来实施的话对社会可能是有益的，但是，由支配性厂商作出的话则可能产生不同的后果。上述观点带来的政策上的转变减弱了对支配厂商行为的约束，由此，导致不论政府还是私人公司提起的这类诉讼在 20 世纪 80 年代的大幅度减少。但是，近些年，执法机构和法院在一些案件中同意并认为个别支配厂商的行为的确是越过了法律的界线。本书第四部分将要提到的柯达③一案和微软一案似乎属于这种情况。④ 这些案例和其他一些案例可能意味着更严格的执法，以及法院更易于接受那些建立在严密的经济理论分析和证据之上的对反竞争行为的指控。

参考文献

[1] Aghion, Phillip, and Patrick Bolton. "Contracts as a Barrier to Entry." *American Economic Review* 77（June 1987）：388 – 401

[2] Areeda, Philip, and Donald Turner. "Predatory Pricing and Related Practices under Section 2 of the Sherman Act." *Harvard Law Review* 88（February 1975）：697 – 733.

---

① *In re Kellogg et al. FTC Docket* No. 8883（1981）。
② 关于这个案例的进一步探讨，可以参见多布森等（Dobson et al., 1994）。
③ 参见第四部分案例21，这个案例与先前针对柯达公司提起的诉讼有所不同。
④ 参见第四部分案例20。

[3] Borenstein, Severin. "Rapid Price Communication and Coordination: The Airline Tariff Publishing Case (1994)." In The Antitrust Revolution, 4th edn., edited by John E. Kwoka, Jr., and Lawrence J. White, 233 – 251. New York: Oxford University Press, 2004.

[4] Brock, Gerald W. "Dominant Firm Response to Competitive Challenge: Peripheral Manufacturers' Suits against IBM (1979 – 1983)." In *The Antitrust Revolution*, edited by John E. Kwoka, Jr. and Lawrence J. White, 160 – 182. New York: Harper – Collins, 1989.

[5] Brodley, Joseph, Patrick Bolton, and Michael Riordon. "Predatory Pricing: Strategic Theory and Legal Policy." *The Georgetown Law Journal* 88 (August 2000): 2239 – 2330.

[6] Burnett, William. "Predation by a Nondominant Firm: The Liggett Case." In *The Antitrust Revolution*, edited by John E. Kwoka, Jr. and Lawrence J. White, 239 – 263. New York: Oxford University Press, 1999.

[7] Carlton, Dennis, and Jeffrey Perloff. *Modern Industrial Organization*, 3d edn. Reading, Mass.: Addison – Wesley, 1999.

[8] Church, Jeffrey, and Roger Ware. *Industrial Organization: A Strategic Approach*. Boston: Irwin McGraw – Hill, 2000.

[9] Dixit, Avinash. "The Role of Investment in Entry Deterrence." *Economic Journal* 90 (March 1980): 95 – 106.

[10] Dobson, Douglas C., William G. Shepherd, and Robert D. Stoner. "Strategic Capacity Preemption: DuPont." In *The Antitrust Revolution: The Role of Economics*, edited by John E. Kwoka, Jr. and Lawrence J. White, 157 – 188. New York: Oxford University Press, 1994.

[11] Elzinga, Kenneth. "Collusive Predation: Zenith v. Matsushita." In *The Antitrust Revolution*, edited by John E. Kwoka, Jr., and Lawrence J. White, 220 – 238. New York: Oxford University Press, 1999.

[12] Fisher, Franklin M., Christopher Maxwell, and Evan Sue Schouten. "Sports League Issues: The Relocation of the Los Angeles Rams to St. Louis (1998)." In The Antitrust Revolution, 4th edn., edited by John E. Kwoka, Jr., and Lawrence J. White, 252 – 276. New York: Oxford University Press, 2004.

[13] Hay, George. "Facilitating Practices: The Ethyl Case," In *The Antitrust Revolution*, edited by John E. Kwoka, Jr., and Lawrence J. White, 182 – 201. New York: Oxford University Press, 1999.

[14] Hay, George, and Daniel Kelly. "An Empirical Survey of Price – Fixing Conspiracies." *Journal of Law & Economics* 17 (April 1974): 13 – 38.

[15] Hilke, John, and Philip Nelson. "Noisy Advertising and the Predation Rule in Antitrust." *American Economic Review* 74 (May 1984): 367 – 371.

[16] Horowitz, Ira. "The Reasonableness of Horizontal Restraints: NCAA (1984)." In *The Antitrust Revolution*, edited by John E. Kwoka and Lawrence J. White, 202 – 219. New York: Oxford University Press, 1999.

[17] Klevorick, Alvin. "The Current State of the Law and Economics of Predatory Pricing" *American Economic Review* 83 (May 1993): 162 – 167.

[18] Martin, Stephen. *Advanced Industrial Economics*. Cambridge, Mass: Blackwell, 1993.

[19] McGee, John. "Predatory Price Cutting: The Standard Oil (N. J.) Case." *Journal of Law & Economics* 1 (October 1958): 137 – 169.

[20] Menge, John. "Style Change Costs as a Market Weapon." *Quarterly Journal of Economics* 76 (November 1962): 632 – 647.

[21] Ordover, Janusz, and Garth Saloner. "Predation, Monopolization, and Antitrust." In *Handbook of Industrial Organization*, Vol.1, edited by R. Schmalensee and R. Willig, 537 – 596. Amsterdam: North – Holland, 1989.

[22] Ordover, Janusz, and Robert Willig. "An Economic Theory of Predation." *Yale Law Journal* 91 (November 1981): 8 – 53.

[23] Pepall, Lynne, Daniel J. Richards, and George Norman. *Industrial Organization: Contemporary Theory and Practice*, 2d edn. Cincinnati, OH: South – Western, 2004.

[24] Pittman, Russell. "Predatory Investment: U. S. v. *IBM*." *International Journal of Industrial Organization* 2 (December 1984): 341 – 365.

[25] Rasmusen, Eric, Mark Ramserer, and John Wiley. "Naked Exclusion," *American Economic Review* 81 (December 1991): 1137 – 1145.

[26] Salop, Steven. "Practices That (Credibly) Facilitate Oligopoly Coordination."

In New Developments in the Analysis of Market Structure, edited by J. Stiglitz and F. G. Mathewson, 265 – 290. Cambridge, Mass.: MIT Press, 1986.

[27] Salop, Steven, and David Scheffman. "Raising Rivals' Costs." *American Economic Review* 73 (May 1983): 267 – 271.

[28] Scherer, F. M. "The Welfare Economics of Product Variety: An Application to the Ready-to – Eat Cereals Industry." *Journal of Industrial Economics* 28 (December 1979): 113 – 134.

[29] Scherer, F. M., and David Ross. *Industrial Market Structure and Economic Performance*. 3d edn. Boston: Houghton Mifflin, 1990.

[30] Schmalensee, Richard. "Entry Deterrence in the Ready-to Eat Breakfast Cereal Industry." *Bell Journal of Economics* 9 (Autumn 1978): 305 – 327.

[31] Shapiro, Carl. "Theories of Oligopoly Behavior." In *Handbook of Industrial Organization*, Vol. 1, edited by R. Schmalensee and R. Willig, 329 – 414. Amsterdam: North – Holland, 1989.

[32] Spence, Michael. "Entry, Capacity Investment, and Oligopolistic Pricing." *Bell Journal of Economics* 8 (Autumn 1977): 534 – 544.

案例 8

航空业的掠夺性定价：精灵航空公司诉西北航空公司案（2005）

肯尼斯·G·埃尔津加（Kenneth G. Elzinga）
大卫·E·米尔斯[*]（David E. Mills）

8.1 引　　言

精灵航空公司提供区域性的航班搭载乘客往返于美国国内少数几个城市。西北航空公司是一个大型航空公司，它在全世界的年运载量达到几百万。几乎本章的所有读者都听说过后者，但大部分读者对前者鲜有耳闻，这就是这两个公司在规模和知名度方面的区别。

1996年，精灵航空和西北航空在它们各自服务的国内航线底特律—费城和底特律—波士顿航线展开了一场价格战。费用降低到了这些城市的大部分旅客都想象不到的水平。精灵航空公司声称，西北航空公司所收取的低廉价格构成了掠夺性定价，这会迫使精灵航空公司退出市场，之后西北航空公司将会提高价格至垄断水平，最终消费者利益将会受到损害。西北航空公司回应称，以上两条航线的低价是两家航空公司势均力敌的竞争所致，并且低价导致消费者受益。

2000年，精灵航空公司对西北航空提出反垄断诉讼，声称后者的策略构成掠夺性定价，违反谢尔曼反垄断法第二部分的规定。西北航空公司在法庭上辩解称，它的价格策略既不符合经济学也不符合法律上关于掠夺性定价的定义，并以此来回应此次诉讼。西北航空还指出，运用反垄断法来处罚发生在精

---

[*] 作者为精灵航空公司顾问。作者感谢费德雷克·西里伯托（Federico Ciliberto）和本书编辑的建议。

案例8：精灵航空公司诉西北航空公司案

灵航空和西北航空之间的这种价格竞争会损害消费者的利益，从长远来看还会形成一个阻碍有力价格竞争的法律先例。一个支持西北航空公司的联邦地方法院指出，精灵航空的主张缺乏有利条件。美国的第六巡回诉讼法院已经驳回诉讼，并且将这个案子送回地方法院审判。

精灵航空公司和西北航空公司的这次诉讼作为一个典型案例，为我们提供了一个探究两企业间价格竞争的经济特征及两企业间竞争本质的机会。除此之外，这个案子还引出了整个掠夺性定价的问题。因此我们先来探究掠夺性定价的相关法律和经济学原理，然后再对这两个航空公司之间的反垄断战争加以讨论。

8.2 掠夺性定价

掠夺性定价是为了创造或者保持市场垄断地位而设计的一种商业策略。在经典的掠夺性定价案例中，垄断者使用短期低价格来驱逐小型在位企业或者阻止那些会加剧市场竞争程度的潜在进入者。它发挥作用的原理是：掠夺性定价者通过大幅减低价格来对小型竞争对手或潜在进入者施加财务压力，从而迫使目标企业退出市场。一旦目标企业退出，掠夺性定价者会索要独占性价格。

通过这种价格战争，消费者在短期内会享受到低价格。但是从长期来看消费者最终必须支付垄断价格。如果掠夺性定价者在价格战中的长期垄断利润的现值超过它的短期利润损失，那么消费者在长期损失的现值会超过他们在价格战中获得的利益。总的来说，如果目标企业在价格战中生存下来而不是被淘汰，那么消费者的境遇会好很多，市场也会更有效率。

一些掠夺性定价理论包括了声誉效应和其他一些掠夺性定价者利用信息不对称的策略。例如，一个为了阻止市场进入者实施掠夺性低价格的企业会得到一个市场霸主的称号，这会阻止这个市场或其他市场的未来进入者。当掠夺性定价者的一部分收益是来自于从低价格的竞争案例中建立或加强的会对进入者实行掠夺性定价行为的口碑时，厂商在短期市场的收益就不需要补偿它在这个特定市场中的短期收益损失。[1]

---

[1] 博尔顿等（Bolton et al., 2000）认为声誉效应等策略考虑比法庭所确认的更为频繁。与此不同的观点，可见埃尔加津和米尔斯（Elzinga and Mills, 2001）。

掠夺性定价问题反映出反垄断的一个政策困境。在掠夺性定价案例中定价者的行为看起来非常像充分竞争。所以要区分以下两种场景是很困难的：一个案例中的低价格是可持续的并且支持竞争的，还是不可持续的并且是力求说服目标企业认为其自身商业成功的前景是非常渺茫的。奥多瓦和维里格（Ordover and Willig，1981）把掠夺性定价定义为在目标企业被迫退出市场前（或者在一些例子中，屈从于垄断者的价格领导地位）不会给垄断者带来利润的低价格。

由于（在一个掠夺性定价时期中）来自于积极干预的正收益和（在一个促进竞争时期中）来自于阻碍性干预的损失都相当大，且难以区别其性质，所以在判定掠夺性定价时的反垄断困境被加强了。阻止掠夺性定价者的最佳时机是在进入者离开市场之前。但是令人信服的掠夺性定价证据在此时是几乎找不到的。在这时如果反垄断者迅速结束低价格而不是等待进入者失败后再行动，那么破坏竞争性低价格的风险则相对较大。

20多年前，刘易斯·鲍威尔（Lewis f. Powell）法官对松下电器案给出了一个具有影响力的最高法院意见。他观察到"评论者有一个共识，那就是掠夺性定价策略很少被采用，更是几乎没有成功过"[①]。博克（Bork，1978）和麦吉（McGee，1958，1980）的理论研究贡献把这一观点展示在我们面前。它们总结出在通常情况下掠夺性定价是荒谬的。之后的经济学文献中出现了合理掠夺性定价理论，包括掠夺性定价者和目标厂商之间的各种信息不对称（例如，包括上文提到过的声誉动机）。奥多瓦和萨隆纳（Ordover and Saloner，1989）和克莱沃瑞克（Klevorick，1993）总结了这些理论。尽管这些文章质疑掠夺性定价不常见的说法，但是自从松下电器的案例对刘易斯法官的概括提出挑战后，法庭上很少出现关于掠夺性定价的例子。事实上，这种理论在1993年最高法院布鲁克集团案[②]的判决中以及更近一些的2007年维尔汉斯案[③]的判决中都得到了强化。

一些关于航空业价格战的评论者提出这个产业或许是刘易斯鲍威尔法官的关于掠夺性定价"不常见"理论的一个例外。例如，曾经在美国国内航空业

[①] Matsushita Electric Industrial Co. v. Zenith Radio，475 U. S. 574，589（1986）。又见埃尔加津（Elzinga，1999）。

[②] Liggett Group，Inc. v. Brown & Williamson Tobacco Corp.，509 U. S. 209（1993）。

[③] Weyerhaeuser Co. v. Ross – Simmons Hardwood Lumber Co.，Inc.，127 S. Ct. 1069（2007）。该案件涉嫌掠夺性竞标。

案例 8：精灵航空公司诉西北航空公司案

撤销管制的活动中发挥重要作用的艾尔弗瑞德·凯恩（Alfred E. Kahn, 1998, 第1页）提出："我们有足够的事实理由相信，至少在我们关注的航空业中最高法院的观点是错误的。"航空业的一些特点可能导致其倾向于掠夺性定价，包括各个航空公司互相竞争的城市之间的多重市场，在售票过程中可用的价格歧视策略和航线的不同寻常的成本结构。

在一个反垄断的社会中，一个反复出现的问题是市场占有者是否以及会在多大的概率下对市场进入者采取掠夺性定价的应对行动。巴姆伯格和卡尔顿（Bamberger and Carlton, 2006）提供了一份关于从1990年起航空业市场在位厂商对那些所谓的廉价市场进入者反应的报告。尽管他们得到的结论是他们"没有发现证据证明，19世纪90年代中期当廉价航空公司的成长暂时放慢时，主要航空公司对低价格市场进入者的掠夺性定价是系统性的和成功的"，但是他们"不能排除掠夺性定价行为有孤立的个案"。

在20世纪90年代中，随着美国廉价航空运输业的急剧扩张，几个市场进入者向美国交通运输部（DOT）投诉在位厂商涉嫌的掠夺性定价行为。[①] 美国交通运输部调查了这些投诉，并发布了一个报告。它证实了航空市场在位厂商对廉价的进入者采取掠夺性定价策略，并且对描述这种不合法行为提出了具体的指导方针。这些倡议促使国会成立了一个由联邦调查委员会所属的交通运输研究组组成的研究委员会，它在几个月之后发表了一个报告，报告虽然有所保留但却重申了交通部的关注点。

在1999年5月，美国司法部（DOJ）起诉全美航空公司在美国的达拉斯沃斯堡枢纽对廉价航空进入者采取掠夺性定价策略。基于几个理由地方法院在2001年驳回了这个案子。法院不支持司法部的"平均可变成本检验"的各种应用以及基于涉嫌掠夺性定价者获得掠夺性定价声誉的补偿理论。法院还解释说，由于全美航空公司的低价格只会和低价格进入者的价格相匹配，而不会造成过低的价格，因而全美航空公司有权力去"迎接"它的新竞争。[②] 美国第十巡回法院在2003年确认了这个审判决议。[③]

美国司法部失败的一个重要原因，是法院对价格—成本检验和补偿检验在

[①] 班博格和卡尔顿（Bamberger and Carlton, 2006, p.2）报告交通运输部在1993年3月到1999年5月间接到了32个类似的投诉。

[②] United States of America v. AMR Corporation, American Airlines, Inc., and American Eagle Holding Corporation, 140 F. Supp. 2d 1141 (2001). 又见埃克特和韦斯特（Eckert and West, 2006）、艾丁和法瑞尔（Edlin and Farrell, 2004）以及沃尔登（Werden, 2003）。

[③] United States v. AMR Corp, 335 F. 3d 1109 (10th Cir. 2003)。

航空业的掠夺性定价案例中所处地位的理解。尽管法律的审判结果如此,全美航空公司并未说服所有人一个航空市场在为厂商采取以下行为不属于反垄断法的范围。这些行为包括降价来和廉价的市场进入者竞争,大幅增加自己的市场容量以减少进入者的市场占有量,然后一旦进入者退出后就大幅度提高价格并减少市场容量。在这之后,精灵航空和西北航空的诉讼为审判法庭提供了一个机会来区分航空产业掠夺性定价行为和合法竞争行为。在转向精灵航空公司的案子的事实和分析之前,我们先回顾一下目前应用于掠夺性定价诉讼的法律标准。

8.3 掠夺性定价和竞争导致低价的区分

最高法院在涉及两家香烟生产商的案例中发布了最新的掠夺性定价意见。该案中的两个厂商都不是香烟产业的新进入者。布朗和威廉姆斯公司(Brown & Williamson)在其最新折扣香烟中采用的低廉定价策略,使得曾经是折扣香烟的主要提供者的里格特公司(Liggett)鸣冤叫屈。在直到最高法院的漫长的反垄断战争中,最高法院依据经济分析设置了一个原告能够获得成功的高标准。[①] 根据最高法院的布鲁克集团案中的观点,一个掠夺性定价过程的证实需要三个分析阶段。

第一步是定义涉嫌掠夺性定价发生的相关市场,并判定那个市场的市场结构是否满足在没有目标企业的条件下被告施用垄断势力。如果在相关市场中被告的竞争对手足够微小,惩罚被告价格的能力有限,并且在市场中存在明显的进入壁垒,则垄断势力的存在就具备了必要条件。那么第二步分析就开始了。但是如果在相关市场中没有建立垄断势力,经济学告诉我们被告企图破坏竞争的进攻性定价一定是不可行的。因此,在相关市场中被告拥有垄断势力或者具有获得垄断势力的合理预期,对于证实被告的定价是掠夺性的是一个首要前提。

掠夺性定价经济分析的第二步是判断在位者在相关市场中的价格是否低于经过正确计算的成本。判定掠夺性定价的最具权威的成本标准是阿利达—特纳

---

① Liggett Group, Inc. v. Brown & Williamson Tobacco Corp., 509 U.S. 209, 231–232 (1993). 该案件通常被称为布鲁克集团案因为布鲁克集团在诉讼的过程中收购了里格特公司。又见伯内特(Burnett, 1999)。

案例8：精灵航空公司诉西北航空公司案

检验（Areeda - Turner，1975）。这个检验意在判定被告的价格是否低于其合理预期的平均可变成本。如果被告的价格低于这个标准，阿利达—特纳检验指出由于这个价格在短期内不是有利可图的而且低于厂商的生产关闭点，因此被告的低价格可能是反竞争的。此外，如果被告所涉嫌的目标厂商效率低于被告，那么这样的低价格就会低于目标企业的关闭点，该价格可能会把竞争对手驱逐出市场，并且为在一段时间内实行畅通无阻的垄断价格铺平道路。阿利达和特纳认为，价格高于平均可变成本对于被告来说是一个安全港。如果调查的第二阶段表明，被告的价格高于这个成本标准，那么它的定价就是非掠夺性的。除非有其他条件支持继续分析，否则掠夺性定价的假设就会被拒绝。如果被告的价格低于这个标准，那么掠夺性定价就变成一个更可能的假设。这样分析就会继续到第三阶段，也就是最后一个阶段。

第三阶段是调查被告在赶走目标竞争者后为了补偿它在低价格阶段遭受的损失而实行足够高、时间足够长的垄断性价格的可能性，这一阶段被称为"补偿检验"。尽管对于证明被告实行掠夺性定价来说，显示出被告的价格低于它适当测量的成本水平通常是必须的，但它并不是一个充分条件。补偿检验为防止法院在应用以成本为基础的检验时犯第一类错误（得到错误的正面结论）提供了一个保护措施。[①] 如果被告的成本计算不恰当，或者被告的损失不是策略性的而是被忽视了，这种错误就会出现。[②] 如果补偿检验显示被告在驱逐一个竞争对手的过程中获得的回报不足够补偿它在价格战中的损失，那么被告的低价格是掠夺性定价的可能性就会大大减小。在现行的反垄断法中，为了证明被告的低价格是掠夺性定价，原告必须证明被告企业在竞争对手退出市场后索要的垄断价格可以补偿它的损失的可能性是足够高的。

在精灵航空公司诉西北航空公司案中原告的主张和布鲁克集团案中很相似。它们对基于利用公司间信息不对称的掠夺性定价理论都不信赖。考虑到这种相似性，我们将会采用法院的布鲁克集团案中三步分析方法来评价精灵航空公司诉西北航空公司案的主张。

[①] 卡茨（Katz，2006，p.6）指出补偿检验是一个"真实性测试：若涉嫌掠夺性定价的厂商无法实施补偿，那么该厂商尝试掠夺性定价的原因就成为了问题"。

[②] 此外，可能有些情况下被告的价格暂时低于成本目标但却不是反竞争的。例如，厂商可能对新客户收取较低的进入价格。或者，厂商的产品学习曲线可能非常陡峭因而当成本随着经验累积而降低时厂商可以将价格订在成本之下。

8.4 事件的简要历史

作为一个在明尼阿波里斯和芝加哥之间的主要航运公司，西北航空公司成立于1926年。这个公司很快开始了乘客运输服务，并且目前已经是世界上五大航空公司之一。随着西北航空公司在费城市场扩大，它在那里建立了一个乘客服务中心。1986年西北航空公司并购了共和航空公司后，它在底特律、孟菲斯和费城分别有了乘客服务中心。在和这个案例有关的时期内西北航空公司的航线结构主要是以这三个机场为中心。通过自己直接提供服务或者和欧洲、亚洲企业的合作联盟，西北航空还提供到达国际目的地的服务。2000年，西北航空公司大约有53 500名员工，获得114亿美元收入，净利润2.56亿美元。那一年，西北航空公司大约运输了5 870万乘客。①

精灵航空公司是一个廉价航空公司。它的经济状况和西北航空区别很大。② 2000年精灵航空经营28架飞机，拥有接近2 000员工和280万乘客的运输量。③ 在案例发生的时期，同时也是案例的关键点所在，精灵航空公司对十三个航线提供周期性、有计划的航空服务。它的主要业务是运载乘客从底特律和其他东北部地区城市到佛罗里达和其他观光目的地。

在1995年12月之前，西北航空公司在底特律到费城航线的直达服务中的市场占有率是70%。④ 美国航空公司拥有这个航线的剩余市场量。⑤ 西北航空1995年到1997年在这个航线上对当地单程乘客收取的平均费用的月度值如图8－1所示。⑥

1995年12月，精灵航空使用87座的喷气式飞机在底特律到费城航线引进了当日直达的单程航班。⑦ 精灵航空公司在这个航线的平均价格大体上比西北航

---

① Northwest Form 10 - K，时间为2001年4月2日。
② 精灵航空本源于1980年建立在底特律的一家旅行社，1992年更名为精灵航空，见http://www.spiritair.com/welcome.aspx?pg=aboutspirit&code=history.
③ 精灵航空宣传材料，2000年9月5日及2001年1月12日。
④ 底特律—费城航线上的本地旅客指由底特律或费城出发以对应城市为终点的旅客。
⑤ 资料来源：Data Bank 1A。底特律—费城航线上西北航空与美国航空之外的公司只拥有不超过4%的市场份额。
⑥ 西北航空的平均票价由底特律—费城航线上本地旅客数据构建。除非特别注明，本章中所有票价均为单程价格。
⑦ 见精灵航空对反垄断局调查的回应 No. 17702，第5页。

案例 8：精灵航空公司诉西北航空公司案

空要低，如图 8-1 所示。在精灵航空公司进入市场之前，西北航空公司在这个航线上采用的最低无限制价格是 355 元，最低限制价格是 125 元。[①] 精灵航空公司开始服务的时候提供的价格低达 49 元，三个月后机票的平均价格是 57 元。[②]

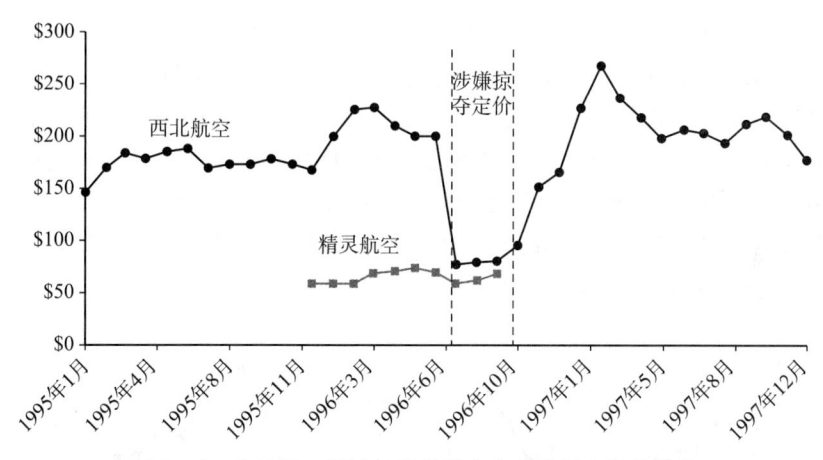

图 8-1 底特律—费城航线单程完全当地乘客平均价格

说明：西北航空定义了三种类型的当地乘客，即完全当地乘客、转机当地乘客、多目的地当地乘客。完全当地乘客指那些直航乘客。
资料来源：西北航空公司、精灵航空公司。

开始时，西北航空公司没有为了应对精灵航空的进入而极大地削减价格。可是，当精灵航空在 1996 年 6 月 28 号引入第二个当日直达航班时，西北航空公司立刻并且大幅削减价格，提供了最低价格以和精灵航空公司单程 49 美元的价格竞争，并通过增加另一个航班来扩大这条航线的市场容量。[③] 结果，西北航空公司的平均价格在 1996 年 7 月降到了 77 美元，如图 8-1 所示。在涉嫌掠夺定价的时期内，西北航空公司在这条航线上的价格比精灵航空的最低价格还要低 92.5%。[④]

由于西北航空公司在这条航线上市场的扩大，精灵航空公司的乘客数量骤减，导致它在此航线的经营无利可图。在西北航空公司对精灵航空公司的进入

[①] 见 DOT Presentation Outline, Northwest Airlines, Inc., 第 20 页。
[②] 见精灵航空对反垄断局调查的回应 No. 17702, 附件 2, 第 12 页。
[③] Spint Airlines Inc. v. Nothwest Airlines Inc., 2003 WL 24197742 (ED. Mich), 2005-2 Frade Case P. 75, 002, P. 3 (Mach 31, 2003).
[④] Spirit Airlines Inc. v. Northwest Airlines Inc., 431 F. 3d 917, 924 (2005).

采取反应之前，精灵航空公司在这条航线上的载客率高达88%，但是在随后的几个月里载客率下降到31%~43%。① 精灵航空公司在1996年8月12号取消了它在这条航线上的一个航班，并且在1996年9月30日取消了另外一个航班（可许(kahan)，1998，第5页）。在精灵航空公司取消它的航班后，西北航空公司大幅度提高它的价格并减少市场容量，如图8-1所示。

接着类似的事件发生在另外一条航线上。在1996年4月以前，西北航空公司是唯一提供底特律和波士顿之间的当地直达航班服务的公司。西北航空在这条航线上的唯一竞争对手是那些不能提供底特律到波士顿直达服务航班的公司。图8-2描绘了1995~1997年期间在底特律到波士顿航线上西北航空公司对当地乘客提供的月平均价格。② 它在这条航线上对无限制机票索要的价格是411美元，最低的限制机票是129美元。③

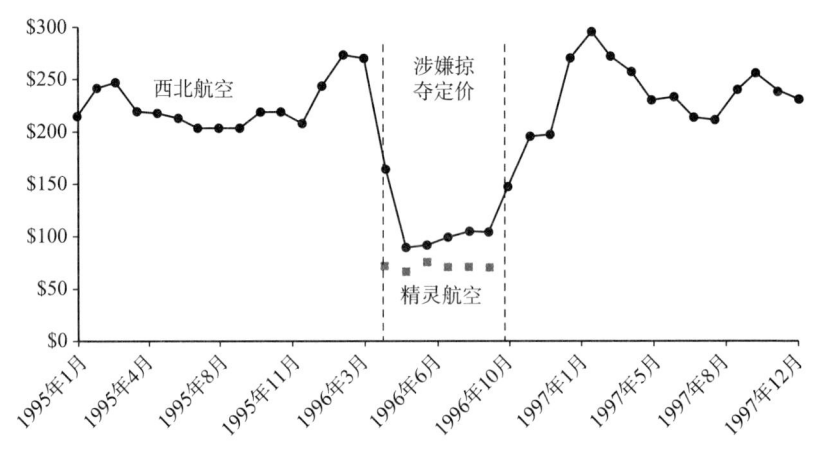

图8-2 底特律—波士顿航线单程完全当地乘客平均价格

说明：西北航空定义了三种类型的当地乘客，即完全当地乘客、转机当地乘客、多目的地当地乘客。完全当地乘客指那些直达乘客。
资料来源：西北航空公司、精灵航空公司

1996年4月15号，精灵航空公司通过使用一架87座的喷气式飞机在底特律到波士顿的航线上引进一个单程当日直达航班。精灵航空的初始价格是69

---

① 同前。航班的载客率是指普通乘客所占用的座位的比例。
② 这些月平均价格取自西北航空公司底特律到波士顿航线的当地乘客数据库。
③ Spirit Airlines Inc. v. Northwest Airlines Inc., 2003 WL 24197742 (E. D. Mich), 2005-2 Trade Cases P. 75, 002, P. 4 (March 31, 2003).

案例 8：精灵航空公司诉西北航空公司案

美元，并且在它经营期间它的平均费用在 67~75 美元的范围内，如图 8-2 所示 kahan，1998，第 7 页。西北航空公司对精灵航空公司进入的反应是在这条航线上增加另外两个当日直达航班，并且提供一个具有竞争力的价格。其中一个航班的飞机比西北航空以往在这条航线上的所有飞机都要大。① 图 8-2 描绘了西北航空的骤然减价。在涉嫌掠夺性定价的时期，这些价格比精灵航空公司的最低价格还要低 93.9%。②

在西北航空公司采取了这些行动之后，精灵航空公司在这条航线上的载客率在 17%~31% 之间，且它的营业利润为零。③ 精灵航空公司在 1996 年 9 月 8 号取消了该航班（Kahan，1998，第 8 页）。在精灵航空公司取消该航班后不久，西北航空提高了它在这条航线上的价格并减少市场容量，如图 8-2 所示。

8.5 西北航空公司方面的经济分析

为了证明西北航空公司在这两个航线上的行为是掠夺性定价，并且违反谢尔曼反托拉斯法的第二部分，精灵航空公司的经济分析采用前面提到过的法院对布鲁克集团案的意见，即三步分析法。西北航空公司的经济分析力求证明西北航空的行为不是掠夺性定价，从而使精灵航空公司的控告不可信。与奥多瓦和维里格（Ordover and Willig，1981）关于掠夺性定价的定义相一致，西北航空公司的分析采用了检验的结构，该检验的主要内容是西北航空公司在这两条航线上对精灵航空公司进入的反应是否是由可能破坏竞争的利润追逐行为所驱动的。此检验的实施与精灵航空公司所使用的分析步骤相似。然而，由于西北航空公司的分析指出该公司在问题航线上的收益不低于任何的相关成本标准，所以它主张没有必要来检测西北航空公司是否具有垄断势力或者有能力补偿在相关市场掠夺性定价过程中的损失。

8.5.1 市场界定

精灵航空公司分析的第一步是界定相关市场并且考察该市场的结构。这是

---

① Spirit Airlines Inc. v. Northwest Airlines Inc.，2003 WL 24197742（E. D. Mich），2005 - 2 Trade Cases P. 75，002，P. 4（March 31，2003）.
② Spirit Airlines Inc. v. Northwest Airlines Inc. 431 F. 3d 917，924（2005）.
③ 同上。

为了判定西北航空是否拥有实施成功的掠夺性定价策略所需要的必要市场垄断势力。市场占有量非常重要，因为一个拥有很小市场占有量的公司不会拥有实行掠夺性定价策略所要求的价格决定权。在反垄断经济学中，相关市场有两个维度。一个是定义在市场中购买和销售的相关产品，另外一个是定义销售市场的区域性分布。

精灵航空公司在这个案例中把相关地域市场界定为底特律到波士顿和底特律到费城两个航线的乘客运输市场。西北航空公司对这个界定没有异议。把城市间的航线定义为地域市场是可行的，因为底特律到纽约的航空机票的价格上涨对从底特律到波士顿的乘客数量几乎没有影响。把地域市场界定为"城市对"意味着：相比于城市对内部的旅行选择，不同城市对之间的选择替代是微不足道的。

在航空业的范围内把地域市场界定为城市对是被广泛认可的。例如，莫瑞森（Morrison，1998，第150～156页）指出"航空公司的产出衡量指标是在两个城市间运载的乘客量"，且"航空公司之间的实际竞争说到底是在航线层次上的"。联邦调查委员会的交通调查组（NRC，1999，第65～66页）指出"航空公司在城市对的基础上展开竞争。几千个不同的出发地到目的地的城市组合点组成了航空运输市场"。在美国参议院的评论中，反垄断局的前任领导指出（克莱因（Klein），2000，第21页），"航空业相关市场可能由已计划的出发地到目的地的航空服务组成，总体上来说指的就是城市对。这种市场定义十分形象，同时又富有经济含义。"

尽管西北航空公司同意精灵航空公司把案中的相关地域市场界定为底特律到费城和底特律到波士顿的城市组合，但是它坚决反对精灵航空公司提出的相关产品市场。这种关于产品市场的不同意见和该公司得出与精灵航空的诉求所不同的结论密切相关。

精灵航空公司提供了两种可选择的相关产品市场的界定。一种产品市场界定包括所有搭乘底特律到费城航线的当地乘客。类似地，也包括所有搭乘底特律到波士顿航线的当地乘客。另外一种相关产品市场界定只包括在两条航线上观光旅游并且对价格敏感的当地乘客。精灵航空公司主张价格敏感乘客是随着价格的改变有明显改变他们的旅行计划倾向的可识别群体。这些人是假期旅游者或者是出于个人原因出行的。他们的计划具有很高的可变弹性，且他们都是自己花钱支付机票。根据精灵航空公司的分析，对价格不敏感的商务性的乘客很看重出行计划的灵活性，一般会选择无限制的高价机票。对价格敏感的乘客通常会购买有限制的低价机票（比如提前购买、不可退票或者要求星期六的中途停留）。

案例8：精灵航空公司诉西北航空公司案

精灵航空公司的两种产品市场选择都把相关市场限制为两条航线上的当地乘客。即使那些旅途开始或者结束于其他任何地方但和当地乘客一样在相同的飞机上拥有座位的乘客被排除在外。对于那些旅途开始于印第安纳波利斯或者结束于费城的乘客，即使他们的旅途包括在底特律的中途停留，购买底特律到费城的机票仍然是拙劣的替代品。而且考虑到涉及距离问题，精灵航空公司的产品市场定义把相关市场限制在航空运输而把城市间的其他运输方式排除在外。尽管一些乘客可能驾车到达他们的目的地，或者乘坐公车、火车甚至包租一辆飞机，精灵航空公司认为这些选择是不能被已预订的航空服务"恰当替代"的。

西北航空公司不同意精灵航空公司这种只包括当地乘客的相关产品市场界定。西北航空公司提出和这两条航线有关的乘客也应该被包括进来。西北航空公司提出在同一架飞机上具有不同出发地和目的地乘客的座位是可替代的，这意味着产品市场应该包括乘坐这些航线的所有乘客。西北航空公司在这个问题上的推理更加强调企业的产出管理系统和供应方的可替代性，而不是需求方的可替代性。该航空公司也不同意通过区分价格敏感和不敏感乘客来界定不同的产品市场。

精灵航空公司引用了一些事实来支持它的包含所有的当地乘客的产品市场界定。可得数据使得这种界定方法更加方便，因为要区分出价格敏感乘客就要对同一架飞机上始于和到达相同城市的乘客做出区分。把所有当地乘客界定为产品市场也承认了不同乘客群体间供给的可替代性。一个航空公司可能会在一个特定的航线上突然以较低的成本改变已有航班的座位价格结构。出于这一考虑和一些其他因素，在经济学文献中采用的传统方法没有区分价格敏感和价格不敏感产品市场。[①] 意识到这种惯例，精灵航空公司采用所有当地乘客的市场界定来度量西北航空公司的垄断势力和定价行为。

然而精灵航空公司争辩说，把产品市场广泛地定义为包含所有当地乘客对于许多偶然乘坐同一条航线的乘客来说会高估选择的替代性。在两个地域市场中许多乘客并不把所有的航班选择视为可替代的例子是，在精灵航空进入之前的几个月内，西北航空公司实行的双峰定价结构。如图8-3所示，精灵航空进入前的时期西北航空公司在底特律到波士顿航线市场中2/3的乘客购买低价格范围的机票。其他1/3的乘客支付了高得多的价格。图8-4表明相同的模式适用于西北航空公司在底特律到费城航线上的价格结构。

---

① 可见博伦斯坦（Borenstein, 1989），然而该文的研究中将转机乘客排除在外。

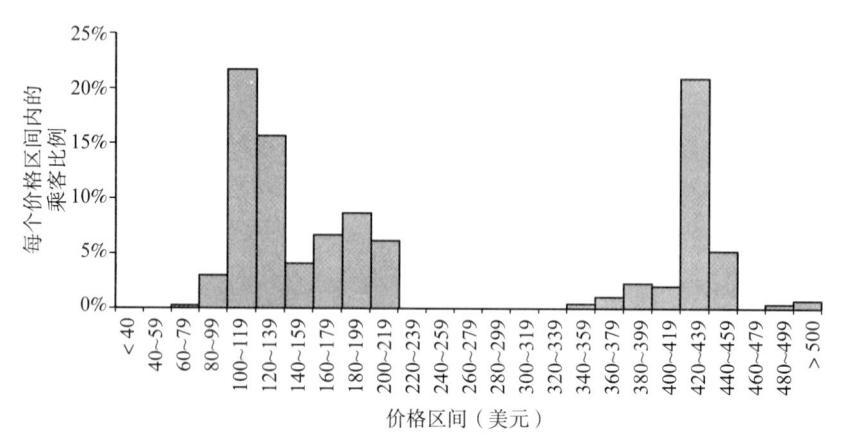

图 8-3　西北航空公司在底特律 - 波士顿航线上的价格结构（1995Q2 - 1995Q4）

说明：1996 年第一季度数据无法获得。
资料来源：DB1A。

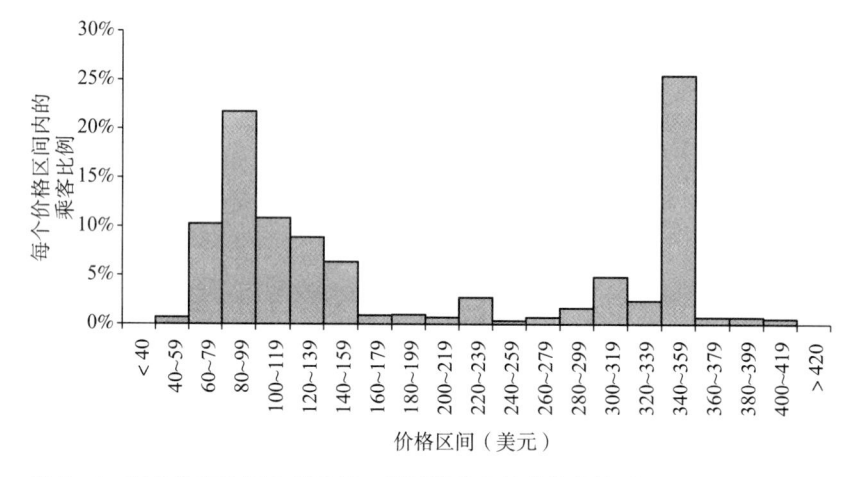

图 8-4　西北航空公司在底特律 - 费城航线上的价格结构（1995Q3 - 1995Q2）

说明：1996 年第一季度数据无法获得。
资料来源：DB1A。

精灵航空公司主张，西北航空公司在这些市场的双峰定价结构说明不同机票选择间的替代性很微弱，这支持了它对价格敏感和不敏感乘客属于不同市场的观点。精灵航空公司解释说，如果所有的乘客处在一个相同的产品市场，那么价格差就会被缩小或套利会消失。现实中价格的差这么大表明同一航班至少

案例 8：精灵航空公司诉西北航空公司案

在服务两个产品市场。

对价格敏感程度不同的乘客的区分已被航空业认可，并且经常被表述为"商务"旅客和"休闲"旅客。例如，一个美国审计总署的研究（GAO，2001，第 17 页）发现，航空业的价格结构描绘出差异化产品市场，并指出"在同一个商业航班上的乘客有时候即使是邻座，可能支付的价格差别很大。这个行业总体上把目标乘客分为两个范围：那些由于商务目的而出行的乘客和那些为了休闲目的而出行的乘客。"在其对以前的一个反垄断案例的分析中，西北航空公司指出同一个航班的不同机票价格来源于"商务"和"休闲"乘客的不同的需求弹性。正如西北航空公司的市场执行副主席（拉文 Levine，1993，第 25 页）曾经在另外一个事件中所证实的，"航空业总体上认为商务乘客（基本上不可任意支配）组成一个单独的市场。"

西北航空公司不认为对于价格敏感和非敏感乘客存在分离的产品市场。就进入前后价格的巨大变化而言，西北航空公司指出，在精灵航空公司这两条航线上开始服务后，西北航空的价格结构趋于紧凑以维持乘客。而且，西北航空公司注意到精灵航空公司在这些航线的机票是无限制的，正如西北航空之前的高价格机票（也就是精灵航空公司声称的价格不敏感乘客支付的价格），它认为精灵航空公司不仅在争取那些以前支付低价格的乘客，同样也竞争那些以前支付高价格的乘客。精灵航空公司承认，如果没有它的服务作为选择，在这些航线上很大一部分他的乘客会支付西北航空公司的高价格。

8.5.2 垄断势力

在阿利达和霍温坎普的论文中（Areeda and Hovenkamp，2002，第 341 页），他们指出"掠夺性定价如果发生的话，只对于具有大量市场份额的支配性企业是可能的。考虑到影响可行的掠夺性定价最小规模的因素的多样性，没有固定单一的市场份额可以作为最小值。"[①] 精灵航空公司指出，西北航空公司在这两条航线上的市场份额足够大，不论产品市场如何定义，这都足以证明它的申诉：西北航空公司在这些市场具有垄断势力。在 1995 年，精灵航空公司进入前，通过对直达或者一次停留乘客数量的测算，西北航空公司大致拥有

---

① 阿利达和霍温坎普（Areeda and Hovenkamp，2002，p. 341）提出"然而，我们仍建议一个强推定，即市场份额小于 60% 时，谢尔曼法中的掠夺性定价不成立"。

233 底特律到波士顿航线 90% 的市场份额和底特律到费城航线 69% 的市场份额。全美航空占有这些航线剩余的当地乘客市场。① 2000 年，精灵航空公司进入并退出这些市场后，西北航空公司拥有的市场份额大概分别是 86% 和 64%。无论从资产、收入、单座运输距离还是员工的数量来计算，西北航空公司这些年在它以底特律为中心的运营都比精灵航空公司（和其他所有航空公司）要强大得多。

较高的市场份额对于成功的掠夺性定价所要求的垄断势力来说是一个必要但非充分的条件。市场进入条件也是很重要的。因为在一个初次进入或者二次进入相对比较容易的市场，掠夺性定价不可能获得成功。② 精灵航空公司指出了进入两个航线市场的若干个壁垒，并且争论说这些壁垒支持其认为西北航空公司在这些市场具有垄断势力的主张。一些壁垒来自于西北航空公司的规模和其在位者地位。例如，由于航空公司对于商务乘客和旅行代理商的飞行常客奖励计划和促销活动，西北航空公司享有来自于许多乘客的品牌忠诚度。这种情况下，精灵航空公司或者其他相关市场的进入者为了成功地和西北航空公司竞争就必须克服这些市场在位者优势。③

尽管飞机和员工具有从一个航线到另外一个的移动性，这总体上会使得市场进入变得容易，但是即使飞机和员工已经具备，地面设施的限制供应可能会成为进入的一个经济壁垒，④ 重要的例子包括售票台空间、登机闸门、起飞和着陆点。精灵航空公司指出，这些限制因素支持它作出的西北航空公司在相关市场具有垄断力量的主张。

根据美国总审计署的报告（GAO，1996，第 9 页），"1990 年对美国国内 66 个最大的机场的调查显示，85% 的登机闸门是通过长期独占性租赁合同租赁的。在大多数机场，每一个闸门都有一个独占使用租赁合同。我们总结出这样的租赁合同限制了其他公司地进入。为了进入机场，一个非在位者就必须从在位航空公司那里转租闸门，通常这种转租会发生在不受偏好的时间并且花费

---

① Data Bank 1A Superset。除西北航空和全美航空外的其他航空公司占底特律至费城航线市场份额的 4%。
② 这是由于进入壁垒的缺乏使得当掠夺性定价厂商提高价格时，其他厂商进入成为可能。这也说明掠夺性定价厂商补偿其低价损失的能力被消弱了。
③ 见博伦斯坦（Borenstein，1992）和拉文（Levine，1987）。
④ 在乘客航空市场中，闸门和起飞着陆点的稀缺性通常被认为是进入壁垒。见莫里森（Morrison，1998，第 166 页）。

案例8：精灵航空公司诉西北航空公司案

比在位者从拥有者那里租赁时更高的成本。"① 交通研究委员会（TRB，1999，第120页）指出，"当机场运营者储备很少或者没有额外的闸门提供给其他航空公司的时候，周期性的闸门稀缺可能会成为进入市场的一个障碍。为了阻止一个新的竞争对手获得立足之处，很可能在位者会保留闸门或者提供一些无吸引力的合同。"

总审计署认定，底特律是美国拥有最高闸门限制的机场之一。1990年在这个机场的86个喷气式飞机闸门中，76个签订了独家经营使用的合同。并且直到2008年年底，底特律的64个闸门被租赁给西北航空公司，其中54个都订立了独家经营合同。精灵航空公司的副主席兼法律总顾问在1998年的美国参议院财政委员会的交通委员会作证时说："精灵航空公司在没有闸门的状况下于1997年12月从底特律运载了超过19 000乘客。我们不停地寻找一天中有空闲时间使我们能签订合同的未使用空间。因为我们缺少闸门，所以在目前的机场授权的背景下，我们被征收比其他航空公司（当然包括西北航空公司）多出25%的额外税收。底特律闸门的稀缺和西北航空公司对现存闸门的主导控制形成了一个进入任何一个相关市场的壁垒。"

总之，精灵航空公司指出，相关市场的结构条件——西北航空公司的市场份额和进入条件——表明西北航空公司在这些市场拥有垄断势力，这足够保证对西北航空公司行为的经济分析被推进到第二阶段。

西北航空公司没有反对精灵航空公司对其市场份额的计算，也没有进行对相关产品市场细致的结构分析。但是它否认在这些市场拥有垄断势力。西北航空公司引证说，全美航空公司作为一个竞争者，有足够能力阻止西北航空公司在任何市场拥有垄断力量，尤其是底特律到费城的航线。

西北航空公司还对精灵航空公司关于进入壁垒问题提出的在任何一个市场机场设施足够阻止一个竞争者进入的结论表示反对。它指出精灵航空公司在底特律、费城、波士顿的机场设施合同方面已经展现出了它的能力，并且通过其他航线的机场设施的替代在底特律到费城和底特律到波士顿这两条航线上处于扩大服务市场的地位。西北航空公司还指出，尽管西南航空公司没有在案例中的两条相关航线上提供服务，但西南航空公司1987年已经开始在底特律经营。而且，在2000年宝航航空公司在底特律的次级机场开始经营并且提供到达费城的服务，直到其接到联邦航空管理局的命令而关闭。西北航空公司注意到无

---

① 又见 Transportation Research Board（1999，第88页）。

论费城还是波士顿机场都不是闸门被限制的机场,并以此说明宝航航空公司的经历显示,精灵航空公司本可以通过使用底特律次级机场而不是主要机场来扩大它的服务。

8.5.3　西北航空公司的收益和成本分析

掠夺性定价调查的第二阶段包括评估西北航空公司在这两条航线上的价格费用是否低于公司的平均可变成本。发现它索要的价格低于这个标准会明显提高它对精灵航空公司进入采取的反应是掠夺性定价的可能性。在它的例行公司流程中,西北航空公司每月会对每一条具体航班的财务和营业活动做一次记录,并且以城市组为单位对把这些数据汇总。[①] 精灵航空和西北航空公司的分析都使用了西北航空公司的收益和成本数据。

8.5.4　精灵航空公司对收益和成本的分析

区别于固定成本,一个公司的可变成本是指随着公司产出水平的变化而变化的成本。换句话说,在掠夺性定价调查中的相关可变成本是指涉嫌的掠夺性定价者在它要生产的产品数量上通过缩小产量所节约的成本。比"可变成本"更具有描绘性的词语是"可避免成本",或者"边际成本"。[②] 评价精灵航空所主张的西北航空公司在相关市场中的行为,要求我们比较西北航空公司在精灵航空进入后对相关乘客索要的价格和它的不可避免成本或边际成本。

西北航空公司把它的每一具体航班成本分为三类:乘客可变成本、非乘客可变成本和固定成本。乘客可变成本指在一个航班上随着乘客数量的变化而变化的成本,例如,这些包括印刷机票、进门安检、机舱食品饮料、保险和其他可变成本。非乘客可变成本指当在一个现有的航班基础上增加一个航班或者以较大飞机替换现有航班时西北航空所支付的成本,这些项目包括比如像燃料、飞行员、维修、和着陆费的成本。由于这些成本不能像乘客可变成本一样迅速被调整,它们在一个给定的航线上不会随着乘客数量的变化而变化。固定成本是指在西北航空公司的经营中在一个固定的航线上增加乘客或者航班的数量不可能改变的成本,比如公司日常费用。

[①] 数据来源于西北航空公司的飞行利润系统(FPS),该系统"用于衡量航空公司的绩效"。
[②] 见鲍莫尔(Baumol, 1996)。

案例8：精灵航空公司诉西北航空公司案

尽管西北航空公司对所有乘客按照每一具体航班进行成本分类，精灵航空公司指出，西北航空公司的乘客人均成本是测度当地乘客成本的一个正确指标。因为对于西北航空公司来说，在一条航线上接待过路旅客和当地旅客并没有物质成本差异。西北航空公司反对这种假设，它指出每条具体航班的成本都是一样普遍的成本，除了乘客可变成本，因此不应该在所有乘客中按比例分配成本。

精灵航空公司的边际成本计算包括西北航空公司的成本数据中显示的所有可变成本项目。它们还包括了一些西北航空公司分类为固定成本的项目。出现的一个重要的项目是飞机的成本。[1] 西北航空公司可以通过三种方式增加它的某一航线的当地服务座位数：在现有的航班上增加服务座位、替换为更大的飞机和增加航班和飞机数量。由于西北航空公司在其他航线上使用和案例中的两条航线相同型号的飞机，这个公司可以并且考虑过这两条航线上的飞机的其他使用用途。这意味着在短期内，西北航空公司在一个市场上提供服务的成本不会再出现在另外一个市场中。因此，精灵航空公司解释说，在使用这种飞机的市场中的目标活动的成本会增加。尽管在把航空公司作为一个整体考虑的时候这些成本是固定的，但是西北航空公司可以通过在其他市场中使用这些飞机减少这两条航线上的成本。

精灵航空公司采用相似的推理来估算机场闸门、售票空间和类似机场资产的成本，并把它们归类到边际成本的范畴。所有的这些资产都是可替代的，并且很容易被转变到开始或者结束于底特律、费城或者波士顿的航班上。西北航空公司对精灵航空进入的反应包括在这些航线上大量增加载客量。精灵航空公司说，为了增加这两条航线上的乘客量从其他航线转移来的飞机和其他机场资产的机会成本，对于西北航空公司的竞争活动是额外增加的成本。相反地，西北航空公司反对这种说法，认为这些成本项目不是边际成本，而是固定的，因为减少这些成本需要在一个相对于可变成本来说更长的时期内。

西北航空公司为了应对精灵航空公司进入底特律到费城航线和底特律到波士顿航线而扩大市场量并降低价格的时期分别是1996年7月到9月和1996年4月到9月。[2] 精灵航空公司估算的西北航空公司在这两条航线上的乘客服务

---

[1] 关于航空产业中掠夺性定价的相关成本讨论，可见开普兰（Kaplan, 2000）。开普兰在此案中担任精灵航空的咨询顾问。

[2] 垄断厂商不立刻对新进入厂商或其他竞争威胁作出反应的事实表明掠夺性定价是需要大成本的策略。理性厂商在引入扩大产出的成本策略和低于成本的价格策略之前一定会慎重考虑其期望结果。

边际成本反映在表 8-1 中。在 1996 年 7 月到 9 月时期内底特律到费城航线的每个乘客的额外边际成本在 53.47 美元到 60.17 美元之间。① 这些成本包括西北航空公司认定的可变成本加上飞机花费。如果包括其他和这条航线上乘客量的增加有关的机场花费，西北航空公司的边际成本会更高。在 1996 年 4 月到 9 月相对应的底特律到波士顿的每月的边际成本在 65.87 美元到 85.24 美元之间。② 这些成本占据了西北航空公司这一时期在这些市场中的平均总成本的很大一部分。在以往针对美国航空公司的诉讼中，西北航空公司曾经声明可变成本占总成本的 95% 以上。③

如表 8-1 所示，精灵航空公司比较了西北航空公司在这两条当地乘客市场航线中的边际乘客成本和边际收益。精灵航空指出，在计算西北航空公司在当地乘客市场中的边际收益中的合理价格应该是当它削减价格、增加乘客量后那些被吸引的乘客普遍所支付的价格。在 1996 年的整个 7 月和 8 月的部分时间底特律到费城航线的价格是 49 美元，在 8 月的剩余时间和 9 月是 69 美元。在 1996 年 4 月到 9 月，底特律到波士顿航线的价格是 69 美元。并不是所有乘坐这些航线的西北航空公司乘客都支付这样的价格，但是大部分乘客是这样的：大约 70% 底特律到费城航线和 75% 底特律到波士顿航线的乘客。精灵航空公司表示，这是一个足够大的当地交通运输占有量，证明了西北航空公司为了安置乘客增加市场容量来实施掠夺策略的假设。

表 8-1　　　　　　　　　　西北航空公司成本收益表

	底特律到费城航线 1996 年 7 月至 9 月	底特律到波士顿航线 1996 年 4 月至 9 月
包含飞机费用的成本	53.47~60.17	65.87~85.24
全部当地旅客市场		
49 美元票价下的边际收益	44.29	n. a.
69 美元票价下的边际收益	58.31	61.98
价格敏感型当地旅客市场		
边际收益	50.35	64.82

注：以上不包含附加设备成本。
资料来源：*Spirit Airlines Inc.* v. *Northwest Airlines Inc.*，431 F.3d 917，924 (2005)。

---

① *Spirit Airlines Inc.* v. *Northwest Airlines Inc.*，431 F.3d 917，940 (2005)。
② 同上。
③ *Northwest Airlines* v. *American Airlines*, U.S. District Cowrt for the Southern District of Texas, February 26, 1993.

案例 8：精灵航空公司诉西北航空公司案

西北航空公司的边际收益要小于它支付给那些出售它的机票旅行代理商的费用。把这些手续费借贷相抵后（以及对那些与乘客数量相关的细小收益做小幅度的调整），西北航空公司的边际收益如表 8-1 所示。在底特律到费城航线上销售一张 49 美元的机票得到的净收益是 44.29 美元。在底特律到费城的航线上销售一张售价为 69 美元的净收益是 58.31 美元。在底特律到波士顿航线上销售一张 69 美元的机票的净收益是 61.98 美元。

西北航空公司在底特律到费城航线市场的边际收益和边际成本的比较显示当西北航空在 1996 年 7 月到 8 月中旬推出 49 美元的机票时，它的边际收益小于边际成本。而且，在 1996 年 8 月中旬到 9 月期间，西北航空公司从 69 美元机票获得的边际收益小于它在 9 月 60.17 美元的边际成本。在底特律到波士顿航线，西北航空公司在 1996 年 4 月到 9 月期间每个月的边际收益都达不到它的边际成本。

精灵航空公司对当地的价格敏感乘客作了一个类似的成本收益分析。因为西北航空公司的财务和经营资料没有区分敏感和非敏感乘客（或者商业和休闲乘客），精灵航空公司不得不设计出一种方法来识别在这两条航线上的价格敏感乘客的以便于计算他们支付的价格。图 8-3 和图 8-4 显示出这两个市场具有的明显双峰价格分布，这提供了一种可行的方法来区分进入前两个市场中的价格敏感和非敏感乘客。但是在进入发生后的几个月内，当西北航空公司实行掠夺价格后，它的双峰价格分布就消失了。许多非价格敏感乘客可以很容易购买到的西北航空公司的低价格机票。

为了确定在涉嫌掠夺性定价时期两个市场中价格敏感乘客支付的价格，精灵航空公司寻求确定非价格敏感乘客，然后去除他们支付的不同价格。根据西北航空公司在精灵航空公司进入前的双峰价格分布精灵航空公司确定了非价格敏感乘客的数量，然后它推算出掠夺性定价时期的数量。其中因为西北航空公司的低价格，需求弹性会吸引更多的非价格敏感乘客进入市场，所以精灵航空在推算过程中做了一个调整，去除那些由价格非敏感用户支付的高价格就得到价格敏感乘客支付的价格。

应用这个流程，精灵航空公司计算出涉嫌掠夺性定价时期西北航空公司在每个市场向非价格敏感乘客索要的价格，并且像以前一样考虑到支付给旅行社的手续费问题，对它作了调整。西北航空公司的单个乘客平均净收益的数值展现在表 8-1 中。在 1996 年 7 月到 9 月底特律到费城市场的收益是 50.35 美元。在 1996 年 4 月到 9 月底特律到波士顿市场的收益是 64.82 美元。这些收益和西北航空公司的边际成本的比较显示，在涉嫌掠夺性定价时期这两个市场的边际收益低于边际成本。

精灵航空公司认为，表8-1显示的成本收益对比显示西北航空公司的定价和市场扩大措施在短期内是不能补偿的，并且得出西北航空公司在这两个市场中对进入的反应是掠夺性定价的推断。正如前文提到的一样，西北航空公司不承认价格敏感的当地乘客市场的存在，它坚持说精灵航空公司对当地价格敏感乘客所作的成本收益分析是预设的，且不适合用来判断西北航空公司对精灵航空公司进入的反应是不是掠夺性定价的。

8.5.5 西北航空公司对收益和成本的分析

精灵航空公司和西北航空公司分析的主要差异来自于它们对市场定义的不同观点。正如精灵航空公司所做的那样，西北航空公司没有把相关乘客从这些产品市场中剔除，它也没有把那些精灵航空公司所认定的价格敏感的当地乘客剔除出市场。西北航空公司更广泛意义上的市场定义使得它自己的成本收益比较分析明显要比精灵航空公司的分析简单。

包括所有乘客的市场定义促使西北航空公司把所有相关乘客对其收益的影响都考虑到分析中。这样所有的净收益都被西北航空公司归属到一个特定的航线上，因为收益是在每一个相关乘客的基础上赚到的。由于西北航空公司每一个进入和驶出底特律的航班都是一个系统组成部分，减少任何一个航班的相关乘客会降低公司在系统中其他航班的净收益。

当相关乘客被加入到产品市场中时，连带他们对收益的间接和额外贡献，西北航空公司观察到，不需要再计算和比较平均可变成本来获得结论。这是因为在所涉嫌的掠夺性定价时期的每个月，西北航空公司在这两条航线上的收益甚至超过它的总成本。事实上，把相关乘客算入产品市场而去除他们对收益的间接和额外贡献也可以得到在1996年5月之后的每一个月里收益都大于总成本的结论。另外，排除间接和额外收益，西北航空公司在两个市场中的剩余乘客的收益也超过精灵航空分析中使用的几个边际成本指标。

基于这些原因，西北航空公司坚持，它在涉嫌掠夺性定价时期的两条航线市场上的整个经营在所有成本基础上仍然是盈利的。它还表示，即使忽略间接和额外收益，它的营运在任何可行的边际成本基础上仍然是盈利的。西北航空公司总结出这些发现显示该公司对精灵航空公司进入的反应在短期内是盈利

案例8：精灵航空公司诉西北航空公司案

的，因此不是掠夺性的。

8.5.6 补偿

正如精灵航空公司所说的，精灵航空公司对西北航空公司的价格和成本分析显示西北航空公司的价格在短期内是不能补偿的，并且在长期内如果它不能把精灵航空公司驱除出市场，它就是不盈利的。因此，精灵航空公司把分析进行到第三阶段也是最后一阶段：西北航空公司对于在这两条航线市场中出现的损失进行补偿的可行性评价。由于西北航空公司的收益和成本分析显示它没有损失要补偿，所以西北航空公司没有提供详细的补偿分析。西北航空公司指出，这一阶段的分析对于推翻精灵航空公司的主张不是必须的，因为西北航空公司的收益成本分析已经推翻了精灵航空公司的指控。

掠夺性定价可被看作是一个投资机会，这是因为掠夺性定价中一个在位企业会索要一个很低而不是普遍的价格来使得进入者亏损。如果掠夺性定价者的低价格会导致一个同等效率的进入者亏损，那么定价者也会出现一个亏损。理性的掠夺性定价者把这种损失看作是对垄断力的一种投资。掠夺性定价企业很乐意进行这种投资因为它会把竞争者驱赶出市场，随后在期望的补偿阶段会以垄断利润的形式得到可观的回报。

这种掠夺性定价是一种投资策略的观点是补偿检验背后的依据。[①] 基于被告所预期的掠夺性定价后的市场状况，这一检验评估投资策略对于被告补偿的可能性。为了实施补偿测试检验，我们必须测算涉嫌的掠夺性定价者理性期望通过足够长期的低价格把进入者驱除出市场的损失。然后我们必须测算，在进入者退出或者被打败后被涉嫌掠夺性定价者理性期望获得的垄断利润对于假定的掠夺性定价者补偿损失是否足够多，维持的时间是否足够长。

无论相关成本和收益是否出现在相关产品市场，补偿分析应该把所涉嫌掠夺性定价者在掠夺案例中的所有预期收益和成本考虑在内。精灵航空公司的补偿检验的实施只考虑了在这两条航线上所有的当地乘客产品市场。它没有提供一个针对价格敏感乘客的单独补偿分析。在精灵航空公司的所有当地乘客市场中，所有涉嫌掠夺性定价的主要收益和成本都出现在这些市场。然而在价格敏

---

① 这一观点在埃尔津加和米尔斯（Elzinga & Mills, 1989）中被大量来自于反垄断案件的数据所说明。

感的当地乘客市场中，可能有发生在邻近市场的收益和成本。精灵航空公司指出，所有当地乘客市场的分析也适用于价格敏感当地乘客市场，因为忽视西北航空公司掠夺性定价产生的对非价格敏感市场的财务影响是不恰当的。

为了在这两条航线上实施补偿分析，精灵航空公司对西北航空公司对进入者实行反应行动后的合理预期做出了假设。这些假设假定，无论西北航空是否实施涉嫌的掠夺性定价反应，它都具有预见未来市场价格和乘客载量的能力。具体地，精灵航空公司假设西北航空公司可以合理预期它在掠夺性定价期间和后来的价格和运载量，并且这些预期被验证是准确的。类似地，精灵航空公司假设，西北航空公司可以合理预期如果它没有采取这些反应的情况下这些数值。换句话说，精灵航空公司假设西北航空公司可以根据它在两种情况下地成本、价格和运载量来比较它在掠夺性定价时的预期损失和后来补偿阶段的预期收益。精灵航空公司本还可以声称，西北航空公司期望通过在这两条航线市场针对精灵航空公司的掠夺性定价建立或者增强它的进攻性反应的声誉，从而阻止其他市场的进入者（或者竞争对手的市场扩大）。但是精灵航空公司没有明确地把建立声誉动机归咎于西北航空公司，也没有基于这样的期望进行它的补偿分析。

精灵航空公司使用两种方法来估计西北航空公司的一般价格。一种（基于成本）方法使用西北航空公司在市场中的服务总成本来计算价格。它设定西北航空公司同一时期所有市场的价格和成本具有相同的关系。一般来说，如果市场条件相似并且没有涉嫌的掠夺性定价，这种方法会适用于底特律的其他市场。为了估计西北航空公司在一般的票价下的乘客数量，精灵航空公司使用一系列可行的服务的需求价格弹性数据并从实际乘客量和票价来推理这一数值。西北航空公司反对这种方法，因为它是基于所有底特律航线市场的价格和成本的关系而不是那些在长度、竞争者的数量和其他因素相似的航线。西北航空公司还指出从一开始普遍价格就不应该只考虑总成本。

精灵航空公司使用的另外一种估计西北航空公司一般价格的方法，是研究这两家航空还在竞争的底特律到纽约的拉瓜迪亚机场市场。这种（比较市场）方法首先根据精灵航空公司在底特律到费城航线上单程航班运营的最后三个月（以及在增加第二个航班，促使西北航空公司进行涉嫌的掠夺性定价之前）的价格来设定它在底特律到费城市场和底特律到波士顿市场的价格。然后它通过设定这两条航线的价格和观察到的同一时期底特律到地瓜迪亚市场价格具有相

案例8：精灵航空公司诉西北航空公司案

同关系，来估计西北航空公司在案例中市场的一般价格。[①]

精灵航空公司使用这些西北航空公司的（实际的和假设的）价格和乘客量的估计值，来计算西北航空公司可能期望的从参与掠夺性定价策略获得的损失和收益。在比较这些收益和费用时采用15%的年折现率。

假设这些市场的服务的需求价格弹性为 -0.65，表 8-2 显示西北航空公司需要多少个月的补偿来收回它在掠夺性定价案例中，在底特律到费城航线两个到四个月和底特律到波士顿航线四个月到六个月的投资。在这两个市场的这些预期的掠夺性定价月份的数量包括从西北航空公司开始实行低价格到精灵航空退出的月份：底特律到费城航线的三个月和底特律到波士顿航线的将近五个月。

表 8-2　　西北航空公司在底特律到波士顿航线上的补偿

	底特律到波士顿航线	底特律到费城航线
基于成本		
预期2个月掠夺定价	n.a	1
预期4个月掠夺定价	3	2
预期6个月掠夺定价	4	n.a
基于相对市场		
预期2个月掠夺定价	n.a	3
预期4个月掠夺定价	6	5
预期6个月掠夺定价	9	n.a.

资料来源：DB1A 数据。

基于这些估计值，精灵航空公司坚持声称，以前提到过的进入（和再进入）壁垒——尤其是底特律机场闸门的稀缺和西北航空公司对现存闸门的主导地位——意味着一旦精灵航空公司从相关市场中退出，西北航空公司在比它补偿掠夺性定价损失所需要的更长的时间内不可能面临另外的市场进入者。所以，西北航空公司很自然会期望它在掠夺性定价中的投资会得到回报。回顾历史，在精灵航空公司从底特律到波士顿的市场中退出后市场中很多年没有明显的市场进入现象发生，精灵航空公司通过这一观察得到以上的结论。自从精灵航空公司从底特律到费城市场中退出后，唯一一次重大的市场进入现象发生在

[①] 在西北航空公司不同票价下乘客数量的相应估算方法与之前相同。

1998年5月，也就是宝航旅游公司在底特律次级机场和费城之间引进服务。这发生在精灵航空公司退出十九个月后，因此西北航空公司在宝航旅游公司威胁它的市场主导地位前有足够的时间来补偿它掠夺性定价过程中的投资。

西北航空公司反对精灵航空公司在两条航线上做出的进入壁垒促进补偿的评估。通过引用宝航旅游的经历和精灵航空公司在底特律到其他城市的持续经营，西北航空公司主张，在这两条航线上的进入条件不会为西北航空公司补偿申述的掠夺性定价损失提供必要条件。它还说明，除非有串谋的证据，来自于全美航空公司的竞争就会阻止西北航空公司补偿在底特律到费城航线上所涉嫌的掠夺性定价损失。西北航空公司说明了虽然它对精灵航空公司的进入采取反应，但它预测精灵航空公司会留在这两个市场中的两个原因。第一，西北航空公司合理地认为，通过低价格进入这两个市场的精灵航空公司会通过索要低价格留在市场中。第二，如果精灵航空公司确信西北航空公司的价格是不可补偿的，那么进入者会继续留在市场中直到西北航空公司提高价格到可补偿水平。

8.6 结　　论

那么接下来发生了什么呢？自从在松下电器案（1986）和布鲁克集团案（1993）中最高法院做出判决后，掠夺性定价案例中的原告在法院上不占上风。全美航空公司案暗示着这种困境延伸到了航空业。在精灵航空公司诉西北航空公司案中，地方法院的初始意见来自于松下电器案和布鲁克集团案中：西北航空公司在判决中胜出。① 然而在上诉过程中，第六巡回上诉法院发现合理的事实证明精灵航空公司对西北航空公司行为的分析是可信的，并且把这个案子退回地方法院进行重审。②

这个案例为法院提供了一个充分的机会来重新考虑判定掠夺性定价案的布鲁克集团方法如何应用于航空业。不同于松下电器案和布鲁克集团案中涉嫌的掠夺性定价没有引起高效竞争者的灭亡和随之而来的高价格，精灵航空诉西北航空案的特点是，使得一个可以生存的竞争者退出市场以及随后而来的价格增长。反垄断不应该阻止有效率的生产商替代低效率的在位者（松下电器案），

---

① *Spirit Airlines Inc. v. Northwest Airlines Inc.*, 2003 WL 24197742（E. D. Mich.），2005 – 2 Trade Cases P 75, 002（March 31, 2003）。

② *Spirit Airlines Inc. v. Northwest Airlines Inc.*, 431 F. 3d 917, 924（2005）。

案例8：精灵航空公司诉西北航空公司案

也不应该阻止在位者通过生产新的产品来和对手竞争（布鲁克集团案）。反垄断是否应该阻止以下行为是精灵航空诉西北航空案应决定的一个问题：一个航空业在位者为了和低价格的进入者进行竞争而降低价格，遭受损失，并且用充足的产能来冲击市场，使得进入者的载客量降低到一个不可持续的水平。

因为航空公司一般可以在许多市场经营以及因为他们可以很容易地从一个市场向另一个市场转移投入，因此航空业掠夺性定价案所需的经济分析是非常复杂的。掌握了航空业市场界定的微妙之处，审判法院在价格成本分析和补偿分析方面需要做更多的工作。关于精灵航空公司诉西北航空公司案，卡恩（Kahn，2006，第174页）最近写到："我们只能祝愿巡回法院所任命的这个案件的陪审团能够清楚的看到一个问题：到底哪一方阻止竞争过程。"他对于这个案件的祝愿是否能够实现还不清楚。

韦德（Werden，2003）在对全美航空公司案的描述中指出，这个受广泛关注的掠夺性定价案在一片"抱怨声"中结束了。[①] 尽管它对于修正或者认可目前航空业对进入者行为的法规具有潜在的重要性，精灵航空公司诉西北航空公司案也可能因为不同的原因而在抱怨声中结束。在诉讼的过程中，像其他几个主要的航空公司一样，西北航空公司陷入破产。在2007年初，它的破产阻止了精灵航空公司返回法院进行最后的诉讼。

参考文献

[1] Areeda, Phillip E., and Donald F. Turner. "Predatory Pricing and Related Practices under Section 2 of the Sherman Act." *Harvard Law Review* 88 (February 1975): 697–733.

[2] Areeda, Phillip E., and Herbert Hovenkamp. *Antitrust Law*, vol. 3, 2d edn. New York: Aspen Law & Business, 2002.

[3] Bamberger, Gustavo E., and Dennis W. Carlton. "Predation and the Entry and Exit of Low–Fare Carriers." In *Advances in Airline Economics*, vol. 1, edited by Darin Lee, 1–23. Amsterdam, Holland: Elsevier, 2006.

[4] Baumol, William J. "Predation and the Logic of the Average Variable Cost Test." *Journal of Law & Economics* 39 (April 1996): 49–72.

[5] Bolton, Patrick, Joseph F. Brodley, and Michael Riordan. "Predatory Pri-

---

① 见艾丁和法瑞尔（Edlin and Farrell，2004）。

cing: Strategic Theory and Legal Policy." *Georgetown Law Journal* 88 (August 2000): 2239 – 2330.

[6] Borenstein, Severin. "Hubs and High Fares: Dominance and Market Power in the U.S. Airline Industry." *RAND Journal of Economics* 20 (Autumn 1989): 344 – 365.

[7] Borenstein, Severin. "The Evolution of U.S. Airline Competition." *Journal of Economic Perspectives* 6 (Spring 1992): 45 – 73.

[8] Bork, Robert H. *The Antitrust Paradox: A Policy at War with Itself*. New York: Basic Books, 1978.

[9] Burnett, William B. "Predation by a Nondominant Firm: The Liggett Case (1993)." In *The Antitrust Revolution*, edited by John E. Kwoka, Jr., and Lawrence J. White, 239 – 263, Oxford: Oxford University Press, 1999.

[10] Department of Transportation. *Competition in the U.S. Domestic Airline Industry: The Need for a Policy to Prevent Unfair Practices*, August 1998.

[11] Eckert, Andrew, and Douglas S. West. "Predation in Airline Markets: A Review of Recent Cases." In *Advances in Airline Economics*, vol. 1, edited by Darin Lee, 23 – 52. Amsterdam, Holland: Elsevier, 2006.

[12] Edlin, Aaron S., and Joseph Farrell. "The American Airlines Case: A Chance to Clarify Predation Policy (2001)." In *The Antitrust Revolution*, edited by John E. Kwoka, Jr., and Lawrence J. White, 502 – 527. Oxford: Oxford University Press, 2004.

[13] Elzinga, Kenneth G. "Collusive Predation: The Case of *Matsushita v. Zenith*." In *The Antitrust Revolution*, edited by John E. Kwoka, Jr., and Lawrence J. White, 220 – 238. Oxford: Oxford University Press, 1999.

[14] Elzinga, Kenneth G., and David E. Mills. "Testing for Predation: Is Recoupment Feasible?" *The Antitrust Bulletin* 34 (Winter 1989): 869 – 893.

[15] Elzinga, Kenneth G., and David E. Mills. "Predatory Pricing and Strategic Theory." *Georgetown Law Journal* 89 (August 2001): 2475 – 2494.

[16] Kahn, Alfred E. "How to Know Airline Predatory Pricing When You See It." *FTC: WATCH* 512 (December 7, 1998).

[17] Kahn, Alfred E. "Telecommunications: The Transition from Regulation to Antitrust." *Journal on Telecommunications and High Technology Law* 5 (Oc-

tober 2006): 159 – 188.
[18] Kaplan, Daniel P. "Using a Cost Standard to Evaluate Predation in the Airline Industry." *The Transportation Antitrust Update* (2000): 2 – 10.
[19] Katz, Michael. "The Current State of Economics Underlying Section 2: Comments of Michael Katz," December 2006. www. antitrustsource. com.
[20] Klein, Joel I. , assistant attorney general, Antitrust Division. Statement before the Committee on Commerce, Science, and Transportation, U. S. Senate Concerning Antitrust Issues in the Airline Industry, July 27, 2000.
[21] Klevorick, Alvin K. "The Current State of the Law and Economics of Predatory Pricing." *American Economic Review* 83 (May 1993): 162 – 167.
[22] Levine, Michael. "Airline Competition in Deregulated Markets: Theory, Firm Strategy, and Public Policy." *Yale Journal on Regulation* 4 (Spring 1987): 393 – 494.
[23] *Liggett Group, Inc. v. Brown & Williamson Tobacco Corp.* , 509 U. S. 209 (1993).
[24] *Matsushita Electric Industrial Co. v. Zenith Radio*, 475 U. S. 574 (1986).
[25] McGee, John. "Predatory Price Cutting: The Standard Oil (N. J.) Case." *Journal of Law & Economics* 1 (October 1958): 137 – 169.
[26] McGee, John. "Predatory Pricing Revisited." *Journal of Law & Economics* 23 (October 1980): 289 – 330.
[27] Morrison, Steven A. "Airline Service: The Evolution of Competition since Deregulation." In *Industry Studies*, 2d edn. , edited by Larry L. Duetsch, 147 – 175. Armonk, NY: M. E. Sharpe, 1998.
[28] Northwest Airlines v. American Airlines, 989 F. 2d 1002 (1993). Ordover, Janusz A. , and Robert D. Willig. "An Economic Definition of Predation: Pricing and Product Innovation." *Yale Law Journal* 91 (November 1981): 8 – 53.
[29] Ordover, Janusz A. , and Garth Saloner. "Predation, Monopolization, and Antitrust." In *The Handbook of Industrial Organization*, edited by Richard Schmalensee and Robert D. Willig, 537 – 596. Amsterdam, Holland: North – Holland, 1989.
[30] *Spirit Airlines Inc. v. Northwest Airlines Inc*, 2003 WL 24197742 (E. D. Mich.), 2005 – 2 Trade Cases P 75, 002 (March 31, 2003).
[31] *Spirit Airlines, Inc. v. Northwest Airlines, Inc.* , 431 F. 3d 917 (2005).

[32] Transportation Research Board. *Entry and Competition in the U. S. Airline Industry: Issues and Opportunities*, Special Report 255, 1999.

[33] *United States of America v. AMR Corporation, American Airlines, Inc. , and American Eagle Holding Corporation*, 140 F. Supp. 2d 1141 (2001).

[34] *United States v. AMR Corp*, 335 F. 3d 1109 (10th Cir. 2003).

[35] U. S. General Accounting Office. *Airline Deregulation: Barriers to Entry Continue to Limit Competition in Several Key Domestic Markets*, GAO/RCED – 97 – 4, October 1996.

[36] U. S. General Accounting Office. *Aviation Competition: Restricting Airline Ticketing Rules Unlikely to Help Consumers*, GAO – 01 – 831, July 2001.

[37] Werden, Gregory. "The American Airlines Decision: Not with a Bang but a Whimper. " *Antitrust* 18 (Fall 2003): 32 – 36.

案例 9

专利诉讼和解中的"反向支付": 先灵葆雅公司、氯化钾、联邦贸易委员会案 (2005)

约翰·P·比格洛 (John P. Bigelow)
罗伯特·D·威利格[*] (Robert D. Willig)

9.1 引　　言

2001 年，联保贸易委员会（FTC）对先灵葆雅公司（Schering – Plough）、Upsher – Smish 实验室和 ESI Lederle（美国家用产品公司的一个附属公司）发起反垄断诉讼，质疑先灵葆雅公司诉讼案的和解协议。先灵葆雅公司曾诉讼另外两家公司在氯化钾药物 K – Dur 20 上侵犯了它的专利权，但最终与他们签订了和解协议。联保贸易委员会宣称，这一专利诉讼的和解协议包含了从专利拥有者到专利侵犯者的所谓的反向支付。[①]

联保贸易委员会认为，这种反向支付是诉讼和解成了反竞争限制的一个确定信号，因为这种支付为专利拥有者购买了保护，从而抵制了来自那些可能的进入者的竞争。被告方辩论说，真正的反向支付是由专利案件中的法官指导的，反向支付可能对于专利诉讼得到对社会有益的和解是不可或缺的，而且并没有来自联保贸易委员会的证据表明该专利诉讼的和解协议削弱了竞争。

这个法案经过了联保贸易委员会的行政法官、全体委员会、一直到十一巡回法院，超过 5 年的时间都未得到解决。最后，不得不向最高法院申请接受此案。2005 年，当最高法院拒绝接受此案时，法律程序已经用尽。先灵葆雅公

---

[*] 作者是先灵葆雅的顾问，威利格在此案例中代表先灵葆雅给出专家证据。
[①] 见 FTC (2001a)。这种支付被怀疑者称为"反向支付"，因为他们相信，在专利侵权案件和解中支付流的"自然"方向是从侵权者/被告到持有专利者/原告，而非相反的方向。

司战胜了联保贸易委员会；但这并不意味着由此案引起的一些实质性的问题都得到了解决。

9.2 背　　景

这个案例是在通用药和品牌药之间的竞争环境中出现的，这个环境存在着与此案相关的特定的制度和管理机制。[①] 当一个制药公司研究出一种新药物时，一般情况下会为药物或药物的配方或者同时为两者申请专利。在药物被推向市场之前，食品及药品管理局必须保证它的安全性及有效性。为证实安全性及有效性，制造商需向食品及药品管理局提交新药物申请书，在申请书中需说明药物的临床试验结果、药物的原材料、动物试验的结果、在机体中的作用以及它的制造和包装过程。一旦食品及药品管理局通过了新的药物申请书，制造商就可以开始销售新药了。

实际上，通用药的制造商也需要经过新药申请的过程。通用药的制造商可以依靠品牌药已有的安全和有效的结论，并且只需要提交一份简略新药申请。简略新药申请书需向食品及药品管理局提供足够的数据以决定通用药的与已通过批准的药物相比较的生物药效等值（即在相同长度时间内向患者血液循环系统内输送相同剂量药物的能力）。简略新药申请不需要包括动物及临床试验的数据。

简略新药申请程序是由1984年"药品价格竞争和专利期恢复法案"得来的，也就是众所周知的威克斯曼法案。这项法案不仅简化了程序，从而使得通用药能通过食品及药品管理局的批准，而且还保留了那些制造商在新药申请过程中可能失去的新药的专利时限。这项法案指明了通常拥有专利权的品牌药制造商和通用药制造商之间的相互作用是如何运行的。新药申请的编辑人必须区分出所有与新产品相关的专利。这些数据都被列在新药申请"橙皮书"中。"橙皮书"就是所有通过批准的新药列表。

当一个通用药制造商上交一份简略药物申请书时，它必须说明：（1）所要求的专利信息还未被提出过；（2）这种专利已经到期；（3）专利未到期，但是将会在某个特定日期到期，并且新的专利的批准将会在旧的专利到期以

[①] 关于规制性背景的权威描述，参看FDA（2007a和2007b）

案例9：先灵葆雅公司、氯化钾、联邦贸易委员会案

后；(4) 专利已经失效，或者它不会被简略新药申请人正在申请获得批准的通用药侵犯。[①] 就是第 (4) 种情形导致了这种案例下的专利诉讼。这个说明必须包括简略药物专利申请者的理由，以让人相信专利已经失效，并且这个消息不仅向食品及药品管理局，而且还向专利拥有者通知了。专利拥有者有45天的时间来拟一份专利侵权书来反对简略新药申请者，并且一旦专利拥有者这样做了，简略新药申请的批准将会被推迟 30 个月、或者直到这项专利到期、或者直到这项专利已无效或没有被侵权的最终决定已作出。首先通过批准的简略新药申请人拥有 180 天的专营权，在这个期间其他简略新药申请将不会被批准。这个期限从通用药推向市场的第一天、或者旧的专利到期或者失效的那一天、或者被确认新的申请并没有侵权的那天开始。

这个案例的核心是先灵葆雅公司的缓释氯化钾药物，这个药物以 K‑Dur20 的名字出售。[②] 许多因缺钾造成高血压的病人通常服用这种药物。K‑Dur20 是所需治疗的最方便的方式，在谨遵医嘱的条件下可以发挥最大疗效。K‑Dur20 每年的销售量最高时已经超过了 2 亿。这个案例出现时，先灵葆雅公司拥有一份2006年9月到期的专利（编号为 4863743 的专利，简称为 "743号专利"），这项专利就是 K‑Dur20 的特殊外层会让氯化钾慢慢溶释，从而使它成为缓释氯化钾产品。

1995 年，Upsher‑Smish 实验室为 K‑Dur20 的通用药物拟了一份简略申请书。作为第一个申请人，Upsher‑Smish 实验室将会被授予 180 天的专营权。先灵葆雅公司起诉 Upsher 侵犯了它的 743 专利，并且在 1997 年 6 月，就在审判将要开始的时候，当事的双方私下和解了这个诉讼。按照和解协议，Upsher 得到了一个免版税的执照，执照保证它可以在 2001 年 9 月开始把其产品推向市场。先灵葆雅公司支付 6 千万美元的专利权税从 Upsher 那里得到了五种产品的执照，包括 SR 型烟酸，一种缓释烟酸产品。

ESI‑Lederle 是美国家用产品公司的一个附属公司，其也在 1995 年拟了一份 K‑Dur20 通用药物的专利申请书。先灵葆雅公司起诉 ESI 侵犯了他的 743 专利，而州地方法院让一个州地方法官去监督当事双方达成一个和解方案。在该法官的鼓励下，双方在 1998 年 1 月达成了协议，这个协议允许 ESI 在 2004 年 1 月开始把产品推向市场。ESI 最初从先灵葆雅公司得到了 500 万美

[①] 此认证过程的细节和它的影响在 FTC (2002b)，第 5‑7 页有详细总结。
[②] 各方对于本文所总结的案件的基本事实背景大致持相同意见。细节见 FTC (2001b) 和先灵葆雅公司 (2001a 和 2001b)。

元，由于 ESI 在 1999 年 6 月 30 日之前从食品及药品管理局得到了产品的初步许可，ESI 又得到了先灵葆雅公司的 1 000 万美元。① 除此之外，先灵葆雅公司支付 1 500 万美元从 ESI 得到了两种不相关产品的许可。

联保贸易委员会的投诉委员会，就是在那个 FTC 充当原告来控告这些公司的律师们，制定了这份诉讼案。他们认为这两份协议都不合理地限制了交易，先灵葆雅公司已经打算在氯化钾的供应上垄断市场，先灵葆雅公司与 Upsher – Smish，ESI 串谋来垄断市场。这个案件的核心问题在于从先灵葆雅公司到其他两家公司的反向支付：通过向 Upsher 和 ESI 支付现金，先灵葆雅公司引导他们推迟 K – Dur20 通用类型的公开。如果没有那些支付，两家公司都不会同意将他们产品进入市场的时间推迟如此之长。②

随着案件后来的发展，围绕着该案例出现了三类有关法律和经济学的问题：

（1）包含了反向支付的专利侵权案件的和解本质上是不是反竞争的？反向支付会利于竞争的理由是什么？反向支付是一种本身违法行为还是应该使用合理原则？

（2）在这个专利诉讼案中，当事人胜诉的可能性能不能被反垄断咨询机构估计出来？这个估计对于他们来说会不会花费太大？

（3）评估专利侵权问题中的和解方案产生的结果是不是反竞争的合适标准是什么？

这三个问题是相互关联的，特别是从政策制定者的角度来看是这样。如果决定一个和解方案是不是反竞争的正确方法是比较和解方案的结果与专利诉讼的预期结果，那么政策制定者就需要估计诉讼案的各种结果的可能性，以此来得到一个合理的结果。如果该方法是不可能的或者不切实际的，那么那些简化的规则，比如受到尖锐谴责的反向支付的和解方法，似乎对我们更有吸引力。但是，这样的一个本身违法原则或许会成为和解专利诉讼案的重要阻碍，且普遍的观点认为诉讼案的和解在许多方面都是具有社会效率的，这些方面包括他们保存了稀缺的司法资源，节省了巨额诉讼费用并且消除了当事人本应该会承担的风险。

更进一步来讲，可能会出现这样的情况，即一些含有反向支付的专利诉讼

---

① 当符合批准要求时，简略申请书将被初步批准，但是最终批准因为专利而被延后。
② 联邦贸易委员会（2001a），第 64 段。

案例9：先灵葆雅公司、氯化钾、联邦贸易委员会案

和解协议具有促进竞争的作用，在这种情形下，采用本身违法原则来制裁含有反向支付的专利诉讼和解协议做法的实质性成本将会高于它的社会收益。因此，合理原则可能更好，在这一原则下，各种因素的加权，或者反向支付的规模大小都会成为和解各个案例的基础因素。

下文中，我们将研究这个案例的历史，论据及相对于上述根本问题所做出的结论。①

9.3 审　　判

该案最初是在联邦贸易委员会中的行政法官审判的。审判从 2002 年 1 月 23 日一直到同年 3 月 28 日。这次审判用了 41 个证人的证词和成千上万的证据，总共填写了 8629 页的文件，诉讼的最终结论在同年 5 月 1 日得到公开。②

9.3.1 反向支付

进入、诉讼、期望进入者

尽管出庭作证的经济学家们对反向支付的竞争性持有不同的观点，但他们在分析中也有达成一致的方面。两方的经济学家都把专利诉讼当做一种结果不确定性的事件。专利拥有者可能获胜，那么进入者只能等到专利到期以后再进入；也有可能是进入者获胜了，那么这个进入将会很快发生。

双方的经济学家都比较了反向支付和解方案允许的进入日期和按照诉讼程序所被允许的预期日期。后一种是通过专利诉讼正常程序的专利时间以相应比例除以它的胜诉概率所得出来的进入时间。③ 例如，假设专利的剩余有效期限是 12 年，诉讼程序将花费 2 年的时间，并且专利拥有者胜诉的可能性是

---

① 这些问题已经引起了专业性文献的大批涌出。关于我们观点的更完整及更技术性的文章，见威利格赫毕格罗（Willig and Bigelow, 2004）。关于解决方案的社会效益，见兰葛菲尔德和李（Langenfeld and Li, 2003）。关于此问题的更深入的参考书目，见考特（Cotter, 2004）。关于在限定设置下解决这些问题的细致的经济学工具的应用，见夏皮罗（Shapiro, 2003）。
② FTC (2002c)，第 158a 页。
③ 更正式地，期望进入日期用概率语言来表述就是期望价值。在诉讼条件下，通用药物进入日期是一个随机变量。期望进入日期是可能进入日期的产品和他们各自概率的总和。

60%。从现在开始的 8 年之后是进入的时间，与之对应的诉讼过程中的两年时间是有专营权的，并且剩下的 10 年时间是有 60% 的可能性是继续拥有专营权。在和解方法下有 4 年的时间是允许进入的，与之对应的是进入者有 40% 可能性被允许在两年诉讼之后的十年里通过竞争而进入市场。

如果在整个专利期限中，产品的需求和生产的成本都不变，并且当事人都是风险中立者，当事人不对未来进行折现，诉讼是免费的，那么，当事人双方对于诉讼和一个在预定日期允许进入的诉讼和解方案是无差异的。如果当事人都是风险厌恶者，或者诉讼是有费用的，那么，双方各自都更倾向于一个比诉讼情形下预期进入日期更差的和解进入日期；也就是说，专利拥有者将愿意接受一个比诉讼预期进入日期更早点的和解进入日期，进入者将愿意接受一个比诉讼预期进入日期晚点的和解进入日期。同样的，如果消费者是风险中立者，任何一个早于诉讼预期日期的进入时间对消费者是更有利的。如果消费者是风险厌恶者，那么即便比诉讼预期日期晚的和解方案也会受到欢迎。

9.3.2　投诉委员会对于反向支付的反对

为了使先灵葆雅公司向其他两家通用药生产商提供反向支付来换取进入推迟这一事件立案，投诉委员会首先应该识别反向支付。在 ESI 的和解方案中，投诉委员会考虑了最初的 500 万美元和后来 ESI 由于在食品和药品管理局得到许可而得到的 1 000 万美元，并特别注意到了这样的一个事实：ESI 得到产品批准的时间越晚，它得到的钱越少。在 Upsher – Smish 的和解方案中，投诉委员会声称，6 000 万的支付并不是真正的执照费用，而是为了推迟日期所支付的费用。为了支持这个观点，投诉委员会辩称给 Upsher – Smish 这 6 000 万的支付是"异常的"，是无根据的（即它并不依赖于 Upsher – Smish 的业绩），这个事件过多的跟先灵葆雅公司对其他执照的支付相关联，并且这个跟先灵葆雅公司的通常的合法支付水平不相符合。投诉委员会还发现，先灵葆雅公司并没有试图为 SR 型烟酸申请批准或者开始生产并销售这项产品。

对于反向支付的经济原理，投诉委员会引用了一个经济学专家的理论，这个经济学专家认为，从经济学理论角度来看，反向支付的和解方案是反竞争的。他的观点主要依赖于以下两点。首先，在他的专家报告里，他声称当一个公司面对一个反竞争协议的机会时，它肯定会这样做。他说，如果对于专利拥有者来说向进入者支付是可能的话，公司肯定不会同意签署一种给消费者提供

案例9：先灵葆雅公司、氯化钾、联邦贸易委员会案

相同的竞争诉讼的和解方案。他说，如果公司同意这样的和解方案，实际上就等于"把钱留在谈判桌上"。

其次，他在一个关于在位者和进入者的讨价还价的简单模型中，分析了反向支付的作用。这个模型的假设，仅两个公司在垄断势力的延期中可能得到的潜在收入，以及公司之间对支付的再分配能力。在这种模型的环境下，他在他的报告中得到了以下的结论：如果进入者得到的支付足以让他们愿意接受反向支付的和解方案，那么这种和解方式一定可以减少竞争，并且这种支付一定可以补偿进入者由于减少竞争时间而失去的收益。他还坚持说，实际上在位者愿意支付给进入者的唯一理由就是这种支付能够换来他们的延期进入，进入者愿意接受延期进入的唯一理由就是可以得到这种支付。

这种总结性的结论在一个当事人和解诉讼问题的动机的简单经济模型中会更清楚。[①] 有两个公司分别是在位者（公司 I）和进入者（公司 E）。潜在的专利期限是从当前时间开始，$t=0$ 直到 $t=\theta>0$。只要在位者是垄断的，那么他的利润率是每个单位时间为 a。当在位者与进入者成为寡头竞争时，在位者的利润率是 B_i。进入者在进入市场之前的利润率是 0，进入之后是每个单位时间 B_E。用 $p(0<p<1)$ 来表示在位者胜诉的概率，$C_i>0$ 和 $C_E>0$ 分别表示在位者和进入者的诉讼费用。这些费用是用货币形式表现的风险保险费，代表了诉讼的预期现金成本，以及由于诉讼者风险规避所造成的风险因素的影响。

因此，对于在位者和进入者来说的诉讼的预期支付（利润）分别为：

$$\overline{Y}^i(\theta) = p\alpha\theta + (1-p)\beta_i\theta - C_i$$
$$\overline{Y}^E(\theta) = (1-p)\beta_E\theta - C_E$$

用 t 表示商定的进入日期，它是介于当前日期与专利到期的时间段内的某点，假设在位者对进入者有一个净转移（反向）支付 B。在这样的协议下，两家公司的预期支付（利润）是：

$$Y^i(t, B \mid \theta) = \alpha t + (\theta-t)\beta_i - B = \theta\beta_i + (\alpha - \beta_i)t - B$$
$$Y^E(t, B \mid \theta) = (\theta-t)\beta_E + B$$

包含商定的进入日期 t 和反向支付 B 在内的这种和解方案，如果对于诉讼双方来说这种方案的预期支付都高于或者等于通过诉讼程序得到的支付，那么方案就会被接受。因此，将有关 t 的这种不等式关系重新组合后可以看出，方

[①] 关于诉讼解决的激励的经典参考文献，见普瑞斯特和克莱因（Priest and Klein, 1984）。文中所述与双方经济学家的观点类似。

案对双方来说是可接受的，如果下面的这个式子成立：

$$p\theta + \frac{B - C_i}{a - B_i} \leq t \leq p\theta + \frac{B + C_E}{B_E}$$

注意 $a > B_i + B_E$。这个不等式表示了一个非常显然的结果：当一个在位者是其产品的唯一销售者时，他所获得的利润比两个厂商作为双寡头同时竞争销售一种产品得到的利润和还要多。这个结论一般情况下是成立的，因为垄断厂商选择产出和价格水平使得利润最大化，而两个寡头厂商由于互相竞争，这就导致了他们的利润低，尽管这样很可能对这种产品的消费者有利。

在这个典型的环境下，有一系列的 t 使得这种和解方案有利于双方的利益，这是由于 $a > B_i + B_E$，上面等式的左边一定比右边小。如果没有反向支付，那么 B = 0，并且只要有诉讼费用和风险厌恶，就会有彼此都接受的一个日期 t。实际上，只要有正的诉讼费用，就会有彼此都接受的日期，而且这个日期一定会在 $p\theta$ 之前，也就是诉讼程序下的预期的进入日期。同样也会有彼此都接受的更晚的日期。

然而，有了反向支付，因为 B 是正的，并且越来越大，彼此都接受的那些日期 t 也越来越晚，这就意味着进入的日期会越来越晚，对这种产品的垄断时间就会越长。直觉告诉我们，一个比较晚的进入日期 t 将会用更多的垄断时间来替换寡头竞争的时间，这也产生了更大的总体利润。这个结果又一次归于 $a > B_i + B_E$。在位者可以和进入者通过反向支付的方式共享更大的利润；并且，虽然当事双方的情况更好了，消费者却由于厂商的反竞争而情况更坏了。在极端的情况下，进入日期能被推迟到这个专利的到期日 θ，那么一个合理的反向支付可以使当事双方都受益，这比他们都卷入诉讼程序的情况要好的多。这个利润最大化的安排消除了竞争的任何可能性，因此对当事双方最有利，对消费者最不利。

本质上，投诉委员会的经济学家作证时采用的就是上面这种分析，这也是投诉委员会起诉先灵葆雅公司论点的逻辑所在。而且，这种分析成为联邦贸易委员会采用本身违法原则来起诉反向支付的基础。在刚刚表述的这个基本的模型中，反向支付对竞争没有什么好处，因为他们对于和解问题是没有必要的，他们仅从压制竞争的角度去和解问题；对于专利诉讼者来说，使用反向支付尽可能多的消除竞争是最有效率的，是能得到最大好处的。

9.3.3 被告方对反向支付的支持

先灵葆雅公司的专家并不同意由经济理论所得出的这些结论。先灵葆雅的专家称,诉讼律师从一个过于简单的经济模型中得到了错误的关于反向支付的结论,这个简单的模型实际上把反向支付的一个非常重要的促进竞争的因素舍弃掉了。其批判的主旨是用一个仅参考了进入日期推迟和金钱支付的模型来研究问题,难免会出现所谓的用反向支付来换取其他条件的结论。相比之下,在一个更复杂更贴近现实的模型中,在位者对进入者的反向支付会成为有利于竞争的和解方案。例如,诉讼费用是很昂贵的,和解方案(如果不导致反垄断诉讼)是没有费用的。一个厌恶风险的在位者将会愿意通过支付来避免风险。所以,风险厌恶的在位者将通过向进入者支付以保证进入者在正常诉讼下的预期日期进入市场而获利。

更重要的是,先灵葆雅公司的专家研究了反向支付成为实现有利于竞争的和解方案的关键因素的环境。在这种环境下,通过利用反向支付当事人可以得到对彼此有利的和解方案,而这对于消费者来说比用正常诉讼得到的结果更有利。如果当事人被禁止使用反向支付,那么不可能得到和解方案。这些情况都被上述的一个过于简单的模型给排除了,但这些情况都是相当有启发性的并且是可实行的。接下来分情况讨论一下现在这个模型的各种情况。

关于折现率的争论:资金不足的进入者

如果进入厂商急需要一笔钱,但是在金融市场上不能得到足够的信用,那么他将会因为目前的情况低估了未来的情形,很有可能比在位者的预期更差。正常诉讼可能会因为胜诉而马上得到现金支付,这样的厂商将只会同意一个非常早的和解进入日期。然而,这样的一个早的进入日期将不会被在位者接受,因为这个在位者有较小的折现率并认为自己有相当大的胜诉概率。如果不考虑利用反向支付的可能性,两个公司将不会达成和解方案,那么(昂贵的)正常诉讼程序将不可避免。然而,当事双方可以达成这样的一个对双方有利的和解方案,那就是如果在位者是风险厌恶者并且能够给进入者反向支付以满足他对于现金的需求,那他们可以达成一个比正常诉讼的预期日期更早的日期。这样公司和消费者都会从这个和解方案中得到好处。

9.3.4 不对称信息

许多情况下，在位者比进入者知道更多的关于市场的信息。例如，那些致力于科技研发的在位者，可能会知道哪种药品将会替代现在在生产线上的产品。理性的进入者，知道在位者拥有这个自己不知道的信息，于是会借助于一种从在位者的行为推断的结论来解释他们的行动，因为在位者这些行为很有可能是从他们得知的信息出发的。

这样的一种推理的程序会导致和解方案谈判的失败。这里有一个非常类似的现象。如果我以一个非常低的价格来出售一款新型车，那些谨慎的购买者的第一反应肯定是，"汽车出了什么问题？"。那些潜在的购买者知道我比他们更了解这辆车的情况，所以认为我不会把高质量的车卖到如此低的价格，我既然这么做了，那就暗示了这辆车价值低廉，所以就会拒绝买我的车。①

在专利诉讼问题和解的事件中来看这种程序的结果，假设这个专利的价值或高或低，在位者知道它的真实价值，但是进入者不知道。还假定专利的价值低的时候，与专利的价值相关的诉讼的费用也会很高，但是这对于在位者来说是值得的。所以如果和解方案没有达成，在位者会给进入者在诉讼中让步。

假设最初当事人不被允许在和解方案中利用反向支付。和解方案可能无法达成。在这种情况下，那些知道这个专利的价值低的在位者会同意任何当专利价值很高时能够接受的和解方案。换句话说，只有两种形式的和解方案：所有的在位者都参与的和只有拥有低价值的在位者参与的。

如果进入者认为是第一种情况，那么他将根据当他面对或高或低价值类型的在位者时它所赋予的概率来估计可能的进入日期。换句话说，进入者一定会回避他所同意的进入日期，以便来考虑这个专利是低价值的可能性。这种估计可能会让进入者不愿意接受那些太晚的进入日期，这个日期只是被那些知道专利的高价值的在位者接受。在那种情况下，不论是高价值专利拥有者还是低价值的，都不会达成和解方案。另一方面，如果进入者认为那些同意这个和解方案的在位者知道专利的价值是很低的，那么进入者没有达成和解方案的动机。那个知道专利的低价值的在位者会退出诉讼程序，允许进入者马上进入。因此，在这些情况下，没有反向支付的和解方案是不可能出现的。

---

① 这就是大家熟知的二手车市场或逆向选择问题，见阿克罗夫（Akerlof, 1970）。

案例9：先灵葆雅公司、氯化钾、联邦贸易委员会案

另一方面，如果反向支付是可行的，那么知道某项专利具有高价值的在位者愿意向进入者进行现金支付，以便于达成和解方案，这样可以节省诉讼费用。在位者愿意向进入者进行支付很显然说明了这项专利的高价值，因为低价值的专利不会让在位者产生支付的意愿。拥有这些信息，当事人能够达成一个对双方有益的和解方案，那就是制定一个比诉讼预期的日期更早的一个日期。因此，这对于消费者来说也是有好处的。

通过数字的例子可以帮助我们更好地理解这个情况：只有在位者知道这项专利的有效时间，进入者也知道这件事情，并且认为专利有效时间有 0.33 的可能性是 6 年，0.67 的可能性是 1 年（在那之后相似药品生产者的进入将使专利失去价值）。垄断的利润是每年 3 美元，如果对于每个寡头厂商来说，利润仅为 1 美元（如果专利没什么价值，利润为 0）。专利诉讼的胜诉可能性对于双方来说都是 0.5，但是在位者面临 3 美元的诉讼费用，进入者没有诉讼费用。

在这些假设下，如果在位者知道专利的有效时间仅为 1 年，考虑到诉讼费用，他不会起诉。因为作为寡头厂商，1 年之中他将得到 1 美元的收入，但是他提起诉讼的预期结果只会得到 $0.5 \times \$3 + 0.5 \times \$1 - \$3 < 0$。另一方面，如果在位者知道专利有效期为 6 年，那么他不会同意任何反向支付的和解方案，除非商定的进入日期是 1.5 年或者 1.5 年以后。（因为诉讼的收益 $= 0.5 \times \$3 \times 6 + 0.5 \times \$1 \times 6 - \$3 = \$9 =$ 和解方案的利润 $= 1.5 \times \$3 + 4.5 \times \$1$。）

然而，进入者不会接受 1.5 年或者以后进入的和解方案。回想一下前面，进入者认为专利有效时间为 1 年的概率是 0.67，有效时间为 6 年的概率仅为 0.33。因此对于进入者来说，接受这样的方案，将使他的预期收益为 $0.33 \times (6-1.5) \times \$1 + 0.67 \times 0 = \$1.5$，而诉讼后进入者的收益为 $0.33 \times 0.5 \times 6 \times \$1 + 0.5 \times 0 + 0.67 \times \$1 = \$1.67$，因为专利有效时间短时，在位者不会愿意进行诉讼（并且进入者也知道这一点）。因此，在这种只有在位者知道专利有效时间长的情形下，没有反向支付就不会有和解方案。因为进入者担心专利实际上是无价值的，这种和解方案会没有价值。

在这里，反向支付对于进入者来说成了一种专利是否有价值的可靠性标志，因此，这就可以打破和解方案不可能达成的僵局。考虑一下专利是有价值的，而且在位者愿意支付的和解方案，如 2.75 年以后允许进入，反向支付为 $2.25，看到这样的情况，进入者将会推断专利肯定是有价值的，因为如果专利无价值，在位者得到的收益将是一年的垄断利润 3 美元，减去反向支付的

$2.25，这样比他放弃专利诉讼并得到一年的寡头利润$1少。

有了这样的专利是有价值的推断，进入者将会接受这种支付。这是因为这种方案将给进入者带来收益为 (6 − 2.75) × $1 + $2.25 = $5.5，而诉讼带来 0.5×6 × $1 + 0.5 × 0 = $3。对于在位者来说，他知道专利是有价值的，将更喜欢这种和解方案而不是诉讼。因为这样可以带来 2.75 × $3 + (6 − 2.75) × $1 − $2.25 = $9.25，而诉讼只会带来 0.5×6 × $3 + 0.5×6 × $1 − $3 = $9。

在这个简单的不对称信息的例子中，反向支付的使用使得本不可能的和解方案成了可以实现的。在这里，像在许多其他复杂例子中一样，这里相应的帕累托改进优于在没有反向支付的情况下可以实现的任何情形，因为商定的进入日期比诉讼预期的进入日期要早（在这个例子中，诉讼程序下的预期进入日期是3年，而和解方案中的日期是2.75年，这显示了这个专利是有价值的。如果专利无价值，则不会有和解的方案，而只会有一年的寡头时期）。

9.3.4.1 对于成功的多样化评估：过分乐观

反向支付和解方案有利于竞争的第三种情形是，诉讼当事人对于他们成功的机会的估计不相同时。当在位者确信自己胜诉的可能性和进入者认为的胜诉可能性之和大于100%时，在位者对于诉讼程序下的预期日期要比进入者估计的要晚。在这种情况下，对于当事人都按自己的预期达到和解方案是不可能实现的。

然而，如果反向支付是可以的，那么谈判变的相对容易。这个结论可以由一个简单的图表解释。考虑图9−1，用水平轴来表示和解方案下的进入日期，用纵轴来表示反向支付的大小。图中的点表示不同的可能的和解方案。如果反向支付不被允许，可能的和解方案都在水平轴上。

在公司是风险中立者、诉讼没有费用的假定下，继续诉讼与没有反向支付的和解方案是等价的，进入日期也就是诉讼程序下的预期日期。如果当事人对于胜诉的可能性估计不同，正如上面说的那样，那么在位者的诉讼预期日期要会比进入者的晚。这些点被描绘在水平轴上。

我们通过诉讼预期的日期做一条无差异曲线，来表示对于每个公司来说没有差异的进入日期和反向支付的组合。所有的线都向上倾斜。对于在位者来说，这条线是向上倾斜的，因为为了补偿在位者较大的反向支付，更晚的进入日期是必需的。进入者的这条线是向上倾斜的，因为如果他可以得到更大的一笔支付，他将愿意接受更晚的进入日期。在位者的这条线向上倾斜得更快，因

案例9：先灵葆雅公司、氯化钾、联邦贸易委员会案

为每推迟一个月的进入时间，对于在位者来说都会更有价值。每一个月的推迟都会给在位者带来收益上的增加，这个增加幅度就是垄断利润与寡头利润的差额。每一个月的推迟都会花费进入者的寡头利润。由于垄断利润超过两个寡头时的利润之和，因此前者大于后者。

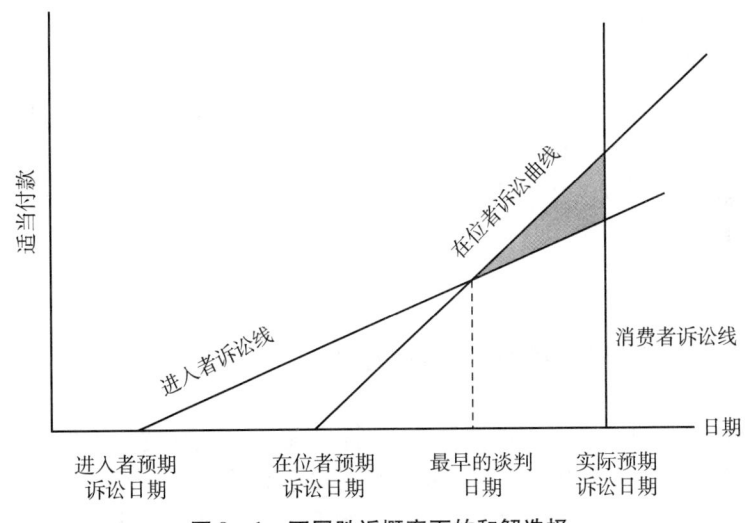

图9-1 不同胜诉概率下的和解选择

在位者将愿意接受在他的无差异线或者线下的任何和解方案（在图9-1中标注为"在位者的诉讼线"）。进入者将愿意接受在他的无差异线或者线上的任何和解方案（在图9-1中标注为"进入者的诉讼线"）。在位者的无差异曲线以下且在进入者无差异线以上的任何方案都会被双方接受。在水平轴上没有双方都接受的和解方案，这正反映了没有反向支付的和解方案是不存在的。

图9-1也显示了诉讼的预期进入日期。那个预期的进入日期是以公司胜诉的实际概率为基础的，这个概率可能会与每个公司的预期不同。根据消费者通常是风险中立者的假定，他们的无差异线是一条竖直线。这条竖直线从诉讼预期的日期开始，显示了对于消费者来说所有无差异的胜诉和解方案。消费者更加偏好那条线左边的部分。正如图9-1描绘的那样，实际的诉讼的预期日期在两个公司各自的预期日期之后，这样就会出现像图中阴影部分描绘的那样的和解方案，并且对于两个公司及消费者来说这个方案都会被接受。如果没有反向支付，所有这样和解方案都是不可能的。

9.3.4.2 其他的情形

前面所讲述的是三种反向支付能达到对消费者有利的和解方案的情形,并且没有反向支付,这样的和解方案就不会存在。除此之外,先灵葆雅公司的经济学家还讨论了其他的例子。他讨论的情形是增加了其他的通用药制造商和威克斯曼法案的专营产品。[①]

把这几种情形综合起来,可以发现这些情形都是反向支付对于促进实现社会所需要的和解方案是很必要的。同时,所有这些情形中,反向支付也可被视为这样一种和解工具,以用来把在位者的垄断期限延迟到专利诉讼产生的预期进入日期之后。因此,在上述案例双方论及的各种情形下,反向支付可以被当作支撑反竞争和解方案的有力工具,也可以作为支持促进竞争的和解方案的有力工具。

9.3.5 合理原则与转移举证责任

在案件庭审过程中,投诉委员会力劝行政法官把反向支付当作本质上对贸易不合理的限制。"因为这种和解方案的本质导致了很明显的反竞争效果的推论,如果不能给出一个合适的理由,那么它们本质上就是违法的。被告提供了两个理由,但都不合理。"[②] 这里所提到的推论的基础是反向支付的表现形式。投诉委员会把这种方案公之于众,让它们给出一个"似乎可能的理由",但是这样做是将举证责任转移给公司。

如果行政法官不把这种和解方案当作自相矛盾的,投诉委员会会准备好争辩说他们在合理原则下是违法的:"如果没有合理的理由,这种方案就可以被指责是违法的。尽管这种自相矛盾的和解方案没有被明确指出,但是最高法院明确指出反竞争的限制在理性原则下会遭到谴责。[③] 一旦进行检验,提供的这些理由将会被发现是不足的。在这些标准下,这种方案可以遭到谴责。"投诉委员会的这种办法再次把举证的责任转移到公司那里,以便证明这种方案是"合乎情理的"。

投诉委员会辩护这种转移,声称它已经有了一个首要的公文例子来反对这

---

① 这些条件及相似条件在威利格赫毕格罗(Willig and Bigelow, 2004)中也有描述。
② FTC (2002a),第6页。
③ FTC (2002a),第44页。

案例9：先灵葆雅公司、氯化钾、联邦贸易委员会案

种方案。"一旦原告制定了一份公文来说明方案是反竞争的，那么找出一个合理的利于竞争的理由就成了被告的责任。"① 这种说明的基础是什么？投诉委员会承认，这是由方案反竞争的推定得来的。投诉委员会的专家顾问证实了作为一个经济理论的问题，这种带有反向支付的和解方案必定是反竞争的。这种说法将会支持这个推定，但是先灵葆雅公司的专家已经证实投诉委员会的专家顾问使用了错误的理论结论——以下观点是错误的：作为经济理论来讲，使用反向支付的和解方案必然是反竞争的。投诉委员会更喜欢把这个证据归入到第二阶段的分析，也就是试着说明一个已经假定的反竞争和解方案是合理的。在那个阶段下，投诉委员会把这个争论分解了，这是由于先灵葆雅公司的专家并没有提供证据来说明他所描述的情形是属于这个问题的和解方案的。② 然而，如果投诉委员会表面上证据确凿的案例是依据以下理由的：带有反向支付的和解方案是反竞争的，并且如果该结论是错误的，那么第二阶段的分析将不需要进行，因为在第一个阶段辩护就已经失败了。

9.3.6 相关专利诉讼的评估

先灵葆雅公司的专家顾问从他的关于反向支付的经济理论分析中得出结论是：对相关的专利进行评估以便于比较这种和解方案下的进入日期与诉讼程序下的进入日期，这对于决定一个和解方案是否是反竞争是很有必要的。因为带有反向支付的和解方案可能是反竞争或利于竞争的，仅仅从反向支付的出现，并不能区分利于竞争或反竞争的和解方案。

投诉委员会不同意这种说法，它认为，决定相关诉讼结果的可能性不仅是没必要的，而且是不可能的："我们永远不可能知道谁将会胜诉——更不用说数量化双方的成功机会了，并没有一个方法论来妨碍这个尝试或检验预测的可靠性。"③ 而且，投诉委员会还说，"通过使用那些不可能的测验，辩护方采取了一种有效避免这种诉讼的原则。考虑到品牌药品制造商和潜在通用药品制造商以达成包含延迟进入的支付的动机，把责任转移到被告身上对消费者更有利，这说明了反向支付并不是为了推迟进入日期。如果反向支付是为了推迟进

---

① TC（2002a），第41页，引自Cal. Dental Ass'n v. FTC, 526 U. S. 756 770（1999）。
② FTC（2002a），第58页。
③ FTC（2002a），第55页。

入日期，消费者得不到那样的利益。"① 这个论证也解释了为什么投诉委员会把举证责任转移到被告身上。

9.4 初次裁决

初次开庭的五个月之后，也就是2002年6月27日，行政法官宣布了他的裁决（"初始裁决"）。除了一些程序上的问题（比如发现这个案例从属于联邦贸易委员会的司法部，州际交易的大胆尝试，先灵葆雅公司与Upsher是在联邦贸易委员会的定义下属于公司范畴），实际上行政法官在每一个实质性的方面都反对投诉委员会的观点。他发现，投诉委员会并没能证明或定义一个相关的产品市场；先灵葆雅与Upsher之间的和解方案和先灵葆雅与ESI的和解并没有不合理的限制竞争，也不是贸易的不公平方法；先灵葆雅公司在相关产品市场并不具有垄断势力，但是行政法官曾说，先灵葆雅是唯一提供医生所要求病人用的口服钾类的商家；先灵葆雅公司并没有在相关产品市场非法地维持其垄断势力；先灵葆雅并没有与Upsher和ESI进行非法串谋来维持其垄断地位；投诉委员会并没有履行其举证责任。②

9.4.1 反向支付中的经济学

行政法官发现，决定反向支付是否本质上是反竞争的是没有必要的。首先，他拒绝这种自相矛盾的原则的应用，因为专利侵权和反向支付对于这种原则来说太新奇了。③ 拒绝这种应用的同时，他也提及了反竞争问题的合适的比较标准。他得出结论说，因为在这种和解过程中，并没有明确的指出通用药生产商更早地进入市场，所以这种和解并不能被指责为自相矛盾的。④ 他还发现，先灵葆雅公司的行为并没有超出专利授权的范围。类似的，行政法官拒绝了一个所谓的初步评定，因为他发现利于竞争的影响因素"看似合理"，但是初步分析以后并不合适。

---

① FTC（2002a），第60页。
② FTC（2002c），第339a–340a页。
③ FTC（2002c），第299a–301a页。
④ FTC（2002c），第303a–308a页。

案例9：先灵葆雅公司、氯化钾、联邦贸易委员会案

转用一个全面的合理原则分析，行政法官总结说，投诉委员会并没有证明反竞争的因素，因为他没有得出一个更好的方法或投诉，能使进入日期比这种方案的日期更早。① 这并不是说行政法官否定了投诉委员会（及其顾问）的逻辑推论：反向支付是反竞争的。实际上，他否定的是投诉委员会已经证明了反向支付会发生。行政法官总结说，投诉委员会并没有证明先灵葆雅从Upsher得到的Niacor执照不值6 000万美元，而先灵葆雅却为此支付了6 000万美元。② 行政法官引用投诉委员会的专家的说法来证明对Upsher的支付如果能够代表执照的公平价值，那就不是为了推迟进入日期的。③ 至于对ESI的支付，行政法官评判了投诉委员会的专家，因为他仅依靠一个假定，即如果ESI赢得了专利诉讼案，他将能够在2002年3月之前进入市场。④ 基于这些发现，行政法官说，这种被投诉委员会和他的专家们否认的和解方案是合法的。⑤

9.4.2 专利评估

与对反向支付的观点相比，行政法官在专利评估方面同意投诉委员会的观点。他说，"并没有一种方式可以决定专利诉讼的日期或者审判的结果。"⑥ 然而，尽管有这些发现，行政法官也不愿意把举证责任转移到被告身上。对于投诉委员会的那种辩论（被告的提议将会"免疫"于反竞争的和解方案），行政法官说，简单来说，是因为以这个案例中出现的理论为基础，投诉委员会并不能证明Upsher和ESI是否会在2001年9月和2004年1月之前进入市场，但是对于5 000万美元和1 500万美元的支付，并没有减少投诉委员会的举证责任。⑦

9.4.3 反竞争的标准

行政法官认为，为了证明和解方案是反竞争的，投诉委员会需要定义一个相关的市场，并说明先灵葆雅在那个市场中具有市场势力。行政法官否定了投

---

① FTC（2002c），第310a页。
② FTC（2002c），第237a～249a页，所发现的事实290～326。
③ FTC（2002c），第200a页，所发现的事实172。
④ FTC（2002c），第261a页，所发现的事实379。
⑤ FTC（2002c），第317a页。
⑥ FTC（2002c），第264a页，所发现的事实393。
⑦ FTC（2002c），第313a页。

诉委员会的论点，并说两个步骤都是没必要的，没有这些基础，投诉委员会不能证明反竞争的影响。① 行政法官否定了这个论点：先灵葆雅公司一定具有市场势力，否则他不会对 Upsher 和 ESI 支付以避免竞争。② 行政法官说，投诉委员会还没有证明 Upsher 和 ESI 接受支付而退出市场，因为正如投诉委员会认为的，他还没有说明两个厂商在专利到期之前进入市场。③

9.5 联邦贸易委员会的裁决

投诉委员会把行政法官的决议交到联邦贸易委员会，这个机构并不像上诉法院那样从一些下级的法庭接受案子，而是对行政法官的决议进行"重新审理"。这也就意味着这个机构可以——在这个案例中也确实这样做了——重新审查并用一些新的发现来代替行政法官的决定（相反，一般情况下，上诉法院仅限于重新审理下级法庭的阐明和对所发现的情况的法律作用）。委员会指出，虽然他已经审理过许多品牌药品的案子，但是这个案子是第一个经过了整体审讯、并且具有完整记录的例子。

在 2003 年 12 月，委员会将其观点公之于众，这个观点与行政法官的决定相反，观点指出这种和解方案对贸易增加了不合理的限制。委员会还对达到和解方案的当事人发出命令，禁止它们达成下面内容的专利侵权和解协议：简略新药申请人收取有价值（超出两百万美金上限的律师费）的实物，并且同意在一段时间内不会销售或开发新申请的药物。这个命令也禁止达成协议的当事人同意不销售或开发一种没有专利的产品。④

9.5.1 反向支付

委员会不同意行政法官的以下观点：先灵葆雅得到的执照是充分考虑了对于两种通用药的支付的。因此，委员会否认了行政法官的关于补偿充分体现了支付并不是为了延期的说法。实际上，委员会得出结论说支付是反竞争的。委

---

① FTC（2002c），第 281a～282a 页。
② FTC（2002c），第 330a 页。
③ FTC（2002c），第 312a 页。
④ FTC（2003a 和 2003b）。

案例9：先灵葆雅公司、氯化钾、联邦贸易委员会案

员会否认要求被告证明协议不是反竞争的是转移举证责任；但是同时认为证明协议是反竞争的举证责任在起诉人一方。① 然而，委员会似乎发现下面的逻辑满足这种举证责任：这种支付一定有某些补偿性的考虑。在缺乏证据表明补偿性说考虑不是真正原因的情况下，"逻辑上可以说明让步条件"就是为了推迟进入日期。② 采用这一逻辑，委员会因此总结说，和解方案有反竞争的效应，所以它判定投诉委员会不需要定义一个相关市场也并不稀奇。

9.5.2 合理原则的应用与固定举证责任

尽管有了对举证责任的描述，委员会也同意投诉委员会的标准，并且对于先灵葆雅的专家视这种带有反向支付的和解方案为反竞争的评判，认为这是投诉委员会的肯定判决而不是攻击投诉委员会的最初的初步证据的论点。委员会把先灵葆雅专家证词当做一种"辅助证明"，换句话说，也就是同意推迟日期（辅助协议）对于实现有利于竞争的和解方案（主要协议）是必需的。

在这个框架下，委员会可以而且确实也接受了先灵葆雅的证词是正确的，这并没有得出结论说这削弱了投诉委员会对这个方案的反对：

我们也发现，正如他（先灵葆雅的专家）证明的那样，会有一种假设情形，在那种情形下，一种有利于竞争的和解方案可以要求支付费用给那些进入者。这就意味着我们不会说和解协议中的反向支付一定是不合法的。另一方面，假设环境下的反向支付能最终促进有效率的和解方案，但并不意味着这种特殊的和解方案是合法。如果投诉委员会能够达到一个表面证据案例表明和解方案是反竞争的，那么举证责任就会归于被告身上，他们需证明这样的假想的环境描述了这个案例的事实。但是投诉委员会没有这样做。③

然而，上述推理包含了一个对先灵葆雅专家证词的自相矛盾的解释，因为它假定投诉委员会已经提出了表面证据案例，但那一表面证据案例恰恰依赖于先灵葆雅专家所攻击的论点。

9.5.3 对专利诉讼的评估

委员会认为，决定和解方案在没有评估专利诉讼价值下是否有可能有反竞

---

① FTC（2003b），第59a页。
② FTC（2003b），第76a–77a页。
③ FTC（2003b），第89a页。

争影响是有可能实现的。为了达到这个结论，委员会否认了有关先灵葆雅的专利是有价值的相关假定，指出了 Upsher 的专利诉讼中的问题是，Upsher 的产品是否侵犯了先灵葆雅的专利。也正是这个问题，使得先灵葆雅在专利诉讼中承担了举证责任。委员会还在计算损失的数量及责任上做出了区分，并得出结论说为了达到后一种目的，当事人对于在诉讼程序中胜诉的可能性的观察力比实际的可能性更加重要。

专利诉讼的原因在赔偿诉讼中是很重要的，但是在这里我们只关注法律责任，我们重点考虑的是当和解双方签署和解方案时他们所认知的事态发展状况，那时他们还不能确定诉讼的结果如何。①

进一步的，委员会判定，对这个专利案件的合理性进行探究并不是决定性的，并且，厂商是否会在专利诉讼中胜出的不确定性，将会阻碍和解方案的发展，如果他们的合法性是依赖于对专利诉讼和解方案的事后反垄断评估的话。

9.6 十一巡回法院的裁决

先灵葆雅和 Upsher 把委员会的决定上诉到了十一巡回法院，在 2005 年 3 月 8 日，法院宣布了一个声明来驳回委员会的决定，并且作废了其要求。②

9.6.1 专利诉讼的评估

上诉法院反驳了委员会在此案中的有关事实搜集和其关于反向支付的一般性推理。③

对于 Upsher 问题的和解，法院同意行政法官的关于 6 000 万美元是执照的费用的证据。④ 对于 ESI 的问题和解，法院认为跟与 Upsher 的和解相关的记录

---

① FTC (2003b)，第 83a~84a 页。
② 先灵葆雅公司，Upsher–Smith Laboratories, Inc., v. 联邦贸易委员会，402 F. 3d 1056。
③ 法院重新考虑了联邦贸易委员会所发现的事实以及在"充足证据"标准下的经济学结论。根据法院对那个标准的叙述，联邦贸易委员会所发现的事实"如果被证据证实，应该是总结性的"。（先灵葆雅 v. FTC，第 1062 页，引自 15 U.S.C. § 45 (c)）。法院继续解释道，"但是，我们可能会对联邦贸易委员会所发现的事实与 AlJ 所发现事实的不同之处进行更仔细的检查。充足证据原则并不是一个简单的标准，我们要求这些相关证据要能使理性人接受并足以支持结论。（先灵葆雅 v. FTC，第 1062 页，省略了内部引注）。
④ 先灵葆雅 v. FTC，第 1070 页。

案例9：先灵葆雅公司、氯化钾、联邦贸易委员会案

相比，这个和解案例的相关事实记录"是很不完善的"，而且专利诉讼是一个痛苦的、漫长的过程。上诉法院还认为，ESI 的和解是属于"专利的排他性力量"范围内的。①

上诉法院并没有尝试去权衡双方专家提出的有关经济动机分析的相关合理程度。相反，法院断然拒绝了这种观点：任何关于动机的经济分析都能作为说明和解方案会不合理限制贸易的足够的基础。

委员会并没有明确地采取投诉委员会的专家的理论，但是专家的基本原理和委员会结论及其类似。尽管专家的理论缺乏经验数据支持，但是委员会还是比较赞同这种理论，而不是那些无组织的"动机性"理论。很不幸的是，专家所谓的动机并没有达到合法结论的水平。我们明白，在这些事务中某些动机可能很重要，但是外在的动力也通常会奠定一些基础。仅仅经济动机存在，在证据价值的磅秤上显得无足轻重。②

同样的，上诉法院也不接受委员会有关反向支付问题的论点。

尽管声称要应用一种理论分析的制度，委员会尖锐的指出反向支付的让步条件是通用药厂商同意推迟进入日期，并且这个日期要比合理的诉讼协议的日期要晚。我们不能确定这种"逻辑"源于哪里，特别是给定我们对 Valley Drug 案的裁决。③

实际上，上诉法院把反向支付视为威克斯曼法（Hatch - Waxman）案的自然结果。法院指出，在威克斯曼法案之前，一个通用药生产商需要进入市场，并且开始生产它的产品以挑战在位者的专利。对于通用药的厂商来说，这样做将是一个冒险的决定，因为厂商可能面对的赔偿损失将是专利所有者流失的垄断利润，而这一损失很可能高于它进入所能赚得的利润。

相比之下，在威克斯曼法案的约束下，对于专利的侵犯一开始主要是按照第四节保证来拟一份简略新药申请。法院持有这样一种观点：这一改变提高了专利挑战者的讨价还价能力，这使得带有反向支付的和解方案很有可能出现。法院没有明确说明，上述观点对于带有反向支付的和解方案是否是反竞争的到底有什么含义，法院只是提到，把含有反向支付的和解协议都视为违反反垄断法会阻碍和解。④

---

① 先灵葆雅 v. FTC，第 1071～1072 页。
② 先灵葆雅 v. FTC，第 1069 页。
③ 先灵葆雅 v. FTC，第 1073 页。
④ 先灵葆雅 v. FTC，第 1074 页。

9.6.2 合理原则

考虑到其关于反向支付的分析,法院拒绝说反向支付是本身违法的,并不令人诧异。法院也拒绝运用合理原则分析的方法,并且总结说,"我们认为,在这种情形下合理的原则或者违反自身的原则都是不合适的。"① 法院认为,没有一种分析是合适的,因为两者的目的都是为决定相关行为是否是反竞争的。法院认为,反竞争的影响肯定是存在的,因为专利从本质上来说,都是排他性的,所以法院转而关注于该案行为是否超出了专利的范围。特别地,法院指出,对反垄断法律责任的分析应该包括"(1)专利潜在的排他性范围;(2)和解方案超出了这个范围的程度;(3)所导致的反竞争效果。"②

运用这个标准,法院注意到这个事实:并没有一种主张来说 743 专利失效了或者先灵葆雅公司的专利诉讼是个骗局。在专利已经失效的假定前提下,法院概括地说,合适的分析是"是不是有实质性的证据,来支持委员会的关于这个侵权的和解方案在 743 专利之外的范围限制了竞争的结论。"③ 基于上述理由,法院的结论是,没有这样的证据。④

9.6.3 相关专利的评估

与先灵葆雅公司专家的逻辑相近,上诉法庭判定,因为反向支付在本质上不是反竞争的,评估相关专利诉讼是很有必要的。

简单来说,是因为一个拥有专利的品牌制药公司向竞争者支付钱财并不能成为违反反垄断法的唯一基础。只这一点就表明了评估专利强度的必要性。⑤

9.7 复 审 令

2005 年 8 月,联邦贸易委员会要求最高法院考虑接审此案。⑥ 表现出两个

---

① 先灵葆雅 v. FTC,第 1075 页。
② 先灵葆雅 v. FTC,第 1065 页。
③ 先灵葆雅 v. FTC,第 1066 页。引自 Valley Drug, 344 F. 3d at 1312. 。
④ 先灵葆雅 v. FTC,第 1068 页。
⑤ 先灵葆雅 v. FTC,第 1075~1076 页。
⑥ FTC (2005b)。

案例9：先灵葆雅公司、氯化钾、联邦贸易委员会案

执法机构之间的某种分歧，司法部于2006年5月拟了一份简报，建议最高法院不接受此案。①

其请愿书似乎显示，委员会向最高法院的陈述中最紧迫的问题是他所关注的上诉法庭对"专利潜在的排他性范围的"含义的理解。对这一概念至少有三种理解方式。首先，专利的排他性范围可以由当事人在专利诉讼案中胜诉的实际可能性来决定。从这个方面来说，如果商定的进入日期比专利诉讼的预期的日期要晚，这种和解方案就超出了专利的排他性范围。但是，通过专利的排他性范围的第二种解释，如果当事人确信他们正在拖延预期的日期，那么和解方案就超出了专利的排他性范围。第三种解释简单来说，专利的排他性范围就是指在专利诉讼中有效专利的期限。通过这个标准，任何包含商定进入日期的和解方案都不会超出专利的排他性范围。

委员会的复审申请书准确的描述了下述一种情况：上诉法庭的决定将会被解释为由于运用了专利排他性范围的第三种解释。

上诉法庭错误地估计了当事人在不确定的情况下进行的诉讼交易。法庭制定的标准给了专利权所有人决定的完全自由性，他们可以"收买"潜在的竞争者，法庭判定的本质源于它对"专利排他性范围"的评估。法庭把它的推理归于专利有效性的推定，和一个显然错误地把此推定延伸到相关的专利侵权问题上，并且还规定说在这里，专利的"排他性势力"包含了排斥Upsher和ESI进入市场的权利，除非这两家厂商能证明743专利已经失效或者他们的产品没有违反先灵葆雅公司的专利。②

委员会清楚地表达了它更倾向"专利排他性范围"的上述第二种解释，即从当事人的角度来评估专利排他性范围，并且从当事人的行为中辨别出认知推理。

司法部好像并没有彻底地明白上诉法庭的决定。例如，司法部的法官顾问说，上诉法庭仅仅是在观察了联邦贸易委员会并没有反驳来自先灵葆雅公司的专家的证词以后，才发现ESI问题的和解方案是在专利的排他性权利之内，先灵葆雅公司的专家说他本来可以在相关案例中胜诉的。③ 因此，这个决定是与第一个或者第三个关于专利的排他性范围的解释一致的。更一般的，司法部总

---

① United States of America, On petition for a Writ of lertiorari to the United States Court of Appeals for Eleventh Circuit, Brief for the United States as Amicus Curiae, Federal Trade Commission v. Schering - Plough Corporation, et al. (May 2006).
② FTC (2005b), 第14~15页。
③ United States (2006), 第6~7页。

结了其对于上诉法庭的决定的看法，断言说这并没有阻止对于事前采取措施的侵权声明的信任。这个声明决定了是不是带有反向支付的和解方案把进入日期推迟到超过专利排他性范围。①

在其请求最高法院接受此案过程中，委员会发现反向支付是一个核心问题，并且尝试把这个问题放在一个反竞争的假定前提下。在一个引人注目的对比下，司法部描述了最高法院应该复审的主要问题，并且没有给反向支付竞争效应做出定论。下面就是他们为了比较而做的描述：

联邦贸易委员会提出问题：

在拥有专利的制药厂商和一个潜在的竞争者之间的和解方案中，如果专利者给了侵入者大量的支付来换取进入日期的延迟，那么就是不合理的限制了贸易。②

司法部提出的问题：

反垄断法是否禁止品牌药物专利者和未来的竞争者之间达成专利和解方案，这个方案是通用药厂商在专利的有效期内不会进入市场，专利拥有者支付大量的钱财给通用药制造商。③

2006年6月，最高法院拒绝接受此案。法院没有解释为什么会拒绝复审令，这个案件到此结束。

9.8 思　　考

联邦贸易委员会从一开始就通过自己的诉讼律师、到后来通过自己的委员会坚持两种主张。第一，专利诉讼中的反向支付和解方案在本质上是反竞争的；第二，通过调查专利的优势以决定某种和解方案是否是反竞争的做法既没有必要又不可能。这两种主张是密切相关的。前者为后者提供了依据。委员会的主张依赖于被其他专家证实并信奉的特殊的经济理论的结论，而这一理论的经济基础被指责是错误的，这一理论的法律基础也被指责没有充分体现委员会的法律作用。

在该案的后期，可以说委员会处于一个比该案开头时更加糟糕的境地。委员会试图排除来自于巡回法院的强加规则，至少应该向委员会之前看到的那

---

① United States (2006)，第18页。
② FTC (2005b)，第1页。
③ United States (2006)，第1页。

案例 9：先灵葆雅公司、氯化钾、联邦贸易委员会案

样，允许在专利名义生命周期之内的介入条件下，可以接受专利诉讼的任何方案。如果委员会相信由于坚持自己的两种主张而使局势变为这样的境况，其或许有理由在第一时间悔改自己的行为。

现在重要的是暂时放弃争论委员会还是被告们的辩词谁更强的这一问题，而应该思考什么是解决专利诉讼和解协议的长期的最好政策。虽然我们并非有意在短期内对这一问题提出答案，联邦贸易委员会针对先灵葆雅公司的诉讼的历程似乎阐明了有关于类似决议案的一些教训。

（1）针对某项专利有争议的各方会逐渐产生和解的动力，以避免风险大、成本高的法律诉讼，而且这类动力一般来说是与社会利益相一致的。（2）从经济学逻辑来看，专利争议的各方可以同时受益于这样一套和解方案——专利拥有者向专利侵犯者反向支付一定的费用以确保清除来自侵权人的竞争风险。这样的话，协议对各方的好处则来源对消费者福利和竞争的伤害。（3）由于信息不对称、过度乐观的态度、专利争论各方对现金要求的差异等这一系列常见的情形，反向支付也可以作为促进竞争、对社会有利的和解方案的必要因素——这一论点也是符合经济推理的。（4）通过反垄断调查来对专利侵权案件诉讼的最终结果进行可信判断也许真是不现实的。

这四项经验具有政策含义的。这些经验似乎表明，在我们缺乏经验的现阶段上，对反向支付使用本身违法原则会过度限制和解方案的形成，因而是不明智的。这些经验同时也表明，建立专利争议和解协议的安全港会产生反竞争的结果——而这一结果对专利争议方有利而对消费者却有害。上述经验还表明，我们不能仅仅对双方协商的允许进入日期和专利诉讼可能产生的有利结果的评估进行数量上的比较。

另外的启示就是，为了规范某种方案对竞争者是有利的还是不利的间接测试，我们还需要反垄断机构和法院积累更多的经验，并进行更多的经济学研究。尽管我们不能测算出哪一天是进入发生的概率最大的一天，但是至少我们可以依据进入日期是早于还是晚于预期日期。随之而来的挑战是很明显的，它需要专业的、精心制定的、缜密思考的以及经过验证的"次优"和解方案。如果这一案例的影响能成为那些有责任意识、有才能的经济学家和法律专家来解决这一问题的动力，那么从整个事情来看这就是最好的结果了。

参考文献

[1] Akerlof, George. "The Market for Lemons: Qualitative Uncertainty and the

Market Mechanism." *Quarterly Journal of Economics* 84 (1970): 488 – 500.

[2] Cotter, Thomas. "Antitrust Implications of Patent Settlements Involving Reverse Payments: Defending a Rebuttable Presumption of Illegality in Light of Some Recent Scholarship." *Antitrust Law Journal* 71 (2004): 1069 – 1097.

[3] Federal Trade Commission. *Complaint*, In the Matter of Schering – Plough Corporation, Upsher – Smith Laboratories, and American Home Products Corporation, Complaint, March 30, 2001a. http: //www. ftc. gov/os/2001/04/scheringpart3cmp. pdf.

[4] Federal Trade Commission. *Complaint Counsel's Statement of the Case*, In the Matter of Schering – Plough Corporation, Upsher – Smith Laboratories, Inc. and American Home Products Corporation, September 18, 2001b. http: //www. ftc. gov/os/adjpro/d9297/010918ccsotc. pdf.

[5] Federal Trade Commission. *Complaint Counsel's Trial Brief*, In the Matter of Schering – Plough Corporation, Upsher – Smith Laboratories, and American Home Products Corporation, Complaint, January 23, 2002a. http: //www. ftc. gov/os/2001/04/scheringpart3cmp. pdf.

[6] Federal Trade Commission. *Final Order*, In the Matter of Schering – Plough Corporation, Upsher – Smith Laboratories, and American Home Products Corporation, December, 2003a; reproduced in Federal Trade Commission, *Appendix to Petition for a Writ of Certiorari*, Federal Trade Commission v. Schering – Plough Corporation, et al., August, 2005a. http: //www. ftc. gov/os/2005/08/050829scheringploughappendix. pdf.

[7] Federal Trade Commission. *Generic Drug Prior to Patent Expiration*: An FTC Study, July, 2002b.

[8] Federal Trade Commission. *Initial Decision by D. Michael Chappell*, *Administrative Law Judge*, In the Matter of Schering – Plough Corporation, Upsher – Smith Laboratories, Inc. and American Home Products Corporation, June 27, 2002c; reproduced in Federal Trade Commission, *Appendix to Petition for a Writ of Certiorari*, *Federal Trade Commission v. Schering – Plough Corporation*, et al., August, 2005a. http: //www. ftc. gov/os/2005/08/050829scheringploughappendix. pdf.

[9] Federal Trade Commission. Opinion of the Commission, In the Matter of Schering – Plough Corporation, Upsher – Smith Laboratories, and American Home

Products Corporation, December, 2003b; reproduced in Federal Trade Commission, *Appendix to Petition for a Writ of Certiorari*, *Federal Trade Commission v. Schering - Plough Corporation*, et al. , August, 2005a. http: //www. ftc. gov/os/2005/08/050829scheringploughappendix. pdf.

[10] Federal Trade Commission. *Petition for a Writ of Certiorari*, *Federal Trade Commission v. Schering - Plough Corporation et al.* , August 2005b. http: //www. ftc. gov/os/2005/08/050829scheringploughpet. pdf.

[11] Langenfeld, James, and Wenqing Li. "Intellectual Property and Agreements to Settle Patent Disputes: The Case of Settlement Agreements with Payments from Branded to Generic Drug Manufacturers. " *Antitrust Law Journal* 70 (2003): 777 - 818.

[12] Priest, George L. , and Benjamin Klein. "The Selection of Disputes for Litigation. " The *Journal of Legal Studies* 13 (1) (January 1984): 1 - 55.

[13] Schering - Plough Corporation. *Respondent Schering - Plough Corporation's Statement of the Case Involving Schering and ESI - Lederle*, In the Matter of Schering - Plough Corporation, Upsher - Smith Laboratories, Inc. and American Home Products Corporation, September 18, 2001a.

[14] Schering - Plough Corporation. *Respondent Schering - Plough Corporation's Statement of the Case Involving Schering and Upsher - Smith*, In the Matter of Schering - Plough Corporation, Upsher - Smith Laboratories, Inc. and American Home Products Corporation, September 18, 2001b.

[15] Schering - Plough Corporation, *Upsher - Smith Laboratories, Inc.* , v. *Federal Trade Commission*, 402 F. 3d 1056.

[16] Shapiro, Carl. "Antitrust Limits to Patent Settlements. " *RAND Journal of Economics* 34 (2003): 391 - 411.

[17] U. S. Food and Drug Administration, Center for Drug Evaluation and Research. "Abbreviated New Drug Application (ANDA) Process for Generic Drugs. " www. fda. gov/cder/regulatory/applications/anda. htm.

[18] U. S. Food and Drug Administration, Center for Drug Evaluation and Research. "New Drug Application (NDA) Process. " http: //www. fda. gov/ cder/regulatory/applications/NDA. htm.

[19] United States of America. *On Petition for a Writ of Certiorari to the United*

States Court of Appeals for The Eleventh Circuit, *Brief for the United States as Amicus Curiae*, *Federal Trade Commission v. Schering – Plough Corporation*, *et al.*, May 2006.

[20] Willig, Robert D., and John P. Bigelow. "Antitrust Policy towards Agreements That Settle Patent Litigation." *The Antitrust Bulletin* 49 (Fall 2004): 655 – 698.

案例 10

一个主导厂商对捆绑回扣的使用：利伯殊公司诉 3M 公司案（2003）

加里·L·罗伯斯*（Gary L. Roberts）

10.1 引 言

利伯殊公司是一个制造家用和办公用胶带的小公司。1997 年，该公司在美国宾夕法尼亚州东部地域的区法院提起诉讼，此诉讼声称："3M 公司通过压制包括原告利伯殊公司在内的小公司来垄断或试图垄断家用及办公用的无形和透明胶带的市场。3M 公司压制的手段包括：垄断杠杆，独家经营，捆绑回扣，全线压迫和其他掠夺性行为等。"[①] 1999 年，经过 9 周的审理，一个费城陪审团裁定支持利伯殊公司胜诉。3M 公司三倍惩罚后的损失超过 6.8 亿美元。

3M 公司对该判决向美国第三巡回上诉法院进行了上诉。2002 年，三个法官组成的法院上诉委员会推翻了地方法院以有争议的投票做出的判决，并建议地方法院支持 3M 公司胜诉。[②] 但是，上诉法院最初的观点随后被撤销，并且在 2003 年 3 月的全体法官参与的审判上肯定了原地方法院的判决。[③] 3M 公司呈请在美国最高法院审理此案，但遭到驳回。

有关利伯殊公司和 3M 公司的判决颇受争议。一些支持者赞扬法院在遏制破坏竞争方面的作为。然而，批评者认为法院的判决并没有提供一个内在的基础来区分可能的掠夺性、排他性行为和有利于竞争以及增加效率的商业活动。此外，法庭判决中的模糊性会阻碍相当多的有利于竞争的商业活动。

---

* 在区法院审理的案例中，笔者作为一个专家见证人出席，并代表 3M 公司的利益。
① 利伯殊公司第二次经修订的申诉。
② 利伯殊公司与 3M 公司，277 F. 3d 365（2002）。
③ 利伯殊公司与 3M 公司，334 F. 3d 141（2003）。

反托拉斯革命

本章介绍了利伯殊公司和3M之间的争端、相关诉讼法院的决议以及这个案例的重要性和意义。本章首先提供了必要的基本事实背景，然后介绍了利伯殊和3M之间的诸多争议以及双方提供的支持他们各自陈述的证据；之后本章总结了地法院的决议以及诉讼法院随后提出的观点；最后，我们对法庭判决将来会对评估企业单边行为带来什么影响提出一些看法。

10.2 背　　景

3M是一个多元化的大公司，其生产的产品遍布工业、商业以及消费者应用各个领域。大量的零售商店出售3M的消费类产品，包括大型商场、药店、杂货店、便利店以及办公用品商店。3M消费类产品有很多种类，包括文具（例如家用及办公用胶带，自粘便条纸）、包装产品、家庭护理产品、休闲产品以及音像产品。一些3M消费类产品非常成功。例如，截至目前，3M在美国是最大的家用和办公用胶带的最大供应商；事实上，在20世纪90年代的早期（这一时期正是利伯殊公司和3M公司起争端的时期），3M占有美国家用和办公用胶带市场90%以上的份额。

3M公司出售两个品牌的家用和办公用透明胶带。苏格兰品牌被作为家用产品来推销，主要通过消费者零售商店出售。其高原品牌被作为商用产品来推销，主要在办公用品商店出售以及通过邮购进行少量出售。以前3M一般不作为自有品牌的家用和办公用胶带的供应商，而是倾向致力于生产其品牌产品。[1] 然而，随着自有品牌产品需求的增长（尤其是像史泰博和欧迪办公这种办公用品"超级市场"的增长），3M再三考虑，并于1992年开始提供自有品牌的家用和办公用胶带。[2] 到1997年，3M占据了美国自有品牌家用和办公用胶带市场上1/3的份额，这些胶带都出售给几十个非常大的客户。

在1993～1994年间，3M引进了一个体验式营销计划，旨在鼓励3M的客户提高对3M产品的购买量。根据"执行增长基金"（EGF）规划的规定，3M就年

---

[1] 自有品牌产品是指一个企业（这个案例中指利伯殊或3M）制造但出售时使用其他企业品牌名称（一般是一个商店的品牌，这个品牌对一个个体零售商来说是唯一的）。1992年以前，3M仅为两个顾客提供自有品牌的家用和办公用胶带。

[2] 近来一个新制造场所的开设减少了3M生产自有品牌的家用和办公用胶带的成本，并且促使3M决定开始向其客户更广泛的提供自有品牌的家用和办公用胶带。

案例 10：利伯殊公司诉 3M 公司案

度购买增长量的目标和六个 3M 消费类产品区中最大的 13~15 个最大客户分别进行了谈判。根据 3M 消费类产品区的数目，只要一个客户年度购买量达到目标，这个客户就有资格依据其对 3M 产品的年度购买量获得一定的回扣。

1995 年，3M 用"合伙企业增长基金"（PGF）代替了 EGF。PFG 适用于所有 3M 消费类产品的购买者，并且 PFG 提供了一个回扣率的项目单（范围从 0.5% 到 2% 不等），回扣率计算依据客户对 3M 产品的年度总购买量以及相比于去年购买的消费类产品区的增长。总增长率没有达到 12% 的客户或者购买量的增长来源于至少两个 3M 消费类产品区的客户都不能获得年末折扣。[①]

在 1980 年左右，利伯殊公司开始在美国出售家用和办公用胶带，出售的商品不仅包括利伯殊品牌也包括自有品牌。利伯殊取得了一些成就，特别是作为自有品牌产品的供应商。在 20 世纪 90 年代早期，利伯殊几乎占据了美国自有品牌家用和办公用胶带市场的 90% 份额；并且在美国家用办公用胶带市场，除 3M 公司，利伯殊占据很大一部分市场份额。[②]

在 3M 开始销售自有品牌的家用和办公用胶带之后，大量的利伯殊客户改变供应商并且开始从 3M 公司购买自有品牌的家用和办公用胶带。利伯殊自有品牌家用和办公用胶带的市场份额大幅度下降，并且利伯殊随后就提起反垄断诉讼，声称 3M 为了消除来自利伯殊和其他家用和办公用胶带供应商的竞争，使用了大量的反竞争战术以保住 3M 的垄断地位。[③] 利伯殊称，3M 在自有品牌的家用和办公用胶带市场的扩张是反竞争的，因为 3M 这样做是为了控制并且破坏自有品牌家用和办公用胶带的低价格市场。根据利伯殊的申诉，3M 意图在限制其他市场自有品牌家用和办公用胶带供应的同时，使利伯殊最重要的客户转向 3M 来达到这一目标。

10.3 各方论点

像所有的垄断案例，利伯殊的陈述需要由两部分提案构成。首先，利伯殊

[①] 在 3M 公司，产品价格和客户购买范围以及购买量相关的市场计划不仅仅包括 EGF 和 PGF。然而这两个计划相对于其他计划很典型，并且这两个计划也是利伯殊公司起诉 3M 的重点。

[②] 在美国还有另一个小供应商（德莎塔克公司）以及一些外国供应商。这些供应商在美国都没有很大的销售量，并且在诉讼开始之前德莎塔克公司已经停止供应家用和办公用胶带。

[③] 有四个单独的指控：(1) 非法维持垄断势力，(2) 试图非法维持垄断势力，(3) 非法排他性交易，以及 (4) 非法贸易限制。见利伯殊公司第二次经修订的申诉。

需要证明 3M 在相关市场拥有垄断势力或者有获得垄断势力的危险。其次，利伯殊需要证实 3M 过去或将来肆意通过反竞争的方式来获得或保持垄断势力。也就是，利伯殊需要证实 3M 已经获得或有可能获得垄断势力，而这种垄断势力是通过掠夺性或排他性行为获得而不是优势产品或商业头脑获得的。该案例大部分的争议集中在第二个方面，即 3M 市场策略的特征以及影响。但是，至少简要地描述各方关于市场定义和垄断势力上是有益的，因为这些因素构成了存在争议的行为必须被评估的环境。

10.3.1 相关市场

为了分析反垄断指控，需要对相关市场进行界定。相关市场通过两方面界定，即高度替代讨论中产品（此案例中指 3M 和利伯殊生产的家用和办公用胶带）的产品以及这些产品购买和销售的地域市场。利伯殊认为，为了分析针对 3M 的反垄断声明而对相关市场界定仅仅是家用和办公用透明胶带的生产和销售。进一步，利伯殊认为，这个市场中唯一的相关销售商是国内生产者，因此相关的地理地域就是美国。利伯殊称，外国供应商在美国不能很好地销售胶带，因为他们销售的是聚丙烯胶带，这种胶带在某种程度上和 3M 以及利伯殊销售的醋酸酯胶带有不同的特征（利伯殊还销售玻璃纸胶带）。为了支持这种提案，利伯殊用外国制造商在美国有限的销售量作为证据。

虽然 3M 没有对"家用和办公用透明胶带市场在美国是一个相关反垄断市场"这一陈述进行反驳，但是它反驳利伯殊关于外国供应商的说法。3M 称，产品差异性并没有阻止外国制造者在美国销售家用和办公用胶带，也没有阻止他们和 3M 以及利伯殊进行有效的竞争。3M 进一步提出，在市场上打折产品的那部分对外国供应商具有特别的吸引力。在这部分市场中，价格是消费者选择考虑的重要因素，并且自有品牌产品占主导地位。3M 的证据有：为应对来自外国供应商的竞争，3M 和利伯殊都提供了价格折扣，并且 3M 发现一个美国的客户近来增加了在亚洲制造自有品牌胶带的生产线。3M 还认为，针对于外国竞争者威胁而提供的折扣表明外国公司即使在美国没有足够大的市场份额也可以限制价格（以及阻止现有供应商提高价格）。

案例 10：利伯殊公司诉 3M 公司案

10.3.2 垄断势力

垄断势力的一般定义是：控制价格或在相关反垄断市场上排除对手的能力。利伯殊认为，3M 在家用和办公用胶带这一相关市场上拥有垄断势力。利伯殊指出，一些经常用来证明存在垄断势力的特征，包括 3M 在相关市场拥有很大的销售份额以及它在投资资本方面获得的高回报。利伯殊还把一些重要的潜在进入壁垒作为证据。这些进入壁垒包括：开发一个可行的品牌需要大量的时间和成本；生产中重大规模经济的存在限制了小规模厂商进入的可能；高资本投入的要求排除了许多可能的进入；并提高了建立有效销售渠道的难度。所有这些都使得 3M 公司不会受到新进入厂商的竞争威胁。

3M 反驳了这些主张。3M 指出，高市场份额并不意味着垄断势力，因为份额可能只是反映了产品高质量、好的服务以及低价格。此外，市场份额不断地受到利伯殊和其他外国公司的竞争威胁。这些外国公司已经在美国有能力并且在一些方面已经开始供应家用和办公用胶带。3M 还指出，利伯殊和 3M 进行了 6 年势均力敌的竞争之后，在美国仍然还占有自有品牌的家用和办公用胶带市场的大部分份额（超过 75%）。关于报道的 3M 的高资本投资回报，3M 指出会计方面的盈利性和市场份额一样不能作为判断一个公司拥有大量垄断势力的证据。因为在金融报表中，许多资本资产的价值（例如：品牌名称、无形资产、土地、工厂以及设备）经常被低估。因此报道的回报可能会过高估计了一个公司在资本投资方面实际的回报。

3M 进一步指出，自己受到最大客户势力的限制，这些大客户的购买量占 3M 销售量的重要部分。这些客户是很老练的购买者，一旦 3M 试图施加垄断势力，他们便会愿意并且有能力改变供应商。3M 重点指出了 3M 客户获得折扣的一些实例，这些客户扬言：如果 3M 不给他们折扣，他们将从利伯殊以及其他供应商那里购买家用和办公用胶带，这些供应商包括目前在美国不能供应家用和办公用胶带的公司。3M 表示，这些客户能够赞助新的供应商进入市场或其本身垂直融入家用和办公用胶带生产市场。

3M 反驳了利伯殊的观点，3M 认为高成本以及进入需要的大量时间都不会影响一个新家用和办公用胶带供应商进入美国市场。3M 指出，利伯殊所说的一个新进入者需要建立品牌形象才能在美国市场上有效竞争与利伯殊自己提供自有品牌和次生品牌的产品的事实不相符，并且利伯殊申诉的重点集中在

3M 公司自有品牌而不是名牌商标的家用和办公用胶带。3M 又指出，利伯殊涉及规模经济的陈述和利伯殊本身的成功不符，因为利伯殊在美国家用和办公用胶带市场上从未占有过非常大的市场份额。3M 反驳了资本投资会形成实质性进入壁垒的观点，3M 反驳这种观点的证据是一些大客户（如史泰博）有能力并且愿意承受必要的资本投资要求。3M 还指出，一些公司在海外已经出售大量的家用和办公用胶带；这些公司在美国的销售量只不过是增量，因此不能用同样的规模劣势来评估这些公司的进入。

10.3.3 故意维持垄断势力

利伯殊反垄断陈述的核心是，3M 在相关市场上实施大量不公平的竞争活动，不正当地挤压小竞争对手，尤其是利伯殊，以此来维持其垄断位置。三个证据支持了该陈述。第一，利伯殊提供的证据证明了，3M 有动机和意图通过限制消费者购买自有品牌和次生品牌的家用和办公用胶带来保持名牌胶带的高价格。第二，利伯殊提出了一个理论框架（垄断先买权理论），用这个理论解释了具有垄断势力的公司有可能试图获得这样一个目标。第三，利伯殊试图证明 3M 的行为，尤其是其大量捆绑回扣计划能够获得这一反竞争的目标。我们依次讨论这三个方面。

10.3.3.1 3M 的动机和意图

利伯殊对抗 3M 的第一个因素是，3M 在 1992 年成为自有品牌家用和办公用胶带供应商的动机。在 20 世纪 80 年代，自有品牌家用和办公用胶带销售量的增加很重要的一个原因是大规模零售商（如沃尔玛和卡马特）、办公用品超级市场（如史泰博和欧迪办公）以及会员俱乐部（如山姆会员商店和好市多）的发展。在此期间，零售商运用这些模式提高了销售量和消费者认可度，进而发展了他们自己品牌的家用和办公用胶带。在审讯中利伯殊提供了证明 3M 公司意识到这些零售模式的发展加强自有品牌潜在竞争的证据。

利伯殊指出，自有品牌的家用和办公用胶带需求的增长在三个方面威胁到 3M 业务：(1) 减少 3M 家用和办公用胶带的销售份额；(2) 对 3M 的名牌家用和办公用胶带产品施加价格压力；(3) 使得利伯殊公司有机会发展成为更强大的竞争对手。利伯殊提供了证据证明，3M 实际上预期到竞争的增加，尤其是涉及自有品牌产品的竞争，这样一来可以降低名牌产品（如苏格兰家用

案例 10：利伯殊公司诉 3M 公司案

和办公用胶带以及报事贴便利贴）的价格。利伯殊还提供证据表明，先前由于来自次生品牌和自有品牌的竞争，3M 其他种类产品（例如，邮寄胶带）的销售量减少。基于这些证据，利伯殊做出结论：3M 知道如果自有品牌和次生品牌的家用办公用胶带的竞争继续增加，将对其带来巨大的损失；并且 3M 减少或消除这种竞争的动机很强。

利伯殊称：3M 为了成为自有品牌的家用办公用胶带供应商所采用方法表明，其动机是为了保护它名牌产品的垄断利润，而不是为了在自有品牌这部分合法的竞争。利伯殊称证据表明，3M 销售自有品牌的家用办公用胶带是有条件的，它只卖给从竞争对手那里购买过这种胶带的消费者和慎重考虑过自有品牌计划的消费者。利伯殊认为，3M 最终想减少（"扼杀"）自有品牌产品的渗透力，减少这种渗透力是通过在其成为名牌产品和自有品牌的家用办公用胶带的供应商之后，使得消费者转向它的名牌产品来获得的。

利伯殊还举了一些例子，譬如 3M 鼓励其名牌产品的零售商抬高那些产品的零售价格。利伯殊认为，这些事实是针对零售商的，这些零售商正在考虑销售更便宜的自有品牌的家用办公用胶带。有证据表明，3M 相信如果它能说服那些零售商提高苏格兰牌家用办公用胶带的零售价格，那么它就可以减少那些零售商的利益或增加他们自有品牌产品的销售。

因此，利伯殊认为，3M 进入自有品牌的家用办公用胶带市场不是反垄断法要保护或支持的竞争。相反，3M 开始销售自有品牌的家用办公用胶带仅仅是为了保持它的垄断价格并且通过阻止市场价格下降来限制产量和消费者的选择。

3M 回应称：除了现存的品牌，有关生产自有品牌家用办公用胶带的决定是合法的竞争策略，这种策略扩大了消费者的选择范围，提高了产品质量并且降低了产品价格。3M 提供证据证明，一些消费者选择 3M 而不选择利伯殊是因为其具有吸引力的价格、服务和质量，而另一些客户选择 3M 提供的产品来供应自有品牌的家用和办公用胶带，或仅把 3M 作为自由品牌产品的替代供应商，作为和利伯殊协商低价的工具。

3M 进一步解释，发展名牌产品和办公用产品的愿望强于发展自有品牌产品的愿望反映了其合法的商业利益。3M 承认，自有品牌额外的销售在某些程度上可能会取代利润更多的名牌产品的销售。考虑到销售名牌家用办公用胶带的利益，3M 很重视名牌产品并且致力于将自有品牌的家用办公用胶带销售给对名牌产品不感兴趣或者倾向于自有品牌产品的消费者。

利伯殊声称，3M 专门针对利伯殊的消费者，意图将利伯殊驱逐出市场。作为回应，3M 解释说，当其开始制造自有品牌家用办公用胶带时，它自然而然就吸引了先前对自有品牌产品感兴趣的消费者。自有品牌产品销量增加的明显方面来自于之前从利伯殊或其他供应商购买产品的消费者。3M 将这视为公认且合法的商业策略。此外，3M 声称它并非专门针对利伯殊的需求者。有证据表明，购买 3M 自有品牌的家用办公用胶带的消费者中有许多之前并没有购买利伯殊的此类产品。虽然 3M 最初的一些消费者先前购买利伯殊自有品牌的家用办公用胶带，但是购买德莎或外国供应商胶带的消费者以及之前从来没买过的消费者是利伯殊消费者的两倍之多。

10.3.3.2 初级危害理论：垄断先买权

利伯殊的危害理论基于经济理论中的先买权。虽然反竞争的先买权会通过一系列方式发生，但在本案中指 3M 利用其对稀有资源（关键的零售渠道）的控制来阻止他人参与竞争，以此来限制产量并获得垄断利润。在位垄断厂商基于以下原因会阻止其竞争对手获得稀有资源：一个潜在进入或边缘竞争者愿意为影响进入或扩张的稀有资源付出的最高价格就是一旦进入或扩张成功所能获得的利润。对在位的垄断厂商来说稀有资源更有价值，因为与潜在进入者期望获得的那部分利润相比，如果它可以阻止进入或扩张，便可以获得全部的垄断利润。决定先占利润程度的首要因素包括：稀有资源供应商的数量，在位厂商及每一个可选供应商拥有的稀有资源的数量，和下游市场的需求价格弹性。

利伯殊认为，3M 通过为其产品掌控稀有分发渠道使得一系列的市场营销计划比利伯殊具有先占权。特别地，3M 被认为惩罚一些零售商，这种惩罚是通过向那些只销售苏格兰牌胶带的零售商提供好处来实现的，而这些零售商可能本来会出售苏格兰牌胶带又销售利伯殊胶带的。总之，3M 通过误导客户的购买决策，来保证其对销售渠道的控制并且封锁利伯殊的产品。

3M 否定了这一论点。它指出，并没有禁止零售商购买包括利伯殊自有品牌家用办公用胶带在内的其他供应商的产品。它进一步指出，其市场计划的实际效应是更低的价格进而鼓励客户更多地购买 3M 产品。3M 认为，取代不能和优先购买混淆，因为只要当一个新公司为犹豫当中的顾客提供更高的价值时，竞争者通常都会被取代。3M 宣称，当它取代利伯殊而成为某个顾客的供货商时，这恰恰就是它所做的。3M 认为，如果这种基于价格的竞争被放在反垄断法下评估的话，这应该看作是价格行为——掠夺定价——而不是用先买权

案例 10：利伯殊公司诉 3M 公司案

这一错误的理论来解释。

3M 进一步指出，先买权理论在这个案例中不合适，因为现在讨论的资源——对零售商和商业顾客的销售渠道——并不是稀缺的。一大批独立的零售商有办法接近个体消费者和商业购买者。此外，单个零售商可以将资源（例如，货架空间）用于家用办公用胶带，并且只要他们选择就可以从不仅一家供应商那里购买商品。利伯殊反过来称，并非所有的零售商都具有同等的吸引力，并且在一些零售商店 3M 比利伯殊和其他竞争者都有先占优势，正是这些零售商店对小竞争者的成败至关重要。

10.3.3.3 评估有争议的 3M 市场策略

为了支持其理论，利伯殊宣称，3M 使用一系列的战术在重要零售商那里获得排他性供应商的地位，或者诱使这些零售商减少从其他制造商那里购买自有品牌和次生品牌的家用办公用胶带。这些战术包括：提供捆绑回扣、提高回扣、品牌组合回扣以及其他的经济激励。利伯殊认为，3M 所有的市场营销计划都有个共同的排他的特征：这些计划明显或不明显地和产品折扣有关，而 3M 在这些产品（例如，苏格兰牌胶带和报事贴便利贴）上对消费者购买自有品牌家用办公用胶带的决定拥有垄断势力。[1] 利伯殊进一步指出，3M 并没有为其市场计划提供可靠的非排他性的理论基础，至少没有提供一个不对竞争和消费带来伤害就能实现的理论基础。

10.3.3.4 3M 捆绑回扣计划

大量争论中的 3M 回扣计划具有共同的基本特征：在每一种情况中购买者可就一系列的产品获得折扣（回扣），获得折扣是通过达到一定销量或者增长目标，总量达到可以或者所有产品类别中一小部分达到也可以获得。因此，这些计划潜在地创造了一种环境，在这种环境下购买者关于购买单个产品或产品线的决定会影响其获得的折扣，而且这种折扣不仅局限于特定产品而是会影响一系列其他产品。利伯殊认为，这些计划的效应是对像利伯殊这样的小竞争者的活动征收大量的定额税。

利伯殊的逻辑如下：购买者除了购买苏格兰（和报事贴）牌的产品（利

---

[1] 在几个例子中，利伯殊指出由于 3M 旗下的报事贴产品具有优势，3M 还在便利贴市场具有垄断势力。利伯殊并没有清楚地为便利贴供应进行相关市场定义，也没有确定 3M 在这一市场存在垄断势力。

伯殊宣称3M在这些产品上拥有巨大的垄断势力）没有其他实质性选择，因为没有其他可竞争的品牌。然而，许多购买者从其他卖主（如利伯殊）购买（或愿意考虑购买）一部分家用办公用胶带（例如，次生品牌或自有品牌家用办公用胶带）。3M回扣计划通过向惠顾其他卖主的客户施加大量潜在的税收来妨碍客户的购买决定。这个计划的效应是激励客户用3M的产品来替代利伯殊次生品牌或自有品牌的产品，并且不会舍弃一部分3M的家用办公用胶带来购买利伯殊产品，这样可以使得他们有最大的机会达到3M总体增长和较小购买地域的要求，进而可以获得折扣。

  利伯殊提供了证据证明，3M有时会建议购买者用3M自有品牌的家用办公用胶带来代替利伯殊的产品，或者停止购买利伯殊自有品牌的家用办公用胶带，为了购买者能达到3M文具类产品的增长目标。一些购买者表明，他们其中一个目标就是操纵自己的采购以有资格获得3M最大可能的回扣。考虑到3M回扣计划的结构，客户在任何一个消费类产品区没有达到量的增长目标就会减少其在所有3M产品中获得的回扣，甚至会被取消所有的折扣。

  为了说明这一点，利伯殊提供了下面的例子：假设一个客户最初购买了价值100万美元的3M产品，这些产品来自3M的5个消费类产品区。再假设家用和办公用透明胶带占50万美元，或者客户采购于一个产品区（消费类文具区）的一半的购买量。① 最后假设，如果客户从3M每个消费类产品区继续购买至少100万美元的3M商品，那么客户能获得总购买量0.75%的折扣。即3M设定的"增长计划"恰好在客户既有的购买水平。现在假想客户正考虑利伯殊的一个出价20%的苏格兰牌家用办公用胶带替换成利伯殊自有品牌的胶带，并且利伯殊自有品牌产品的价格低于苏格兰牌相同产品的40%。

  表面上看，利伯殊潜在地为该客户提供了一个具有吸引力的机会，这个机会使得客户能够获得与3M名牌产品价格相比自有品牌的家用办公用胶带很大的折扣，与此同时利伯殊还能提高其零售利润率。净成本差39 250美元（40 000美元少于3M通过回扣计划基于名牌产品直接提供的0.75%的折扣）可以用来降低价格，提高零售商利润，或者是两者的组合。② 然而，从客户角度看，利伯殊的出价不具吸引力，这完全归因于3M的回扣计划。如果客户者接受了利

---

  ① 家用办公用透明胶带几乎占3M消费类文具产品总销售量的一半，消费类文具区是3M六个消费类产品区之一。

  ② 在这个例子中假设：与价格差异相比，名牌产品和自有品牌产品之间的任何质量差异都是小的。

案例10：利伯殊公司诉3M公司案

伯殊的出价，他就不能达到3M消费类文具区的量增长目标，进而就会丧失预期的37 500美元（0.75%乘以500万美元）的折扣。因此，有效的净成本差仅仅是2 500美元，或者是2.5%。这可能不足够压倒名牌产品和自有品牌产品之间的质量差异。

利伯殊认为，利伯殊以及其他自有品牌家用办公用胶带的卖者无力和3M捆绑回扣计划竞争。利伯殊提供资料表明，其家用办公用胶带产品总利润约为销售额的33%，即价值60 000美元的销售额约有20 000美元的利润。并且利伯殊的净利润仅约占销售额的8%，即60 000美元的销售额约有4 800美元的利润。因此，利伯殊为了补偿客户放弃的回扣必须向其支付的总价格让步或额外价格让步几乎是利伯殊销售总利润的两倍，净利润的8倍。

可以把相似的计算应用到利伯殊（或另外一个制作商）已经供应一部分家用办公用胶带的情况上。假设同样的客户先前取消购买3M价值100 000美元的名牌胶带而去购买利伯殊（或另外一个制造商）60 000美元的自有品牌产品，并且3M同样提供0.75%的折扣，只要客户将购买量从现有的490万美元提高到500万美元（大约增长2%）。在这个案例中，为了获得0.75%的折扣，客户可能有被迫停止购买自有品牌的家用办公用胶带而去购买3M名牌产品的感觉。为了留住客户，利伯殊至少必须向客户提供价值37 500美元的折扣。这个折扣量几乎是利伯殊销售总利润的两倍，净利润的8倍。

利伯殊认为，这个例子表明3M的回扣计划是反竞争的，因为他们的结构阻止了有效的单线竞争者从其他销售竞争中获利。以3M巨大的销售额为基础，即使回扣的百分比很小，客户和利伯殊或另外一个窄线供应商做生意也是不划算的，如果客户意识到这样做会有风险不能获得3M回扣。利伯殊宣称3M试图将回扣目标设定在恰好影响客户行为的水平，并且辩论称3M没有兴趣将回扣目标设定在客户很容易或很难实现的水平。因为这些计划不会在理想的方式下影响客户购买决策。①

3M认为其各种各样的回扣计划不过是价格的降低。虽然3M各种回扣计划在细节方面不相同，它们有一个共同点：3M削减了购买特定量3M产品的客户或者购买量随时间不断增加的客户的购买价格。换而言之，回扣仅仅是

---

① 在一些例子中（例如，PCG计划），对所有的3M客户来说，相关销售额或增长目标是相同的。虽然利伯殊承认个人定制销售额或增长计划为排他提供了更精确的工具，但是其主张3M带有标准化目标的计划具有排他性，因为利伯殊的重要客户，如果有量增长目标，那么和利伯殊交易就会不划算。

向符合量和增长条件的客户提供的价格折扣。

3M 举了几个例子证明不同的计算目的会使得客户计算折扣价值的方法不同。例如，为了比较供应商提供的合约，客户可以仅计算除去期望折扣的 3M 所有产品的价格。因此，利伯殊例子中的客户仅仅通过购买价款减去期望获得的（0.75%）回扣价值就能知道其购买的 3M 产品的真实净价。① 客户可以将这些净价和其他供应商（与任何可得净回扣类似）提供的价格相比较以决定哪个（些）供应商最合意。②

为了某些目的，有时候将回扣分配到其他产品上而不是它们自然的应用更合适。例如，如果客户减少购买 3M 名牌产品以从利伯殊购买自由品牌家用和办公用胶带，利伯殊第一个例子中的客户可以把预期的 3M 折扣总金额（37 500 美元）用于购买 100 000 美元的 3M 名牌家用和办公用产品，以反应所抵消的折扣的全部价值。

类似地，考虑扩展其与 3M 关系的公司即使将回扣应用到其他产品，也可以计算公司额外购买最终获得的净回扣所带来的期望成本增量。因此，利伯殊第二个例子中的客户可以将期望的 3M 总折扣量（37 500 美元）应用于购买额外 100 000 美元的 3M 名牌产品家用办公用胶带，这些是为达到旨在获得回扣的量增长目标所必须的。回扣是依赖于其他产品的名义量的事实并没有阻止客户进行合适的深思熟虑。3M 断言，每一种计算提供了一种将回扣转化成价格的潜在的合理方式。

3M 宣称，回扣计划降低了价格，因此诱使客户更多购买 3M 产品，并且 3M 的自有品牌和名牌产品的销售量都得到扩张。3M 提供证据证明了：1993 年至 1997 年，3M 家用办公用胶带产品在零售消费渠道的真实值（减去通胀）价格降低了，在办公渠道的绝对值价格也降低了。尽管引进更高价格的新产品，一般模式的降价还是发生了。这段时间，虽然 3M、利伯殊以及整个市场的单位产品销售额是增加的，但现有家用办公用胶带的均价下跌了大约 6%。3M 认为竞争尤其是价格竞争是市场导向型经济有效运行的根本，并且低价和更多的消费量一般都和客户福利提升相关。因此 3M 宣称应该鼓励价格折扣（如 3M 各种回扣计划实施的价格折扣）。

这个规则的一个特例就是掠夺性定价。如果降价是为了消除竞争，那么这

---

① 3M 认为如果一个客户不确定能否达到 3M 量的目标，那么这个客户减去的期望价格的量就不能如实反映不确定性。

② 类似地，为了评估真实的边际成本来设定零售价，单位成本可以用任何可得净回扣来计算。

案例 10：利伯殊公司诉 3M 公司案

种定价就是掠夺性定价。在掠夺性定价的情况下，厂商会期望在竞争被消除后能够制定高价格，以此来补偿低价时期的损失。一般认为必须谨慎制定反垄断政策，使得政策能够促进竞争行为并且能够避免对激烈价格竞争的阻止。因此，最高法院设定了一个法律临界值，只要定价不低于成本就不算掠夺性定价。① 3M 解释称：如果法院要责罚定在卖者自身成本之上的价格，那么就有阻止厂商以较低但仍可盈利的价格为基础进行竞争的风险。

事实上，利伯殊并没有提出掠夺性定价也没有宣称 3M 的定价低于其生产成本。恰恰相反，利伯殊断言 3M 的回扣和普通的降价不同。因为 3M 常常以一次性付款的形式支付回扣，只有客户的年度购买量或增长目标达到 3M 的要求之后，客户才会获得这一回扣。利伯殊认为，3M 的回扣计划需要更小的竞争者以"不正当的手段"参与到与 3M 的竞价中。像利伯殊这样的小竞争者，可以通过提供他们自己的一次性支付来和 3M 竞争重要的分销点。但是，为了赢得这些业务，他们需要补偿客户因为改变购买决策不能达到 3M 购买量或增长目标而损失的回扣。利伯殊认为，先买权经济理论表明：如果小竞争者被迫和在位垄断厂商竞标关键的资源（如这里讨论的分销点），那么垄断厂商将会赢得标的并维持其垄断势力。

利伯殊建议，3M 捆绑回扣计划所隐含的价格应该和利伯殊的总利润率及净利润率相比较。② 利伯殊断言，如果 3M 收取的价格（减去可得的折扣）比它小竞争对手的成本低，那些价格以及造成这些价格的回扣计划应该看作是排他的。这意味着 3M 的定价（减去回扣）不能低于比它小的竞争对手的成本。3M 认为采纳如此的要求是不合理的，并且竞争政策应该关心保护竞争而不是适应低效率的小公司。③

利伯殊进一步声称，3M 精心制定其年终回扣旨在使回扣被认为成普通降价并以低价的形式转移给客户的可能性降到最低。3M 反驳了这一观点并指出：考虑到回扣的大小依赖于客户年度总购买量，其年终计算和支付回扣的行为是一个普通的明智决策。此外，3M 称回扣以低零售价转移给客户的程度和反垄断分析无关。不管怎样，3M 无法控制其客户怎样对待回扣。

3M 还认为，它的规模和幅度不能阻止小对手的竞争也不能限制其实施折

---

① 见《布鲁克集团和威廉姆森烟草公司》，509 U. S. 209 (1993)。欲讨论，见伯内特 (1999)。
② 利伯殊事实上并没有为消费者系统地进行计算，并宣称其收到 3M 捆绑回扣计划影响的阻止。
③ 这又引发了一个棘手的问题，即 3M 如果知道其竞争者的成本，并且如果有多个竞争者，应该将哪一个竞争者的成本（效率最高的？效率最低的？某个平均水平？）做为基准。

扣计划的范围。利伯殊申诉的本质是：利伯殊这种产品种类有限的公司无法和3M这种产品种类很多的公司竞争，因为它们无法复制这些公司提供的多样产品折扣。3M不赞同这种结论，认为利伯殊和任何其他的供应商一样，在价格、质量和服务方面的竞争是自由的。客户有能力将两类公司提供的产品进行比较。虽然利伯殊可能提供的回扣计划涉及的产品范围没有3M的广泛，但是它的价格足以和3M有关计划的价格相竞争。

3M进一步认为，利伯殊没有提供合理的标准来区分反竞争行为和普通的竞争，而这种普通的竞争可以使得高效率、有进取心的公司争夺低效率、无进取心公司的销售额。3M认为，利伯殊建议的标准相当于称这些计划是排他的，因为利伯殊无法和3M的低价进行有效竞争。因此，对3M来说，很明显利伯殊仅仅是在寻求法院保护其免受具有进取心的大公司的竞争。3M认为这样的要求是不合理的，因为反垄断法的意图不是保护低效率竞争者。

10.3.4 其他反垄断行为的指控

利伯殊认为，3M市场计划在其他一些方面也有反竞争的行为。包括搭售、排他性交易和垄断杠杆。根据利伯殊的观点，各样的非价格策略阻止了利伯殊进行有效竞争，因此使得3M能够维持垄断价格。3M认为这些指控缺乏经济学基础。因为这些指控实际上和涉及回扣的指控有重复，我们只是简单地加以介绍。①

10.3.4.1 搭售

在经济学中，一个公司将一个商品的购买建立在另一个商品购买的条件之上，称之为搭售。例如，一个制造杯子和吸管的公司可能仅会同意将杯子卖给也买吸管的客户。但是搭售是司空见惯的事，比如：左脚和右脚的鞋子、汽车中的发动机和车身等等，并且一般不会对竞争产生不利影响。实际上，它还会给不想单独购买也不想买部件再装配的客户带来有效率的好处。然而，如果销售商对搭售的商品（如本例中杯子）拥有垄断势力，那么销售商就有可能通过拒绝单独销售产品来消除被搭产品（吸管）市场上的竞争。这就会给被搭产品市场的竞争带来潜在的危害，因为需要搭售产品的客户就不会从另外供应

---

① 我们在这里不介绍垄断杠杆，因为除了搭售和排他交易外，它们不会引起任何经济问题。

案例10：利伯殊公司诉3M公司案

商那购买被搭产品。

利伯殊宣称，3M各样的回扣计划造成了3M的非垄断产品（例如，自有品牌家用办公用胶带）和指控中的垄断产品（例如，苏格兰牌家用办公用胶带和报事贴牌便利贴）的搭售。3M回应称，它的回扣计划没有引起任何3M产品的有效搭售。3M的回扣计划并没有明显地将一种3M的产品购买建立在另一种产品购买的条件之上，并且3M的客户有自由选购任何3M产品组合，同时也可避免购买他们不想买的产品。3M提供的证据表明许多客户（几乎包括利伯殊所有的顾客）从3M购买一种或多种指控的所谓搭售产品，也从除了3M其他公司单独或首先购买许多指控的搭售产品（例如，自有品牌的家用办公用胶带）。

因此，利伯殊关于搭售的申诉仅限于3M回扣计划带来的3M垄断产品和非垄断产品之间的搭售，至少对某些客户来说这种搭售是存在的。实质上，利伯殊认为，3M回扣支付方式使得利伯殊的产品对其潜在客户来说变成不可能的交易，并且通过这种方式，3M回扣计划使得垄断产品的购买以非垄断产品的购买为条件。利伯殊宣称在这种方式下，3M妨碍了包括次生品牌和自有品牌家用办公用胶带在内的非垄断产品的竞争。

3M认为，这种观点仅仅是对3M回扣计划所带来的低价的抱怨。3M宣称，被指控的垄断和非垄断商品是以可行的商业条件单独销售的，并且有证据显示许多顾客从3M购买指控中的垄断产品但并未购买指控中的非垄断产品。利伯殊反驳了这些证据，提出仅是3M的某些客户为了获得垄断产品的折扣而被迫去购买非垄断产品（包括自有品牌胶带）。3M回应称称，这一有诸多限制的指控仅相当于抱怨在某些情况下，3M将非垄断产品的价格定在低于利伯殊偏向的价格。

为了证明这一点，3M举了如下例子。假设A公司（3M）是销售X产品（苏格兰牌家用办公用胶带）的垄断厂商，其出售X产品的价格是每单位2美元。然而，B公司（利伯殊）以每单位1美元的价格出售Y产品（自有品牌家用办公用胶带）。进一步假设每个客户购买一单位的X和一单位的Y。最后，假设A公司开始以每单位1美元的价格出售Y，并且如果客户总购买量大于或等于3美元，那么A就为顾客提供每单位X产品10%的回扣（0.2美元）。在利伯殊的理论下，这一回扣合约实际上包含搭售，因为它诱使客户从A公司购买Y产品，否则客户可能从B公司购买Y产品。特别地，这个合约可能会诱使客户从A公司购买Y产品，除非B公司将Y产品的价格至少降低

0.2美元。

3M断言,例子中的A公司并没有搭售产品X和Y,客户有自由像以前一样独立选择购买X、Y。恰恰相反,3M将客户行为的改变归因于A公司为产品Y提供的间接折扣。特别地,每个客户都可以像以前一样花2美元购买X产品,但是现在客户多了选择,可以总共花2.8美元从A公司既买产品X又买产品Y。因此,Y产品的价格净增量仅仅是0.8美元。根据3M的观点,B公司为了留住顾客而进行的0.2美元的降价是一种竞争回应,以反击A公司对Y产品的低增量定价,并不是任何所谓搭售的结果。

10.3.4.2 排他性交易

如果一个企业要求其客户,或者其客户同意仅从这个企业购买特定的产品,我们就称这种情况为排他交易。例如,当且仅当一个经销商同意不从其他钢笔制造商进货时,这个钢笔制造商才有可能将钢笔卖给这个经销商。

排他交易可以通过多种方式提高效率。例如,排他交易也许能确保其他公司如果不共同支付成本,就不能共享促销活动带来的利益。否则,这种免费搭车行为会阻止对促销活动的有效投资。[①]

排他交易是一种司空见惯的事,而且一般不会引起反垄断关注。然而,如果排他交易持续了一个较长的时期并且涉及大量的经销商,那么排他交易就可以是反竞争的。如果一个制造商和大量的经销商签订了长期的排他交易协议,那么其他制造商有效竞争的能力就会打折,并且也会抑制竞争。

利伯殊宣称,3M通过和一些重要经销商签订排他交易协议抑制了竞争。3M反驳了这个观点。3M声称,没有例子表明3M在任何时期从任何一个经销商中获得过基于排他的基础只出售3M产品的保证,[②] 3M客户可以自由选择在任何时期改变供应商,也可以自由地从许多供应商处购买同样的产品。3M指出,许多3M客户(包括利伯殊所有的,或者几乎所有的客户)购买的家用办公用胶带不仅来自一个供应商。

利伯殊反击了这种论证,宣称3M的回扣计划迫使许多3M客户为了获得指控中垄断产品的回扣只能和3M进行交易,这实际上达到排他交易的效果。利伯殊宣称,3M经常将客户有资格获得回扣的量临界值设定在客户为了得到

[①] 利伯殊的专家称在消费者或经济福利方面,排他交易没有任何存在的理由。

[②] 3M和两个小经销商签有带有一些排他性因素的协议。3M宣称这些协议没有阻止利伯殊向任何客户出售其自有品牌产品家用办公用胶带。

大量回扣而仅和 3M 交易的水平，并且利伯殊试图证明一些客户的自有品牌计划是如何受 3M 回扣计划影响的。3M 回应称：正如对搭售的指控一样，这一事实仅是对 3M 价格折扣的抱怨。3M 认为，客户选择一个单一供应商并不是反竞争的，因为可能只是那些客户认识到了通过这样的协定可以降低成本和改善物流。事实上，3M 的一些客户声明这恰恰就是他们限制其购买产品的卖主数量的原因。

10.3.5　关于客户决策的直接证据

3M 从一些客户那里获得了关于他们选择家用办公用胶带供应商理由的证据。证据显示：除了 3M 的回扣计划，客户还因为其他原因购买 3M 产品，包括质量、服务和广告。3M 认为，这一证据反驳了利伯殊的客户购买决策受到 3M 回扣计划的驱动的观点。3M 还指出，许多客户尽管参与 3M 的回扣计划但仍继续购买利伯殊的产品，利伯殊获得新客户的能力并未因 3M 的回扣计划而降低，并且为了回应利伯殊的竞争，3M 继续提供折扣。这些都证明了 3M 的回扣计划不能主宰购买决策也不能阻止客户从利伯殊购买家用办公用胶带。

3M 进一步认为，如果回扣计划具有利伯殊声称的效应，那么客户收到的回扣和客户转向购买 3M 的产品应有一些联系。3M 呈现的证据显示两者不存在联系。特别地，几乎对任何利伯殊声称被 3M 市场计划妨碍的客户来说，改变供应商的年份和在那一年中赚的折扣都不存在关联。3M 确实承认一个或多个客户可能会为了有最大的机会达到 3M 特别的增长目标并获得回扣而改变他们的购买决策，但是称回扣在客户有关次生品牌和自有品牌家用办公用胶带购买决策中系统地起到关键作用是不合理的，因为回扣几乎从未在根本上受到那些决策的影响。

10.3.6　有关效率的考虑

评估诉讼中反竞争行为的一个重要方面涉及到可能的效率解释。利伯殊认为，3M 排他的行为不存在正当的效率理由。利伯殊认为这些行为仅仅是旨在消除竞争的努力，并且如果存在任何利益，3M 就会通过不妨碍竞争的方式来获得。

3M 回应称其通过向客户提供低价来达到增加销量和产品多样化的愿望，

而且这一意愿为讨论中的行为提供了充足理由。3M 还称当其和购买多种 3M 产品的大客户交易时,就降低了成本。回扣计划使得 3M 可以系统地和客户共享这一低成本。① 3M 还声称,回扣计划通过为公司提供一个向客户沟通的统一口径,可以帮助它协调各个产品区的市场策略。

3M 进一步指出,回扣计划回应了客户的需求,尤其是给 3M 带来较大销售量而想得到认可的大客户。那些客户也力图实现和更少供应商交易以及购买每个供应商多种类产品的效率。

10.4 法院判决

地区法院诉讼的陪审团认为,3M 在限制贸易的非法协定和非法排他性交易方面是无罪的,但是 3M 在非法维持及试图维持垄断势力两方面是有罪的。地区法院法官判定 3M 试图维持垄断势力无罪从而缩小了有罪判决的范围,但支持陪审团其他决议——非法维持垄断地位——若按三倍处罚,造成的损害超过 6.80 亿美元并且还要加上审判前的利息,3M 上诉到第三巡回上诉法院。

3M 上诉的论证很直接。简言之,3M 断言诉讼中的各样营销计划仅仅是价格折扣,并且这些折扣能够受到的质疑仅仅是基于最高法院关于布鲁克集团决议中设定的掠夺性定价标准。② 但是,就像 3M 指出的,利伯殊没有就掠夺性定价起诉,也没有起诉或试图证明 3M 的价格低于其以任何方式来定义的成本。此外,3M 声称,陪审团支持 3M,认为其在利伯殊声称的非法排他交易和限制贸易方面无罪,所以关于维持垄断势力的有罪判决就不存在法律基础。

一个由上诉法院三位法官组成的小组受理并支持了 3M 的上诉。③ 三位法官同意地区法院的判决,指出 3M 在被指控的试图维持垄断势力行为是合法的;但是在 3M 维持垄断势力方面给出了与地区法院相反的意见,并且将案件发回地区法院重审并建议支持 3M。

随后,上诉法院全体成员复审了上诉法院小组的判决。最终裁决的观点(以 9∶1 通过)和上诉小组的决议相反,支持了最初陪审团的判决。④

---

① 庭审中,3M 没有试图确定节省的成本量。
② 此决议认为:价格设定在用合适方法测量得到的被告成本之下才能被称为是掠夺性定价。
③ 277F.3d 365(2002)。
④ 324F.3d 141(2003)。

案例10：利伯殊公司诉3M公司案

投票中的多数派为其观点提供了大量的支持。首先，他们认为根据《谢尔曼法》第二部分，可以判决排他行为（如排他交易和捆绑回扣）为非法维持和试图维持垄断势力。然后他们不赞同3M所说的其营销计划仅是普通的价格折扣，而这种折扣必须用布鲁克集团建立的掠夺性定价的标准来评估。恰恰相反，多数派认为，可以将3M捆绑回扣计划看作搭售机制，因此可能会通过排除其他供应商来伤害市场竞争。

另外，多数派认为，3M的案例和布鲁克集团事件是不同的，他们重点强调：在布鲁克事件中，指控涉及协调活动而不是具有垄断势力的单一供应商的单边行为。因此，多数派质疑布鲁克集团决议是否适合3M案例。

多数派还认为，捆绑回扣计划和3M对客户的其他支付可以看作是实施排他交易的方法，因此捆绑回扣计划和排他交易一样，可能会通过排除其他供应商来伤害市场竞争。多数派不赞同3M的以下论证：因为地区法院判断3M在非法排他交易和限制贸易方面无罪，所以利伯殊的垄断杠杆、排他交易和捆绑销售的申诉和这些分析无关。多数派做出了如下结论：必须从整体上考察一个垄断者的行为，而不应仅仅单独考察个体活动。最后，多数派强调了利伯殊提供的关于3M意图消除自有品牌部分的证据，并且多数派断定这个证据足以压垮3M在很大程度上无据可循的效率论据。

反对意见就证据和必要的证明标准提供了很不一样的观点。反对者一开始集中在客户的证词和客户购买决策的理由（除了3M捆绑回扣计划）上，这些理由解释了客户为什么从3M购买自有品牌的家用办公用胶带而不从利伯殊购买。反对者参考了先前法院断定多采购回扣是合法的裁决，并指出利伯殊没有成功论证3M回扣计划的结构使得具有同样效率的公司难以参与竞争，乃至利伯殊在一些具体实例中不能匹配3M的要约。此外，反对者认为，利伯殊没能提出掠夺性定价的申诉削弱了而不是加强了它自身的说服力。反对者认为即使回扣带来排他交易，它们也不是反竞争的，因为它们没有在足够长的时期内限制客户的选择。最后，反对者做出如下结论：3M回扣计划增加了3M的销量是一个无争的事实；无论它的效率论点是否站得住脚，这个事实为其行为提供了充足合理的商业论据。

10.5 最终的观察

3M和利伯殊对3M营销计划的各自描述显著不同，多数派和反对者对上诉法院关于3M行为含义的判决形成了显著差异，这两种巨大差异突出体现了关于主导厂商单边行为的法律目前处于模棱两可的状态。关于主导厂商的行为应该限制到什么程度以保护竞争程序的观点各异，并且就评估反竞争单边行为诉讼方面应该给予陪审团多大的酌处权，各方也持有不同观点。

一些观察者（如支持利伯殊与3M案中上诉法院少数观点的人）看上去是赞成对企业行为加以较窄的限制，以及建立清晰的证明行为已经或可能损害竞争的标准。其他观察者（包括支持上诉法院多数观点的人）呼吁对需要打击的行为的范围采取更宽泛的观点，在评估特定案例中对竞争的损害适用的标准也要如此。

在某些方面，特别是关于掠夺性定价，法院在陈述评估潜在反竞争行为的标准方面有一些改进。然而，即使如此，还是存在分歧，就像上诉法院多数派试图证明的一样，应该将布鲁克集团案判决的应用范围限制于被告不具有重大垄断势力的情况。处理新的或新颖性行为时，差异将更显著。

美国司法部和联邦贸易委员会在他们联合向最高法院提出的意见陈述中建议否决3M的审讯要求，他们认为，最高法院在对这一案例中特定企业行为做出一个比较全面的判决之前，需要更进一步的学术研究和更多审判上的经验。利伯殊案判决之后，一些经济学家研究了"捆绑价格"计划可能导致更高（低）市场价格的环境。但这些努力大部分还缺乏一般性，所以对如何制定有关这类定价方案的反垄断政策还没有充足的指导。例如，克雷等人（Kolay et al，2004）的理论工作研究了"所有单位"折扣——即一个所有购买单位递增折扣的定价策略——发现，这种折扣可能对客户既有好处又有反作用。格林李等人（Greenlee et al，2004）以及格林李和瑞特曼（Greenlee and Reitman，2004）又从理论的视角发现，捆绑折扣既有可能反竞争又有可能促进竞争，但是这没为政策制定提供清晰的指导。①

为了找到一个更实用的方法，鲁宾菲尔德（Rubinfeld，2005）详述了大量的相关考虑因素，然后假设捆绑回扣是反竞争的，如果它们满足"（a）降低消费者福利，（b）并且是通过损害对手提供竞争性要约的能力达到的。"然而，他很快妥协称，这个规则并没有真正为评估具体案例提供充足的指导。

作为捆绑回扣重要性的更进一步表现，最近负责为反垄断法提供建议的反垄断现代委员会（AMC）为捆绑计划尤其是对上诉法院判决的批评，提供了

---

① 更早的工作见伊顿和利普森（Eaton and Lipsey，1979）。

案例 10：利伯殊公司诉 3M 公司案

可观的评论:"该判决太模糊而且有可能打击有利于社会福利的捆绑折扣或回扣"(AMC 2007,第97页)。AMC 建议,在捆绑折扣案例中,法院应该要求原告证明被告以低于增量成本的价格出售竞争性产品,并且被告有可能补偿它的损失,以及这对竞争有不利的影响(AMC 2007,第99页)。

未来可能会出现的事实情况会延续这种细致和微妙,这不是简单经济理论模型可以完全描述的。[①] 更一般和更基本的问题是,我们要建立一个合理的法律标准,以用来确定一个具有垄断势力的公司已经超越公平竞争的边界,并且通过掠夺性定价和其他形式的反竞争行为来非法排除竞争对手。布鲁克集团案的判决为掠夺性定价提供了一个合理的出发点,但是在实际中可能发生的更广泛的情况中,如果它要为评估价格策略提供有意义的基准,那么它可能需要修改和阐明。

同样地,建立并明确清楚地表述可用于如利伯殊诉3M案中情形的法律标准也是很有用的。在这类情形中,原告控告被告所使用的譬如排他性交易或搭售的非价格策略导致其被排挤出相关市场。采用更为一般性的原则,而不是一个案例一个案例地分析企业的单边行为,可以简化并且统一对违反《谢尔曼法》第二部分行为的分析。

参考文献

[1] Antitrust Modernization Commission. Report and Recommendations. Washington, D. C: AMC, 2007.

[2] Burnett, William B. "Predation by a Nondominant Firm: The Liggett Case (1993)." In The Antitrust Revolution, 3d edn., edited by John E. Kwoka, Jr., and Lawrence J. White, 239 – 263. New York: Oxford University Press, 1999.

[3] Eaton, B. Curtis, and Richard G. Lipsey. "The Theory of Market Preemption: The Persistence of Excess Capacity and Monopoly in Growing Spatial Markets." *Económica* 46 (May 1979): 149 – 158.

[4] Greenlee, Patrick, and David Reitman. "Competing with Loyalty Discounts." U. S. Department of Justice, EAG Discussion Paper 04 – 02, 2004.

---

① 这不是说经济学是不相关或不应该在反垄断诉讼评估中起重要作用。相反,完美的经济理论和实证是理解公司行为含义的重要工具,并且区分特定形式的行为是可能提高效率和消费者福利还是具有相反作用的。

[5] Greenlee, Patrick, David Reitman, and David Sibley. "An Antitrust Analysis of Bundled Loyalty Discounts." U. S. Department of Justice, EAG Discussion Paper 04 – 13, 2004.

[6] Kolay, Sreya, Greg Shaffer, and Janusz A. Ordover. "All – Units Discounts in Retail Contracts." *Journal of Economics and Management Strategy* 13 (Fall 2004): 429 – 160.

[7] Rubinfeld, Daniel L. "3M's Bundled Rebates: An Economic Perspective." *University of Chicago Law Review* 72 (Winter 2005): 243 – 264.

案例 11

打击全球卡特尔：氨基酸、赖氨酸反垄断诉讼案（1996）

约翰·M·康纳[*]（John M. Connor）

11.1 引　　言

1995年6月27日晚，70余名联邦调查局探员在同一时间突然搜查了位于伊利诺斯周迪凯特镇的ADM（Archer-Daniels-Midland）公司的总部，并且对若干ADM公司管理人员在其家中进行了讯问。探员们执行芝加哥联邦大陪审团授权的传票，收集了ADM公司赖氨酸、柠檬酸和谷物甜味剂的相关商业文件。在随后的一两天内，调查人员还搜查了其他四家生产和进口赖氨酸的公司。这些被传唤的商业文件和数以百计录有串谋者会议和谈话的秘密磁带构成了指控这五家公司三年来在全球非法串谋固定赖氨酸价格的有力证据。

联邦调查局的搜查被大众传媒广泛报道，并且促发了一系列司法行动，这些司法行动在10年后仍有一部分没有结束[①]。三个主要的联邦反垄断诉讼是美国司法部秘密调查的结果。司法部自1992年11月就开始与ADM公司赖氨酸部总裁合作展开秘密调查。第一起诉讼是1996年夏天的三倍损害赔偿诉讼。

几个月之后，司法部做出了五家厂商共同固定氨基酸价格违法的判决。虽

---

[*] 约翰M.康纳在氨基酸、赖氨酸反垄断诉讼（MDL No. 1083）北伊利诺斯地方法院（Northern District of Illinois, 1996）中为代表原告的法律公司提供了专家意见。在起诉三名ADM公司高级管理人员在赖氨酸卡特尔中作用的 U.S. 对迈克尔.D. 安德烈亚斯等人刑事诉讼中，他也为美国司法部反垄断司撰写了专家意见书。本章摘自他的书 *Global Pricing Fixing* 第2版。

[①] 在1996财政年底（1996年6月30日），ADM公司在79个件中成为反垄断诉讼被告或成为政府调查的对象，其中21个案件与赖氨酸有关。在随后的财政年度中，涉及诉讼和调查从22到41个不等（ADM, 2001）。2002年，ADM公司对欧盟委员会征收的赖氨酸卡特尔罚款提起上诉，但是欧洲法院2006年驳回了其上诉。

然所有的卡特尔成员都已认罪并交付了罚金,但并不是所有参与共谋的高级管理人员都认罪。因此,司法部于 1998 年夏天在芝加哥向四名赖氨酸高级管理人员提出控告;四名被告中的三个被认定有罪,并判处较重的惩罚①。随后,加拿大、墨西哥、巴西和欧盟的反垄断机构对这五家厂商进行了调查,并处以罚金②。

在联邦调查局搜查后的一年内,四十多起直接购买者对赖氨酸经销商的反垄断民事诉讼被地方法庭记录在案,每起诉讼都涉及多名原告。在 1996 年上半年,约 400 名原告被证实为一起集体诉讼案件,命名为氨基酸赖氨酸反垄断诉讼,指定给北伊利诺斯地方法院进行审理。1996 年 4 月,三个最主要的被告共支付 4 500 万美元来赔偿其固定价格行为造成的损害。最后的解决方案在 1996 年 7 月达成③。其他由农户、消费者和间接购买者提起的约十五起随附诉讼在六个州和加拿大两省进行赖氨酸卡特尔招致的罚款总计为 3.05 亿美元,其中,ADM 支付 1.77 亿美元。ADM 公司又遭遇了向公司经理和董事会提出的股东派生诉讼,指控他们对公司管理不力。

这三个联邦赖氨酸案例非常重要,至少有如下四个原因。第一,这是美国政府 40 多年中第一次在指控全球卡特尔④中取得完全的胜利⑤。在总检察长瑟曼·阿诺德(Thurman Arnold)的领导下,司法部成功地指控了许多国际卡特尔成员公司,这些国际卡特尔自两次世界大战之间就开始运作(Wells 2002)。这些诉讼开始于 20 世纪 40 年代晚期,1950 年左右结束。在 1996 年的赖氨酸案件之前,政府仅指控过三个国际卡特尔。司法部在这三起诉讼中均败诉,原因或者是因为存在于国外的证据无法传票收集,或者是因为陪审团不愿意依据国外串谋者的供词来认定美国本土商人有罪⑥。

---

① U.S.v. 迈克尔. D. 安德烈亚斯等人诉讼案中的记录和资料(即 Tr.)是主要的信息来源,编号为 Tr. Ex.。在 1999 年下半年,三名 ADM 公司的高级管理人员被判处较长的刑期;安德烈亚斯的刑期是 36 个月,是《谢尔曼法》中规定的最高刑期(卡恩等. 1999)。被告日本味之素公司的经理仍然在逃。
② 在结果宣布那天,加拿大和欧盟的罚款分别是 1 150 万美元和 1.1 亿美元(换成美元之后)。墨西哥并没有公布其罚款,巴西的罚款至 2007 年仍未有定论。
③ 另外两名被告大约在 1 年后以 500 万美元达成和解协议。
④ 20 世纪 90 年代后期,美国司法部首次开始对两个或两个以上的国家的成员参与的卡特尔诉讼案进行统计。我将全球卡特尔定义为跨越两个或两个以上的洲的国际卡特尔(Gonnor 2007a,第 5 页)。
⑤ 虽然联邦贸易委员会曾经成功地指控过一个国际卡特尔美国美兰制药公司(Mylan Laboratories,1998),但是几乎所有的卡特尔案件一般都由司法部进行处理,因为只有司法部有权处理涉及到刑事的案件。
⑥ 由于在美国司法管辖权外缺乏有效的证据,这阻碍了对铀卡特尔(1978)和钻石卡特尔(1994)的检控。司法部在 1995 年起诉热能传真纸时败诉了。最后,司法部虽然成功起诉了美国 – 加拿大塑料餐具固定价格卡特尔,但是,这个卡特尔并不能称得上完全的国际卡特尔。

案例11：氨基酸、赖氨酸反垄断诉讼案

第二，对赖氨酸卡特尔的指控反映了美国和海外反垄断机构在执法重点上的一次重大变化。在1995年以前，在美国司法部提出的固定价格起诉案件中只有不到1%涉及到非美国公司和非美国公民。而从1998～2000年开始，司法部超过一半的固定价格指控会涉及到国际串谋者（Connor, 2001a，表1.1）。赖氨酸卡特尔调查直接催生了对三十家跨国公司共谋的发现和成功控告，这些跨国公司参与了在国际市场上控制赖氨酸、柠檬酸、葡萄酸钠和十种维生素的价格。自1996年起，美国司法部、欧洲竞争政策指导委员会（DG-IV）和其他国家反垄断机构共发现和指控了超过12个国际卡特尔。对卡特尔的处理是美国司法部反垄断处工作的重心，该部门30%的资源投入了对违法固定价格的指控[①]。

第三，赖氨酸卡特尔案例显示出政府将采用更加严格的调查方法来取代原先温和的调查方法。在联邦调查局1995年大搜查之前的三年调查中，司法部只是使用一些常规方法来调查药品卡特尔和其他一些有组织犯罪，包括寻求与国外警方的合作。但是，现在与可能的卡特尔串谋者进行有罪辩护谈判中，检控方灵活使用各种可能方法向其灌输合作的观念，包括威胁极高的罚金、判处监禁和禁止重罪犯进入美国境内。

最后，赖氨酸案及随后的其他案例显示出对固定价格犯罪的惩罚在20世纪90年代急剧升级。国会不仅提高了违反《谢尔曼法》的罚金额（对公司罚金从1990年的1 000美元增加到2004年的1亿美元），而且在1994年对违反反垄断法的行为由轻罪定为重罪。再加上在1987年颁布的《美国审判指南》，串谋固定价格者将要双倍赔偿由其卡特尔造成的损失。也就是说，政府可以对厂商施加两倍于其卡特尔垄断利润的罚金，这个数目在市场规模很大时将很容易超过法定的1 000万美元罚金上限（Connor, 2001a，第84～88页）。截至ADM公司作为赖氨酸卡特尔的领导者由于固定价格犯罪被判处1亿美元罚金。世界上对国际卡特尔的处罚已超过250亿美元（Connor and Helmers 2006）。

相对于民事诉讼中原告可能遭受的损失，美国政府的罚款就显得微不足道了。直接购买者在联邦法庭上可以提起三倍损害赔偿。在一些案例中，国外直

[①] 在2002财政年度，反垄断处计划用258个全职人员来处理固定价格方面的案例（司法部，2002）。但是，如果把FBI和美国总检察署的资源也算进来的话，则大约有3 000个全职人员的投入，每年耗资约4亿4千万美元。

接购买者可以在美国提起三倍损害赔偿[①]。但是,违反反垄断法的法律责任并不仅此而已。近二十个州允许间接购买者向地方法庭提起诉讼,并大多数允许三倍损害赔偿。此外,一些地方总检察官也更多地联合起来起诉到联邦法庭(以公民代表的身份)为本州政府、公司和个人提起三倍的损害赔偿。例如,在2000年10月,四十多个州的总检察官与最大的六个维他命卡特尔成员达成了3亿4千万美元的赔偿协议。不包括股东派生诉讼、法律费用和名誉损失,被控告操控价格的厂商将面临8到10倍于超额价格的垄断损害赔偿[②]。卡特尔厂商管理层面临的罚金和刑期也开始不断加重[③]。

在横向固定价格案例中,经济分析的主要角色是计算卡特尔向市场中买方施加的超额价格(overcharge)。超额价格是卡特尔产品的市场价格与没有卡特尔时的市场价格之差。准确确定超额价格非常重要,不仅因为这是确定民事损害赔偿的依据,而且也是确定政府罚金的基础。在本身违法原则下提起的固定价格刑事诉讼中,《美国审判指南》要求联邦检察官对公司和个人以超额价格或被告受影响的销售部分为基础确定罚金的数目。对于公司,除非检察官有证据表明超额价格低于10%,否则,固定价格的罚金将是超额价格的两倍[④]。对于个人,罚金在超额价格的1%到5%之间,或根据超额价格的多少确定最多为2 500万美元的罚款。总之,对于公司和个人的固定价格罚金都与卡特尔的超额价格有着密切的联系。

在横向固定价格案例中,经济分析的主要角色是计算卡特尔向市场中买方施加的超额价格(overcharge)[⑤]。超额价格是卡特尔产品的市场价格与没有卡特尔时的市场价格之差。准确确定超额价格非常重要,不仅因为这是确定民事损害赔偿的依据,而且也是确定政府罚金的基础。在本身违法原则下提起的固

[①] 美国第二巡回法院曾判定伦敦艺术品拍卖的买家有权在美国提出起诉(Katzman et al.,2002)。
[②] 较低的估计是假定司法部仅以美国市场作为基准来确定损害赔偿;较高的损害赔偿则以全球销售量作为基准,是美国市场销售量的三倍。
[③] 石墨电极卡特尔中的一名德国公司CEO支付1千万美元以获得保释。在2002年,艺术拍卖行的总裁因固定价格被判处罚金750万美元(Markon,2002)。
[④] 如果以20%作为标准,那么,法庭将会根据一系列复杂因素制定一个倍数来提高基础罚金。司法部将90%的固定价格诉讼作为刑事案件处理。
[⑤] 关于卡特尔超额定价历史的分析,参见Connor and Lande(2005)。在1974年之前,最重的处罚是一年的监禁。当1974年价格固定行为被处以重罚时,最重的处罚升至3年;在2004年《谢尔曼法》修正之后,这一处罚上限升至10年(AMC 2007,第296页)。

案例 11：氨基酸、赖氨酸反垄断诉讼案

定价格刑事诉讼中[1]，《美国审判指南》要求联邦检察官对公司和个人以超额价格或被告受影响的销售部分为基础确定罚金的数目[2]。对于个人，罚金在超额价格规模的很小一部分或根据超额价格的多少确定最多为 2 500 万美元的罚款。总之，对于公司和个人的固定价格罚金都与卡特尔的超额价格有着密切的联系。

美国（与大多数其他国家）操纵价格的处罚的基础是"最佳威慑"的法律经济理论。"该理论的一个简单的版本表明，支付的罚款额及私人损害赔偿应该等于引起的经济损失[3]除以被检测和起诉的可能性（Posner 2001）。这样的惩罚会减少卡特尔形成——即使不能完全消除，也可以使其分解理想的小的规模[4]。发现秘密卡特尔的概率被广泛认为是介于 10% 和 33%（Connor 2007e，表 2.）。因此，对于卡特尔的最优惩罚就是卡特尔超额定价的 300% ~ 1 000%。

本案例研究的主要目的是说明法庭如何通过 1992 年到 1995 年赖氨酸卡特尔的数据来确定超额价格的大小。大多数有关超额价格确定的法律原则都主要来自于 1996 年夏的赖氨酸反垄断诉讼案例。但随着时间的延长和更多数据的可得，在 U.S. v. 迈克尔·D·安德烈亚斯案例中，对赖氨酸卡特尔超额价格的估计变得更为精确。本文也将阐述在能够很好地威慑卡特尔形成的国际操纵价格刑事事件中，对企业进行罚款是很困难的。

11.2 关于卡特尔的经济学和法律

卡特尔是两个或两个以上的独立实体为增加共同利益而非法达成关于价格

---

[1] 依据长期以来的传统，司法部将 90% 及以上的横向价格固定作为犯罪行为，而且只有最严重的卡特尔行为才被判罚（AMC 2007, P. 297）。

[2] 这一指南在 1987 年至 2005 年 1 月期间被强制执行，随后在最高法院判决 U. S. v. Booker, 543 U. S. 220（2005）案之后，指南变为自愿性的（Connor and Lande 2005）。指南的细节十分复杂（参见 http://www.ussc.gov/guidelin.htm），试图通过惩罚性处罚来制止价格固定行为。
有两种方法。如果起诉人认为超额定价是围绕被影响的销量的 10%，首先计算销量的 20% 作为基准，再经由一系列复杂的因素产生的从 0.15 到 0.40 之间的受责程度乘数提高。这个方法被认为是超额定价基线计算的合理替代。另外，如果起诉人有证据证明超额定价显著高于 10%，或者想施加一个超出《谢尔曼法》限额的罚款，那么固定价格的最大罚款是卡特尔超额定价的 2 倍。在实践中，两个方法之一产生一个提议的罚款额并且成为司法部辩护方讨价还价的起点；认罪答辩的谈判会典型地导致显著低于起点的实际罚款。
在极少出版的反垄断辩诉交易情节的版本中，司法部官员将对 ADM 的罚款从高达 4 亿美元（Lieber, 2000, P. 36）降至 1 亿元（Eichenwald, 2000, pp. 487, 507 – 511, 521 – 523）。起诉的 ADM 人员也减少了。

[3] 经济损失一般等同于超额定价，但也应包括无谓的损失。

[4] "理想"在这个意义上，预期私人费用（例如，罚款，反垄断培训项目等）和司法系统的成本等于卡特尔的预期利润收益。

或产量的协调协议。一些卡特尔是由国家机构或国有企业组成的；一些卡特尔是通过多边协议的达成以消除商品价格的周期性波动。本章只涉及没有政府主权保护的私营商业卡特尔组织。

经济学将卡特尔视为一种特殊的寡头垄断组织，卡特尔成员在同一个产业中本来是竞争对手，但为了增加共同利益非法形成组织。卡特尔的主要任务是增加成员的共同利益，尽可能接近垄断水平；卡特尔经常采用的策略是"限制性商业行为"，最著名的一种就是固定价格。卡特尔经常达成协议以提高价格、降低产量，或二者皆有；为达到这一目的，他们也可能为每个成员分配固定的市场份额、分配固定的客户、制定统一销售条件、分享销售信息、监控市场价格、集中和分配利润、惩罚违反者，等等。卡特尔也可能隐藏和销毁上述这些行为的证据。耗费在卡特尔协议的协商和实施方面的时间和资源可能会非常高。

卡特尔的经济学模型重点分析高市场集中度和产品同一性的必要条件（Stigler, 1964; Dick, 1998; Connor, 2001a）。除非卖家的数量很少，或者产品易被标准化，否则相对于可预期的额外利润来说，协调众多成员厂商行为的成本是非常高的。而且，鉴于每一个卡特尔成员都有动机去违背协议以获得更多的利益（例如，比协议规定的卖得更多或价格更低），因此，只有在厂商数量少、产品同质性强时才可能将甄别欺骗行为的成本控制在合理的范围内。其他被认为有利于信息交换和保持卡特尔成功的因素还包括买方数量众多、非卡特尔产品的数量有限、厂商成本的趋同性和相对稳定的、可以预测的市场需求。市场进入壁垒也可以促进信息交换和维持卡特尔协议。

1890年《谢尔曼法》的第一节规定卡特尔违法。并且从1927年（United States V. Trenton Potteries Conpany et al., 273 U.S. 392）之后，它们本身就被判定违法。即无论协议对市场价格或产量会产生什么样的影响，明示性的价格固定协议是"限制贸易的串谋"。其他工业化国家的竞争法律采用合理原则来确定卡特尔的违法性。但是，实际上，美国以外的其他国家将所有发现的卡特尔都视为违法。在欧盟，只有很少的能够通过技术创新给消费者带来可观福利的卡特尔才能成为反垄断法的豁免者。但是，包括美国在内的许多国家都允许注册的出口卡特尔组织存在和运行。

几乎所有的经济学家和法律学者都支持对明示的固定价格行为施加严厉的制裁。这些学者可能对串谋行为产生的原因和卡特尔的可维持性有不同的观点，但是他们都认同卡特尔的负面经济影响。卡特尔会导致生产和消费的损

案例11：氨基酸、赖氨酸反垄断诉讼案

失，将消费者的福利转移到卡特尔成员，还经常导致寻租行为（Posner, 2001，第一章）。

11.3 产业背景

赖氨酸是氨基酸的基础原料，而氨基酸可以促进蛋白质生长，促进人和动物的肌肉组织的形成。通常从动物和水产品中摄取的赖氨酸足以保持人体肌肉的健康成长。某些蔬菜，尤其是大豆，可以提供丰富的氨基酸；从蔬菜中也可以提取昂贵的制药级别的或"天然"的赖氨酸。

在1956年，日本科学家发现细菌发酵可以产生氨基酸（Connor, 1999）。到1960年，日本两家公司，味之素公司（Ajinomoto）和Kyowa Hakko，开始采用这种新的生物技术商业生产赖氨酸。从一开始，这种发酵生产赖氨酸的成本要比化学方法提取赖氨酸低得多；随着技术的发展，这种所谓合成赖氨酸的成本降到了药物提取氨基酸成本的1/5。低成本使赖氨酸成为动物饲料的主要添加剂。目前，全球赖氨酸供应量的90%以上是通过生物技术生产的，广泛添加于动物饲料，如猪、家禽和水产品。

11.3.1 产业发展

动物饲料生产商对赖氨酸的需求量从1960年的几乎为零增长到1980年的7 000万磅，价格为每磅1美元到2美元。在20世纪80年代，全球氨基酸的消费以每年16%的速度递增；到了90年代，每年的增长量仍然保持了12%（Connor, 2001a，第七章）。在90年代早期，氨基酸需求量的2/3主要来自于北美和西欧，这里是肉食产品的主要消费地，尤其是瘦肉。

最初，日本的这两家双寡头垄断者国内的两家工厂几乎可以满足全球的氨基酸需求。味之素在1974年首先海外扩张，在法国设立了一家大型工厂。Kyowa Hakko在1980年在墨西哥设立了第一家海外赖氨酸工厂，随后在20世纪84年在美国的密苏里州建立了第二家工厂。味之素的生产能力是Kyowa Hakko的两倍，它在1986年在美国的爱荷华州建立了一家工厂。通过多年的经营，日本这两家公司每隔两三年就会通过在海外建立分厂的方式扩大自己的生产能力。

· 299 ·

这两家日本厂商的双寡头垄断在1980年被韩国的大企业集团Sewon通过在本土建厂所打破。Sewon从不通过海外直接投资扩大自己的生产能力，而是不断扩建国内生产基地来向亚洲和欧洲扩大出口。Sewon在20世纪90年代后半期已经达到了市场份额的20%，但是以巨额借款为代价。

1992年之前，赖氨酸寡头垄断者曾三次成功地达成串谋（Connor，2001a，第167~169页）。他们在20世纪70年代（Tr.，第908~909页）和80年代（Tr.，第1670~1894页）在日本固定价格，在80年代在欧洲固定价格（Tr.，第2197~2511页）。从1986年到1990年，味之素和Kyowa Hakko公司固定价格，在美国分别占有55%和45%的市场份额（Tr.，第1670~1894页）。80年代后期，美国市场上赖氨酸价格一度每磅超过3美元。总之，当赖氨酸生物产业由两到三家亚洲厂商垄断时，市场上常出现行为模式是串谋行为，而不是非合作或古典的竞争行为。

11.3.2 20世纪90年代的市场进入

有关微生物和微生物技术的专利很大程度上阻碍新厂商进入赖氨酸这个利润丰厚的产业。在20世纪70和80年代，法国和德国的厂商试图通过合资的方式进入该产业，但最后还是受阻了（Connor，2001a，第169~170页）。90年代，只有非常小规模的厂商进入了该产业。

在1991年，两个新厂商使赖氨酸产业成为了五家厂商的寡头垄断行业。ADM公司按1989年拟订的计划，于1991年2月在伊利诺迪卡特总部建立了一家全球最大的赖氨酸生产工厂。在随后的18个月中，ADM的工厂使全球生产能力增加了25%；到1993年，ADM的产量已经达到了全球产量的1/3（7 800磅）。ADM公司的战略目标是要取得与主导厂商味之素相同的全球市场份额。由于ADM公司的大幅度降价和巨大的生产能力，赖氨酸价格在ADM生产基地投产的头18个月降低了45%。同时，韩国食品公司集糖公司（Cheil Sugar Co.）在印度尼西亚投资新建了小规模的生产基地，这也加剧了赖氨酸生产能力的过剩。ADM公司的掠夺性进入促成了赖氨酸卡特尔在1992年的成立。

11.3.3 卡特尔行为：1992~1995年

味之素、Kyowa Hakko和Sewon三家公司早在1990年4月就开始秘密接

案例 11：氨基酸、赖氨酸反垄断诉讼案

触，以试图制定出计划来应付 ADM 公司的进入，但是，他们对 ADM 公司的成功也感到束手无策①。在 ADM 公司开始投产以后，这些亚洲企业曾不断向其暗示可以提高价格，但是，ADM 公司似乎只对市场份额感兴趣。到了 1992 年中期，ADM 公司已经取得了美国市场份额的 80%，并且其生产能力的一半用来出口。味之素和 Kyowa Hakko 公司在 1991 年和 1992 年遭受巨大的损失。到了 1992 年 6 月，美国赖氨酸的成交价已经到达了每磅 0.68 美元，这已低于 ADM 公司的长期边际成本 0.1 美元见下文对成本的讨论。

到 1992 年早期，亚洲厂商开始考虑邀请 ADM 公司加入他们之间的合作协议。在 1992 年 4 月，事情出现了转机。ADM 公司总裁与其他一些高级管理人员出现在日本东京开始准备筹建赖氨酸"贸易联合会"②。在这个贸易联合会的掩饰下，味之素、Kyowa Hakko 和 ADM 公司的人员在 1992 年 6 月于墨西哥城举行了会晤。这是首次商讨固定价格的多边会晤，为这五家公司形成卡特尔奠定了基础。随后又进行了多次的双边会谈和电话联络，使各方形成了更为紧密的合作，为此，在 13 个国家和地区达成了固定价格协议。这些固定价格协议只涉及到干饲料赖氨酸③。在 1993 年早期，串谋者们之间曾出现一时的价格战，主要是因为 ADM 公司坚持要求卡特尔成员按照全球市场份额来固定价格。但是，经过 1993 年 10 月的高峰会晤，这个卡特尔开始更加团结和谐地运作。各家公司都要准确通报赖氨酸的月销售量以尽可能减少成员的欺骗。

1995 年 6 月，FBI 对卡特尔办公室的突然搜查结束了已经维持三年的固定价格协议。在这三年间，美国市场赖氨酸成交价格从每磅 0.68 美元涨到 0.98 美元（1992 年 10 ~ 12 月），随后又跌至 0.65 美元（1993 年 5 月），但在其他绝大多数时间还是维持在 1 美元以上（见图 11 - 1）。欧盟市场上的价格波动与美国市场相符，只是高出 0.1 到 0.25 美元④。拉丁美洲、日本、大洋洲和亚洲其他地区的价格都要高于美国市场价格（Connor, 2001a, 第 238 页）。不过，这里的分析只涉及美国市场价格。

---

① 详细内容参见康纳（2001a, 第 8 章）和康纳（2000）的附录。许多事实得到了 1998 年刑事审判中相关证据的证实（Tr.）。对于这一卡特尔行为的通俗介绍，可以参见艾肯沃尔德（Eichenwald, 2000）和利伯（Lieber, 2000）。关于法庭的最终判决参见卡那等（Kanner et al., 2000）。
② 一两年后，国际氨基酸制造者协会成立，作为欧盟农业委员会下的一个"工作委员会"。
③ 在美国市场上，ADM 公司用卡车向较近的客户运输稀释后的赖氨酸。液体赖氨酸的价格较低，与饲料价格联系高度紧密。液体赖氨酸占美国市场份额的 5% 以下。
④ 当比较赖氨酸的美国市场美元价格和欧盟市场上德国马克价格时，会发现两者关联度更高。换言之，美元和德国马克之间的汇率难以预测，这使得欧洲市场价格波动性加大，因为，串谋者每季度用美元固定价格。

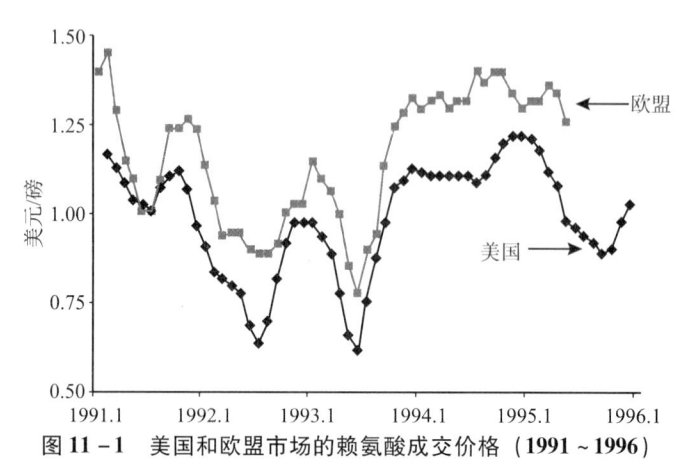

图 11-1 美国和欧盟市场的赖氨酸成交价格（1991~1996）

注：图中美国的价格来自于最大的四个厂家的销售信息（见康纳 Connor，2000，附录 A）；欧盟的价格来自于欧盟委员会在 2001 年公布在 RAPID 网页上的信息，欧元对美元的换算以当时的每月银行间汇率计算。

11.3.4 串谋成本

如前文所述，众多经济学家的脑海中都有这样的印象，即形成和维持串谋协议的成本很高，以至于卡特尔形成的几率很低或者转瞬即逝[①]。但是，赖氨酸卡特尔和 20 世纪 90 年代一些被起诉的全球卡特尔并不支持这种乐观的判断。

卡特尔串谋者的供词和审判证词表明通过固定价格可获得的预期收益远远高于卡特尔的成本（Connor，2007a，第 8 章）。在 1992 年后半期一次重要的会议上，一位 ADM 公司的高级职员曾发表言论认为，该串谋协议可以在全球带来 2 亿美元的总利润，并且随后每年增加 5 亿~7 亿美元不等。从 ADM 公司的角度，他的预测是正确的；ADM 公司以其全球 1/3 的市场份额在三年的卡特尔协议期间将至少获得 2 亿美元的利润。运作卡特尔的直接成本是适度的。[②] 也没有

[①] 关于卡特尔协议内在不稳定性可以参见波斯纳（2001，第 60~69 页）。这些障碍包括产品价格弹性也就是价格的充分竞争、潜在卡特尔成员之间不均匀的生产成本、产品的异质性、边际生产成本曲线的急剧上升、许多厂商不加入卡特尔、非卡特尔厂商的成本较低、在卡特尔成员厂商中分配消减产量的困难性等等。在卡特尔形成以后，每个成员都有动机去通过降低价格或者提供更高标准的产品来进行欺骗；但是，欺骗很难被发觉，实际上，对欺骗者可能采用的唯一办法就是引发价格战。许多其后新出版的产业经济学教科书差不多忽略了对卡特尔的讨论（Martin，2002）。

[②] 在初期谈判和实际的卡特尔运作期间共四年里，每家公司只需平均每三个月派两个人去参加会议。在串谋后期，地区销售经理也开始介入，但在整个期间，串谋者的人数从未多于 40 人（Connor，2000，附录 A）。如果考虑到每个公司准备月产量报表和其他材料的成本，每个串谋成员每年也只需投入 15~25 个工作日。整个串谋时期里，所有串谋厂商的劳动成本都不会超过 100 万美元。

案例 11：氨基酸、赖氨酸反垄断诉讼案

任何关于成本节约的生产技术或资本投资的卡特尔协调的参考。众所周知的是 ADM 的总裁卷入了一宗从味之素公司位于爱荷华州的一家工厂的雇员处窃取赖氨酸生产机密的产业间谍案（Connor，2007a，pp. 212-213）。实际上，味之素公司作为发酵技术的领导者，之后起诉 ADM 侵犯了其利用微生物基因重组提升单位葡萄糖赖氨酸产量的技术专利。而且 Sewon 和 Chiel 工厂的无序扩张是卡特尔会议争论的固定议题之一（Connor，2007a，P. 214）。关于当代私人卡特尔的经验调查几乎均未发现卡特尔协商会带来静态成本效益的证据（Audretsch，1989）。

卡特尔成员之间确实不断发生争吵和摩擦。两家最小的卡特尔成员——韩国公司总是有强烈的动机去违反关于价格和市场份额的协议规定。彼此之间的暗斗导致了卡特尔成立的第二年即 1993 年爆发了一次数月的价格战。但随后采取的更加严密的措施以及 ADM、味之素公司高超的外交技巧使欺骗行为始终保持在可以忍受的限度内。

1993 年达成的船吨位配额是维持卡特尔和谐和团结的最重要方法之一。通过每月的销售报告和对两家韩国公司给予额外份额的让步使卡特尔市场份额协议在 1994 年和 1995 年得到了很好的执行。卡特尔以欧盟委员会资助的氨基酸贸易联合会为幌子，在欧洲和其他地区顺利举行了多次会议。卡特尔采取一种补偿系统用来惩罚违反其配额的成员厂商，但是，这个惩罚系统到卡特尔结束时也没有必要执行。ADM 公司拥有高效率的生产基地和巨大的生产能力，因此，它经常向卡特尔提出威胁要向市场提供过量的产品；这种威胁是可信的，因为它曾两次将全球赖氨酸的价格拉低到低于其长期平均成本的水平，对它的竞争对手伤害极大。还有，ADM 公司曾经超乎寻常地邀请它的竞争对手们参观其潜在的巨大生产能力基地。最后，不要忘记三家亚洲最大的厂商对于固定价格有着近二十年的丰富经验。现在，ADM 公司也成为了固定价格的一把好手[①]。

11.4 超额价格的度量

垄断超额价格是买者在卡特尔情形下支付的价格与不存在卡特尔时所支付

---

① 除了赖氨酸，自 1990 年以来 ADM 还因试图串谋其他 8 种产品的价格而受罚。包括二氧化碳气、葡萄糖酸钠、柠檬酸、高果糖玉米甜味剂、玉米葡萄糖、玉米葡萄糖液、葡萄糖酸钠以及其他种类核苷酸等。

的价格之差。根据美国的反垄断法，原告可以获得三倍于超额价格的赔偿①。评估卡特尔损失的两个特征使分析大为简化。第一，垄断和并购案件中极为重要的市场界定已不再是问题。这是因为卡特尔行为本身就已经对产品市场或地域市场做出了界定。第二，蓄意卡特尔定价的时间段通常可以确定。实际的市场价格变动往往比卡特尔定价开始时滞后数个星期，比卡特尔定价结束后滞后数个月。卡特尔可能没有市场定价能力。但大多数情况下，卡特尔的合作期被当作参数信息。

关于成交价格和数量的信息是可以轻易获得的，但是，不存在卡特尔时的价格必须经过经济分析和测算②。

11.4.1 测算的方法

一般来说，有五种方法可以用来测算超额价格（Page, 1996；Hovenkamp, 1998）。证明反垄断损害需要得到证据上的支持，损害数量需要根据公平合理原则进行确定。这五种方法都符合法律上要求的合理推定原则。

有三种方法被用来测量美国市场中的卡特尔损失。其中事前—事后方法被经济学家采用来确定在民事诉讼中的损害赔偿。在1996年5月和7月被告向法庭提供了1991年到1995年每个月的价格信息之前，双方曾交换过意见。生产成本方法和时间序列计量方法由于芝加哥刑事审判的开庭使更多数据公开并可以被采用。

11.4.2 事前-事后方法

从20世纪20年代，这种方法就开始应用于美国反垄断法的民事损害赔偿（Hovenkamp, 1998，第661页）。同样，这种方法也用于了赖氨酸卡特尔的三倍损害民事赔偿。将这种方法称为"事前和事后"并不十分妥当，因为"事前"是指没有固定价格的任何时期。这里的"事前"可以是串谋时期之前或

---

① 等价地，可以计算在串谋中每个时期价格升高的比例，然后乘以在该时期的购买量。
② 大多数的法庭将直接损害等价于由于市场势力产生的收入转移。直接损害一般高于卡特尔成员的垄断利润流，因为卡特尔运作是需要成本的。在一些情况下，社会福利损失可以作为额外损害（第1996页）。一些法律理论学家认为买方的利润损失是概念上一种更好的损失度量（Hovenkamp, 1998，第658页）。

案例11：氨基酸、赖氨酸反垄断诉讼案

之后，或者其中固定价格的间歇。重要的一点是，"事前"时期必须和串谋时期在需求和供给等条件具有相当的可比性。消费者偏好的改变、是否存在替代品以及卡特尔产品的生产成本变化都会影响到对超额价格的估算。

选择事前几个月的价格作为基准需要进行判断。如果真实价格在一个卡特尔联盟形成前的1到3年内保持固定，那么可将上述一年、两年或者三年时间内的平均价格作为基准价格。一个经常遇到的问题是卡特尔经常在一个产业经历衰退期后出现；如果真是如此，那么上述基准价格很可能被低估，而危害性可能被高估。相似的，卡特尔形成之前发生的掠夺性行为也会导致对定价过高程度的高估，就像赖氨酸案例中发生的那样。另一方面，科特尔形成之前的价格可能受到由原告所不知的之前形成的科特尔的影响。这一情形类似于1985年至1989年间的维他命卡特尔（Bernheim 2002，fig. 8 – 2）。

类似的，选择后卡特尔价格作为基准价格仍会带来同样的问题。理想情形下，厂商行为应当是对非合作均衡的回归。然而，被告会寻求一个非持续性的低价策略，来安抚他们愤怒的顾客。另外，卡特尔允许它的参与者形成比卡特尔产生之前更稳固的联系，在这种情形下，即使非合作行为也会提高后卡特尔价格水平，这一价格水平可衡量早期卡特尔行为的结转效应。哈灵顿（Harrington，2004）发展了一个模型。在这个模型里，之前的卡特尔参与者保持一个高价以减少他们在后续民事诉讼中的责任。

这种方法适合于简单的图形处理。更为常见的是，这一分析方法不仅适用于从卡特尔形成之前到最终结束过程中的价格水平线性演进分析，也适用于从卡特尔解体后到其开始形成过程中的价格水平变化的逆向线性分析。一个略微复杂的方法是在事前价格和事后价格之间绘制一条直线。如果该直线斜率为正，那么成本可能会增加，反之亦然。①

在1996年4月，味之素、Kyowa Hakko和ADM公司同意向参与联邦集团诉讼的大约400家赖氨酸直接购买者支付4 500万美元，以结束诉讼。这项和解协议是在司法部刑事诉讼调查没有取得显著进展时达成的。事实上，这件民事诉讼不寻常的地方在于，该项民事和解协议是被告在政府取得它第一个认罪答辩的四个月前提出的。一般来说，三倍民事损害赔偿诉讼是在被告承认违法行为以后才发生的后续案件，而且根据法律这种认罪可以作为今后民事案件中

---

① 如果该直线具有斜率，这可用来粗略度量受影响期间成本变动、技术进步或者需求偏好变动。Bernheim（2002. fig. 12 – 1）在为美国维他命E卡特尔案原告准备的损失分析中阐述了这一方法。

的证据。并且，民事诉讼的原告也可以得利于认罪答辩和大陪审团证据调查中得到的事实和证据（如串谋的日期）。在本案例中，原告得到了有关两方面的信息：1990 年～1995 年美国市场赖氨酸月价格和四家最大厂商（集糖公司没有参加）的年销售量。在公开信息里能得到的有用信息，只有赖氨酸的价格、赖氨酸的国际贸易量、价格以及美国市场上大豆和玉米的价格。玉米价格是引起葡萄糖价格变动的重要因素，因其是动物的主要饲料之一，同时也是提取赖氨酸所需最多的原料①。

1996 年 7 月，法官需要做出的决定是 4 500 万美元的赔偿费是否公平合理（Connor，2007，第 394～399 页）。经过大量法律顾问和律师们三个月的努力，这个和解协议才达成。权宜起见，法律顾问的报酬是固定的，这样可以减少他们为原告方争取更多损失赔偿的动机（Coffee，1998，第 B6 页）②。许多大的赖氨酸诉讼原告对该数额的赔偿协议和谨慎的违法判决并不感到满意。这些原告不得不权衡如下的两种选择：（1）保留在集团中，从而接受每一美元三美分的赔偿；（2）退出该集团诉讼，以寻求更高的赔偿和解方案，但同时也有得不到任何赔偿的风险。很自然的，那些可能选择第二种做法的受害者有动机去说服法官驳回被告提出的和解协议。

这个诉讼的关键问题，是如何确定超额定价时期（影响时期）的长短和卡特尔不存在时的价格水平。比较通常的做法是以串谋时期作为价格影响时期，但是被告始终不承认他们的卡特尔违法行为。故原告只好以新闻报道为依据，认为串谋是从 1992 年 6 月的第一次会晤延续到 1995 年 FBI 的突然搜查。由于会晤与成交价格充分反应之间存在时滞，法庭最终将 1992 年 8 月至 1995 年 12 月作为影响时期③。

在本案中，基准价格的确定是最具争议的问题。给定仅 71 个月的影响时期，可以有三个时期的价格作为备选：（1）1992 年 8 月之前的平均价格；（2）1993 年中由于价格战所出现的最低价格；（3）1995 年 6 月以后的价格。最理想的基准价格应该是长期的均衡价格，比如在 1 年或 3 年的时期里。但是，1991 年 1

---

① 在味之素和 ADM 厂商中，葡萄糖是生产饲料的基础。Kyowa Hakko 的生产基地主要使用蔗糖。葡萄糖占 ADM 厂商生产赖氨酸的可变成本的 38%，总成本的 32%（Connor，2001a，第 257 页）。
② 对于任何超过 2 500 万美元标的案件，最高法律费用为 350 万美元。这个法律公司没有雇用经济学家去分析超额价格。法律费用占标的 7%，属于历史收费记录中较低的水平。
③ 大部分的销售合同中的价格保护条款造成了 30～45 天的时滞，如送货链（尤其是国际贸易）、信息时滞等。实际上，除一些现货销售外，大多数时滞要 2～4 个月。时滞往往是非对称的：价格降低时，时滞长一些，而价格提高时短一些。

案例 11：氨基酸、赖氨酸反垄断诉讼案

月至 1992 年 7 月之间的价格受到了早期卡特尔和 ADM 公司的进入的影响。不仅市场结构发生了变化，而且由于 ADM 公司的边干边学，生产成本也在变化。ADM 公司的新生产基地在第一年发生了几起污染事件，但随后该类事情极少发生。换言之，卡特尔之前的市场似乎不是处于均衡状态。

和 1992 年夏天一样，1993 年夏天似乎也上演了激烈的价格战。媒体的报道以及后来的卡特尔成员会晤记录证实，在这段时期，由于成员厂商之间的争吵导致了价格战（Connor，2007a，第 213~216 页）。在 1993 年年初，ADM 公司的产量大幅度提升引起赖氨酸价格急剧降低（Tr. Ex. 第 60~67 页）。考虑到这些因素，原告最终选择 1992 年 5 月至 6 月和 1993 年 4 月至 7 月作为影响时期。也许是巧合，这两个时期的平均价格恰好都为每磅 0.7 美元。

但是，这第三个候选的影响时期对于确定竞争基准价格无太大价值。首先，卡特尔结束后的时期只有六个数据点，而卡特尔行为的效应又可能时滞数月。其次，赖氨酸的影子价格①会迫使卡特尔在 1995 年早期不得不降低价格，但是，在 FBI 搜查后，赖氨酸价格在 1995 年剩下的时间里不断攀升。但是，这段时期中需求和供给因素并未发生变化，一种可能的解释是先前卡特尔成员厂商已经学会了如何根据影子价格的波动进行默契的合作。

ADM 公司的主要辩护思路，是攻击事前—事后这一简单的分析方法（怀特，1996，2001）。他们声称原告提出的方法有三点主要缺陷：（1）基准价格可能是由非合作的寡头垄断形成的，并非竞争价格；（2）1992 年和 1993 年夏季价格的上升可能是由于季节性原因，而不是串谋的结果；（3）原告认定的影响时期过长。在法律策略方面，应该注意到的是，由于被告没有承认原告对自己的指控，因此，他们不会向法庭提交自己的对超额价格估算。所以，指出原告思路的缺陷是被告争取法官公平判决的唯一选择。

被告的抗辩并不是没有理由的。研究该案例的经济学家都认为美国的赖氨酸产业（实际上也是全球赖氨酸产业）是典型的寡头垄断。卖家的市场集中度很高（赫芬达尔指数超过 3 000），买家市场集中度很低，产品高度同质，存在进入壁垒。"总之，赖氨酸产业中即使不存在明示的串谋，也很容易达成默契的合作"（White，2001，第 28 页）。如果真是这样，那么，根据寡头垄断理论，不存在卡特尔的均衡价格就会高于竞争性价格，而超额价格就会显著

---

① 赖氨酸的影子价格由动物饲养产业的技术规则决定。3 磅赖氨酸、97 磅玉米和 100 磅黄豆粉的营养价值是一样的。因此，如果玉米价格上升，其替代品黄豆粉价格降低，其差距足够大，那么，饲料制造厂商就会停止购买人工制造的赖氨酸（康纳，2001a，第 210~211 页）。

降低。

但是，赖氨酸产业的某些自身特点也会阻止该产业形成完全的寡头垄断一致性。主要在于五家厂商中的两个（ADM 和集糖公司）是新进入者；也即是，主要的竞争对手并没有长期的合作过，难以维持稳定的默契合作关系。在 ADM 公司进入赖氨酸产业之前，它与其他三家在位厂商并不存在重合的市场领域（Connor，2000，附录 E）。并且，在 1992 年至 1995 年形成卡特尔之前，在位厂商的寡头垄断行为主要是明确地固定价格。同期的内部公司文件表明，ADM 公司的目标是至少将在位厂商中的一个挤出市场以实现与味之素公司相同的市场份额（Connor，2007a，第八章）。ADM 公司的掠夺性价格行为对美国市场产生了重大的影响，使 1992 年和 1993 年的非卡特尔价格下降到甚至低于长期的竞争性价格的水平。如果亚洲厂商当时不同意加入以 ADM 公司为主导的卡特尔，那么，ADM 很可能继续其掠夺性价格行为。

该卡特尔的成员充分了解季节性因素对赖氨酸需求的影响（Connor，2007a，第 201～202 页）。在温带地区，赖氨酸价格主要受猪饲料需求的影响。由于赖氨酸价格数据少于六年，并且，与此相对应的可比较的饲料价格数据不可得，故使分析季节因素对赖氨酸价格的影响非常困难[①]。如果不考虑季节性因素，那么，实际上存在的波峰和波谷价格之间的平均差异（大约为 14%）将使估算的超额价格降低 10%。

在法庭上，影响时期和串谋时期被视为一致的。原被告双方都承认，交易价格的变动和目录价格的变动之间是存在时滞的，而目录价格是卡特尔固定价格的直接工具。回顾该卡特尔的行为，被告方专家认为，17 到 19 个月应该是影响时期的合理长度（White，2001）。他认为，1993 年 9 月或 10 月至 1995 年 1 月或 3 月这期间在交易价格方面具有不寻常性和可怀疑性。原告方专家则坚持根据芝加哥法庭审判提供的信息来确定 42 个月的影响时期（Connor，2001b）。可是，因为没有更多的时间来做更严格的分析，准确地确定影响时期是不可能的[②]。

[①] 季节性影响是对称性的。秋季赖氨酸价格会上升，而春季则会下降，除了在 1994 年，卡特尔的运作效率最高时例外。因为赖氨酸主要由北半球的农户消费，南半球冬季对 12 月至 3 月之间的高峰需求并没有太大的影响。

[②] 怀特的事后预测方法（after-the-fact speculation）可以用来解释为什么被告同意根据 1 500 万美元达成和解协议。考虑到 19 个月的影响时期和 1993 年以前的平均价格（每磅 1.1 美元）恰好得出 1 500 万美元的超额价格（康纳，2001b，第 269 页）。同时，被告在法律上采取的策略也不允许他们提出过低的超额价格，因为，这样就会等于承认他们行为是有罪的。

案例11：氨基酸、赖氨酸反垄断诉讼案

11.4.3 成本分析方法

下面谈到的成本分析方法和计量模型对1996年联邦民事诉讼中的经济学专家尚不可用，但是，他们帮助阐释了事前—事后分析方法。原告和被告双方之间的分歧主要集中在数量方面。选择退出联邦集团诉讼的受害者认为损害赔偿应该是1亿5千万美元，而被告提出的和解赔偿协议金额是4 500万美元，也就意味着卡特尔的超额价格只有1 500万美元。即使原告认可季节性因素会影响串谋最初两次时期的价格，他们估算的超额价格也有1亿4千万美元的规模。

在1998年对ADM公司的三位高级管理人员进行刑事审判时，检控方提出ADM赖氨酸部门的生产和销售记录可作为证据（Tr. Exhibits 第60~67页）。这些资料提供了1991年至1995年期间每月的产量和若干成本数据（工资、能源、葡萄糖、其他化学原料、日常开销、交通费、仓储费和销售费用）。图11-2显示了采用回归分析得到的这些制造及其分配的成本和月度产出。

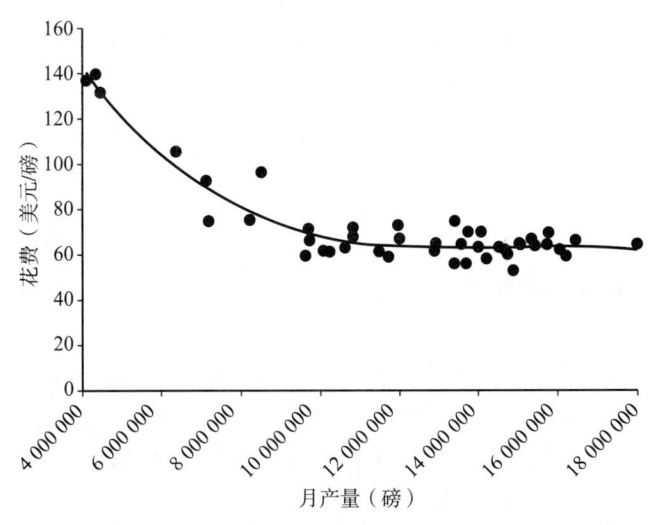

图 11-2 ADM 赖氨酸生产成本（1991~1995）

资料来源：Tr. Ex. 第60-67页。

图11-2显示出产量在1 000万磅至1 100万磅之间存在显著的"规模效应"。实际上，该图表明了强烈的边干边学效应，因为，所有低于1 100万的

观测值都来自于形成卡特尔前的时期（1991年1月至1992年6月）。大量的证据和生产成本记录表明几乎所有的高成本月都是由于发酵污染产生的①。当ADM公司学会了如何有效控制发酵过程时，污染就开始不再出现，成本也不再包括处理污染废料的花销。变化幅度虽然不大，单位生产成本随着产量的增加是在不断降低，因为固定成本被分摊到了更多产量的成本中。

平均总成本曲线图11-2的显著特征在于1 000万磅至1 100万磅之间的部分。在串谋时期，产量总是超过1 000万磅。从统计意义上讲，这一部分可以被视为是平坦的直线。不可否认，生产成本受葡萄糖价格的短期变化影响，而葡萄糖价格又与谷物价格密切相关。不过，总生产成本在产量超过1 000万磅时就会稳定在0.63美元。当产量接近1 800万磅的极限时，每单位的固定成本只降低了一点。但是，固定成本的降低又会被销售成本的增加所抵消，因为ADM公司把美国市场的更多份额运往了海外。因此，在1992年6月之后（大约卡特尔开始的时间），平均总生产和销售成本一直在0.73美元至0.78美元之间，而与产量的关系并不是很密切。如果对投资按大约6%的回报计算，那么，赖氨酸的经济成本应该是每磅0.77美元至0.83美元②。

在竞争性的产业中，利润最大化厂商的可接受价格是他们的长期边际成本。因为，ADM公司的固定成本在卡特尔时期几乎是不变的，所以，在影响时期竞争性价格应该是每磅0.8美元。ADM公司的生产成本至少不高于其四个竞争对手的事实，也进一步印证了以上这个判断（Connor，2001，第217页）。每磅0.8美元的全成本价格看起来像是防守价格。

11.4.4 经济计量模型方法

如果时间跨度足够长，并且有成本和价格的详细信息，那么，在法庭上估算反垄断损害赔偿就可以采用统计模型方法（Lottje，1999）。在努力提升估计的准确性和完善性的过程中，即使所有必要的数据均已从被告处收集完毕，计量经济分析本身仍需要数个月的时间。

如果能够构造一种严格反映市场经济行为的模型，就可以将被告的非法行

---

① 在所有成本高于每磅0.8美元的时期里，赖氨酸与葡萄糖的生产比例降到了30%以下。但是，在1992年6月以后或者产量超过1 000万至1 100万磅后，这种情况很少出现了。

② 这一回报率是比较高的，因为这是ADM公司在1990年至1995年之间被几个卡特尔推动利润时的投资回报率（Connor，2000，附录A）。这个回报率也高于在相似产业中上市公司的回报率。

案例11：氨基酸、赖氨酸反垄断诉讼案

为与其他影响市场行为的因素区分开以达到法庭的目的。经济计量模型似乎是达到这个目的的理想工具，因为它可以"确定和计量原告在影响时期和对照时期之间受到的影响"（Page，1996，第36页）。反垄断法领域的法律文献和律师手册大都包括关于如何采用回归分析来计算损失的内容（Fisher，1980；Page，1996；Hoverkamp，1999）。贝克尔和鲁宾费尔德（Baker and Rubinfeld，1999）提供了这方面知识的综述。

计量经济学估计经常借助多元回归方法，得出简约型方程。[①] 结构模型假定需求和供给同时独立地受市场价格影响。两类常见的计量方法之一选择对合谋和非合谋时期的样本市场价格进行回归。方程右侧包含代表投入成本的变量（例如工资、原材料、能源、存货以及汇率[②]等）和代表需求转换来源的变量（例如消费者收入、购买者产出水平、季节虚拟变量和替代品的价格）。关键变量是一个时间虚拟变量，这个变量在假定卡特尔联盟有效提高价格的时期取值为1。这一时间虚拟变量的系数就是单位加成的超额定价。这类方法与事前—事后方法实质上类似，但是能更好地解决由多种外生变量所引起的需求和供给的转变问题。

如果分析专家认为价格固定有可能影响生产成本，那么上述时间虚拟变量有可能导致合谋价格效应的低估。在这种情形下，第二种方法则更加合适：适用于只存在一个非卡特尔时期的简化式计量回归。这一方法对所有独立变量的回归系数接着被用来预测（或重新审视）卡特尔时期的特殊价格。在这一方法里，所有的供给和需求相关变量都可以在卡特尔时期变化。[③]

莫尔斯和海德（Morse and Hyde，2000）运用1990年至1995年月度数据，设定了计量经济模型来分析赖氨酸产业。这个模型相当全面地囊括了影响赖氨酸需求的各种因素：美国屠宰场对生猪的需求、红肉和猪肉的出口需求、互补品和替代品的价格以及赖氨酸需求的季节性因素，等等。在供给方面，方程将ADM公司的产量与三种主要原材料的成本联系起来：葡萄糖、其他可变成本和资本。这些方程都与数据进行了很好的拟合，各个变量的正负号都与经济理论的预测相符合。最后，这个模型引入了ADM公司与其四个竞争对手之间的

[①] 价格效应可在古诺或伯川定价假定下，使用联立方程方法估计。这一方法最大的优点是从卡特尔时期获得的数据完全满足估计的需求。最大的缺点是其耗时较长，依赖于被告提供的会计成本数据，更难以向公众解释清楚，而且十分需要市场结构相关的数据。如此类型的模型在法庭中并不常见。

[②] Bernheim（2002）证明在一些条件下，对美国市场的超额定价估计并没有对汇率进行调整，即使进口在供给中占了很大部分。这在采用以美元计价的原材料生产卡特尔产品（如汽油衍生品）时尤为显著。

[③] Froeb et al.（1993）在一起在美国冷冻鱼串通投标方案中阐述了这一方法。

竞争程度指标。莫尔斯和海德估计美国赖氨酸卡特尔超额定价的收益大约为8 000万。

计量经济学模型已经成为证明卡特尔经济损失的世界标准。① 然而，与其他方法相比，计量经济学估计存在一些缺点。比起其他方法，它对数据的需求量更大：可能需要收集有关需求或成本变量的数十年的时间序列数据，少于40年或50年的观测时间可能导致计量估计上的弱估计。特殊的模型检验和计量经济误差修正工具对调查事实的人来说存在太难理解的问题。如果形成卡特尔定价方式和卡特尔前的不同可能会造成有偏估计。从更好的立场出发，在使用计量方法的同时用其他的方法作补充，以期它们相互支持。

11.4.5 标尺方法

标尺方法（yardstick）涉及确定一个没有受到串谋影响的可比性市场。标尺市场需要与卡特尔市场具有大体相同的成本结构和市场需求特征，并且不受到卡特尔的影响。地理标尺方法可应用于地域性的固定价格和竞标行为。那些运输成本高的非贮存性商品是标尺方法分析的理想对象。但赖氨酸卡特尔是全球性范围的，所以标尺方法在本案中不适用。

理论上来讲，标尺方法可以应用到与卡特尔产品所销售的相同地域市场的类似产品形式。比如说和卡特尔商品使用类似的主要投入、生产技术以及有相似的消费者特性的那些商品。然而，在卡特尔案件中使用标尺方法存在着一个逻辑问题。卡特尔运作的前提是他们销售着一个精确定义的产品，通常这种产品没有近似的替代品。而一个好的产品标尺应该是卡特尔产品在某个可观测的价格区间上的近似替代品。因此，几乎没有办法找到不被涉嫌的卡特尔行为影响的产品标尺。

---

① 动态模拟方法有可能成为构建特殊市场情境的替代方案。经济学家首先使用一个寡头竞争的结构模型，并运用相关数据对模型的关键参数进行校准（Froeb and Werden, 1996）。即使分析专家仅仅对市场做出了少量较强的假定，模型的计算也将变得十分复杂（Froeb and Werden, 2000）。"模拟方法在产业经济领域中的最常用的地方就是用来估计合并效应，这也是这一方法最重要的用途"（Froeb and Werden 2000. 第134页）。Werden（2000）对美国两大面包制造商的合并模拟分析进行了总结。虽然并未出现运用模拟方法估计卡特尔违法所造成损失的实例，但仍有少数学术研究分析了这一方法在司法实践中应用的途径。Raper et al.（2000）使用模拟方法测度了美国烟草制造商在烟叶市场上的垄断程度。De Roos（2004）提供了一个如何使用动态模拟方法分析卡特尔存在的案例，在这一案例中全球维他命C生产商进行了合谋。

案例11：氨基酸、赖氨酸反垄断诉讼案

11.4.6　应用博弈论检验结论

　　被告对原告提出的事前—事后分析提出了第二次反驳。他们认为，即使不存在卡特尔，市场上也应该出现非合作的串谋行为而不是完全竞争性行为（Warren - Boulton，1996）。被告提出采用古诺模型，因其在经济学中被广泛应用于对同质性产品的分析。在不同的市场定义下，该模型得到的均衡价格落在卡特尔时期的实际市场价格范围中。也就是，古诺模型认为，该卡特尔并不能通过明示的串谋比默契的合作更有效地提高价格。因此，超额价格为零。

　　通过特定的寡头垄断模型做出预测需要具有相关的参数。实际上，古诺模型计算利润最大化时的价格需要三方面的市场信息：市场集中度的赫芬达尔指数、产品需求的价格弹性以及生产的边际成本。关于第一个参数各方意见一致，在串谋时期三家国内制造商和两家进口商的赫芬达尔指数大约是3 500[①]。其他两个参数则采用了原告的意见，即边际成本为0.7，卡特尔时期的需求弹性为0.5到1[②]。

　　古诺模型的一个重要缺陷是在一些参数假定下，模型可能得出根本不合理的价格结果。用外行的话说，就是该模型可能"夸大其辞"。例如，如果赖氨酸的需求是高度非弹性的（小于-0.35），那么，古诺寡头垄断厂商就会制定出负价格，而不管其生产成本是多少。负价格在市场是绝无仅有的，因为价格至少要高于生产的可变成本，而成本总是非负的。古诺模型存在的另一个问题，是它只是众多寡头垄断模型中的一个，它在经济学界的广泛应用是缘于其在数学计算上的简便性，而不是出于其对市场预测与实际的一致性。给定以上的参数假定，也可以采用一个以ADM公司为主导者的价格领先模型来进行分析，不过得出的结果同样经不起推敲。并且，多数经济学家也同意采用同质性产品的伯川德模型来进行分析，这样就会得到存在两个或两个以上卖者的市场结构中的竞争性价格。最后，虽然寡头垄断分析在反垄断案例中可以作为证据呈现，但是，由于对他们的理解要求一定的计量经济学训练，这限制了他们在

---

　　① 这暗含着全球卡特尔将美国市场视为地理上独立的单独市场。卡特尔定价决策的内部记录和他们试图阻止进行地理市场上的套利也支持了这种观点。全球赫芬达尔指数在1994年大约是2 500（Connor，2001a，tbl. 8. A. 3）。

　　② 康纳（1996）认为饲料制造厂商是按照固定比例生产饲料的，这意味着家禽、猪和其他肉类的弹性在-0.1至-0.5之间。这是以卡特尔之前市场竞争比较充分时期计算出的，在卡特尔时期价格较高时，弹性的绝对值会增加。这方面的讨论参见作者关于卡特尔福利损失的分析。

法庭上的应用。

11.5 结 论

　　严谨的科学研究的一个重要品质是对所感兴趣的参数进行准确测算的能力。从这个角度说，对卡特尔要价过高的估计的高度变化性，可以被认为是实证经济学的严重缺陷。例如，当第一个民事诉讼解决时，对赖氨酸—卡特尔超额价格的不同测算之间有10倍的差异。一种乐观的观点认为有缺陷的估计正朝着更加准确的方向发展。因为，随着时间的推移，更多的数据可以获得，而且可以采用更为复杂的模型来估算。至少，反对专家的证词指出的一系列损失估计部分会得到解决或使得检察员会选择妥协。

　　现代卡特尔的执法是一个悖论。大多数国家的反垄断法的目标是威慑，并且，最优威慑要求形成以倍数惩罚修正对卡特尔造成的经济伤害的可能性。然而，反托拉斯当局通常不愿意计算罚款赔偿，因为常常碰到感知分析上的挑战（ICN 2005）。然而，这一章里，粗糙但合理的估计能够迅速成为可使用的几种方法之一，尤其是当经济分析师有足够多的有效经济数据。通常情况下，可替代的有关卡特尔要价过高的估计是相互支持的。

　　1996年7月，法官认定4 500万美元的赔偿是公平合理的。法官的裁决似乎不是以经济学家提供的证据为基础，而是大部分基于集体诉讼律师做出的证词，集体诉讼律师认为，达成这个水平的赔偿协议很艰苦，并且再改进的可能性极小。400多个赖氨酸直接购买者中的33个拒绝了厂商们提出的和解协议。这些拒绝者大多数都是一些大企业，他们具有丰富的法律资源可以和被告进行更为艰苦的深入谈判。虽然和解协议的条款是保密的，但是媒体的新闻报道认为，由于卡特尔成员厂商在刑事审判中被认定为有罪的有利条件，那些拒绝和解协议的原告至少获得了那些接受和解协议的小买家两倍的赔偿（Connor，2007a，第397~398页）。更多的买方拒绝最初和解协议结果获得更好的赔偿成为了一种趋势，一直持续到20世纪90年代后期（Connor，2007a，第402~406页）。

　　因为存在后见之明和可以获得更多的数据资料，现在一般都认为原告提出的超额价格估计值一亿五千万美元是有些过高。把季节因素考虑进去可以将超额价格至少降低10%左右。更为重要的是，选择的基准时期很可能是非代表

案例 11：氨基酸、赖氨酸反垄断诉讼案

性的掠夺性时期，不可能在三年的卡特尔时期一直得到维持。也就是说，ADM 公司通过这种无法弥补成本的超低价格惩罚了它所有的竞争对手①。所以，基准价格 0.7 美元并不足以弥补固定成本和正常的投资回报。基准价格 0.8 美元才可能更接近长期的竞争性价格，故真正的超额价格应该为 8 000 万美元。

联邦法庭上的集团诉讼买家和拒绝和解协议的买家从卡特尔成员处共获得了大约 7 000 万美元的赔偿，非直接购买者在他们有上诉权利的地方法庭获得了约 2 500 到 3 000 万美元的赔偿。因此，美国赖氨酸买家作为一个整体只获得了比损害稍微多一点儿的赔偿；如果扣除法律费用，那么，获得的赔偿并不足以弥补损失（Connor，2007a，表 18.1）。该案中赖氨酸买家获得的赔偿协议与随后的两起卡特尔诉讼达成的赔偿协议具有可比性（Connor，2007a，第 474 页）。柠檬酸和维他命卡特尔直接买家分别获得了相当于实际损失的 90% 和 135% 的损害赔偿。这些结果进一步印证了兰德（1993）的结论，即民事固定价格案例中的损害赔偿一般不能弥补实际发生的损失，更谈不上三倍的损害赔偿标准。

厂商在事前对违反反垄断法法律责任的预期是震慑违法行为的关键因素。如果试图固定价格的厂商预期到他们的垄断利润将超过反垄断法罚金和民事赔偿，那么，参与固定价格对于他们将是理性的选择。在上面引言中已提到，在美国违反反垄断法潜在的责任将是超额价格的 7 倍，而超额价格仅稍高于通过串谋获得的垄断利润。也许有人会说，鉴于 20 世纪 90 年代后期立法环境发生变迁，厂商们在 1988 年至 1992 年（即全球卡特尔非常猖獗的时期）对反垄断法法律责任的估计，可能是低于他们实际上受到的惩罚。但这种观点充其量只是部分地解释了 1996 年赖氨酸卡特尔案后大量卡特尔被揭露和惩罚的原因。在评估当前反垄断法罚金对预防违法行为的作用时，还必须考虑另外三个因素：卡特尔被发现和起诉的概率、实际罚金和最高罚金之间的比较、以及卡特尔产生的垄断利润在地理上的分布。

来自美国和欧洲北部的有限证据显示，卡特尔被发现的概率只有 10% 到 30%（Connor，2001a，第 79 页），而在其他地方被发现的概率小得可以忽略不计。20 世纪 90 年代后期的三个有最详细记录的卡特尔资料显示，美国卡特

---

① 观察到的最低成本是在 1992 年 7 月的 0.64 美元和 1993 年 6 月的 0.62 美元，成本分析方法显示 ADM 公司的平均可变成本是 0.63 美元，这个结果与经济理论非常符合。也即是，在短期，厂商可以接受的价格一般来说会等于经济上的可变成本。

尔刑事和民事赔偿额不断接近但始终没有超过超额定价的两倍。在欧盟，这三家卡特尔支付的罚金只相当于单一损害的数额，而且民事赔偿诉讼的前景是不乐观的。在亚洲，卡特尔罚金很小或几乎不存在。自从1996年，全球卡特尔的一个重要特征是他们的垄断销售和利润在北美、西欧和世界其他地区三块的分布几乎是相等的。考虑到现代卡特尔运行的三个特点和当前反垄断法的执行，从逻辑上说，能够有效阻止全球卡特尔的经济处罚应该超过全球超额定价的3~10倍，实际选择的倍数应该与卡特尔被发现的概率成反比。三倍损害的赔偿标准只在美国并不能阻止全球卡特尔的脚步。

关于阻止卡特尔形成的经济赔偿标准的基本原理，可以通过ADM公司的财政资料加以解释，ADM公司在赖氨酸串谋中被处罚最为严厉。ADM公司三年中通过固定美国市场上的赖氨酸价格获得的垄断利润大约为8 000万美元。ADM公司向联邦政府支付了罚金7 000万美元，向其产品直接购买者支付了4 900万美元，在州法院上向间接购买者支付了1 500万美元（康纳，2001a，表）。如果不包括法律费用和相关隐性成本，ADM公司事后的串谋成本超过了在美国市场上获得的收益。但在另一方面，ADM公司在美国以外的市场上通过卡特尔获得了大约1亿美元的收益。ADM公司在美国以外的市场上还可获大约2 500万到3 500万美元的净收益除去固定价格遭到的罚款。

ADM公司的违法行为在美国并没有得到回报，但在美国市场之外却收益非凡。更重要地，当一个代理商预期到被发现的机会很小的话，那么ADM形成赖氨酸卡特尔的决策是相当理性的。

参考文献

[1] ADM. *Annual SEC Form* 10 – K *Report for the Year Ending June* 30，2001 and previous years.

[2] AMC. *Report and Recommendations*. Washington，D. C.：Antitrust Modernization Commission，2007.

[3] Audretsch，David B. "Legalized Cartels in West Germany." *Antitrust Bulletin* 34 (Fall 1989)：579 – 600.

[4] Baker，Jonathan B.，and Daniel L. Rubinfeld. "Empirical Methods in Antitrust Litigation：Review and Critique." *American Law and Economics Review* 1 (1999)：368^135.

[5] Bernheim，B. Douglas. Expert Report ofB. Douglas Bemheim，In Re Vitamins

Antitrust Litigation, MDL No. 1285, U. S. District Court for the District of Columbia, May 24, 2002.
[6] Bränder, James A. , and Thomas W. Ross. "Estimating Damages from Price Fixing." *Canadian Class Action Review* 3 (2006): 335 – 369.
[7] Coffee, John C, Jr. "Securities Class Auctions." *The National Law Journal* (September 14, 1998): B6 – 10.
[8] Connor, John M. The Cost to U. S. Animal – Feeds Manufacturers of an Alleged Price – Fixing Conspiracy by Lysine Manufacturers, affidavit presented in the case In re Amino Acid Lysine Antitrust Litigation, 1996.
[9] Connor, John M. Lysine Production, Trade, and the Effects of International Price Fixing, 3d edn. West Lafayette, IN: Department of Agricultural Economics, Purdue University, 1999.
[10] Connor, John M. Archer Daniels Midland: Price – Fixer to the World, 4th edn. West Lafayette, IN: Department of Agricultural Economics, Purdue University, December 2000. http://agecon. lib. umn. edu/cgi-bin/pdf_view-pl7paperid = 2871 & ftype = pdf.
[11] Connor, John M. " 'Our Customers Are Our Enemies': The Lysine Cartel of 1992 – 1995." *Review of Industrial Organization* 18 (February 2001): 5 – 21.
[12] Connor, John M. "Global Antitrust Prosecutions of Modern International Cartels." *Journal of International Competition and Trade* 4 (September 2004): 239 – 267.
[13] Connor, John M. "Effectiveness of Sanctions on Modern International Cartels." *Journal of Industry, Competition, and Trade* 6 (December 2006): 195 – 225.
[14] Connor, John M. Global Price Fixing: 2nd Updated and Revised Edition: Studies in Industrial Organization No. 26. Berlin and Heidelberg, Germany: Springer, 2007a.
[15] Connor, John M. "Optimal Deterrence and Private International Cartels." Paper presented at the 4th International Industrial Organization Conference, Savannah, Georgia, April 2007e.
[16] Connor, John M. "Forensic Economics Applied to Price – Fixing Overcharges." *Journal of Competition Law & Economics* (forthcoming 2008).

[17] Connor, John M., and C. Gustav Helmers. Statistics on Modern Private International Cartels: Working Paper 07 – 01. Washington, D. C.: American Antitrust Institute, January 2007. http://www.antitrustinstitute.org/recent2/567.pdf.

[18] De Roos, Nicolas. "Collusion with a Competitive Fringe: An Application to Vitamin C." Mimeo, 2004.

[19] Dick, Andrew R. "Cartels." The New Palgrave Dictionary of Law and Economics, edited by John Eatwell. London: Macmillan, 1998.

[20] EC. "Commission Decision of 7 June 2000 (Case COMP/36.545/F3—Amino Acids)." *Official Journal of the European Communities* (June 7, 2001): L152/24 – 72.

[21] EC. Competition Policy Newsletter. Brussels: Competition – Policy Directorate of the European Commission (February 2002): 29 – 43.

[22] Eichenwald, Kurt. The Informant: A True Story. New York: Broadway Books, 2000.

[23] Fisher, Franklin M. "Multiple Regression in Legal Proceedings." *Columbia Law Review* 80 (May 1980): 702 – 736.

[24] Froeb, Luke M., and Gregory J. Werden. "Simulating the Effects of Mergers among Noncooperative Oligopolists." In Computational Economics and Finance: Modeling and Analysis with Mathematica, edited by Hal Varian, 177 – 195. New York: Springer, 1996.

[25] Hovenkamp, Herbert. Federal Antitrust Policy: The Law of Competition and Its Practice, 2d edn. St. Paul, MN: West Group, 1999.

[26] Joshua, Julian. "Supermodels, Geeks, and Gumshoes: Forensic Economics in EC Cartel Investigations." Amsterdam Center for Law and Economics Conference, "Forensic Economics in Competition Law Enforcement," Amsterdam, Holland, March 17, 2006.

[27] Joshua, Julian M., and Sarah Jordan. "Combinations, Concerted Practices, and Cartels: Adopting the Concept of Conspiracy in European Community Competition Law." *Northwestern Journal of International Law & Business* 24 (Spring 2004): 647 – 681.

[28] Lande, Robert H. "Are Antitrust 'Treble' Damages Really Single Damages?"

案例 11：氨基酸、赖氨酸反垄断诉讼案

Ohio State Law Journal 54 (1) (1993): 115 – 174.

[29] Lande, Robert H., and Joshua P. Davis. "An Evaluation of Private Antitrust Enforcement: 29 Case Studies, Interim Report Submitted to the Antitrust Modernization Commission," November 8, 2006. http://www.antitrustinstitute.org/recent2/550b.pdf.

[30] Lieber, James B. Rats in the Grain: The Dirty Tricks of "Supermarket to the World." New York: Four Walls Eight Windows, 2000.

[31] Morse, B. Adair, and Jeffrey Hyde. Estimation of Cartel Overcharges: The Case of Archer Daniels Midland and the Market for Lysine, Staff Paper 08 – 00. West Lafayette, IN: Department of Agricultural Economics, Purdue University, October 2000.

[32] Page, William H., ed. Proving Antitrust Damages: Legal and Economic Issues. Chicago: American Bar Association, 1996.

[33] Posner, Richard A. Antitrust Law: Second Edition. Chicago: University of Chicago Press, 2001.

[34] Raper, Kellie Curry, H. Alan Love, and C. Richard Shumway. "Determining Market Power Exertion between Buyers and Sellers." *Journal of Applied Econometrics* 15 (May – June 2000): 225 – 252.

[35] Slottje, Daniel J., ed. The Role of the Academic Economist in Litigation Support. Amsterdam, Holland: Elsevier, 1999.

[36] Stigler, George J. "A Theory of Oligopoly." *Journal of Political Economy* 72 (February 1964): 44 – 61.

[37] Trial Transcript of U. S. v. Michael D. Andreas et al, U. S. District Court, Northern District of Illinois, Eastern Division, No. 96 CR 762, July – September 1998.

[38] Warren – Boulton, Frederick R. "An Evaluation of 'The Cost to U. S. Animal Feeds Manufacturers of an Alleged Price – Fixing Conspiracy by Lysine Manufacturers, 1992 – 1995.'" Master File 95 – C – 7679, U. S. District Court for Northern Illinois, Eastern Division, 1996.

[39] Wells, Wyatt. Antitrust and the Formation of the Postwar World. New York: Columbia University Press, 2002.

[40] Werden, Gregory J. "Expert Report in United States v. Interstate Bakeries

Corp. and Continental Baking Co" *International Journal of the Economics of Business* 1 (July 2000): 139 – 148.

[41] White, Lawrence J. Declaration of Lawrence J. White, In re Amino Acid Lysine Antitrust Litigation, Master File 95 – C – 7679, U. S. District Court for Northern Illinois, Eastern Division, 1996.

[42] White, Lawrence J. "Lysine and Price Fixing: How Long? How Severe?" *Review of Industrial Organization* 18 (February 2001): 23 – 31.

案例 12

投标、投标串谋与学校牛奶价格：俄亥俄州政府诉创士（Trauth）案（1994）

罗伯特·H·波特（Robert H. Porter）
道格拉斯·J·佐纳*（J. Douglas Zona）

12.1 引 言

每年 5 月和 8 月之间，全美国学校所在社区的官员们都各自对牛奶或是其他商品进行全年供货合同的招标。出于对招标的反应，有能力供应学校牛奶的牛奶场都来投标希望得到供货合同。密封式投标竞价是达成合同最常用的一种方式，这在一定程度上是由于联邦指导条例要求购买方式要尽可能的物美价廉。最常见的情形是：低价格的投标人将会在下一学年给学校提供半品脱装的牛奶。依据美国农业部的一项研究，在 1996～1997 学年期间，80% 的牛奶购买过程都采用正式的投标程序，而这些购买合同的总价值超过 7 亿美元。

1993 年，来自俄亥俄州辛辛那提市的梅耶牛奶场（Meyer Dairy）和科尔斯牛奶场（Coors Dairy）的代表证实，他们在 19 世纪 80 年代的学校牛奶招标竞价中曾参与投标串谋。这两家的代表在法庭上证实不仅他们之间有投标串谋，而且他们都与创士牛奶场（Trauth Dairy）有串谋投标行为。这些证词的提供是这两家公司与政府就他们串谋投标的刑事和民事案件所达成和解协议中的一部分。这两家牛奶场一共支付了几百万美元来达成和解协议。在他们证词中所描述的投标串谋机制是一种尊重在位者的机制。如果卡特尔中的一个成员

---

* 作者曾就本案为俄亥俄州政府做过咨询。

在去年为某个学校社区提供牛奶,那么其他卡特尔成员就会在以后的投标中报出高价——这样就不会降低在位企业标的价格,或者干脆就不参与投标。这些证词还叙述了卡特尔成员之间在整个竞标季节中随着投标串谋机制的展开而进行的频繁的沟通。

创士牛奶场是另外一家涉及投标串谋的辛辛那提的牛奶场,它仍然坚持自己没有参与共谋。相反,创士牛奶场宣称竞争对手(梅耶牛奶场和科尔斯牛奶场)的申明是为了打倒创士和把它从市场中排挤出去,其目的是为了他们自己的利益。在几次刑事或民事审判中,创士牛奶场都坚称自己是无辜的。

1994年,俄亥俄州政府起诉13家牛奶场(包括梅耶、科尔斯和创士)1980年到1990年间在学校牛奶招标中进行投标串谋。[①] 招标中的串谋是一些企业用来限制成员之间竞争的一个协议。对串谋和投标人之间如何沟通的分析要远远难于对竞争性投标的分析,这在一定程度上是因为共谋的性质和效果依赖于竞标环境的具体特点。

由于对界定共谋的直接证据仍然存在争议,俄亥俄州政府还收集了经济方面的证据以支持它对此案的起诉。收集到的经济证据共有三种类型:(1)在这些市场中有串谋动机的证据;(2)被起诉公司的行为是倾向于竞争还是串谋的证据;(3)由于投标串谋而造成的危害程度的证据。[②]

第一种类型的经济证据集中在串谋动机方面。我们将在下面谈到,学校牛奶供应商选拔的细节,牛奶处理和运输的性质,学校牛奶需求的特点等等会使牛奶供应商达成和保持串谋协议相对容易一些。在学校牛奶招标过程中,串谋似乎是一种很常见的现象。[③] 对学校牛奶投标串谋的调查起始于1988年佛罗里达的案例,至今已扩展到20多个州。超过130个联邦刑事案件已经立案,许多州政府也根据州的法律对许多案件进行了起诉。在至少有十来个州已达成的认罪协议,相应的罚款征收额也超过9 000万美元。大约有90个人被判决入狱,平均判刑为六个月。

---

① *Ohio v. Louis Trauth Dairy*:856 F. Supp. 1299,1237(S. D. Ohio 1994)。

② 我们的分析是对最近辨别投标串谋的经验分析研究的一种补充。波特和佐纳(1993)描述了20世纪80年代早期纽约长岛高速公路上铺路工作的投标串谋。佩森多费尔(Pesendorfer,2000)检验了从佛罗里达到得克萨斯学校牛奶招标数据。休伊特、麦克莱夫、西布利(Hewitt, McClave, Sibley,1996)以及李(Lee, 1996)也分析了得克萨斯的数据。兰兹洛提(Lanzillotti, 1996)描述了肯塔基学校牛奶合同的投标过程。鲍德温、马歇尔、理查德(Baldwin, Marshall, Richard, 1997)和巴贾拉(Bajari, 1998)的文章分别比较了森林木材合同和明尼苏达高速公路改进工作中的串谋和非合作投标过程。

③ 可参见亨里克斯和巴奎特(Henriques and Baquet, 1993)和兰兹洛提(1996)。

案例12：俄亥俄州政府诉创士（Trauth）案

接下来，我们把这些被告（投标串谋者）行为和竞争性投标情况下的行为做个比较分析。我们得出这样的结论：受到指控的牛奶场的投标行为更符合串谋行为而不是竞争性行为。例如，有些被告既在本地也在外地市场投标。即：他们既在相对靠近自己位置的地方投标，也在超出本地范围的地方投标。还有，这些被告在外地投标的竞价往往较低。与之相反，没有受到指控的企业的投标价格是学校所在社区与企业和社区最近的工厂之间距离的增函数。被告企业的这些投标特点与企业实施地区分配行为是相一致的，通过地区分配，各个牛奶场可以得到与它最近的学校以限制竞争；而对远离牛奶场的学校，竞争就要相对激烈一些，这些较远地域也许在企业实施地区分配的范围之外。如果投标真是竞争性的，对本地学校投标的价格应该低于外地学校的投标价格，这是因为对本地学校的运输成本较低，而且辛辛那提地区还有不少潜在的本地型的供应者。投标行为和距离远近的关系值得注意，因为经过加工牛奶的运输是很昂贵的（相对于其重量而言牛奶的价值很低）。因此，牛奶供应的竞争是区域性的。

第三，我们还分析了串谋行为对俄亥俄州有关学校所支付的牛奶价格的影响。根据我们的估计，在所分析的期间，串谋使得学校牛奶价格提高了6.5%，并且，在一些地方远远高于这个幅度。

12.2 俄亥俄学校牛奶市场的特点

市场运转的结果取决于三个因素：需求的特性，产品制造过程的特性，以及供应方之间的相互竞争行为。在学校牛奶的市场中，需求和成本特点的说明相对比较容易。最困难的问题是在给定需求和成本的特点情况下，如何决定相互竞争行为的性质；这将在后面一个章节中重点讨论。

俄亥俄州有600多个学校社区，大多数社区都是用全年合同来提供学校牛奶。例如，一个社区发标需要购买50 000个半品脱装的全脂白牛奶和30 000个半品脱装的巧克力奶（这大约是450个学生的需求量）。在投标标书中，供应商要列出各种不同产品及其价格。在确定了牛奶的种类后，社区有可能要求牛奶供应商提供制冷设备（如用来储藏牛奶的冰箱）、吸管或者是餐巾。投标书中有时也包含一个成品奶价格自动增加的条款，这些条款是用来降低对全年供货合同进行投标的牛奶场所面对的风险，因为在一年中原奶价格会有较大的波动。

相对来说，学校牛奶的需求对价格是不敏感的。学校购买牛奶的计划有政府补贴，其实，牛奶的价格需求弹性本来就可能很低。我们使用俄亥俄州不同学校区域的横截面数据，把学校区域牛奶需求对价格的反应做了估计，发现价格在统计水平上不是需求的显著决定因素，尽管价格的真实变动很大。假如学校区域对牛奶的购买是无弹性的，控制该区域牛奶供给的企业就能通过提高该区域的牛奶价格而获利。

完全竞争的价格取决于潜在厂商的成本，现在我们来说明这些成本中最重要的部分。牛奶加工厂从当地的奶牛农场购买鲜奶。鲜奶的价格由细微而复杂的联邦市场秩序（FMO）体系来监管，是根据牛奶场的地理位置和牛奶种类来制定的。虽然有些牛奶生产商没有受到监管，但是市场上受到监管和没有受到监管的牛奶价格在长期中都会趋同。学校社区购买的半品脱装的鲜奶成本大约是7美分（这个数字随着季节和年份的不同而变动）。鲜奶经过处理后达到标准的脂肪含量（例如，2%脂肪含量或是脱脂）然后用巴斯德法除菌，包装和运送。一般来说，潜在的学校牛奶供应商对鲜奶供应都支付相同的成本价，也使用相同的工艺来除菌，包装和运送。许多企业的包装材料来自相同的材料供应商，每半品脱装的牛奶为包装支付的费用大约是2美分。像我们下面所提到的，我们认为，不同的牛奶供应商或者潜在牛奶供应商的边际成本都是很相近的。从长期来看，任何成本上的差异都是由于牛奶加工厂和学校之间距离的不同而带来的。

当学校社区招标的时候，有能力供应学校牛奶的企业将会参与投标。哪些企业有能力为学校供给牛奶？这些企业必须有给学校供应牛奶的渠道。学校牛奶的潜在供应商是下列两种类型中的一种：第一是牛奶加工商，牛奶加工商加工鲜奶和用容量为半品脱的容器包装学校所需要的牛奶；第二是零售商，零售商经常是从加工商那里以批发的形式购买牛奶然后再转卖给某个学校社区。[1]对于任何一个有兴趣在学校牛奶市场上销售自己牛奶的企业来说，建立牛奶加工厂的成本是一个很大的进入障碍。对那些我们得到数据的加工厂而言，学校

---

[1] 在俄亥俄学校牛奶市场上有许多零售商，但是加工商和零售商之间的关系可以分为几种。首先，有些零售商与加工商签有独家区域服务的协议，同时用所属供应商的名称和设施来参与投标。其次，有些零售商从一个或多个加工商那里批发牛奶，然后用自己的名称给学校销售牛奶。这些零售商在不同的年份常常转换牛奶加工商，可能是为了得到更好的批发条件。最后一种不那么常见的形式是，零售商通过给加工商提供送货服务而获得运费收入。由于这三个方式都共存于市场中，可以说任何一种类型零售商/加工商关系都不比其他类型有明显的竞争优势。

案例12：俄亥俄州政府诉创士（Trauth）案

牛奶市场业务只占据其总收益的很小一部分，一般少于10%。虽然牛奶加工厂对加工学校牛奶来说是必需的，但是学校牛奶只是牛奶加工厂诸多产品中的一种。以我们的观察，没有公司会建立一个牛奶加工厂专门来给学校供应牛奶。

于是，建立一家牛奶加工厂的决定依赖于对其他产品市场的考虑，比如大批量的给超市供应牛奶或者是给其他机构（如餐馆）供应牛奶（应当指出：在20世纪80年代，俄亥俄州的牛奶加工厂退出的数目要大于进入的数目）。因此，牛奶厂直接分摊在学校牛奶上的成本是非常小的。我们可以得出这样的结论：只有那些拥有自己牛奶加工厂的企业才有能力进入学校牛奶市场并销售他们自己的产品，这些企业的牛奶加工厂多是由于其他原因而建立的①。

如果一家企业有一个加工场靠近一个招标的校区，那么，要参加投标并赢得订货合同，它会要花费什么样的成本呢？例如，供给学校牛奶是否有其特定的重要的固定成本？由于我们没有关于供应学校牛奶固定成本的数据，我们分析了俄亥俄州牛奶企业的规模分布。对向学校提供牛奶的企业而言，企业规模从一家企业向大约1%的俄亥俄州公立学校的学生供应到向大约7%的学生提供牛奶。虽然边际成本看起来很相近，然而牛奶市场中的企业却有着很不同的规模，这就意味着对于一个给其他消费者供应牛奶的企业而言，提供学校牛奶业务的固定成本较低。

假定一家拥有加工厂的牛奶企业已经从事学校牛奶业务，如果它要向一个新的校区提供从事牛奶业务，就会有相应的额外成本，如：提供冷冻器的成本以及新校区的增加使得原有运输路线成本增加。总成本增加额中运费所占的比例，与新区域中每周牛奶运送量次数以及原有运输路线匹配程度有关。② 学校牛奶的运送方式主要有三种：有些企业新开路线来给学校供应牛奶；有些利用已有的零售运送路线来给学校供应牛奶；有些牛奶场把运送牛奶业务分包给当地的运输公司。一个牛奶场通常同时使用多种运输方式。当然，运输费用依距离而变。一般情况下，当地牛奶运输公司的费用分摊在每半品脱牛奶上大约是1美分。

相对供应学校牛奶的其他成本来讲，冷冻器的成本是较小的。例如，一个

---

① 如前所述，企业可以进入零售渠道来销售其他企业的产品，也有企业真这样做。所以，零售方面的进入壁垒将会较低。
② 在没有串谋的情况下，投标企业在对不同标的进行投标的时候，不会准确知道自己会在哪个地区获胜。即，企业不会知道将来合同的结果。

十六柜的冷冻器1 100美元就可以买到。要是用8年的时间来折旧（这个方法可能低估了冷冻机的使用寿命），一台每年大约冷冻70 000盒半品脱装牛奶的冷冻机分摊在每盒牛奶上的成本大约是0.2美分。

总之，一盒半品脱装牛奶的原料成本大约是7美分，包装成本大约是2美分，运输到一个附近学校的成本差不多是1美分。在所分析的时间段里，总的运输额外成本大约是每半品脱10美分。我们认为，这些额外成本与企业的规模无关，并且对企业/学校之间距离相同的企业是相近的。固定的和其他一次性的成本会影响到一个企业进入或退出学校牛奶市场的决策，而多供应一单位的牛奶或者服务一个新的校区的额外成本则会影响企业的定价行为。

上面对学校牛奶市场特性的描述，显示竞争是在具有相近的不变边际成本和提供同质产品的企业之间进行的。因为成本的变化通常会以同样方式影响所有的企业，竞争者之间有可能熟知对方的成本信息。在这一市场上，某些企业具有很大信息优势的可能性是很低的。还有，学校社区愿意对学校牛奶付出高价钱。再者，由于对鲜奶价格的管制和高昂运输成本的原因，企业之间的竞争大体是区域性的。

12.3 便利串谋的因素

俄亥俄州学校牛奶市场的许多特性会影响牛奶场之间的竞争。具体来说，学校牛奶市场的下面一些特点有利于企业之间的串谋。[①]

1. 企业间的竞争仅仅是价格竞争。在合同条款的约定下，中标的牛奶场根据规定的产品特性要求（例如，黄油脂含量或牛奶的口味）向学校提供牛奶。卡特尔只需要协调投递标书和投标的相关决策，而不需要顾及产品的其他特点，这简化了卡特尔的运作。

2. 根据学校社区发标和宣布中标者的政策，中标企业的标价和名称都要公布出来，这使得卡特尔成员可以判断出对卡特尔协议的"欺骗行为"。砍竞争对手价格的做法和欺骗串谋协议的行为不可能不被发现，于是串谋协议会更为稳定。

3. 许多学校每年都要举行一次招标，但是招标的时间是不同的，而且，

---

① 在其他市场上，这些特点也很常见。例如，见波特和佐纳（1993）。

案例 12：俄亥俄州政府诉创士（Trauth）案

这些学校的招标活动多是各自决定的。① 这种无协调的签订合同（与所有合同在特定某一天签订的情况不同），使得卡特尔成员可以在整个投标周期之间调整投标行为从而分配市场份额，这提供了对"违背协议的卡特尔成员"实施报复的绝好机会。

4. 由于学校每年牛奶需求比较容易预测，这使得用将来的行为来报复现在违背卡特尔协议做法的威胁变得可信。

5. 由于学校的区域性，学校牛奶市场是很容易被界定的，这样的事实使得卡特尔成员可以达成区域分配协议。

6. 潜在投标企业的集合小且变化不大。

7. 企业采用相同的制造工艺，于是面临着相同的成本结构。潜在供应商的同一性使得这些企业更容易对采取联合行动达成共识。

8. 相同的牛奶场可能在多个不同的市场上相互竞争，所以他们之间的竞争可能不会很残酷②。竞争者在多个市场（学校市场和批发销售市场）的接触使得划分市场的串谋计划更加可行。

9. 通过零售消费者（如杂货店）的渠道获取竞争对手价格目录的做法在现实中即使不是处处可见也是很普通的。对价格目录中价格变化的事先通知可能导致超出竞争水平的价格：这种行为使得竞争对手可以互相沟通各自的意向（霍尔特和谢夫曼（Holt and Scheffman），1987）。

10. 牛奶场之间常常也是相互的客户，这就有利于牛奶场之间的直接交流和找个借口进行沟通。这种做法使得竞争者可以通过索取所有产品的价格目录（甚至包括没有被购买的产品）来沟通价格信息。霍尔特和谢夫曼（1988）谴责这种行为有便利串谋的潜力。

11. 俄亥俄州的许多牛奶贸易协会也使竞争对手间的会晤有了托词。大多数的这种协会都经常开会来讨论大家共同感兴趣的话题。很明显这些协会知道他们这种做法有违反法律的危险，因为这些会议的会议记录表明，他们经常在会议的开始宣读一个申明来警告成员不可以讨论价格问题。

根据梅耶和科尔思公司代表的证词，上述因素不单只在理论上具有重要性。即便是忽略他们的证词，这一区域有卡特尔在运作也是可信的而且符合每

---

① 有些学校社区偶尔会组成合作体来联合招标。但是，从过去的情况来看，学校的合作协议不能够阻止学校社区同时自己招标。

② 伯恩海姆和惠斯顿（Bernheim and Whinston，1990）证明，重复博弈市场中多个市场的接触"放松了限制串谋范围的激励约束"。

个卡特尔成员的利益。由于竞争是地域性的，只有在某些地域内竞争者的数量足够多的情况下，价格才会回落到完全竞争水平。远距离竞争者由于运输成本而处于劣势地位，所以只能在一定程度上抑制价格的上升。每个牛奶供应商的竞争能力直接和自身与学校区域的相对距离有关。在某些情形中，通过串谋来提高价格会被本地市场外企业的进入而挫败。对学校牛奶市场来说，进入的方式不是新厂商建立一个新的牛奶加工厂，而是加工厂位置较远的厂商来参与投标。在这种方式下，远处的非卡特尔进入厂商的运输成本限制了本地卡特尔提价的能力，但是如果串谋是有效率的那么价格就会有一个显著的上升。如果当地的企业能够协调自己的投标行为，就会在不引起外地厂商进入的条件下获得一定利润。学校区域的反应不能对卡特尔的提价能力形成制约。正像前面所说的，学校牛奶需求缺乏弹性，即使在更高的价格水平上，校区也会继续购买牛奶，于是学校的利益受损而卡特尔成员得利。

尊重在位者的做法是卡特尔成员协调投标行为的一种方法。如果卡特尔企业靠的较近，这样一种计划对卡特尔成员很有吸引力，就像这个案例中的企业。这种机制避免卡特尔成员之间由于分配学校区域而带来的利润差异（其原因在于地理位置和必需的服务水平的不同）。另外一种协调投标行为的方法是各个企业签订地理范围协议。当企业在地理空间上是分开的以及某家企业对特定的区域有着明显的优势时，范围协议可能是更有操作性的一种串谋机制。

12.4 竞争行为模型

在竞争性的学校牛奶市场中，企业面临着两个相互关联的决定：第一，企业是否在某个特定市场上投标？第二，如果投标的话，标的水平应该是什么？我们在下面的章节将依次讨论这些决定。我们在这里对一个竞争投标模型做出说明。

波特和佐纳（Porter and Zona，1999），利用俄亥俄州政府提供的数据对投标行为作了计量模型估测，这些数据包含了这样的信息：从1980年到1990年，俄亥俄州大约600个学校社区中多达509个社区的学校牛奶供货情况，在样本中的某一时点大约包含60家不同的投标参与者。我们建立一个包括除本案被告外的其他企业的控制群体，它包括有关校区的名称、地点和学生人数、以及合同签订时间的信息；同时还包括每个校区中谁是竞标者和在投标中获胜

案例12：俄亥俄州政府诉创士（Trauth）案

和失败的标书的特性（例如，价格和公司对社区要求的遵循程度）方面的信息。表12-1提供了我们样本中一些企业的每年统计描述指标。

表12-1　　俄亥俄州学校牛奶数据库的特征

年份	学区或合作社的数量	学区的入学总量	提供牛奶的工厂数量	投标的牛奶厂数量	每半品脱牛奶的均价	牛奶原料的平均FMO价
	(a)	(b)	(c)	(d)	(e)	(f)
1980	366	1 257 925	54	43	0.1282	0.0718
1981	398	1 379 619	50	44	0.1295	0.0769
1982	415	1 371 164	46	40	0.1295	0.0760
1983	436	1 415 281	48	40	0.1288	0.0764
1984	448	1 430 644	53	38	0.1313	0.0741
1985	463	1 460 697	48	35	0.1322	0.0708
1986	481	1 457 437	47	36	0.1304	0.0700
1987	494	1 566 591	46	33	0.1310	0.0701
1988	509	1 520 635	44	30	0.1338	0.0666
1989	491	1 564 869	43	26	0.1389	0.0708
1990	412	1 296 587	43	26	0.1575	0.0797

注：每100个33号一级牛奶联邦牛奶订货（federal milk order，FMO）单位重量的美元数；每100个单位重量有186个半品脱；表中的价格是每年7月份的价格。

根据美国农业部提供的数据，在样本期间的某个时点上，俄亥俄州市场上曾有68家牛奶加工厂销售牛奶，并且也有潜力给学校供应牛奶。图12-1显示了1987年48家给学校供应牛奶工厂的地理位置和所有者情况。图12-1中在工厂地理位置图上加入了牛奶公司的集中度指数①。区域的颜色越黑，表示该区域牛奶加工设施的拥有和控制度越集中。图12-1显示俄亥俄州东北部市场的集中度最小，在其他条件相同的情况下，如果市场是完全竞争的话，那么那里的价格就会最低。哥伦布和俄亥俄州最南端的学校牛奶市场供给集中在少数几家制造商手中。在1980~1990年期间，给俄亥俄州学校供应牛奶的加工

---

① 我们用赫芬达尔指数来衡量集中度。我们用每个企业在75英里内拥有的工厂数的百分比来衡量市场份额。

厂数量从54家下降到43家，供奶企业的数量由43家下降到26家。

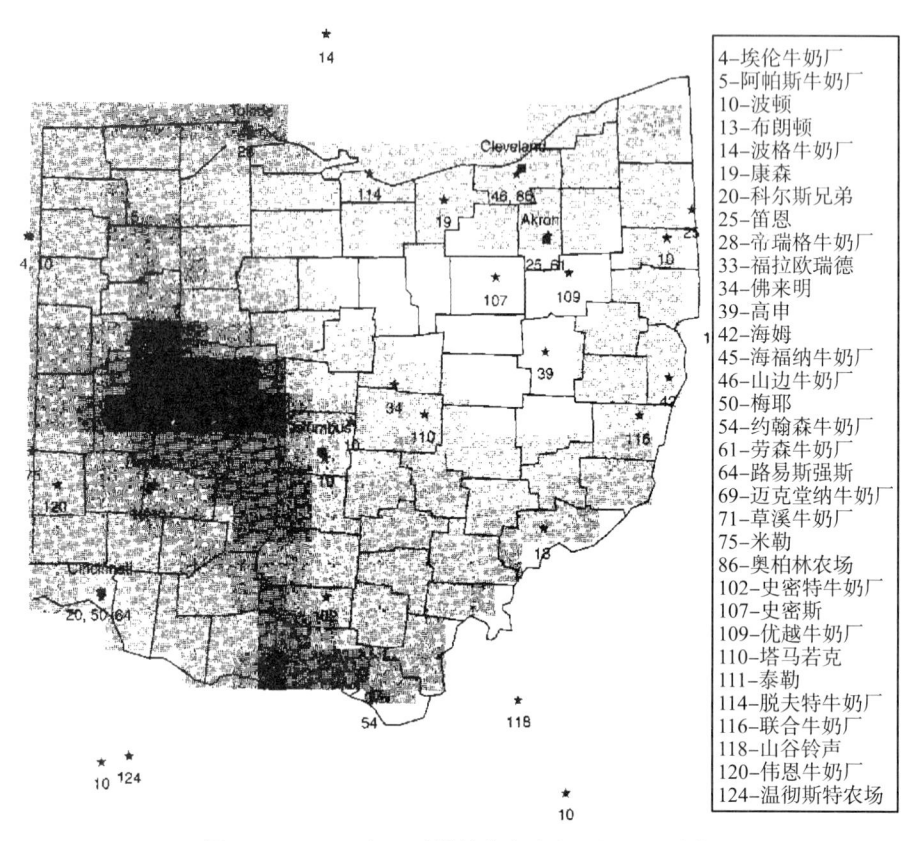

图12-1 1987年区域供给集中分布和加工厂地点

注：一个地区的集中度由它的颜色深度来代表；白色代表一个完全不集中的地区，黑色代表该地区只有一个供应商。

图例：
4-埃伦牛奶厂
5-阿帕斯牛奶厂
10-波顿
13-布朗顿
14-波格牛奶厂
19-康森
20-科尔斯兄弟
25-笛恩
28-帝瑞格牛奶厂
33-福拉欧瑞德
34-佛来明
39-高申
42-海姆
45-海福纳牛奶厂
46-山边牛奶厂
50-梅耶
54-约翰森牛奶厂
61-劳森牛奶厂
64-路易斯强斯
69-迈克堂纳牛奶厂
71-草溪牛奶厂
75-米勒
86-奥柏林农场
102-史密特牛奶厂
107-史密斯
109-优越牛奶厂
110-塔马若克
111-泰勒
114-脱夫特牛奶厂
116-联合牛奶厂
118-山谷铃声
120-伟恩牛奶厂
124-温彻斯特农场

表12-2显示俄亥俄州相关数据中竞争者的距离分布情况，同时也列出数据中的潜在供应商的距离分布情况。在给定的年份里，大约有85%的给学校供奶的企业是依靠地处校区75英里以内的牛奶加工厂进行的。那些考虑给远距离的学校供奶的企业，看上去会因为距离的原因而处于劣势，即使他们有加工厂处于开工状态。

案例12：俄亥俄州政府诉创士（Trauth）案

表 12-2　　　　给定距离的条件下参加投标和中标的概率　　　　单位：里

距离	社区数量	投标概率	所有投标比例	胜出概率	投标胜出比例
	(a)	(b)	(c)	(d)	(e)
0~10	2 115	19.5%	20.1%	13.6%	22.9%
10~20	3 197	14.0	21.7	8.9	22.5
20~30	3 840	7.6	14.2	4.9	15.0
30~40	4 526	5.5	12.1	3.4	12.1
40~50	5 637	2.3	6.3	0.9	4.2
50~60	6 440	1.9	5.9	1.0	5.0
60~70	5 314	1.4	3.7	0.5	2.0
70~80	6 732	1.4	4.7	0.8	4.4
80~90	5 200	1.0	2.5	0.6	2.5
90~100	4 885	1.2	2.8	0.7	2.8
100~150	26 079	0.5	6.1	0.3	6.6

注：表中（b）列和（d）列分别代表每一个距离区间收到企业投标的校区的百分比，以及中标的企业是来自本区间的校区的百分比。第（c）和（e）列每列总和为100，他们分别代表所有投标数目和中标数目在各个距离区间的百分比。这些结果是在控制群体企业的2 053个投标（其中1 260个中标）的基础上计算出来的，总共的投标机会有73 765个。

俄亥俄州牛奶加工厂的分布情况和明显的远距离运输劣势，导致学校所在社区在对学校牛奶进行招标时只有比较少的投标者参与投标。对于研究数据中的学校社区而言，45%的校区仅仅收到一个投标，34%的校区收到两个投标，18%的校区收到三个投标。对每一次招标而言，虽然有着大量的潜在竞标者，但是只有很少的实际投标者。投标者的平均数目是1.8。较小的竞标数量意味着牛奶公司也许并不拥有重要的私有信息。如果竞标者知道自己成本的同时也知道其他潜在供应商的成本，那么观测到只有一两家牛奶公司参与投标的情况是很合理的。成本最低的供应商投出的标的价格会刚好低于成本第二低厂商的成本，这样对第二个厂商而言，在自己的成本上投标或不投标是无差异的。在所有的投标活动中，大约43%的标的是由具有离社区最近加工厂的公司提交的，以及8%的标的是由第二近的公司提交的。在最终中标的公司中，49%的中标企业是有最近加工厂的企业，以及8%的标的由第二近的公司获得。

12.4.1 竞标

在完全竞争的市场中，只要一个企业中标的概率相当高并且其预期收益能弥补准备投标的成本和供应学校牛奶的额外成本时，该企业就会投标。一个竞标行为模型应当包括反映某个区域中潜在投标者绝对和相对优势的变量，例如，对反映竞争优势来说可能是很重要的变量包含：（1）企业对某个校区是否有着很高的运输成本，这可用公司和校区之间的距离来反映；（2）该企业是零售商还是牛奶加工商；（3）该企业是否是最近的潜在供应商（对该校区而言，即最可能的低成本供应商）；（4）该企业是否是第二近的供应商，也就是第二低成本的供应商；（5）是在较大校区投标还是在较小校区投标，大校区或许要求企业用更多的时间和精力来准备投标；（6）企业能否在合同条款约定下有效的提供制定的牛奶（例如，是否需要冷冻机，或者是固定价格还是指数化价格的合同）。

利用可用的投标数据，我们估测这些因素是如何影响非被告企业的控制群体做出投标与否的决定。更多的细节可参考波特和佐纳（1999）。这种估测的结果在本案中被用来作为判断被告公司行为的基准。

计量分析的结果可被总结如下。在其他条件相同的情况下，加工商比零售商更有可能投标。这可以反映这样的事实，零售商倾向单一的学校牛奶运送路径，而加工商在学校运送方面倾向多路径。牛奶公司，特别是零售商，喜好在某个特定的运输方向投标而不是在自己加工厂周围的任何方向上投标。这可能是由于现有路径结构的原因。牛奶公司较少参加离其加工厂较远校区的投标。这大概反映的是成本的绝对差异。要求提供冷冻机和吸管的校区比不要求这样做的校区收到的投标数要少。其他特定合同条款在统计意义上并没有显著影响投标行为。

企业参与投标的概率是距离的减函数。图 12-2 显示了对控制群体中的假想企业而言距离对投标概率的影响。为了构造这个图形，我们假设这个公司的加工厂与学校所在社区距离低于 10 英里时，它就是最近的供应商；如果距离在 10 英里和 20 英里之间，它就是第二近的潜在供应商。三条曲线对应三种不同的细节情况。在公司失去地理优势既不是最近也不是第二近的潜在供应商的情况下，要通过两个步骤来预测它参加投标的概率。对于假想企业而言，与学校所在社区距离是零时的投标概率是 50% 以上，距离超过 75

案例12：俄亥俄州政府诉创士（Trauth）案

英里时的概率是零。

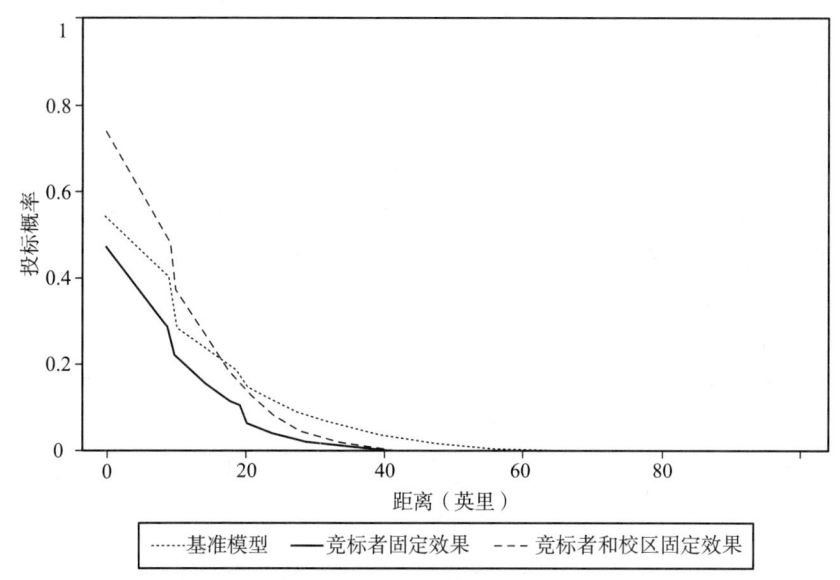

图 12-2 以距离来预测参加投标的概率

注：与距离无关的变量都设定在其平均值，下面除外：加工企业的值取1，最近企业在距离小于10英里时取1，第二近企业在距离处于10~20英里之间取1。

12.4.2 决定投标后的标的水平

在竞争性市场中，企业根据预期收益最大化的目标来决定投标水平。标的价格不能无限上升；标的价格越高，中标的可能性也就越小。因为参加竞标是有成本的，所以投出没有机会赢的标不符合利润最大化的要求。一家公司通过对高利润和低中标概率之间协调来使预期利润最大化。①

与此等价地，竞标者在投标中的决策是选择价格高出成本的差额。该差额受中标概率大小的影响，而中标概率又依赖于其他公司参加投标的可能性。在给定成本水平的情形下，企业会选择差额来使预期利润最大化。有两种类别的变量大概能够解释竞标行为。第一是影响成本的变量，如，从工厂到学校所在社区的距离，竞标者是否是加工商，是否需要提供冷冻机或其他设施；所需运

---

① 见威尔逊（Wilson, 1993），麦卡菲和麦克米伦（McAfee and McMillan, 1987），或米格罗姆和韦伯（Milgrom and Weber, 1982）。

输工具的数量；合同中是否有价格自动上调条款。第二是反映市场竞争特点的变量：该竞标者的相对成本优势和其他供应商的成本和数目。例如，如果竞标者是离校区最近的企业，那么，该竞标者会在不降低中标概率的前提下较大幅度的提高竞标价格。第二个例子是影响企业投标概率的变量。在某个特定市场上那些很有可能中标和中标就能得到较高利润的企业，才较有可能参加竞标。

为了分析投标价格，我们给每个公司投标的不同奶产品建立一个综合衡量体系。我们衡量前面所讲的竞争因素对非原告控制群体企业的投标水平的影响。图12-3总结了控制群体的投标价格是如何随着距离变动而变动的。我们假设其他变量不变，描绘出非原告控制群体中一个假象企业的投标价格随距离变化的情况。这个图已经把距离对竞价概率的影响和对标的价格的最终影响考虑在内。图12-3显示了控制群体竞标模型的三种不同情形下的结果。在其他条件相同的情况下，在距离是100英里远投标的价格比在加工厂附近校区投标的价格要高1到2美分，然而，控制群体中的企业极不可能对距离这样远的校区投标。离校区最近的公司有着一定的竞争优势，但是这种优势随着距离的增加而减少。

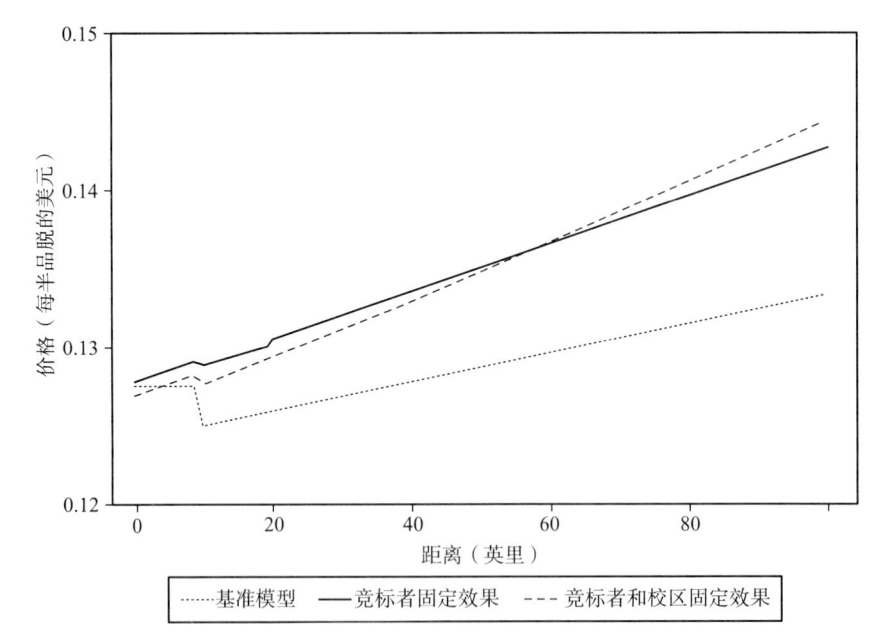

图12-3　不同距离的投标的预测水平：非原告控制群体企业

注：与距离无关的变量都设定在其平均值，下面除外：加工企业的值取1，最近企业在距离小于10英里时取1，第二近企业在距离处于10至20英里之间取1。

案例 12：俄亥俄州政府诉创士（Trauth）案

非原告控制群体企业的投标行为与标准的空间竞争模型中的竞争性投标行为是相吻合的，在标准空间竞争模型中，每个企业都有区域性垄断势力。正如前面所述，竞争是区域性的，这是由于对原奶价格的监管和相对较高的运输成本。

12.5 被告行为

12.5.1 与控制群体行为比较

现在我们来检验位于辛辛那提的三家牛奶公司——梅耶、科尔思和创士——的实际投标行为，并且把他们的投标行为与控制群体的投标行为作比较。我们考虑他们的投标决策和标的水平两个方面。

波特和佐纳（1999）检验了控制群体投标模型的估计行为和辛辛那提牛奶公司投标行为估计之间的差异。在传统的显著水平和模型的所有不同情形下，我们的结果推翻了被告的竞标行为与控制群体模型是一致的假设。生成投标水平的随机过程也存在着显著性差异，即，每一个辛辛那提牛奶公司的投标行为都与控制群体不同。行为上的差异并一定是反竞争行为的结果，我们感兴趣的是，假定他们与控制群体中的企业不同，每一个被告企业的行为到底是如何与控制群体企业的行为有差异的。

12.5.2 串谋策略比较

在反托拉斯经济学中，我们面临的一个标准的问题是：区分竞争行为和串谋行为[①]。波特和佐纳（1993）用下列方法界定高速公路建设招标中的串谋行为：(1) 关注标的水平而不是投标决定，因为串谋企业的投标看上去具有互补性；(2) 区分卡特尔企业投标的决定要素和非卡特尔企业投标决定要素之间的差异；(3) 与其他企业的投标不同，除了最低卡特尔企业投标价格以外，卡特尔企业的投标价格基本上不是以成本为基础。正是因为存在这些差异，我

[①] 贝克和布雷斯纳汉（Baker and Bresnahan，1992），哈林顿（Harrington，2008）和波特（Porter，2005）讨论辨别市场势力操作以及串谋存在的相关方法。

们可以得出这样的结论：串谋企业的投标很有可能存在互补性。

在对19世纪铁路卡特尔的研究中，波特（1983）对观测到的价格时间序列数据做计量检验，来判断竞争和串谋哪一个更与数据相符合。有些被观察到的价格波动看起来不是需求变动或可观测到的成本因素变动的结果。相反，历史数据中看到的价格战常常发生在特别混乱的市场份额变化之后，这与竞争条件下价格战的方式大不相同。但在一个特定的串谋理论中，这种行为模式是可能发生的，这种行为模式的存在告诉我们串谋可能存在。

我们对本案中的问题所采取的策略是一样的。大体上说，非被告企业行为和竞争行为是相吻合的。并且，我们已得出这样的结论：从统计的角度来讲，辛辛那提牛奶公司与非被告企业之间的行为有显著不同。这种不同是否有可能是由于成本或竞争方面的某些随机因素所引起的？如果不是的话，这种差别是因为受到独立因素影响还是因为存在值得怀疑的相互关联的行为模式？我们现在来讨论这两个问题。

在招标市场中有许多串谋方式。[①] 例如，串谋企业通过划分独占区域的方法来克制与其他串谋企业的投标竞争。另一种方法是，串谋企业能够用虚报投标价格的办法造成竞争的假象。在每一种情况下，串谋集团的成员都知道有关市场中的竞争受到限制。每个串谋企业都知道，要是自己投标的话，就不用担心其他串谋成员参与投标会比它投的更低。由于串谋企业协调行动，观察到的串谋条件下投出的标与竞争条件下投出的标是不同的。无论串谋企业是否中标，由于串谋企业之间有协调行动，预期的中标价格就会更高。

由于距离是该案中控制群体模型中的一个重要分析因素，我们重点分析这个方面。运输距离的适当增加对应着投标概率的大幅度下降（图12-2）。在控制群体中，增加相同的运输距离对应着投标水平的增加（在图12-3中，大约是70英里对应着10%）。我们在这一框架里检验被告企业的投标行为与控制群体企业的偏差。

首先考虑辛辛那提三家牛奶公司中的每一家在不同距离区间内预测的投标行为和实际投标行为的不同。这三家牛奶企业有着值得注意的行为方式：第一，三家公司在离自己加工厂30英里范围内区域投标的次数都比控制群体模型中企业的投标次数频繁；第二，梅耶公司在离自己100英里到110英里之间

[①] 亨德里克斯和波特（Hendricks and Porter, 1989）描述了少数几个串谋机制，以及辨别串谋必须要有案例细节的原因。Klemperer（2008）解释了为什么拍卖市场竞争政策应当与其他市场不同。

案例12：俄亥俄州政府诉创士（Trauth）案

的区域投标出奇的频繁，而创士公司对离自己60到80英里的区域投标出奇的频繁。

我们也把实际标的①与控制群体的预测结果作了对比。与控制群体的预测结果相比较，梅耶公司和创士公司的投标随着距离下降的速度更快。特别是，在他们出奇地可能投标的距离区间内——梅耶公司是100英里到110英里，创士公司是60英里到80英里——他们的投标显著的低。作为更进一步的证据，我们把对辛辛那提三家牛奶公司标的价格水平的回归结果与控制群体价格水平作比较。对梅耶公司和创士公司（这两家都进行远距离投标）而言，标的价格水平显著随距离而快速下降；相反，控制群体中企业的远距离投标水平明显偏高。

为了集中说明被告企业之间是否有默契，我们用标准的成对过程（pair-wise procedure）来检验被告企业各自投标概率的统计独立性。在原假设是建立在公共信息的独立行动下，给定我们投标回归模型，拥有一个企业是否投标的信息不应该影响另一个企业对是否投标做出的预测。如果备择假设是辅助性投标或区域分割，那么，不同企业的投标决定是相互关联的，知道一个卡特尔成员的行为有助于推测其他成员的行为。在辅助性投标的情形中，要是一个卡特尔成员投标，那么其他卡特尔成员也会投标。在这种情形中，竞争投标方程中不能解释的变量在卡特尔成员之间是正相关性。在区域分割的情形中，要是一个卡特尔成员投标，其他卡特尔成员就不会投标，那么竞争投标方程中不能解释的变量在卡特尔成员之间呈负相关性。对我们所作的独立性或零相关性进行检验有助于否定这两个备择假设。检验结果表明，科尔思投标决策中不能解释的部分和梅耶公司投标决策中不能解释的部分呈正相关性；同样地，科尔思公司和创士公司之间，梅耶公司和创士公司之间的关系也是一样。在所有的标准检验水平下，这三种相关关系都是显著的。

我们对投标的标的水平作了同样的分析。在原假设是建立在公共信息的独立行动的条件下，给定我们相同的投标回归模型形式，拥有一个企业投标水平的信息不应该对预测另一个企业的投标水平有帮助。在备择假设是辅助性投标的条件下，如果知道一个卡特尔成员的标的高于所预测的水平，将有助于推测其他卡特尔成员的投标是否会高于那一水平。如果一个卡特尔成员的投标非常

---

① 实际标的指的是总体标的的衡量数据，而不是一个投标企业投出的所有标的向量中的某些信息。

高，那么，其他卡特尔成员的投标也都可能会很高。对于所有三个企业的成对关系来说，相关系数都是正的而且显著。

我们的统计分析结果对梅耶公司和科尔思公司代表的证词提供了支持。科尔思公司、梅耶公司和创士公司的行为与在靠近他们加工厂的区域里的辅助性投标行为相吻合，这是由于在离加工厂30英里以内的区域里，他们投标的次数比预期的要多。还有，这些标的价格是相当的高。这三家公司之间的相关结果也和辅助性投标行为相吻合。同时，这三家公司的投标行为有着显著的相关性，这就意味着要是有一家公司投标，那么其他两家公司也会倾向投标（超出了他们到校区的距离、规模和其他因素所能预测到的范围）。另外，当这些企业在同一年同一地区投标时，他们之间的标的也倾向于同一变化，这也超出了他们到校区的距离、规模和其他因素所能预测到的范围。

从理论上讲，在竞争条件下投标水平随距离上升而降低是不太可能的，但这些企业的投标水平变动却是这样。这些辛辛那提牛奶公司的行为是可疑的，即使不和非被告企业的行为作比较也是如此。我们相信，这三家公司的集体行为可以用串谋来描述。

12.5.3 被告的回应

很自然地，被告的牛奶公司不赞同我们对事实的解释。他们从几个方面对我们的经济分析方法做出批评。例如，他们指出我们关于投标行为的经济模型中解释变量是不完全的，这些被告企业可以指出很多其他变量，这些变量也会影响一个企业做出是否投标的决定和投什么样的价格。然而，这些被告企业没有提供理论上的观点或计量方面的证据来说明省略变量会对造成检验结果的重大偏差。相反，他们只是宣称，我们的模型与现实的符合程度不是人们所希望的那么好，所以，我们的结论值得怀疑。

其次，这些被告企业争辩说控制群体不是一个一致的集团，因为人们可以拒绝这些企业的投标都是基于同一个投标模型这一假设，因此，把被告企业行为和非被告企业的平均行为作对比是没有意义的。然而，波特和佐纳（1999）发现，有足够的数据来进行检验的15家非被告企业中，除3家之外，他们各自的竞标行为与余下的非被告企业的竞标行为没有统计上的不同。相反，被告企业的竞标行为有着明显不同。

最后，被告牛奶企业争辩说，仅仅通过统计分析结果并不能区分公开串谋

案例 12：俄亥俄州政府诉创士（Trauth）案

和默契勾结，在默契勾结下，牛奶企业只是各自提高牛奶价格但从来没有相互直接的沟通和交流。

12.6 串谋对支付价格的影响

假设在 20 世纪 80 年代，俄亥俄西南部的所有被告企业都涉及勾结行为，那么危害会是怎样的？我们对受害校区所受到的危害采用的估计方法，涉及到确定串谋使价格在不同招标中上涨的幅度。

波特和佐纳（1999）利用回归工具分析了决定最佳牛奶提供商成本各种变量的影响和其他变量对中标标准价格的影响。样本覆盖大于 400 个校区，这其中包括西南部以外的校区。我们用年度名义变量来控制原奶价格的变动、不同时期原奶价格上涨的不确定性变动、以及不同年份之间包装成本的变动。我们还控制了校社学生录取的数目、牛奶运输的次数、以及校区的其他特点。我们用两个区位变量来解释其影响结果：（1）离学校最近的加工厂的距离，因为我们期望随着距离和运费的增加，价格也就增加；（2）离学校第二近的加工厂的距离，在其他条件相同的情况下，离学校第二近的加工厂和校区之间的距离越大，我们期望为校区支付的价格也就越高，因为最近的企业可以要求较高的价格。

另外，我们的模型还控制了每个市场上不同竞争水平的影响。我们用等量企业数来衡量市场中的竞争，等量企业数被定义为赫芬达尔指数的倒数。[①] 我们认为，市场越集中，参加竞争的企业越少，价格就越高。

如果市场上存在串谋，市场价格平均来说就会高于竞争条件下的价格。于是，我们的每一个回归方程中都包括了一个以相互勾结的企业数量为基础的串谋指数，在本案例中，相互勾结的企业位于有关校区 75 英里的范围之内。[②] 我们还把串谋指数和等量企业数的相互作用纳入到模型中，因为限制竞争的结果依赖初始竞争水平。我们用这些指数和年度名义变量来衡量不同年份串谋程度的差别，假如他们存在的话。

[①] 赫芬达尔指数是以根据每个牛奶企业在 75 英里内拥有的牛奶加工厂的比例来计算的。如果 75 英里范围内的 10 个加工厂是由 10 个不同企业拥有的，那么赫芬达尔指数是 1/10，等量企业数是 10。如果这些企业是不同的，赫芬达尔指数将会超过 1/10，等量企业数就会低于 10。

[②] 串谋指数是假设竞争下的赫芬达尔指数的倒数与假设串谋下的赫芬达尔指数倒数之差。

在回归分析中，我们把2%的巧克力奶作为估计中标的基准产品。一般来说，回归系数的正负号与我们预期的是一样的，同时是显著的。用前面所说的办法来衡量市场的企业数目，说明了市场集中度对校区支付价格的影响。

对招标中由于串谋导致的价格上涨所作的估计，是由下面的差来衡量的，这种差别是在串谋指数包括在回归分析中所估计的牛奶价格水平与把所有串谋指数都取零时所估计的牛奶价格水平之间的差。这种差别是串谋所带来的价格变动的百分比。1983~1984年和1989年以后，所估计的串谋起的作用很小，这与市场参与企业的证词，即在这些年份卡特尔协议失败的说法是一致的。

串谋对价格的平均影响结果是使价格上升大约6.5%，这刚好与我们对距离对学校牛奶市场投标影响的分析相符合。例如，如果两家相邻企业勾结起来各自给靠近自己加工厂的区域供应牛奶，而且很少有50英里以内的企业来参加竞争，那么价格就比原来的价格高0.05美分（大约是5%）。距离潜在竞争企业越远的地方就面临着更高的价格，同时靠近竞争者牛奶加工厂的地方只是承担较低的价格上涨幅度。

12.7　总结和后续

我们的分析揭示了学校牛奶市场的详细特征。我们并不提倡用相同的方法去研究其他招标市场。例如，俄亥俄州学校牛奶招标市场一个不常见的特点就是：投标的企业很少，即使与其他州的学校牛奶市场相比也是这样。在这种市场中，企业战略决策的一个重要方面就是要决定是否投标。

我们也关注投标决定过程中距离所起的作用。加工过的牛奶运费相对来说要贵一些，同时竞争也是区域性的。我们强调了这样的事实，辛辛那提三家牛奶公司中有两家都倾向于在远处学校的所在区域投出较低标的，而在离自己加工厂近的区域投标的标的较高。我们利用一个竞标模型来记录这些串谋行为模式，在这一模型里，我们忽略了潜在竞争企业的投标竞争，尽管我们已控制了各个校区的具体固定效应，我们这样做的主要原因在于我们不能确定其他企业是不是真实的竞争者。对于被告牛奶公司来说，这种忽略潜在竞争企业的方法应该对他们有利。要是这些牛奶公司真的是激烈地相互竞争，在其邻近校区的投标就应该很低，因为有三个当地的潜在供应商在竞争。然而辛辛那提的牛奶

案例12：俄亥俄州政府诉创士（Trauth）案

价格却较高，特别是和这些牛奶公司在远处的投标相比。这种价格模式刚好和区域垄断势力相符合，但是区域垄断势力只和串谋相吻合。

在招标市场或其他市场上对串谋的识别，必然是建立在案例本身的具体特点之上的，这是因为串谋机制的细节依赖于许多因素。尽管如此，对招标市场的研究对其他市场串谋的研究也会有参考价值。一个招标中所有招标企业的标的信息通常都是可以得到的，同时招标规则也规范了企业的战略选择集合。在这种环境下，对投标企业战略行为做细致研究是可行的，并且有可能把与竞争不相符合的行为辨别出来。

这个案例描绘了一个相互邻近的供应商集团的勾结行为的某些特征，由于远处供应商自身特点所决定的运输成本，使得这些相互勾结的企业在当地市场上不受到远处供应商的竞争压力。在本地市场以外，这些企业则和其他企业相互竞争。在这种情况下，在比较远的校区投出的价格反而较低的做法和区域性串谋行为相吻合，与竞争性行为不吻合。

这个由俄亥俄州政府发起的对辛辛那提牛奶公司诉讼的案件1996年在送到法院之前达成和解协议。在此之前，1995年，联邦政府输掉了一个对牛奶公司勾结行为起诉的刑事案件，在那一案件中，政府的证据集中在梅耶公司和科尔思公司代表提供的证词上面。在审判过程中，被告企业称这些证词是不可信的，因为这些证词与这些代表先前在大陪审团前所做的无罪声明是相矛盾的。那个联邦诉讼案件没有依靠计量或经济方面的证据。在现在这一案中，州政府倾向于和解，而不是以相同的直接证据来上法庭，因为如果上法庭的话，它将面临联邦政府经历过的同样的质疑和提问。我们提供的经济方面的证据能进一步加强这些代表证词的说服力，同时也可用来估计串谋所带来的经济损失。但经济证据很难把直接勾结和默契勾结区分开来，这一点一般不足以证明被告有罪。

1993年，司法部采用了"公司宽恕政策"。在这个政策下，第一个向政府坦白的企业就会免于起诉，只要它不是串谋领导者，而其他的串谋企业将会受到重罚。司法部的官员相信，这个政策是目前对付卡特尔的最有效武器（例如，见哈蒙德（Hammond，2001）），这个政策导致了所谓的"争相去法庭自首"的现象。最近政府起诉的案例在很大程度上都依赖于勾结集团中企业的证词。1993年的公司宽恕政策并没有保护告发者免于民事处罚，最严重的可能达到三倍于损失，但是《2004年反垄断刑事处罚加强与改革法》将惩罚限制在实际损失（包括律师费）范围之内并且提高了其他同谋者的潜在责任。

雷（Rey，2003）和斯帕尼奥洛（Spagnolo，2008）叙述了宽恕项目在美国和欧洲的实施情况，并且讨论了如何实施以有效打击串谋。一项有效的政策会加快现存串谋的消失，因为脱离串谋的成本在降低而继续串谋的收益是有限的。如果潜在的串谋者害怕潜在的法律后果，一项有效的政策也会阻止新的卡特尔形成。

参考文献

[1] Bajari, Patrick, and Lixin Ye. "Deciding between Competition and Collusion." *Review of Economics and Statistics* 85 (November 2003): 971–989.

[2] Baker, Jonathan B., and Timothy F. Bresnahan. "Empirical Methods of Identifying and Measuring Market Power." *Antitrust Law Journal* 37 (1992): 3–16.

[3] Baldwin, Laura, Robert Marshall, and Jean-Francois Richard. "Bidder Collusion at Forest Service Timber Auctions." *Journal of Political Economy* 105 (August 1997): 657–699.

[4] Bernheim, B. Douglas, and Michael D. Whinston. "Multimarket Contact and Collusive Behavior." *RAND Journal of Economics* 21 (Spring 1990): 1–26.

[5] Hammond, Scott. "Lessons Common to Detecting and Deterring Cartel Activity." In *Fighting Cartels—Why and How?* Goteborg: Swedish Competition Authority, 2001.

[6] Harrington, Joseph E., Jr. "Detecting Cartels." In *Handbook of Antitrust Economics*, edited by Paolo Buccirossi, 213–258. Cambridge, Mass.: MIT Press, 2008.

[7] Hendricks, Kenneth, and Robert H. Porter, "Collusion in Auctions." *Anuales d'Economie et de Statistique* 15–16 (July–December 1989): 217–230.

[8] Henriques, D., and D. Baquet. "Investigators Say Bid Rigging Is Common in Milk Industry." *New York Times*, May 23, 1993.

[9] Hewitt, Cynthia, James McClave, and David Sibley. "Incumbency and Bidding Behavior in the Dallas-Ft. Worth School Milk Market." Unpublished manuscript, 1996.

[10] Holt, Charles A., and David T. Scheffman. "Facilitating Practices: The Effects of Advance Notice and Best-Price Policies." *RAND Journal of Eco-*

nomics 18 (Summer 1987): 187 – 197.
[11] Holt, Charles A., and David T. Scheffman. "A Theory of Input Exchange Agreements." Mimeo, Federal Trade Commission, Bureau of Economics, 1988.
[12] Klemperer, Paul. "Competition Policy in Auction and Bidding Markets." In *Handbook of Antitrust Economics*, edited by Paolo Buccirossi, 583 – 624. Cambridge, Mass.: MIT Press, 2008.
[13] Lanzillotti, Robert F. "The Great School Milk Conspiracies of the 1980s." *Review of Industrial Organization* 11 (August 1996): 413 – 458.
[14] Lee, In K. "Non – Cooperative Tacit Collusion, Complementary Bidding, and Incumbency Premium." *Review of Industrial Organization* 15 (September 1999): 115 – 134.
[15] McAfee, R. Preston, and John McMillan. "Auctions and Bidding." *Journal of Economic Literature* 25 (June 1987): 699 – 738.
[16] Milgrom, Paul R., and Robert J. Weber. "A Theory of Auctions and Competitive Bidding." *Econometrica* 50 (September 1982): 1089 – 1122.
[17] Pesendorfer, Martin. "A Study of Collusion in First – Price Auctions." *Review of Economic Studies* 67 (July 2000): 381 – 411.
[18] Porter, Robert H. "A Study of Cartel Stability: The Joint Executive Committee." *Bell Journal of Economics* 14 (Autumn 1983): 301 – 314.
[19] Porter, Robert H. "Detecting Collusion." *Review of Industrial Organization* 26 (March 2005): 147 – 167.
[20] Porter, Robert H., and J. Douglas Zona. "Detection of Bid Rigging in Procurement Auctions?" *Journal of Political Economy* 101 (June 1993): 518 – 538.
[21] Porter, Robert H., and J. Douglas Zona. "Ohio School Milk Markets: An Analysis of Bidding." *RAND Journal of Economics* 30 (Summer 1999): 263 – 288.
[22] Rey, Patrick. "Toward a Theory of Competition Policy." In *Advances in Economics and Econometrics: Theory and Applications*, edited by M. Dewatripont, L. Hansen, and S. Tumovsky, 82 – 132. Cambridge, UK: Cambridge Press, 2003.

[23] Spagnolo, Giancarlo. "Leniency and Whistleblowers in Antitrust." In *Handbook of Antitrust Economics*, edited by Paolo Buccirossi, 259 – 304. Cambridge, Mass: MIT Press, 2008.

[24] Wilson, Robert. "Strategic Analysis of Auctions." In *Handbook of Game Theory*, vol. 1, edited by Robert J. Aumann and Sergiu Hart, 227 – 279. Amsterdam: North – Holland, 1993.

第三部分 纵向与相关市场问题

经济与法律背景

企业之间的纵向与互补市场关系（vertical and complementary market relationships）一直是微观经济学与反垄断政策的一个变化领域。该领域涉及企业之间的客户—供应商关系（纵向）或出售互补产品；正如下文所指出，后者在分析上类似于前者，故我们将类似地处理它们。

在20世纪70年代之前，此领域的法律与经济学考量与分析有过一段混乱的历史（White, 1989）。部分原因在于很难将这些关系概念化并认识到它们的多变性（fluidity）；甚至一些术语（比如，纵向限制、市场封锁、拒绝交易）也起了一定的作用。

我们将首先从经济学角度探讨这些关系，然后考察相应的法律。

经济学

一些基本问题

纵向关系（vertical relationship）描述的是供应商与客户的关系。因此，小麦农户与面粉厂，面粉厂与面包房，面包房与超市等等，都在相互间存在着纵向关系。这些关系常被称为"上游"（供应商）与"下游"（客户）之间的关系。另一种描述方法是，以上关系中的每一方原则上都面临着针对另一方产品或服务的"制造或购买"（make or buy）决策[1]。

---

[1] 有关文献综述参见Katz (1989), Perry (1989), White (1989), Comanor and Rey (1995, 1997), Riordan (2008), Rey and Verge (2008), Lafontaine and Slade (2007, 2008), 以及 Collins (2008)。近期的相关论文包括Choi and Steanidis (2001), Chen (2001), Carlton and Waldman (2002), De Fontenay and Gans (2005), Chen and Riordan (2007), Jullien and Rey (2007), Marx and Shaffer (2007), Nocke and White (2007), 以及 Simpson and Wickelgren (2007)。

353   最后这点凸显了纵向一体化（vertical integration）的可能性：（可能或以前）存在于不同（客户—供应商）企业的纵向相关业务，可以合并整合到"同一厂房下"（under one roof）的单一企业中去。因此，农户可能决定自己磨小麦，然后将面粉卖给面包房，或者面粉厂可能决定自己种小麦；同样地，面包房可能决定建立自己的零售渠道，或者超市可能决定自己烤面包。

以上事例反过来突出了纵向协议（vertical arrangements）的多变性。原则上，几乎任何企业之间的纵向关系都可纵向地整合为单一（single）企业；反之，几乎任何纵向整合的企业都可拆分为纵向相关的两个不同企业。因此，一个企业并不存在纵向一体化的自然界限；该企业究竟"制造"或"购买"哪种投入品取决于具体的情境，由下面将要讨论的因素所驱动。

进一步，甚至哪家企业为"上游"，哪家企业为"下游"，也依赖于具体的情境。例如，制造商通常将产品出售给分销商或零售商，再由后者销售给大众，但有时制造商也可"购买"分销服务（比如，通过付费或佣金），从而保持对产品的所有权，直至产品卖给大众。此时，谁是"上游"，谁是"下游"？

与纵向一体化相反的另一极端为现货市场（spot market）。在现货市场上，买卖双方事后才出现，取决于各自参与市场的需要，每次仅进行一个交易。

在这两种极端情形之间，买卖双方之间可能达成各种各样的纵向协议，以限制一方或双方的行为；这些协议常体现为可依法强制执行的合约，被称为"纵向限制"（vertical restraints）。通过给予一方对另一方行为的某些控制权，这些协议在本质上是部分的纵向一体化。这些协议包括：

- 长期合同（long-term contracts）;
- 特许经营（franchising）;
- 许可经营（licensing）;
- 捆绑销售（tying）;
- 组合销售（bundling）;
- 独家经营（exclusive dealing）;
- 按需供应合同（requirements contracts）;
- 全线逼销（full-line forcing）;
- 拒绝交易（refusals to deal）;
- 地域限制（territorial restraints）; 以及
- 维持转售价格（resale price maintenance）。

354   正如纵向一体化的范围依情境而定，是否存在纵向限制也取决于具体的情境。

最后，企业也常常处于一种既非横向（即竞争者），也非纵向（客户—供应商）的关系。例如，面粉厂与酵母厂都卖给面包房投入品。面粉厂与酵母厂的关系既非横向也非纵向；它们销售互补的产品。然而，我们也可想象另一种结构关系，即面粉厂将面粉卖给酵母厂，而酵母厂再将面粉与酵母一块卖给面包房；对于许多分析目的（比如，并购评估），这两种方案的结果类似。相应地，本部分的许多讨论同样适用于纵向协议与销售互补品双方之间的关系。

为何进行纵向一体化？

正如上节所示，纵向关系包含了一系列可能性，从纵向一体化将业务整合到一个企业内，到企业之间通过现货市场交易，以及各种中间情形。首先对比纵向一体化与现货市场交易。虽然后者似乎有优势，但过分依赖现货市场会带来可观的信息与交易成本（Coase，1937）。可以认为，利润最大化的企业会寻找能带来最大盈利机会的方案。此方案究竟是"制造"（即纵向一体化）或"购买"在最直接的意义上由预期盈利机会所驱动。然而，在更大的结构意义上，业务是否应整合或保留于不同企业与以下一系列潜在因素有关：

- 生产过程的技术；
- 商业战略；
- 管理能力；
- 顾客偏好；
- 法律规定或限制；
- 税收考虑；
- 与产品有关的信息问题；
- 是否存在市场势力；以及
- 追求或保护市场势力。

纵向一体化常常是为了更好地利用技术互补性（technological complementarities），降低交易成本，更多地控制生产过程（比如，避免供应商的机会主义行为），克服信息不畅，以及（或）将外部性内生化。"依次垄断"（successive monopoly）或"双重边际"（double marginalization）是最后这一现象的好例子（Tirole，1988，第4章）。如果上游的垄断厂商卖给下游的垄断厂商，则前者会将其利润率加入价格中；而后者以超过边际成本的价格买了此投入品后，必然定价过高，导致两个企业的销售量与利润水平都受损。这根本上是个外部性问题（每个厂商都忽略了对方的市场势力），通过纵向一体化可以内生化此外部性，使合并后企业降低售价以获得更高利润①。

但纵向一体化也可能是企业获得或提升市场势力的途径，通过抬高进入壁垒以及（或）提高对手的成本而实现。处于支配地位的上游企业可以通过向下整合（比如，通过并购）来减少上游对手的分销渠道；同样地，处于支配地位的下游企业也可以向上整合，并通过限制下游对手的供应商而削弱对手②。而且，后向一体化也可能是企业实行价格歧视的有效手段，以提高其利润③。

然而，如果纵向一体化存在反竞争效应，则必须实际上或潜在地存在市场势力。反之，如果不存在市场势力，则可有力地推定纵向结构是无害或有益的。但做此判断却需要界定一个市场（delineation of a market）。不幸的是，《并购指南》针对并购评估的市场界定模式（在本书第一部分讨论）并不适用于在认为市场势力已经存在情况下的市场界定④；迄今尚无令人满意的替代方法（White，2000、2008）。

为何进行纵向限制？

正如上文所提及，纵向限制可概念化为允许一方或双方限制对方行为的协议，故可视为部分的纵向一体化。影响纵向一体化存在与否的那些力量，比如技术、管理能力等等，同样会影响这些纵向协议的存在与否⑤。制造商常对其产品的分销方法与零售手段有明确想法，但缺乏管理能力自行从事零售。纵向限制是实现这些想法的一种手段，而无须进行效率更低的全面纵向一体化。然而，尽管纵向限制常能提高效率，但也可能是获得或提升市场势力的途径。

各种纵向限制的正面与负面作用包括：

---

① 双重边际问题也提供了一个纵向相关企业与互补供应商之间很好的平行案例。如果两个互补的供应商都是垄断者，并忽略对方的垄断势力，则下游产品将定价过高，导致两个供应商利润都受损，此时二者合并即可内生化外部性。巴里·奈勒波夫（Barry Nalebuff）在此书本部分案例 14 讨论 GE - Honeywell 并购案时提起了这一点。

② 此处假设投入品（包括分销服务）为必不可少，且不易找到好的替代品。

③ 然而，此价格歧视的社会福利效应并不确定；参见 Schmalensee（1981）与 Kwoka（1984）。

④ 由于利润最大化的垄断厂商（根据假定）会将价格定在一个特定的水平，使得进一步提价无利可图，因此检验市场是否被垄断的"提价检验"（price increase test）（比如 SSNIP）总会发现，即使真正的垄断者在其当前价格基础上再提价也无利可图（完全竞争的企业也有同样结果）。因此，此检验会错误地把一个真正的垄断者视为竞争性厂商。

⑤ 理解这些纵向协议的效率原理（efficiency rationale）的最好方法是，想像如果纵向限制的双方实现纵向一体化后相应的行为会如何变化。

- 维持转售价格（Resale price maintenance，简记 RPM）意味着由上游企业（比如制造商）指定最低价格①。制造商可以通过 RPM 所指定的最低价格来诱导零售商们提供销售点服务（point-of-sale service）以及相关信息；否则，各零售商可能免费搭乘（free ride）其他企业的服务②；但 RPM 也可能是零售商们或制造商们横向合谋（horizontal conspiracy）的掩盖工具（Telser，1960）。

- 地域限制（territorial restrictions）包括制造商限制零售商的零售区域，或零售商销售对象的地理位置③。这些限制可使制造商避免重复促销，以及零售商之间免费搭车（比如，受益于别人的广告）；但这些限制也使制造商能更有效地实现价格歧视或由零售商激发（retailer-inspired）的瓜分市场与限制竞争的合谋（White，1981）。

- 制造商与分销商之间的长期合同（long-term contracts）可为双方提供更高的确定性，有利于计划与投资（并有助于避免某一方或其他方的敲竹杠或其他机会主义行为）（Williamson，1983）；但这些合同也可能限制制造商的对手们获得分销服务，以此提高对手们的分销成本，或抬高进入壁垒（如果分销服务是产品线的重要瓶颈）。

- 独家经营（Exclusive dealing）意味着制造商要求零售商仅出售该制造商的产品线④。供应商因此可得到零售商的专注努力，并避免其他制造商免费搭车；但这也会提高对手成本或进入壁垒，与长期合同的作用类似。

- 拒绝交易（Refusals-to-deal）意味着制造商可选择通过某些零售商分销产品，而不通过其他零售商。由此，制造商可实施其他类型的限制（如果零售商不遵守，制造商可拒绝出货），并避开不利于其产品信誉的零售商。但拒绝交易也会帮助制造商通过其他限制而达到反竞争效果，或使得其他零售商难以生存（这可能不利于其他制造商）。

- 捆绑销售与组合销售（Tying and bundling）可以是保证质量并提高产品或服务性能的一种途径；但也可能被用于价格歧视⑤，提高组合套装（com-

---

① 在下面的例子中，我们将以"制造商"来代指上游企业（供应商），而以"零售商"来代指下游企业（客户）。
② 指定最高价格的 RPM 可能是限制市场势力的一种途径，该市场势力可能来自制造商给予零售商的排他性区域（exclusive territory）。参见此书本部分 Gustavo Bamberger 在案例 17 对 State Oil 案的讨论。
③ 类似的限制也可应用于分销商的销售对象，基本原理也类似。
④ 同样地，零售商也可能要求制造商仅把产品卖给它，而不卖给其他零售商。F. M. Scherer 在此书本部分案例 16 有关 Toys "R" Us 案例中讨论了这种情形。
⑤ 参见 Barry Nalebuff 在此书本部分案例 13 有关独立墨水（Independent Ink）案的讨论。

bined package）的价格①，或提高对手的成本或进入壁垒②。

• 特许经营（Franchising）与其他许可经营（other licensing arrangements）使得创新者可扩大其创新产品的使用范围并保持质量，而不必直接参与生产（创新者可能缺乏相关专门技术）；但也可被用于实施捆绑销售或其他纵向限制。

进一步，正如纵向一体化的情形，是否存在实际或潜在的市场势力对于判断这些纵向限制至关重要；而市场定义（market definition）是个同样重要但悬而未决的问题。

反托拉斯法

形形色色的反托拉斯法律条款已被用于攻击纵向与互补市场协议：

• 《谢尔曼法》（The Sherman Act）第一部分禁止任何"合同，组合……或限制贸易的合谋"（contract, combination, … or conspiracy in restraint of trade），此条款已被用于挑战纵向限制。

• 《谢尔曼法》第二部分对垄断行为（monopolization）的谴责被用于挑战纵向限制乃至纵向一体化本身。

• 《克莱顿法》（The Clayton Act）第三部分明确禁止在合同中限制客户"使用或交易出租人或出卖方的商品、供应品或其他产品"（use or deal in the goods, supplies, or other commodities of the lessor or seller），以期达到"显著地减少竞争或趋向垄断"（substantially to lessen competition or tend to create a monopoly）的效果。

• 《克莱顿法》第七部分（在本书第一部分讨论）已被用于挑战纵向并购。

为了方便下文的讨论，我们将针对纵向协议的反托拉斯规制分为四个领域：纵向一体化；价格限制；地域限制；以及其他非价格限制。

纵向一体化（Vertical Integration）

《谢尔曼法》第二部分已被用于（尽管用得很少）攻击倾向于提升市场势

---

① 参见 Jeffrey MacKie-Mason 与 John Metzler 在此书第四部分案例 21 有关柯达（Kodak）案的讨论。

② 参见 Daniel Rubinfeld 在此书第四部分案例 20 有关微软案的讨论。

力的纵向一体化。1911年标准石油案（Standard Oil）① 决议导致纵向解体（比如，石油管道与炼油厂分离）以及横向解体（不同地区的炼油厂被分拆为独立的公司）。1948年派拉蒙案（Paramount）② 导致电影观赏（剧院）与电影制造销售分离。美国司法部的AT&T案③以及1982年将长途电话与设备从短途电话分离的和解协议，是基于司法部的如下理论，即AT&T的纵向一体化包括了短途电话、长途电话以及设备制造，在不健全的地区与全国经济规制情况下，会导致扭曲竞争（Noll and Owen，1994）。

《克莱顿法》第七部分已被用于阻止通过并购来实现纵向一体化。即使在1950年该法第七部分加强之前，美国司法部已能成功挑战通用汽车（General Motor）在其油漆与抛光剂的主要供应商杜邦（Du Pont）拥有大量股权④。在20世纪60年代禁止并购的胜利巅峰，纵向并购（以及横向并购）常被挑战而终止⑤。

在20世纪80~90年代，纵向并购较少受到详细审查，因为执法部门开始接受对这些并购效应较为有利的经济学评估。尽管如此，有些并购依然需要做些修正才能获批，因为这些部门担心企业通过抬高对手成本以及（或）进入壁垒的策略而获得横向市场势力（White，1985；Nelson and Stoner，1999；Besen et al.，1999）。2001年，美国司法部再次表现出对纵向并购的兴趣，挑战Premdor Inc.（一个民用模压门的制造商）对Masonite Corp.（一个门皮板的制造商，为生产模压门的基本投入品）的收购，并要求剥离某些设施才能批准收购（Katz，2002）。

维持转售价格（Resale Price Maintenance）

在1911年Dr. Miles Medical Co案⑥，最高法院宣布根据《谢尔曼法》第一部分，维持转售价格（RPM）为本身违法（per se violation），把它与横向价格操纵（horizontal price fixing）一样列入黑名单。在随后的一系列案例中，法庭一直保持此立场，尽管在20世纪80年代它提高了证明被告违反RPM的证

---

① *U. S. v. Standard Oil of New Jersey et al*，221 U. S. 1（1911）。
② *U. S. v. Paramount Pictures et al*，334 U. S. 131（1948）。
③ *U. S. v. AT&T*，524 F. Supp. 1336（1981），552 F. Supp. 131（1982）。
④ *U. S. v. E. I. Du Pont de Nemours and Co.* et al，353 U. S. 586（1957）。
⑤ 比如，参见 *Brown Shoe Co. v. U. S.*，370 U. S. 294（1962）；*Reynolds Metals Co. v. F. T. C.*，309 F. 2d 233（1962）；以及 *Ford Motor Co. v. U. S.*，405 U. S. 362（1972）。
⑥ *Dr. Miles Medical Co. v. John D. Park and Sons Co.*，220 U. S. 373（1911）。

据标准①。

一个重要的新变化发生于1997年涉及最高限价RPM的State Oil案②。早在1968年最高法院即宣布，根据Dr. Miles Medical Co案的传统，最高限价RPM本身违反《谢尔曼法》第一部分③。但正如Gustavo Bamberger在此书第一部分案例13所讨论，法院在State Oil案中决定，最高限价RPM应根据合理原则（rule of reason）进行判决④。最后，在2007年Leegin案⑤，最高法院决定对于最低限价RPM的判决也适用合理原则。

地域限制（Territorial Restraints）

最高法院最早于1963年考察了地域（以及客户分类）限制，并宣布由于对这些限制所知不多，故不足以根据《谢尔曼法》第一部分将其视为本身违法⑥。然而，四年后，法院改变立场，宣布这些限制为本身违法⑦。1977年，法院再次改变立场，在判决GTE-Sylvania案⑧时宣布这些限制应按合理原则来审理⑨。自此之后，法院在该问题的立场保持不变。

其他非价格限制（Other Nonprice Restraints）

直至20世纪70年代中期，最高法院及执法部门对于捆绑销售、独家经营以及其他非价格纵向限制均采取敌视态度。比如，1949年，法院宣布"捆绑协议除了压制竞争外几乎一无是处"（tying agreements serve hardly any purpose beyond the suppression of competition）⑩，并在1958年进一步宣布捆绑为本身违

---

① 如果某些邻近的零售商们向制造商抱怨某零售商X逃避服务且降价，而制造商随后终止了该零售商的销售资格，这是否构成RPM协议的证据？在 *Monsanto Co. v. Spray – Rite Service Corp.* ，465 U. S. 752（1984），以及 *Business Electronics Corp. v. Sharp Electronics Corp.* ，485 U. S. 717（1988）的案例中，最高法院宣布，以上事实本身还不足以判定RPM。参见Warren – Boulton（1999）。
② State *Oil v. Khan*，522 U. S. 3（1997）。
③ 参见 *Albrecht v. Harold*，390 U. S. 145（1968）。
④ 值得注意的是，美国司法部与联邦贸易委员会共同提交了一份"案情意见书"（amicus brief），敦促此结果。
⑤ *Leegin Creative Leather Products*，*Inc. v. PSKS, Inc.*，127 S. Ct. 2705（2007）。在本案中，美国司法部与联邦贸易委员会也联合敦促最高法院采取合理原则。
⑥ 参见 *White Motor Co. v. U. S.*，372 U. S. 253（1963）。
⑦ 参见 *U. S. v. Arnold, Schwinn and Co. et al*，388 U. S. 365（1967）。
⑧ *Continental T. V. v. GTE – Sylvania*，433 U. S. 36（1977）。
⑨ Preston（1994）讨论了此案例，以及早于它的类似案例。
⑩ *Standard Oil Co. of California v. U. S.*，337 U. S. 293，305 – 306（1949）。

· 354 ·

法[①]。法院也经常判定长期合同、按需供应合同以及其他限制违法，主要基于它们的"限制"（restrictive）特性。

然而，70年代以来，法院及执法部门的政策变得更为成熟。最高法院增加了一系列的例外条款，并提高原告胜诉捆绑案的举证责任（但法院仍认为捆绑为本身违法）[②]；而其他非价格限制则适用合理原则。法院在柯达案[③]判决时明显从此趋势中抽身而退。但正如杰弗瑞（Jeffrey MacKie - Mason）与约翰（John Metzler）在本书第四部分案例12所讨论的，此判决涉及柯达要求即决审判（summary judgment）的动议[④]，并非捆绑的明确优点，而且法院在判决前听取了当事双方深入的经济学论证。在独立墨水案（Independent Ink）（Barry Nalebuff在此书本部分案例13讨论），最高法院判定捆绑产品拥有专利并不自动意味着该产品的卖家具有市场势力（如果有市场势力，将适用捆绑的本身违法原则）。

执法部门已不再关注形式上的"限制"（restrictions）或"市场封锁"（foreclosure），而将注意力集中于可能抬高对手成本或进入壁垒，或排除对手的其他限制[⑤]。例如：

● 1995年美国司法部针对微软的首次调查与和解协议主要关注微软抬高个人电脑操作系统进入壁垒的行为；而司法部后来对微软的挑战（Daniel Rubinfeld在本书第四部分案例20讨论）集中于微软试图通过提高对手成本而保护其在个人电脑操作系统的市场势力。

● 联邦贸易委员会与英特尔（Intel）的争议焦点在于联邦贸易委员会担心，英特尔拒绝分享知识产权会抬高进入壁垒，参见夏皮罗（Shapiro，2004）的讨论。

● 联邦贸易委员会对Toys "R" Us的起诉（F. M. Scherer在此书本部分案例16讨论），主要担心Toys "R" Us的行为（坚持玩具制造商给予优惠待遇）

---

① 参见 *Northern Pacific Railway Co. v. U. S.*，365 U. S. 1（1958）。
② 1984年法院一致同意撤销某捆绑案时，法院几乎通过决议（5票对4票）废除捆绑的本身违法待遇，而改为合理原则。参见 *Jefferson Parish Hospital District No. 2 v. Edwin G. Hyde*，466 U. S. 2（1984）；以及Lynk（1999）对此案的讨论。
③ *Eastman Kodak Co. v. Image Technical Service, Inc., et al*，504 U. S. 451（1992）。
④ 本质上，柯达公司认为即使原告所述事实均为正确，原告也无法根据法律而胜诉。最高法院认为柯达公司的这个立场缺乏足够支持。
⑤ 反托拉斯处（Antitrust Division）在其提出的纵向限制案中所倡导的一个理念是"无经济意义检验"（no economic sense test）。其基本思想是试图确定在假定排他效应不存在的情况下，被告的行为是否在经济上有意义。参见Ordover and Willig（1981，1999）与Werden（2006）对此立场的阐述；以及Salop（2006）的批评。

会提高对手成本。

- 美国司法部对 Visa 与 MasterCard 的起诉（Robert Pindyck 在本书第四部分案例 19 讨论），着眼于这两家信用卡公司禁止其会员银行发行除 Visa 与 MasterCard 以外的其他信用卡，从而提高对手成本与进入壁垒。

- 美国司法部对假牙制造商 Dentsply International, Inc. 的起诉（Michael Katz 在此书本部分案例 14 讨论）宣称，该公司不把牙齿卖给同时销售其他制造商牙齿的零售商的政策提高了对手成本。

总之，纵向关系不可能很快成为经济学或反托拉斯法的一个稳定领域（settled area）[①]。正如上文所指出，企业之间的纵向关系总是依赖于具体的情境。如果技术、消费者偏好或其他环境条件改变，导致企业相应地改变其纵向关系，则很可能引起客户或供应商因受到不利影响而抱怨。由此很可能引发诉讼，而针对反竞争的指控，也几乎肯定会有基于效率考虑的有力反驳。有关纵向关系的正面与负面作用的创造性理论贡献也肯定会延续。而在这些案件中，用于界定市场的一套健全经济原则（用以判定是否存在市场势力，使得判决有意义）依然缺失。

肯定的是，纵向关系仍将是一锅丰盛的炖汤[②]。

参考文献

[1] Antitrust Modernization Commission. *Report and Recommendations*. Washington, D. C.：AMC，2007.

[2] Besen, Stanley M., E. Jane Murdoch, Daniel P. O'Brien, Steven C. Salop, and John Woodbury. "Vertical and Horizontal Ownership in Cable TV：Time Warner – Turner (1996)." In *The Antitrust Revolution：Economics, Competition, and Policy*, 3d edn., edited by John E. Kwoka, Jr., and Lawrence J. White, 452 – 475. New York：Oxford University Press，1999.

[3] Carlton, Dennis W, and Michael Waldman. "The Strategic Use of Tying to Preserve and Create Market Power in Evolving Industries." *RAND Journal of*

---

① 正如 MacKie – Mason 与 Metzler 所指出，柯达案本身已导致巡回法庭对类似问题的很多意见书，而且意见大相径庭。

② 值得注意的是，反托拉斯现代化委员会（Antitrust Modernization Commission, 2007, ch. I. C）在讨论排他性行为（exclusionary conduct）时，主要关注组合折扣（bundled discounts）与拒绝交易（refusals to deal），并未对捆绑或维持转售价格（RPM）发表任何意见。

Economics 33 (Summer 2002): 194 – 220.

[4] Chen, Yongmin. "On Vertical Mergers and Their Competitive Effects." *RAND Journal of Economics* 32 (Winter 2001): 667 – 685.

[5] Chen, Yongmin, and Michael H. Riordan. "Vertical Integration, Exclusive Dealing, and Ex Post Cartelization." *RAND Journal of Economics* 38 (Spring 2007): 1 – 21.

[6] Choi, Jay Pil, and Christopher Stefanidis. "Tying, Investment, and the Dynamic Leverage Theory." *RAND Journal of Economics* 32 (Spring 2001): 52 – 71.

[7] Coase, Ronald H. "The Nature of the Firm." *Economica* 4 (November 1937): 386 – 405.

[8] Collins, Wayne D., ed. *Issues in Competition Law and Policy*. Chicago: American Bar Association, 2008.

[9] Comanor, William S., and Patrick Rey. "Competition Policy toward Vertical Foreclosure in a Global Economy." *International Business Lawyer* 23 (November 1995): 465 – 168.

[10] Comanor, William S., and Patrick Rey. "Competition Policy towards Vertical Restraints in Europe and the United States." *Empirica* 24 (1 – 2) (1997): 27 – 52.

[11] De Fontenay, Catherine C, and Joshua S. Gans. "Vertical Integration in the Presence of Upstream Competition." *RAND Journal of Economics* 36 (Autumn 2005): 544 – 572.

[12] Jullien, Bruno, and Patrick Rey. "Resale Price Maintenance and Collusion." *RAND Journal of Economics* 38 (Winter 2007): 983 – 1001.

[13] Katz, Michael L. "Vertical Contractual Relations." In *Handbook of Industrial Organization*, edited by Richard Schmalensee and Robert Willig, 655 – 721. Amsterdam: North – Holland, 1989.

[14] Katz, Michael L. "Recent Antitrust Enforcement Actions by the U. S. Department of Justice: A Selective Survey of Economic Issues." *Review of Industrial Organization* 21 (December 2002): 373 – 397.

[15] Kwoka, John E., Jr. "Output and Allocative Efficiency under Second Degree Price Discrimination." *Economic Inquiry* 22 (April 1984): 282 – 286.

[16] Lafontaine, Francine, and Margaret Slade. "Vertical Integration and Firm Boundaries." *Journal of Economic Literature* 45 (September 2007): 629 – 685.

[17] Lafontaine, Francine, and Margaret Slade. "Exclusive Contracts and Vertical Restraints: Empirical Evidence and Public Policy." In *Handbook of Antitrust Economics*, edited by Paolo Buccirossi, 391 – 414. Cambridge, Mass.: MIT Press, 2008.

[18] Lynk, William J. "Tying and Exclusive Dealing: *Jefferson Parish Hospital v. Hyde*" In *The Antitrust Revolution: Economics, Competition, and Policy*, 3d. edn., edited by John E. Kwoka, Jr., and Lawrence J. White, 342 – 363. New York: Oxford University Press, 1999.

[19] Marx, Leslie M., and Greg Shaffer. "Upfront Payments and Exclusion in Downstream Markets." *RAND Journal of Economics* 38 (Autumn 2007): 823 – 843.

[20] Nelson, Philip B., and Robert D. Stoner. "Defense Industry Rationalization: Lockheed Martin (1995)." In *The Antitrust Revolution: Economics, Competition, and Policy*, 3d edn., edited by John E. Kwoka, Jr., and Lawrence J. White, 430 – 451. New York: Oxford University Press, 1999.

[21] Nocke, Volcker, and Lucy White. "Do Vertical Mergers Facilitate Upstream Collusion?" *American Economic Review* 97 (September 2007): 1321 – 1339.

[22] Noll, Roger G., and Bruce M. Owen. "The Anticompetitive Uses of Regulation: *United States v. AT&T* (1982)." In *The Antitrust Revolution: The Role of Economics*, 2d edn., edited by John E. Kwoka, Jr., and Lawrence J. White, 328 – 375. New York: HarperCollins, 1994.

[23] Ordover, Janusz A., and Robert D. Willig. "An Economic Definition of Predation: and Product Innovation." *Yale Law Journal* 91 (November 1981): 8 – 53.

[24] Ordover, Janusz A., and Robert D. Willig. "Access and Bundling in High – Technology Markets." In *Competition, Innovation, and the Microsoft Monopoly: Antitrust in the Digital Marketplace*, edited by Jeffrey A. Eisenach and Thomas M. Lenard, 103 – 128. Boston: Kluwer, 1999.

[25] Perry, Martin K. "Vertical Integration: Determinants and Effects." In *Handbook of Industrial Organization*, edited by Richard Schmalensee and Robert Willig, 183 – 255. Amsterdam: North – Holland, 1989.

[26] Preston, Lee E. "Territorial Restraints: GTE Sylvania (1977)." In *The Antitrust Revolution: The Role of Economics*, 2nd edn., edited by John E. Kwoka, Jr., and Lawrence J. White, 311 – 327. New York: HarperCollins, 1994.

[27] Rey, Patrick, and Thibaud Verge. "Economics of Vertical Restraints." In *Handbook of Antitrust Economics*, edited by Paolo Buccirossi, 353 – 390. Cambridge, Mass.: MIT Press, 2008.

[28] Riordan, Michael. "Competitive Effects of Vertical Mergers." In *Handbook of Antitrust Economics*, edited by Paolo Buccirossi, 145 – 182. Cambridge, Mass.: MIT Press, 2008.

[29] Salop, Steven C. "Exclusionary Conduct, Effect on Consumers, and the Flawed Profit – Sacrifice Standard." *Antitrust Law Journal* 73 (2) (2006): 311 – 374.

[30] Schmalensee, Richard. "Output and Welfare Implications of Monopolistic Third – Degree Price Discrimination." *American Economic Review* 71 (March 1981): 242 – 247.

[31] Shapiro, Carl. "Technology Cross – Licensing Practices: FTC v. Intel (1999)." In *The Antitrust Revolution: Economics, Competition, and Policy*, 4th edn., edited by John E. Kwoka, Jr., and Lawrence J. White, 350 – 372. New York: Oxford University Press, 2004.

[32] Simpson, John, and Abraham L. Wickelgren. "Naked Exclusion, Efficient Breach, and Downstream Competition." *American Economic Review* 97 (September 2007): 1305 – 1320.

[33] Telser, Lester G. "Why Should Manufacturers Want Fair Trade?" *Journal of Law & Economics* 3 (October 1960): 86 – 105.

[34] Tirole, Jean, *The Theory of Industrial Organization*. Cambridge, Mass.: MIT Press, 1988.

[35] Warren – Boulton, Frederick R. "Resale Price Maintenance Reexamined: Monsanto v. Spray – Rite" In *The Antitrust Revolution*, 3d edn., edited by John E. Kwoka, Jr., and Lawrence J. White, 364 – 385. New York: Oxford

University Press, 1999.

[36] Werden, Gregory J. "Identifying Exclusionary Conduct under Section 2: The 'No Economic Sense Test.'" *Antitrust Law Journal* 73 (2) (2006): 413 – 434.

[37] White, Lawrence J. "Vertical Restraints in Antitrust Law: A Coherent Model." *Antitrust Bulletin* 26 (Summer 1981): 327 – 345.

[38] White, Lawrence J. "Antitrust and Video Markets: The Merger of Showtime and The Movie Channel as a Case Study." In *Video Media Competition: Regulation, Economics, and Technology*, edited by Eli M. Noam, 338 – 363. New York: Columbia University Press, 1985.

[39] White, Lawrence J. "The Revolution in Antitrust Analysis of Vertical Relationships: How Did We Get from There to Here?" In *Economics and Antitrust Policy*, edited by Robert J. Larner and James W. Meehan, 103 – 121. New York: Quorum, 1989.

[40] White, Lawrence J. "Present at the Beginning of a New Era for Antitrust: Reflections on 1982 – 1983." *Review of Industrial Organization* 16 (March 2000): 131 – 149.

[41] White, Lawrence J. "Market Power and Market Definition in Monopolization Cases: A Paradigm Is Missing." In *Issues in Competition Law and Policy*, edited by Wayne D. Collins. Chicago: American Bar Association, forthcoming 2008.

[42] Williamson, Oliver E. "Credible Commitments: Using Hostages to Support Exchange." *American Economic Review* 73 (September 1983): 519 – 540.

案例 13

不适宜搭售："三叉戟—独立墨水"（Trident V. Independent Ink）案的分析（2006）

巴里·纳勒布夫（Barry Nalebuff[*]）

13.1 引　　言

2006 年的伊利诺伊斯和三叉戟诉独立墨水案，547 U. S. 28（2006）引起了很多争议。最高法院使用这个案例颠覆了一个长期禁止拥有专利的企业进行搭售销售的本身违法原则。从此，无论一个企业有没有专利，其市场力量都需要被证明。但如果证明了企业拥有市场力量，搭售协议仍然是对反垄断意义上的本身违法。

在一定层次上，最高法院对该案的判决反映了一个明确的事实，即单纯的拥有专利并不说明有市场力量的存在。在更深层次上，这个案例讨论了企业为什么要实行需求计量和搭售销售，以及与这些行为相关的反垄断问题。虽然法庭以往通常关注的是市场力量的传导，这个案例提出了一个不同的关注点：即对于互补的商品（例如打印机和墨水），搭售可被用来通过需求计量来实现价格歧视。反托拉斯法所关注的是这样会伤害消费者利益，因为通过需求计量，厂家能够成为更加有效的垄断者，从而攫取更多的消费者剩余。

因此，由这个案例引起的更难的问题是：

---

[*] 丘吉尔（Winston Churchill）说"历史是由胜利者书写的"。如果是这样，我不应该写这一章。在这个案例中，我曾有机会和伊恩·艾尔斯和劳伦斯·沙利文（Ian Ayres, Lawrence Sullivan）一起把一个法律顾问的总结呈给最高法院（Nalebuff et al. 2006）。在 2006 年初，美国最高法院以 8 - 0 票拒绝了我们的观点。法官（Justice O'Connor）刚从位置上退下来，所以不是 9 - 0 票。这一章得益于以下这些人的反馈意见：Ian Ayres, Dan Bromberg, Barry Brucker, Walter Grimes, Alan Horowitz, Kathleen Sullivan, Lawrence Sullivan, 及本书主编 John Kwoka 和 Lawrence White。

- 一个计量协议本身是市场力量的证据吗？价格歧视与竞争能相容吗？
- 使用计量的价格歧视会损害消费者利益和市场效率吗？
- 禁止（拥有市场力量的公司）使用搭售销售的计量行为的潜在市场效率损失是什么？

13.2 背 景

三叉戟是 Illinois Tool Works 的子公司，是生产压电式打印头的一个领先厂家。它的产品被用在高速工业喷墨打印机上。这些打印机在生产线的纸箱上打印条码、图像和其他内容。打印机生产商可通过技术许可协议获得三叉戟的专利打印头。这些协议规定，打印机使用的墨水必须从三叉戟公司独家购买，并且这种排他性购买一直延伸到最终的打印机购买者①。

独立墨水是一个小的墨水生产商，它的产品与三叉戟生产的打印头是兼容的。独立墨水产品的价格在 125 美元到 189 美元之间，相比三叉戟 325 美元的价格便宜很多。这个价格差吸引了打印机厂商使用其墨水。但这违反了它们与三叉戟的协定。

三叉戟于是威胁会终止对一些打印机厂商的供给，并同时起诉终端用户。1997 年，三叉戟在伊利诺伊州控告独立墨水侵犯专利权。这个案子由于管辖问题被取消因为独立墨水在这个州只有很少的业务。在 1998 年，独立墨水试图说服法庭来发表声明称它的墨水没有侵犯三叉戟的专利权，而且三叉戟的专利权是无效的。三叉戟反诉独立墨水侵权。此后独立墨水修改它的控诉词以包括对三叉戟的垄断和非法搭售行为的控诉。

加利福尼亚州中部的联邦地区法庭没有接受三叉戟对独立墨水专利侵权的诉讼。② 同时，地区法庭也给出了否认三叉戟垄断的判决。这个判决的基础是独立墨水没能提供一个传统的经济分析来证明三叉戟拥有市场力量。独立墨水使用了本身违法原则。这个原则假设涉及专利的搭售案例存在市场力量。地区法庭拒绝了独立墨水的以下陈述："三叉戟必然【拥有】市场力量。这个市场力量来源于打印头系统的专利，因而适用反垄断法中搭售的本身违法原则

---

① 这个协议在 1998 年三叉戟的年报里面有描述（http://sec.edgar-online.com/1998/12/21/14/0000914039-98-000485/section2.asp）。这个案例的历史来自于独立墨水的总结和最高法庭的判决书。

② *Independent Ink, Inc. v. Trident, Inc.* 210 F. Supp. 2d 1155 （2002）.

案例 13："三叉戟—独立墨水"（Trident V. Independent Ink）案

（见 1159 节）。"

联邦上诉法庭同意地区法庭的判决，认为专利本身并不必然导致市场力量。但是，上诉法庭也认为这个判决与之前 60 年间的最高法庭的先例相矛盾，如国际盐案①（1947）、Loews②（1962）案和 Jefferson parish ③（1984）案④。虽然它并不同意这些先例，上诉法庭认为地区法庭不适宜推翻最高法庭的判决，这属于最高法庭的权限。所以对这个判决的反对意见被上诉到最高法院，最高法院决定受理。

最终，法庭决定推翻先例。同时，法庭认识到独立墨水合理的使用了这些先例来支持本身违法原则，因此给予独立墨水一个机会来证明三叉戟确实有市场力量并且通过搭售合约违反了《谢尔曼法》第一节。

这个案例的意义超过了三叉戟和独立墨水之间的冲突。一个更重要的问题涉及厂家通过搭售来实现和扩展市场力量的能力。这里的搭售，我们指顾客被迫接受在购买商品 A 的时候也要购买商品 B 的协议。在这个案子之前，法律上有两个观点。第一个是，对于有市场力量的公司，搭售协议是本身违法的⑤。第二个是，对于有专利的公司，搭售协议是本身违法的。法律假定专利导致市场力量。现在，法律上只有一个观点：即无论有没有专利，市场力量必须被证明。在将来，甚至第一个观点也会受到了攻击。例如批评者中艾文斯（Evans，2006）和赖特（Wright，2006）认为，Jefferson Parish 案的结论应该被推翻，而且所有的搭售协议都应该在一个合理原则基础上进行评估。

我们首先回顾本案双方各自的论点。这使得我们转向分析使用一对重要的互补商品（例如：打印机和墨水）进行搭售的动机。搭售协议使得厂家能够测量需求，然后通过价格歧视来提高利润。虽然质量保证、成本节约、和风险分担也许可以作为使用搭售的理由，但这些都不能解释为什么这种协议被强加给终端顾客。所以我们得到结论，价格歧视是本案中搭售的真正动机。我们随后证明，与法庭的观点相反，这种价格歧视应该被视作市场垄断的证据。这种价格歧视一般会伤害消费者，而且，与传统观点相反，可能会减少效率。这一结论说明，搭售协议确实带来反垄断关注，法庭应保留针对拥有市场力量企业

---

① *International Salt Co. v. U. S.* ，332 U. S. 3892（1947）。
② *United States v. Loews*，*Inc.* ，371 U. S. 38（1962）。
③ *Jefferson Parish Hosp. Dist. No. 2 v. Hyde*，466 U. S. 2（1984）。
④ *Independent Ink*，*Inc. v. Illinois Tool Works*，*Inc. and Triedent*，*Inc.* 396 F. 3d 1342（2005）。
⑤ 对于一个有市场力量的企业来说，强制的搭售违反了《谢尔曼法》（第一节）和《克莱顿法》（第三节），在联邦贸易委员会法第 5 章中这属于不公平竞争。

搭售行为的本身违法原则，至少在对搭售用于需求计量时应该这样。

13.3 论　　点

　　三叉戟有来自美国总检察长的支持。它认为拥有专利本身不是市场力量的证据。在这一点上很少有争论。大多数的专利是没有经济价值的。因为一个专利不必然产生市场力量，这就建议在所有搭售的案例中应该证明市场力量的存在。

　　三叉戟还认为，在有涉及专利的案例中保留本身违法原则会带来很多的麻烦，增加被告的负担①。在最高法院的口头辩论中，美国执行检察长强调了反垄断法中的专利产生市场力量的假设是建立在一个专利法中相似的假定之上。但是这个假定已经不存在了。

　　国会在1988年的《专利权滥用修正法》中……规定专利误用不会出现在没有……市场势力的情况下。所以loews案的依据已经被完全推翻了……在反垄断中去除市场力量假定会使专利法和反垄断法更和谐一致②。

　　独立墨水反驳说，国会曾有一个机会从反垄断法中去除这个假定，但是没有这样做。独立墨水在口述争辩中这样解释：

　　虽然国会没有做什么不总是表明国会在想什么，参议院已经把立法放到了法案里面并送往众议院以去除反垄断法的假定。众议院把它拿出来了，而且参议院默许了。

　　在这一点上最高法院同意三叉戟关于新专利法（u.s.c.271（d）（5））的解释。根据最高法院的决定：

　　[修补法规] 说明国会没有意图根据专利的存在决定市场力量的存在……假设国会会使用旧的规定是荒谬的。而且，由于专利滥用学说是这个市场力量假定的基础，在国会已经去除它的基础以后仍然在反垄断法中保留这一假设是

---

　　① 这个观点值得商讨。给定本身违法禁令，很少有拥有专利的公司愿意从事强制搭售。事实上，三叉戟案例很不寻常是因为公司明目张胆的强加了搭售销售。一个更好的理由是公司无法以合法目的从事搭售，我们在文中会讨论这个想法。
　　② 1988年的《专利权滥用修正法》清楚表明没有市场力量的专利持有人可能把购买另一个产品作为购买专利产品的条件。但是要注意的是三叉戟对墨水的必须搭售延长了打印头的寿命，不只是专利的寿命。这种必须搭售不应被视为市场力量和错误使用专利的证据。

案例13:"三叉戟—独立墨水"(Trident V. Independent Ink)案

不适当的。①

即使专利的存在不证明有市场力量,独立墨水认为,导致诉讼是因为专利确实产生了市场力量。因此,应该存在一个可以抗辩的市场力量存在的假定。这种观点在一个法庭总结里得到发展(Scherer, 2006)。大多数的专利是没有价值的,小部分可以产生市场力量。在专利无价值的情况下,专利拥有者不能利用专利作为杠杆,市场上也因此不会出现搭售协议。唯一会诉讼到法庭的搭售案例是当市场力量出现的时候。"一个有关德国的专利研究表明,在其他情况相同的情况下,进入诉讼案例中的专利价值是其他专利价值的11.2倍到42.6倍,"(Scherer, 2006,第2页)。被告可以有机会来证明他们的案例不存在专利产生市场力量的现象。虽然假定对他们不利,但是他们仍然可以通过证明没有市场力量的存在而证明无罪。

本章作者在他的法庭总结提出了一个互补的观点。法庭不需要对所有的专利案例达成一个结论,只需要针对独立墨水案。这里的搭售协议有一个非常特别的性质,是关于一个帮助实现专利产品(打印头)购买价值的重要互补产品(墨水)。因而应该问的问题是,一个受专利保护同时在必要互补品市场上实行强制性搭售的公司是否拥有市场力量。

在这些情况中,搭售是专利拥有者拥有很显著的市场力量的重要信号,因而证明使用一个有利于搭售的挑战者的可抗辩的假定是合理的,这里基本的观点是,一个对于专利品的关键互补品的强制性搭售应该被假设为市场力量的信号,因为它的主要目的是通过计量来实现价格歧视。这种价格歧视只有在公司拥有市场力量的时候才有可能。

法庭接着讨论了专利外加价格歧视是否应该导致创造市场力量的(可抗辩)的假定。法庭对这个假设进行口头争论,最终拒绝了这一观点。根据鲍莫尔和斯坦逊(Baumol and Stanson, 2003)和莱文(Levine, 2002)所述,法庭的结论是,价格歧视在竞争市场中也可能出现,所以没有理由假设拥有市场力量是进行计量的前提条件。

地区法庭认为,专利并不会自动带来市场力量,于是一个推翻反对有专利的搭售的本身违法原则的过程开始了。下一个逻辑步骤就是要得出搭售不一定会损害消费者的结论,因而应该适用合理原则而不是本身违法原则。法庭在争辩中引导代理副检察长朝着这一方向论证。禁止搭售的本身违法原则的反垄断

---

① *Illinois Tools Works Inc. v. Indpendent Ink Inc.*, 547 U.S. 28 (2006) at 42.

逻辑是值得商榷的。传统的观点是，搭售被用来把垄断力量延伸到被搭售的产品市场上。但是独立墨水案说明，进行搭售的动机，最少对于互补产品来说，在本质上更偏向于价格歧视。

所以这个案例中最重要的反垄断问题涉及价格歧视造成的潜在危害，特别是由计量导致的。如果这个行为被视为无害，那么即使三叉戟拥有市场力量也没有理由限制三叉戟的搭售协议（三叉戟辩称大多数的搭售协议是对经济有益的。）相反，如果这个行为被视为对竞争和消费者有害，那么保留本身违法原则是合理的，这是这个案例关注的焦点。

几位评论人认为法庭走出了正确的一步，但是错过了纠正法律中更大问题的机会（Evans，2006 和 Wright，2006）。这个问题是我们下面要关注的问题。我们提出一个反垄断的理论来支持保留禁止搭售的本身违法原则，即使在价格歧视的情况下也适用。

13.4　什么是需求计量

计量指的是厂商根据消费者对产品的使用量来制定该消费者支付的价格。这允许厂家通过对产品需求高的消费者定高价，对产品需求低的消费者定低价来盈利。经济学家很早就已经认识到，计量可以作为一个有用的价格歧视工具；见鲍曼（Bowman，1957）。

计量可以通过搭售直接或间接的实现。在直接计量中，消费者支付每次使用费或者计量费。例如，孟山都（Monsanto）公司对抗农达（Roundup ready）种子的专利技术收取单位英亩使用费。Summit 向医生收取激光眼专利手术设备的单位次数使用费。

在间接计量中，使用费是根据对互补产品的使用收取的。例如，一个 A. B. Dick 油印机的承租人被要求从 A. B. Dick 购买墨水。[1] 相似的，IBM 要求它的卡片机消费者要买它的打孔卡[2]。

使用间接计量的搭售有三个突出特点。第一，两个产品是基本互补品，即原产品没有搭售产品就没有了价值。一个没有墨水的油印机是没有价值的。第

---

[1] 见 *Henry v. A. B. Dick Co.*，224 U. S. 1（1912）。
[2] 见 *BM v. United States*，298 U. S. 131（1936）。

案例 13："三叉戟—独立墨水"（Trident V. Independent Ink）案

二，基本产品的价值和被使用的频率有关。一个制作更多复写件的消费者认为油印机有更多价值，并且会使用更多墨水。一个需要更多打卡的顾客认为打卡机器有更多价值，并且需要更多打孔卡。更经常的使用就需要有更多的互补产品，因此卖家可以从这类顾客中获得更多收益[1]。

间接计量的最后一个因素是搭售的互补产品被以溢价售卖。价格溢价是公司从顾客对基本产品额外使用中获利的方法。顾客会想选择买其他的产品，但这是被协议禁止的，或者受到技术限制，或者没有替代品。

计量提高利润的潜力可以用下面的例子表明：假设有两个顾客，都想买打印机。每个打印件单位价值对他们来说是 2 美元。顾客 1 想要做 10 个，顾客 2 想要做 6 个。如果没有搭售，竞争价格是每个 1 美元（等于墨水的成本），顾客 1 会做 10 个，这样他得到每个打印件的消费者剩余为 1 美元，就愿意为打印机支付 10 美元。顾客 2 会做 6 个，这样他愿意为打印机支付 6 美元。

如果不能使用搭售销售或计量或直接实施价格歧视对顾客 1 收 10 美元，向顾客 2 收 6 美元，垄断者就只会对机器定价 6 美元，以同样价格卖两个机器，然后得利润 12 美元（假设机器的生产成本为 0）。当搭售协议可行时，垄断者就可以迫使买家使用它生产的贵墨水。比如这个墨水单位收费为 2 美元，超过边际成本 1 美元，这样垄断者获利 1 美元。顾客只是在机器免费的时候愿意支付每个 2 美元，这样垄断者可以免费赠送机器，但仍然得到高利润。顾客 1 会做 10 个，顾客 2 会做 6 个。垄断者使用搭售一共获利 16 美元。

注意低端用户顾客 2 在两种情况下都支付同样数额。对于他们，机器价格的减少补偿了被搭售产品提高的成本。但是，顾客 1 在搭售情形下支付 10 美元而非 6 美元，虽然它的消费者剩余下降了，但还不至于放弃使用。

这个例子表明垄断者使用单一价格不能充分实现他的市场力量。使用搭售价格能更充分的实现市场力量。

关于搭售是否可以导致多余的垄断利润，在经济学和有关法律中一直存有一些误解。在 Grappone, inc. v. Subaru of new England, inc. 案中，上诉法庭有下面陈述：

如果卖家确实拥有并执行市场力量，它仍然不能逼迫买家去买一个更贵的

---

[1] 这些条件在其他的搭售案中不适用。例如美国对 Loews 案，371 U. S. 38 (1962)。在那个例子中，想要播放一个工作室流行电影的电影院被要求也要播放它不流行的电影。与计量相反，这两个商品不是关键的互补。电影院可以从一个产品中获利而不是从播放其他电影中获利。第二，两个搭售商品来自于一个固定的比例，因而没有使用 B 产品的强度差别。

和不需要的产品 B，除非它通过降低 A 的价格以提供给买家等额的补偿①。

在一定程度上，这个陈述认为垄断者不会通过搭售获得更多利润，它误读了芝加哥学派的关于单一垄断者利润的观点②。这个观点假设所有的顾客购买相同数量的产品 B，因而没有机会通过计量执行价格歧视（Director & Levi，1956）。

在我们的例子中，垄断者通过计量提高了他的垄断利润。虽然只有一个垄断利润，但是这个利润是可以由公司的价格歧视能力决定的。在单一价格下的垄断利润是 12 美元，有价格歧视的垄断利润达到 16 美元。当垄断者降低打印机价格时，所导致的结果是，对所有的买家的补偿额是不同的。使用频率高的高端顾客（他在没有搭售时得到更高的消费者剩余）在垄断者使用计量时得到的补偿不足以弥补强迫付出的被搭售产品的高价，因而会受损失。其消费者剩余的一部分被转移到垄断者那里。

因此，消费者的总福利下降了。这是可以预期的，消费者收益下降的原因是那些高端消费者支付了更多。价格歧视确实扩大了市场，但是新的顾客只有很少的收益。提高的利润主要来源于从顾客到卖家的消费者剩余转移。

由于专利赋予公司一个合法的垄断，当公司实行一个以计量为目的的搭售合同时，其垄断力量被扩大了。这个扩大不是来自于互补市场的力量，而是来自于最初产品市场③。虽然利润上升了，但消费者蒙受损失。

值得强调的是，如果打印机市场是充分竞争的，计量协议就不能够长久。市场占有者免费赠送打印机，但是要求以每个产品 2 美元的价格购买墨水。竞争对手可以进入市场并一个打印机卖 5 美元，且让顾客以一个产品 1 美元的竞争性价格购买墨水。这样，新进入的竞争对手就会从在位厂商那里争取到上面两个顾客。对手很容易吸引最盈利的顾客，只需要允许他们更有效率地使用机器，这最终会导致以成本价销售互补品④。

---

① 858 F. 2d 792，795（1st Cir. 1988）.
② 见以下的讨论和 Bork（1984）.
③ 可以这样解释 Grappone 中的这段，单一价格的垄断没有完全发挥它的垄断力量。计量价格歧视可以使一个垄断者更彻底的执行市场力量。它忽略的一点是法庭放弃了定价过高的搭售产品会损害消费者利益这个观点，这里我们看到了一个相似的结果。
④ 后面我们讨论其他潜在的计量动机，例如质量控制。这些讨论不能解释为什么搭售合同是必须的而不是可选的，以及为什么互补产品定价在成本之上。

案例 13:"三叉戟—独立墨水"(Trident V. Independent Ink)案

13.4.1 计量是市场力量的证据吗?

我们的例子表明通过计量实现价格歧视的能力是市场力量的证据。当一个公司可以实行价格歧视时,这表明它的一些顾客比另外一些顾客能给它带来更多利润。在一个完全竞争市场,这是不可能的。其他竞争对手可以通过降低价格来争取到那些高利润顾客。即使公司总的来说可能获得零利润,公司可以针对最盈利的市场部分来赚钱。

在独立墨水案中,使用喷墨打印机最多的顾客是最能给厂商带来盈利的。如果竞争对手提供较高价格的相似打印机并且以边际成本售卖墨水,对于大多数顾客来说很有吸引力。一个对手公司可能使用单一价格的协议进入市场并盈利(但是没有出现这种情况)就是三叉戟拥有市场力量的证据。

经济学中和反垄断法中的市场力量有区别吗?① 在一定的产品差异下,公司能够定一个超过边际成本的价格。这是否说明如果当地的理发师定的价格超过了边际成本,就拥有了市场力量?是的,但是很小。理发师在一个当地市场只有很小的力量。这个很小的力量是和反垄断无关的。这个利润很小,而且没有人会定义某一个街头为理发的相关市场。价格超过边际成本的幅度和市场的范围可以作为市场力量的证据,而且,公司如何能够保持它的市场地位也可作为其市场力量的证据。

在美国诉杜邦公司(United States v. E. I. du pont de Nemours & Co.)案中,法庭定义市场力量为"控制价格和排斥竞争的力量"②。计量协议提供了这两方面的证据。三叉戟不是由于墨水是不同的或者在质量上是更好的给墨水定高价。顾客想从独立墨水公司购买墨水,但是与三叉戟的协议不允许它们这样做。事实上,一些顾客不顾协议规定,购买了独立墨水。③ 如果公司没有力量排斥竞争,它是不可能实行计量的。

以 Wizard International 一案为例。这个公司发明了一种机器,可以把相框垫剪切自动化。当机器刚发明出来时,机器是不卖的,店家可以按月租用,并按件支付。Wizard 想从高端用户者获得尽可能多的盈利。但是这个方法为竞争

---

① 下面的观点受到 Krattenmaker, Lande, and Salop (1987) 的影响。
② 351 U. S. 377 (1956)。
③ 这个案子是从三叉戟控告独立墨水专利侵权开始的。这个案子被否决是因为三叉戟的专利是打印头,不是墨水。

者创造了一个进入市场的机会。它可以向 Wizard 最盈利的顾客提供一个单一价格的合同。事实上，当 Wizard 面对竞争时，它改变了协议条款，允许消费者以一个单一价格购买它的机器，并且不按件收费。

受到专利保护的技术创新能带给公司市场力量，并利用价格歧视来获得更多的利润。这样的价格歧视使得竞争者可以争夺带来高利润的顾客。当竞争者进入市场，价格歧视就不能再长久。

这个结论不是没有争议的。莱文尼（Levine, 2002）举例证明价格歧视与竞争是兼容的。鲍莫尔和斯旺森（Baumol and Swanson, 2003）[①] 更进一步认为价格歧视不仅是可能的，在一些竞争市场可能也是必要的。

可以使用航空公司的例子说明。从航线的重合上看航空生意可能是竞争的，并且航空业处于低利润水平上。但是价格歧视是很多的。诸多购买限制以及星期六晚上的过夜要求被用来预防商业旅行者买到低价票。这样看来在一个竞争行业里面也可以有持续的价格歧视。

但是航空业有很多方面存在市场力量。市场的进入被飞机降落的权利和登机口所限制，这使得一个对手很难进入并抢走商业顾客。随着近来二级机场的扩张，我们看到了商业旅行打折的航班。对纽约和伦敦的航线，Maxjet, Silverjet, 和 Eos 公司的商务舱机票，都比英国航空公司、美国航空公司、维珍航空公司和大陆航空公司（British Airways, American, Virgin, 和 Continental）商务舱打了很大折扣[②]。

在其他的例子中，没有发生降价是因为产品差异性带给了市场中的航班一定程度的市场力量。一些消费者无论航班或者起飞时间怎样都不愿意买最低价格的票。从某一航空公司中心机场辐射出的航线种类——比如从明尼阿波利斯飞往西北方向的航线——对于对手公司的单一竞争选择来说可能有优势。一个针对频繁飞行者的优惠计划也是产品差异性的来源。

同时，航班涉及到复杂的重复竞争。一个公司票价的下降可能导致另一个公司的报复行为。在有限进入的情况下，隐藏的合作给予公司机会来执行市场力量。

---

① 莱文尼（Levine）观察到牛腩的价格超过了后腹牛排，但两者生产成本相似因为都是从一个牛上生产的。所以价格差别反映了消费者偏好，而不是生产成本，而且是一个竞争市场中价格歧视的例子。一个更深入的研究表明市场价格反映了成本。一个公司愿意销售更多的牛腩和更少的后腹牛排。问题是一个牛提供固定比例的两种牛肉。这样，生产牛腩的真正成本涉及到后腹牛排的价格对一只牛净利润的影响，反之亦然。这样看来，牛腩的成本高于腹部牛排。

② 这些市场进入者飞往 Luton 和 Stansted，而不是 Heathrow 和 Gatwick。

案例13："三叉戟—独立墨水"（Trident V. Independent Ink）案

因此，一些航线的价格歧视是可以被接受的，它反映了有限的进入、产品差异、和重复竞争——这些不符合完全竞争的现象。也要注意到，航班不盈利与拥有市场力量是不矛盾的，利润可能被飞行员和工会获得。这是一个价格歧视的例子，但不是一个完全竞争市场的例子。

这是不是说价格歧视在竞争市场中都不存在？这个结论有些奇怪，因为现在老年人可以在电影院得到折扣。就像本地的理发店，价格歧视的程度很小，与当地电影院小的市场力量是相似的[①]。

一般来说，一个公司所能实现的价格歧视的程度与它的市场力量相关。在真正的竞争市场（可能只是一个理论的理想状态）中，价格歧视是不可能的。存在产品差异的真实市场中，市场力量的程度由搭售产品的利润边际和排斥竞争对手的能力决定。这个案例中的证据表明，三叉戟墨水的价格比独立墨水高出 2.5 到 4 倍。竞争者，例如独立墨水，被打印头购买的终生协议排斥了。这些特点都证明了一个显著又持续的价格歧视，因而也展现了市场力量。

假设市场力量已经形成了。这个把我们带回一个问题，法庭是否应该允许使用重要互补产品搭售销售的间接计量？在本身违法原则的任何应用中，人们应该当心第一类误判：搭售协议的合理应用可能会被禁止。一个看似以计量为目的的搭售协议有没有可能事实上是为合理的目的而服务的，例如质量控制或者风险分担？

13.5 搭售协议有合理的应用吗？

回答这个问题要谨慎。选择性搭售和强制搭售之间有一个重要的区别。在一些案例中，提供一个选择性搭售会增加效率。但是这不能解释为什么一个顾客被要求接受一个搭售协议。

广义上来说，有三个效率因素被用来支持搭售协议的合理性：（1）质量控制和声誉；（2）降低成本；（3）风险分配。但是质量控制和成本节约协议在没有必须搭售的情况下是可以达到的，并且不能解释互补产品的利润边际。风险分配则可以通过直接计量达到。

[①] 航空公司和电影院还有另一个不一般的共同成本特点：客容量是固定的，而且直到客容量满足，边际成本都为零。因此，差别定价反映了有差别的机会成本。如果日场电影实行老年折扣，那么公司的机会成本就较低因为电影院在下午不可能坐满；见 Lott and Robert（1991）。

13.5.1 质量和声誉保护

公司可能为了质量和安全进行搭售。如果一个机器坏了或者表现不尽人意，卖家会遭受名誉损失。这样公司可以列出其他互补投入品以保证机器有更好的表现。

这个动机可能在一些情况下被使用，但在反垄断的辩护中使用的频率远远超过了在实际中应用的程度①。法庭已经一般会拒绝质量作为搭售案例的辩护理由，虽然在一个汽车零件的案子中这个辩护被接受了②。

在本案中，三叉戟认为独立墨水的产品是低质量的，并已经对打印头造成损坏，但三叉戟提不出相关证据。化学分析也表明两者墨水区别不大。不管怎样，商业使用者应该能够判断产出的质量或者观察打印头的损害。而且，即使质量差，也是和价格的降低相衬的，所以使用者仍然可能选择购买独立墨水的产品。

质量辩护的一个基本问题是，强制使用搭售销售不是保证质量所必需的。如果厂商的互补或者搭售的产品能够保证质量，顾客不应该被迫选择该公司的产品。如果三叉戟的价格差一定程度上反映了质量差别，那么，很少有顾客会被吸引去购买独立墨水的产品。如果最初产品由于使用低质量的互补产品而受到损坏，公司还可以利用这个机会教育消费者这个失败是由使用其他品牌产品造成的。

进一步的问题是质量原因不会导致三叉戟对墨水收取一个垄断价格。如果墨水的价格与独立墨水的差不多，很少有顾客会愿意违反合同，冒险使用不对应的墨水。如果三叉戟以一个竞争的价格卖墨水，就不会因为独立墨水而损失大的利润。因此只有当互补产品的售价高于竞争价格时才需要协议。

13.5.2 节约成本

一个相关的观点是，搭售销售可以降低成本或提高效率。埃文斯和塞林格

---

① 见 Br. For Appellants at 13, 34, *int'l Salt Co. v. United States*, 332 U. S. 392（1947）; Br. for Appellants at 8 – 16, *IBM v. United States*, 298 U. S. 131（1936）; Br. For Appellants, Vol. 1, at 221 – 226, *United Shoe Mach. Co. v. United States*, 258 U. S. 451（1922）; Br. for Appellees at 13, *Henry v. A. B. Dick Co.*, 224 U. S. 1（1912）.

② 见 *Grappone, Inc. v. Subaru of New England, Inc.*, 858 F. 2d 792（1st Cir. 1988）.

案例 13："三叉戟——独立墨水"（Trident V. Independent Ink）案

（Evans 和 Salinger）（2005，2007）就发现了很多这种搭售安排的例子。

在其中的一些例子中，互补产品的搭售可被视作一个产品而不是两个。例如鞋和鞋带一起卖。鞋子带着有合适长度的鞋带，比让消费者单独购买鞋带更加有效率。

带着原装墨粉或墨盒销售的打印机是另一个例子。打印机里带着原装墨盒是低成本的方法。销售带着墨盒的打印机是一个互补搭售销售，和可置换墨盒的销售不同，不属于计量。所有的顾客得到一样数量的原装墨盒，例如一个。而且这样的搭售只占市场一小部分。如果消费者平均购买20个墨盒，原装的墨盒只占5%。

这种效率或单一产品的论点通常不适用于强制搭售的情况。没有人可以想象一个终生的鞋带供应搭售合同。我们也不认为要求消费者购买所有未来的鞋带是一个节约成本的行为。从三叉戟购买所有未来使用的墨水也是一样。成本节约或者经济规模效益应该以较低的价格引导顾客从最有效的供应商那里购买后续产品。

关于为什么公司要求它的顾客从它们那里购买后续产品，成本有效性不是一个合理的解释。这个辩护的说服力比自愿的搭售情形要低，因为解除强制搭售破坏有效生产或资源分配的风险很小。

13.5.3　风险分配

三叉戟认为，强制性搭售协议是有效率的因为它可以分担风险。当消费者不确定商品的价值时，卖家可以通过一个无损失的合同来减少风险。买家先付很少的钱购买机器，然后每一次使用时再付使用费，这使得销售更像一次租赁。消费者只有在使用产品的时候支付费用，这种契约表明了卖家对于买家喜欢其最初产品的自信。这个每次使用的合约是典型的需要通过强制搭售来实现的。

布雷耶（Breyer）大法官在口头辩论中强调了这一点。他提出了下面的假设：

一人正努力开拓产品市场。他使用搭售的附加产品作为一个计数设备。如果这个附加产品成功了，大家就挣钱；如果失败了，大家就赔钱。

一个卖家应该能够承受没被验证过的技术的风险。计量通常是分担这种风险的方式。由于专利世界正是没有验证的技术世界，如果计量会导致反垄断违规，就会打击发明者。

虽然风险分担可能是搭售的一个有效用途，但似乎和这个案例无关。三叉戟喷墨打印头不是新的和不能验证的技术。如果风险分担是动机，那么顾客就会想要一个计量契约——这将成为一个选择，而不是必需条件。顾客可以选择以单独价格买一个打印机，或者在有搭售的时候低价购买。

即使风险分配需要计量，它也不需要由搭售销售合同来实现。计量可以直接获得。法律没有禁止三叉戟把一个计数器放在它的打印头里，或者要求打印机生厂商把一个计数器放在打印机里。作为销售合同的一部分，三叉戟可以自由的为每一份印品收钱。

在以往，人们很难观测并对直接使用收取费用。今天，随着RFID芯片和互联网的使用，这种支付变简单了。即使没有直接的监测，打印机在完成1 000个印件后会停止工作。拥有者可以再买一个密码来打印下面的1 000张①。

值得强调的是，原告并没有请求法庭禁止限制计量或利用计量进行价格歧视；它只是请求法庭使用本身违法原则禁止使用另外一个产品来进行间接计量的搭售合同。所以，效率的损失只会出现在风险分担是合理的，但直接计量又不适用的时候。

这给出了为什么直接计量可以被允许，但间接计量应该被禁止的原因。简短的回答是，计量不应该被使用因为它能帮助一个公司提高市场力量。下面我们详细回答这一问题。在此之前，我们首先通过传统的反对搭售销售的讨论来证明他们对于"三叉戟—独立墨水"案有很小的应用价值。

13.5.4 传导市场力量

在我们对搭售的讨论中，我们已经讨论了一组不是提高市场力量的动机。但是，对于扩大市场力量的恐惧是法庭限制搭售协议的主要原因。

这里也是有争议的。这个传导市场力量的动机已经受到来自经济学家的批评，特别是芝加哥学派。根据芝加哥学派的观点，一个公司在商品A上拥有垄断只能获得一个垄断利润，不能够通过增强它在商品B市场的力量而获利

---

① 虽然直接计量随科技增强，它已经在一段时间内的商业应用中证明可行。在 *Morton Salt Co. v. G. S. suppiger Co.*, 314 U.S. 488（1942）中，机器被用来往罐装食品中加盐，同时Morton可以用它测量生产了多少金枪鱼罐头。像刚才提到的一样，Monsanto, Summit 和 Wizard International 已经执行了每次使用费系统。三叉戟本来可以在他们的计算机上加一个计数器，而且根据打印数量收费。

案例 13："三叉戟—独立墨水"（Trident V. Independent Ink）案

更多。

芝加哥学派的上述观点只是一个静态的或者短期的观察。虽然实行搭售可能不会提高公司当前的垄断利润，但这不是搭售的重点。搭售的目的是帮助保持最初产品的垄断或者促进搭售产品的垄断（Whinston，1990；Carlton and Waldman，2002；Nalebuff，2004）。搭售可能提高市场力量。如果搭售能导致被搭售的产品在市场上的退出，也会反过来减少最初产品市场进入的可能性。

例如，一个可能的进入来自于搭售产品市场的公司。这个情况对于美国对微软反垄断案是很关键的[1]。在这个案子中，计算机操作系统是最初市场，搭售的网络浏览器是搭售产品市场。微软的搭售销售使得网景（Netscape）很难与它的浏览器竞争。即使消费者不会因此利益受损，他们可能失去了一个潜在的可以和微软的操作系统竞争的进入者。

搭售还可能通过减少搭售产品市场的竞争来保护垄断，变成一种提高竞争对手成本的方式。如果搭售产品是最初产品的一个关键部分，并且对潜在进入者来说不可行（或者只能以较高的成本可行），进入就被限制了。

如果公司控制足够大的互补产品的市场，那么它也有可能在那个市场获得垄断地位。根据这个市场的进入成本和最小有效规模，产品 A 的垄断者有可能享受到两个垄断利润。芝加哥学派假设产品 B 的市场保持竞争状态，但是，强制搭售的结果是，B 市场可能慢慢变得集中甚至垄断。

虽然这些例子提出了一个重要的观点，但好像不是独立墨水案中搭售的动机。三叉戟对独立墨水和其他公司的排斥好像不太可能导致墨水市场的垄断，或者提高打印机头市场将来的进入成本。

计量不仅是独立墨水案中的强制搭售最有力的解释，而且似乎是很多其他高级法院判过的搭售案例中最好的解释[2]。在一些案例中，法庭在应该更多的关注价格歧视的作用时，却重点考虑市场力量传导的作用。例如，International salt，Leitch，IBM，Carbice，和 A B. Dick 案[3]。

这些案例的共同特点是，公司有一个专利产品，并要求消费者同时购买一个关键的互补产品。法庭认为，这种搭售的目的是向搭售市场传导市场力量。

---

[1] 见 United States v. Microsoft Corp.，253 F.3d 34，50（D. C. Cir. 2001）（en banc）。还见 Daniel Rubinfeld 在这一册案例 20 中的相关讨论。

[2] 见 Kaplow（1985）。

[3] 见 Int'l Salt Co. v. United States，332 U.S. 392（1947）；Leitch Mfg. Co. v. Barber Co.，302 U.S. 458（1938）；IBM Corp. v. United States，298 U.S. 131（1936）；Carbice Corp. of Am. V. Am. Patents Dev. Corp.，283 U.S. 27 1931）；Henry v. A. B. Dick Co.，224 U.S. 1（1912）。

就像之前说的一样，盐、焦油、纽扣、卡片、干冰或者油印机液会被垄断的可能性不大。一个更可能的原因是，这些搭售协议的主要目的是通过计量进行价格歧视。在这些例子中，最初产品的使用强度与搭售产品的使用有直接的关系。

尽管价格歧视可以解释很多搭售协议，但这种观点很少被法庭采用。卡普洛（Kaplow，1985，第545页）提到，被告人表示搭售的产品销售是被用来计量的情况只有两次，并且只是以总结方式提到：

这个解释在过去的63年中没有出现在最高法院的总结中。在 United Shoe Mach. Co. 对. UnitedStates 一案中，258 U. S. 451（1922），辩护人在1562页的总结中提到一句，搭售产品可能作为计量来测量使用情况。在 Henry v. A. B. Dick Co.，224 U. S. 1（1912）中，辩护人类似的指出了搭售产品可以测量产品使用情况有助于形成恰当的产品忠诚度的作用。

大多数早期的案例忽略了计量的经济理论，所以计量没有被分析并不奇怪。现代辩护者可能不愿意使用计量来辩护是因为害怕法庭会把价格歧视作为市场力量的证据，这样会导致法庭实行本身违法原则。正如最高法庭曾指出的那样："如果如一些经济学家建议的那样，搭售的目的是实行价格歧视，这就证明存在着和自由市场相背的市场力量。"①

13.6 对三叉戟的指控

对三叉戟进行搭售销售的指控不是搭售会导致向另一个市场传导市场力量，而是通过搭售销售进行的价格歧视本身是市场力量增强的表现。虽然公司拥有作为创新回报的专利，这个好处是受到时间和范围限制的。一个公司不应该被允许通过计量来强化专利所带来的市场力量的实施。

地方法庭也面对这个问题。最高法院把这个案例打回了地方法院。在地方法庭上，独立墨水被给予机会来证明三叉戟拥有市场力量，三叉戟也得到一个机会进行反驳。如果三叉戟被发现有市场力量，那么它的搭售销售契约就是本身违法。为什么应该如此呢？它的搭售销售合同并没有垄断墨水市场的危险。

事实上，独立墨水案引起的这些争论使得埃文斯（Evans，2006）和赖特

---

① United States Steel Corp. v. Fortner Enter., Inc., 429 U. S. 610, 617（1977）。

案例13："三叉戟—独立墨水"（Trident V. Independent Ink）案

（Wright，2006）认为，应该放弃本身违法原则在拥有市场力量的公司搭售销售上的应用，而转而使用合理原则。埃文斯认为，价格歧视对社会的好处超过它的成本（埃文斯甚至建议，由于这种情况经常存在，搭售应该被视为本身合法）。

这使得我们考虑价格歧视是否是个问题。一般的观点是，价格歧视会伤害消费者。这可能就足够了。根据博克（Bork）和最高法院在两个案例中的说法:[①]

因此，以往反垄断法不支持国会让法庭牺牲消费者利益来达到任何其他目的的行为。《谢尔曼法》很清楚的表明是维护消费者利益的。（Bork，1995，p.66）

另一个观点是，只需要考虑总福利。事实上，一些人把博克的"消费者福利"解释为总福利（见 Rule，2005）。考虑到人们对价格歧视会提高效率的共识，这可能有助于价格歧视不是一个反垄断问题的观点。

但是价格歧视提高有效性只存在于完美歧视的情形中。这个情形使得很多人认为价格歧视越多越有效。但这是不对的。

13.6.1 不完美价格歧视非有效

三叉戟强调"大多数的搭售是有利提高经济效率的"。但是，三叉戟声称的这些好处却不适用于本案中的强制搭售。它强调的最大好处是"专利搭售可能在计算许可证费用上提高效率（第29页）"。虽然三叉戟公司没有明确说明，它这里提到的效率实际上是价格歧视行为。

在初级经济课本中，价格歧视经常被看作是有效率的，但这是过度简化了的理论（Carroll & Coates，1999）。这个结论存在两个问题。

第一个问题是解释性的。有关效率的论点将对消费者的影响和对生产者的影响平等对待。垄断者从价格歧视中获得的好处来自于销量的上升和提高的攫取消费者剩余的能力。所以，虽然垄断者从价格歧视中得到好处，消费者一般是受损的[②]。在完美价格歧视中，消费者剩余等于零。即使垄断者获得的剩余

[①] 见 *Reiter v. Sonotone Corp.*，442 U.S.330，343（1979）and *NCAA v. Board of Regents of Univ. of Okla.*，468 U.S.85（1984）。

[②] 在特殊的情况下，价格歧视可能为消费者带来一个净收益。价格歧视必须指向一个产出的大的增长，而且提高的产出必须指向显著的经济有效性；见 Hausman 和 MacKie‑Manson（1988）。这个结果也要求高端顾客在单一价格的合同下获得非常少的剩余。

超过消费者失去的部分，这一效率的净提高也不能用来表明搭售合约是合法的。生产者利润和消费者剩余在反垄断中不应该（实际中也没有）平等对待①。消费者所受到的伤害应该导致对搭售销售的禁止，即使经济有效性有净提高。

第二个问题是根本性的：没有理由相信价格歧视是有效的。传统的效率分析是建立在完美价格歧视上（也就是常说的一级价格歧视）的。完美价格歧视要求公司对每一个顾客拥有完全信息。在实践中这并不存在。相反，价格歧视是建立在购买行为上的。例如对一个互补产品的使用（被称作二级价格歧视）或者是针对可观察的团队特点，例如老年折扣（被称作三级价格歧视）。在一个简单的线性需求和固定成本的例子中，二级和三级的价格歧视可能导致效率的降低②。不存在一个一般性的结果，表明不完全的价格歧视能提高效率，即使把消费者剩余和生产者利润同等对待。

与独立墨水案特别相关的是，本案中涉及的价格歧视获得的潜在的效率提高是通过计量实现的。只有在完全了解消费者偏好的情况下，一个计量收费才可以完全获得消费者剩余且实现最大的效率。博克（Bork，1995，p. 398）使用完美价格歧视来说明"垄断者允许歧视的程度越高，资源分配的结果就越好"。

这个结论是错误的：在不完美的价格歧视中，更多歧视并不总是更好。具体的说，在消费者有差异时，计量可能减少市场效率。如果垄断者使用计量从大客户处获得更多剩余，这可能导致中小型客户被从市场中赶出去。因此，总的产出和有效性可能会降低（Kwoka，1984）。没有经验的或者理论的证据表明不完美的价格歧视和计量会提高有效性③。

并且，公司在实行不完美的价格歧视时会遇到抵抗。这个抵抗会带来经常被忽略的一些非有效性：公司使用很多资源来提高价格歧视，而消费者使用资源来避免被歧视。

价格歧视社会成本很大的第三个原因是没有公司拥有完全垄断。消费者能找到方法来创造替代品。他们会尽力避免被歧视。这些努力都是构成社会成本的一部分。这不像是在一个单一价格垄断者的情况下低端顾客会被赶出市场，

---

① 例如，《谢尔曼法》的第二章禁止垄断但不考虑效率。因此，一个被告拥有垄断的公司不能用潜在的歧视有效性进行辩护。在计算反垄断案例的损失时，消费者比生产者更重要。损失不是基于总有效性的下降，而是建立在要价过高或者消费者福利损失的基础上。

② 三级价格歧视导致商品在顾客中的错误分配，因而降低有效性。当需求函数是线性的，而且商品被以一个固定的边际成本生产时，利润提高但是少于消费者的损失；见 Scmalensee (1981)。

③ 一个必要但不充分的条件是价格歧视导致产出扩张（Varian, 1985）。

案例13："三叉戟—独立墨水"（Trident V. Independent Ink）案

这里价格歧视导致高端顾客扭曲他们的购买行为，这使得社会成本特别的大。

飞机票定价说明了这种情况。航空公司使用提前购票以及星期六晚上必须呆一夜的限制来给观光者提供折扣同时让商务旅客付全价。针对这个政策，一些商务旅客延长他们出差的时间来包括星期六晚上。这个行为的改变可能导致大的社会损失，比打折的机票带来的好处大很多（Morrison and Winston, 1995 and Nalebuff, 2003）。价格歧视对这些航空公司也是有成本的，有的公司在"客户关系管理"软件上花很多的投资以期来更好的针对客户定价。

总的来说，使用计量的价格歧视一般会导致消费者福利的下降。不存在总福利会提高的假定。即使有明确的效率的提高，效率的计算也没有考虑到公司执行计量的大的成本和顾客避免被计量的成本。因此，法庭应该保留反对搭售的本身违法原则，即使是在以计量为目的的情况下。

13.6.2 计量，如果执行的话，应该直接实现

假设三叉戟的搭售是为了通过计量来实现价格歧视。为什么通过搭售的间接计量是问题，而直接计量不是问题呢？我们同意，一个合法形成的垄断者是被允许执行垄断价格的，即使这对顾客不利。但是法律并不需要使垄断力量的执行更加容易。反对间接计量的观点是，它可能更容易操作，因为对于消费者来说它更隐蔽。

公司预知消费者会对直接计量做出反抗，例如按每一页打印来收费。通过搭售的计量对顾客来说没有那么透明。在直接计量下，消费者必须被告知每一页或每一次使用的价格。在间接计量下，消费者可能被蒙在鼓里，厂家的市场力量因而被增强了。

有研究表明，大多数消费者不知道使用激光打印机或喷墨打印机打印一页的成本是多少（Gabaix and Laibson, 2006）。消费者不知道墨水或者墨盒能打印多少页。即使他们可以预测墨盒的未来成本，他们不知道合适的标准。在三叉戟的例子中，厂家没有提供墨水消耗率的信息，这使得客户很难估计使用它的打印头的真实成本。

搭售销售的间接计量因而是一个更加微妙的价格歧视的形式。它获得了一个和直接计量相似的结果，却没有一个赤裸裸的市场力量的表现。因此，它使得计量更容易，提高了公司已有的市场力量。

风险分担在一定程度上具有价值，它也可以通过直接计量实现。事实上，

一定程度上墨水或者互补产品只能不完全地反映使用情况，公司可以通过使用直接计量提高利润。

因为消费者被隐蔽的价格蒙骗而能够实行价格歧视的公司不能再以牺牲消费者利益为代价增强他们的市场力量。这些公司正在使用互补产品作为扩张市场力量的方法。因此，限制一个有市场力量的公司的搭售销售可以限制公司通过价格歧视执行市场力量。

13.7 结　　论

通过计量来实施价格歧视是三叉戟所采用的强制搭售协议的主要原因。三叉戟公司没有给予客户以更高的价格只购买打印机的选择。这一合同不是关于墨水的最初销售，而是涵盖打印机终生供应。相对其他品牌来说，三叉戟合同里墨水的价格要高很多。使用计量来实施价格歧视的能力应该被看作市场力量的证据。虽然法庭在这个案中的判决表明三叉戟的专利不带来存在市场力量的推定。这个结论可以通过传统的经济分析获得。

假设市场力量已经被证明存在，下一个反垄断的论题就是以价格歧视为目的的搭售合同是否应被视作对本身违法，还是适用于合理原则，抑或还是应推定为合法。直接和间接的计量应该被不同对待吗？

我在本文论证了本身违法原则应该被保留，即使搭售是被用来计量。法官史蒂芬斯（Stevens）在 Jefferson parish 案里这样解释这个原理：

【搭售】可以使得价格歧视更加容易而提高市场力量的社会成本，从而提高垄断利润。从消费者的角度来看——法律要保护的正是他们的利益——他们在第二个市场选择最实惠的商品的自由被他购买的搭售商品损害了，或者可能被没有能力估计打包销售的每个产品的真正成本的事实而损害了[①]。

无论人们是否同意这个观点，三叉戟对独立墨水案为对禁止限制搭售的一般标准进行再检验创造了条件。

参考文献

[1] Baumol, William and Daniel Swanson. "The New Economy and Ubiquitous

---

① *Jefferson Parish Hosp. Dist. No. 2 v. Hyde*, 466 U. S. 2（1984）at 15.

案例 13:"三叉戟——独立墨水"(Trident V. Independent Ink)案

Competitive Price Discrimination: Identifing Defensible Criteria of Market Power." *Antitrust Law Journal* 70 (3) (2003): 661 – 686.

[2] Bork, Robort. *The Antitrust Paradox: A Policy at War with Itself*. New York: Free Press, 1978 (rev. edn., 1995).

[3] Bowman, Ward. "Tying Arrangements and the Leverage Problem." *Yale Law Journal* 67 (November 1957): 19 – 36.

[4] *Carbice Corp. of Am. v. American Patent Development Corp.*, 283 U. S. 27 (1931).

[5] Carlton, Dennis, and Michael Waldman. "The Strategic Use of Tying to Preserve and Create Market Power UBN Evolving Industries." *Rand Journal of Economics* 33 (Summer 2002): 194 – 220.

[6] Carroll, Kathleen, and Dennis Coates. "Teaching Price Discrimination: Some Clarification." *Southern Economic Journal* 66 (October 1999): 466 – 480.

[7] Director Aaron, and Edward Levi. "Law and the Future: Trade Regulation." *Northwestern Law Review* 51 (2) (1956): 281 – 296.

[8] Evans David. "Untying the Knot: The Case for Overruling Jefferson Parish," 2006. http://www.usdoj.gov/atr/public/hearings/single_firm/comments/219224_a.htm#21.

[9] Evans David, and Michael Salinger. "Why Do Firms Bundle and Tie?" Evidence from Competitive Markets and Implications for Tying Law. *Yale Journal on Regulation* 22 (Winter 2005): 38 – 89.

[10] Evans David, and Michael Salinger. "Curing Sinus Headaches and Tying Law: An Empirical Analysis of Bundling Decongestants and Pain Relievers." In *Recent Developments in Antitrust: Theory and Evidence*, edited by J. Pil Choi, 91 – 124. Cambridge, Mass.: MIT Press, 2007.

[11] Gabaix, Xavier, and David Laibson. "Shrouded Attributes, Consumer Myopia, ad Information Suppression in Competition Markets." The *Quarterly Journal of Economics* 121 (May 2006): 505 – 540.

[12] *Grappone, Inc v. Subaru of New England, Inc.* 858 F. 2d 792 (1st Cir.. 1988).

[13] Hausman, Jerry A., and Jeffrey K. Mackie – Mason. "Price Discrimination

and Patent Policy." *Rand Journal of Economics* 19 (Summer 1988): 253 – 265.

[14] *Illinois Tools Works, Inc. v. Independent Ink, Inc.*, 547 U. S. 28 (2006).

[15] *Independent Ink, Inc. v. Illinois Tool Works, Inc.*, 396 F. 3d 1342 (Fed. Cir. 2005).

[16] *International Business Machines Corp. v. U. S.* 298 U. S. 131 (1936).

[17] *International Salt Co. v. U. S.*, 332 U. S. 392 (1947).

[18] Kaplow Louis. "Extension of Monopoly Power through Levergae." *Columbia Law Review* 85 (April 1985): 515 – 556.

[19] Katz, Michael L. "Price Discrimination and Monopolistic Competition." *Econometrica* 52 (November 1984): 1453 – 1471.

[20] Krattenmaker, Thomas, Robert Lande, and Steven Salop. "Monopoly Power and Market Power in Antitrust Law." *Georgetown Law Journal* 76 (December 1987): 241 – 269.

[21] Kwoka, John E., Jr. "Output and Allocative Price Efficiency under Second – Degree Price Discrimination." *Economic Inquiry* 22 (April 1984): 282 – 286.

[22] *Jefferson Parish Hosp. Dist. No.* 2 *v. Hyde*, 466 U. S. 2 (1984).

[23] *Leitch Mfg. Co. v. Barber Co.*, 302 U. S. 458 (1938).

[24] Levine, Michael E. "Price Discrimination without Market Power." *Yale Journal of Regulation* 19 (Winter 2002): 1 – 36.

[25] Lott, John R., Jr., and Rusell D. Roberts. "A Guide to the Pitfalls of Identifying Price Discrimination." *Economic Inquiry* 29 (January 1991): 14 – 23.

[26] Morrison, Steven A., and Clifford Winston. *The Evolution of the Airline Industry*. Washington, D. C.: Brookings, 1995.

[27] *Morton Salt Company v. GS Suppiger Company*, 314 U. S. 488 (1942).

[28] *Motion Picture Patents CO. v. Universal Firm Co.*, 243 U. S. 502 (1917).

[29] Nalebuff, Barry. "Bundling, Tying, and Portfolio Effects." DTI Economics Paper No. 1, 2003. www. dti. gov. uk/ccp/topics2/pdf2/bundle1. pdf.

[30] Nalebuff, Barry, "Bundling as and Entry Barrier." *Quarterly Journal of Economics* 119 (February 2004): 159 – 188.

[31] Nalebuff, Barry, Ian Ayres, and Lawrence Sullivan. Amici Curiae in Support of Respondent, *Illinios Tool Works Inc. v. Independent Ink, Inc.*, 126 Su-

案例 13："三叉戟——独立墨水"（Trident V. Independent Ink）案

preme Court 1281（No. 04 - 1329）（2006）. http://www.som.yale.edu/Faculty/bn1.

[32] *NCAA v. Board of Regents of University of Okla.*, 468 U. S. 85（1984）.

[33] Paredes, Troy. "Copyright Misuse and Tying: Will Courts Stip Misusing Misuse?" *High Technology aw Journal* 9（1994）: 271 - 336.

[34] *Reiter v. Sonotone Corp.*, 442 U. S. 330, 343（1979）.

[35] Rule, Charles. "Consumer Welfare, Efficiencies, and Mergers." Statement from the Hearing of the Antitrust Modernization Commission, "Treatment of Efficiencies in Merger Enforcement," Novermber 17, 2005.

[36] Scherer F. M. Amicus Curiae in Support of Respondent, *Illinois Tool Works Inc. v. Independent Ink, Inc.*, 126 Supreme Court 1281（No. 04 - 1329）（2006）. http://www.som.yale.edu/Faculty/bn1.

[37] Schmalensee, Richard. "Output and Welfare Implications of Monopolistic Third - Degree Price Discrimination." *American Economic Review* 71（March 1981）: 242 - 247.

[38] *Sidney Henry v. A. B. Dick Co.*, 224 U. S. 1（1922）.

[39] *United Shoe Mach. Corp. v. United States*, 258 U. S. 451（1922）.

[40] *United States v. E. I. Du Pont de Nemours & Co.*, 351 U. S. 377（1956）.

[41] *United States v. Loews, Inc.*, 371 U. S. 38（1962）.

[42] *United States v. Microsoft Corp.*, 253 F. 3d34（D. C. Cir.）, cert. denied, 122 S. Ct. 350（2001）.

[43] *United States Steel Corp v. Forner Enters.*, 429 U. S. 610（1977）.

[44] Varian, Hal R. "Price Discrimination and Social Welfare." *American Economic Review* 75（September 1985）: 870 - 875.

[45] Whinston, Michael D. "Tying Foreclosure, and Exclusion." *American Economic Review* 80（September 1990）: 837 - 859.

[46] Wright, Joshua. "Missed Opportunities in *Independent Ink*." *Cato Supreme Court Review*: 2005 - 2006（2006）: 333 - 359.

案例 14

独家经营与反垄断排他性：美国政府对登士柏（Dentsply）案（2005）

迈克尔·L·卡茨（Michael L. Katz*）

14.1 引　　言

1999年1月5日，美国司法部（DOJ）反托拉斯局控告登士柏国际公司通过使用各种手段保持它在美国假牙市场的垄断力量，从而违反了《谢尔曼法》的第一节、第二节和《克莱顿法》的第三部分。①该案中最主要的问题是登士柏拒绝提供它Trubyte品牌的假牙给卖其他竞争品牌假牙的零售商。控诉认为，这一独家经营政策伤害了竞争因为它阻止其他假牙生产商获得足够的零售网络。司法部认为，消费者因此承受了更高的价格、较低的质量和较少的选择。

在2000年4月3日，登士柏在终审中申辩它的政策不会严重地削弱竞争，因为还有其他可用的销售渠道，而且零售商都是自愿签订了登士柏的合同②。总法官苏·鲁滨逊（Sue Robinson）拒绝了登士柏的申辩，在2002年的4月和5月进行了（没有陪审团的）审判。

---

* 本案例被送到法院时，作者是作为司法部的经济分析助理。这一章内容仅来自于可以公开使用的信息，并且这里表达的观点不代表司法部观点。

① Complaint, *United States V. Dentsply International Inc.* (hereinafter, Complaint), http://www.usdoj.gov/atr/cases/f2100/2164.pdf.

② Plaintiff United States' Memorandum in Opposition to Defendant Dentsply's motion for Summary Judgment, *United States v. Dentsply International, Inc.*, p.17. http://www.Usdoj.gov/atr/cases/I221100/221100.pdf 7.

各种文件，包括总结和专家报告都由登士柏提供。这里和以下对登士柏的观点的描述主要建立在可以公开使用的原告和/或法院的摘要。One Dentsply document that is publicly available is Brief of the Defendant – AppelleeDentsplyinternation, Inc., United States v. Dentsply International, Inc., 277 F. Supp. 2d 387 (D. Del. 2003), 399 F.3d 181 (3d Cir. 2005), cert, denied, 126 S. Ct. 1023 (2006).

案例14：美国政府对登士柏（Dentsply）案

法官在2003年8月8号颁布了她的判决①。按照惯例，她给出了一个篇幅长且详尽的建立在事实基础上的判决。她的结论是，登士柏已经很长时间地拥有了一个非常高的市场份额，给产品定价时不需要考虑竞争对手的反应，而且实行了很明显的以限制对手进行有效竞争为目的的独家经营策略。然而，法官判登士柏并没有违反以上提到的法律因为它的独家经营零售政策没有起到反竞争的效果。具体地讲，她认为，其他形式的销售——从厂商到消费者的直接销售——是可行的，而且登士柏的零售协议没有圈定其他的厂商，因为协议是自愿的。

司法部针对法院关于谢尔曼第二部分的判决进行了上诉。在2005年的5月26日，一个三个法官组成的委员会否定了鲁滨逊（Robinson）法官的判决，发现了几处判决中的清楚的有关事实的错误②。上诉委员会认为，零售商是被登士柏的市场力量（而不是受正式的合同的限制）与登士柏捆绑在一起的。而且，虽然其他形式的销售渠道都是"可行的"，它们都不足以完全抵消登士柏销售政策的反竞争的作用。

在登士柏的上诉被美国最高法院拒绝后，鲁滨逊法官在2006年4月26日（根据第三巡回法院的判决）发出一个最终的判决，禁止登士柏的排他销售行为。③

正如很多（如果不是所有）其他采用合理原则的判决案一样，该案中使用了大量事实依据。但是，该案是由于使用更宽范围的标准而值得关注。首先，它应用了以下标准，大幅提高对手成本的排他行为可能伤害竞争，不需要造成完全排他就可以构成违反谢尔曼法第二部分行为。其次，它拒绝了很多法院采用了的观点，即短期合同不可能导致反竞争效应。

14.2 行业背景④

登士柏在世界上大范围的供应牙科产品（"从合金到X光"），包括美

---

① *United States v. Dentsply international, Inc.*, 277 F. Supp. 2d 387 (D. Del. 2003).
② *United States v. Dentsply international, Inc.*, 399 F 3d 181 (3d Cir. 2005)
③ 最后判决，United States v. Dentsply international, Inc. http：//www.usdoj, gov/atr/cases/f218200/218215. pdf.
④ 这部分几乎全部来自地区的法院决定。*United States v.Dentsply international, Inc.*, 277 F. Supp. 2d 387 (D. Del. 2003). 更具体的内容可向作者索要。

国①。这个案例的重点是登士柏在美国 Trubyte 名下的假牙销售。虽然它的分支也销售其他的牙产品,假牙产品的销售约占它总收入的 80%。

假牙用于生产假牙套和其他的修复设备上。由于外观和大小原因,假牙会被做成几千种不同的形状,还有不同的质量等级。登士柏生产超过十万种不同种类的牙,它的 Trubyte 牌的假牙处于市场的高端和低端两个部分。2011 年 Trubyte 的假牙净销售总和为 4.04 千万美元②。案子审理开始时,登士柏已经拥有多年的高而稳定的市场份额:按收入计算高达 75% ~80%③。如表 14 -1 所示,没有其他的厂商有可比拟的市场份额。表中有一部分厂商有着较少的销售④。

表 14 -1　　　　　　　　　　　市场份额

厂商	市场份额占比(%)
Dentsply	75~80
Ivoclar Vivadent, Inc.	5
Vita Zahnfabrik	3
Myerson LLC	3
American Tooth Industries	2
Universal Dental Company	1~2
Heraeus Kulzer GmbH	1
Davis, Schottlander & Davis, Ltd.	<1

虽然在过去一段时间,市场很少增长,市场进入还是发生了。德国假牙厂商 Heraeus Kulzer Gmbh 在 2000 年 1 月进入美国市场并专门设计了迎合美国人偏好的假牙。英国厂商 Davis,Schottlander & Davis 有限公司也在 2001 年进入美国市场。

如图 14 -1 所示,登士柏通过独立的牙产品零售商销售假牙,他们把假牙卖给牙科实验室。牙科实验室根据牙医对病人情况的描述制造假牙。只有 10% 的牙医要求使用特定的品牌,通常是由实验室来选择品牌。如果牙医要求

---

① 详情见 http://www.densply.com/default.aspx? pageid =5.
② United States v. Dentsply international, Inc., 277 F. Supp. 2d 387. 392 (D. Del. 2003).
③ United States v. Dentsply international, Inc., III F. Supp. 2d 387, 423´124 (D. Del. 2003).
④ 其他厂商份额见 United States v. Dentsply international, Inc., III F. Supp. 2d 387, 423 (D. Del. 2003).

案例14：美国政府对登士柏（Dentsply）案

使用哪个品牌，实验室必须只能使用那个品牌。

```
        厂商
         │
         ▼
        销售商
        │  │
        ▼  ▼
      牙科实验室
         │
         ▼
        牙医
         │
         ▼
        患者
```

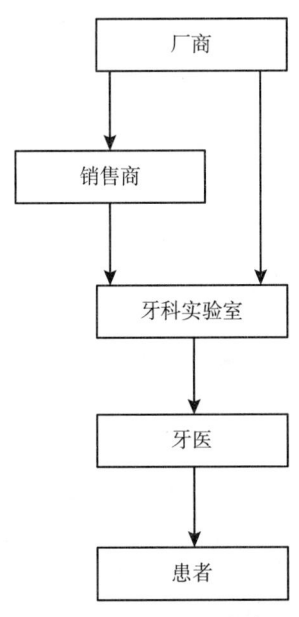

图14-1 假牙的分布情况

在审理期间，美国大约有四万个牙医有假牙业务，约16 000个牙科实验室制造约7 000种假牙。尽管这个行业在趋于集中，仍然有几百个零售商较之其他零售商在地理范围和销售数量上都大。登士柏自己的零售商之间的销售分配不均匀，两个最大零售商占总销售的67%，五个最大的占83%。[①]

在整个牙供应产业中还有不同种类的零售商。实验室零售商为牙科实验室服务。除了假牙，这些零售商还提多种其他材料用在牙科实验室中。在审理的时候，登士柏通过它的零售网销售大约400百万元的其他产品[②]。"操作性零售商"独立经营或者与牙科实验室共同向牙医经营产品[③]。图14-1中的零售商是指实验室零售商。如果不特别说明，下面的零售商都是指实验室零售商。

如图14-1所示，不是所有的假牙都经过渠道商。很多厂商包括Ivoclar

---

① *United States v. Dentsply international, Inc.*, 277 F. Supp. 2d 387, 448（D. Del. 2003）.
② *United States v. Dentsply international, Inc.*, 277F. Supp. 2d 387, 392, 406（D. Del. 2003）. 在第406页有一个错误；"non-dentsply"应该为"non-truebyte"。
③ *United States v. Dentsply international, Inc.*, 277F. Supp. 2d 387, 395（D. Del. 2003）.

和 HeraeusKulzerGmbh 把假牙直接卖给牙科实验室。登士柏考虑过直接卖给实验室。据登士柏的管理层说，公司放弃这个计划是因为害怕会损害牙科零售商利益，登士柏卖其他的产品还要继续依靠他们。其他的厂商，例如 Myerson L. L. C 和美国牙工业公司，既直接销售假牙，也通过零售商销售，包括登士柏的零售商。还有，一个德国的厂商（Vita Zahnfabrik）在美国通过自己的机构（Vident）销售。虽然 Vident 是 Vita 的独家经销商，Vident 和几个其他公式的小零售商也有分销 Vita 假牙的合作。为了分析，可以更好的把 Vident 看作是一个厂商的扩展机构，而不是一个独家经销商。

虽然主要依靠零售网络的公司经常在假牙销售中绕过他们的销售商，迅速提供假牙（特别是在紧急情况下）的能力对顾客是重要的，所以对于牙医、实验室和销售商也重要。实验室需要大量的库存假牙，但是必须补充存货，而且必须买实验室没有的又特别需要的假牙。市场参与者通常依靠直运的办法（就是假牙实验室从零售商处订货，但是假牙会从厂商处直接寄到实验室）。在审理期间，大约 60% 的登士柏 Trubyte 牙是通过这种方式送货的[①]。

登士柏一直以来有不鼓励零售商在销售渠道中增加竞争对手的假牙的非正式的政策。它在 1993 年在零售商条例 6 中把它正式化：“为了有效推广登士柏/York 产品，被授权的零售商不应该增加更多的其他品牌假牙。”[②] 当时已经在卖竞争品牌的牙的零售商可以得到豁免。登士柏的五个最大的零售商在 2001 年得到豁免，可以卖竞争品牌的假牙。豁免权仅对于那些已经在卖的品牌；被豁免的零售商不允许增加新的竞争品牌。登士柏积极地贯彻这个条例，而且其他的 Trubyte 产品的分销也受到零售商是否非 Truebyte 品牌的牙的影响。

14.3 有关独家经营的经济学

这个案例中的经济学问题集中在登士柏独家经营销售政策对竞争和消费者福利的影响。从一个非常高的水平上来看，对独家经营的经济学评估就是看它是否（1）限制对手有效地、低成本地获得大量顾客，从而阻碍竞争或者（2）通过联合厂商和零售商利益而促进有效的分销。

---

① United States v. Dentsply international, Inc., 277F. Supp. 2d 387, 399（D. Del. 2003）.
② 政府报告 31 被 United States v. Dentsply international, Inc., 277F. Supp. 2d 387, 412 引用。

案例14：美国政府对登士柏（Dentsply）案

经济学家和律师提出了很多关于独家经营如何提高第1类和第2类的作用①的理论。可以明显看到，研究文献中有两个非常不同的方法。广义上说，老派的方法叫做局部均衡分析。这个方法建立在非常有限的契约和组织可能性上。它把一些特征和参数（例如，批发价格）作为外生的②，虽然几乎没有理由相信这些假设是合理的。这个方法已经被普遍应用在法院中，因为它往往能简单清楚地讲述竞争效果是如何产生的。

一个对新派方法的粗略的描述是，它使用现代的契约理论来做完整的局部均衡分析。就是说，这个分析使得案例双方能使用各种各样的合同安排和商业策略，并且只需要考虑信息机构和法律的限制，价格水平和其他的纵向要素作为均衡分析的一部分而内生出来。这个方法的缺点是，它经常使用复杂的、很难应用的理论，且挖掘出行为和福利间细微的联系。因而这些理论对法院有很小的影响，也就不足为奇。

在具体回顾有关独家经营对竞争的伤害和益处的理论前，有必要介绍一个常用的用来证明独家经营对竞争没有威胁的观点：

一个采用独家经营的卖家必须给买家好处。如果它给出较低的价格，原因肯定是卖家期望独家经营能带来相应的效率提高③。

这个观点建立在多种不现实的假设之上。一个是，厂商和零售商的独家经营协议或者协议的一部分对最终消费者没有影响或者没有得到最终消费者支持。另一个是，零售商们一致行动，或者，存在关键的零售商可以单方面决定是否通过独家经营能成功排除对手。当有多个零售商的时候，一个零售商决定加入排他协议——排斥其他厂商——可能对其他零售商和最终顾客产生负面影响。如果零售商之间没有合作，它们也不能轻易和其他厂商合作，就很容易使一个零售商接受一个厂商的排他提议。更具体地说，零售商可能认为它的决定不会影响市场上其他的竞争性选择（也就是说，这个零售商不关键），所以这个零售商可能接受提议④。

---

① 这个部分只评论了最重要的理论。更多讨论见 Katz (1989).
② 这个方法也倾向于为了福利使用联系不密切的代理商。例如，提高促销活动经常被视为提高消费者福利和总福利，即使有一些情况不适用。
③ Bork (1978)，第309页关于这个观点的一个很好的文献调查见 Rey and Tirole (2007)，第4部分。
④ 这个想法由 Katz (1989，第708页) 总结。在 Rasmussen et al. (1991) 中被认真研究。Segal 和 Whinston (2000) 纠正了一些错误表明他们的结论可以应用到其他情况，就是当卖家可以对顾客进行价格歧视和讨价还价时。

出乎意料的是，正如拉斯姆森等人（Rasmussen et al., 1991, 第1143页）指出，厂商不需要在执行排他协议前拥有市场力量才能获利，需要的是每个零售商都期望其他的零售商会和厂商签订排他协议。在理论上，零售商的期望可能集中在一组厂商中的一个。更有可能的是，零售商会把他们的期望建立在厂商之间的不对称上。时间是一个可能的不对称因素：市场中已有的厂商可能比潜在进入者更容易与零售商达成独家经营协议①。就像下面讨论的，存在可能的不对称。

在评估独家经营的效果时，很重要的是要有一个进行比较的标准。一个自然而然的标准是考虑两个或更多厂商使用同一个零售商或共同代理商的情况。经济理论已经确认，使用一个共同的零售商是使串谋变得容易的一种方式，虽然这与独家经营销售会伤害竞争的直观看法是相反的。品牌间的竞争可被视作不同厂商间的负外部性。把这个外部性内部化的一个方法就是把所有的决策力量掌握在一个最大化产业利润的决策者手里。伯恩海姆和温斯通（Bernheim and Whinstone, 1985; 1998）假设了存在一个共同的零售商②。如果所有的厂商卖产品给同一个零售商，而且每一个厂商制定批发价格等于边际成本，这一共同的零售商就可以达到上下游总体利润最大化，然后把这个利润通过固定比例与上游厂商分享。

共同经销商既然有这些好处，为什么厂商有时会选择独家经营呢？有两个主要答案。一个答案是，当有超过两个的厂商或者超过一个的潜在零售商时，有可能一个厂商会雇佣一个独立的零售商，然后在产品和促销上搭便车。但这种情况还没有模型来分析过。另一个答案是，在很多种情况下，对一个厂商来说，把批发价格订在边际成本水平可能不是最优的，因而导致经纪人问题。③下面的两个论点考虑这些情况。

---

① 事实上，即使只有一个关键零售商也可能有排他情况。可以预期这个零售商需要一个有效合同。但是，通过一个长期并有惩罚条款的独家经营协议，零售商和市场中已有的厂商可以迫使一个后来的厂商因为打破协议而补偿零售商。用这种方法，零售商和已有的厂商可以从其他的市场进入者中获利（Aghion and Bolton, 1987）。在这里，外在性被强加于进入者。相关理论见 Bernheim and Whinston (1998, Section IV)。在相关的文章中，Yong（1999）观察到当零售商处于产品市场的竞争中，一些情况可能是，一个进入的厂商——通过竞争——得到比它为工业创造的利润更高的回报。这样，即使被示威有效的进入，这对于已有的厂商和零售商来说都是不受欢迎的。

② 更多搭售内容见 Brennan and Kimmel (1986)。

③ 更多纵向契约讨论，见 Katz (1989)。

案例14：美国政府对登士柏（Dentsply）案

14.3.1　提升零售商专注程度

根据零售商—专注原理，经营多个品牌的零售商不能为任何厂商提供高水平的促销和服务，因为他还对从其他竞争品牌盈利感兴趣。这是一个老派的讨论，因为它不是建立在对纵向合同和品牌间竞争的认真和完整的模型上的。共同经销模型正好表明零售商专注程度理论可以是如何地有限——在一定的条件下，共同的经销会导致零售商选择使得共同利润最大化的促销活动。①

一个描述零售商—专注程度动机的现代方法是：在某些条件下，使用独家经营合同可以降低委托人促使经纪人获得理想的努力水平的所需要付出的成本。马丁莫特（Martimort，1996，第16页）研究了这个问题并证明，独家经营会影响零售商的均衡行为选择。下面是马丁莫特（1996，第16页）对独家经营的效果的解释：

共同经销和独家经营在两个方面不同：首先，在共同经销下，一个代理在下游市场要做两个决定。即使是一个高水平的合作，这个代理向两个不同的委托人误报的可能会产生非有效性。在独家经营合同下，一个代理只考虑一种产品的下游利润。这导致缺乏合作。但同时，一个代理只可能向一个委托人误报。

马丁莫特认为，在某些市场条件下，代理的考虑在合作的愿望中占主导地位，所以厂商与零售商选择了独家经营。这个模型支持了零售商-专注力的观点②。

这个模型还有另一个重要涵义。一个传统观点认为，如果零售商反对独家经营，那么可以认为它就不是有效的。这个逻辑是不对的。零售商的反对可能仅反映了零售商在其他的安排下有可能获得更大利润③。马丁莫特（1996）得出了独家经营能比共同代理带来更多产量、消费者收益、和厂商利润的条件。厂商在这个例子中支持独家经营——零售商反对这一点——因为它让厂商从零售商那里获得更多好处。这里厂商的利润和消费者的利益是一致的，和零售商是相反的。

---

①　关于老派观点还有另一个问题，例如零售商专注程度。有多个零售商时，如果零售商执行比厂商和零售商合并时的利润最大化少的促销活动，工业利润可能更大。这个事实提出几个关于厂商是否会寻求独家经营的问题。见Besanko and Perry（1993）。
②　这个模型有一个严格的条件，就是只有两个厂商，每一个至多能有一个零售商。
③　见Bernheim and Whinston（1998）。

14.3.2 保护厂商投资

零售商—专注程度理论关注的是纵向合同对零售商竞争活动的影响。下面的两个理论是关于纵向合同对上游厂商的竞争活动的影响。

按照克莱因(Klein, 1988)的逻辑,独家经营可以提高厂商在特定资产方面的投资,通过和零售商谈判获得更大的利润份额,因为后者不能以转而代理其他厂商的品牌作为威胁。这个直观的分析适用于在特定的厂商—零售商关系之外没有有价值的投资机会的情况。例如,如果一个厂商培训一个零售商如何使用这个厂商专有的专业资料系统。

下一个理论只适用于当厂商的投资提高了零售商在排他关系中可以获得的价值,以及与一个或更多其他厂商合作可以获得的价值的情况。举个例子来说,厂商提供给零售商一般化的培训,使得这个零售商可以有效地销售任何品牌。零售商可以使用这个知识,鼓励消费者购买带来最大利润的品牌,那个品牌不一定是这个提供培训的厂商的品牌。预测到这个搭便车行为,厂商可能不采取能使厂商和零售商总利润最大化的投入①。马威尔(Marvel, 1982)的研究表明,独家经营是厂商预防零售商执行跨品牌经营的一种方法②。

克莱因和马威尔的观点都是老派的。相反,西格尔和温斯通(Segal and Whinston, 2000)是用新派方法做模型分析独家经营的投资刺激作用。他们发现,如果厂商投资不影响零售商和其他厂商交易的价值,排他性合同就没有效果。更具体地说,他们的研究表明,在合理的谈判过程假设下,当厂商投资不影响零售商的分销和其他厂商产品的价值时,独家经营能提高厂商总剩余的份额,但是不提高厂商投资的边际收益。由于边际收益影响着投资动机,这个分析明确指出克莱因的观点是不对的。但是西格尔和温斯通也发现,当一个厂商的投资影响零售商与其他厂商交易的价值时,排他性确实有作用,就像马威尔的搭便车理论介绍的一样。

14.3.3 将对手厂商挤出市场

了解了独家经营如何提高效率的理论,现在讨论它如何伤害竞争的两个理

---

① 但是在寡头垄断中,搭便车可能通过促销来达到共谋的水平而提高厂商利润。
② 在一定程度上,这个作用是零售商专注程度理论的扩展。

案例14：美国政府对登士柏（Dentsply）案

论。首先，一个老派分析研究了是否对手厂商会被挤出去，正如大多数或者所有的零售商被集中到一个厂商的情况中，或者最终的消费者签订直接从厂商购买的协议的情况那样。这个分析强调了市场上合同有效期的重要性。时间上的不对等可以给厂商用相对低的成本获得排他协议的机会。具体地说，如果所有的合同是短期的，那么一个新厂商可以等待协议过期，然后迅速获得相当规模的分销。[1] 但是如果已有的厂商和最好的零售商有长期的独家经营合同，新进入厂商就不能在短期内（除非它找到突破口）获得相等的或者必要的分销渠道。

但是时效不是唯一可能的厂商不对称元素。一个厂商可能——由于较低的生产成本或者更好的产品属性——比竞争者拥有更高的市场份额。如果一个零售商只能经营一个品牌，它会选择与市场领头企业合作。因此，一个拥有大市场份额的厂商应该能够通过即使是完全自愿的合同和零售商联合。

一个理解传统的挤出理论的方法是独家经营提高了对手厂商的分销成本，因而阻碍了竞争。经济分析清晰地确认了消费者福利和经济有效性可以被提高对手成本的手段伤害，即使这个伤害不能让他们完全退出[2]。下一个理论分析了这种独家经营的应用。

14.3.4 提高竞争对手的成本

厂商的利润通常是对手厂商成本的增函数。独家经营可以作为提高对手成本的方法。假定分销阶段存在一定的规模经济范围经济性，独家经营系统会提高所有厂商的分销成本，但是会对较小的厂商影响更大。这样净效用可能是提高了较大厂商的利润，即使他们的分销成本也被提高了。[3]

这个理论有三个有用的观察。第一，厂商不需要和所有的或者大多数的零售商进行独家经营来达到有效提高竞争对手成本的效果。即使还存在没有合同的零售商在为对手厂商服务，这些零售商也不能达到有效的规模经济。而且独家经营作用可以放大到零售商不同并且最有效率和有效率的零售商被通过独家经营联系起来时的情况下。第二，独家经营具有提高对手成本的作用并不要求

---

[1] 例如见 Marvel（1982，第6页）。
[2] 更多关于提高成本的策略见 Salop and Scheffman（1987）。
[3] 事实上，Katz and Rozen（1985）and Seade（1985）表明当边际成本被提高时，即使对称的（厂商间）成本提高也可能会提高厂商利润。

合同具有单方面的限制，即便双方自愿的合同也可能带来对竞争和消费者剩余的负面作用。第三，提高对手成本的福利作用存在潜在的复杂性。很多情况下，不通过降低另一个公司的成本或者提高产品质量而提高对手成本的行为会由于提高质量—调整价格而使得经济福利下降。但在很多情况下，这些行为可以提高总福利，或者一部分或全部的消费者福利。[①] 这需要一个对事实的调查。

14.4　原告的观点[②]

在起诉和审理中，司法部控告登士柏的独家经营构成了不合法的协议，违反了《谢尔曼法》的第一部分；同时也是一个不合法的保持垄断的行为，违反了《谢尔曼法》的第二部分；是有限制的零售协议违反了《克莱顿法》的第三部分。

政府认为，本案中的相关市场是指"销售制作假牙的美国市场"，且在该市场中登士柏从至少1987年就一直具有垄断地位。政府指出，登士柏高而稳定的市场份额就是证据之一。司法部还认为，登士柏的假牙利润相对其他牙科产品和其他厂商的假牙利润来说很高，高利润和垄断是一致的。

政府提出，登士柏的独家经营政策阻碍了其他厂商获得有效的分销途经，因而削弱了——但是没有消除——假牙市场的竞争。这个控诉建立在两个基本观点上：第一，政府认为登士柏的政策阻止了其他假牙厂商使用登士柏的零售商。政府认为登士柏的政策没有用长期合同控制了零售商。相反，政府指出，当面对一个得到全部或者什么都得不到的选择时，一个零售商会选择销售Trubyte产品而不是一个或更多的比登士柏小很多的竞争对手的产品。政府也认为，登士柏根据零售商是否经营了非Trubyte假牙来决定是否让它分销

---

① 例如，提高一个无效率的供应商的成本可能通过市场份额向更有效的生产者转移而提高总剩余，（见Katz and Shapiro 1985）或者提高的成本可能迫使对手改变分销策略而使用一些优惠顾客的方法。最后，赶走一个对手和随后产品市场的竞争的减少可能促进研发和其他投资——一个经常涉及Joseph Schumpeter的观点。关于提高的公司规模和集中对创新的作用，见Gilbert（2007）和Katz and Shelanski（2007）。

② 这个部分来自于在Complaint and United States' proposed findings of fact and conclusions of Law, United States v. Dentsply international, inc.（hereinafter, Plaintiff's proposed findings），http：//www.usdoj.gov/atr/cases/f201300/201349.pdf.

案例 14：美国政府对登士柏（Dentsply）案

Trubyte 产品的政策提高了零售商经营对手假牙品牌的成本。

第二，政府控告的基础是，竞争品牌的厂商没有像登士柏联合的零售商那样的近似替代零售商。政府认为，登士柏已经与大多数重要的有价值的零售商建立了独家经营关系，执行零售商不是实验零售商的好的替代选择，直接的分销不是有效的替代。根据政府提供的信息，登士柏的零售商网络拥有大约 80% 的实验零售商[1]。

虽然厂商有能力进行直销，政府认为零售商给厂商提供了几个直接的和间接的好处。直接的好处包括存货，掌握账户，提供多余的销售代表和广告渠道。政府还发现几个牙科实验室的好处并且认为这些实验室的好处间接地有利于厂商。间接的好处包括当地的假牙供应的本地化和零售商向实验室提供的"一站式"购买，以满足他们对假牙和其他牙产品的需求。司法部的起诉建立在登士柏的零售商能比其他零售商或者其他厂商更能提供这些好处上。

司法部认为，除了在竞争强度上的直接效果外，

> 缺乏重要的零售网络……已经（其他牙品牌的厂商）降低了它们的促销努力，因为如果没有足够的零售网络，努力没有意义[2]。

政府认为，减少竞争的后果是价格的上升、产品质量降低、较少的消费者选择，以及实验室关于产品特点的信息流量的减少。政府还认为，这些负面作用继而影响到牙医和他们的病人。

14.5 登士柏的抗辩

登士柏为它的独家经营政策在几个方面进行辩护[3]。首先，登士柏认为，对手厂商没有——也不可能——被阻碍，因为他们可以而且已经雇佣了替代的分销方法，包括牙科实验室直接邮寄[4]。登士柏认为，他们的政策没有完全地

---

[1] *Plaintiff's proposed findings*, IV. B. 2.
[2] *Complaint*, f 38.
[3] 除了以下讨论的问题，登士柏还反驳了很多司法部的观点。
[4] 对于登士柏的专家的观点，有一些争议。司法部表示：专家首先坚持了一个独家销售有害的必要条件是它"限制了商品唯一去往顾客的路"但是后来发展了一个理论：独家销售不是有害的只要对手可以使用至少能"远程竞争"的分销方法。（PLAINTIFF's PROPOSED FINDINGS, F 285（I））。

限制来自于对手厂商的竞争，所以不是违法的①。在发表这个观点时，登士柏间接表明以上提高对手成本的理论不能作为发现其违反反垄断法的证据。登士柏还认为，对手的低市场份额不是成功的排他行为的证据，而是对手厂商经营不善导致的结果。

登士柏和它的专家认为，因为零售商没有被长期合同搭售住，而且可以自由地在任何时间停止经营登士柏的假牙，所以它的政策既不是违法的也不是反竞争的。这里登士柏拒绝了建立在不对称上的经济理论，但不是时效上的不对称。但是登士柏确实通过一个"在大池塘中的小鱼理论"提出了不对称市场份额问题，即那些只有很少份额的登士柏牙的零售商可能已经通过经营更多竞争品牌提高了他们的假牙销售。②

除了辩称它的行为没有伤害竞争，登士柏和它的经济专家为它的独家经营政策提供了两个辩护理由或商业观点。首先，登士柏强调它想要做的是让零售商重点卖它的假牙。有趣的是，登士柏的经济专家没有支持这个原理，而是明显地依赖于马威尔（1982）的论点。那篇文章拒绝了"独家经营是厂商用来吸引零售商提供服务的"（第3页）这个观点因为

一个厂商获得多余的零售商推销服务只有在它直接支付这些服务的时候才可能发生，而且这样做的机会与零售商是经销一个还是多个产品无关。（第5页）

但是，如马丁莫特（1996）的研究所示，这个说法不对。面对委托—代理问题的厂商激励零售商的行为可能受到零售商是否代理其他厂商品牌的影响。

登士柏的经济专家辩称，没有使用零售商—专注程度理论，独家经营政策通过支持厂商的投资（例如促销活动）和政策（例如允许退牙），消除了搭便车行为，从而提高了效率。这里，他们也是采用了马威尔（1982）的逻辑。如果一个实验室变成登士柏的促销或其他行动的零售商，搭便车会发生，这个零售商可能为了更高的利润用实验室为另一个牙品牌服务。

14.6　地区法庭的判决

法官鲁滨逊（Robinsin）对政府指控中的三点使用了合理原则的折中方

---

① 还有其他对于登士柏的专家观点的争议，司法部表示：专家首先坚持独家销售只能通过阻碍市场进入而有损竞争，但是后来说也可能因为限制现在的对手的扩张而有损竞争。（*plaintiff'sprofosedfindigs*,% 285（*i*））.

② 登士柏没有排他范围，而且很多它的零售商互相竞争。

案例14：美国政府对登士柏（Dentsply）案

法。法院对《谢尔曼法》第一部分和《克莱顿法》第三部分的法律标准作了如下描述：

应用《谢尔曼法》的第一部分，原告必须证明：1. 有一个合同、联合或者串谋的存在；2. 这一合同、联合或者串谋无正当理由地限制了贸易；3. 影响了国内贸易[①]。

对于第三个部分，最高法院指出，"在实际应用中，即使一个合同被发现属于独家经营，它也不必然违反这个部分，除非法庭相信合同的执行会可能严重限制竞争"。[②]

法院认为，原告的责任是证明事实存在的反竞争作用或者"市场力量"，就是说能把价格提高到竞争价格水平之上。特别关于第三部分，法院应用了一个标准来调查是否对手的牙厂商被阻止销售给牙科实验室，而不是对手的竞争力被削弱了。

关于《谢尔曼法》的第二部分，法官采用了两个标准。首先，她认为《克莱顿法》的第三部分比《谢尔曼法》的第二部分严格，因而登士柏没有违反前者就是没有违反后者。法官还表明了对于一个独立的第二部分进行分析的常用标准[③]：

违反《谢尔曼法》的第二部分的垄断有两个因素：1. 在相关市场拥有垄断力量；2. 蓄意攫取和保持那个力量，这区别于通过更好的产品、商业智慧或者历史的原因而获得的发展。Eastman Kodak，504 U. S. at 480（quoting U. S v. Grinnell Corp.，384 U. S. 563，570-571（1966））。

14.6.1 相关市场和市场力量

地区法院认为，相关市场是指"在美国销售的预制假牙市场"，并且实验室零售商是这个市场的"最终消费者"因为通常是它们挑选假牙品牌。

法院采用了一个关于垄断势力的标准法律定义，并用其来测量垄断势力："垄断势力通常定义为控制价格或者排除竞争的力量，市场份额的大小是

[①] United states v. Dentsply International，Inc.，277 F. Supp. 2d 387，448（D. Del. 2003）（内部引用略去）。
[②] United states v. DentsplyInternationl，Inc.，277 F. Supp. 2d 387，449（D. Del. 2003）（内部引用略去）。
[③] United states v. DentsplyInternationl，Inc.，277 F. Supp. 2d 387，451（D. Del. 2003）（内部引用略去）。

判断垄断力量是否存在的主要决定因素。"①

鉴于登士柏长期的高市场份额,②法院总结到"如此高的市场份额已经足够让法庭推断出垄断势力的存在③。"但是,法院也认为进一步的分析是必要的,并且说"司法部必须证明登士柏有能力控制价格或者排除竞争。④"法院认为,政府没有做到这一点。

关于是否登士柏控制了价格,法庭拒绝了司法部关于利润率的证据,不管怎么说,"高利润率在一个存在大量促销行为的市场中是有可能存在的"。法院注意到的证据是登士柏趋向于忽略竞争,而且没有压力对市场发展作出迅速反应。奇怪的是,法院总结到

> 与显示控制价格和排除竞争相反,登士柏对市场需求缺乏迅速反应是缺少竞争动力的结果……这种竞争的缺乏是由于 VIDENT 和 IVOCLAR 自己的商业决策造成的,不是由于登士柏的排他行为⑤。

法院作出结论说,由于直接销售是可行的,市场上也存在其他零售商,而且登士柏自己的零售商可以选择脱离,因此,登士柏没有力量阻止竞争者进入牙科实验室。在讨论是否有竞争者被驱逐时,法庭观察到,事实上已经出现了市场进入和竞争者的扩张。法院拒绝把 Vident 和 Ivoclar 的不良表现作为成功驱逐竞争者的例子。相反,法院发现,登士柏对手的低市场份额是由于他们的决策造成的,包括提供不适合美国市场需求的假牙和相比登士柏有限的促销努力。

与垄断势力的法律定义相反,经济学家通常定义垄断势力为大而持续的市场力量,市场力量是由公司面对一个向下倾斜的(而不是水平)的需求曲线定义的,所以把价格定在超过边际成本的水平有利可图⑥。经济学中定义的垄断势力如果存在,必须有某种东西防止对手公司的市场进入和扩张,因而使得垄断者可以制定一个高于竞争水平的价格。但这个东西不一定是垄断者的某一具体的策略,也不要求完全消除竞争。

---

① Ibid(内部引用略去).
② Ibid(内部引用略去).
③ Ibid(内部引用略去).
④ United states v. DentsplyInternationl, Inc., 277 F. Supp. 2d 387, 452 (D. Del. 2003).
⑤ ibid
⑥ 这个定义隐含在下面司法部的陈述中:在 United States v. brown University, 5F. 3d 658, 668 (3d Cir. 1993),……("市场势力,是指将价格定在竞争性市场价格之上的能力")……垄断势力代表了一个比条款 1 要求的更高水平的市场力量。United Statess' reply to Dentsply International, Inc. 's proposed findings of fact and its brief in support, United states v. Dentsply International, Inc., pp. 3 – 4(内部脚注省略)。http://www.usdoj.gov/atr/cases/f2 – 2000/202051.pdf 其他关于竞争价格的定义有,当平均成本超过边际成本时,一些经济学家定义竞争价格为平均成本。

案例 14：美国政府对登士柏（Dentsply）案

在这个案子中，地区法院对垄断势力的分析集中在被告是否有原告指出的排斥对手的具体行为。[1] 如刚才引用的，地区法庭的结论是，登士柏的对手竞争力弱小的事实是由他们本身的决策造成的，而不是受害于登士柏的排他政策。如果我们相信对手公司的行为是理性的，这个区别好像和登士柏垄断势力的评估没关系，至少按经济学的定义是这样。不管是什么原因，登士柏面对着弱的和有限的竞争，而且几乎没有理由相信这个情况短期会有大的改变（至少在登士柏的排他政策不改变的情况下）。按照这个逻辑，法官的观点—对手品牌表现差是他们自己的决策的后果—很有可能不足以证明登士柏没有垄断势力。

14.6.2　登士柏的效率辩护

登士柏辩称，它的独家经营使零售商的努力得以集中，并阻止他们在对登士柏投资的搭便车行为。地区法院发现这是个托词。法庭引用了登士柏公司内部文件中关于零售商标准6的内容：

- 阻止竞争分销点，不允许竞争者在零售商中立足。
- 捆绑零售商。
- 不能放过关键的参与者。[2]

地区法院还提供了另外的理论和经验证据来否定登士柏的零售商联合有利于为 Treubyte 品牌假牙提供更好的促销服务的理由。法院注意到有豁免权的零售商没有降低效率，并且引用了来自零售商的证词说明集中效应不会发生。法院引用了马威尔（Marvel, 1982）的研究作为否定这个理论的证据。地区法院还得出了针对这个案子的自己的理论：

这个"零售商服务集中"原理不是一个在假牙产业使用独家经营的有效理由，因为零售商自己有动机保证他们对任何品牌的假牙的服务水平都不会受影响。如果一个零售商提供了不充足的服务，它会冒着失去顾客的风险，不只是假牙的顾客，还有所有其他产品的顾客。事实上，零售商面对比登士柏更大的风险。如果一个消费者对于从一个登士柏的零售商获得的服务感到，还能在另一个零售商处购买 Trubyte 假牙。登士柏的销售额不会变，但是零售商

---

[1] 法院认为进入已经发生暗示着对手没有被完全排斥。

[2] "sale/distribution principles for cash cow business" as quoted in United states v. DentsplyInternationl, Inc., 277 F. Supp. 2d 387, 452（D. Del. 2003）。

会受损失①。

　　这个理论的实践性很强。法官找到了零售商提供服务的动机和登士柏对零售商提供服务的关注点的两个区别。首先，零售商忽略了劣质的服务会使得登士柏销售下降这一不利影响。这导致零售商提供远低于登士柏希望的服务水平。第二，如果因为缺少服务导致顾客更换零售商，对原零售商是一种损失，尽管对登士柏来说不是。这引出了登士柏该如何看待零售商激励。上面的引用表明这些效应被互相抵消了。虽然这一巧合具有理论上的可能性，但现实中没有证据可以证明。

　　法官还提供了几个理由来反驳零售商标准6能够通过预防零售商搭便车提高竞争的观点。首先，她发现这个说法与登士柏的政策目的是不一致的。第二，她认为被告没能够提供对理论的事实支持。法官指出了几个潜在的测试结果，它们都是被告专家选择忽略的，或者研究过但没有发现存在搭便车证据的。例如，法官指出被告专家没有提供任何可信的豁免权零售商存在搭便车行为的例子，也没有提供这些零售商造成登士柏效率下降的例子。事实上，法官在几个方面拒绝了搭便车的可能性，包括零售商不能决定在一个特定的情况下使用什么品牌的假牙；零售商不愿意向实验室推荐其他品牌的假牙；而且很多登士柏的促销是"具体的品牌的"。

　　法官引用例子说明，零售商标准6被用在不是搭便车的情况下。例如，登士柏停止了一个零售商的业务因为它增加了竞争对手的假牙产品，虽然它仍销售Truebyte的其他商品。

　　法官还通过其他几方的行为得出结论。首先，法院认定的事实是零售商反对登士柏的独家经营条款，而且一些零售商甚至帮助过竞争对手逃避这个政策，这可以证明该政策不是有效率的②。第二，法官观察到，没有其他的假牙生产商执行了独家经营政策。③

　　最后，法官观察到，登士柏经理指出的增加促销活动的条件中没有独家经营政策。法官还强调，由于他们工作效率的提高，"……如果登士柏对手的假牙通过牙科实验室零售商网络销售，促销开支会增加。④"注意这个最后的发

---

① *United states v. DentsplyInternationl*, Inc., 277 F. Supp. 2d 387, 441 (D. Del. 2003)
② 如上讨论，这个观点逻辑不完整。
③ 当其他的厂商也从事较少促销。而且那些只从事直销的厂商没有需要做排他政策（而且，有可能，事实上被视作有效的拥有排他零售商）。
④ *United states v. DentsplyInternationl*, Inc., 277 F. Supp. 2d 387, 446 (D. Del. 2003)

案例14：美国政府对登士柏（Dentsply）案

现与法庭的理论——登士柏的排他政策对于对手牙厂商的表现不佳没有责任——相矛盾。

14.6.3 合同的作用

尽管法院发现"……登士柏的高市场份额可能导致的一个结果就是它拥有垄断势力[①]"而且零售商标准6的目的是伤害竞争，法院认为"登士柏的零售商标准6不是一个非理智的对竞争的限制。"[②] 法官认为，零售商标准没有阻碍市场进入和竞争，因为还有处于登士柏零售网络以外的零售商可以营销竞争对手的假牙；一个厂商直销给实验室是一个可行的分销战略；而且登士柏的零售商签的是自愿合同，不是不能违背的。

司法部辩解到，作为一个客观的现象，零售商不能够离开登士柏，而且事实上也没有人离开。法官没有接受这一个论证，并且认为零售商没有离开是因为登士柏的竞争者无力竞争。根据法官的思考方式，关键在于零售商可以自愿离开登士柏。法庭引用了 Omega Env'l, inc v. gibarco, inc., 127 f. 3d 1157 (9th Cir. 1997) at 1163 – 1164，说道：

协议的短期性和易终止性实质上消除了它们对竞争的潜在威胁。因为所有的 Gilbarco 的分销商在一年内都是可获得的……一个竞争的厂商只需要提供一个更好的产品或者更多的优惠来赢得他们的服务。原告的专家认为，没有分销商会为了一个没有声誉和没被测试过的产品抛弃 Gilbarco 的产品。我们同意，一个竞争者如果有一个被市场证明的产品和优质的声誉，就更容易获得市场的成功，但是，我们反对将其视为反竞争行为（内部引用和脚注被作者省略）。

鲁滨逊（Robinson）法官同时也反对政府认为零售商在多处优于直销从而可以提高对手成本的观点。法官从多处反驳了司法部提出的有关特别功能的观点，并且认为厂商可以自己提供这个功能。法院决定只考虑是否其他的牙厂商被限制了与登士柏竞争，而忽略厂商是否可以在零售商提供更低成本的情况下提供更高质量服务的问题。

---

① United states v. DentsplyInternationl, Inc., 277 F. Supp. 2d 387, 452（D. Del. 2003）
② United states v. DentsplyInternationl, Inc., 277 F. Supp. 2d 387, 453（D. Del. 2003）

14.7 上　诉

司法部选择对地区法院关于第一部分和第三部分的提议不予上诉，相反，司法部的上诉仅集中在有关《谢尔曼法》第二部分上，并对三个问题进行申辩，其中两个是经济学方面的[①]。第一个问题是

一个公司保持了十年的75%~80%的市场份额，建立了一个价格保护伞，成功的、多次地提高价格，而不考虑对手的价格，并且能够将竞争对手从一个主要的分销渠道中排除，那么这家厂商是否有可能因为对手没有被完全排斥在市场外，而且一些对手产品的定价高于一些它的产品[②]，从而基于《谢尔曼法》第二部分，15 U.S.C.2 的法律涵义下被认为没有垄断势力。

第二个问题是声称登士柏是一个垄断者，并已经成功的打击了对手的有效分销渠道，它有着清楚的掠夺性企图，且不具有正当的商业理由。[③]

在评价是否登士柏已经违反了第二部分的时候，第三巡回法院应用了一个识别竞争削弱效应的标准，即使竞争没有被完全消除：

在《谢尔曼法》的第二部分中，并未提到竞争完全消除。评价标准不是完全的消除《谢尔曼法》，而是这个行为是否阻碍了相当数量的竞争对手或者严重的限制了市场的边界。[④]

虽然本案各方对产品市场和地域市场界定（美国的假牙销售市场）没有大的争议，但对这个市场的顾客的界定却是有争议的。在申辩的口头争论中，登士柏认为，相关市场的唯一销售来自于厂商对牙科实验室的销售。[⑤] 受理上诉的法院否定了这个观点，并且认为"这里的相关市场是假牙在美国的销售市场，包括对牙科实验室和对假牙零售商的销售。"[⑥]

[①] 司法部还讨论了一个问题：是否公司没有违反《克莱顿法》第三部分暗示着这个公司没有违反《谢而曼法》第2部分。登士柏辩称，因为第三部分比第二部分更严格，是这样的。受理申诉的法院判决第二部分可以继续进行单独申辩，因为第三部分没有被上诉。

[②] Brief for the United States, Redacted - Public Vrsion, United States v. Dentsplyinternation Inc., p.2, http://www.usdoj.gov/atr/cases/f202100/202141.pdf.

[③] 司法部："行为是排他的如果对本身没有经济意义，但损害竞争。" Brief for the United States, Redacted - Public Vrsion, United States v. Dentsplyinternation Inc., p.18 http://www.usdoj.gov/atr/cases/f20210u7202141.pdf.

[④] United States v. Dentsplyinternation Inc., 399 F.3d 181, 191 (3d Cir. 2005).

[⑤] United States v. Dentsplyinternation Inc., 399 F.3d 181, 188 (3d Cir. 2005).

[⑥] ibid.

案例14：美国政府对登士柏（Dentsply）案

很难在被告对相关市场的解释中看到任何的经济逻辑。接受这个解释会暗示登士柏不是相关市场的参与者因为它不参与对实验室的直接销售。更广义的使用这个方法会暗示一个厂商可以和所有可用的零售商签定长期排他合同，占据（间接的）对最终消费者销售额的99.9%，但仍然可以被判为只有一个很小的市场地位，而且在"直接销售市场"中没有竞争作用。

由于这些原因，上诉法院否认这个解释的做法是正确的。但是，法庭还认为，

在总结登士柏缺乏力量排除经销渠道的竞争者时，地区法院忽略了相关市场包含了对零售商和实验室的假牙"销售"。虽然一些销售是给实验室的，但大多数是给零售商的。因而地方法院的审议不应该被用在使用牙的"最终消费者"上，而是应该被用在购买了牙的"客户"上，包括零售商和实验室客户。这个错误使得地区法院得出错误结论。①

换句话说，上述法庭相信零售商应该被作为客户，登士柏的政策在重要客户的服务市场中排除了竞争者。

从经济学的角度，上述法庭的关注点错了。效率和消费者福利问题的关键是行为是否阻碍了厂商把产品卖给最终消费者（在这里，可以把牙实验室视为病人的代理）的能力。② 原因如下，假定有两个分销方法，A 和 B 是完全替代的，且价格订在边际成本，那么防止使用 B 与消费者和厂商福利是无关的。如果方法 A 和 B 不是完全替代，那么阻碍使用 B 对福利的影响可以从阻碍了厂商销售给最终消费者的能力的角度来理解。

上诉法庭判定登士柏具有排斥对手的能力因而拥有垄断势力。但上诉法庭并不认同地区法庭得出的对手表现太差是由他们自己的决策造成的结论。上诉法庭认为，

最大的阻碍是竞争者的积极努力却得到很差的结果，例如，无法获得关键的零售商③。

上诉法庭同意司法部的关于协议的自愿性不表明他们缺少反竞争作用的观点。上诉法庭没有把合同的短期性视作安全港湾，而集中注意力在"相关市

---

① United States v. Dentsply international Inc., 399 F. 3d 181, 190 (3d Cir. 2005).
② 可以相信上诉法庭把零售商作为反垄断法保护的消费者。但是这个观点对这个案子不合适，相比其他问题，这个案子只花了很少的时间来考虑零售商福利。
③ United States v. Dentsplyinternation Inc., 399 F. 3d 181, 189 (3d Cir. 2005).

场的特点和这个阻碍已经造成的影响"上①。上诉法庭认为

虽然从理论上说其他厂商也许能够说服零售商买他们的产品而且放弃登士柏的产品，但那事实并不是这样。在 United States v. Visa USA., 344 F.3d at 229, 240 (2d Cir. 2003) 中，上诉法庭认为相似的证据表明被告已经把它的对手排除出去，因而证明了其拥有垄断势力。②

正如早一点提到的，上诉法庭的有关登士柏独家经营协议的自愿性特点并不能作为定案依据的结论和经济理论是一致的。

最后，上诉法庭认为零售商提供了一些厂商自身无法复制的优质服务，包括一站购买和牙的退还。

根据上面的分析，上诉法庭推翻了地区法院的判决，认为登士柏的独家经营协议违反了《谢尔曼法》的第二部分。

14.8　救济措施

最后的判决于2006年的4月26日颁布。它要求登士柏取消零售商标准6，并进一步要求

登士柏不能对零售商销售假牙和任何其他产品附加条件，或者根据零售商是否销售或者计划销售非登士柏的假牙产品来决定是否授权其销售自己的产品。③

为了保证登士柏不用其他的方法产生与独家经营协议相似的作用，最终审判禁止了几个可能会被用作替换协议的潜在报复行为（例如，减少对销售竞争品牌牙的零售商的培训）。最后的判决还禁止登士柏提供给零售商"市场份额折扣"来吸引零售商变为 Trubyte 假牙的独家分销商。

14.9　目的的作用

在本案例中，政府介绍了几个证据表明登士柏的经理想利用独家经营政策

---

① United States v. Dentsplyinternation Inc., 399 F.3d 181, 184 (3d Cir. 2005).
② United States v. Dentsplyinternation Inc., 399 F.3d 181, 189 (3d Cir. 2005).
③ 最后的判决，United States v. DentsplyinternationInc., I. A. http://www.usdoj.gov/atr/cases/f218200/218215.pdf.

案例 14：美国政府对登士柏（Dentsply）案

削弱对手竞争，而且地区法院总结认为这是登士柏的企图。这提出了目的在反垄断法中的地位。

经济学家经常认为，对社会福利而言，结果——而不是目的——才是重要的，目的是无关的。但是，重要的是，目的可以用作分析。如果商业人士知道他们在做什么，那么登士柏经理就不同意鲁滨逊（Robinsin）法官的直接销售或者非 Trubyte 零售商可以作为登士柏的零售网络成员的替代的观点。登士柏的经理清楚的知道进入零售商网络对对手的竞争能力有重要的作用。如司法部在上诉中指出，

按照地区法院的观点，登士柏在 15 年中已经阻止独立零售商销售几乎任何的竞争品牌的假牙产品——有目的排斥竞争——当这个行动明显的是不必要的和无效的，因为它的对手是不聪明的，并且可以通过直接卖给实验室或者使用其他的零售商干的一样好。①

当然，至于最终的效果，在理论上登士柏由于错误的原因做着正确的事情是可能的。换句话说，它的经理可能已经想到他们正从事排斥行为，但是不经意的预防了搭便车。② 而且有可能一些与反垄断分析相关的问题还没有引起经理的注意，或者经理没有能力进行分析。因此，目的本身不足以支持反竞争效用的存在。但是，目的也不是完全不包含任何信息。

14.10 结　　论

一个局外人很难评估建立在大量事实上的，使用合理原则而达到的判定，尤其是在需要使用更多的经济知识和逻辑的情况下。上诉法庭在本案中应用了两个原则。第一，即使没有完全阻碍竞争者，严重提高对手成本的排他行为也可能违反《谢尔曼法》第二部分。③ 第二，即使自愿的协议也可能有排他的作用。

---

① Brief for the United States, Redacted – Public Vrsion, United States v. Dentsply international Inc., p. 18

② 如在脚注中提到，有一些情况下，驱逐不有效的竞争者的排他销售可以提高有效性。这个观点不可能被作为反垄断的辩护，登士柏没有这样辩护。

③ 在这方面，这个案例是改变的标准的一部分，这也在几个近来的案例中体现了。包括 United States v. Microsoft Corp., 253 F. 3d 34 (D. C. Cir. 2001)（en banc）and United States v. Visa U. S. A., Inc., 344 F. 3d 229 (2d Cir. 2003), cert, denied, 125 S. Ct. 45 (2004). 见 Daniel Rubinfeld 案例20，和 Robert Pindyck 的案例19，还见 Jacobson（2001）。

上诉法庭的两个观点都明显地和经济学一致。不需要用竞争对手全被赶出市场来证明一个行为严重的伤害到竞争和消费者。即使自愿的分销协议在一些情况下也可能提高对手成本，且降低效率。但是，问题是法院是否应制定一个可以应用到实践中的标准，误判的成本是否会导致法庭在判定违法时要求存在完全消除的排他现象或者有长期合同的现象，这方面还存在复杂的问题。这些问题只有时间——和未来的法律——可以回答。

参考文献

[1] Aghion, Philippe, and Patrick Bolton. "Contract as a Barrier to Entry." *American Economic Review* 77 (June 1987): 388–401.

[2] Bernheim, B. Douglas, and Michael D. Whinston. "Common Marketing Agency as a Device for Facilitating Collusion." *Rand Journal of Economics* 16 (Summer 1985): 269–81.

[3] Bernheim, B. Douglas, and Michael D. Whinston. "Exclusive Dealing." *Journa of Political Economy* 106 (1) (February 1998): 64–103.

[4] Besanko, David, and Martin K. Perry. "Equilibrium Incentives for Exclusive Dealing in a Differentiated Product Oligopoly." *Rand Journal of Economics* 24 (Winter 1993): 646–667.

[5] Bork, Robert H. *The Antitrust Paradox: A Policy at War with Itself*. New York: Basic Books, 1978.

[6] Brennan, Timothy J., and Sheldon Kimmel. "Joint Production and Monopoly Extension through Tying." *Southern Economic Journal* 53 (October 1986): 490–501.

[7] Gilbert Richard J. "Competition and Innovation." Competition Policy Center Paper CP07–069. University of California at Berkeley, 2007. http://repositories. Dlib. org/iber/cpc/CP07–069.

[8] Jacobson, Jonathan M. "Market Power, Consumer Harm and Exclusive Dealing with Distributors." In *The Milton Handler Annual Antitrust Review*. New York: Association of Bar of the City of New York, 2001. http://library. findlaw. com/2002/Aug/27/131024. pdf.

[9] Katz, Michael L. "Vertical Contractual Relations." In *The Handbook of Industrial Organization*, Vol. 1., edited by R. Schmalsensee and R. D. WIllig,

655 – 721. Amsterdam, Holland: North Holland Publishing, 1989.
[10] Katz, Michael L., and Harvey S. Rosen. "Tax Analysis in an Oligopoly Model." *Public Finance Quarterly* 13 (January 1985): 3 – 20.
[11] Katz, Michael L., and Carl Shapiro. "On the Licensing of Innovation." *Rand Journal of Economics* 16 (Winter 1985): 504 – 520.
[12] Katz, Michael L., and Howard A. Shelanski. "Mergers and Innovation." *Antitrust Law Journal* 74 (1) (2007): 1 – 85.
[13] Klein, Benjamin. "Vertical Integration as Organizational Ownership: The Fisher Body – General Motors Relationship Revisited." *Journal of Law, Economics and Organization* 4 (Spring 1988): 199 – 213.
[14] Martimont, David. "Exclusive Dealing, Common Agency, and Multiprincipals Incentive Theory." *Rand Journal of Economics* 27 (Spring, 1996): 1 – 31.
[15] Marvel, Howard. "Exclusive Dealing." *Journal of Law and Economics* 25 (April 1982): 1 – 25.
[16] Rasmusen, Eric B., J. Mark Ramseyer, and John S. Wiley, Jr. "Naked Exclusion." *The American Economic Review* 81 (December 1991): 1137 – 1145.
[17] Rey, Patrickm and Jean Tirole. "A Primer on Foreclosure." In *The Handbook of Industrial Organization*, vol. 3. Edited by M. Armstrong and R. Porter, Ch. 7. Amsterdam, Holland: North – Holland Publishing, 2007.
[18] Salop, Steven, and David Scheffman. "Cost – Raising Strategues." *Journal of Industrial Economics* 36 (September 1987): 19 – 34.
[19] Seade, Jesus. "Profitable Cost Increases and the Shifting of Taxation: Equilibrium Reponse of Markets in Oligopoly." Warwick Economics Research Paper Series 260. University of Warwick, Department of Economics, Coventry, UK. 1985.
[20] Segal, Ilya R., and Michael D. Whinston. "Exclusive Contracts and Protection of Investments." *Rand Journal of Economics* 31 (Winter 2000): 603 – 633.
[21] Segal, Ilya R., and Michael D. Whinston. "Naked Exclusion: Comment." *American Economic Review* 90 (March 2000): 296 – 309.
[22] Yong, Jong – Say. "Exclusionary Vertical Contracts and Product Market Competition." *Journal of Business* 72 (July 1999): 385 – 406.

案例 15

捆绑销售：通用电气—霍尼韦尔案
（GE – Honeywell）（2001）

巴里·纳勒布夫（Barry Nalebuff）*

15.1 导　　言

关于"捆绑"的经济理论已经从教室和学术期刊中转移到了公共政策领域，它的初次登场引人注目。2001 年 7 月 3 日，欧盟委员会阻止了通用电气公司（GE）和霍尼韦尔公司（Honeywell）价值 420 亿美元的合并。[①] 欧盟委员会阻止这次合并主要是出于对捆绑的担心。

这个案例研究以通用电气—霍尼韦尔合并为背景，来表述由捆绑引发的关注。我们阐述欧盟委员会的观点，并且试图将这个观点与捆绑经济理论和案例事实进行协调；我们讨论捆绑的涵义，并且解释在什么时候它是一个潜在的竞争问题，什么时候不是。基于这个理解，我们提出有关反托拉斯政策的建议，来处理由捆绑引发的新问题。

---

* 本章作者是通用电气–霍尼韦尔的经济学专家证人，他参与了向欧盟企业合并专责小组做有关通用电气–霍尼韦尔合并的陈述。捆绑理论在通用电气–霍尼韦尔一案合并中的应用，是由帕特里克·雷伊（Patrick Rey），卡尔·夏皮罗，吕世华（Shihua Lu）和格雷格·维斯腾斯（Greg Vistnes）共同完成。这篇文章所表述的只是作者本人的观点。

① 这个合并案在由 20 个委员组成的欧盟委员会进行表决。他们的表决结果与竞争专员马里奥·蒙蒂（Mario Monti）的建议是一致的，而马里奥·蒙蒂立场来自于欧盟企业合并专责小组（European Union Merger Task Force）的建议。

案例 15：通用电气—霍尼韦尔案（GE – Honeywell）

15.2 背　　景

2000 年 10 月 19 日，联合技术公司（United Technologies Corporation，UTC）报告说，它正在和霍尼韦尔讨论合并的问题。三天后，一项合并被宣布，但买主不是联合技术公司，而是通用电气。

这个案子引起了极大的关注。通用电气是世界上最著名和最受尊敬的公司之一，即使对于通用电气而言，420 亿美元也是一项很大的合并。这份合并提议通过了美国司法部的审核。由于通用电气和霍尼韦尔在欧洲均有一定的销售规模，这项合并也必须得到欧盟委员会的批准。① 2001 年 7 月 3 日，这项合并被否决。② 欧洲和美国反垄断权威机构在审核结果上的分歧增加了公众对这个案子的关注。

15.3 参　与　者

2001 年，通用电气的收入超过了 1 250 亿美元，它的业务包括了从塑料、电视机到金融服务、动力系统、医学成像以及照明的每一领域。在航空领域，通用电气一方面自己生产飞机发动机（GEAE），另一方面也在 CFMI（一家与法国公司 SNECMA 以 50% ~ 50% 比例合资的公司）生产。由于 CFMI 是波音最流行的 737 飞机发动机的唯一供货商，这一合资便成就了通用电气的大部分发动机销售额。另外，CFMI 的发动机也适用于空客 A320 家族和 A340 – 200/300。通用电气自有的发动机适用于波音 777、波音 767 和波音 747，同时也可

---

① 欧盟委员会有权审核所有的合并、兼并和吞并竞标以及能被定义为"行业集中"的其他交易，只要参与这些交易的企业在世界范围内的总营业额超过 50 亿欧元，并且在欧洲的销售额超过 2.5 亿欧元（见欧盟委员会新闻发布 *IP*/01/939）。另外还可参阅 1987 年颁布并在 1997 年修改过的《欧盟兼并控制规定》的第 1.2 节（a）和（b）部分（Article 1 (2) (a) and (b) of the European Merer Control Regulation, Council Regulation4064/89 EEC of 21 December 1989 on the Control of the Concentration between Undertakings, 1990 O. J (L257) 13), as amended by Council Regulation 1310/97 EC of June30, 1997, 1998 O. J (L180) 1)。

② 通用电气和霍尼韦尔就这个决议向欧洲共同体原诉法庭（the Court of First Instance of the European Communities）提出了上诉。法院不利于通用电气和霍尼韦尔的判决在 2005 年 12 月公布，这一部分内容将在本章结尾讨论。

以用于空客 A300、A310、A330 以及还没有推出的 A380 大型飞机。① 在几乎所有的这些发动机系列中，CFMI 和 GEAE 都与 Pratt&Whitney（联合技术公司的一个部门）、Rolls Royce 或者 IAE（一个 PW/RR 的合资公司）进行竞争。

霍尼韦尔从供暖系统和环境控制系统领域起家，并且随着时间推移，它已经在航空领域取得了领导地位。② 通过一系列的合并，霍尼韦尔在航空电子设备领域的地位更加稳固，其中最引人注目的是 1986 年对 Sperry Aerospace 的收购，以及 1999 年与联信公司（Allied Signal）的合并。而联信公司本身也是经过 1983 年联合公司对邦迪克斯的收购和 1985 年与信号公司的合并而成为航空领域的领导者的。连同航空电子设备一起，霍尼韦尔在非航空电子设备的航空产品还包括辅助动力设备（着陆时用来给飞机提供动力）、启动发动机、环境控制系统、飞行照明系统、发动机附件以及控制器、轮胎和刹车设备。2001年，在霍尼韦尔的 230 亿美元的收入中，几乎有一半来自其航空部门。

15.4　对该合并的指控

为了阻止一项合并，《企业合并控制规定》（the Merger Control Regulation，简称 MCR）要求欧盟委员会证明提议的合并将导致市场控制。根据欧洲的判例法，"支配性"被定义为：

一种经济力量上的地位，可以使企业在相当大程度上独立于它的竞争者、消费者和最终用户，从而使其阻止在相关市场上的有效竞争。③

在该案例中被认为会达到市场支配地位的途径并不寻常，它不是通过竞争者之间的合并，也不是通过垂直方向上对顾客和供应商的整合。④ 给定在通用电气和霍尼韦尔各自产品系列的深度和广度，这两家公司的重叠之处却很少。取而代之的是，对合并进行审查的焦点转移到"聚集效应"，即将互补因素聚

---

① GP7 000 发动机是为空客 A380 设计的，它是通用电气和 Pratt&Whitney 的一项共同投资。
② 霍尼韦尔生产的设备，曾帮助引导阿波罗（Apollo）号的宇航员尼尔·阿姆斯特朗（Neil Armstrong）和巴泽·奥尔德林（Buzz Aldrin）登上月球。
③ 见 Case 27/76 *United Brands v. Commission* [1978] ECR 207 at 286。
④ 两者之间很少领域中的竞争性重叠部分可以通过剥离来解决。通用电气在投资飞机租赁里的角色和霍尼韦尔的发动机生意的确带来了一些垂直合并方面的问题，在这里不做讨论。见弗朗兹和卡弗拉（Pflanz and Caffarra, 2002）对有关通用电气的租赁公司通用电气 CAS 角色的精彩的非正统的理论分析。欧盟委员会一个很好的有关通用电气 CAS 的案例总结在乔达卡斯等（Giotakas et al., 2001）文中有表述。

案例 15：通用电气——霍尼韦尔案（GE – Honeywell）

集过程的横向整合问题。[1]

欧盟委员会强调了三个相互关联的观点来反对该合并：

- 第一，委员会宣称，通用电气在大型商用飞机的发动机市场上具有支配性地位，而霍尼韦尔在航空电子设备和非航空电子设备领域具有领导地位。
- 第二，他们宣称，这项合并将使得新的公司能够捆绑销售这些互补型的产品，而捆绑销售的战略将导致价格折扣，从而使合并后的公司获得高于其竞争者的无可匹敌的竞争优势。
- 论证的第三点是，这种竞争优势将导致竞争对手的退出，进而增强合并之后的通用电气的市场支配地位。

正如《欧盟委员会最终决议》（第355段）中所解释的那样：

因为它们没有能力与捆绑销售相对抗，这些部件的供货商们因合并公司的获利而丧失市场份额，并很快遭遇灾难性的利润缩水。结果是：合并将导致现有飞机零部件市场的关闭以及随后这些领域中市场竞争的消退。

对于经济学家而言，委员会的判例是非正统的。因为它所担心的是合并后价格将下降，而非上升。"捆绑销售折扣可能是反竞争性策略"的看法是这个案子的一个特点。[2] 引起成本节约并导致更低价格的合并应该予以准许。但是如果低价来源于定价方面的效率，那就被认为是反竞争的。委员会没有讨论过：通过低价获得的市场支配性是否会导致消费者剩余的贴现现值的净增加。这样的考虑似乎不在委员会的职责范围内。

即使对于律师而言，委员会的判例也是非正统的。委员会没有如它执行令所要求的那样证明合并将导致市场支配，而只是强调了理论上潜在的将来可能发生的反竞争行为。[3]

在这个案例研究中，我们将焦点放在委员会有关捆绑的论断上。案例的这

---

[1] 欧盟委员会把此称为聚集效应。而我更愿意使用互补者的水平合并来强调这种关系的天然特性——也就是说它们的两种产品被一个共有的客户使用。霍尼韦尔的客户主要是机身制造者和航空公司，而不是发动机制造者。因此，对通用电气来说，霍尼韦尔是一个互补者，而不是供应商。（布兰登博格和纳勒布夫（Brandenburger and Nalebuff, 1996）有更正式的对互补者的定义）。启动马达（和几个其他相关的部件）属例外。

[2] 在之前委员会的若干案例中范围效应（range effect）已经被考虑到，包括 Coca – Cola/Amalgamated Beveraers 和 Guinness/Grand Metropolitan。这些案例的焦点是分配环节的效率而非定价战略。

[3] 施米茨（Schmitz, 2002）基于下面的考虑批评这一决定："尽管新的公司确实有搭售的潜在可能，而且也不能排除将来某一时间它会这样做，但是，用这个潜在的可能性来推断，这项合并将加强已有的《企业合并控制规定》（European Merger Control Regulation）第二条款意义上支配地位的做法是值得商榷的……对是否可以因为可能发生的捆绑而阻止一项合并这个问题的描述是纯理论性的，很难符合它的实际影响……进行这项调查的依据是也必须是 EC 条款 82，而非《企业合并控制规定》。"

一方面不仅仅是独特的，它对其他合并也有广泛的启示作用。我们将介绍委员会的为什么捆绑可能引致反托拉斯问题的判例，然后再讨论理论和证据能否证明他们的结论是正确的。

首先定义捆绑。许多产品被打包在一起出售，而这本身并不意味着这些产品就是捆绑。答案取决于除此之外还能如何以及以什么价位购买该产品。举例来说，如果两个产品只放在一起出售而不能单独购买，那么这就是一个纯捆绑的例子。这可以通过定价或者技术来实现。

如果两个产品中，一个产品（我们称之为产品1）可以单独卖，而产品2仅能作为与产品1打包销售时的一部分，那么纯捆绑就变成搭售。国家橄榄球联盟（National Football League，NFL）有一个全赛季节目，可以通过电视转播看到赛季的每一场比赛，但这一收视权仅针对购买卫星电视的观众，而并不提供给有线电视的观众。当然，卫星电视的观众也可以购买一张不包含NFL比赛的合同。因此我们说，NFL整季比赛的收视权是搭售在卫星电视上的。

捆绑最普遍的形式是混合捆绑，而这也是委员会在本案中所强调的形式。在混合捆绑中，两个产品都可以作为整捆产品的一半单独购买。是什么使这个成为了捆绑呢？那就是：相对于单独出售而言，打包出售时会有一定的折扣。如果整包商品仅仅以其部件价格的总和定价，并且这些部件都可以单独购买，那么我们不能称之为捆绑，因为这并不产生捆绑定价的策略性影响。请注意，纯捆绑和搭售都是混合型捆绑的特例。

在下一部分，我们先介绍委员会所做出的有关混合捆绑的理论，然后将就捆绑理论对这个案子的适用性提出疑问。

15.5 捆绑销售的经济学理论

捆绑理论首先由古诺（Cournot，1838）提出。古诺考虑的是这样一种情形：商品1有一个垄断销售商，商品2有另一个垄断销售商，两种商品被消费者一起使用，古诺以经混合可用来制造黄铜的铜和锌为例。这里，我们可以将这两种商品比作喷气式飞机发动机和航空电子设备。

古诺认为，两个行为独立的垄断者将制定一个没有效率的高价位。如果他们合并或者协调定价，他们将会降低价格从而赚得更多的钱。一个简单的直观了解是：商品1更低的价格会刺激商品2的销售（反之亦然）；但是，当商品

案例 15：通用电气—霍尼韦尔案（GE – Honeywell）

1 和商品 2 单独出售时，他们并没有考虑到这种效应。

合并的公司会赚更多的钱，这并不令人惊讶。这里，不寻常的是：价格的下降也改善了消费者的状况，这样的合并是帕累托改进。因此，反托拉斯当局应该鼓励这种合并。① 我们会在讨论政策问题时再回到这个问题。

古诺的例子是"双重边际化"的水平等价物。每个公司通过提价都会对互补型产品产生负面的外部效应。而当两个公司合并后，他们就会使这种效应内部化并且降低价格。因为它的简单性，人们对古诺这个理论何时可以适用产生了迷惑。

在某些方面，这个结果非常普遍。它不取决于需求函数或者成本函数的特定形式，也不要求商品是完美的互补品，但这个结果仍依赖于一些隐藏的假设，特别是其中两个我们所关心的假设：

第一，基本的古诺模型不考虑合并对市场上其他公司的影响，这是有意设定的。在古诺模型中，商品 1 和商品 2 的生产商在市场上都是唯一的，没有其他的厂商。为了使这个方法像委员会在通用电气—霍尼韦尔合并中解释的那样适用于事实，我们需要考虑当两个合并的公司在市场上并非唯一的时候结果将如何改变。

在这一新的情形下，降价有两个理由：市场扩张和与对手的竞争。古诺视价格降低为增加市场总量的一种方式。尽管飞机发动机的总需求能够通过降价来得到扩张，但是发动机（连同航空电子设备一起）只是飞机总成本的一小部分。降价引起的更大影响是通过从竞争对手那里夺得更多潜在的市场份额来实现的。

由于竞争对手企业的存在，它们对降价将有所回应。这一回应可能会抵消合并公司的潜在所得。因此，我们希望考虑到对于未合并的公司以及消费者的均衡影响，从而测定整体社会福利所受到的影响。

另一个为什么古诺框架可能不适用于通用电气—霍尼韦尔合并的原因是，其基本的结果取决于一个未阐明的假设：公司对市场上所有消费者实行统一定价。对于一般的消费品而言，这是一个非常合理的假设，比如微软办公软件。但对于两方均把大量谈判作为销售过程的一部分大型商用产品来说，这又不是一个合理的假设，如果公司能够实行价格歧视或者能与每个消费者谈判协商，

---

① 这一案例中具有讽刺意味的是，如果假设通用电气和霍尼韦尔都拥有垄断地位，那么，在这种情况下，捆绑将毫无疑问地提高社会福利。唯一可能受的损失是在竞争者。但是如果每家公司（作为一个垄断者）没有竞争者，就没有损害发生。

那么捆绑的优势就不复存在。

这里，我们的焦点是古诺模型的适用性。除了消除双重边际化之外，提供捆绑还有其他的原因。举例来说，即使某个公司既是商品 1 又是商品 2 的垄断销售商，那么它也可能会以捆绑定价作为一种提高其价格歧视能力的手段。[①]当对单独商品的需求也存在时（如铜和锌那样），捆绑的动机比当所有的消费者都购买这两种商品（正如喷气式飞机发动机和航空电子设备的例子）时会更强。[②]我们不强调捆绑的这一方面的原因，因为它在通用电气－霍尼韦尔案例中并没有发挥作用。

15.6 反捆绑的竞争

首先，我们扩展原始的古诺模型来涵盖两个卖主在市场上竞争的情形。这个做法得到的结果正是委员会反对这次合并的论述的核心。

这个方法基于纳勒布夫（Nalebuff, 2000）的理论。我们考虑市场上有四个公司的情形。第一种商品有两种不同的型号，由公司 A1 和 B1 生产，第二种商品也有两种不同的型号，由公司 A2 和 B2 生产。

为了将产品差异模型化，我们假设两个 A 产品定位于 0，两个 B 产品定位于 1。（这些位置"0"和"1"可以被认为是地理空间的点或是产品特性的空间。）这两种产品可以被认为是航空电子设备和发动机，"A"公司是通用电气和霍尼韦尔，"B"公司是 Pratt & Whitney 和 Rockwell Collins。

因为飞机既需要发动机也需要航空电子设备，客户将会在购物篮中分别购买这两个部件的一个单位。因此，每个消费者将购买（A1，A2），（A1，B2），（B1，A2），（B1，B2）中的一种组合。

顾客将最能满足其偏好的一捆商品集合在一起。每个顾客用最小的总成本购买整捆商品，而总成本是由价格加上一个线性的单位运输成本构成的。我们假设对于每两种商品，顾客的理想定位均匀地分布在（0，1）之间[③]，对于每

[①] 譬如，可参阅亚当斯和耶伦（Adams and Yellen, 1976）；麦卡菲，麦克米伦，以及惠斯顿（McAfee, McMillan and Whinston, 1989）；巴克斯和布莱乔弗森（Bakos and Brynjolfsson, 1999）。

[②] 当所有的消费者都购买 1~2 组合，并且商品 1（和商品 2）的对手的产品是不完美的替代品，捆绑仍然有优势。这个优势仅仅存在于公司不能实行完美价格歧视的时候。

[③] 之后我们将探究销售者有更多关于消费者偏好信息的情形，这将导致不同的顾客定位的分布。

案例 15：通用电气—霍尼韦尔案（GE – Honeywell）

种商品的定位偏好是独立分布的。

有三种可能的市场结构：四个公司都独立决策；两个 A 公司捆绑，两个 B 公司也捆绑，形成捆绑对捆绑的竞争形式；两个 A 公司合并，而两个 B 公司保持独立。①

情形 1：A1，A2，B1，B2 每个独立

情形 2：A1 – A2 联合 vs. B1 – B2 联合

情形 3：A1 – A2 联合 vs. B1，B2 独立

15.6.1 情形一：所有公司独立决策

在顾客和单位运输成本均匀分布的情况下，均衡价格等于 1，市场为公司 A 和 B 平均分割。②

$$P_{A1} = P_{A2} = P_{B1} = P_{B2} = 1; \prod_{A1} = \prod_{A2} = \prod_{B1} = \prod_{B2} = 1/2$$

P_i 代表价格，$\prod_i$ 代表利润。

这种情况是我们衡量协作定价决策影响的基准。在这一基准情形中，顾客混合搭配他们偏爱的部件，并为他们根据需要选择的两种商品的捆绑支付的价格是 2。

15.6.2 情形二：捆绑对捆绑

这里，两个 A 公司协调定价，并且以捆绑的形式出售它们的商品来对抗同样协调定价的两个 B 公司。③ 假定捆绑 A 以 $P_A = P_{A1} + P_{A2}$ 价格出售，而捆绑 B 以 P_B（定义同 P_A）价格出售。这里的均衡价格为：

$$P_A = P_B = 1; \prod_A = \prod_B = 1/2$$

利润下降了 50%，这是因为总计的捆绑价格下降了 50%。捆绑价格下降到之前每个单独组成部分的价格。事后才认识到，这一直观了解相对简单。正如单独出售各部分时一样，降价带来了相同数量的消费者数目增长。所以在一

---

① 两个 B 公司联合而两个 A 公司保持独立将导致同样的结果。
② 这个结果假设每对竞争者之间是伯川德价格竞争。我们更进一步假设，边际生产成本不变而且相等。在这个假设下，边际利润不依赖于成本，因此我们在下面的结果中用零做边际成本。
③ 为了简单起见，我们假设消费者仅买了两个捆绑中的一个。

个对称的均衡上，捆绑价格一定等于单独价格。捆绑对抗捆绑是一种极残酷的竞争。就像纳勒布夫（2000）所论述的那样，多于两种商品的捆绑会出现类似的结果。

15.6.3 情形三：捆绑对抗部件

定价的外部性表明，捆绑者相对于各部件的单独卖者具有优势。但是情形2的结果表明，这种优势可能被 A 公司仅以捆绑的形式出售其产品而导致的竞争增长而抵消。那么哪种效果更强呢？

$$P_A = 1.45 ; P_{Bi} = 0.86 ; P_B = 1.72 ; \prod_A = 0.91 , \prod_B = 0.32$$

结果是：增长了的竞争效应处于支配地位，所以，捆绑使得公司 A 的利润从 1 降到 0.91。捆绑者的利润比未合作的两个 B 公司利润总和高出 50% 左右。市场份额从 50~50 变为 63~37。但是，即使获得了这些份额，捆绑者的利润依然比每个部件以非协作形式单独出售时低了 10% 左右。对此的解释是：捆绑从 B 公司那里拿走了足够的市场份额从而足以使均衡价格下降，结果导致了 A 公司情况更糟。① 因此，即使捆绑会带来优势，也不会产生捆绑的动机。

这些出自纳勒布夫（2000）的结果，考虑的是纯捆绑的情形——产品 A1 和 A2 只能以捆绑形式出售。为了使这个模型适用于通用电气-霍尼韦尔，这些结果需要被扩展，用以涵盖混合捆绑的情形。

15.6.4 混合捆绑

罗尔斯罗伊斯公司（Rolls Royce）向欧盟委员会提出了这一模型的扩展版，从而将混合捆绑的情形涵盖进来。② 尽管找到一个解析解较为困难，但是通过模拟可以算出大致的均衡价格以及利润。这些结果和纯捆绑情形并不完全一样，尽管它们有相同的特点。

捆绑 A 将以比并购前的价格 2 低 19% 的折扣出售，A 的部件价格从 1 升至 1.21 升。B 公司将其部件价格降低至 0.89，以此作为对于这种增强了的竞

---

① 随着捆绑规模上的扩大，价格上的差距随之发生并且持续扩大，捆绑者的市场份额也如此。一旦捆绑有 4 个或更多的商品，捆绑公司的均衡利润会升高。可见于纳勒布夫（2000）。
② 崔（Choi, 2001）讨论了非机密版本。

案例 15：通用电气—霍尼韦尔案（GE – Honeywell）

争的回应。

$P_A = 1.63, P_{Ai} = 1.21; P_{Bi} = 0.89, P_B = 1.78; \prod_A = 0.97, \prod_{Bi} = 0.40$

即使是混合捆绑，合并公司也仍然会损失利润，利润从 1.00 下降至 0.97，即跌了 3%。尽管其利润下降，但 A 公司仍获得了高于其竞争对手的优势。A 公司的市场份额为 55.4%，而其竞争对手的利润下降了 21%。

很明显，该模型十分独特。捆绑销售是否有利可图的结果可以随着参数值或模型假设的改变而改变。例如，当更多的产品加至捆绑销售（至少在纯捆绑销售案例中）时，捆绑会更加有利可图。

尽管低价造成的最大影响源自于获得市场份额，但仍有扩充整个市场容量的潜力。正如崔（2001）所认识到的：即使这一影响很小，它仍然足以使得捆绑销售可以盈利。

因此，委员会得出一个结论：经济动机将引导公司采用混合捆绑策略。实施捆绑的公司获得了高于其竞争对手的优势——这是一个相对较为普遍的结论。但是，关于某个多元化产品公司是否有捆绑的经济动机，则是一个更加微妙的问题。同理，因竞争而产生的预期损失也如此。在其他的因素之中，捆绑是否有利可图取决于捆绑销售中的产品数目以及整个市场的需求弹性。而由 Rolls Royce 模型得出的结果依赖于一种特定的偏好分布，即均匀分布。若顾客偏好分布不同，这些结果是否成立尚不清楚。

这些结果也取决于在捆绑销售中的两种商品对消费者具有同等重要性的假设。显而易见，发动机比航空电子设备甚或霍尼韦尔所有潜在的合并部件更为重要。

一个飞机的发动机可能标价 1 500 万美元，而一件航空电子产品的售价可能在 10 万美元以下。大体上来说，航空电子设备占到整架飞机成本的不到 5%。捆绑的基本模型中包含两种估价相当的产品。纳勒布夫和吕（Nalebuff and Lu, 2001）扩展了早期的模型，允许在重要性上存在非对称性。在我们已经考虑过的情形当中，几乎没有捆绑的动机，对于竞争者们的影响也极其微小。实际上，如果是纯捆绑，并且有足够不对称性，那么捆绑确实能增加市场上所有参与者的利益。

Rolls Royce 的模型仅仅考察了两种商品以及两个卖主的情况。而现实中，航空电子设备和非航空电子设备商品一次被购买的数量达几十之多，重要卖主的数目至少有一打。我们不仅需要了解混合捆绑是否有吸引力，还要了解捆绑规模的增加将会在多大程度上更具吸引力，以及增大了的捆绑对市场有哪些影响。

因此，在我们试图运用这些模型预测某一合并可能产生的影响之前，这些模型需要足够稳健以涵盖真实世界市场中的一些重要因素。① 如果只看到这一模型结果的表面价值，就不会明白反托拉斯的担忧。市场的平均价格下降了，消费者状况也在企业受损的情况下得到改善。

有人可能会说，但整个社会福利下降了。然而正如帕特里克·雷伊（Patrick Rey）在他递交给欧盟合并专责小组的陈述中所指出的，这实际上只是模型的典型后果。由于需求是无弹性的，社会福利的唯一改变要归结于运输成本的改变。既然运输成本在最初的对称均衡中得以最小化，那么任何运输成本的变动都会导致社会福利的下降。但是这一论证须严格地依赖于其完全对称的出发点。例如，如果合并公司拥有优势地位，且拥有较大的市场份额，那么，捆绑销售折扣将导致效率的提升。

关于捆绑销售，委员会所关注的问题不是社会福利的迅速丧失，而是对竞争的长期（甚至也是短期）影响。与反对掠夺性定价的争论相似，委员会认为，竞争对手将会退出，从而通用电气－霍尼韦尔将会获得并利用其支配性地位。

15.6.5　动态情况

如果我们需要考虑预期的市场动态，那么还存在其他的必须被考虑的因素。例如，假设单个竞争者不会以任何方式做出回应，这是否符合现实？这些公司的一种选择是投资于产品改进或者成本缩减，另一种选择是提供一种相应的竞争性的捆绑。

对于B公司而言，提供一种竞争性的捆绑将会导致利润的进一步减少，但它仍然会在竞争中与其他竞争者打成平手（回想情形2）。公司会倾向于处在与其竞争对手对称的位置上。如果它们担心捆绑销售者将利用其利润优势从而使自身在研发中处于优势地位，或者在重复博弈中获得其他优势，那么它们可能更偏爱一个更低但公平的竞争平台。

---

① 但是，即使暂时假设所有的这些问题都不存在，帕特里克·雷伊的研究表明，仅就其本身而言Rolls Royce模型也有致命的缺陷。为了估计申请的合并的影响，我们需要给此模型加上系数。问题是，仅有一个观测数据供我们估计这些参数。Rolls Royce利用了现有的市场份额数据。这最多也只能使得该模型被精确地识别。然而，在这种情况下，该模型仍然未被完全识别。因此，合并所产生的影响将依赖于一些参数的选择，对于这些参数，是没有数据可供作出估计的。

案例 15：通用电气—霍尼韦尔案（GE – Honeywell）

即使 B 公司不希望提供竞争性的捆绑，它们的顾客也能促使它们达到这种结果。如果顾客能引起一场捆绑销售间的竞争，那么顾客将获利良多。在本案中的市场中，顾客一点也不被动，并且还会运用它们的力量来影响竞争的特性。

Rolls Royce 模型考虑了在竞争对手单独出售其产品时一家公司使用捆绑销售的优势。任何优势一旦存在，只要它们的对手公司也合作并提供竞争性的捆绑，那么这些优势就会迅速消失。在与对手可以打成平手以及顾客具有优势的情况下，引入产品捆绑销售的公司并不能期望其竞争对手不会像它一样转而提供竞争性的捆绑。

15.7 捆绑的协商

之前的讨论提出了一些有关反托拉斯政策的潜在的有趣问题，但是它对通用电气—霍尼韦尔合并一案的适用性却值得怀疑。原因是：以往有关捆绑销售的结果都严格地依附于一个假设——市场上所有消费者都只面临一种价格。这是许多经济模型最基本的假设，以至于它不被经常表述出来。然而，这一假设并不适用于航空业。

喷气式飞机的发动机或者航空电子设备的顾客所付的价格并不是价目表所列之价格。飞机购买者规模大且强势。每一个卖主都不能忽视任何一个要求更优惠价格的航空公司。对于顾客的偏好，卖主也并不是一无所知的。这个市场上的卖主需要花费很多资源来了解它们的顾客。卖主不仅要考虑以往的购买情况，也要考虑它们的产品以及产品的竞争者之间技术上的差异。一旦进入竞争，卖主对自己所处的位置很了解；到竞争之末，该卖主对此会了如指掌。

买方力量和卖方信息博弈的结果是价格协商，而不是由卖方来定价。交易价格的实例证实了不同的买主支付不同的价格，每一笔交易都在谈判中进行，且其价格根据具体的情况来定。

在公司与其顾客在完全信息的情况下进行谈判的社会中，两个互补型的公司的合并完全是中性的。为了弄清该原因，首先举一种情形为例：某个顾客偏爱 A 公司的两种商品。假设其净优势等于（0.2，0.3）。在这种情形中，A 公司将在两个商品的竞争中都获胜，不管是采取单独销售还是在公司合并后采取捆绑销售。

在承认失败之前，B 公司会愿意将价格降至边际成本的水平。在 A 产品分开单独销售的情形中，A_1 公司能够通过谈判在商品 1 中获得 0.2 的利润，而 A_2 公司能够在商品 2 中获得 0.3 的利润。如果商品以捆绑形式销售，那么，合并后的公司 A 将能够在这一捆绑销售中通过谈判协商获得 0.5 的利润。

即使 B 公司在一个（或者两个）商品中具备优势，结果也不会有什么差异。再举一种情形为例：顾客对于 A 产品有（-0.2，0.3）的净偏好，从而实际上该顾客偏爱 B_1 甚于 A_1。如果是单独定价，A_1 公司将会负于 B_1 公司，而 A_2 公司将会击败 B_2 公司。如果合并后的 A 公司试图以捆绑形式销售这两种产品，那么它可以这样做，但是仅能获得 0.1 的利润。这比仅出售第二种商品并获得 0.3 的利润更糟糕。

这两种情形十分普遍。它们所要表达出的要点如下：当顾客类型已知而且价格经协商确定时，捆绑绝不会带来更高的利润。如果顾客仅从一个公司购买所有产品，那么捆绑对于顾客、价格、利润以及效率并无影响；如果顾客对 A 公司的部分产品以及 B 公司的部分产品都有所偏爱，那么这一合并后的公司将会继续以合并之前的价格提供单独的产品，将捆绑强加于顾客只能减少 A 公司的利润。实际上，捆绑将不得不通过利用它从其最具优势的产品中所获得的利润来弥补其劣势。这与亏本销售单独的部件没有区别——而亏本销售单独的产品是一种公司能够做到但即使没有捆绑也不会去做的策略。

另一种观点可以增进直观的认识，即公司只有在其产品达到差异化时才能获利，或者说在公司对顾客有优势可言的时候，利润才存在。当一个公司捆绑销售两种优质产品或者两种劣势产品时，这些优势（或者劣势）加总并没有影响。但是，当一个公司将优质和劣质的产品混合捆绑销售时，这就可以削减其优势从而使得利润也会相应减少。有了混合捆绑，便不会有捆绑销售折扣，从而混合捆绑也不会有任何效果。

这一完全信息下的谈判模型是为了抓住市场中竞争的基本特性，但与所有模型一样，它所介绍的是对于市场的一个简单描述。虽然卖主对顾客的信息很了解，但他们的信息不总是准确的。即使如此，在有关顾客偏好的信息不完全但足够好的情况下，厂商仍然可以进行价格协商。

这一谈判模型的结论不是一个狭义的结果。对于更现实的情形，数学推导要困难得多，但是模拟的结果表明，当卖主拥有有效但不完全的信息时，捆绑销售几乎没有效果。

举一个例子：设想公司不了解顾客的精确位置（即偏好），但是很了解顾

案例15：通用电气—霍尼韦尔案（GE – Honeywell）

客偏爱哪些公司。[①] 考虑一个偏爱两种 A 产品的顾客。

在这种情形中，捆绑销售表现出一个小小的优势。一个了解其在所有部件中拥有优势的公司能够利用捆绑来进行更好的差别（歧视）定价。于是市场效率得到提升，竞争对手的利润下降。但是在这一情形中，这些竞争对手起初的利润是非常低的。

大不相同的是，当合并公司在所有的产品中都具有劣势时，捆绑销售并非有利可图。这里我们也注意到，这种情况下，竞争对手能获得最高利润。因此，当竞争对手赚最多的钱时，捆绑销售的效果最小。

当合并公司在一个部件上具有优势而在另一个部件具有劣势时，纯捆绑或者搭售可能会适得其反。如果合并公司使用了混合捆绑销售，那么大多数消费者并不会理睬捆绑，而这一混合捆绑又仅有很小的影响。

平均地看这四种情形：混合捆绑销售策略的净效果降低了 50%，这与信息量的改进是相关的。这里有一半的不确定性被排除：公司都知道其自身是处于领先还是落后的地位，尽管他们并不了解领先或落后多少。[②] 纳勒布夫和吕（2001）指出，在更完备的信息下，混合捆绑的影响会更小。

上述模拟结果是基于一种特定的用户分布，即每一给定的顾客类型有一些不确定性。它并没有触及"什么才是合适的顾客类型分布"这一问题。分布的紧密性可以作为任何特定协商中的信息质量的代表。

我们所观察到的较大的利润差别是企业拥有高质量信息的表现，但这些还没有从实际数据上测量过，也未在该模型中进行过模拟计算。

15.8 市场支配地位与捆绑销售的经验证据

委员会反对该合并的案例最终取决于一个对市场支配地位的判定。这一说法的出发点是，通用电气在大型商用飞机的飞机发动机市场上已经占据支配性的地位。我们之前提到过，市场支配意味着一个公司能够独立于其竞争对手及其顾客而采取行动。

我们几乎可以从定义中看出，一个没有支配性市场份额的公司在市场上不

[①] 要了解更多有关这一观点的细节，请参考纳勒布夫和吕（2001）。
[②] 另一种表述方法是：每个企业知道顾客是位于哪半段线上，因而不确定的范围被缩减了一半。

可能拥有支配性地位。委员会阐述了他们的计算结果：在还在生产中的已安装了发动机基底的大型商用飞机市场中，通用电气占了52.5%的份额，因而拥有支配性的地位（如表15-1所示）。[1]

表15-1　　　　　　　　　　市场份额

厂商	GE	PW/IAE	RR/IAE
窄体	51	22	27
宽体	54	31	15
总计	52.5	26.5	21

还在生产中的型号的飞机这个概念遗漏了使用中的但今后不再生产的飞机。虽然新的发动机很明显不会再出售给不再建造的飞机，但委员会的这种观点忽略了备用零部件市场。在拥有备用零部件的情况下，在一个发动机的使用寿命期间内，零部件的更换可以给供应商带来相当于10次出售该发动机的收入。尤其是 Pratt & Whitney，它们拥有一大笔来自将备用零部件出售给使用中但又不再生产的飞机的年收入。如果采用这种"使用中的飞机"的方法来计算，通用电气的市场份额则降至41%。

委员会在计算 PW（Pratt & Whitney）和 RR（Rolls Royce）的市场份额时，包括了 Pratt & Whitney 和 Rolls Royce 合资的公司 IAE 的发动机。IAE 的市场份额在 PW 和 RR 之间平分。相比之下，通用电气和 SNECMA 以 50%～50% 比例合资的公司 CFMI 的所有市场份额却都归给了通用电气[2]。如果 CFMI 被排除在考虑范围之外，并且我们仅考虑正在使用中的飞机的市场份额，那么通用电气的市场份额就降至10%。如果我们将 GFMI 的一半归给通用电气，另一半归给 SNECMA，那么通用电气的市场份额仍然只有28%。即使我们以还在生产中的型号的飞机数目计算，并且将 CFMI 一半的市场份额归给通用电气，那么通用电气的市场份额也只有36%。

---

[1] 该数据截止于2000年12月31日。本表格的数据来自于欧盟委员会在 No. COMP/M. 2220—General Electric/Honeywell 案的决定，第70段。

[2] 竞争总干事是这样解释这一计算方法的："尽管从法律的角度来看，通用电气和 SNECMA 共同控制了 CFMI，但出于分析这一交易的目的，唯一有意义的市场份额的分配方法只能是都分给通用电气，因为 SNECMA 并不是一个为大型商用飞机提供国内喷气式飞机发动机的独立供应商。对于 SNECMA 本身的研究以及对它所参与的其他通用电气发动机项目的分析表明，SNECMA 和通用电气是属于同一个利润最大化的实体"（见乔达卡斯等，Giotakos et al., 2001）。

案例 15：通用电气—霍尼韦尔案（GE – Honeywell）

除了委员会的计算以外，在上述的任何一种计算方法中，通用电气有限的市场份额实际上将会使其被排除在支配性的市场地位之外。那么到底哪种市场份额的定义是正确的呢？

理论上来说，不存在一个正确的市场份额的定义。现在的问题是，测定市场份额的目的是什么？例如，如果目的是评估某公司的财务资源以进行业务上的持续投资，那么它所有的收入流都是相关的。因此，PW 可以利用来自其所有型号的飞机（而不仅仅是仍在生产的飞机）的收益为新的投资提供资金，通用电气仅从 CFMI 中获得一半的收入。因此，出于这个目的，28% 这个比例也许是最合适的答案，因为它能反映通用电气在当前市场上的收入份额。

为了理解将来的财务生存能力，我们也许还需要对下一代飞机的预先定购进行考察，这些飞机已经开始被研发，但尚未进入生产（例如 A380，B777x）。飞机在生产之前就被预订是很普遍的。2001 年，Rolls Royce 在这些下一代飞机的发动机中拥有 40% 的市场份额，而通用电气和 CFMI 合起来的市场份额以 38% 位居第二，PW 以 21% 位居第三。

如果市场份额要被用来说明市场势力，那么似乎 CFMI 的大多数市场份额将不能包括在通用电气的市场份额中。这是因为，CFMI 的绝大多数销售额不能够使其运用任何市场势力。我们上面提到过，CFMI 是波音 737 飞机发动机的专有供货商[①]。在进入这一独家供应关系之前，波音意识到，如果 CFMI 成为波音唯一供货商的话，那么波音的顾客将会在讨价还价中处于一个不利地位。因此，波音事先就与 CFMI 谈成了有关条款，并写进了独家经营合同中。

对于大多数发动机，航空公司将飞机与发动机分开购买。航空公司一旦决定使用波音 747，就会将其发动机的定单发出，并在通用电气、PW 以及 RR 之间进行招标。但是，如果购买波音 737，航空公司会与波音谈判，而发动机就已经包含在协商价格之中。CFMI 在这些定单中并不拥有控制发动机定价的能力。出于这个原因，一种更加合适的测量通用电气市场份额从而测定其市场势力的方法应该除去其独家合同带来的销售额，这才是真正的发动机市场份额。[②] 这一修正了的市场份额大约为 10% 或者 20%，取决于我们考虑的是在

[①] 除了 CFMI 的波音 737 飞机的独家销售合同之外，其 CFM56 发动机也为空中客车 A320 家族以及 A340 长途系列提供动力。

[②] 通用电气也有一些独家销售合同，譬如两个波音 777 的新 "Long Range"（LR）型号。这里，发动机也在事先谈判条款中被定好出售。在估算一个公司采取战略行动的能力时，应该将所有的发动机独家销售额扣除。

使用中的飞机、或只是仍在生产的飞机型号。

如果市场份额被用来推测捆绑销售的可能性，那么，似乎 CFMI 的销售额也不应归给通用电气，这是由于以下两个原因：

一方面，因为是按照一笔预先确定的交易为波音提供发动机，所以合并后的新公司几乎不可能采用捆绑价格。如果顾客已经购买了波音的飞机和 CFMI 的发动机，那么，为购买霍尼韦尔的部件而提供追加的发动机折扣没什么好处。新公司不如在霍尼韦尔的零部件上提供直接的折扣。

企图提供捆绑折扣的唯一方法将是：如果购买 737 飞机，则承诺霍尼韦尔的零部件未来的折扣。这种方法只有当折扣能增加 737 飞机的销售额时才有意义。（如果 737 的销售额不变，那么对 CFMI 发动机的需求就没有增加，因此不如直接将折扣用于霍尼韦尔的零部件。）

但这个方法有许多可行性的问题：首先，与飞机和发动机相比，霍尼韦尔的成本相对较小。因此，就像尾巴几乎没有能力摇动整只狗一样，它也不可能有什么影响力；第二，航空电子设备和其他霍尼韦尔零部件的销售都是在未来某一时间协商进行的，一方不可能事先承诺在未来的协商中给另一方一个"更好的交易"，因为还没有一个基准来衡量什么才是将来的更好的交易。[①]

另外，由于 CFMI 是一家合资公司，捆绑将会变得更加复杂。提供捆绑价格的决定须由通用电气和它的伙伴 SNECMA 共同做出。根据合同，CFMI 总是由 SNECMA 方派出的代表来领导。这使得 CFMI 提供捆绑的能力更加复杂化，因为 SNECMA 并没有协助销售霍尼韦尔航空电子设备的积极性。

通用电气为获得市场份额的策略性行动能力实际上仅限于其自有发动机的销售上，这大概占了生产中的飞机市场的 20%。但 20% 的市场份额并不足以使一个公司可以不顾竞争对手与顾客而独立行动。

不论如何测定市场份额，案中各方在投标竞争的广泛应用、对市场智能的强调和市场份额交替的变动特性等方面并没有不同的意见。但是对于同样的事实，在大西洋两岸却有着非常不同的见解。在美国，通用电气赢得几个最近发动机角逐的事实被看作竞争存在的证据。在欧洲，这些最近的胜利却被看成具

[①] 为了使之更清楚，考虑提供以下假象的捆绑：如果"New Air"购买一架 737 飞机，通用电气对购买霍尼韦尔的航空电子设备提供 100 万美元的折扣。当这些航空电子设备价格的商谈真正到来时候，霍尼韦尔和顾客都会考虑到这 100 万美元。因此，如果实际协商的价格本来是 400 万美元的话，新的协商价格将会是 500 万美元。

案例 15：通用电气—霍尼韦尔案（GE – Honeywell）

有市场支配地位的证据。[1]

通用电气公司独一无二的财务力量是通用电气在发动机市场上有支配地位这一说法的一个促成因素。乔达卡斯（Giotakos，2001）的中的摘要说明了这一观点：

通用电气的资产及时给通用电气的生意提供了强大的融资手段，并使得通用电气有能力在产品开发方面比其他竞争者承担更大的风险……。通用电气也充分利用了这一点，在发动机销售中提供高额的价格折扣……。多亏了它作为发动机提供商的财务力量和既有优势，使通用电气能够负担起它给机身制造商提供的以平台程序开发为形式的的重要支持，而其他竞争者在历史上从未能够提供这样的支持……。与其他发动机制造商不同，通用电气有足够的财务实力来承担独占销售，并获取修理用零配件市场、租赁和财务方面的收益。

帕滕森和夏皮罗（Patterson and Shapiro，2001）说明了这个方法的危害。他们将同样的活动视为是促进竞争的：承担风险导致科技创新；提供折扣将使顾客获益。在美国，支配性企业的不可摧毁性是一个不可信的理论，并且不再是反对非横向合并的根据（司法部，DOJ，2001）：

因为以通过规模经济和范围经济创造一个更有效的企业为理由而反对一项合并的做法，不符合反托拉斯法的基本目标。并且，那种规模本身可以给企业带来与效率无关的强大的竞争优势的观点，是没有经验证据支持的。

不管通用电气是否一开始具有市场支配地位，欧盟委员会担心这项合并将会使通用电气的支配地位延伸到霍尼韦尔的产品上去。根据委员会的说法，这一支配地位是通过捆绑达到的。这一理论上的担心在多大程度上可以得到事实证据的支持呢？

尽管从理论上看，捆绑不太可能成为一个重要的因素，这里仍有一些经验性的问题：我们在实际中是否观察到航空领域使用捆绑的证据？乍一看，答案似乎是肯定的——很多投标都是多部件投标。像霍尼韦尔以及它的竞争者通常都通过投标来供应一长条清单的零部件。这使得很多观察者甚至产业参与者得出这样的结论：捆绑是该产业的一个特征。

然而，这个长的产品清单也被分解为每一个独立部件的价格，这些部件的价格加总起来得到"捆绑"或者整包价格。如果这里没有折扣，那么我们不

---

[1] 更详尽的关于美国和欧洲方法的对比，参见帕滕森和夏皮罗（Patterson and Shapiro，2001）和司法部（DOJ，2001）。

能认为这是捆绑。

将这个情况与微软的 Office 软件进行对比：2001 年 6 月份时，微软公司的 Office XP Professional 的定价为 547 美元，同时人们也可以单独购买这些组件，但是人们不会这样做。因为 Word、Excel、PowerPoint、Access 的单独卖价都为 339 美元，Outlook 为 109 美元，总价加起来有 1 465 美元，因此购买软件包与单独购买每一个组件相比有 60% 的折扣。

在委员会所引用的那些情形中，所认为的捆绑折扣却要小得多——差 10 倍。所认为的捆绑折扣也比 Rolls Royce 模型所预测的小得多。更重要的是，这些折扣是公司间讨价还价的证据，而不是混合捆绑的证据。

在那些委员会试图证明捆绑存在的情形里，它的分析没有区分纯粹的折扣和以购买一整包产品为条件的折扣。因此，这些被引用的情形实际上证明了混合捆绑的不存在。

即使在购买一整包产品时享有折扣，这也不意味着折扣不对单个部件适用。一般而言，这将是一个不确定的投机性说法。但是，在委员会引用的例子中，所谓的混合捆绑并没有成功促使顾客购买整包产品。因此，有可能观察到什么是成交价格，以及是否真实存在购买整包的有条件的折扣。在引用的例子中，顾客并没有因为分解捆绑而支付高价格。不论给顾客购买整包捆绑产品提供什么样的折扣，这些折扣都被按比例分摊到最终购买的捆绑的某些部件中去。

委员会所提供的捆绑证据其实削弱了他们自己的论点。如果捆绑是这样一个反竞争的工具，那么它为什么不能吸引顾客购买企业中的劣势产品？事实是，顾客不购买整捆产品也可获得提供的折扣的事实，证实了产业中的一个观点：提供捆绑折扣的做法是错误的，因为这将会导致一种不论顾客买什么都能获得同样折扣的结局。

如果捆绑真是一个需要关注的问题，那么，我们所观察到的合同一定会是成功赢得顾客的合同，而不是顾客不选择的合同。而且，与单项购买相比，这些合同应该给购买整包产品提供一个较大的折扣。

15.9　捆绑发动机的（非）可行性

理论表明，在价格是通过协商确定的情况下，捆绑不会带来优势。另一方面，证据显示捆绑折扣也不是普遍的，即使它真正存在。但是，如果通用电气

案例 15：通用电气—霍尼韦尔案（GE – Honeywell）

与霍尼韦尔真能够合并的话，这可能为提供航空电子设备/非航空电子设备的捆绑创造一个新的机会。即使这是他们想要得到的，但飞机购买过程中制度上的特点使这种类型的捆绑变得不可行。

我们已经讨论了将 CFMI 发动机和霍尼韦尔航空电子设备（以及其他非航空电子设备）捆绑销售的问题。这些讨论过的问题包括与 SNECMA 合资公司的情况以及波音 737 系列预定的发动机价格。另一个使得捆绑发动机和其他部件不可行的附加因素是定时采购。通常，发动机的选择已经在选择其他部件（如航空电子设备）之前做出。

为了说明为什么这是一个问题，我们需要仔细考虑一下捆绑销售是如何起作用的。一旦通用电气赢得了在发动机上的竞争，如果顾客也将购买霍尼韦尔航空电子设备，通用电气就将没有动力对发动机追加折扣。这与直接给予霍尼韦尔航空电子设备折扣没有区别。

为了使捆绑有可能成功，一定要达到以下这种情况：在选择购买发动机的时候，顾客相信选择通用电气的发动机将会获得购买霍尼韦尔航空电子设备的优惠价格。例如，如果顾客拥有一部通用电气发动机，它就可以在将来购买航空电子设备的时候获得 10% 的折扣。虽然这种情况在一些行业中是可能的，但却不适用于航空电子设备。这是因为，所有的价格都是通过协商确定，所以从标价中获得折扣的说法毫无意义。一方不能承诺在将来的协商中给予另一方一个"更好的交易"，因为没有基准用来衡量哪个是更好的标准——对于什么可以达成一笔更好的交易。在此，我们又看到考虑价格是固定的还是通过协商达到的重要性。

捆绑航空电子设备的各部件似乎要比捆绑发动机和航空电子设备更可行。实际上，这个问题在两年前当欧盟委员会批准 Allied Signal 和霍尼韦尔的合并时就已经被考虑过了。虽然有关于捆绑在航空业是否存在的争论，即使是欧盟委员会也没有声称两年前的 Allied Signal 和霍尼韦尔的合并已经导致大范围的捆绑。从委员会的观点看，这仅仅是因为 Allied Signal 和霍尼韦尔的合并是最近的事，它对捆绑的影响还没有被察觉到。

15.10　捆绑会导致竞争者退出的证据

在欧盟委员会论证霍尼韦尔和 Allied Signal 的捆绑效应会缓慢出现的同

时，它却认为通用电气和霍尼韦尔的合并会立即导致竞争对手的迅速退出或者边缘化。①

退出（或者边缘化）在这个行业中真的可能发生吗？在这里，委员会的决定似乎依赖了合并公司的一些竞争对手的可怕警告。当然，这些竞争者并不是无私的参与者。它们希望能够阻止该合并、或者在委员会批准该合并但要求合并方分拆霍尼韦尔的一些"宝石"生产线后，能够购买这些宝石。

委员会也没有得到任何证据来证明竞争对手面临退出的危险。与之相反，提供的证据却表明了这些竞争对手公司有长期生存的能力。例如，股票市场对该合并的反应并没有预示航天企业财务方面的脆弱性。从合并宣布到欧盟委员会开始审讯期间，几乎所有竞争对手的股票价格的上升都超过了标准普尔（S&P）500 指数，唯一表现不如标准普尔 500 指数的公司反而是通用电气。

人们也不要期望其他航空企业很快认输。机身寿命很长。一般飞机在市场上可以存在 25 年或者更长。因此，一份目前（或者 10 年前）获得的合同将提供一个长期的利润流。所以，即使企业被排除在新的合同之外，它们也不会迅速消失。事实上，下一架作出发动机选择的飞机是波音 787。

在航空业中，有几个大的参与者有兴趣致力于维持竞争，军事采购就扮演了这个角色。Rolls Royce 和 P&W 每年都从军事合同中得到数十亿美元的收入，并且民用和军用市场两者之间也是相互溢出的。虽然可以说没有哪一家航空公司愿意提供维持竞争这种公共产品，但空中客车和波音（它们各有大约 50% 的市场份额，每当为它们设计的飞机作采购决定时，它们都与航空公司紧密合作）却有这个动机。

15.11 政策药方

我们已经详尽地讨论过竞争当局是否应担心通用电气和霍尼韦尔合并背景下的混合捆绑。暂时撇开通用电气 - 霍尼韦尔的关联，在古诺效应存在的环境下，这里仍然存在什么应该是关于两个拥有市场势力的互补产品生产者之间合并的反托拉斯政策的问题。换一种说法，如果我们真正地找到了一个古诺效应

---

① 如果退出或边缘化是缓慢地发生的话，那么就需要考虑低价格时期顾客所获得的好处。但这在本案中从未被考虑过。

案例15：通用电气—霍尼韦尔案（GE – Honeywell）

很大的案例，我们应该做什么呢？

乍一看，答案似乎是什么都不做。价格将会下降！社会福利更高了，最终消费者受益而竞争者受损。这不是一个反托拉斯当局应当参与的竞技场。[①]

欧盟委员会采用了一个独特的视角。他们所关心的是，合并的长期性影响会使竞争者退出该行业。与掠夺性定价的情形相同，一旦竞争者被制约或者被击败，合并后的企业会拥有更多的力量去提升价格，接着社会福利将会下降。

与典型的掠夺性定价情形不同的是，损失补偿在这里可能是、也可能不是一个问题。在一定的模型参数和设置条件下，合并的企业在使其竞争对手退出市场的过程中实际可能赚钱。

如果我们沿此进行推理，那么接下来将是一个分步测试。这个测试是对卡尔·夏皮罗（Carl·Shapiro）和司法部开发的测试的延伸。[②]

1. 是否有捆绑销售的动机？
a）在什么情况下联合后的公司可以通过捆绑价格策略获得更高的利润？
b）两公司中是否有一方在联合之前就有捆绑的机会？如果有，是否有证据说明捆绑是这个产业中的通常惯例？
　　i）如果有捆绑，那么增加捆绑潜在范围的边际影响是什么？
　　ii）如果没有捆绑，那么这一合并创造出的机会怎么能够带来捆绑动机？
2. 顾客从更低的价格中获得什么样的短期收益？
a）我们期望因捆绑而导致价格下降多少？
3. 对其他竞争者的影响是什么？
a）竞争者的价格将会下降多少？
b）市场份额将有怎样的变动？
4. 我们期望这些低的价格能持续多久？
a）我们认为竞争对手能支持多久？
b）竞争对手是否离退出市场足够近，以至于市场竞争开始向一些企业倾斜？
c）是否有具有市场势力的、希望在市场中保留多家供应商的大顾客的存在？

[①] 虽然欧洲法律关心市场支配力，经济原理却关心高价格。这里的问题是低价格。欧洲法律看来并没有考虑可能是效率导致了更低的价格（施米茨，Schmitz, 2002）。

[②] 夏皮罗测试被呈交给合并专责小组。一个提交给OECD关于混合兼并的组合效应的圆桌会议的报告，描述了司法部的指南。见司法部（2001）。

5. 如果竞争对手退出，会对竞争带来什么损害？
   a）是否有新的公司能够进入市场？
   b）大顾客是否有能力保持价格处于低位？
   c）或者，如果价格上升，预期的损害是什么？

简言之，本案的合并会给社会带来即刻的效益。我们认为这利益能持续多久？有多大可能会对竞争带来潜在的损害？潜在的损害有多大？或者，更简单地说，如果允许合并，社会福利净变化期望值的现值是多少？

委员会将这一测试方法应用于通用电气－霍尼韦尔的案例中时，在第一步就停下来了。即使捆绑对竞争者的长期生存能力构成威胁，委员会也没有对有关利弊进行权衡分析。如果把时间因素适当的贴现，包括合并的最终结果是不确定的这一事实，那么，会有人认为社会福利变化的净现折扣值可能是负的吗？委员会自己认为这一合并会降低价格，但它没有证明预期的长期损害会超过短期收益，就作出了反对该合并的建议。

15.12 纠正措施

当一些行为的净影响是负面的时候，接下来就要寻找可以解决问题的纠正措施，无论是结构上的还是行为上的。在捆绑的情况下，一个非常简单的行为纠正措施是企业自己做出的，它可以承诺不捆绑。

因为委员会所担心的是捆绑的潜在可能，那么，合并双方同意不提供捆绑折扣的事实表明捆绑并不是它们合并动机的一个重要因素。又因为正是捆绑行为具有导致支配地位的潜力，那么，没有捆绑就不会有支配地位。

一个非捆绑的折扣政策是直接了当的，企业可以通过详列捆绑产品的分解价格和每个部件的价格来做到这一点，即单独的价格加起来一定要不大于捆绑价格。

只有当给部件提供折扣的时候捆绑才能起到作用。在企业对每个产品单独定价方面，不需要对它进行管制。企业对零部件可以随意定价，只要这些部件的价格总和不大于捆绑价格。

基于它对结构性纠正方法的偏爱超过行为性的，委员会没有采用这一纠正方法。但是这个特定的行为性解决方案在监控或执行方面并不难。如果一个企业对零部件的要价没有按单项详列出来，或者加起来大于整捆价格，那就违反了政府的要求。

15.13 结束语

在其《异议书》中，欧盟委员会提出了一个关于捆绑的理论，这一理论基于合并企业有能力实行捆绑并且有如此做的理性经济动机的假设之上，而捆绑所导致的价格如此之低以至于竞争者会被逐出市场。

当进一步审视这一论点时，结果发现捆绑并不适用于飞机发动机、航空电子设备和非航空电子设备产品市场。委员会随后便放弃了最初的思路：

各种各样的经济分析都从属于理论上的争论，特别是就由第三方中的某一员制定的混合捆绑的经济模型而言。委员会得出的结论是：合并企业将有能力提供捆绑交易，进而可以阻止来自发动机和航空电子设备/非航空电子设备市场的竞争，但是委员会并没有考虑对得出这个结论所必需的一个或其他模型的依赖。①

取而代之的是，他们的决定基于一个新的动态理论：竞争者被逐出是捆绑销售之间的交叉补贴所带来的掠夺性的结果。② 正如欧盟委员会在《竞争政策通讯》中（乔达卡斯，Giotakos，2001）所解释的：

由于通用电气从多市场的联合大企业领导位置而产生的强大（充足）的现金流，合并以后的霍尼韦尔将从通用电气融资面和交叉补贴不同业务部门的能力中获利，包括参与掠夺行为的能力。

关于为什么依赖 Rolls Royce 模型对委员会如此有吸引力，这里有一个简单的解释。事实上，如果合并企业可以通过在销售互补型产品时降价来赚更多的钱，那么就没有必要去评估掠夺性定价的成本（因为根本没有这种成本），也没有必要去评估损失补偿（因为没有损失要去补偿）。此外，合并成为了导致价格折扣的直接原因，因此现在有理由认为，这种有经济理性的掠夺性定价行为将会在合并后发生，即使它在合并之前没有发生过。

鉴于这一背景，委员会可能会非常失望地发现，它所依赖的经济模型——由 Rolls Royce 提出的模型，即使是基本的古诺互补品模型——不适合于它手

---

① 决议的第352段。
② 《反对意见陈述》从来没有对掠夺定价严肃考虑过：它只有一次提到掠夺定价，与捆绑理论也不相关联，而且是在脚注里提到的。

上的这项任务。①

虽然委员会放弃了原先的模型，但它并没有用其他模型来替换这个有缺陷的模型。相反，委员会转到一个掠夺性定价的动态理论。但是，它从来没有进行过有关的测试，以建立支持这种理论所必须的事实。

最后，欧盟合并专责小组抛弃了它的捆绑经济理论，但它没有放弃原先的结论：捆绑是他们阻止该合并的一个原因。该案例的结果对经济学分析在反托拉斯政策的设计和执行中扮演的角色提出了一个挑战。

15.14 后 记

通用电气和霍尼韦尔公司均向欧洲一审法院提起上诉。在2005年12月，这一上诉被否决。

欧洲一审法院驳回了由欧洲委员会提出的关于禁止合并的主要论点。一审法院不相信通用电气和霍尼韦尔公司将从事捆绑行为，也不认为通用电气将利用其租赁业务的财务实力（GECAS）作为杠杆。一审法院对欧洲委员会仅仅依据通用电气较大的纵向和横向市场业务范围就认为其将开始从事反竞争行为的判决方式进行了指责。

虽然一审法院驳回了欧洲委员会关于反对该兼并的主要经济学论点，但它维持了欧洲委员会在可最准确地描述为一系列技术细节方面的决定。一审法院指出，该兼并会在三个市场上制造市场集中：（1）小型船用引擎市场，（2）大型地区性喷气飞机的引擎市场；（3）公司用喷气式飞机引擎市场。由于这些问题并没有解决，该兼并是可以被禁止的。

即便小型船用引擎市场是集中的，这也将否认欧洲委员会关于兼并讨论的本质。一个人可以有把握地打赌称，通用电气和霍尼韦尔的领导者将愿意剥离其小型船用引擎业务，以此作为兼并批准的条件。类似的结果也会发生在大型

---

① 古诺互补品模型有一个重要的假设，即每个公司在市场中对所有顾客收取的价格相同。虽然对于消费品来说这是一个合适的假设，但是它并不适用于飞机发动机和航空电子设备的协商销售。在拥有完全信息的条件下，将根本不存在古诺互补品效应。就算信息不完全，由于公司可以在一定程度上区分他们的消费者，古诺效应也有所减弱。证据表明，价格和利润边际在顾客当中变化明显。但是委员会并没有试图估计不确定的程度和偏好分布，以使得谈判模型在他们身上得以应用。

案例 15：通用电气—霍尼韦尔案（GE – Honeywell）

地区性喷气飞机引擎市场和大型喷气式飞机引擎市场上。① 问题在于与当时的竞争专员马里奥·蒙蒂（Mario Monti）在 GECAS 和捆绑领域关键问题上协商失败，导致一些次要问题，比如船用引擎和地区性喷气式飞机引擎业务之间重叠问题无法解决。当然，即使一审法院撤销了欧洲委员会的判决，对于重启兼并为时已晚。

参考文献

［1］ Adams, William J., and Janet L. Yellen. "Commodity Bundling and the Burden of Monopoly." *Quarterly Journal of Economics* 90（August 1976）：475 – 498.

［2］ Bakos, Yannis, and Eric Brynjolfsson. "Bundling Information Goods：Pricing, Profits, and Efficiency." *Management Science* 45（December 1999）：1613 – 1630.

［3］ Brandenburger, Adam, and Barry Nalebuff. *Co – opetition*. New York：Doubleday, 1996.

［4］ Choi, Jay P. "A Theory of Mixed Bundling Applied to the GE/Honeywell Merger." *Antitrust* 16（Fall 2001）：32 – 33.

［5］ Cournot, Augustin. *Recherches sur les principles mathematiques de la theorie des richesses*. Paris：Hachette, 1838. English translation：*Research into the Mathematical Principles of the Theory of Wealth*, translated by N. Bacon. Mountain Center, Cal.：James and Gordon, 1995.

［6］ Department of Justice. "Range Effects：The United States Perspective," Antitrust Division Submission for OECD Roundtable on Portfolio Effects in Conglomerate Mergers, 2001. www. usdoj. gov/atr/public/international/9550. pdf.

［7］ European Commission Decision in Case No. COMP/M. 2220——General Electric/Honeywell, 2001. http：//europa. eu. int/comm/competition/mergers/cases/index/by_nr_m_44. html#m_22.

［8］ Giotakos, Dimitri, Laurent Petit, Gaelle Gamier, and Peter De Luyck. "General Electric/Honeywell——An Insight into the Commission's Investigation

---

① 大型地区性喷气式飞机引擎的种类是技术水平最显著的标志。交叠的部分包括与一个单独的小飞机（阿夫罗项目，Avro）市场相关的飞机层次的非直接竞争（不是在引擎层次的直接竞争）。"9·11"事件使得航空业的经营急转直下，阿夫罗项目也在 2001 年的衰退中被取消。

and Decision." *Competition Policy Newsletter* 3 (October 2001): 5 – 13.

[9] McAfee, Preston R., John McMillan, and Michael D. Winston. "Multiproduct Monopoly, Commodity Bundling, and Correlation of Values." *Quarterly Journal of Economics* 104 (May 1989): 371 – 384.

[10] Nalebuff, Barry. "Competing against Bundles." In *Incentives, Organization, Public Economics*, edited by Peter Hammond and Gareth D. Myles, 323 – 336. London: Oxford University Press, 2000.

[11] Nalebuff, Barry, and Shihua Lu. "A Bundle of Trouble." Yale School of Management working paper, 2001.

[12] Patterson, Donna, and Carl Shapiro. "Transatlantic Divergence in GE/Honeywell: Causes and Lessons." *Antitrust* 16 (Fall 2001): 18 – 26.

[13] Pflanz, Matthias, and Cristina Caffarra. "The Economics of GE/Honeywell." *European Competition Law Review* 23 (March 2002): 115 – 121.

[14] Schmitz, Stefan. "How Dare They? European Merger Control and the European Commission's Blocking of the General Electric/Honeywell Merger." *University of Pennsylvania Journal of International Economic Law* 23 (Summer 2002): 352 – 383.

案例 16

零售商发起的对供应商销售的限制：玩具反斗城案（Toys "R" Us）（2000）

F. M. 谢勒（F. M. Scherer）[*]

16.1 引　　言

在20世纪90年代早期，作为美国最大的玩具零售商，玩具反斗城（后文简写成 TRU）[①] 说服了美国玩具生产的主导厂商，让它们限制出售给仓库俱乐部（一种新的消费品零售模式）的玩具种类。在 1996 年 5 月，这种限制遭到了联邦贸易委员会的反垄断指控。[②] 随后的大量诉讼以十分重要的方式阐明了：零售商可以对供应商施加怎样的纵向限制，以及此类限制的经济效率依据，特别是在预防零售商"搭便车"方面到底扮演着怎样的角色。

16.2　零售创新

从一个半世纪前开始，零售业发生了几次剧烈变革，使得 20 世纪 90 年代产生于玩具反斗城、各个仓库俱乐部和玩具生产商之间的冲突成为很自然的事情（坎德勒（Chandler），1977，第 1 和第 7 章；阿德尔曼（Adelman），1959；谢勒（Scherer），1999）。美国内战结束以后，大部分消费品零售都是由一般的商店和小卖店经营的。这些销售渠道首先在比较大的城市遭到了大型百货商

---

[*] 作者是代表联邦贸易委员会的经济学专家。
[①] 公司的逆向的 R 的商标标记，在排字出版是难以实现的。我们用引号来表示我们的使用不是完全精确的。
[②] 见 In the matter of Toys "R" Us，9278 号诉讼摘录。

· 435 ·

店的挑战，然后又遭到了像 Sears 和 Roebuck 这样邮购服务的挑战。在 20 世纪，新的零售形式接连出现：连锁店（如 A&P 和 Walgreen's）、超级市场、超级市场连锁（如 Kmart 和沃尔玛）以及"品类杀手"专业连锁店（如销售五金和园艺设备的 Home Depot 和销售文具的 Staples）。这些零售创新往往伴随着零售价格高出其进货价的比例（即零售利润率，下文简称 PRM）的下降，从而引起消费者支付价格的下降，并把传统零售业置于竞争中的不利地位。

在某种程度上，传统的零售商试图通过寻求政府保护来进行反击。例如，在 19 世纪 80～90 年代就有些不成功尝试：例如那些旨在限制超市的低价的立法，它们试图通过拖延免费乡村邮递业务的扩展来限制 Sears 和 Roebuck 的发展（虽然它们并不成功）；在 20 世纪 30 年代，通过了更严格的反价格歧视法案（罗宾逊—帕特曼法，Robinson - Patman Act）和强制性的最低转售价格限制法（所谓"公平贸易"法案）。这些限制逐渐被证明无效或被废除，零售创新扎根并传播开来，而消费者则成为这些创新最大的获益者。

TRU 在创新过程中发挥了重要作用。在 1948 年，它由查尔斯·拉扎勒斯（Charles Lazarus）建立并扩展到华盛顿，1954 年其分店率先使用了 Toys"R"Us 的标识，是最早的"品类杀手"折扣连锁店之一。它提供了空前丰富的玩具品类，到 20 世纪 90 年代已拥有大约 16 000 个不同的库存商品（stock - keeper units，下文简称 SKUs，1996 年缩减到大约 11 000 个）。TRU 的零售利润率远低于当时传统玩具商店中标准的 40%～50%。在 1974 年，TRU 达到了拥有 50 家连锁店的数量，并在之后继续扩张，到 1992 年在全美已经经营有 497 家玩具零售商店，并且在其他国家还拥有 126 个店铺，为这些国家引进了"全面折扣的玩具价格"这个起先并不熟悉的概念。

16.2.1　仓库俱乐部的兴起

仓库俱乐部，主要的如：Costco，the Price Club，Sam's（附属于沃尔玛），Pace（附属于 Kmart），BJs 等，为零售创新的历史增添了新的重要的一笔。在 1976 年，它们主要为小的企业客户提供商品，但到 80 年代后期它们开始接收个人消费者，只要他们每年交纳大约 30 美元或者大约为每年会员平均每年购买总额 2% 的费用作为会员费。这些仓库俱乐部购买全国性品牌的食品、电器、电子产品、汽车和大宗的其他消费品，并把这些运往位于低租金地区简陋的仓库式建筑里，搬到售货地点，把这些商品和从厂家来的运输用的托盘直接

案例 16：玩具反斗城案（Toys "R" Us）

放在一起。消费者自己从这些托盘上挑选商品，等到通过一个流水线化的结账柜台之后，再把他们塞到巨大的购物车上。尽管卖掉了大批的消费品，但是卖场只有大约 3 000 种 SKU，并随时变化来迎合季节性需求和消费者机会主义的购买行为。因为产品组合的变化众多，对消费者来说，在仓库俱乐部购物就像寻宝——人们从来不知道他们会遇到什么特别的优惠。

由于格外低的管理费用、会员通常大宗购买商品和年费的收取，这些俱乐部可以在较低的统一零售利润率上提供商品——大概在 9%～12% 之间。到 1992 年，在美国已经有 576 家仓库俱乐部。它们的吸引力快速的膨胀，1992 年市场研究人员预计，接下来的 10 年内，这些店铺的数量将翻一番。

仓库俱乐部在 100～250 个玩具品种（这个数量随供应的充足程度和季节变化）上的零售利润率在 TRU 管理者看来构成了严重的威胁。尽管 TRU 吸引消费者的主要因素是其玩具品种的齐全，TRU 也强调用低价吸引消费者的作用，即便它不是一个专门靠低价吸引顾客的商店。当然，它也面临着其他零售者的竞争：来自于 Wal-Mart 等大超市的竞争日趋激烈，这些商店在 20 世纪 80～90 年代从阿肯色州的基地迅速扩张，在玩具的销售旺季以 22% 的平均零售利润率销售足足 3 000 个玩具品种，在那些热门产品上，[1] 这一零售利润率甚至更低。

作为对策，TRU 把价格和产品的畅销程度反向关联起来，这样也就把价格和消费者能在不同商店比较价格的程度关联起来。TRU 大幅削减了最热门的 100 种玩具的零售利润率；随后让利润率随着产品热门程度的下降而上升，对那些排名从 1 000～10 000 之间的产品，利润率已经上升到 32%～38%。特别是与沃尔玛的竞争加剧后，TRU 意识到它不可能总是低价零售商，但是它会尽量使最畅销产品的价格接近最强竞争对手的索价。随着 TRU 为这几百种畅销商品薄利低价的广告宣传（连同廉价的一次性尿布和婴儿食品——它们的利润率几乎为零，并且被放置在商店最后边的货架），消费者纷至沓来；TRU 的利润得到显著提高，因为有的消费者总是会出于冲动购买一些具有较高零售利润率的商品。

因为其统一的低利润率策略，仓库俱乐部的出现给市场营销的竞争加入了新的影响因素。它们对畅销商品的定价策略被 TRU 主管视为对 TRU 低价零售商地位的严重威胁，进而影响到其把顾客吸引到 TRU 并购买一些高价产品的

---

① 比较斯坦纳（Steiner, 1973, 1985）。

能力。可以肯定的是，TRU 当然可以通过降低俱乐部的那些不是很普通的商品的定价，来尽量减少这种不利影响。针对在 90 年代初仓库俱乐部的快速发展，TRU 最初的反应正是对其产品价格做出有选择性的下调，据估计，这方法每年对其零售毛利可造成最多达 5 500 万美元的负面影响。但是 TRU 寻找了一个更好的解决方法。

在与很多玩具主导生产商进行初步的讨论之后，TRU 把仓库俱乐部问题作为它和玩具生产商在 1992 年 2 月召开的纽约玩具展览会的主要议题。在这个年会上，零售商与生产商一起考察最新的玩具设计并为即将到来的圣诞节前购买高峰签订订单。通过这些会晤，TRU 向玩具制造商们清楚的表明自己对于生产商向仓库俱乐部销售玩具的态度：①

- 玩具制造者不能出售给仓库俱乐部任何新型的或广告宣传的产品，除非俱乐部购买有关种类的全部产品。
- 出售给仓库俱乐部的特殊产品、独享产品和清仓产品要首先由 TRU 过目，以决定 TRU 自己是否愿意优先购买这些产品。
- 旧型号的和基本的产品应该放到特殊的联合包装里出售，比如，把女傧相玩偶放到一个基本的新娘芭比玩偶的包装里同时出售给俱乐部。
- 对于这些复杂精致和价高的特殊产品，玩具制造者无需与 TRU 讨论其定价就可以出售给仓库俱乐部。

若某玩具制造商违反上述规定，TRU 将不再从该玩具制造商处购买违例的产品。

随后微调整的会谈阐明这样一个基本的主题：玩具生产商不向仓库俱乐部出售卖给 TRU 已经存储的同样产品，这就使得消费者难以在仓库俱乐部与 TRU 的价格之间进行直接的比较。由于 TRU 倾向于定购所有被认为可能是热门的产品，或有玩具生产商广告宣传支持的产品，仓库俱乐部就只能获得那些偶然变成畅销商品的玩具（预测消费者将偏爱哪些新玩具是一个充满不确定性的任务；即使最有经验的零售商也会犯错误）。

主导生产商们大都接受了 TRU 的新政策，最多有一些小的改动。向仓库俱乐部供给的畅销品数量也随之缩减。尽管仓库俱乐部的销售其后大体持续增加，以及店铺的数量在 1995 年增加到 695 家，它们的玩具销售额正是在 1992 年达到高峰，占美国玩具总销售的 1.9%，随后就开始走下坡路，在 1995 年

---

① 联邦贸易委员会的宣判，126FTC415，第 539 至 540 页（1998）。

案例16：玩具反斗城案（Toys "R" Us）

下降为 1.4%。在 1993 年，TRU 发现它根本没有必要再为应对仓库俱乐部的竞争而下调热销产品的价格了。①

16.3 反托拉斯指控

针对这些变化，仓库俱乐部威胁要起诉 TRU 和主导生产商，它们也将事情前因后果告知了联邦贸易委员会。在调查之后，联邦贸易委员打破了里根与布什政府期间 12 年的相对平静，施行了比较激进的政策，1996 年 6 月正式指控 TRU 以多种方式违反了反垄断法。

美国反垄断政策的批评家们常称，通过回应受损竞争者（如，作为 TRU 竞争对手的仓库俱乐部）的投诉，联邦贸易委员实际上在保护竞争者，而不是保护它应该保护的竞争机制以及由此衍生出的消费者利益。对这样的批评有两种回应。第一，反垄断机构的职员敏锐地意识到这种批评，并尽最大努力把他们的案子限定在保护广大公众利益方面。他们在 TRU 一案中是否做到这一点，读者可自己评判。第二，在广阔的商贸世界里，联邦贸易委员会的工作人员对一切只具备有限的洞察力，消费者也是，尤其是零售业的消费者，缺少必需的信息来保护自己免受欺骗。如果没有受损的市场参与者和受影响的个体反映相关信息，许多真正的反竞争行为就会逃过反垄断机构的视野。②

对 TRU 的指控作为一个备受争议的问题摆在了联邦贸易委员会的行政法官面前，并最终在 1997 年 9 月被裁定事实上违反了反垄断法③。按照惯例，败诉方可以对联邦贸易委员会行政法官的决定提起上诉。在这个案例中，TRU 向整个联邦贸易委员会提起了上诉。联邦贸易委员会作出了一个特别的细致求证的宣判，旨在就零售商发起的针对其竞争对手购买机会的限制一问题，给出一个明确的答案。四个委员会成员（当时，五个委员位置中的一个是空缺的）断定，TRU 的确违犯了反托拉斯法。④

---

① 见委员会的宣判，126FTC415，597 以及委员会宣判的注释 15。
② 参看谢勒（Scherer，1990）。
③ 见 In the Matter of Toys "R" Us，最初的裁决，1997 年 9 月 25 日，126FTC415，第 418 页。
④ 委员会的宣判，12FTC415（1998）

· 439 ·

16.3.1 纵向约束

446　　TRU 面临两个颇不相同的反垄断指控，并被要求对此负责。其一，TRU 与单个制造商间不对仓库俱乐部出售畅销产品的协议应归入纵向限制行为一类，也就是说，在生产到消费链条的某一环节上的厂商（比如，一个零售商）对一个不同环节上厂商的销售行为（在这个案件里是制造商）附加约束。另外，TRU 还被指控在制造商之间协调达成一整套横向协议，使他们共同拒绝为仓库俱乐部提供畅销商品（即联合抵制或杯葛，boycott）。

　　反托拉斯法明确区分了单边纵向限制（例如，TRU 声明："如果销售产品 X 给俱乐部，我就将停止该产品的进货，没有商量的余地。"）和那些产业上纵向关联企业相互会晤，意见一致而达成的双边限制协议。相关的先例表明：不详细考虑对正反两方面意见的详细调查①的话，相比较那些双边协议相比，法庭接受单边纵向限制的意愿通常更强些。

　　尽管 TRU 声称它施加的是单边限制，因为它只不过是对玩具制造商表明，它不准备囤积它们出售给仓库俱乐部的那些产品。但是事实却清晰地显示，这些协议更接近于双边的意见统一。TRU 的主管们与各主导玩具制造商反复会晤，并提供给他们自己的条件，双方为适应不同的情况在讨论中会讨价还价和相互妥协。TRU 力图求得制造商能够遵守商定的供货的约束，并从至少十个主导制造商那里获得了这样的保证。TRU 主管人员有提前对玩具制造商打算出售给俱乐部的特殊商品进行检查，并在一些情况下要求（并如愿以偿）这些商品可以更清晰的有别于 TRU 的库存。在监视生产商对俱乐部供给的过程中，TRU 有不断地向制造商回馈信息，指出他们明显违反协议的行为。在某些情况下，还威胁在 TRU 的商店要停止销售那些违反协议的商品（这个行为本身是单边的），并且通过后续的谈判达到政策上的一致。

　　考虑到上述因素，联邦贸易委员会发现达成一系列的纵向协议是反竞争的，并初步判定其明显违反了《谢尔曼法》第一条，但这些协议的合法性还需要考虑到其他一些因素，我们稍后会对此再作解释。

---

① 委员会宣判中对这些先例进行了详细的讨论，126FTC415，第 569~615 页。

16.3.2 横向联合抵制

联邦贸易委员会的四位委员中，除了一人有异议外，其他三人都断定：为了使制造商拒绝给仓库俱乐部提供热销的和登广告的产品，TRU 还在一个横向的"中心辐射型"协议中充当"中心"的角色。这种横向协议在反垄断法的框架内是本身违法的，只有当这样的协议产生经济效率，且这种效率不能通过其他更少限制竞争的途径达成时，才算作有情可原，而这些条件很难满足。

维持横向协议的主要麻烦是大多主导玩具制造商把仓库俱乐部看作是具有吸引力的和快速发展的销售渠道，对它们供货可以降低这些制造商对 TRU 这一最大和最有实力的客户的依赖。为了安抚 TRU 并防止它采取损害制造商利益的产品安排，玩具制造商们遵守了 TRU 提出的约束条件，但是他们需要得到保证：这样做不会牺牲在 TRU 竞争对手处的销售额。

玩具是高度差异化的产品；通常来说，一家玩具生产商不会认为自己在与某个具体厂商进行直接的竞争和对抗，但竞争还是在少数几家企业提供功能与设计上相似的产品（特别是做广告的产品）时存在。有些制造商表示，如果他们服从 TRU 提出的策略，但某些特定竞争对手不遵守的话，会使得他们在仓库俱乐部那里损失大量的销售额。正如 TRU 的一位高层管理人作证时所说："他们总是告诉我们'我们在那里只是因为我们的竞争对手在那里'，而我们会说'哦，他总是说他在那里只是因为你在那里'"。① 他还证实，为了解决这一问题，"我们告诉我们的供应商：我们会与所有的主要供货商进行沟通……在与每一个供应商这样谈话时，我们传送一个信号：我们会与其他的主要供货商沟通。"②

TRU 的主管人员反复告诉玩具制造商们一个"公平比赛场地"会得到维持：他们的竞争对手已经同意继续遵守 TRU 的政策。每当收到制造商关于竞争对手不遵守规则的抱怨，TRU 就通知举报者被发现的违规已经被消除，好让它们彻底安心。四个联邦贸易委员会委员中的三个总结到，这是典型的"中心辐射型"横向协议。③ 而存有异议的那一委员认为，支持这个横向协定推断的实际证据不够充足，并且辩称，"TRU 的不可缺少性，已为每一个玩具

---

① 见委员会宣判中引用的罗杰·戈都（Roger Goddu）的证词，126FTC415，第 554 页。
② 同上，在 55 页，来自 CX1658 第 278 页。
③ 引用的判例是洲际电影公司诉美国案（*Interstate Circuit Inc. v. U. S.*）208（1939）。

制造商提供了服从 TRU 要求的足够的激励——足够的单边激励，这使得玩具制造商之间的横向协议没有必要。"①

上述关于横向和纵向限制协议的指控都存在一个局限性，那就是它们并不是涵盖所有的玩具制造商。纵向协议只在 10 家指定的生产商得到贯彻，而横向协议只被 7 家贯彻——它们提供大多数的全国范围登广告的玩具商品。② 电子游戏制造商 Nintendo 特别反对 TRU 的提议，部分原因是它通过电子专营店来出售自己的产品，因此对 TRU 的依赖不是那么大。Nintendo 的不服从反过来给竞争对手 Sega 带来了麻烦，Sega 断断续续的遵循 TRU 提出的策略。有时候，大型吹塑玩具制造商 Little Tikes 会退出协议，因为遵守协议会损害母公司 Rubbermaid 属下向仓库俱乐部的大量销售。但是，反垄断法先前的判例强烈支持这一观点：如果限制性协议对消费者造成显著影响的话，对这一协议实质性的遵守，即便不完全，仍然是违法的。

16.3.3　市场势力的作用

在 TRU 案中，经济学家的相当一部分证词是关于 TRU 是否拥有先前判例所定义的市场势力。事情随后的发展证明，这些讨论并不在正确的方向上，因为通常来说，对于横向协议，市场势力并不是推断违法的必要证据。但是对于这一案件中的纵向方面而言，市场势力的存在将进一步加强关于 TRU 违法的推断，因为如果某销售环节上的厂商具有市场势力的话，销售链上的其他厂商会更有可能贯彻纵向的限制，从而影响消费者福利。此外，如果纵向限制被应用于市场的较大部分的话，反竞争的影响也将不可避免地加大。

审查这一案件的上诉法院认为，市场势力这一概念，即同经济学家通常所说的垄断轻微的主导力一样，并没有被很好的定义。③ 至少有三种方法来反映市场势力是否存在他们在相关市场上衡量市场份额的结构导向方法、关于价格与市场份额关系的统计分析和针对限制性行为市场结果的分析。在 TRU 的案例中三种方法都被用到过。

---

① 奥森·斯温德尔（Orson Swindle）委员对此部分认同、部分不认同，126FTC415，620（对单边一词的强调在原稿中就有）。
② 委员会的宣判，126FTC415，第 575 页。
③ 玩具反斗城诉联邦贸易委员会（Toys "R" Us, Inc. v. Federal Trade Commission），221F.3d 928 (2000)。

案例 16：玩具反斗城案（Toys "R" Us）

尽管在美国有数以百计的玩具制造商和成千上万的玩具零售商，两个市场还是体现出中等的市场集中程度。在制造阶段，美国最大的四家供应商在 20 世纪 90 年代占据着玩具总供给量的 34%～45%（很多是从东南亚进口），具体数值取决于是否只包括传统玩具或是也包括视频游戏玩具，以及数据的来源。但是，TRU 的仓库俱乐部策略针对的是在全国做广告的玩具，对这些玩具来说，大约 2/3 的电视广告是由 8 家主要玩具制造商提供的，其中三家是生产芭比娃娃的 Mattel 的分公司。按照已经被接受的反垄断标准，玩具制造业的市场集中程度已经足够高，以至于所谓市场势力的说法是站得住脚的。

在零售层面，TRU 大约占据了美国零售玩具总销售额的 20%。然而，本案各方都认同，玩具零售市场是区域性的。TRU 主要在较大的繁华的地区拥有店铺。它的市场研究表明：在距 TRU 店铺 30 分钟车程的区域里，其总的玩具市场份额的平均值大约是 32%，在已有的纵向限制判例中，这一比例足以证明了市场势力的存在。

TRU 拥有其美国销售店周围区域性里零售市场竞争结构的丰富内部数据。运用这些关于单个商店的零售利润率（PRM）的数据和信息，TRU 的经济学家对 PRM 和周围主要竞争者（除了存在于 1990s 早期的仓库俱乐部外，主要是 Wal-Mart 和 Target 这样的大型超市）数量之间进行了回归分析。他们发现，与在不存在显著竞争对手的市场相比，TRU 在存在一两个显著的竞争对手的市场中获得的 PRM 会稍微低一点，但超过两个的额外的竞争对手并不会带来明显的差别。他们声称，在主要竞争者存在和不存在的两种情况下，PRM 的差别已经足够小，以至于是可以忽略的。然而，在当时库存的 16 000 个品目中，TRU 只调整 250 种的价格来适应本地的市场环境，这些通常都是在全国范围内做广告的或者热销的商品。对大多数的 SKUs 来说，TRU 的产品价格在是全国都是统一的。联邦贸易委员会的一位证人则表示，给定 TRU 为适应本地竞争条件而调整价格的玩具在其总销售额的适度份额，所暗含的这些竞争敏感产品的价格差别将达到 6%～7% 之多，这是不能被忽视的。

利用回归和定性的证据，TRU 的经济学家们争辩：TRU 在给定零售市场上提高价格的能力受到一些低价竞争者，比如沃尔玛、Kmart 和 Target 的强烈限制。为此，TRU 缺少与反垄断法相悖的市场势力。TRU 提升价格的能力受到有力的竞争者的限制是毋庸置疑的。然而，这一辩解回避了一个基本而重要的问题。TRU 针对仓库俱乐部策略的不是为了在那些已经有大型超市进入的区域性零售市场上提高价格，而是为了抑制仓库俱乐部成为一个新的竞争者，防止它们成为进一步降低零售价格的新生力量。TRU 在抑制仓库俱乐部的竞争性威胁方面是成功的,从这一角度来说,它避免了价格的下降,而这正是市场势力的明显表现。正如联邦贸易委员会反驳"TRU 提高价格的能力受到限制"这一辩词所说的:"TRU 组织的针对仓库俱乐部的联合抵制能够并且已经降低了产量,这避免了 TRU 和 TRU 的非俱乐部竞争者的玩具价格的下降,这一点是毋庸置疑的。"①

16.3.4 基于搭便车理论的效率辩护

美国法院已经接受了下面对某些纵向限制的辩护理由,这种辩护声称:如果没有这些限制来解决商品或服务销售中的某些问题,销售过程就会变得低效。这一基本的理论命题是由特尔塞(Telser, 1960)阐述的。特尔塞观察到,零售商经常对消费者提供售前服务,帮助消费者掌握充足的信息,做出对产品的选择。由于这种售前服务可以增加产品的需求,所以对制造商是有益的。尽管其他形式的售前服务也属于特尔塞讨论的范围,但是标准的例子是零售商在展示厅里陈列产品样品,向消费者解释(或者允许他们体验和学习)产品如何工作,从而来引导他们进行选择。提供这样的服务通常也会让零售商承担成本。但消费者可能会参观售前服务较多的零售商展示厅,享受售前服务,然后去较少售前服务的店铺并以较低的价格买下产品。这样一来,低价的零售商就搭了那些提供较多售前服务的零售商的便车。如果这种搭便车行为发生的频率足够高,提供较多售前服务的零售商将失去提供这些服务的激励,市场就会萎缩,只能达到低售前服务水平下的均衡。限制那些低售前服务零售商的产品种类,或者防止他们制定过分低的折扣价格,就能够重新建立起零售商提供适当售前服务的激励。

在现实世界中搭便车这个市场失灵问题到底有多重要,它如何影响到消费者福利,以及是否存在其他的、对市场带来较少限制的方法来解决搭便车问题?这些问题在经济学家之间经常引起异常激烈的争论。那些赞成纵向限制的经济学家的看法基本上与芝加哥学派一致。②

对 TRU 提供有价值的售前服务这一点是没有什么争议的。由于拥有大量

---

① 委员会的宣判,126FTC415,第 597 页(强调部分在手稿中就有)。
② 关于这一问题的严重分歧的经典的观点,比较卡尔顿和佩罗夫(Carlton and Perloff, 2000,第 12 章)与谢勒和罗斯(Scherer and Ross, 1990,第 15 章)。

案例16：玩具反斗城案（Toys "R" Us）

的产品存货，TRU 为整个玩具产业的制造商扮演了一个类似陈列室的角色，从而保证了制造商的大部分产品，而不只是畅销产品能够呈现在消费者面前。TRU 还倾向于比其他的玩具零售商早几个星期为圣诞节抢购订购商品，进货也稍微早一点，这给制造商更长的时间来从容组织销售旺季的生产，从而节约了它们的成本。据称，TRU 提前存储商品的决策也向其他零售商发出哪些商品很可能具有很大需求的信号。但这一点与某些证据相抵触：其他零售商，特别是仓库俱乐部，主要是基于自己独立的市场评估，以及制造商宣布的广告计划，来做出采购决定。或许最重要的是，TRU 每年几次在主要大城市地区的报纸上刊登几百种产品的目录和彩色插图，告知消费者能买得到什么和花多少价钱购买。

然而，关于 TRU 被人搭便车这个论点存在几个逻辑上和实际的问题。其一，TRU 庞大的产品数目不大可能提供售前服务并让消费者之后到仓库俱乐部进行购买来搭这个便车。TRU 只是把它的产品摆放到货架上，并没有提供诸如搭便车理论强调的那种演示性的售前服务。1997 年春天，在 TRU 的报纸插页广告上玩具的平均价格是 $45.41，价格的中位数是 $29.99。因为价格如此低廉，没有几个消费者会先在 TRU 的陈列室参观商品，然后再特意到低价店铺（如仓库俱乐部）购买。联邦贸易委员会没有找到证据表明消费者"在 TRU 享受玩具的演示或者解说，然后到仓库俱乐部去购买这种产品"[①]。此外，在消费者看来，TRU 从它大量的玩具品类里获得直接的竞争优势，大量存货让 TRU 给消费者留下很好的印象，是对它自身有利，并非提供给了竞争对手搭便车的可能。

其二，提前交付季节性产品以及通过分发产品目录、刊登报纸广告等手段来告知消费者可购买的商品和价格信息，所有这些并没有让 TRU 承担很高的成本。提前存货所造成的成本还可以通过延迟付款——比如从交付货物的 6 月推迟到 12 月份的售卖高峰阶段——而得到补偿。当 TRU 进货清单里的产品不受消费者欢迎的时候，制造商还会通过批发价折扣来补偿 TRU 为了卖出这些产品所支付的清货折扣。实际上，制造商证实说，没有其他的零售商获得像 TRU 那样优惠的延迟付款条款和清货折扣。它们也付给 TRU 广告补贴，来补偿它分发产品目录方面的成本。案件证据表明，在 90 年代中期，TRU 的广告

---

① 委员会的宣判，126FTC415，第 603~604 页。

· 445 ·

费用有 90% 多是制造商补偿的。① 如果 TRU 并没有承担很多售前广告和提早存货方面的成本的话，那么其他零售商的搭便车行为会让 TRU 取消这些服务的论断（标准的搭便车理论的预言）就是难以让人信服的。

不过，TRU 的首席经济学专家证人还是试图通过一系列的回归分析证明，其他零售商由于 TRU 的分类广告增加了销售量，因此搭了 TRU 广告的便车。随后就是一场关于回归方程具体形式的争论。TRU 的第一组分析结果显示，相对于没有登广告的产品，TRU 在那些 1995 年 4 月 2 日分类广告上的产品种类中实现了更大量的销售。而且相对于没有做广告的产品，其他玩具零售商在这些广告产品上也实现了虽然较少于 TRU 但也不能忽略的销售增长。联邦贸易委员会的经济学家质疑，是否会存在一些特殊因素，导致了 1995 年 4 月分类广告中产品销售的上升，而这与广告效应并无直接关系——即经济计量学家所称的"遗漏变量导致有偏估计"。联邦贸易委员会重新估计了先前 TRU 的回归方程，但加入了一些衡量 4 月以前的产品增长势头的变量，通过登广告与不登广告的产品的比较，联邦贸易委员会的分析表明，分类广告确是增加了 TRU 的销售，但对竞争对手在广告产品的销售额却有负面的影响。双方的另一回合的回归方程分析产生了类似的反向的推论，这使得行政法官叫停这场争论，并视这些统计推断证据不足。

最后，在反驳 TRU 的搭便车辩护时，联邦贸易委员会还指出：在 1992 年 2 月，当仓库俱乐部政策在玩具展销会上宣布的时候，"没有哪个玩具公司的记录表明……甚至连暗示都没有，零售商之间搭便车会是产业中的一个问题。"② 相反，TRU 顾虑的是，仓库俱乐部的低价会损害它作为低价厂商的名声，以及把其畅销品的价格降至仓库俱乐部的定价水平来扭转这种不利影响的必要性。首次对搭便车问题提及的记录是在 1992 年后期，在大量的关于俱乐部威胁控告 TRU 和其供应商实行有差别的销售策略的诉讼记录中。但是，这一记录没有说明这个概念是否是这些公司自己提出的，还是由外部雇来的顾问提出来用来评估俱乐部的起诉威胁的。不管来源是什么，联邦贸易委员会裁定，TRU 对搭便车的关注只是为其限制性政策辩护的一个"借口"，并不是执行这些政策的正当基础。③

---

① 全国范围内的电视广告几乎都是玩具制造商赞助的，而非 TRU。1995 年，在电视上登玩具广告的费用加总起来大约是 TRU 的（主要的）区域分类广告费用的 5 倍。
② 委员会的宣判，126FTC415，第 567 页。也可参看此宣判的第 579~580 页。
③ 委员会的宣判，126FTC415，第 607 页。

案例 16：玩具反斗城案（Toys "R" Us）

16.4 本案结果

联邦贸易委员会驳回了基于搭便车理论的辩护，认为 TRU 同时策划组织了横向的联合抵制和纵向的限制性协议，最终裁定 TRU 违反了反垄断法。联邦贸易委员会命令，TRU 停止参与玩具供应商之间限制为折扣零售商供货的纵向协议，停止促成制造商之间针对其他零售商供货的横向协议，并停止向制造商询问对玩具折扣零售商的供货信息。

在这一诉讼案的整个过程中，TRU 的辩护律师对于他们的委托人是否能够从联邦贸易委员会得到公平的审判公开表示怀疑，毕竟委员会同时集合了应当分立的检举与审判两个职责。因此，像许多其他案中的败诉方一样，TRU 希望从一个独立的联邦上诉法院寻求转机。TRU 在美国的各个地方都有运作，作为上诉方它可以选择上诉的地方。TRU 选择了坐落在芝加哥的第七巡回上诉法庭，该法庭有芝加哥大学法学院的三名成员作为常任法官。TRU 大概相信，在搭便车理论起源的环境中它是最有胜诉机会的。但如果它真是这样想，那么恐怕是大错特错了。

在一名芝加哥法学院教授的领导下，上诉法院的三名法官一致认可了联邦贸易委员会的裁决[①]。上诉法庭认为，案中的横向联合抵制和纵向限制协议都违反了《谢尔曼法》第一款；而且，TRU 的辩词"从根本上错误理解了搭便车理论"：因为如果没有 TRU 的威胁，大部分的主导制造商都想不加限制地向仓库俱乐部出售商品；还有，因为大部分的 TRU 售前服务成本是由制造商支付的，"搭便车"就不太可能发生了。"

16.5 事后发展

联邦贸易委员会 1998 年 10 月断定 TRU 违反反垄断法的裁决，引起了一批针对 TRU 和主导玩具制造商垄断行为的集团控诉，其中一些是私人团体寻求损害的赔偿，还有一个是美国 44 个州加上波多黎各和哥伦比亚特区的检察

[①] 玩具反斗城诉联邦贸易委员会案，221F. 3d 928（2000）。

官发起的。"为避免旷日持久的诉讼所带来的成本和不确定性，"TRU 和三个主导玩具制造商 1998 年和 1999 年间商定达成了一个总价值 5 600 万美元的和解赔偿计划，其中一部分用现金支付，剩下的大部分以玩具的形式提供给需要的儿童。①

除了其对仓库俱乐部（在 90 年代后期，这些俱乐部的总零售额增长减缓）的政策遭到禁止之外，TRU 还受到来自巨型超市（特别是正在继续"进军大海"计划的沃尔玛）的不断增强的竞争。从 1999 年开始，沃尔玛的玩具销售份额超过了 TRU，随后其市场份额在 2006 年增加至全国玩具销售额的近 30%。② 当 2006 年 TRU 被 Target 超越的时候，其市场份额被估计已降至 15%。TRU 的利润不断衰退并在一些年份变为负值，尽管采取了诸多措施，例如努力使大部分商店现代化，关闭了一些落后的商店，寻求预计热销玩具的排他性售卖权，并鼓励它的销售员工投入更多的时间来帮助顾客。③

随着 TRU 的股票价格仅为史上最高值的 60%，TRU 在 2005 年同意以 66 亿美元的价格私有化。其他两家玩具零售连锁店，KB Toys 和 F. A. O. Schwarz 申请破产保护。

与之同时，仓库俱乐部继续寻他们的可选择策略，在圣诞节期间储存有限种类的玩具。一家仓库俱乐部的经理告诉作者，尽管有联邦贸易委员会的规定，他的工厂在获得想要的玩具时并没有特殊的困难。最大的仓库俱乐部连锁店 Costco 在 2006 年年末将其商店的数量从 374 家扩张到 474 家。然而，其主要的独立竞争对手 BJ's 在 2006 年的销售表现却令人失望，它的首席执行官也在这一年辞职，同时有传言该公司有可能被收购。沃尔玛的崛起为特殊的和普通的零售商均创造了一种新型竞争环境。

参考文献

[1] Adelman, Morris A. *A&P: A Study in Price – Cost Behavior and Public Policy*. Cambridge, Mass.: Harvard University Press, 1959.

[2] Bárbaro, Michael. "No Playtime on Recovery Road." *New York Times*, November 19, 2006, sec. 3, pp. 1, 8, 9.

---

① 玩具反斗城年度报告，2000，"其他问题"（www.shareholder.com/toy/toysrus00.t2000ar36）；还有加吉罗（Gargiulo, 1999）。
② 参见巴巴罗（Bárbaro, 2006）。
③ 参见海斯（Hays, 2001）和巴巴罗（Bárbaro, 2006）。

案例 16：玩具反斗城案（Toys "R" Us）

[3] Canedy, Dana. "Hasbro to End Suit with $6 Million Donation." *New York Times*, December 11, 1998, p. C-20.

[4] Carlton, Dennis W. "Market Power and Vertical Restraints in Retailing: An Analysis of FTC v. Toys 'R' Us." In *The Role of the Academic Economist in Litigation Support*, edited by Daniel J. Slottje, 67-96. Amsterdam: Elsevier, 1999.

[5] Carlton, Dennis W., and Jeffrey M. Perloff. *Modern Industrial Organization*, 3d edn. Reading, Mass.: Addison-Wesley Longman, 2000.

[6] Chandler, Alfred D. *The Visible Hand: The Managerial Revolution in American Business*. Cambridge, Mass.: Harvard University Press, 1997.

[7] Gargiulo, Linda. "Putting Children First in a Toy Settlement." *New York Times*, May 30, 1999, p. III-4.

[8] Hays, Constance L., "Toys 'R' Us Plans to Lay Off 1,900 and Close 64 Stores." *New York Times*, December 29, 2001, p. C-1.

[9] Scherer, F. M. "Sunlight and Sunset at the Federal Trade Commission." *Administrative Law Review* 42 (Fall 1990): 461-487.

[10] Scherer, F. M. "Retail Distribution Channel Barriers to International Trade." *Antirust Law Journal* 67, no. 1 (1999): 77-112.

[11] Scherer, F. M., and David Ross. *Industrial Market Structure and Economic Performance*. Boston: Houghton-Mifflin, 1990.

[12] Steiner Robert L. "Does Advertising Lower Consumer Prices?" *Journal of Marketing* 37 (October 1973): 19-26.

[13] Steiner Robert L. "The nature of Vertical Restraints." *Antitrust Bulletin* 30 (Spring 1985): 346-359.

[14] Telser, Lester G. "Why Should Manufacturers Want Fair Trade?" *Journal of Law & Economics* 3 (October 1960): 86-105.

案例 17

最高转售价格控制的重新探讨：State 石油公司诉可汗（Khan）案（1997）

古斯塔沃·E·班伯格（Gustavo E. Bamberger）[*]

17.1 引　　言

1992 年 1 月，汽油批发商 State 石油公司（State Oil）与巴克特·可汗（Barkat Khan）签署了一份为期三年的汽油供应协议。根据供应协议的条款，可汗必须从 State 石油公司购买其所需的全部汽油。这个协议还有效地规定了可汗汽油的最高零售价格。当可汗的生意失败后，它起诉了 State 石油公司，称这个供应合同构成了一个非法的最大纵向价格限制协议（Maximum Vertical Price–Fixing Agreement）。

可汗和 State 石油公司之间的争议最终到了第七巡回上诉法庭和最高法院。上诉法庭依照最高法院在 1968 年的判例，即阿尔布雷特（Albrecht）诉赫雷德（Herald）公司案（Albrecht v. Herald Co.《美国最高法院案例选》第 390 卷第 145 页），判定 State 石油公司的合同违法。但是上诉法庭强烈批评了 1968 年的判定，并鼓励最高法院推翻它。最高法院借此机会重新审查了阿尔布雷特公司案，并同意了上诉法院的意见，认为这个案例先前的判决是不正确的。结果，阿尔布雷特公司案被翻案，从而申明了批发商和零售商之间指定最高零售价格的合同并不一定必然是违法的。

美国的反垄断判决是依照两个标准之一进行的，这两个标准通常被称为"本身违法（per se）"和"合理推定（rule-of-reason）"。虽然在实践中本身违

---

[*] 作者在本案中为可汗公司提交了一份专家报告。作者感谢 John Kwoka 和 Lawrence White，他们提供了有益的评论。

案例17：State 石油公司诉可汗（Khan）案

法与合理推定之间的区别不明确，本身违法是指法院已经确认的那些必然具有反竞争性的行为——典型的例子是卡特尔成员的水平价格控制。① 在本身违法的案中，不允许被告对违法行为进行辩护，法院也不需要调查被起诉行为对竞争的影响。

相反，合理推定原则用于调查可能具有也可能不具有反竞争性质的行为。正如第七巡回上诉法庭所解释的："被起诉的行为，如果不构成本身违法，可以在'合理推定'的名义下接受有关其影响和动机的更广泛调查，并要求原告证明被告的行为确实（或有很大可能地）削弱了竞争。"②

美国反垄断法对"纵向"限制（例如，制造商或批发商强加给经销商的限制）的处理，一直是悬而未决和存在争议的。比如，对独占区域（exclusive territories，一种非价格的垂直限制形式）的反垄断处理随着时间的推移已经发生了变化。在美国政府诉怀特汽车公司案中（White Motor Company v. U. S.，《美国最高法院案例选》第372卷253页，1963），最高法院裁决怀特汽车公司施加于分销商区域的限制应该按照合理推定原则进行评判。但是在四年以后，在美国政府诉阿诺德·斯温公司案中（U. S. v. Arnold, Schwinn & Company,《美国最高法院案例选》第388卷365页，1967），最高法院又裁决独占区域的销售是本身违法的——按照法院的说法，采用这种限制性措施"如此明显地损害竞争，以至于它们的存在就构成违法了"。在大陆电视公司（Continental TV）诉 GTE Sylvania 公司案中（Continental TV v. GTE Sylvania Inc.,《美国最高法院案例选》第433卷36页，1977），最高法院推翻了斯温公司案的判决，并重申了针对独占区域的合理推定原则。

关于纵向价格限制的反垄断裁决有甚至更长的历史。最高法院首次关注这类问题是在迈尔斯博士医药公司诉约翰·D·帕克父子公司案中（*Dr. Miles Medical Co. v. John D. Park & Sons Company*,《美国最高法院判例》第220卷，第373页，1911）。迈尔斯博士医药公司进行了"转售价格控制"，即，制造商指定批发商或零售商能为其产品收取的最低价格。在迈尔斯博士医药公司案中，最高法院认为，这种纵向合同本身是违法的。然而，在1937年和1951年，国会立法允许各州通过一个转售价格维持是合法的"公平贸易法"。在

---

① 甚至连水平价格固定安排都可能逃避本身违法的处理。例如，在美国政府诉布朗大学案中，第三巡回法院的上诉法庭裁定非营利机构之间的水平价格安排应当依照合理原则进行评价。参见 Bamberger and Carlton（2004）的讨论。

② Khan v. State Oil, 93 F. 3d 1358（7th Cir. 1996）at 1361。

· 451 ·

1975年这些法律被废止后，转售价格维持又被视作本身违法。[①]

最高法院也关注纵向协议中最高价格的使用。阿尔布雷特（Albrecht）诉赫雷德（Herald）公司案（*Albrecht v. Herald Co.*，《美国最高法院案例选》第390卷第145页，1968）审查了《圣·路易斯全球民主党人》出版社与报纸分销商之间的合同。《圣·路易斯全球民主党人》给它的批发商指定了各自家庭订报的独占区域，并且规定了每个分销商能够收取的最高零售价格。最高法院裁决这个合同构成了纵向价格限制，因而构成了对谢尔曼法第1款的本身违法。

多年以来，最高法院关于阿尔布雷特公司案的判决遭到了广泛的批评。例如，在20世纪70年代，罗伯特·博克（Robert Bork，1993，第281页）在他对最高法院几个纵向价格限制裁决的批评中写道："把制造商固定最高零售价格视为本身违法，最高法院已经走得太远了……这些价格控制可能并没有损害消费者的利益。"相似地，理查德·波斯纳（Richard Posner，1976，第157页）——此人在后来的State石油公司诉可汗案中起了关键作用——评论道："很难理解（在阿尔布雷特公司案中被告的行为）引起的什么是适当的反垄断问题。"尽管存在这些批评，直到最高法院对State石油公司诉可汗案的判定为止，阿尔布雷特公司案一直是国家法律。

在下面的章节中，我将首先简要概述State石油公司和可汗争议的有关事实。然后回顾这个案例的历史；同时也将根据State石油公司诉可汗案讨论纵向最高价格限制的反垄断处理。最后，我将在合理推定原则下的框架里，重温State石油公司诉可汗一案。

17.2 背　　景

1992年1月，State石油公司与巴科特·可汗达成了一项为期三年的租约，按租约巴科特·可汗经营一家位于芝加哥西郊—杜培基（Dupage）郡艾迪森·伊利诺斯（Addison Illinois）的加油站/自助食品店。同时，可汗同意只接受State石油公司的汽油供应。按照供应协议的条款，可汗支付给State石油公

[①] 参见卡尔顿和佩罗夫（Garlton and Perloff，2000，第637-639页）对独占区域和零售价格维持的反托拉斯裁决的简要讨论。

案例 17：State 石油公司诉可汗（Khan）案

司的批发价格取决于由 State 石油公司确立的建议零售价：

出租方（State 石油公司）在每次输送石油时向承租方（可汗）收取费用，这个费用是每泵汽油的建议零售价减掉承租方收益和销售税。承租方的收益规定为每加仑 0.0325 美元 $\left(3\frac{1}{4}美分\right)$。如果承租方的零售价格超过了建议零售价，那么承租方应支付给出租方额外的费用，这个费用等于实际销售每泵汽油零售价与建议零售价的差额乘以销售的加仑数。如果承租方的零售价格低于建议零售价，承租方也无权获得一个低的进价去弥补这个差额。[①]

因而，如果可汗销售汽油的价格高于建议零售价，它的边际收益依然等于每加仑 3.25 美分；如果可汗设置一个低于推荐零售价格的价格，它的边际收益将少于每加仑 3.25 美分。结果，可汗在汽油销售中每加仑最多能够挣 3.25 美分。

除了从汽油销售中挣得边际收益外，可汗也能够从自助食品商店的销售中获得零售利润。1992 年，可汗从便利店销售中获得的总收益占经营加油站/（便利店）总收益的 65%。[②]

按照与 State 石油公司的租约，可汗必须每月支付费用给 State 石油公司。1992 年底，可汗无力履行租约义务。1993 年 1 月底，State 石油公司终止了可汗的租约，并请求州法院指定了一个接手者去运营原来由可汗负责的地区。直到 1993 年 9 月份，接手者才被委任经营该加油站。

这个接手者是一个经验丰富的加油站经营者，它不认为自己应受到可汗与 State 石油公司之间的供应合同条款的限制。从 1993 年 5 月开始，它决定设置差别化的零售价格，从普通汽油的销售中获得一个较低的边际收益，而从高级汽油的销售中获得一个较高的边际收益。[③] 他相信，这样做能够提高加油站和便利店的交易量，并且能够从每加仑汽油的销售中获得一个较高的平均收益。也就是说，他预期普通汽油的需求比高级汽油的需求更具有弹性。[④] 因而，他预期这将提高加油站/（便利店）的销售量。

[①] 引自"第二法庭支持原告请求的简短判决备忘录，"巴科特·可汗和可汗联合公司诉 State 石油公司案（*Barkat U. Khan and Khan & Associates, Inc. v. State Oil Company*），美国伊利诺伊斯北部和东部地区法院，案例 94，编号 00035。

[②] 数据来源于 1992 年可汗的美国企业所得税返还。

[③] 可汗和它的继任者分别销售三种类型的汽油：普通、高级和"中级"。中级汽油的销售量很少；继任者为中级汽油和高级汽油设置相同的边际收益。为了讨论的目的，我将中级汽油和高级汽油结合（成高级汽油）。

[④] 我关于继任者行动的描述是以与继任者的讨论为根据的。

· 453 ·

关于接手者各种类型汽油的每加仑零售价格和零售利润的信息没有保留下来。然而，各种类型汽油销售的加仑数和每加仑平均收益的信息却保存了下来。这些证据表明，接手者的新定价策略是成功的。首先，正如期望的一样，普通汽油销售占整个汽油销售的百分比有较大幅度的提高。例如，在1992年5～9月由可汗经营的5个月里，普通汽油销售占全部销售加仑数的55%；一年以后，1993年5～9月的5个月期间，也就是接手停止了每加仑3.25美分固定收益的定价以后，普通汽油销售大约占全部销售的68%。其次，于1992年5～9月相比，1993年5～9月间全部汽油销售量提高了20.8%。①

可以获得的证据表明，20.8%的销量提高部分地可归功于接手者修改了定价方法。对于接手者而言，1992～1993年间，竞争环境没有实质性的变化。举例来说，1993年间在邻近可汗经营点附近没有加油站倒闭。虽然1993年这一区域的汽油总需求比1992年有明显提高（伊利诺州税务部门报告了该郡每月汽油销售情况，信息显示杜培基郡的汽油销售在1993年5～9月比1992年同期提高了11.6%。）但接手者的汽油销售提高的百分比显著高于加油站所在地的汽油销售增长率。②

最后，1993年5～9月期间，接手者销售全部汽油所获得的平均收益为每加仑3.82美分。比可汗按照它与State石油公司的供应合同条款所能获得的最大单位收益高出17.5%。平均收益的提高表明，接手者提高高级汽油销售价格（每加仑高于3.25美分）所获得的收益肯定要大大高于降低普通汽油销售价格所减少的收益。

17.3　案例的历史

17.3.1　地方法院

可汗将State石油公司起诉到地方联邦法院，称它与State石油公司之间的

---

① 文中的统计资料来源于由可汗和继任者提供的财政记录以及代表可汗报告的损害分析文件。
② 可汗所经营的加油站只占Dupage郡的汽油总销售的很小的百分比。更小地区（例如，汽油加油站所在地的埃蒂森·伊利诺小城）的信息难以获得。

案例17：State石油公司诉可汗（Khan）案

供应合同违反了《谢尔曼法》的第一款。① 可汗争辩供应合同是违法的，并不是因为它可以造成反竞争的损害——比如更高的零售价。相反，可汗坚持主张供应合同是一个"明显的纵向价格限制的案例"并且是本身违法的。② 可汗特别指出，"建议"零售价是一个有效的最高价格，因为它使得可汗没有经济动机去制定一个比该价格更高的价格。

State石油公司否认了可汗的说法。第一，它否认供应合同构成纵向价格限制，因为在合同的条款下可汗可以自由制定它的汽油价格。第二，它坚持主张即使供应合同构成纵向价格控制，它也应该按照合理推定原则而不是本身违法原则进行评价。此外，因为可汗没有证据表明合同是反竞争的——这是按合理推定原则进行分析的前提，可汗的起诉应该被驳回。

地方法院同意State石油公司关于供应合同的合法性应该在合理原则下进行评估的主张。由于可汗没有提供任何证据表明供应合同的反竞争效果，地方法院同意了State石油公司关于可汗价格垄断申诉即刻判决的请求。

17.3.2 上诉法院

可汗将地方法院的判决上诉到了第七巡回上诉法庭。在主审法官理查德·波斯纳（他早在20年前就已经批评过阿尔布雷特公司（Albrecht）案）所写的判定书中，上诉法院推翻了地方法院的判定。上诉法院同意可汗的申诉，认定State石油公司和可汗之间的供应协议构成了一个纵向最高价格限制协议，从而是本身违法的。上诉法院依据的是阿尔布雷特公司案中关于纵向最高价格限制是本身违法的结论。但是，上诉法院同时也认为，阿尔布雷特公司案的判决是错误的，应该被推翻。

上诉法院的调查从考察State石油公司关于供应协议没有设置最高零售价格的说法开始。State石油公司认为，只要向State公司上交超过3.25美分固定收益外的所有额外收入，可汗可以制定一个更高的价格。上诉法院没有采信State石油公司的说法：

　　State石油公司……否认关于可汗定价高于建议零售价格的供应合同是一

---

① 地方法院和上诉法院的诉讼都是可汗诉State石油公司。因为State石油公司将上诉法院的判决上诉到了最高法院，所以最高法院的案例被认为是State石油公司诉可汗。我将所有的诉讼案都称为State石油公司诉可汗。

② 引自"第二法庭支持原告请求的简短判决备忘录，"第3部分。

种价格控制的形式。它指出可汗可以自由地制定一个它所愿意的高价格。从可汗提高价格并不违反合同这个意义上说,这是事实。但是,这个合同使得可汗这样做毫无价值……一般而言,当一个卖者提高价格时,它的销量下降;如果它从每单位销售中获得的利润是固定的,那么它提高价格的结果将是失去收益;它将在每单位利润相同的条件下销售的更少。①

上诉法院的结论是"State 石油公司的行为构成了价格固定。"

上诉法院随后转向最高价格控制是否是本身违法的问题。上诉法院注意到,一个批发商(例如 State 石油公司)可能是基于促进竞争的原因而强加给它的零售商(例如可汗)一个最高零售价格。举例来说,如果为了鼓励更有效率的市场营销活动,State 石油公司给予可汗一个独占区域,则可汗将获得某种程度的市场力量,最高零售价格能够阻止可汗利用这种市场力量。② State 石油公司不能分享可汗利用市场力量所获得任何收益——事实上,运用这种市场力量将通过减少可汗的汽油进货而损害 State 石油公司的利益。因而,State 石油公司将有动机通过运用最高零售价格来限制可汗对市场力量的使用。这种情形下,State 石油公司的利益是与消费者一致的。

但上诉法院声称,即便存在最高零售价格可以潜在地促进竞争的解释,最高法院至今为止一直拒绝重新审查那些将固定转售价格视为本身违法的案例,不管固定价格一方促进竞争与否,以及固定的价格是最高限价还是最低限价。对本案来说最关键先例是阿尔布雷特公司诉赫雷德(*Albrecht v. Herald Company*)公司案……在这样一个损害赔偿诉讼案中,最高法院不顾激烈的异议,判定一家报纸出版商规定零售商的最高转售价格行为是本身违法的。③

虽然 State 石油公司争辩阿尔布雷特公司案已经不再是最高法院的观点,但是上诉法院还是否决了 State 石油公司的观点。相反地,上诉法院断定地方法院已经误判,可汗的"反托拉斯诉求不应该被驳回。"④

但是上诉法院明确表态,它相信阿尔布雷特公司案是不合适的反垄断法律结果:

尽管该案在许多方面不能肯定,并有着日益不稳定、过时的基础……阿尔布雷特公司案还没有被明确地推翻……此外,最高法院已经用断然,甚至用尖

---

① *Khan v. State Oil*, 93 F. 3d 1358 (7th Cir. 1996), at 1360.
② 可汗不认为它从 State 石油公司那里获得了独家经营区域的授权。
③ *Khan v. State Oil*, 93 F. 3d 1358 (7th Cir. 1996), at 1362.
④ *Khan v. State Oil*, 93 F. 3d 1358 (7th Cir. 1996), at 1365.

案例 17：State 石油公司诉可汗（Khan）案

锐的言词告诉下面的联邦法院，不要期望推翻最高法院的判定；我们将把这个翻案的决定留给最高法院自己。……阿尔布雷特公司案的判决在判案时不是经过仔细推敲的，并且与最高法院后来的一些判定是不一致的。它应该被翻案。我们期望有一天它会被推翻。①

17.3.3 最高法院

毫不意外的，在上诉法院的明确鼓励下，State 石油公司将巡回法庭的判决上诉到了最高法院。在最高法院的判决中，它接受了上诉法院的分析，并且同意上诉法院重新考虑阿尔布雷特公司案的建议。在一项一致通过的决定中，最高法院推翻了阿尔布雷特公司案。

最高法院的分析从回顾最高法院的相关先例开始："回顾那些导致阿尔布雷特公司案及它以后案例判决的司法决定，对于我们评价在阿尔布雷特公司案中确立的本身违法原则是重要的。"② 法院从迈尔斯博士公司案开始，在该案中它

认识到，如果一个协议中制造商或供应商为它的分销商设置的最低转售价格，那么这个协议就是非法的……

在后来的案例中，最高法院的注意力转向了除限制转售价格之外的纵向限制。在美国政府诉怀特汽车公司案中（White Motor Co. v. United States，引用处省略），法院考虑了一个制造商将独占区域分配给它的分销商和零售商的合法性。法院认为，由于我们对此类垂直限制的竞争性效果知之甚少故不能讲它们看作本身违法。四年以后，在美国政府诉阿诺德·斯温公司（United States v. Arnold, Schwinn & Co.，引用处省略）案中，法院重新考虑了独占交易区域，并且认为……一个供应者要求分销商接受区域限制"如此明显地破坏了竞争"，以至于构成对谢尔曼法的本身违法。③

阿尔布雷特公司案的判定是在斯温公司案一年之后，法院注意到，阿尔布雷特公司案的判决受到了斯温公司案和其他相关案例判定的影响。

阿尔布雷特公司案九年之后，最高法院在 GTE Sylvania 公司案中推翻了斯温公司案。法院解释说，GTE Sylvania 公司案的决定在某种程度上是以斯温公

---

① *Khan v. State Oil*, 93 F. 3d 1358（7th Cir. 1996），at 1363.
② *State Oil v. Khan*, 188 S. Ct. 275（1997），at 279.
③ *State Oil v. Khan*, 188 S. Ct. 275（1997），at 279.

司案遭到的广泛批评为依据的。法院也指出，GTE Sylvania 公司案受到"学术著作中非价格纵向限制具有提高经济效率作用"这一观点的影响。①

法院认识到，阿尔布雷特公司案已经遇到与斯温公司案相同的批评，并再次依靠此类批评推翻了一个先例："我们对阿尔布雷特公司案持续合法性的重新考虑受到了我们的几个判例的启发，也受到了大量讨论垂直限制效果的学术研究的影响……凭借这些启发，我们发现，很难坚持认为纵向最大价格限制损害消费者或竞争的程度足以构成本身违法。"②

最高法院在斯温案中认定使用独占区域作为纵向限制是本身违法的，但是随后就推翻了这一先例。这主要依据的就是经济学家和反垄断学者对其早期判决的批评。类似地，在阿尔布雷特公司案中，法院先将最高零售价格限制看作本身违法，又用 State 石油公司诉可汗案推翻了这一先例，在很大程度上还是根据经济学对早期判决的批判。

相比之下，尽管也遭到了广泛的批评，控制最低零售价格仍然被认为是本身违法的。实际上，争论针对斯温公司案和阿尔布雷特公司案的争论，也已经用于批评最高法院在最低价格限制案中所持的立场。但根据法庭对可汗案的解释，它将继续区分纵向最低和最高价格限制，并认为纵向最低价格限制仍然是本身违法。③

然而，在可汗案宣判 10 年之后的里金（Leegin）案中④，最高法院重新考虑了最低纵向价格限制（minimum vertical price restrictions）的本身违法问题。作为一家布莱顿品牌妇女饰品和配件的生产商，里金在 1997 年制定的零售定价政策中清楚表明它不会将布莱顿品牌的商品折价销售给零售商。2002 年，里金获悉专业零售商 PSKS 已经不按规定擅自售卖布莱顿产品，因而暂停了布莱顿产品的供货。PSKS 提起了诉讼，声称里金公司在从事对零售商的非法的纵向价格限制。⑤

在联邦地区法院，陪审团认定里金违法并要求其对 PSKS 销售损失进行巨额赔偿。里金公司提起上诉，声称应该使用合理原则对 PSKS 的反垄断诉讼进行评估分析。第五巡回上诉法院不同意这一观点：

① *State Oil v. Khan*，188 S. Ct. 275（1997），at 279.
② *State Oil v. Khan*，188 S. Ct. 275（1997），at 282.
③ 参见 *State Oil v. Khan*，188 S. Ct. 275（1997），at 283.
④ 里金公司主要是设计和生产皮革制品，参见 Inc. v. PSKS, Inc.，127 S. Ct. 2705（2007）.
⑤ 参见 PSKS v. Leegin，ill Fed. Appx. 464（2006），at 465 - 466.

案例17：State 石油公司诉可汗（Khan）案

里金公司宣称：虽然最高法院在 Dr. Miles Medical Co. v. John D. Park & Sons Co.（引文省略）一案中对纵向价格限制首次使用了本身违法原则，但是并不是一直使用这一规则。然而，里金公司援引的、法院使用合理推定规则的案例并不涉及纵向最低价格限制协议。参见 State Oil v. Khan（引文省略）……由于法院对这类协议一直使用本身违法规则，在 Dr. Miles Medical Co 案中，我们继续坚持使用这一规则。①

里金上诉到最高法院。最高法院以 5∶4 的判定结果同意了里金的上诉。以"经济学文献（其中）充斥了制造商使用转售价格维持可以有效促进竞争的论据"为基础，法院发现：

设置最低转售价格的纵向协议既具有促进竞争效应，也具有反竞争效应，具体效应取决于它们制定的具体环境。虽然关于这一问题的实证证据很有限，但这并不表明有效使用这一协议是不经常或不可能的……由于本身违法原则可能禁止明显有利于竞争的行为，因此使用这一原则对这些协议进行判定是不合适的。②

法院的结论是"Dr. Miles 案应该被推翻，纵向协议将使用合理推定原则进行判定"。③

17.4　State 石油公司诉可汗案之后的纵向最高价格限制

虽然最高法院放弃了针对纵向最高价格控制的本身违法标准，但还没有达到取消对此类限制作反托拉斯审查程度。特别地，它只不过是拒绝采用本身合法标准：

在推翻阿尔布雷特公司案之后，我们当然不主张所有的纵向最高价格控制都是本身违法的。相反，与大多数受到反垄断法规制的商业行为一样，纵向最高价格限制也应该依据合理推定原则进行评估。我们认为，合理推定原则下的分析将有效地发现那些反竞争的纵向最高价格限制。④

---

① PSKS v. Leegin, 171 Fed. Appx. 464 (2006), at 466.
② Leegin Creative Leather Products, Inc. v. PSKS, Inc., 127 S. Ct. 2705, at 2718.
③ 127 S. Ct. 2705, at 2710.
④ *State Oil v. Khan*, 188 S. Ct. 275 (1997), at 285.

一些评论者曾批判最高法院对纵向最高价格限制应用合理原则的决定。例如，布雷和鲁帕特卡（Blair and Lopatka, 1998, 第 179 页）（他们早先关于垂直限制的论述就被可汗案法庭引用过）指出：

> 虽然可汗案对于完善反托拉斯政策做出了有意义的贡献，但是这个判决是有缺陷的。它是用合理推定原则去取代本身违法原则，而不是用本身合法原则。在纵向最高价格控制的情境下，对合理性的测试几乎没有什么意义，因为无论如何这种行为都没有明显的反竞争后果。除此之外，对于推定违法的测试内容是这样秘而不宣，使得它的应用不可预知。

按照合理原则，在什么情况下纵向最高价格控制才是反竞争的？在可汗案中，法院提到阿尔布雷特公司案中纵向最高价格控制被判为本身违法性的理由，并认为阿尔布雷特公司案中的行为"能在合理推定原则下得到适当的认识和处罚。"① 因而，法院暗示，在阿尔布雷特公司案中对纵向最高价格限制的反竞争性解释，可以作为在合理推定原则下寻找违法性的基础。然而，最高法院对阿尔布雷特公司案的三种解释看上去都不能支持合理推定原则下的反竞争性结论。

阿尔布雷特公司案为反竞争影响提供的第一种解释是，"最高限价可能定得太低以至于下游厂商不能为消费者提供实现商品价值所必需的服务，或者不能提供消费者需要且愿意支付的服务和便利。"② 但是这个论据暗示制造商或分销商不是在按照利己主义原则采取行动。实际上，可汗案法庭认识到了这个理论的缺陷："这种行为将会驱走消费者，对制造商、分销商和消费者都可能造成损害，为此一个供应商是不太可能出于商业判断而设置这样一个价格的。"③

阿尔布雷特公司案提出的第二种观点是，"最高价格控制将让商品分销落入一些大型的或有特别优势的交易商之手，而如果没有最高价格控制，这些分销商就将遭遇显著的非价格竞争。"④ 这个论据与第一个论据相似，由于同样的原因它也不大可能支持一个反竞争性的裁决——一个制造商不会限制自己的分销商网络，除非那样做是有效率的。可汗案法庭也认识到了阿尔布雷特公司案解释的缺陷："然而，一个供应商能够通过排斥潜在交易商来限制它的市

---

① *State Oil v. Khan*, 188 S. Ct. 275（1997），at 283.
② *Albrecht v. Herald Co.*, 390 U. S. 145, at 152 – 3.
③ *State Oil v. Khan*, 188 S. Ct. 275（1997），at 283.
④ *Albrecht v. Herald Co.*, 390 U. S. 145, at 153.

案例 17：State 石油公司诉可汗（Khan）案

场，并最终从中获利，这一点是有疑问的……更进一步说，虽然纵向最高价格控制会限制低效率分销商的生存能力，但是这种后果并不必然损害竞争和消费者。"①

阿尔布雷特公司案的最后一种解释，依赖于将纵向最高价格限制转换为最低价格限制。具体地说，阿尔布雷特公司案坚持认为"如果实际价格总是接近最大价格限制（这种情况在最大价格接近零售商实际成本的时候更容易发生），这种价格安排就会具有最小价格控制的所有特征。"② 但在运用合理推定原则去评价纵向最高价格控制时，这种解释看上去也不能支持一个反竞争的裁决。

如果存在最高纵向限制的话，那么交易商在最大价格下削减价格就不会被阻止。阿尔布雷特公司案通过"最大价格接近于零售商的实际成本"这一情形消除最大和最小价格之间的差别。如果强加给它的最大价格等于它的成本，那么交易商将没有动机去削减价格。虽然这一点是正确的，但是如果最小价格是按照或者接近于成本定价的，那么一般而言，就没有理由去关心最小价格限制。因而，在最小价格限制有问题的时候——即，最小价格显著高于零售商成本——最大价格受到限制的零售商可以削减价格。这种情况下，纵向最高价格限制不可能等同于最小价格限制。③

然而，其他最高法院没有讨论到观点却可能成为纵向最高价格控制反竞争性的基础。上诉法院就曾讨论过纵向最高价格限制潜在的反竞争性。上诉法院注意到"从功能上来说，零售商进货价格与最终零售价之间的差额，实际是对零售商所提供转售服务的补偿。"④ 换句话说，零售商赚得的零售利润可以被视为其转售功能的"价格"。因此，通过设置一个最高零售价格，制造商就有可能够降低它支付给转售服务的"价格"，使其低于市场出清价格。如果制造商是在与其他制造商争夺零售商，这就不是一个能获利的策略。但是，如果制造商是一个垄断者，这种策略能够减少最终产品的销售，导致更高的价格，降低分销成本，提高制造商的利润。也就是说，一个处于垄断地位的制造商能够对他的零售商行使买方垄断力量。

虽然这种解释作为一种经济理论是正确的，但是它在很多（如果不是大

---

① *State Oil v. Khan*, 188 S. Ct. 275 (1997), at 283.
② *Albrecht v. Herald Co.*, 390 U. S. 145, at 153.
③ 正如我已经讨论过的，最高法院关于最小垂直价格限制是本身违法的立场遭到广泛的批评。
④ *Khan v. State Oil*, 93 F.3d 1358 (7th Cir. 1996), at 1361.

多数）产业中可能不具实际意义。只有在垄断厂商面对的零售服务供应曲线向上倾斜时，才由可能行使买方垄断力量。如果不是这样，制造商就不能够降低零售服务的价格。①但是零售服务的供给曲线——至少在长期内——不可能是向上倾斜的。正如布莱尔和洛帕特卡（Blair and Lopatka，1998，第179页）所解释的：

　　一条正向倾斜的供应曲线意味着，提供服务所必须的资源对于购买者的需求而言是具有专用性的。因而，如果购买者的需求减少，供应者就不能转向其他购买者。然而，提供分销服务的必要资源对于所考虑的需求而言，一般不具有专用性。如果某种分销服务的购买者试图压低价格，交易商就可以转向需要同类服务的其他购买者；如果同一个产业中的一群企业共谋以压低分销服务的价格，零售商就可以转向其他产业的购买者。

　　最近，一个对可汗案判决的分析提供了另一种针对最高价格限制的攻击。在这个分析中，布莱尔等（Blair，et al.，2000，第221页）认为"我们可以毫无保留同意可放弃阿尔布雷特公司案的本身违法原则，但最高法院的保留合理推定原则也是正确的。像很多经济学家建议的那样，偏向本身合法原则本来就是一个错误。"布莱尔等（2000）对纵向最高价格限制的攻击是通过推广垂直价格限制的"双重提价"模型达成的。

　　关于使用纵向最高价格限制（促进竞争）的一个标准解释是，它们能够被用于解决"双重提价"问题。假定一个制造商拥有市场力量，并且它的产品需求能够因交零售商提供服务而增加。为了鼓励这种服务的供给，制造商可能选择划分独占区域，以阻止零售商从其他零售商的销售努力中搭便车。但是，通过给与独占区域，制造商就为它的分销商制造了市场力量。为了阻止零售商使用市场力量，制造商就可能运用最大价格限制。

　　布莱尔等（2000）建立了一个模型，在模型中零售商选择零售价和提供服务的水平。他们假定制造商不能控制零售商提供服务的数量。通过垂直价格限制，制造商能够阻止交易商使用市场力量。但面对降低了的零售价，零售商的反应可能是减少服务的供给——因为如果零售价是受限制的，每一单位额外销售所带来的利润就变得更低，最终导致交易商提供服务的动机下降。

　　因为零售商服务的减少将降低消费需求，而零售价格下降将趋向于增加消

---

① 一般而言，买方垄断力量的行使要求一条向上倾斜的供应曲线。例如，卡尔顿和佩罗夫（Carlton and Perloff，2000，第107页）解释为"如果长期供应曲线是平坦的，长期买方垄断力量是不可能存在的，因为那时价格不能降低到竞争价格之下。"

案例17：State 石油公司诉可汗（Khan）案

费者需求，布莱尔等（2000，第217页）认为纵向最大价格限制的净效应是不明确的："如果不考虑零售阶段的服务，最大转售价格限制总是引起销售量的增加。然而，当我们将模型推广到包括零售商的服务时，产出的效应是不明确的。"布莱尔等（2000）认为，因为当销售量上升时，消费者的福利也要上升，用合理推定原则考察最高垂直价格限制实际上暗示了一个"产出测试"——如果最高零售价格导致了销售量的增加，那么这种行为就是促进竞争的；但是如果销售量下降，最大价格限制在合理推定原则下就应当受到处罚。①

葛莱密斯（Grimes, 2006，第851页）以"后芝加哥学派关于分销限制的文献"为基础对纵向最高价格限制提出了不一样的批判。葛莱密斯批评 State Oil v. Khan 案的判定——美国政府代表国家石油公司提出的简短法庭文件中——忽视了这些文献，葛莱密斯将这些文献描述为"表明纵向最高价格限制属于一种上游市场势力约束，相对于纵向最低价格限制而言，它与捆绑销售更为接近"。然而，葛莱密斯并不认为最高法院推翻 Albrecht 案是错误的。相反，他指出"在后芝加哥学派观点的启发下，最高法院能够出台意见以对如何在合理推定原则下对纵向最高价格限制进行审判提供更有意义地指导"。

可汗案余波之后，法院将如何采用合理推定原则对纵向最高价格限制案例进行判定，还不明朗。例如，在一家联邦地区法院审判中，法庭援引了可汗案并解释：

从基本层面看，当实践证明制造商的愿望是想将价格保持低于某一规定水平并且接近竞争性水平时，最高转售价格维持（maximum resale price maintenance）可能有利于消费者……给定最高转售价格维持的这些潜在促进竞争的后果，原告应当举证说明所起诉的限制在相关市场上具有可识别的反竞争效应。②

然而，地区法院没有讨论哪一类的分析或证据能够证明"可识别的反竞争效应"。相反，法庭发现，原告没有界定一个适当的产品市场或地理市场——这"使得权衡（被告）行为所产生的效应成为不可能"——因此驳回了原告关于纵向最高价格限制的起诉。③

---

① 布莱尔等（Blair, et al., 2000）模型假定上游企业是一个垄断者。还不清楚在以下情形下作者是否应用他们的产出测试，即强加垂直限制的企业与其他上游企业之间进行竞争。
② Mathias v. Daily News, L. P., 152 F. Supp. 2d 465（2001），at 486.
③ 152 F. Supp. 2d 465（2001），at 486.

17.5 State 石油公司诉可汗案的重新探讨

除推翻阿尔布雷特公司案以外，最高法院还将 State 石油公司诉可汗案遣回了上诉法庭，让其"考虑 State 石油公司的最大价格在与本身违法原则不同的'合理推断'原则下，是否违反《谢尔曼法》。"[①] 但是，可汗选择不提供合理推断的分析，上诉法庭故认为其已经放弃申诉。相反，可汗宣称，它与 State 石油公司供应合同中的价格限制应被看作最低价格限制，因而是本身违法的。上诉法庭认为可汗的论点"显然毫无道理"，因而将上诉遣回了地方法院，并指示撤销此案。

但是如果在合理推断原则下调查，结果会是什么呢？很明显，取消垂直价格限制有一种经济效应——可汗接任者的平均零售利润率和总销售量提高了。不太明确的是，State 石油公司为什么愿意实施降低其总销售量的策略。[②] 克莱因（Klein, 1999）对此提供了一种可能的解释。克莱因认为，State 石油公司可以从每加仑高级汽油中获得比普通汽油更高的（批发）利润率。如果是这样，State 石油公司感兴趣的不仅仅是销售给可汗的汽油总量，还包括普通汽油和高级汽油的销售组合情况。具体地，State 石油公司希望出售较高比例的高级汽油，并且希望阻止可汗为高级汽油制定高价。也就是说，"如果零售商把需求从高级汽油转向普通汽油，从而产生一个较高级汽油偏向普通汽油的销售组合，这个销售组合不能使联合利润最大化，从而损害了汽油供应商的利益。例如，不能使 State 石油公司和可汗的联合利润最大化。"（克莱因（Klein），1999，第 56 页）。

可汗销售的两种产品——普通汽油和高级汽油——受强加的价格限制的影响是不同的，由于这个事实的存在，评估强加给可汗的纵向最大价格限制的竞争效应变得复杂。忽视两种产品的需求差异会引出明显反常的结论，即：取消垂直价格限制既导致价格的上升（如零售商的平均利润率）又导致总销量的

[①] *Khan v. State Oil*, 143 F. 3d 362 (7th Cir. 1998), at 363.

[②] 因为自助食品店的销售对收益性是很重要的，即使是高级汽油销售的边际收益被限制为每加仑 3.25 美分，可汗愿意降低普通汽油的边际收益。推测起来，它可以比接受者更多地增加它的总销售量。这是否是一个比将价格制定为每加仑获得 3.25 美分边际收益更为有利可图的策略，从可以获得的证据看，还不明确。参见克莱因（Klein, 1999，第 55 页）。

案例17：State石油公司诉可汗（Khan）案

增加。

State石油公司纵向价格限制的反竞争性是在于普通汽油销售下降（虽然高级汽油销售上升）吗？其他通常不被反托拉斯法处罚的契约行为也可能在损害一部分消费者的同时对另一部分消费者有利。举一个密切相关的例子：即为了鼓励零售商提供信息服务所设立的独占区域。独占区域在为消费者提供更多信息的同时也会改变零售商的销售组合。通过增加潜在消费者可获得的信息量，这种策略将有可能以牺牲那些信息相对不重要的产品的销售，而增加那些信息相对重要的产品（通常更为复杂的产品）的销售。如果独占区域可以导致所有产品的零售价格更高，那么这种限制可能损害那些购买信息相对不重要产品的消费者，却对那些购买信息密集型产品的消费者有利。如果生产者在信息密集型产品上的边际收益高于其他类型的产品，那么这种销售组合的改变就可能是有利可图的。

合理推定原则下的分析一般不会处罚前面例子中的独占区域（尤其是当强加限制的制造商是一个市场中许多竞争者之一时）。因而，在合理推定原则下，对同样结果的判定，也就是对导致一种产品销售上升而另一种产品销售下降的垂直限制的判定，仅仅因为它是产生于垂直价格限制而不是垂直非价格限制就产生对这两种类型限制不同的处理，这是没有经济学基础的。

17.6 结 论

垂直限制的本身违法原则长期以来遭到经济学家的批评，因为经济学家们已经说明这些行为常常有利于消费者。很大程度上是作为此类批评的一个结果，在1977年，独占区域这种非价格形式的垂直限制的本身违法性已经在实践中被合理推定原则所替代。大约20年后，最高法院又用State石油公司诉可汗案进一步缩小了本身违法原则在纵向行为的适用范围。最高法院对这一先例的推翻，在很大程度上也是以先前判决的经济学分析为基础的。然而，因为最高法院对于纵向最大价格限制具有怎样的反竞争性效果几乎没有提供任何指导，此类行为是如何按合理推定原则进行分析还不明确。

参考文献

[1] Bamberger, Gustavo E., and Dennis W. Carlton, "Antitrust and Higher Educa-

tion: MIT Financial Aid." In *The Antitrust Revolution*, edited by John E. Kwoka, Jr., and Lawrence J. White, 188 – 210. New York: Oxford University Press, 2004.

[2] Blair, Roger, James Fesmire, and Richard Romano. "Applying the Rule of Reason to Maximum Resale Price Fixing: Albrecht Overrulled." *In Industrial Organization: Advances in Applied Microeconomics*, vol. 9, edited by Michael R. Baye. New York: JAI Press, 2000.

[3] Blair, Roger, and John Lopatka. "The Albrecht Rule after Khan: Death Becomes Her." *Notre Dame Law Review* 74 (October 1998): 123 – 179.

[4] Bork, Robert. *The Antitrust Paradox: A Policy at War with Itself*. New York: Free Press. 1993.

[5] Carlton, Dennis, and Jeffrey Perloff. *Modern Industrial Organization*, 3rd edn. Reading. Mass.: Addison Wesley Longman, 2000.

[6] Klein, Benjamin. "Distribution Restriction Operate by Creating Dealer Profits: Explaining the Use of Maximum Resale Price Maintenance in *State Oil v. Khan*." In *Supreme Court Economic Review*, vol. 7, edited by Ernest Gellhorn and Larry Ribstein. Chicago: University of Chicago Press, 1999.

[7] Posner, Richard. *Antitrust Law: An Economic Perspective*, Chicago: University of Chicago Press, 1976.

第四部分 网络问题

经济与法律背景

反垄断领域中直到最近一段时间才开始提及网络和网络效应等概念,但网络本身,如电话、铁路、各种管道、电网、广播,甚至公路网,都已经存在很长时间了,与之相关的经济学问题如规模经济、资产的策略性应用、拒绝交易等也同样具有很长历史。本书其他部分的内容也有很多涉及网络,有关网络的反垄断问题经常以别的名词来表述,这也同样具有很长的历史。①

本部分我们首先讨论有关网络的经济学问题,然后是相关的反垄断法问题。

经济学

一些基本概念

技术上,一个网络由一些相互联接的节点组成。由于这一定义不够直观,加些图表和例子会很有助于理解。②

一个简单网络

图 IV-1 显示了一个简单的"星形"或"中心-辐射形"网络,外围节点(A、B、C 等)均通过中心节点 S 相互联接③,现实中的例子有:

---

① 除了反垄断之外,很多网络产业也受到各种直接规制,这些规制措施都与下面要讨论的网络特性有关,参见 White (1999)。
② 相关综述参见 Economides and While (1994)、Katz and Shapiro (1994)、Besen and Farrell (1994)、Liebowitz and Margolis (1994)、Economides (1996) 和 White (1999)。
③ "星形"并非唯一可能的网络结构,还可能有环形网络(例如某些局域电脑网络、围绕一个大城市的环形道路等),或是所有节点彼此相连(例如城市中的街道网、手持电台之间的通联等),参见 White (1999)。

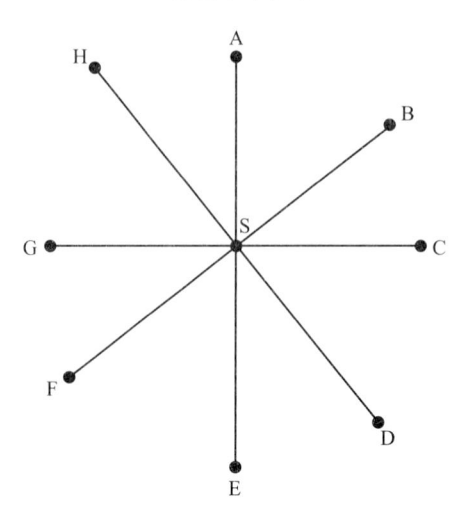

图 IV-1　一个简单的星形网络

- 本地电话交换网，外围节点为用户，中心节点为交换机，用户和交换机之间通过电话线联接；① 一个本地的电子邮件系统与之相类似；
- 一个小型航空（中心-辐射形）网络，外围节点是较小的机场，中心节点为大型机场。旅客如果需要从一个外围城市飞往另一个外围城市，通常需要经由中心大型机场转机。这一网络中中心节点和外围节点之间由航线相互联接，很多大城市的城市铁路和公交系统具有类似的结构；
- 本地快递和邮政系统，外围节点是收发快递的用户，中心节点是分拣处理中心，之间的联接为投递路线；
- 本地电网，外围节点是电力用户，中心节点是发电厂，联接是输电线。
- 本地无线广播、电视或有线电视系统，外围节点是听众或观众，中心节点是广播设备，通过无线或有线传播信号进行联接。

从这些十分简单的网络实例中可以得到重要的启示。首先，中心节点在网络中十分重要，网络中所有的交易都必须通过或由中心节点发起才能完成，很显然，中心节点可以被描述成网络的现有"瓶颈"或是"核心设施"，网络中的任何活动都需要经过中心节点才能够完成。中心节点的生产能力决定了整个网络的效率。如果中心节点有充足的生产能力（或是新生产能力能够以较低

---

① 电话系统经常被称为一个"交换网络（switched network）"。

成本增加），则整个网络就能够以较低成本增加新用户。实际上，中心节点以及整个网络的规模经济性正是网络的一个本质特征。①

这种规模经济性通常是有关网络的经济学模型中的一个必备前提，同时在现实中的许多网络中也均有所体现。然而，短期生产能力的约束也会导致网络的规模不经济，表现为网络中的拥挤、延迟、停滞等。② 网络生产能力的增加是否需要中等或较高成本（包括管理和其他"系统"成本）是个经验问题，无法通过工程计算等方式来准确获知。

其次，网络中节点和联接的兼容性是交易顺利完成的必备条件，兼容性通过所有节点和联接遵守统一的规格标准来实现。兼容性标准可能是某些物理特性：

- 电话线插头必须和墙上的插孔匹配；
- 铁路轨距和轮距、隧道尺寸和车厢尺寸必须一致；
- 机场跑道的长度必须达到飞机起降的要求；
- 电源插头的形状必须和插座一致，等等。

兼容性标准也可以是指某个技术现象：

- 电话网中的设备必须能够接收或发出同样的模拟或数字信号；
- 用电器的电压和周波必须与电网中的一致；
- 收音机和电视机必须与广播信号兼容；等等。

第三，在电话、航空、快递网络和电力、广播网之间存在重要区别，前一类是"双向"网络，外围节点能够进行发送和接收两种行为，任意两个外围节点之间都可以进行前后两个方向的传送活动（经由中心节点）。相比之下，后一类网络为"单向"或发送网络，外围节点只能接收，因此网络中的传送活动能够只能从中心节点到外围节点一个方向进行。

第四，当存在规模经济时，双向网络具有正的直接"网络外部性"（Rohlfs，1974、2001），当有新用户（新外围节点）加入网络时，其他用户均会直接受益③。如果新增了一位电话用户，不仅他本人由于能够接听和拨打电话而受益，其他电话用户也会因为能够接听和拨打更多的电话而受益；民航和

---

① 规模和生产能力问题也同样存在于网络中的联接。
② 因为不存在信号的拥挤和延迟，无线传播的广播是个例外。无线传播的广播信号是严格意义上的公共物品：具有消费的非竞争性（一个听众或观众不会影响其他人收听或收看）和非排他性（在不对信号加密的情况下，任何人都可以收听收看），参见 Pindyck and Rubinfeld（2001，第18章）。
③ Liebowitz and Margolis（1994）指出，其他用户是否能获得网络收益取决于网络服务的定价中是否已经包含了网络外部性，如果已经包含的话，则网络外部性已被网络所有者内部化。

快递网络具有同样的直接网络外部性。①

相比之下,单向网络没有直接网络效应。电网中增加了一位新用户对其他用户没有直接影响,新增加的广播电视的听众或观众对于原来的听众或观众也没有直接影响。但单向网络中可能会因为中心节点的规模经济而产生间接网络效应,电网中的用户数量增加会降低每个用户分担的发电设备方面的固定成本,从而降低电费价格;观众或听众数量越多,电视台或电台才有可能提高节目质量、增加节目种类。

第五,网络中的用户经常需要进行与网络有关的投资,其中包括设备、地点或是相关技术的学习等。这类投资通常都具有"沉没性",即只适用于特定网络,无法转移至其他有差异的网络,网络投资的沉没性与物理或技术上的兼容标准密切相关。

一个略微复杂的网络

图 IV-2 将网络的概念进行了拓展,其中有两个星形网络,之间由一个"骨干"联接。这种拓展网络在现实中包括:

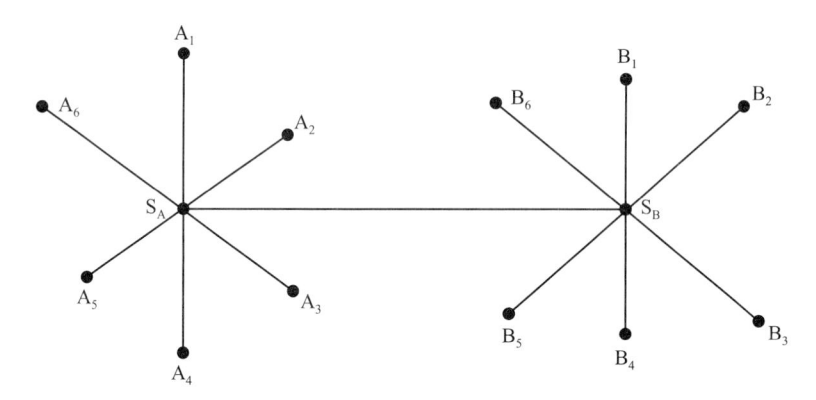

图 IV-2 由一个骨干线路联接的双星网络

• 两个各自独立的本地电话网(分别有自己的交换中心 S_A 和 S_B,相互之间由一个长途骨干线路联接;一个复杂的电子邮件系统也具有同样的特征;

---

① 生产能力足够,即规模经济的前提在这里很重要,如果新增用户给其他用户造成了拥挤,则直接网络效应有可能是负的。

经济与法律背景

- 两个本地铁路货物集散系统，S_A 和 S_B 代表两个铁路编组站，之间由长途线路联接；也可以是由两个枢纽和之间的航线所组成的民航系统；
- 电力系统，左边为多个发电机组（由中枢 S_A 统一协调），右边为电力用户（S_B 代表调压装置，将发电机组输出的电压调整为普通民用电压）；
- 一个较为复杂的有线电视网系统，左边为多个有线电视频道，右边为电视用户，S_A 代表网络系统的"打包整合"功能，S_B 代表有线电视网络的中枢，负责按用户各自的需求将不同频道的信号传送至用户端。

简单星形网络的某些特性也同样存在于双星网络中：中心节点 S_A 和 S_B 仍然具有瓶颈的核心地位，任何一个外围节点都必须与其直接相连，其他网络中的外围节点也必须通过中心节点才能与本网络中的外围节点进行联接传输；规模经济性、兼容性、标准和用户的转换成本都是重要特征。另外，前两个例子为双向网络和直接网络效应；后两个例子则是单向网络和间接网络效应。[①]

借助于双星网络，我们可以将网络的概念延伸至其他具有类似于网络特征的系统。例如，假设一个系统由电脑应用软件包（外围节点 A_i）、电脑操作系统（节点 S_A）、电脑微处理器（节点 S_B）和电脑（外围节点 B_i）组成，尽管这不是一个实体网络，但它具备网络的基本特征：中心节点、规模经济性、兼容与标准的重要性（所有部件必须能够互相配合协调工作）。这一网络还具有间接网络效应（单向网络的特点）：新增加的电脑用户对其他用户没有直接影响，[②] 但却会有间接的好处：用户数量越多，软件开发者就越愿意提供更多的软件，因此当新用户加入系统时，其他潜在用户会因为软件种类的增多而受益。[③] 另外，如果不同系统之间标准不统一，特定系统的用户也会发现他们的投资只能为该系统专用。

综合以上几个方面，这一电脑系统具备网络的重要特征。硬件与软件的组合，像 DVD 播放机和 DVD 碟片、CD 播放机和 CD 碟片，以及某些特殊的专业设备和配套零部件之间[④]都具有类似特征，"虚拟网络"（virtual network）这一概念指的就是这样的非实体网络系统。

---

① 虽然互联网和电子邮件（包括即时通讯软件）很明显是双向网络，但万维网（World Wide Web）本质上仍属于单向网络。
② 也会有例外，当用户之间相互交流使用系统的经验、方法、捷径时，也会产生直接网络效应。
③ 这种产品种类的增加是一个规模驱动（scale-driven）现象。
④ 本部分由 Jeffrey MacKie Mason 和 John Metzler 撰写的第 21 个案例中的柯达（Kodak）诉讼案就涉及此类专有设备和零部件的组合。

含义

上述网络特征对于市场结构和行为有重要含义：

第一，如果直接或间接网络效应较强，网络间的竞争，尤其是彼此不兼容的网络间的竞争会非常不稳定。规模差异本身会使大网络具有重要优势，因而会吸引到较多的新用户（和转换用户），导致自身的更大规模和优势，这就是"从众效应"（bandwagon effect）和"临界点效应"（tipping effect）作用的结果。这一结果（当网络效应较强时）会导致"赢者通吃"的市场结构，规模较小的网络想要生存只有两个可能，要么提供十分独特的产品，并且该产品对于用户的重要性足以弥补小规模网络（较小的网络效应）的不利；要么就是用户因高转换成本而被锁定在该网络中。

第二，对于"赢者通吃"的网络，在网络发展的初期会面临激烈的竞争，每一个竞争对手都希望尽早获得网络规模的优势从而开始从众效应的过程，为此而采用的竞争手段包括低初期定价（竞争对手视之为"掠夺性定价"）、夸大未来的产品发展、将重要人物作为自己的客户并为自己的网络代言、与其他网络组成联盟或是合资企业，以及其他能够激发从众效应的行为。实际上，"对市场的竞争"的过程很大程度上决定了最终的市场结构（特别是市场上的主导厂商）。

有关这一点的政策含义是，反垄断执法对于网络竞争对手在发展早期的行为和某些竞争手段需要仔细审查，以防止反竞争的行为导致以后很难改变的市场结构（以下会说明具体原因）。但在一个网络产业发展的初期，产业前景尚未明确、技术进步的不确定性很大，此时如果对该产业加以不适当干预所造成损失的风险也最大，这对于反垄断执法是一个两难选择。

第三，网络中居于瓶颈地位的中心节点相对于其他节点会具有市场势力。中心节点可能是一个实体设备，像电话网中的交换机，也有可能是虚拟的兼容性标准，如果产品标准是封闭的，就像微软的 Windows 操作系统那样，其所有者就具备了市场势力。[①] 另一方面，如果产品标准是开放的（像铁轨宽度、电话插头规格等），则很少出现瓶颈问题。[②] 决定所有者市场势力大小的重要因素有网络效应的大小和用户转换与锁定成本的大小。

[①] 参见这一部分中 Daniel Rubinfeld 撰写的案例 20 中关于微软的讨论。
[②] 这或许无法阻止厂商策略性地造成产品差异的努力，例如 AT&T 曾宣称只能使用它自己的设备，理由是其他厂商的设备会破坏电话网的完整性。参见 Noll and Owen（1994）。

经济与法律背景

第四，新网络的进入（如果与现有网络不兼容的话）较之其他非网络产业要困难得多，因为新进入者要受到网络规模和用户基础较小的网络效应的不利影响。对于用户而言，从原有网络转换至新网络要同时承担转换成本和现有网络网络效应的损失，所以新进入网络实际上很难劝说用户转换并尝试新网络。因此新进入者要想达到和现有网络同样的网络规模，需要承担的成本和风险都要大得多。[①]

第五，由于吸引现有网络的用户转换至新网络的难度很大，网络产业中与现有网络不兼容的重要技术创新将会更困难（与现有网络标准兼容的技术创新能够很容易被整合到现有网络中，因而问题不大）。[②] 当然，汽车最终取代了马车，CD 取代了黑胶唱片，DVD 取代了录像带，因此革命性的重要技术创新最终还会发生，只是这一过程会由于网络效应和转换成本而难度加大。

第六，竞争性网络之间的兼容或不兼容决策除了技术上的因素外，还会有更重要的策略方面的考虑。如果一个网络所有者认为他的网络将会是从众效应和临界点效应的受益者，他不愿意与其他竞争对手的网络兼容，即互联互通，这正是福尔哈伯（Faulhaber, 2004）讨论的 AOL 在即时电子邮件系统上所采取的策略。网络技术上的拒绝互联互通等同于本书第三部分中纵向关系中的拒绝交易行为。

另外，如果兼容性标准由行业中的厂商共同制定（比如以行业协会的名义），那么从政治或策略的角度考虑，这一标准有可能成为提高行业进入壁垒或是提高竞争对手成本的工具，现有厂商会刻意选择增加进入难度或是有利于现有厂商的标准。

最后，由于临界点效应和当出现主导厂商后市场结构的惯性，产生市场"赢家"的过程无法保证结果是符合社会整体最高效率（如消费者网络满意程度最大）的网络，尽管在最优网络提供者刚开始领先时临界点效应会出现，偶然事件也会导致其他网络在发展早期开始领先，然后（在从众效应的作用下）成为主导厂商，这一过程通常被称为"路径依赖"。同时，即使最优网络提供者一开始居于主导地位，日后的技术进步也会导致新的更好的网络出现，从而使其他厂商成为最优网络提供者，但网络结构的惯性会阻碍新提供者的

[①] 这一点在铁路和本地电话网中很明显。竞争性网络（铁路或电话）之间的互联互通能够改善这一问题。一些电脑互联网与之相类似，用户同时使用多个网络的成本相对较低。

[②] 有可能的例外是现有网络提供者将与之兼容的节点或联接也视为对自己的核心瓶颈地位的威胁，例如微软对与之相兼容的网景浏览器的反应。

成功。

综上所述，网络本身所具有的特性给反垄断执法带来了新的问题，下面我们转入有关反垄断的问题。

反垄断

上述讨论已经体现出网络产业在很多方面可能产生反竞争的效果，这其中有些行为和其他非网络产业中的反竞争行为没有本质区别，反垄断执法机构和法庭在这些案例的审理中应用了与非网络产业相同的判别原则，但也注意到了它们的网络特殊属性，例如对网络产业中的厂商合并基于《合并指南》进行分析，但同时也考虑了网络产业厂商成本和需求的相互依赖性。① 对于网络产业中像掠夺性定价这样的反竞争行为的评价也考虑到了网络竞争的多市场、多维度的特殊性。②

然而，另外一些案例中与网络产业有关的竞争问题却比较独特，表现出与非网络产业不同的特点。这里我们集中讨论其中两个重要方面：网络的限制性接入和网络临界点效应的诱发机制，并基于合理推断原则，按照《谢尔曼法》第二条对垄断和试图垄断的规定对这两方面的行为进行评价，我们还将简要回顾反垄断执法机构和法庭如何对法律条文产生了影响。

网络接入问题首先产生于1912年的Terminal Railroad一案③，一家公司拥有密西西比河上位于圣路易斯的一座桥和两端的道路，当这家公司被一个铁路集团收购后，合并后的公司拒绝其他竞争性铁路使用桥两端的道路，最高法院在判决中要求对竞争对手开放桥梁和两端的道路。这一判决一般被作为"关键设施"（essential facility）概念的最初来源，但需要注意的是，这一判决更多地是对横向竞争对手所处困境的考虑，即其他竞争性铁路被迫与一个纵向一体化的桥梁/铁路公司竞争，而不是简单的对设施关键性的考虑。以下将提及，如果厂商拥有关键性设施但并不与其服务的买家竞争时，法庭会持不同的

---

① 参见 Kwoka and White（2004）中对 UP – SP 合并、Brenner（2004）对 Bell Atlantic – NYNEX 合并、Pelcovits（2004）对 MCI – Sprint 合并提议的讨论。另外，Katz（2002）在关于司法部对 United Airlines 和 US Airways2001 年合并提议审查以及更早的对 Northwest Airline 收购 Continental Airlines 较大股份的审查中，都应用了航空系统的网络特征等概念。

② 参见 Edlin and Farrell（2004）和 Katz（2002）对 American Airlines 掠夺性行为的争议。

③ U. S. v. Terminal Railroad Association of St. Louis，224 U. S. 383（1912）。

观点。

在另外一些涉及"关键性设施"的案例中，这一概念有时被表述为拒绝接入、歧视性接入、拒绝与非一体化竞争对手交易，包括美联社（Associated Press）的新闻报道[1]、Otter Tail 电力公司对城市供电公司的电力销售[2]、Aspen 滑雪场复杂的滑雪缆车定价和支付结构[3] 铁路轨道的接入使用条款[4] 各大航空公司共同采用的电脑订票系统（Guerin - Calvert, 1994）等。一般而言，如果法庭认为该接入与否的确是瓶颈性的，而不只是简单的妨碍经营时，会倾向于要求有条件的准许接入，当然并不一定是同等条件。当关键性资产是创新成果（例如内含于专利中）可能会有例外，法院会要求保证足够的回报，而不只是购买资产（例如在 Terminal Railroad 案中）。

对于关键性设施的描述与定义，最具代表性的是由 MCI 提起的对 AT&T 的反垄断诉讼。[5] 这一案例众所周知，为了能够提供长途电话业务，MCI 必须要使用本地电话网才能到达终端用户，而绝大多数本地电话网归 AT&T 所有，同时 AT&T 和 MCI 在长途电话业务上又是竞争关系。MCI 在早期花费了大量时间在法庭和规制机构中为了能和 AT&T 的本地电话网联通而奋战，法庭最终做出了有利于 MCI 的判决，建立了有关关键性设施的反垄断违法的下列标准：(1) 垄断厂商控制了关键性设施；(2) 竞争对手"不可能对关键性设施进行复制"；(3) 拒绝竞争对手使用关键性设施；(4) 具备提供关键性设施给竞争对手使用的可行性。美国政府同一时期针对 AT&T 的另一起反垄断诉讼同样基于 AT&T 对 MCI 拒绝接入的反竞争行为（Noll and Owen, 1994），这一诉讼的判决给 MCI 对 AT&T 案的审理提供了很多参考。

除了直接的拒绝接入或歧视性接入条款外，厂商有时还会采用其他策略，其中最常见的就是所谓的"价格压榨"。价格压榨最初是指表面上允许竞争对手获得关键性要素，但实际上是削弱其竞争能力的一种行为，经典作法是纵向一体化的厂商将关键性要素以较高价格出售给最终产品的竞争对手，再加上自己最终产品的策略性定价，压缩竞争对手的利润空间使之无法生存。

最近与网络有关的著名案例是 Town of Concord v. Boston Edison[6]，其焦点

---

[1] *Associated Press* v. *U. S.*, 326, U. S. 1 (1945)
[2] *Otter Tail Co.* v. *U. S.*, 410 U. S. 366 (1973)。
[3] Aspen Skking Co. v. Aspen Highland Skiing Co., 472 U. S. 585 (1985)。
[4] Delaware & Hudson Railway Co. v. Consolidated Rail Corp., 902 F. 2d 174。
[5] *MCI Communications Co.* v. *AT&T*, 708 F. 2d 1081 (7th Cir. 1982)
[6] Town of Concord v. *Boston Edison*, 915 F. 2d 17 (1st Cir. 1990)

· 477 ·

是 Boston Edison 公司为保证州规制机构通过电力批发价格的上涨而采取的提高包括 Concord 和 Massachusetts 在内地数个城市供电公司的电力批发价格这一策略性行为。由于电力零售价格是受规制的，批发价格的上涨挤压了城市供电公司的利润和生存空间。城市供电公司宣称自己是价格压榨的受害者，但被法庭否决，理由是城市供电公司是追求利润最大化的厂商，对电价的规制十分有效等等，这在其他地方已经被讨论过了。①

如前所述，绝大多数关键性设施和相关案例都发生在纵向一体化的厂商和其独立竞争对手之间，但如果不涉及纵向一体化则会允许关键性设施的所有者有更大的权力决定谁可以接入。很多此类案例都是竞争对手为了获得某个组织提供的特殊产品或服务而寻求加入该组织，例如信用卡网络、ATM 网络、房地产中介等的接入与会员加入，最具代表性的案例是 Robert Pindyck 在本部分的案例 19 中讨论的美国司法部诉 VISA 和 Master Card 一案。

除接入问题外，某些行为在网络产业中的反竞争效果要比在其他非网络产业中大得多，重要原因在于网络的临界点效应，除了早期的竞争阶段外，市场中最终只会留有一个网络，至少是一个具有很强主导地位的网络。由于存在这一预期，在早期时任何一个竞争性网络都会采取损害竞争对手以使自己进入良性循环成为赢家的行为。与此类似，当一个在位主导网络面临新网络的潜在进入时，它也会采取行动提高进入壁垒，这些行为的后果在性质和程度上都会不同于非网络产业的情况下。

以排他性交易为例，这一行为在任何市场中的目的都是为了防止在位厂商的市场地位受到侵害，因此需要权衡它的益处和反竞争效果。在网络产业中，预防或防止用户转换网络的做法之一就是阻止新竞争性网络和技术获得达到规模经济和长期生存所必需的最低用户基础，这一"阻止行为（foreclosure）"是 Nintendo 和 Atari 之间的竞争，以及 FTD 阻止竞争性花店网络进入两个案例中的重点。② 这种行为不仅在短期里扭曲了消费者的选择，而且可能改变整个行业长期里的市场结构。

相类似，标准与兼容性的策略性决策也会通过引发或防止市场中某个特定技术或厂商的临界点效应而改变网络产业的长期市场结构，这方面的代表性案

---

① 参见 Kwoka（1992）的分析。需要注意到是，价格压榨行为不只限于网络产业，而是一种在从石油到铝业的很多行业中都广泛采用的消除竞争的行为，例如 U. S. v. Aluminum Company of American, 148 F. 2d 416 (1945) 一案。

② 关于这个和其他案例的讨论，参见 Shapiro（1999）。

例为美国政府诉 IBM、AT&T 和 Microsoft 的反垄断案,[①] 这几个案例体现了反垄断在网络产业兼容性问题的合法性和反竞争性二者之间的权衡。例如,美国政府指控 IBM 在其中央处理单元与某些周边设备之间的接口标准进行了不必要的操控,以组织竞争对手染指电脑周边设备市场。前面也提到过,在 AT&T 一案中,AT&T 试图阻止其他厂商的设备接入电话网络。Microsoft 则运用了多种策略来故意降低竞争对手软件产品的通用性,这些策略中法庭已经认定定价结构、产品预告和与购买者签订长期合同等能够(在 Microsoft 案中则是"已经")起到阻止用户从主导的 Windows 操作系统向其他竞争性产品转换的作用。

法庭在面对此类行为时处境十分尴尬,被迫在单个厂商的技术性需要和策略性动机之间做出裁决,除此之外似乎没有其他的解决办法。当然,反垄断执法中有着对付并解决各种难题的长期丰富经验,网络问题只是执法机构和法庭遇到的最新挑战。随着经济学对诸多问题的解决越来越令人满意,和反垄断领域的其他方面一样,这些理论进展很有可能在日后的执法和判决中得到应用。

参考文献

[1] Besen, Stanley M., and Joseph Farrell. "Choosing How to Compete: Strategies and Tactics in Standardization." *Journal of Economic Perspectives* 8 (Spring 1994): 117–131.

[2] Brenner, Steven R. "Potential Competition and Local Telephone Service: The Bell Atlantic – NYNEX Merger (1997)." In *The Antitrust Revolution*, 4th edn., edited by John E. Kwoka, Jr., and Lawrence J. White, 73–100. New York: Oxford University Press, 2004.

[3] Brock, Gerald. "Dominant Firm Response to Competitive Challenge: Peripheral Equipment Manufacturers' Suits against IBM." In *The Antitrust Revolution*, 1st edn., edited by John E. Kwoka, Jr., and Lawrence J. White, 160–182. Glenview, 111.: Scott, Foresman, 1989.

[4] Economides, Nicholas. "The Economics of Networks." *International Journal*

---

① 有关非网络产业中的兼容与标准问题有 *Radiant Burners, Inc. v. Peoples Gas Light & Coke Co.*, 364 U.S. 656 (1961), 和 *Amercian Society of Mechanical Engineers, Inc. v. Hydrolevel Corp.*, 456 U.S. 556 (1982)。IBM 与周边设备制造商之间的争议参见 Brock (1989),更一般的分析参见 Katz and Shapiro (1994)。

of Industrial Organization 14 (October 1996): 673 – 699.

[5] Economides, Nicholas, and Lawrence J. White. "Networks and Compatibility: Implications for Antitrust." *European Economic Review* 38 (April 1994): 651 – 662.

[6] Edlin, Aaron S., and Joseph Farrell. "The American Airlines Case: A Chance to Clarify Predation Policy (2001)." In *The Antitrust Revolution*, 4th edn., edited by John E. Kwoka, Jr., and Lawrence J. White, 502 – 527. New York: Oxford University Press, 2004.

[7] Faulhaber, Gerald R. "Access and Network Effects in the 'New Economy': AOL – Time Warner (2000)." In *The Antitrust Revolution*, 4th edn., edited by John E. Kwoka, Jr., and Lawrence J. White, 453 – 175. New York: Oxford University Press, 2004.

[8] Guerin – Calvert, Margaret E. "Vertical Integration as a Threat to Competition: Airline Computer Reservation Systems." In *The Antitrust Revolution*: The Role of Economics, 2d edn., edited by John E. Kwoka, Jr., and Lawrence J. White, 432 – 468. New York: HarperCollins, 1994.

[9] Katz, Michael L. "Recent Antitrust Enforcement Actions by the U. S. Department of Justice: A Selective Survey of Economic Issues." *Review of Industrial Organization* 21 (December 2002): 373 – 397.

[10] Katz, Michael L., and Carl Shapiro. "Systems Competition and Network Effects." *Journal of Economic Perspectives* 8 (Spring 1994): 93 – 115.

[11] Kwoka, John E., Jr. "Price Squeezes in Electric Power: The New Battle of Concord." *Electricity Journal* 5 (June 1992): 30 – 37.

[12] Kwoka, John E., Jr., and Lawrence J. White. "Manifest Destiny? The Union Pacific and Southern Pacific Railroad Merger (1996)." In *The Antitrust Revolution*, 4th edn., edited by John E. Kwoka, Jr., and Lawrence J. White, 27 – 51. New York: Oxford University Press, 2004.

[13] Liebowitz, S. J., and Stephen E. Margolis. "Network Externality: An Uncommon Tragedy." *Journal of Economics Perspectives* 8 (Spring 1994): 133 – 150.

[14] Noll, Roger G., and Bruce M. Owen. "The Anticompetitive Uses of Regulation: United States v. AT&T (1982)." In *The Antitrust Revolution*: The Role

of Economics, 2d edn., edited by John E. Kwoka, Jr., and Lawrence J. White, 328 – 375. New York: HarperCollins, 1994.

[15] Pelcovits, Michael D. "The Long – Distance Industry: One Merger Too Many? MCI WorldCom and Sprint (2000)." In *The Antitrust Revolution*, 4th edn., edited by John E. Kwoka, Jr., and Lawrence J. White, 101 – 127. New York: Oxford University Press, 2004.

[16] Pindyck, Robert S., and Daniel L. Rubinfeld. *Microeconomics*, 5th edn. Upper Saddle River, N. J.: Prentice – Hall, 2001.

[17] Rohlfs, Jeffrey. "A Theory of Interdependent Demand for a Communications Service." *Bell Journal of Economics and Managerial Science* 5 (Spring 1974): 16 – 37.

[18] Rohlfs, Jeffrey. *Bandwagon Effects in High Technology Industries*. Cambridge, Mass.: MIT Press, 2001.

[19] Shapiro, Carl. "Exclusivity in Network Industries." *George Mason Law Review* 1 (Spring 1999): 673 – 684.

[20] White, Lawrence J. "U. S. Public Policy toward Network Industries." AEI – Brookings Joint Center for Regulatory Studies, 1999.

案例 18

规制、反垄断和 Trinko 案（2004）

丹尼斯·W·卡尔顿（Dennis W. Carlton）
霍尔赛·德勒*（Hal Sider）

18.1 引　　言

规制和反垄断的共同目标都是促进市场竞争和社会福利最大化，但在具体实施方面有着很大的区别。基于《谢尔曼法》、《克莱顿法》、《联邦贸易委员会法》第五条等反垄断立法的基本原则，反垄断由法庭通过判例建立起的准则来执行，而规制则要求厂商遵守某些本行业特有的具体规则。反垄断法试图阻止厂商的某些建立或维持市场势力的行为，但并不将具有市场势力本身视为违法。然而，在规制活动的众多目标中，被明确提出并依法设置的一个便是维护竞争、消除或限制被规制厂商的市场势力。

最高法院在 2004 年 Verizon Communications Inc. v. Law Offices of Curtis V. Trinko, LLP.[①] 一案的判决中明确阐述了反垄断与规制二者的目标重叠，有时甚至相互矛盾这一问题。Verizon 为纽约市一家提供本地电话服务的公司，AT&T 为另一家竞争性电话公司，它通过租赁 Verizon 的部分网络来提供电话服务。Verizon 在本案中被指控因针对 AT&T 的歧视性行为妨碍了市场竞争，违反了《谢尔曼法》。本案由 Curtis Trinko（以下简称 Trinko）公司的法律部门提起，Trinko 是一家向 AT&T 购买本地电话服务的纽约公司。最高法院一致认为，反垄断法并未要求 Verizon 承担必须与 AT&T 和其他竞争对手进行交易

---

* 卡尔顿和赛德勒在包括 Trinko 案在内的许多反垄断案中作为 Verizon 和其他本地电话公司的顾问。本文不代表美国司法部的观点。作者感谢 Thomas O. Barnett，Allan Shampine 和本书编者的宝贵建议。

① Verizon v. Trinko, 540 U. S. 398（2004）。

案例 18：规制、反垄断和 Trinko 案

的义务，Trinko 所声称的歧视性行为即使存在，也无法成为违反《谢尔曼法》第二条的足够证据。换言之，最高法院的结论是，即使 Verizon 没有按规制的要求履行向竞争对手提供必要帮助的义务，这一行为也不违反反垄断法。

Trinko 在本案中将涉及范围缩小至反垄断法能够使一个厂商具有同竞争对手进行交易的义务，将厂商必须同竞争对手进行交易这一规制下的义务与其他在反垄断法作用下产生的同类义务更加明确地区分开来。最高法院在解释判决理由时大量采用了经济学方面的依据，强加给厂商与竞争对手交易的义务会降低厂商投资、创新和竞争的动机，从而有损社会整体福利水平。最高法院同时认为，与行业规制者相比，法官们在制定有关垄断厂商与竞争对手交易的义务条款方面明显处于信息劣势，因此最高法院在最终竞争政策的制定方面参考了具有相对优势的行业规制者的观点。

本章梳理了 Trinko 案的基本事实并从经济学角度对最高法院的判决进行了评价。本章下一部分简要介绍了规制和反垄断在竞争政策形成中的抵触和互补作用，为 Trinko 案中 Verizon 承担的规制义务提供一些背景知识。在接下来的部分中我们将回顾 Trinko 的指控和案件的发展过程，然后从经济学角度评价最高法院的判决，并对其中关键性内容进行经济学分析。最后，我们试图从经济学角度对最高法院对 Trinko 案的裁决和其他相关案例中体现出的经济逻辑进行比较，包括由司法部提起的导致 1984 年 AT&T 被拆分的反垄断案和 Aspen Ski 案，在后者的判决中，最高法院明确了在某些特定条件下厂商有同竞争对手进行交易的义务。

18.2 1996 年《电信法案》背景下的反垄断与规制

18.2.1 规制和反垄断二者间的抵触与互补作用[①]

规制与反垄断法在竞争政策形成中在作用有时相互抵触，有时又互为补充。在自然垄断之类竞争可能无法充分发挥作用的情况下，规制者会试图保护消费者，并在这些行业中通过对被规制厂商设置特定义务来试图促进竞争，这

[①] Carlton and Picker (2006) 对本节中涉及到部分内容进行了更详细的讨论。

些义务包括如何与竞争对手进行交易，以及如果不遵守这些规定将面临的惩罚。

虽然在电信、电力、天然气等行业中规制者经常强制被规制厂商与竞争对手互联互通，但反垄断法从来没有厂商必须与竞争对手进行交易的一般性要求。例如下文要提及的，尽管一些地方法院接受"关键性设施"这一说法，但最高法院从未认可。法庭在给厂商施加与对手交易义务方面所体现出来的谨慎态度与反垄断法的传统目标一致，即阻止能够产生和维持市场势力的行为（不同于对具有市场势力的厂商进行惩罚），同时也表明法庭认为这一义务会削弱厂商之间的竞争。与此相反，规制者则明确要求厂商必须与竞争对手进行交易，并列出了定价等具体规定以保证交易的顺利进行。

如果被规制厂商不履行与竞争对手互联互通的强制性义务，将导致价格上升和产量下降，这正是妨碍竞争行为的标志，也是对其实施反垄断的经济性前提条件。然而，强制交易义务会在防止厂商限产提价和促进厂商间竞争这两个目的之间产生冲突。另外，反垄断法中的"三倍赔偿"规定会大大超过规制者制定的惩罚标准，从而引发在多种规制和反垄断案中都存在的关于惩罚力度的经济性最优标准这一基本问题。

Trinko 案提出了一系列有关最具经济性的规制和反垄断执法界限的基本性问题，最高法院发现，这取决于规制和反垄断机构各自在识别反竞争行为和制定最适惩罚方面的比较优势。

规制者通常具备专业知识并很明确的设定规则，以在被规制企业的利益和其他不同消费者群体的利益之间求得平衡。例如在电信业，规制者试图通过价格规制既保护了消费者又能够维护厂商的投资动机。规制者有时也通过对不同消费者群体制定不同的价格来平衡不同群体间的利益（如明确规定商业用户和普通消费者、城市和农村之间的差异化定价）。与 Trinko 一案特别相关的是由联邦通讯委员会（FCC）和各州公用事业委员会负责实施的 1996 年《电信法案》，其中规定在位本地电话运营商（incumbent local exchange carriers，ILECs）必须与竞争对手互联互通，并且不能在提供互联互通服务时对竞争对手有所歧视。州规制者则要求 ILECs 自行开发一套监控系统，规制者通过该系统能够监管它们是否向其他竞争性本地电话运营商（competitive local exchange carriers，CLECs）提供了非歧视性的互联互通服务，规制者依据这一监控系统对 ILECs 的活动是否违规以及经济性惩罚金额进行判断。

尽管掌握了十分详尽的专业知识，规制者也并非总是能够成功地在消费者

案例 18：规制、反垄断和 Trinko 案

和厂商二者的利益之间获得平衡。规制者可能会实行错误的技术性规制目标，另外众所周知的一个问题是，规制者有可能只考虑特定利益群体如被规制厂商或是特定消费者群体的利益。

例如，FCC 对基础电话网络定价的强制性规定经各州的规制者具体实施后，结果为同样的基础电话网络在不同州存在巨大的价格差异。国家规制研究所（National Regulatory Research Institute）2003 年的数据显示，伊利诺斯州的规制者设定的城市地区"本地回路"（连接消费者和电话网的铜线）出租价格为每月 2.59 美元，而同期全国的平均水平为 10.92 美元。另外，虽然 FCC 的规制框架没有改变，但有很多州的规制者在很短时间内就改变了本地回路的规制价格水平。例如，2001~2003 年间，阿肯色州城市地区的本地回路价格从每月 71.05 美元降至 23.34 美元，华盛顿特区从每月 10.81 美元降至 4.29 美元。

造成不同时期和不同城市地区间巨大价格差异的原因显然不在成本方面，这些数据表明，规制者在制定厂商互联互通义务的具体条款时拥有很大的决定权，同时也说明实际的规制价格或许与经济上的最优水平有很大差异。这一结果对在位厂商扩大和维护基础设施、新技术的研发投资动机会产生很重要的影响，被迫与竞争对手分享基础设施和投资会降低厂商的投资动机。

相对于规制者公布详细的规制条款（成功率差别很大），反垄断法通过建立总体性原则来实施。司法意见只对争议中的各方产生强制力，并且通过给处于类似情况下的厂商提供行为准则而具有长期影响。由联邦法官对案件进行审理既是反垄断的优势，同时也是它的劣势。与规制者相比，联邦法官可以不受特殊利益群体压力的影响，但与此同时也不具备制定针对特定行业违法行为的惩罚纠正措施所必需的专业知识。以下将提到，法庭对 1974 年司法部诉 AT&T 一案修订后的终审判决（Modified Final Judgement）的执行情况，突出体现了法庭在实施特定行业中有关竞争问题的惩罚补救措施时所遇到的困难。

虽然法庭和规制者在实施竞争政策上有各自的比较优势和劣势，但法官们很不适合制定具体交易条款并强加给厂商与竞争对手交易的义务。电信业中的交易条款设定特别复杂，并且需要在数量众多的各方间进行协调和统一标准。

18.2.2 1996 年《电信法案》与 Verizon 的义务

反垄断对电信业的关注历史久远，1984 年美国司法部对 AT&T 的反垄断

诉讼结案①，在该案中司法部认为 AT&T 作为本地电话运营商，因为针对包括 MCI 在内的竞争性长途电话运营商的歧视性行为而损害了竞争。该案在 1982 年达成和解协议，并且经哈罗德·格林（Harold Greene）法官的修订后成为终审判决。② 这一判决将原来的 AT&T 拆分成七个较大的区域性贝尔运营公司（Regional Bell Operating Companies，RBOCs）和新的 AT&T，新 AT&T 经营长途电话和其他受规则较少的电信业务，另外还生产电信设备。随后，其中的两家 RBOCs，Bell Atlantic 和 Nynex 与 GTE 合并成为 Verizon（后来又收购了 MCI）。其他三家 RBOCs，SBC、Pacific Telesis 和 Ameritech 也通过一系列交易进行了合并，后来又收购了"新"AT&T 并获得了"AT&T"这一名称的使用权。合并后的 AT&T 随之又与另外一家 RBOC，BellSouth 合并。剩下的 RBOC，US West 与 Qwest 合并，保留"Qwest"名称。

下面将会更详细地讨论，AT&T 案的最终判决从 1984 年开始一直由法院监督执行，直到 1996 年国会颁布了《电信法案》。该法案以"胡萝卜 + 大棒"的做法促进本地电话市场的竞争，促使 RBOCs 必须先建立起自己有效的竞争性本地电话网络，然后才能进入长途电话市场。为实现这一目标，美国联邦通讯委员会和州规制者给 ILECs 设立了很多条件，要求向竞争性本地电话运营商出租其他网络并提供互联互通服务，这些条件包括符合 1996 年《电信法案》规定的网络共享义务、允许竞争对手"非歧视性"接入在位厂商的网络、允许规制者和竞争对手接入操作支持系统（Operations Support Systems，OSS），这一系统使 ILECs 能够监控提供给下属单位和其他单位电话服务的表现。如果厂商没有达到规制要求，拒绝向竞争对手开放网络的话，联邦通讯委员会和州公用事业委员会均会对其进行经济性惩罚。在这种种监管下 CLECs 和 ILECs 之间达成了种类繁多的对它们的业务运行起主导作用的互联互通协议。

1996 年的《电信法案》对 ILECs 向 CLECs 出租网络设施的价格做出了原则性的规定，这一价格之前一直由州规制者制定。如何确定网络出租价格的合理水平这一问题引起了经济学家们的广泛争议并导致了以后的大量诉讼。联邦通讯委员会对网络出租价格的设定原则是"增强竞争者任何可能的动机促使他们进入本地电话零售市场"③ 因此 1996 年《电信法案》要求像 Verizon 这样的 ILECs 必须与竞争对手进行交易，同时必须以低于公平谈判价格的水平向竞

---

① 参见 Noll and Owen（1994）。
② *United States v. AT&T*，552 F. Supp. 313（1982）。
③ *Verizon v. FCC*，535 U. S. 467，528（2002）。

案例18：规制、反垄断和 Trinko 案

争对手出租网络设施。前文出现的有关"本地回路"的价格数据显示各州之间的差异很大，这暗示了规制者制定的价格水平至少在某些州给新进入者带来了巨额补贴。

在这种情况下，一个 ILECs 如果没有按照规制的要求以既定价格向竞争对手提供网络设施，将会导致价格上涨和产量减少。但如果价格本身就不合理，那么，相对于价格合理的情形，ILECs 即使不遵守规制要求也不一定会对消费者福利水平产生负面影响。

最后，1996年《电信法案》含有一个明确的反垄断"保留条款"，声明该法案并未试图取代反垄断法。原文为："本法案中的任何内容以及修正案都不应理解为对任何反垄断法规的修改、削弱或是取代。"①

18.3 Trinko 案

如前所述，Trinko 是一家纽约的律师事务所，从 AT&T 处购买获得本地电话服务，AT&T 为一家通过向 Bell Atlantic（后来更名为 Verizon）租用网络设施来提供业务的 CLEC。② 2000年，Trinko 向纽约南部地区法院提起了针对 Bell Atlantic 的集体诉讼：

Bell Atlantic 在满足了自己的本地电话运营商的业务需要后，才向其他本地电话运营商提供服务，后果是其他本地电话运营商有大量业务无法向消费者提供，而与此同时 Bell Atlantic 自己的本地电话运营商的任何业务需求都可以满足，并且 Bell Atlantic 也经常拒绝向其他本地电话运营商告知他们客户业务的实际处理情况。③

Trinko 认为，这些歧视性做法同时违反了1996年《电信法案》和《谢尔曼法》第二条的规定，由于阻碍了 ClEC 业务的扩张而对竞争造成了伤害。④

---

① 47 U.S.C. Section 152, Historical and Statutory Notes。
② Trinko 案也引出了一个问题，原告不是 Verizon 服务端直接购买者，是否具有在法庭上提起反垄断诉讼的法律地位？这一问题在法庭判决中没有提及，但在由 Stevens 法官和 Souter 法官、Thomas 法官共同出具的赞同意见中认为，Trinko 不具有提起强制性要求的法律地位，理由是"……不管 Verizon 的行为给原告造成了多大的损失，其实都是 AT&T 在本案中遭受损失的间接产物。由于这一原因，原告的诉讼［……］会产生双重赔偿和无法正确计算分摊损失的风险。" Verizon v. Trinko, 540 U.S. 398, 417。这一问题参见 Picker (2006)。
③ 修正投诉，Trinko, v. Bell Atlantic, No. 00-1910 (SDNY) 121。
④ 同上，155。

· 487 ·

就在 Trinko 正式提起诉讼的前一天，美国联邦通讯委员会和 Bell Atlantic 就类似的业务供给问题达成和解协议，Bell Atlantic 除缴纳 300 万美元的罚款外，还须因其在提供电话业务中出现的问题向 CLEC 的客户赔偿 1 000 万美元。①

如前所述，Trinko 在集体诉讼中声称他们因 Bell Atlantic 提供了比自家客户较差的服务而受到侵害。Bell Atlantic 回应到，Trinko 的指控不成立，原因之一是对它的指控不符合违反《谢尔曼法》第二条必须具备的法律标准。正如巡回法院所解释的，"通常来说，原告对被告违反《谢尔曼法》第二条的指控必须具备两个构成要素：（1）在相关市场上具有垄断势力；（2）这一垄断势力是刻意去获得并维持的，而不是由于向市场提供优秀产品、对市场的敏锐判断或是历史上的偶然事件，厂商得到发展和成长而获得的。"② Bell Atlantic 认为 Trinko 对它的指控不具备第二个要素。

2000 年 12 月，纽约南部地区法院同意 Bell Atlantic 的观点，对 Trinko 的指控不予受理。地区法院认为：

指控仅包含 Bell Atlantic 为维持垄断势力而采取的一系列行为中的一种：没有按 1996 年《电信法案》的要求与本地电话业务竞争对手合作。然而，即使是对于一个垄断厂商反垄断法也没有规定有与竞争对手合作的义务……来自《电信法案》的义务要求与垄断厂商不得采取排他性行为二者之间没有必然联系。③

2002 年，美国上诉法院第二巡回法庭又恢复了该案的反垄断指控，认为地区法院对 Trinko 反垄断指控的解释范围过小：

修正投诉中所涉及的行为在多种理论下均支持反垄断指控……

首先，修正投诉可以基于"关键性实施"的概念提起反垄断诉讼。原告提出的理由是能否接入"本地回路"对于本地电话市场的竞争起着关键性作用，而另外兴建独立的网络设施则由于成本过高而不可行。被告据称没有向竞争对手 AT&T 提供合理的网络设施接入……

其次，原告可以以垄断势力延伸的名义提起反垄断诉讼。……修正投诉提出，被告在向电信运营商出售接入本地回路这一批发市场上具有垄断势力，当在面向普通用户的本地电话服务零售市场上与其他电信运营商竞争时，被告利

---

① 540 U. S. 398，404（2004）。
② Trinko v. Bell Atlantic Corp.，305 F. 3d 89，107（2002），转引自 Volvo N. Am. Corp. v. Men's Inter. Prof I Tennis Council，857 F. 2d 55（1988）。
③ 123 F. Supp. 2d 738，742（2000）。

案例 18：规制、反垄断和 Trinko 案

用这一垄断势力来获得竞争优势。[1]

第二巡回法院的上述观点与较早时第七巡回法院对 Goldwasser v. Ameritech 一案[2]的判决不一致，该案中的原告也提出，在位本地电话运营商的歧视性行为违反了《谢尔曼法》第二条。[3]

最高法院准许了 Trinko 案的复审并在 2003 年 10 月进行了法庭辩论。2004 年 1 月 13 日，最高法院发布了全体一致意见，认为"Verizon 没有为竞争对手提供足够的援助这一行为不被认可为反垄断指控……"[4] 最高法院补充到："厂商没有帮助竞争对手的义务是一个人人皆知的基本命题，我们不相信传统的反垄断法会使本案成为这一点的史无前例的例外。"

最高法院的观点高度依赖经济学的论证，最高法院意识到了在反垄断法促进竞争的目标和强加给厂商必须与竞争对手交易的义务二者之间存在矛盾。正是能够制定"垄断价格"这一愿望激发了促进竞争的商业活动，强加给一个垄断厂商必须与竞争对手交易的义务则会降低厂商投资、创新和竞争的动机。最高法院总结到：

制定垄断价格的机会，至少是在短期里，是吸引商业精英们的初始动因，而后才有可能发生导致创新和经济增长的充满风险的商业活动。[5]

厂商可以通过建立能够更好地为消费者服务的基础设施来获得垄断势力，强迫这样的厂商与竞争对手分享他们的独特优势资源会降低垄断厂商、竞争对手、或是二者对那些经济上有益的设施进行投资的动机。[6]

这表明，最高法院给出的很多理由，以及"厂商没有帮助竞争对手的义务"的结论，其含义已经超出了受规制产业的范围。然而，最高法院也强调了 Verizon 的行为是受规制约束的，这限制了对其施加一个与竞争对手交易的反垄断义务的必要性。

最高法院承认 1996 年《电信法案》促进竞争的目标已经超越了反垄断法的传统目标，并特别提到了法律和规制中促进市场进入的目标和反垄断中维护

---

[1] 305 F. 3d 89, 108。
[2] Goldwasserv. Ameritech Corp., 222 F. 3d. 390 (2000)。
[3] 在那一案中，第七巡回法庭认为歧视性行为"如果脱离开国会制定的特定规制要求则无法作为一个单独的反垄断诉讼，只有在第二条的规定以某种方式包含了 1996 年《电信法案》施加给 ILECs 的法定义务时，Ameritech 所声称的违反 1996 年《电信法案》的行为才可以被视为也违反了反垄断法。"同上，第 396 页。
[4] 540 U.S. 398, 410 (2004)。
[5] 同上，第 407 页。
[6] 同上。

竞争的目标二者间的区别。

仅仅是获得垄断势力，并随之制定垄断价格本身不仅不是违法行为，而且还是自由市场体系的重要组成部分。……《电信法案》在一个重要的问题上要比反垄断法更加进取，它试图"消除 AT&T 本地特许经营的继承者获得的垄断地位"，相比之下《谢尔曼法》第二条仅仅是为了防止非法垄断。将这两个目标等同起来是一个严重错误。①

最高法院还强调了互联互通是规制的要求，不应理解为基于"关键性设施"的概念而产生的必须与竞争对手进行交易的义务。如前所述，Trinko 辩称能否接入 Bell Atlantic 的网络对它的业务活动是"关键性"的②，Bell Atlantic 没有按规制的要求向它提供网络设施的平等接入，这会导致价格上升和产量减少，从而违反了《谢尔曼法》。与一些地方法院不同，最高法院拒绝基于"关键性设施"的概念来进行审理，认为 Bell Atlantic 所承担的规制义务反而减少了法庭施加"强制性进入"措施的必要性。

我们从未接受"关键性设施"的概念，在这里也没有必要对这一概念认可或是否定。对本案而言，只需指出一点就够了：引用这一概念的必不可少的前提是"关键性设施"的接入是不可行的，如果可以接入，这一概念就不适用了。……原告认为 1996 年《电信法案》中规定的分享义务支持本案，而我们的看法正好相反：正是因为《电信法案》已经提供了大量的市场进入条件，因而没有必要再施加一个法律方面的强制性进入要求。③

最高法院进一步承认规制在很多情况下完全可以取代反垄断，因为"在规制体系的作用下，通过反垄断执法对竞争的维护而增加的益处会很小，让反垄断法对此进行更加细致的审查变得更加不合理。"④

最后，最高法院还提到如果法庭强加给厂商与竞争对手交易的义务，那就必须同时制定价格和其他具体的交易条件，而在这方面法官与行业规制者相比处于劣势地位。最高法院评论到"持续不断的、复杂的、不停变化的相互影响……显然对于一个普通的反垄断法庭来说是一个十分艰巨的任务"，⑤ 并且法庭也不可能胜任这些十分具体的分享义务的日常执行者。⑥ 最高法院更加尖

---

① 540 U.S.398, 410 (2004)。
② 投诉，Trinko v. Bell Atlantic Corp., No. 00-1910 (SDNY)? 2。
③ 540 U.S.398, 第 411 页。
④ 同上，第 412 页。
⑤ 同上，第 414 页。
⑥ 同上，第 415 页。

案例18：规制、反垄断和 Trinko 案

锐地指出：

> 强制执行分享会使反垄断法庭充当中央计划者的角色，确定合理的价格、数量和其他交易条件，这是一个不合适的角色。此外，强制竞争者之间进行谈判反而可能促成反垄断中的终极邪恶：勾结。①

18.4 对最高法院判决的经济学评价

最高法院对 Trinko 案的判决大量基于经济学的逻辑和论据，这体现在对强制性分享规则的竞争效果的评价和对受关注行业中反垄断的适当作用的评价两个方面。本部分对最高法院的经济学推理进行评价。

18.4.1 强制性分享对投资和竞争动机的影响

如前所述，在反垄断法鼓励竞争的目标和通过强加给厂商与竞争对手交易的义务来促进竞争二者之间存在本质性的矛盾。正如最高法院意识到的，这种义务迫使垄断厂商与竞争对手分享自己的投资成果，因此会同时降低这两个厂商的投资和创新动机。也就是说，如果规制者制定的互联互通价格没有准确反映生产中的所有相关经济性成本，则会促使新进入者去租用在位垄断厂商的设施而不是自行投资建设。

强制性分享对投资动机的影响是电信行业中一个存在已久的政策问题，②要求 ILECs 向竞争对手出租非捆绑的网络设施接下来也就需要确定出租价格、明确接入服务质量的衡量标准。如前所述，规制者制定的价格经常是为了补贴竞争者，ILECs 的义务促进了市场进入，同时在很多时候也是在补贴新进入者，这必然会降低新进入者自行投资网络设施和创新的动机。

虽然在 Trinko 案中对投资动机影响的分析是在电信这一特定行业中，但

---

① 540 U.S. 398，第407页。
② 例如，《关于实行1996年电信法案区域竞争的实施细则的第一份报告和规则》（FCC 96-325，1996年8月8日，1282）中写明，"我们了解这一点，如果禁止在位厂商拒绝接入关键性设施，会降低厂商提供创新性服务的动机。"与此相类似，联邦通讯委员会主席 Kevin J. Martin 在国会证词中也提到电信业中的开放接入规则"……是为了寻求一个微妙的平衡：我们需要确保现有的网络开放竞争，但同时又需要给在位厂商和潜在厂商提供足够的新建设施的动机。"Kevin J. Martin，"关于电信业竞争问题的声明"，美国议会贸易、科学与交通委员会，2003年1月14日。

其中的逻辑和经济学考虑在法庭要求任何厂商必须与竞争对手交易时均适用。法庭需要确定的不仅仅是双方的交易价格，还包括其他交易条件。在没有法庭干预的情况下，如果交易有利，厂商自会进行有效的讨价还价。只有当一方认为法庭强制的交易结果优于自行谈判时，由法庭来施加与竞争对手交易的义务才有必要。由法庭设定的价格和其他交易条件显然会对在位厂商不利。被迫以补贴价格向竞争对手提供服务会降低厂商的投资动机，而这些投资又是厂商向任何人提供服务的先决条件。

由于厂商们都试图通过研发和提供更高质量产品来留住自己的消费者，因此在位厂商和新进入者之间的竞争会提高厂商们的创新动机。[①] 的确，可以说AT&T的拆分引发了最近几十年来电信行业最重要的技术变革，包括移动通讯、高速数据网和互联网。当然，也可以说因为修订终审判决中对业务范围的限制影响了RBOCs提供这些服务的能力，因而延缓了新技术的应用，这一问题很有意思，但已经超出了本章的内容范围，这里不再继续讨论。

尽管如此，需要注意的重要一点是，强制性分享要求会补贴市场进入和创新，同时也会降低新进入者的投资和创新动机。能够以补贴价格接入网络设施的CLECs会因为从在位厂商那里租用网络更为有利而延缓自己对新设备的投资，这会导致CLECs的竞争演变为因网络设施的不合理规制价格而产生的"规制套利"活动，而不是正常的基于网络设施的竞争。与补贴关键性要素购买的规制转移价格下的价格竞争不同，基于网络设施的竞争会增加创新的机会并导致真正的价格竞争。

18.4.2 有关排他行为的经济学文献

近年来，经济学领域已经确定了大量厂商的排他行为能够损害竞争和消费者福利的情况。[②] 研究文献表明，垄断厂商拒绝交易的行为在某些条件下会损害竞争，但在另外一些条件下则不会。特别是，垄断厂商的排他行为会具有防止生产互补产品的竞争对手达到有效规模的效果。另外，垄断厂商也会利用排他行为来延缓互补性新技术的进展，以免其在未来成为自己垄断地位的挑战，

[①] 参见 Carlton and Perloff (2005)，第 560～564 页。
[②] 参见 Ordover, Saloner, and Salop (1990)、Whinston (1990)、Bernheim and Winston (1998)、Carlton and Waldman (2002)。关于这些模型在反垄断中的应用见 Carlton (2001) 中的讨论。

案例 18：规制、反垄断和 Trinko 案

IBM 案①和 Microsoft 案②均涉及此类问题。

虽然近年来经济学对于厂商如何采用包括各种排他行为在内的商业策略来维持市场势力的研究取得了很大进展，但法庭应如何运用这些理论则完全是另外一回事。要想正确区分损害竞争和损害竞争对手经常是有难度的，而且这一问题还会由于许多排他行为在效率方面可能存在的合理性而变得更为复杂。③

18.4.3 法院与强制性分享规则的监管

前面曾提到过，规制者依靠行业专家和最新的细节规则来试图平衡厂商和消费者间的不同利益；与此相反，反垄断则通过非专业人士来制定一般性原则。最高法院对 Trinko 案的判决部分基于这一考虑，即反垄断法庭非常不适合建立并监管强制性分享的具体规定。

强制性分享义务通常要求制定价格和其他交易条件，正如以上所总结的，最高法院认为法庭显然缺少完成这一任务所必需的专业知识和经验。法庭在执行政府对 AT&T 一案的修订终审判决时所遇到的困难就是典型例子，它很好的说明了如果由法庭来行使长期持续的监管职能会出现什么问题。④ 哈罗德·格林（Harold Greene）法官批准了修订终审判决，终结了司法部提起的对 AT&T 的反垄断诉讼，并导致 1984 年 AT&T 的拆分。格林法官对电信行业的监管一直持续到 1996 年的《电信法案》将他的监管职责转移至联邦通讯委员会。修订终审判决实际上将正经历着美国有史以来最大规模行业结构调整的电信业的长期监管职责交给了一个人，在 AT&T 的分拆之后，格林法官不得不一次又一次地界定哪些业务 RBOCs 被允许经营，以及在什么条件下可以经营。在 1982～1996 年间，格林法官发布了数以千计的劝诫信，收到 6 000 余份简报，并经常耗费数年时间去处理无人反对的动议。

对强制性分享规则低效率监管的负面影响在以快速技术变革和创新为行业特征的电信业中是最大的，新产品和服务是经济增长和消费者福利提高的主要

---

① United States v. IBM Corp., Dkt. No. 69 – Civ2000（S. D. N. Y. 1969）。
② United States v. Microsoft Corp., 87 F. Supp. 2d 30（2000）。参见 Daniel Rubinfeld 在本书第 20 个案例中的讨论。
③ 参见 Carlton（2003）。
④ Thorne（2005）对这一段历史进行了概述，而且还介绍了修订终审判决管理的历史和后面在证词中引用到的例子。有关这一历史的详细情况见 Huber et al.（2004、2005）。

来源,① 最近的多项研究表明,像手机、互联网之类的新产品的出现大幅度提高了消费者福利水平。② 法院的不适当监管会阻碍新产品和服务的采用,因而会损害消费者,这一点的重要性超过了强制性交易义务可能产生的任何好处。

18.4.4 Trinko案的例外

需要指出的重要的一点是,Trinko案并没有建立一条无条件的通行规则,使反垄断法在任何条件下都免除与竞争对手交易的义务。最高法院强调到"在特定条件下,拒绝与竞争对手合作会构成反竞争行为并违反《谢尔曼法》第二条。"③ 如前所述,Verizon受规制的身份在最高法院的论证中起到了重要作用,最高法院并且强调"反垄断分析必须结合所在行业的特定结构和条件来进行。"④

最高法院指出,在极少的情况下《谢尔曼法》第二条可施加给厂商与竞争对手交易义务,Aspen Ski案⑤是其中一例,该案中对这种义务的表述是"……处于或靠近第二条的责任的外部边缘。"⑥ 最高法院认为Trinko案和Aspen Ski案有很大区别,Aspen Ski案涉及是否终止一个正在进行中的(因而应该是有利可图的)合资企业项目,而在Trinko案中Verizon向CLECs开放其网络的规制义务则是"全新事物。"⑦ 最高法院强调了这一区别的重要性。

从经济学的视角来看,这一区别的依据十分脆弱。经济条件的变化能够使一项"正在进行中的"商业关系转化为需要相关各方重新谈判协商的"全新事物"。⑧ 在这种情况下增加与竞争对手交易的义务会改变各方的谈判地位,

---

① 索罗(Robert Solow,1957)的经典研究表明,在1909~1949年期间,技术进步对人均产出增长的贡献占了接近7/8。在他的诺贝尔奖获奖演说中,Solow认为他之前的这一研究结论"在30年的时间里出乎意料的得到了很好的证实,虽然在这期间有关经济增长的测算有了很大的改进。……"(Solow,1988,第313页)。
② 霍斯曼(Hausman,2004)估算了2002年一年由于手机产生的消费者剩余,大约在800亿美元和1 500亿美元之间,按人均计相当于平均每个消费者每年在600美元和1 110美元之间。Goolsbee and Klenow(2006)估算了互联网产生的消费者剩余,大约人均2 500美元到3 800美元。
③ 540 U. S. 398,第408页。
④ 同上,第411页。
⑤ Aspen Skiing Co. v. Aspen Highlands Skiing Corp. , 472 U. S. 585 (1985)。
⑥ 同上,第409页。
⑦ 同上,第410页。在关于与竞争对手交易义务的前提条件的讨论中,Trinko提到了 Otter Tail Power v. United States, 410 U. S. 366 (1973) 一案,并强调在那个案子中,"被告已经在向某个客户提供服务(经由他的网络传输电力),然后拒绝向其他客户提供同样的服务。"
⑧ 与之相类似,新客户和现有客户的差别会使与新客户进行交易成为"完全不同的事"。

案例 18: 规制、反垄断和 Trinko 案

但一个能够盈利企业的租金分配不是反垄断关心的内容。这种情况下法庭施加厂商与竞争对手交易的义务会由于阻止厂商们达成初始协议和干预进行中的商业关系而损害经济效率。①

虽然 Trinko 案并没有否决 Aspen Ski 案,最高法院还是强调了 Aspen Ski 案适用的有限性,并明确指出交易义务在反垄断中通常很难确立。与此类似,同时代表两党的"反垄断现代化委员会(Antitrust Modernization Commission)"最近也认为,"在反垄断法下,拒绝交易应该很少(如果不是从不)属于违法行为,即使是对于垄断厂商也是这样。"②

18.4.5 反垄断损害与违反规制的处罚

对于厂商拒绝履行与竞争对手交易的规制义务行为,如果依照反垄断中的法律责任去处理,会产生以反垄断中的三倍赔偿原则来取代规制体系处罚的深远影响。前文提及,1996 年《电信法案》以"胡萝卜+大棒"的方式进行监管,对没有履行互联互通义务的 RBOCs 处罚是禁止它们经营长途电话业务。另外,各州规制者也制定了详细的互联互通要求以及相应的处罚措施。

当规制和反垄断法都包含具体的处罚机制时,Trinko 案中在规制者的处罚之外再加上一项严厉的反垄断处罚就似乎没有经济学道理了。更具体地说,Verizon 已经承担了一系列规制义务,其中就包括与 AT&T(Trinko 获得服务的 CLEC)的互联互通协议,由 Verizon、CLECs、纽约公用事业委员会,以及"履约保障计划"共同签订的行业指南中已经确立了详细的 Verizon 向 CLECs 提供互联互通服务的履约考核标准和相应的处罚标准。在这一计划中,处罚的力度取决于不履约的程度、Verizon 履行义务的历史表现和对 CLECs 经营活动的影响。③

如果将 Verizon 未向竞争对手提供足够援助的行为视为是反垄断中的违法行为,将会由于三倍赔偿的原则增加对被告的处罚。这相当于没有规制也就没有反垄断方面的责任,而如果违反规制的要求则会引致额外的反垄断处罚,这种局面会使公众利益受到损害。例如,严厉的反垄断处罚的风险会导致在位厂

---

① 对 Aspen Ski 案中法庭判决的全面评价参见 Carlton(2001)和 Areeda(1990)。
② 反垄断现代化委员会(2007,第 101 页)。Carlton 是该委员会的成员。
③ 有关 Verizon 的规制监管和惩罚方面的问题在 540 U.S. 398 412-3(2004)中进行了总结,Thome(2005)对这一规制框架进行了详细描述。

商与竞争对手"过度"合作，这会通过阻碍投资、创新和 ILECs 和 CLECs 之间的竞争而损害消费者的福利。

另外，反垄断中的三倍赔偿原则背后的传统经济学原理也不适用于 Trinko 案和其他多种情况。三倍赔偿原则的合理性在于违法性很难被察觉，必须有足够大的处罚力度才能阻止厂商的违法动机，因此才规定对违法者的处罚要三倍于给原告造成的实际损害。[1] 然而，州规制者和 CLECs 对 Verizon 的业务表现有全面监控系统，并完全可以在 Verizon 和其他 ILECs 之间进行比较，这说明如果 Verizon 或是其他 ILECs 有违法行为一定会被发现，这种情况下再增加三倍赔偿的反垄断处罚就没有经济学上的道理了。

18.5　Trinko 案涉及的其他问题

18.5.1　Verizon v. Trinko 案和 U.S. v. AT&T 案

许多人注意到，Trinko 案涉及的经济学问题和司法部针对 AT&T 的反垄断案（1982 年以修订终审判决结案）情况很相似，而两案的结果则不同。[2] 两案中的经济学基础均为这样一条公认的原则，本地电话的垄断厂商在面对受规制的零售价格（假定低于利润最大化水平）时，有动机对向自己购买网络接入（按低于利润最大化定价水平的受规制价格）的竞争对手进行歧视，而网络接入价格被规制在十分低的水平，以至于竞争对手将零售价格定在等于或低于规制水平时仍然能够获利。在 AT&T 案中，作为在位 ILEC 的 AT&T 为了排除长途电话市场上的竞争而拒绝竞争对手接入其网络；而在 Trinko 案中，Bell Atlantic 为了排除在本地电话市场上的竞争而拒绝竞争对手接入网络。

虽然 U.S 对 AT&T 案在完整的法庭审理和上诉审查之前就已经结案，但基于歧视性行为的反垄断指控引起了大规模的行业结构调整，并导致了本地电话业务和长途电话业务分别由不同厂商经营的局面；在 Trinko 案中最高法院认为，在位垄断厂商针对竞争对手的歧视性行为不足以构成反垄断指控。两案

---

[1] 参见 Posner（2001），第 271～272 页。
[2] 参见 Brennan（2005）和 *Antirust Bulletin* 2005 年冬季卷中的相关文章。

案例 18：规制、反垄断和 Trinko 案

结果的差异反映了对于反垄断和规制在处理竞争问题方面的比较优势的不同观点。

司法部在 AT&T 案中的指控和修订终审判决本身都体现了对行业规制者的不信任，具体包括：（1）规制者设计和执行规则来通过促进电信行业的市场进入维持竞争的能力；（2）规制者对在位厂商向试图获得网络接入的竞争对手实行歧视性行为的判别和处罚能力。[①] 如果规制者无法完全胜任这些职能，厂商的歧视性动机就只能通过像修订终审判决那样的对 ILEC 经营活动的结构性纠正和禁止来得到消除。

时间已经证明修订终审判决的分拆方案导致了高额的成本，修订终审判决中的分拆和业务范围限制禁止 RBOCs 经营本来能够有效经营的多种电信业务，这剥夺了它们实现范围经济的能力。虽然修订终审判决的分拆方案能够绕开很多对规制效力的担忧，但却产生了很多新问题，而且还实行了一个极其繁琐的监管机制。1996 年《电信法案》又增加了更多的麻烦，有关网络设施定价的规制问题在法案实施之前和之后都引起了持续不断的争议。

毫无疑问的是，最高法院对 Trinko 案的判决受上面反垄断历史事件的影响很大，并突出体现了身为通才的法官和法庭在这种情况下的局限性。不同于司法部在 AT&T 案中的观点，最高法院在 Trinko 案中对规制者发现和处罚歧视行为的能力持相对肯定的态度。例如，最高法院在 Trinko 案中用大量篇幅说明"在本案中，规制体系在某些条件下起到了减少反垄断损害发生的可能性的重要作用。"[②] 更具体的是，最高法院引用了联邦通讯委员会授权 RBOC 进入长途电话市场，以及纽约公用事业委员会履约保障计划两个成功经验，认为"规制者对被告对操作支持系统失效投诉的回应生动的体现了规制体制是如何运作的。"[③]

18.5.2 Trinko 案与 1996 年《电信法案》"保留"条款的一致性

如前所述，1996 年《电信法案》中有反垄断的"保留"条款，"本法案中的任何内容……都不应理解为对任何反垄断法规适用性的修改、削弱或是取

---

① 参见 Brennan（2005），第 640~643 页。
② 540 U.S. 398，第 412 页。
③ 同上，第 413 页。

代。"Trinko 案中的原告根据这一条款认为被告违反规制的行为造成了价格上升和产量下降的反竞争后果,因此应被认定为违反反垄断法。

最高法院很快就驳回了这一要求,认为1996年《电信法案》的保留条款"没有提出超出现有反垄断标准的新要求",依据现有反垄断法对厂商与竞争对手交易义务的规定对 Trinko 的指控进行了评价。Trinko 的指控如果被最高法院认可的话,将会使许多违反规制的行为转变为违反反垄断法的行为。

最高法院的结论是否给反垄断留下了在规制行业中发挥作用的空间?当然有,只是这空间比简单采用经济学方法检验价格和产量方面的反垄断责任还要有限。即便是在规制行业中厂商也有很多活动是不受规制约束的,这些活动中就很可能会有违反反垄断法的行为。例如,尽管联邦航空管理局的规制机构处于对航空安全的考虑给予航空公司如何管理航线的权力,但这也不能使航空公司在如果存在操纵价格行为时免除应承担的反垄断责任。另外,规制者经常依靠市场而不是具体规则来监管厂商的活动,最高法院的判决使这些不受规制约束的活动继续在反垄断法的审查之下。

由反垄断现代化委员会通过的建议与最高法院在界定反垄断在规制行业中的作用范围时采用的规则高度一致,即:

当政府决定实行经济性规制时,反垄断法应在规制的框架下继续发挥最大限度的作用。特别是,只要是在规制依赖于竞争或是市场活动来实现竞争性目标的场合中,反垄断均应发挥作用。[1]

18.6 结　　论

最高法院对 Trinko 案的全体一致意见高度依赖于经济学推理,明确区分了厂商规制下的与竞争对手交易的义务和在反垄断法的作用下可能产生的同类义务。最高法院认为,向厂商强加一个宽泛的与竞争对手交易的义务会降低厂商投资、创新,以及(更一般地讲)竞争的动机,从而伤害社会福利。最高法院还认为,如果给厂商规定了与竞争对手交易的义务,则必须确定价格和其他交易条件,而法庭在这方面较之规制者处于典型的信息劣势地位。只有在极少数情况下,反垄断法才会施加给厂商与竞争对手交易的义务,而最高法院认

---

[1]　反垄断现代化委员会(2007),第22页。

案例 18：规制、反垄断和 Trinko 案

为当厂商受到规制约束时不在此之列。

参考文献

[1] Antitrust Modernization Commission. *Report and Recommendations*. Washington, D. C：AMC, 2007.

[2] Areeda, Phillip. "The Essential Facilities Doctrine：An Epithet in Need of Limiting Principle." *AntitrustLaw Journal* 58 (1990)：841.

[3] Bernheim, B. Douglas, and Michael Whinston. "Exclusive Dealing." *Journal of Political Economy* 106 (February 1998)：64–103.

[4] Brennan, Timothy. "Trinko v. Baxter：The Demise of U. S. v. AT&T." *Antitrust Bulletin* 50：(Winter 2005)：635–664.

[5] Carlton, Dennis W. "A General Analysis of Exclusionary Conduct and Refusal to Deal—Why *Aspen* and *Kodak* Are Misguided." *Antitrust Law Journal* 68 (3) (2001)：659–684.

[6] Carlton, Dennis W. "The Relevance for Antitrust Policy of Theoretical and Empirical Advances in Industrial Organization." *George Mason Law Review* 12 (Fall 2003)：47–64.

[7] Carlton, Dennis W., and Jeffery M. Perloff. *Modern Industrial Organization*, 4th edn. New York：HarperCollins, 2005.

[8] Carlton, Dennis W., and Randal C. Picker. "Antitrust and Regulation." Olin Working Paper No. 312, University of Chicago Law and Economics, Chicago, 006.

[9] Carlton, Dennis W., and Michael Waldman. "The Strategic Use of Tying to Preserve and Create Market Power in Evolving Industries." *RAND Journal of Economics* 33 (Summer 2002)：194–220.

[10] Goolsbee, Austan, and Peter Klenow. "Valuing Consumer Products by the Time Spent Using Them：An Application to the Internet." *American Economic Review* 96 (May 2006)：108–113.

[11] Hausman, Jerry. "Cellular 3G Broadband and WiFi." In *Frontiers of Broadband, Electronic and Mobile Commerce*, edited by Russell Cooper and Gary Madden, 9–25. Heidelberg：Springer, 2003.

[12] Huber, Peter W., Michael K. Kellogg, and John Thome. *Federal Telecom-*

munications Law, 2d edn. New York: Aspen Law & Business, 1999 &Supps. 2004, 2005.

[13] National RegulatoryResearch Institute (NRRI). *UNE Surveys*, July 2003.

[14] Noll, Roger, and Bruce Owen. "The Anticompetitive Uses of Regulation: United States v. AT&T" In The *Antitrust Revolution* 2nd edn, edited by John E. Kwoka, Jr., and Lawrence J. White, 328 – 375. New York: Oxford University Press, 1989.

[15] Ordover, Janusz, Garth Saloner, and Steven Salop. "Equilibrium Vertical Foreclosure." *American Economic Review* 80 (March 1990): 127 – 142.

[16] Picker, Randal. "Mandatory Access Obligations and Standing." *Journal of Corporation Law* 31 (Winter 2006): 387 – 100.

[17] Posner, Richard. *Antitrust Law*, 2d edn. Chicago: University of Chicago Press, 2001.

[18] Solow, Robert. "Technical Change and the Aggregate Production Function." *Review of Economics and Statistics* 39 (August 1957): 312 – 320.

[19] Solow, Robert. "Growth Theory and After." *American Economic Review* 78 (June 1988): 307 – 317.

[20] Thome, John. Testimony before the Antitrust Modernization Commission, 2005.

[21] Whinston, Michael. "Tying, Foreclosure and Exclusion." *American Economic Review* 80 (September 1990): 837 – 859.

案例 19

管理层、发卡限制与支付卡网络竞争：美国政府诉维萨（Visa）和万事达卡（MasterCard）案（2003）

罗伯特·S·平狄克（Robert S. Pindyck）*

19.1 引　　言

支付卡网络已经成为一个国家很多经济活动的关键性基础设施，因此保证它的有效竞争和有效运行十分重要。如果两个支付卡网络限制它们的成员加入其他网络，这是否会产生反垄断的问题呢？而如果这两个网络又拥有共同的管理层呢？这种行为是否因有利于消费者而具有促进竞争的性质，还是始终应该被禁止？

1998年10月，美国司法部反垄断局提起针对两大支付卡网络 Visa 和 MasterCard 的反垄断诉讼。[①] 任何发行 Visa 卡的银行也可以自由发行 MasterCard 卡，反之亦然，其实很多银行也都同时发行两种卡。然而，Visa 和 MasterCard 都禁止发卡行发行其他网络的卡，特别是 American Express 和 Discovery 卡。另外，大多数银行都同时是 Visa 和 MasterCard 的成员，实际上是成员银行在控制着支付卡网络，而两个卡组织的管理层在一定程度上也是共享的。司法部声称，禁止发行其他卡和共享管理层的行为都是应该被制止的反竞争行为。Visa

---

* 感谢本书编者 John Kwoka 和 Larry White，同时也感谢 Dennis Carlton、Emily Cotton、David Evans、Steve Herscovici、Rebaccca Kirk、Martha Samuelson、Richard Schmalensee 和 Rebeccah Weiss 的评论和建议。作者在本案中作为 MasterCard 的专家证人；本文只代表作者本人的观点，与 MasterCard 没有任何关系。

① *United States of America v. Visa U.S.A. Inc.*, *Visa International Corp.*, *and MasterCard International Incorporated*, complaint for equitable relief for Violations of 15 U.S.C. 第一款，1998年10月7日。

和 MasterCard 辩称这些行为对于支付卡网络而言是有利于竞争的。最终，经过法庭判决和两家网络上诉失败后，司法部赢得了发卡限制的指控，但管理层共享的指控败诉。①

将法庭的判决结果放在一边暂时不论，该案本身就呈现出了很多重要的基础性问题：支付卡产业的市场结构较为特殊，市场范围界定模糊，支付卡网络之间的竞争性质复杂，很多行为对竞争的影响难以判定。最重要的是，在许多银行同时发行 Visa 和 MasterCard 的信用卡而绝大多数商户又可以同时接受两种信用卡的情况下，这两家网络之间真的存在竞争吗？如果存在的话，是如何竞争的？Visa 和（或）MasterCard 是否具有市场势力？如果有的话是如何运用的？

要想充分理解本案中的重要问题，必须首先了解支付卡网络是如何运行的，如何与竞争对手相区别并相互竞争的。为此，下面对支付卡行业的市场结构进行回顾，然后回到司法部对 Visa 和 MasterCard 的反垄断案并详细讨论司法部的指控，这之后将讨论市场范围界定问题并比较司法部和被告的不同观点。在后面的部分中将 Visa 和 MasterCard 的发卡限制和管理层共享行为的竞争效应，并再次对比司法部和被告的不同观点，最后部分是对本案结果的分析和总结性评论。

19.2　产业结构

在正式讨论司法部的这一反垄断案和对其中具体行为的竞争效应进行评价之前，非常有必要弄清楚支付卡网络的运行机制、它们的产品和服务的性质，以及对于消费者和商户而言它们和其他产品和服务的关系。因此，首先应对这一行业的结构进行简要的回顾。②

---

① 美国政府的这一案和另一起由 Wal-Mart 和另外一家大型零售商针对两大支付卡网络对借记卡和信用卡的非法捆绑行为提起的反垄断诉讼是两个完全独立的案子，见 *In re Visa Check/MasterMoney Antitrust Litigation*（Case No. 96-CV-5238），纽约东区地区法院。大型零售商认为两家支付卡网络的"受理所有卡规则"使得他们从借记卡的交易中收取了超出正常水平的交换费，该规则要求商户只要受理 Visa 和 MasterCard 的信用卡，就必须也受理他们发行的借记卡。该案在 2003 年结案，两家网络同意向原告支付 30 亿美元，并且将借记卡和信用卡的受理要求区分开来。

② 关于支付卡市场结构的详尽而且通俗易读的讨论，见 Evans and Schmalensee（2005）；对相关经济学理论的讨论参见 Rochet and Tirole（2002）。

案例 19： 美国政府诉维萨（Visa）和万事达卡（MasterCard）案

19.2.1 支付卡是什么？能做什么？

通用型支付卡有三种基本类型：签账卡（charge cards）、信用卡（credit cards）和借记卡（debit cards），它们的共同点是都可以作为一种支付的方式，即提供支付手段这一关键性服务，只要商家接受，消费者就可以用支付卡来完成购买。当然，除支付卡外还有很多其他支付手段，如现金、支票、网上支付账户（如 PayPal）、储值卡等，这就引出了一个下面将会详细讨论的有关市场范围界定的重要问题：这些不同支付方式在多大程度上能够相互替代。

这三种支付卡有什么不同呢？签账卡提供支付手段功能，且只具有支付功能，没有其他像租车、旅游保险、年终财务报告之类的附加功能。以年交易额计算，美国最大的签账卡是 American Express（Amex）卡，2006 年的交易额约为 4 000 亿美元（American Express 以前也发行过信用卡，不过只占其业务的很小一部分），持卡人可以持 American Express 卡在签约商户消费，但不能借取现金，持卡人通常需要每月全额偿还欠款。

信用卡除支付手段外，还提供循环信用借贷服务。在持有信用卡的消费者中约有一半的人使用信用借贷功能（即没有全额偿还当期欠款，只是维持循环信用账户平衡），另一半消费者则很少或从不使用这一功能。最后，借记卡也提供支付手段功能，但它与持卡人在银行的支付账户相关联，支付额会从账户中扣除，这一账户是否具有借贷功能取决于银行。有些借记卡实际上是银行的 ATM 卡，可以在与银行联网的刷卡器具上刷卡并输入交易密码完成支付（"在线"方式）。然而，大多数借记卡都是由 Visa 或 MasterCard 网络的成员银行发行的，卡面上印有 Visa 或 MasterCard 的标志，既可以以信用卡的方式完成支付（"离线"方式，或凭签名），又可以按持卡人的意愿以"在线"方式凭密码完成支付。

在三种支付卡中，美国近期增长最快的是借记卡。表 19-1 显示了 2000~2006 年间借记卡的交易额和借记卡加上信用卡的交易额，6 年间借记卡交易额的年均增长率为 21%，在交易总额中的比例由 2000 年的 16% 上升至 2006 年的 27%。

表 19-1　　　　　　　借记卡与通用型支付卡交易额的增长情况

年份		借记卡		凭签名支付的通用型支付卡总额	
		交易额（10亿美元）	年增长率（%）	交易额（10亿美元）	年增长率（%）
[A]	2000	209.98		1 281.61	
[B]	2001	263.74	20.4	1 387.27	7.6
[C]	2002	317.78	17.0	1 514.38	8.4
[D]	2003	386.00	17.7	1 675.85	9.6
[E]	2004	459.64	16.0	1 890.97	11.4
[F]	2005	557.87	17.6	2 141.17	11.7
[G]	2006	657.45	15.1	2 406.23	11.0

司法部的反垄断诉讼只针对银行卡的支付功能，因此以下的分析也将集中与三种卡都具有的支付手段功能。

19.2.2　什么是支付卡网络？

一个支付卡网络包括这样几个部分：持有并使用卡片的消费者、接受卡片作为支付方式的商户、处理交易流程的系统和涵盖卡片的设计制作、使用和接受的监管规则或标准。例如，MasterCard 网络的成员发行的每一张卡上都必须印有 MasterCard 的标志，每一家接受 MasterCard 卡的也都必须在店内摆放 MasterCard 标志并且不能向使用该卡而不是其他支付方式的消费者收取任何附加费用。也就是说，消费者知道他的卡可以在任何一家出现该标志的商户完成支付，并且用卡支付等同于用现金支付，不会产生其他费用（最后一点在市场界定的问题上特别重要）。

很显然，消费者和商户加入一个支付卡网络的益处随网络规模的增大而增加，即持有并使用卡片的消费者数量和接受该卡片的商户数量，从而产生"鸡蛋相生"问题：要加入一个新支付卡网络，消费者必须先确认商户会接受这个卡，而商户也需要先确认消费者会使用该卡。这一问题使得新网络的出现很困难，同时现有网络在向目前尚未涉足的其他地区扩张时也会遇到很大挑战。①

---

① 支付卡网络是一个典型的"双边市场平台"，同时面对两个或多个顾客群体，这里即为持卡人和商户。对双边市场的一般性介绍以及相关的反垄断问题，参见 Evans（2003）和 Evans and Schmalensee（2008）。

案例 19： 美国政府诉维萨（Visa）和万事达卡（MasterCard）案

每一个网络都必须具备三项关键职能：向消费者发卡、与商户签约（"收单"）并提供服务、处理交易，这些职能的完成方式依网络的"开放"或"封闭"而有所不同。

19.2.3 开放式与封闭式网络

Visa 和 MasterCard 为开放式网络，只要遵守网络的规则和标准，任何银行都可以加入 Visa 或 MasterCard 组织在它们的网络中向消费者发卡，同时任何银行也可以成为 Visa 或 MasterCard 的"收单行"向商户签约并提供服务。发卡行的收益来自向持卡人收取的年费、持卡人信用账户余额的费用和利息、和从所有卡的交易中收取的"交换费"，相比之下收单行从交易中获得的收益很小。Visa 和 MasterCard 两家银行卡组织提供授权和结算服务（通常是通过签约的第三方完成）并从中收取小额费用，负责制定网络规则和标准、网络品牌的广告促销活动，以及支持产品创新（例如"智能卡"的研发）。发卡行也可以自行创新和设计产品（例如"某大学校友卡"之类的与某个特定机构关联的"联名卡"），有权决定对信用账户收取的费用和利息标准。Visa 和 MasterCard 以非营利性组织协会的方式运行，成员包括所有的发卡行和收单行，受成员的监管并为服务于成员的利益。①

与此不同，在 2004 年之前 American Express 和 Discovery 一直是封闭式网络，在美国只有 American Express 能够向消费者发行 American Express 签账卡并向商户提供收单服务，② American Express 也负责处理所有交易，为扩展 American Express 网络而进行广告和创新方面的投资。Discovery 的情况与此类似。③

在 Visa 或 MasterCard 的信用卡支付中，商户实际只得到交易额 98% 左右的款项，剩下的 2% 被称为"商户折扣"，包括向收单行支付的费用、Visa 或

---

① 在美国政府提起本案诉讼时，Visa 和 MasterCard 还是由成员银行组成的协会性质的组织，之后 MasterCard 转成上市公司，2006 年 10 月 Visa 宣布也有转变成上市公司的意向。然而，MasterCard 和 Visa 仍然维持网络的开放性并且其运营是基于成员银行的利益（成员银行持有 MasterCard 的大量股份）。

② 现在已经不是这样了，Amercian Express 在 1996 年决定开放其网络，寻求与发卡银行合作，不过因为要放弃 Visa 和/或 MasterCard 的业务，没有银行愿意与 Amex 签订发卡协议。但是由于美国政府的反垄断诉讼，Visa 和 MasterCard 不能阻止成员银行发行 American Express 或 Discovery 的卡了。在本文写作之时，Amercian Express 已经和 6 家银行签订了发卡协议，在后面将会详细讨论该案的影响。

③ Visa、MasterCard、American Express 和 Discovery 是美国主要的支付卡网络，我们的分析集中于这四家网络，其他像 Diners Club 和 JCB 这样的小网络暂时忽略。

MasterCard 处理交易的费用，以及由发卡行收取的交换费，其中交换费占交易额的 1.5%～1.7%，由 Visa 或 MasterCard 组织制定的交换费占了商户折扣的大部分。需要注意的重要一点是，由于发卡行拥有消费者的账户并承担支付风险，交换费是对这一风险以及发卡成本的补偿。另一方面，在 Amex 的支付中，American Express 拥有消费者的账户并承担所有支付风险，因此获得全部商户折扣（在大多数交易中一直是 3.5%～3%）。

开放式和封闭式网络各有其优势和劣势。作为一个封闭式网络，American Express 对于自己的品牌有更强的控制，在处理持卡人的要求和投诉、应对虚假交易时能够更好地执行统一标准。另外，还可以收集使用持卡人的全部信息，更有效的"交叉销售"其他产品和服务，像旅游保险和礼宾服务等。在开放式网络中，持卡人直接面对的是发卡行，而不同发卡行提供的服务和对持卡人投诉的处理是很不同的。另一方面，在开放式网络中发卡行需要互相竞争以吸引消费者，这会导致网络规模的快速扩张，而且不同的发卡行会以不同的方式对产品和服务进行创新。

19.2.4 双重性

Visa 的绝大多数成员银行同时也是 MasterCard 的成员，许多银行同时发行两种卡。由于银行卡组织实际上是由成员进行监管，成员的重叠也就意味着两个卡组织监管的重叠。两个组织的成员可能是其中任何一个的董事会成员（但不会两个都是），这种会员的重叠一般被成为"双重性"。然而，很重要的一点是区分双重性的两个方面："发卡双重性"（issuance duality）指许多银行同时发行两家卡组织的卡，而"管理层双重性"（governance duality）指两家卡组织具有共同的管理层。司法部反对的是管理层双重性，而不是发卡双重性（虽然在现实中很难明确把二者区分开来）。

除发卡双重性之外，在美国几乎每家接受 Visa 卡的商户同时也都接受 MasterCard 卡，反之亦然，这种接受商户的重叠、会员的重叠和管理层的重叠引发了两方面的问题。

首先，我们是否真的需要两个重叠的网络？MasterCard（或者是较大的 Visa 网络）是否是多余的？如果其中一个网络消失消费者和商户会有损失吗？其次，就算我们认可两个网络在相互竞争，因此同时存在会有益处这一说法，管理层双重性是否因为减弱竞争强度而具有反竞争的性质？

案例19：美国政府诉维萨（Visa）和万事达卡（MasterCard）案

美国政府和 Visa 或 MasterCard 都不认为有哪一个网络是多余的，所有人都认为在两个网络之间存在实质性竞争，因此两个网络同时存在是有利的。尽管会增加资源的消耗（最终由成员银行承担），但如果能够促使产品创新和网络扩张的话，同为两个网络成员的银行还是能够从两个网络间的竞争中获益。但是，美国政府声称管理层的双重性因降低了两个网络间的竞争强度而对消费者造成损害，因此应被禁止。在正确评价这一指控之前，我们必须对支付卡网络的竞争有所了解。

19.2.5 网络竞争

Visa、MasterCard、Amex 和 Discovery 之间的竞争方式是商户折扣、广告和创新，竞争的主要目标是网络本身的扩张和卡片使用范围的扩大。四个卡组织都通过调整交换费、折扣比率和促销计划等形式促使自己的网络在新零售和服务领域的扩展。例如，20世纪90年代早期所有网络都以较低的商户折扣来吸引超市和杂货店接受它们的卡（Visa 和 Master Card 的做法是减少交换费，Amex 是直接降低商户折扣）。最近时期，Visa 和 Master Card 成功地将网络扩张至小额交易领域，例如麦当劳里的"即刷即走"式支付（不要求签名）。

银行卡网络也通过年费和奖励计划来竞争新老持卡人，并争取持卡人尽可能多的机会使用自己的卡，通过品牌广告、技术和产品创新、促销计划来争夺新的收单账户，广告的重要作用在于提高品牌的识别率以有利于网络扩张。在不同网络间存在一定差异，American Express 以高收入消费者为目标客户，这类消费者的平均交易额较高，因此商户愿意接受较高的商户折扣；Discovery 则一直以收入分布的另一端，即低收入消费者为目标客户；Visa 和 MasterCard 处于二者之间，不过最近他们两家也开始通过"贵宾卡"项目吸引高收入消费者。

Visa 和 MasterCard 之间也通过广告、创新和研发新产品（如认同卡和联名卡）等方式进行竞争，但更重要的是通过和针对发卡行的竞争。在存在成员双重性（绝大多数银行同时属于两家网络）的情况下通过发卡行进行竞争的说法似乎有悖常理，但双重性实际上能够提高竞争，成员银行可以将持卡人的账户资产部分或全部地从一家网络转移到另一家，在现代技术的帮助下银行可以凭借这种能力以现金支付的形式从支付网络获取收益，等等。

发卡行之间也会就争夺和保留持卡人而展开竞争，通常以消费者诱导、提供优惠条件（如利息、年费、奖励、返还）、推出联名卡（例如校友卡的消费返还会转至持卡人的校友会名下）等新产品的形式进行。随着时间的推移竞争也越来越激烈，发卡行为了将自己的卡片与其他银行进行区别想尽了各种办法，包括频繁旅行里程计划、消费折扣返还、年费减免、支付保障/安全、低首次利率、旅行意外保险等。发卡行之间的竞争有助于 Visa 和 MasterCard 网络的扩张，因而有利于开放式网络。

2006 年，美国 4 家主要支付卡网络包括基于签名的借记卡在内的支付和预借现金总额大约为 3 万亿美元，这一数字在 2003 年只有 2.1 万亿美元。表 19-2 为 2006 年 4 家支付卡网络的市场份额，其中 Visa 为 53.6%（信用卡 8 770 亿美元，借记卡 7 200 亿美元），MasterCard 为 28.9%（信用卡 6 100 亿美元，借记卡 2 520 亿美元），American Express 为 13.7%，Discovery 为 3.8%，不计借记卡的话 Amex 的市场份额约为 20%，Discovery 约为 6%。

表 19-2　　　　　　　　按支付额计的市场份额　　　　　　单位：10 亿美元

2006 年	支付额	占比	去除借记卡后占比
Visa	1 596.44	53.6%	43.7%
信用卡 t	876.78		
借记卡	719.66		
MasterCard	862.35	28.9%	30.4%
信用卡	610.19		
借记卡	252.15		
American Express	406.80	13.7%	20.3%
Discover	113.55	3.8%	5.7%
基于签名支付卡总额	2 979.14		
去除借记卡后的总额	2 007.33		

19.3　案情概要

尽管美国政府认可 Visa 和 MasterCard 之间以及它们和 American Express、Discovery 之间存在竞争关系，但仍认为管理层的双重性和发卡限制降低了竞争程度，因此 Visa 和 MasterCard 在这点上违反了《谢尔曼法》第一条。司法

案例19：美国政府诉维萨（Visa）和万事达卡（MasterCard）案

部特别在诉讼中指出，它的目地是防止 Visa 和 MasterCard 在"通用型支付卡网络产品和服务中因限制竞争而违反反垄断法。"诉讼中认为两个卡组织的管理层结构"……实质性减缓了 Visa 和 MasterCard 之间的竞争"，会员规则和协会政策"消除了 Visa 和 MasterCard 成员银行间某些方式的竞争，并有效地排除了 American Express 和 Discovery/Novus 在美国通过银行发行各自卡片的竞争。"[1] 诉讼还指出这些违法行为的相关市场由"通用型支付卡网络提供的产品和服务"构成，这里很有意思的是，司法部将借记卡和其他支付形式排除在相关市场范围之外。[2]

作为原告，要想证明这些指控成立并的确损害了竞争，司法部必须证明以下5点成立：（1）它提出的范围较窄的"通用型支付卡"市场界定与实际数据相符；（2）Visa 和 MasterCard 在行使市场势力时应作为一个整体来对待，还是作为两个独立个体；（3）管理层双重性降低了 Visa 和 MasterCard 之间的竞争并有助于增强它们的市场势力；（4）Visa 和 MasterCard 通过发卡限制来运用市场势力，对 Amex 和（或）Discovery 造成了损害；（5）Visa 和 MasterCard 运用市场势力的结果与竞争性市场的结果有很大差异，因而损害了消费者。

反垄断法的目标是保护消费者而不是竞争者，假设管理层双重性和发卡限制真的降低了 Visa 和 MasterCard 之间的竞争，并通过削弱 American Express 和 Discovery 来增强它们的市场势力，这如何对消费者造成损害？司法部认为管理层双重性会因限制创新和新产品投资而减少 Visa 和 MasterCard 的竞争动机，其结果是新产品和新技术应用的延缓，包括基于芯片的智能卡、互联网加密标准、广告信息和贵宾卡产品。对于发卡限制，司法部认为这一做法限制了消费者对 Amex 卡和 Discovery 卡的使用，降低了商户对这两种卡的接受程度，从而抑制了 American Express 和 Discovery 研发智能卡之类新产品的能力，司法部进一步认为，发卡限制致使 American Express 和 Discovery 无法发行离线借记卡（未来可以在技术支持下具备信用卡的功能）。由于4家支付卡网络的产品质量、特点、声誉等各不相同，消费者有权按照自己的意愿获得自己喜爱的银行

---

[1] United States of America v. Visa U. S. A. Inc. , Visa International Corp. , and MasterCard International Incorporated, complaint for equitable relief for Violations of 15 U. S. C. 第一款, 1998 年 10 月 7 日, 第 1～2 页。
[2] 投诉声称（18）"通用型支付卡是一种消费者可以用来完成购买的支付工具，(a) 可以与发卡银行无关的商户进行支付购买；(b) 在支付当时不需要进入或扣留消费者的资金账户，"这里包括了信用卡和签账卡，但不包括借记卡。

所发行的任一个网络的信用卡,而发卡限制剥夺了消费者的这一权利。

本案于 2000 年 6 月 12 日由美国地区法官芭芭拉 S. 琼斯 (Barbara S. Jones) 进行审判,① 琼斯法官的判决于 2001 年 10 月 9 日形成正式文件,随后 Visa 和 MasterCard 提起上诉,2003 年 9 月 17 日第二巡回上诉法院支持判决结果,② 当最高法院在 2004 年 10 月拒绝对本案进行复审时,两个卡组织的上诉机会终结。

19.4 市场界定

要想确定 Visa 和 MasterCard 是否具有市场势力就必须首先对相关市场进行界定,Visa、MasterCard、American Express 和 Discovery 发行的信用卡和签账卡显然属于这一市场,但是否还存在具有同样支付功能,与信用卡和签账卡具有较强替代性的其他产品?例如,是否应将借记卡或现金、支票等其他支付方式也归入这一市场中?市场界定中是否应同时考虑供给方的替代性和需求方的替代性?

教科书中对市场的定义是一个买卖双方的集合,产品或产品集合的价格由买卖双方共同决定,③ 供给方和需求方的替代性很显然都会对市场边界产生影响。无论供给方还是需求方,两种产品在任何一方具有较高的替代性都应被归入同一市场范围中,因为任何一方的替代性都会使两种产品的价格具有较高的相关性。④ 尽管琼斯法官在她的判决中做了调整,但美国反垄断机构明显只重视需求方替代性的作用,在对潜在进入的分析中对供给方的分析也很有限(参见司法部《合并指南》中对市场界定的讨论),事实上需求方和供给方的替代性都很重要,以下将具体进行讨论。

本案中双方都面临的一个难题是不存在支付卡的使用者(相对于其他支

---

① 本案的专家证人为 Michael Katz(代表司法部)、Richard Schmalensee 和 Richard Rapp(代表 Visa)、Robert Pindyck(代表 MasterCard)。
② *United States v. Visa Inc.*, *Visa International Corp.*, *and MasterCard International Incorporated*, 163 F. Supp. 2d 322(S. D. N. Y. 2001), *disposition affirmed*, 344 F. 3d 229(2d Cir., 2003)。
③ 例如,参见 Pindyck and Rubinfeld (2005)。
④ 例如,假设我们考虑纽约—旧金山和纽约—洛杉矶的两条航线是否属于同一市场,这两条航线之间需求方的替代性可能很小,但由于航空公司可以根据价格和利润的差异很容易从一条航线转成另一条(因而供给方的替代性很大),这两条航线应属于同一个市场。

案例19：美国政府诉维萨（Visa）和万事达卡（MasterCard）案

付方式）支付的确切"价格"，从而很难基于价格的改变程度来估算需求方或供给方的替代性。对于支付卡而言，消费者支付的价格可能包括年费、滞纳金、其他费用，再减去刷卡消费的奖励和返还。商户支付的价格即为商户折扣，也是支付卡网络的相关各方实际收到的价格。对于其他支付方式，例如现金而言，消费者付出的代价是携带现金的麻烦，包括丢失或被盗的风险，对于商户而言则主要是被盗的风险，虽然这很难量化但却很重要。

本案的相关各方均认同相关市场的地理范围是美国，分歧在于归入这一市场中的产品种类。正如大家所预料的，司法部和 Visa 与 MasterCard 的观点完全不同。

19.4.1 执法机关对市场界定的观点

如前所述，司法部认为应包括"通用型支付卡网络所提供的产品和服务"，Visa、MasterCard、American Express 和 Discovery 四家网络发行的信用卡和签账卡均属于这一市场，并且还应包括 Diner Club 的支付卡（使用者相对较少）。Visa 和 MasterCard 发行的借记卡，不管是在线还是离线使用的，应被排除在相关市场范围之外，现金和支票之类的其他支付方式也同样被司法部排除。

司法部对相关市场的界定基于需求方的替代性并着重考虑只有通用型支付能够提供的特定功能，其中包括广泛的可接受性、安全性和延期支付功能，司法部认为其他支付方式无法完全实现这些功能，因而应被归入另外的市场。（请注意，签账卡通常在还款期限后不提供延期支付服务，而具有透支保护的支票却具备这一功能。）司法部忽略了信用卡和借记卡之间存在重要的供给方替代性：二者使用同样的网络设施，因此多数银行可以轻易选择发行信用卡还是借记卡。

按照司法部的市场界定标准，Visa 和 MasterCard 两家的联合市场份额会很大，各自单独的市场份额将更大。在案件审查时，按支付额计算 Visa 在美国支付卡市场的份额是45%，MasterCard 大约为30%，二者的联合市场份额约为75%。不管是单独市场份额还是联合市场份额，都已经达到司法部认为 Visa 和 MasterCard 具有垄断势力的标准。

19.4.2　Visa 和 MasterCard 对市场界定的观点

Visa 和 MasterCard 认为，相关市场的界定应比信用卡和签账卡的范围大得多，应包括借记卡和其他支付方式，例如现金和支票。他们指出以功能性为标准来界定市场会产生误导，因为功能性是一个模糊、多维度的概念，难以准确衡量，市场范围通常应基于需求或供给的替代性来进行界定。基于需求替代性的角度就一定会产生这样的问题：至少对于相当一部分消费者而言，在他们进行支付的时候信用卡和签账卡与其他支付方式之间是否是可以相互替代的？

Visa 和 MasterCard 认为，在消费者那里信用卡和签账卡、借记卡、现金和支票之间虽然不是完全替代品，但至少对于多数购买支付而言是高度可替代的。信用卡和现金在支付一个大额酒店账单时可能无法相互取代，但在小额支付时却是可以的，实际上很多消费者在付账时有时用信用卡，有时也用现金或是支票。MasterCard 为此专门对消费者进行了一次电话调查，结果显示消费者认为在不同支付方式之间有很强的替代性。对于借记卡而言，其在 Visa 或 MasterCard 网络中的离线交易功能与信用卡和签账卡十分接近，实际上在用途和可接受性方面与 Visa 和 MasterCard 的信用卡没什么区别。另外，由于商户接受使用这些不同支付方式的成本几乎一样，因而也认为它们之间具有高度的可替代性（虽然现金和支票没有像信用卡、签账卡、借记卡的商户折扣，但却有其他成本，如被盗风险或支票被拒付）。最后，如前所述，Visa 和 MasterCard 认为信用卡和借记卡在供给方的替代性也表明它们应属于同一个市场中。

将市场范围扩展至包括离线交易借记卡在内并不会对 Visa 和 MasterCard 的市场份额有多大影响，因为大多数离线交易借记卡仍属于 Visa 和 MasterCard 的网络。但如果将现金和支票也纳入市场范围，则 Visa 和 MasterCard 的联合市场范围会显著下降。

19.4.3　法庭对市场界定和市场势力的观点

琼斯法官接受了司法部的市场界定标准，认为通用型支付卡不同于其他支付方式，应被视为一个单独的市场，这一决定可能是准确衡量需求替代性的难度所导致。法庭认为"假设存在一个通用型支付产品的垄断厂商，当它提价时，不大可能会有很多持卡人在信用卡和签账卡之间进行转换，从而使提价无

案例 19：美国政府诉维萨（Visa）和万事达卡（MasterCard）案

利可图。这一结论基于以下两点事实：(1) 即使有，也只有极少数持卡人能够实际察觉到价格的上涨，包括交换费的上涨和发卡行收取的服务费的上涨；(2) 价格上涨的负担至少部分地被商户转移给消费者，最终由同时使用其他支付方式的消费者分担。"①

关于借记卡，法庭认为"消费者也不会将借记卡作为通用型支付卡的替代品。"这一观点对于在线交易借记卡而言并不意外，"由于它们相对较少的商户可接受性、它们的区域性……要求使用交易密码，因此不是通用型支付卡的替代品。"② 另一方面，关于离线交易借记卡法庭援引了 Visa 和 MasterCard 的研究，证明"即使离线交易借记卡已经具有广泛的商户可接受性，消费者也没有将其视为通用型支付卡的有效替代品。"

按照相对较窄的市场界定，法庭的结论是 Visa 和 MasterCard 都各自具有市场势力，法庭对此给出了行为方面的证据。例如，法庭提到"Visa 和 MasterCard 近期都多次提高对商户收取的交换费，但并没有流失一家商户。"以及"被告价格歧视的能力也表明了市场势力的存在，Visa 和 MasterCard 的交换费均根据商户需要接受通用型支付卡的程度而进行差异化定价。"③

在得出被告具有垄断势力这一结论之后，法庭得以继续对司法部认为违反了《谢尔曼法》第二条的具体行为进行评判，即发卡限制和管理层双重性。

19.5 发卡限制的竞争效应

Visa 的内部章程 2.10（e）禁止成员银行发行除 MasterCard 以外的其他竞争性网络的信用卡和签账卡；同样，MasterCard 的"竞争计划政策"（Competitive Programs Policy）也禁止成员银行发行除 Visa 以外的其他竞争性网络的信用卡和签账卡。④ Visa 和 MasterCard 都声称这些规定有助于维护成员的忠诚度，防止个别成员的搭便车行为。

---

① United States v. Visa Inc., Visa International Corp., and MasterCard International Incorporated, 163 F. Supp. 2d 322，第 336 页（S. D. N. Y. 2001 年 10 月 9 日）。
② United States v. Visa USA Inc., 第 336 页。
③ United States v. Visa Inc., Visa International Corp., and MasterCard International Incorporated, 163 F. Supp. 2d 322，第 337 页（S. D. N. Y. 2001）。
④ MasterCard 的成员政策有两个例外：花旗银行（Citibank）同时拥有 Diners Club 网络，家庭银行（Household Bank）计划发行 JCB 卡。

司法部认为发卡限制的规定使 American Express 和 Discovery 无法将成员银行发展为自己的潜在发卡行，从而阻碍了 American Express 和 Discovery 的有效竞争。特别是，发卡限制减少了持有 Amex 和 Discovery 卡的消费者数量，降低了商户的接受程度，进而削弱了 American Express 和 Discovery 研发新产品的能力，最终会导致行业整体竞争程度的下降和信用卡产品数量和种类的减少。司法部还认为，消费者从发卡限制中受到的损害还体现在无法从自己喜欢的一家银行获得四家网络中的任一家的信用卡，这四家网络的产品特性各不相同。

19.5.1 发卡限制的反竞争效应

Visa 的内部章程 2.10（e）和 MasterCard 的竞争计划政策并没有将 American Express 和 Discovery 排除在支付卡行业之外，实际上 American Express 的商户接受程度、持卡人数量和年交易额在本案审理期间均有较大幅度增长。但另一方面，发卡限制的确阻止了 American Express 和 Discovery 通过美国的大多数银行来发行他们的卡片，除非这些银行愿意停止发行 Visa 和 MasterCard 的卡。

前面曾经提及，Visa 这样的开放式网络的好处之一便是发卡行会就吸引消费者而相互竞争，除了广告、促销邮件等方式外，发卡行还会在创新和提供差异化产品和服务方面进行竞争。这种创新和差异化的形式可能是设计和提供新产品（如白金卡、和航空公司或其他组织的联名卡等），也可能是制定差异化的收费和利率标准。通过促销并使消费者找到更加符合自己偏好的产品，发卡行之间的竞争有助于扩展网络规模，从而对消费者和商户更有价值。当然，American Express 和 Discovery 也可以通过广告和邮件促销他们的网络并研发和提供新产品和服务，但 Visa 和 MasterCard 的发卡限制迫使他们只能自己去做这些活动，因而降低了 Amex 和 Discovery 在市场推广、创新和产品设计方面的投资，这会导致产品多样性和网络规模的减少，最终降低消费者的福利水平。

Visa 和 MasterCard 发卡限制的第二个反竞争效应为影响了 American Express 或 Discovery 发行离线交易借记卡的能力。离线交易借记卡与持卡人银行的支票账户关联，因此通常都是由持卡人的银行发行。① 借记卡的使用量相对

---

① American Express 并没有完全被排除在借记卡的发行之外，通过其所拥有的 American Express Centurion Bank（一家资产 110 亿美元的传统银行），Amex 向有支票账户的客户提供在线借记卡服务。在得到客户可以接入支票账户的授权后，Amex 也可以向任何一家银行的客户提供基于密码和签名档借记卡服务。尽管如此，Amex 拓展借记卡业务的能力十分有限。

案例 19：美国政府诉维萨（Visa）和万事达卡（MasterCard）案

于信用卡和签账卡增长得更快，在未来借记卡的功能将和信用卡的功能在一张智能卡上合二为一，因此发卡限制会严重限制 American Express 和 Discovery 的网络增长，消费者福利将因网络规模的减少而再次受到损害。

19.5.2 发卡限制有利于竞争的效应

Visa 和 MasterCard 的发卡限制也有有利于竞争的一面，作为开放式组织，Visa 和 MasterCard 很容易被成员银行搭便车，这会对网络的质量和增长速度造成损害。发卡限制建立了一个忠诚原则，强制性要求所有网络成员进行投资和促销，因此能够防止成员的搭便车行为。

为了理解这一点，我们假设没有发卡限制，American Express 能够与发行 Visa 和/或 MasterCard 卡的银行签订发卡协议。American Express 与其他网络不同的重要一点是其持卡人的单笔消费额较高，实际上这也是 American Express 能够维持较高商户折扣的原因。American Express 很有可能只跟经过选择的一部分发卡行进行合作，即拥有数量庞大、平均消费额较高或是高端私人客户的银行，而当这些银行与 Amex 进行合作时，他们还可以从由 Visa 和 MasterCard 以及其他成员共同投资的网络中获益。然而，这些银行研发和提供 Visa 或 MasterCard 新产品，或是配合他们引入新产品与 Amex 进行竞争的动机将会降低，其他竞争性银行无法自行决定是否通过 Amex 卡来获得 American Express 新产品的好处，而 Visa 和 MasterCard 是开放式网络，任何一家银行都可以发行他们的卡以获得 Visa 和 MasterCard 新产品的好处。例如，假设 Visa 开发了一种新的公司卡，所有发卡行都可以发行使用这一产品。

最后一点很重要，人们可能有这样的疑问，如果允许 Visa 的银行发行 Amex 的产品是有害的，那允许这些银行发行 MasterCard 的卡是否也是有害的？原因在于作为一个开放式网络，MasterCard 无法选择允许哪些银行发行他的产品（Visa 也是如此）。Visa 和 MasterCard 可以就更多银行的发行量进行竞争，但不能有选择性的限制成员银行。①

阻止少数银行的机会主义行为，即以网络中其他银行的利益为代价与

---

① Visa 和 MasterCard 在欧洲没有发卡限制，那里发行 Visa 和/或 MasterCard 卡的银行同时也可以发行 Amex 卡和其他本地卡，人们或许会猜想这对 Visa 和 MasterCard 网络在欧洲的业务会产生多大的影响。然而在本案的审理中，欧洲的经验并没有起到什么作用，一个重要原因是在欧洲发卡银行的数量十分有限。

· 515 ·

American Express 或是其他封闭式网络合作，这是发卡限制的核心。在加强了 Visa 和 MasterCard 网络规模这一层面，这一做法对消费者是有益的。

19.5.3 法庭的观点

在判决中，法庭认为"被告的排他性规则限制了网络之间的竞争，并因减少了创新性和多样化的产品而损害了消费者利益。"[1] 法庭命令 Visa 的内部章程2.10（e）和 MasterCard 的竞争计划政策必须被撤销，并"禁止被告以后对发卡行发行其他通用型网络的通用型支付卡和借记卡的能力进行任何限制。"[2] 判决认为"对被告排他性规则的消除会向 American Express 和 Discovery 开放市场，使他们能够与发卡银行合作与 Visa 和 MasterCard 进行竞争。American Express 和 Discovery 网络的个性特点与发卡行的发行能力相结合会提高发卡量和消费者的选择范围，并提高网络规模和相关性。"[3]

法庭不认为取消 Visa 和 MasterCard 的发卡限制会导致严重的机会主义行为以削弱网络的实力，法庭相信银行的机会主义行为可能造成的损害足以被消费者的获益所弥补。法庭是这样表述的，"多家银行发行通用型支付卡会在以下三个方面增强通用型信用卡和签账卡网络实力：提高发行量、提高商户接受程度、提高网络规模，借助于新产品和服务，具有实际发行能力的发卡行就可以基于网络基础设施向消费者提供借记卡产品。网络在这三个方面的实力加强会直接（保障新产品和服务的可获得性）或间接（降低转移给消费者的网络成本）使消费者受益。"[4]

19.6　管理层双重性的竞争效应

在政府提起本案的诉讼时，双重性已存在了20多年，用司法部的话说，同时存在于发卡和监管两个领域。发卡双重性（issuance duality）指一个网络

---

[1] United States v. Visa Inc., Visa International Corp., and MasterCard International Incorporated, 163 F. Supp. 2d 322, 第408页（S. D. N. Y. 2001年10月9日）.
[2] United States v. Visa USA Inc., 第408页.
[3] United States v. Visa USA Inc., 第408页.
[4] United States v. Visa USA Inc., 第387页.

案例 19：美国政府诉维萨（Visa）和万事达卡（MasterCard）案

的发卡银行也可以发行其他网络的卡；管理层双重性（governance duality）指两个网络的董事会和顾问委员会中有来自对方网络机构的成员，一个成员机构的代表既来自于一个组织的董事会，也来自于另一个组织的顾问委员会。司法部主要考虑的是管理层双重性，而不是发卡双重性对竞争的危害，但也提及发卡双重性是因管理层双重性而产生的问题之一。

司法部认为，由于管理层双重性的存在，MasterCard 的成员不会以牺牲 Visa 品牌为代价来对 MasterCard 品牌进行促销，反之亦然。确切地说，司法部认为双重性消除了 Visa 和 MasterCard 之间的网络整体竞争程度，导致广告水平、创新和研发新型卡片的减少。Visa 和 MasterCard 则认为发卡双重性和管理层双重性的区分毫无意义，因为双重性一定会导致成员之间的交叠。MasterCard 和 Visa 还声称双重性提高了网络间针对发卡行的竞争程度，没有证据表明广告和创新的减少与双重性存在任何联系。最后，作为两个网络中较小的一个，MasterCard 提出双重性对于维持 MasterCard 网络的有效竞争地位至关重要。

19.6.1 管理层双重性的反竞争效应

银行由于发行了（从而也能够施加某些影响）Visa 卡，也就十分关心 Visa 网络的成功与否，同样，发行了 MasterCard 卡的银行也很关心 MasterCard 网络的成功与否，在绝大多数情况下这二者是同样的银行。问题在于，这些双重成员银行会具有财务上的动机去减少投资以便改变在两个网络上的份额，广告是其中一例。虽然 MasterCard 的广告会在一定程度上从 American Express 和 Discovery 那里抢得市场份额，也会获得新持卡人，但至少还有一部分市场份额是从 Visa 的持卡人那里获得的。因此至少在理论上，双重性会减少 MasterCard 和 Visa 的广告数量。当然，一些广告只是"诱导性"的，没有有价值的信息，但是就那些被削减掉的广告中含有的有用信息而言，这会对消费者福利产生不利影响。

双重性也会减少技术创新和研发引入新型卡片方面的投资，前提是这种投资会造成市场份额在 Visa 和 MasterCard 网络之间的转移。司法部也的确认为 Visa 和 MasterCard 在基于芯片的智能卡的研发和网络交易加密技术方面的投资正是由于这一原因而延迟。竞争动机的减弱会延缓或减少厂商在技术方面的投资，从而也会减少消费者的福利水平。

· 517 ·

当然，我们无法准确得知在假如没有双重性的情况下会有多少广告和新技术方面的投资，但至少在理论上如果不存在双重性的话，Visa 和 MasterCard 的管理者会有更强的动机相互竞争，很可能会使两个网络的差异化更大，而网络差异化的增加无疑会为消费者提供更加符合其偏好的产品。在这一点上，双重性因减少了产品差异性而有损消费者福利。

19.6.2 管理层双重性的有利竞争效应

双重性也有有利于竞争的一面，其中最重要的一点就是能够保证 MasterCard 这个相对于 Visa 而言规模较小网络的生存。如果发卡行只能在两家网络中选其一，则大多数银行会选择 Visa。Visa 的网络规模会以 MasterCard 为代价而迅速增长，在"临界点效应"的作用下，很可能所有的发卡行都放弃 MasterCard 以便能加入 Visa 网络。最终结果如果是两个网络只剩下一个，则无论如何也不会提高消费者的福利水平。（正因为如此，MasterCard 特别关心法庭是否会禁止双重性。但 Visa 为什么要维护双重性呢？下面将提到，这是为了其成员的利益。）

另外，双重性是否导致 Visa 和 MasterCard 两个网络之间竞争程度的实质性减少尚不明确。双重性鼓励两个网络直接面对发卡行展开竞争，使银行能够很容易地将部分或全部资产从一个网络转移至另一个。成员银行可以利用双重性来迫使一家网络妥协以提供更优惠的条件，并将这一优惠部分地以降低收费、降低利率或是增加回报等形式转移至消费者，以将自己的卡片与竞争对手相区别。例如，当银行开始考虑对一个新的消费者群体进行促销计划时，Visa 和 MasterCard 通常会与这些银行沟通促销自己的网络和卡片，并向银行提供优惠条件支持银行的营销和产品测试等活动，最终希望银行发行自己而不是竞争对手的卡片。

最后，由于银行可以通过 Visa 和 MasterCard 两个网络中的任何一个发卡，他们也就能够通过改变向消费者的重点推荐网络而从两个网络提供的优惠条件中获益，这与商场里对相互竞争品牌的促销活动类似。如果不存在双重性，发卡行只能从所属网络的技术创新中受益，同时也只能将持卡人的所有资产转移至给该网络。在双重性条件下，两个网络的所有成员均可以从研发、促销和采用新型卡片产品和技术进步中受益，这会促使成员不仅与其他发卡行竞争，而且还要与其他网络竞争。由于网络竞争的一个重要途径就是针对发卡行的竞

案例 19：美国政府诉维萨（Visa）和万事达卡（MasterCard）案

争，因此双重性会提高两个网络间的竞争程度。

19.6.3 法庭的观点

法庭在判决中认为，"美国政府没有证明 Visa 和 MasterCard 的管理层结构对竞争或是消费者福利产生了显著的负面作用。"① 美国政府坚持认为双重性会降低两个网络间的竞争程度，从而导致广告数量减少、创新投资减少和新型卡片研发引入的滞后。但法庭同时也认为美国政府没有提供证据表明"在管理层双重性和品牌推广或是网络和产品创新方面的明显减少之间存在因果关系"，这一点"对于该项指控是致命性的。"②

实际上，法庭对于双重性的观点远不止如此，对于双重性，法庭认为"被告没有义务证明其有利于竞争的效应。然而，有证据表明在某些情况下管理层双重性的确具有有利于竞争的作用，其中最明显的就是促进了 MasterCard 争夺市场份额的竞争。"③ 因此，Visa 和 MasterCard 可以继续保持发卡和管理层两方面的双重性。

19.7 结　　论

法庭最终认定，Visa 和 MasterCar 可以保留双重性，但同时也认定他们的发卡限制是有碍竞争的，必须停止。Visa 和 MasterCard 对于琼斯法官关于发卡限制的判决进行了上诉，2003 年 9 月 17 日，第二巡回法庭驳回上诉维持原判。④ Visa 和 MasterCard 继续上诉至最高法院，2004 年 10 月最高法院拒绝对本案复审。

这一起反垄断案的判决结果对于支付卡网络的竞争以及 Visa 和 MasterCard 的成长会产生多大的影响呢？其实非常少。双重性仍然可以实行，两个网络并

---

① *United States v. Visa Inc.*, *Visa International Corp.*, *and MasterCard International Incorporated*, 163 F. Supp. 2d 322，第 327 页（S. D. N. Y. 2001）。
② *United States v. Visa USA Inc.*，第 328 页。
③ *United States v. Visa Inc.*, *Visa International Corp.*, *and MasterCard International Incorporated*, 163 F. Supp. 2d 322，第 376 页（S. D. N. Y. 2001）。
④ *United States v. Visa Inc.*, *Visa International Corp.*, *and MasterCard International Incorporated*, 163 F. Supp. 2d 322（S. D. N. Y. 2001），*disposition affirmed*，344 F. 3d 229（2d Cir., 2003）。

没有被要求改变管理层体系。虽然 MasterCard 已经是一家上市公司,但他的成员银行持有大多数股份,因而双重性和管理层没有受到任何实质性影响。①

另一方面,Visa 和 MasterCard 必须取消对成员银行的发卡限制,这两个网络的成员银行可以自由地与 American Express、Discovery 或是任何其他网络商谈发卡协议。在案件审理过程中,Visa 和 MasterCard 声称这会导致成员银行的机会主义行为,例如有的银行会以其他成员银行的利益为代价与 American Express 合作,从而损害 Visa 和 MasterCard 的实力。美国政府则认为(法庭也赞同),取消发卡限制会加强 American Express 和 Discovery 网络与 MasterCard 和 Visa 竞争的实力,这将导致产出增加、产品创新和差异化,增加消费者的选择范围和降低支付成本。

但实际上,American Express 和 Discovery 在很大程度上仍然维持自己网络的封闭性。到 2006 年底,虽然 American Express 和几家银行签订了发卡协议(最大的是 MBNA/美国银行和花旗银行),但在 4 810 万张的 Amex 卡总数中只有 510 万张是由第三方银行发行的;2006 年 Amex 卡的交易总额为 4 068 亿美元,这些第三方银行发行的卡交易额只有 78.1 亿美元。②

总的说来,American Express 和 Discovery 增强了通过银行的发卡能力这件事看上去并没有对 Visa 和 MasterCard 产生多大影响,此外,尽管产量(以交易额或持卡人数量计)在持续增加,并且创新和产品差异化也在继续,这一切与存在发卡限制时并没有什么不同。简单地说,Visa 和 MasterCard 所担心的大发卡行开始发行 American Express 卡的局面并未出现,为什么呢?

前面提到过,一个封闭式网络具有重要的优势,例如,对标准和服务质量较强的控制能力,能够掌握持卡人的信息,因而未来销售其他产品和服务的潜在能力也较强。另外,对于 American Express 而言,非常重要的是维持它的支付卡和高收入、高消费群体相关联的独有特征,避免与自己的其他卡冲突。如果发卡行设置的目标客户与 Visa 和 MasterCard 类似,那么可能会挤占 American Express 自己贵宾卡的市场;而如果银行的目标客户与目前的 American Express 持卡人类似,则会有很大的产品冲突的风险。因此在与银行商谈发卡协议时,American Express 很自然会严格选择银行并提出很多附加条件,而规模较大、实力较强的银行(American Express 有可能感兴趣的那些)由于不想与

---

① Visa 也宣布了自己准备转为上市公司的意向。
② 《尼尔森报告》No. 872,2007 年 1 月。

案例 19：美国政府诉维萨（Visa）和万事达卡（MasterCard）案

自己现有的 Visa 或 MasterCard 的业务冲突，也会很强势，在谈判中提出自己的附加条件，例如要求提前付款和足以弥补发行 American Express 卡所需成本的交换费标准等。可以想象，这种情况下双方很难达成发卡协议，实际情况也正是如此。

支付卡网络在持续增长，当商户折扣与现金和支票的成本持平时，越来越多的不同类型商家（例如快餐连锁店）开始接受刷卡支付。在广泛的接受性和支付卡网络以及银行不断地推出差异化产品时，越来越多的消费者会选择支付卡作为支付方式。所有四家网络都在产品创新方面投下了巨资，这其中有很大一部分是在卡片的安全性和防伪技术方面，这也是目前网络持续增长所遇到的最大问题。支付卡网络增长的另一个限制是用户饱和，在美国大多数信誉良好的消费者都已经有了数张卡，因此各家支付网络在国际市场扩张方面也投下巨资，并已经取得显著进展。美国政府对支付卡的反垄断案十分引人注目，但到目前为止对支付卡行业却几乎没有影响。

参考文献

[1] Evans, David S. "The Antitrust Economics of Multi – Sided Platform Markets." *Yale Journal on Regulation* 20（Winter 2003）：325 – 381.

[2] Evans, David S., and Richard Schmalensee. *Paying with Plastic*, 2d edn. Cambridge, Mass.：MIT Press, 2005.

[3] Evans, David S., and Richard Schmalensee. "The Industrial Organization of Markets with Two – Sided Platforms." In *Issues in Competition Law and Policy*, edited by W. Dale Collins, Chicago：ABA Press, forthcoming, 2008.

[4] Pindyck, Robert S., and Daniel L. Rubinfeld. *Microeconomics*, 6th edn. Upper Saddle River, N. J.：Prentice – Hall, 2005.

[5] Rochet, Jean – Charles, and Jean Tiróle. "Cooperation among Competitors：Some Economics of Credit Card Associations." *RAND Journal of Economics* 33（Winter 2002）：549 – 570.

[6] *United States v. Visa USA Inc., Visa International Corp., and MasterCard International Incorporated*, 163 F. Supp. 2d 322（S. D. N. Y. 2001）, *disposition affirmed*, 344 F. 3d 229, No. 02 – 6074, 02 – 6076, 02 – 6078（2d Cir. Sep. 17, 2003）.

[7] U. S. Department of Justice, *United States of America v. Visa U. S. A. Inc., Visa*

International Corp. , and MasterCard International Incorporated, Complaint for Equitable Relief for Violations of 15 U. S. C. §1, October 7, 1998.

[8] U. S. Department of Justice and Federal Trade Commission, *Horizontal Merger Guidelines*, 1997.

案例 20

垄断地位的维持：美国政府诉微软案（2001）

丹尼尔·L·鲁宾费尔德（Daniel L. Rubinfeld）[①]

20.1 引　　言

1998年5月，美国司法部、20个独立州以及哥伦比亚特区一纸诉状将微软告上法庭。诉状声称微软公司对个人电脑（PC）操作系统市场进行垄断，在很多方面违反了《反垄断法》[②]。1998年10月19日至1999年6月24日，这个案件在联邦地区法院进行审理。法庭在1999年11月5号对案中的有关事实进行裁决，并在2000年4月3号宣读结案陈词。

微软公司在哥伦比亚巡回法院提出的上诉在2001年6月28日得到判定，之后各方（司法部、州、微软）就和解问题进行了广泛的讨论。上诉法院认定了垄断行为的说法，但是推翻了地区法院其他方面的判决，并将案件发回地区法院，要求其找出合适的纠正方案。在各方（司法部、州、微软）就和解问题进行了另一轮广泛讨论之后，美国司法部最终和微软达成了协议。但9个州决定不加入此协议，而是提请一个不同的纠正方案。该纠正方案又经过了长达32天的审理讨论。2002年10月11日，区法院发布了对该纠正方案的裁决。在这一案例分析即将编印成册之时，法院的纠正方案似乎将标志着这个长达四年的案件的结束。

尽管这个案件对反垄断法的最终影响目前来说还不清晰，但是毫无疑问，

[①] 丹尼尔·鲁宾费尔德在 U.S. 司法部担任司法部经济问题副助理检察官。从1997年6月任职至1998年12月。并且于1999年在司法部对抗微软的案件中担任顾问。特此鸣谢富兰克林·费雪（Franklin Fisher）和本书编者所提供的有益评论。

[②] 美国政府对微软民事案件 No. 98-1232。在案件审理之前，一个州曾与微软达成和解协议。

从公众的角度来讲，美国政府和微软的这场对决是 20 世纪 90 年代《反垄断法》的经典案例。从政策角度来讲，甚至是 20 世纪最重要的反垄断案例。该案件从调查到审判一直到结案，自始至终受到了广泛的新闻关注。这场诉讼中的主要角色成了家喻户晓的公众人物，这不仅是由于本案的结果，更是由于本案中的各方都进行了重要的公关战。微软的问题并没有随着这一反垄断案的结案而终结，微软受到了来自消费者的一系列指控，认为消费者为 Windows 操作系统支付了过高的价格，绝大多数这类指控都已经以高额赔偿而和解，金额总计达数亿美元。

对于微软而言，更糟糕的是进入 20 世纪就遇到了欧盟竞争总局（Directorate General for Competition of the Euopean Union）提高执法力度。欧盟对微软的关注不只是网络浏览器和操作系统，还有使用户能够下载和上传音频和视频内容的媒体播放器。Real Networks 因其 Real Player 在这一领域占据主导地位，但其地位正由于微软将自己的媒体播放器和操作系统整合在一起而受到威胁。

在经过广泛调查之后，欧盟委员会与 2004 年 3 月做出结论，认为微软将媒体播放器与操作系统捆绑的行为是具有反竞争特征的垄断行为，违反了欧盟委员会的相关法律。欧盟委员会要求微软支付高额罚款，并在市场上提供一个不含有媒体播放器的 Windows XP 版本。微软对此进行了上诉（至一审法院，一家中级上诉法院），2007 年 9 月的判决结果强烈支持欧盟委员会的判决。2007 年秋季早期，欧盟委员会仍然在继续监督和质疑微软对判决结果的执行。

总而言之，微软案中有很多内容对于 21 世纪高科技领域的竞争十分重要，不仅仅是微软的行为在持续受到监视，而且法庭在涉及像 Intel 和 Google 这样的高科技公司时也会关注最高法院在审理微软案中所体现出的含义。

微软案的核心是政府声称微软采取了一系列反竞争行为，其目的是保持其在操作系统（操作系统）市场上的垄断。政府并没有质疑微软历史上成功的根源，但是政府声称，微软的行为使消费者受到了损害，部分原因是因为消费者需要为操作系统支付更高的价钱，部分原因是因为微软的行为减少了软件行业的创新。作为回应，微软辩解道，在一个高速发展的产业中，它面临的是十分严峻的竞争威胁，因此并不存在垄断。它进一步辩解道，微软的成功应被视为是有利于竞争的，因为消费者从它的高质量创新型软件分销中得到了利益。如果法院强行实施反斯纠正措施，微软相信竞争的激励将会减少，并会导致更少而不是更多的创新。

案例 20：美国政府诉微软案

20.2 背　　景

微软是一个相对年轻的公司，于 20 世纪 70 年代中期建立，此后微软经历了前所未有的快速发展，在此过程中造就了数千名百万富翁。它的成功很多时候要归功于微软的技术和前瞻性，并伴有一定程度的运气。大部分人应该都会同意，微软显示出了不可思议的施展其商业计划和成功营销其创新性技术的能力。但成功的同时也招致了反垄断调查，各种各样的政府机构和个人质疑微软是否应用了一系列的限制竞争的策略以排除竞争对手并扩大其在操作系统市场上的市场势力。

第一个针对微软的政府反垄断调查是由联邦贸易委员会进行的[①]。1990 年联邦贸易委员会展开了针对微软对电脑整机制造商的软件专利授权做法的调查。经过近三年的调查，由五个成员组成的委员会却并没有按照法律专家的意愿对微软提起法律控诉（票数是 2∶2，其中一个委员会成员没有参加投票。）

微软的这次胜利并不长久，司法部几乎立刻展开了它自己对微软的反垄断调查。一年之后，司法部在 1994 年 7 月 15 日正式起诉微软与电脑整机制造商签订的合同是排他性的和反竞争的，其目的是让微软保持在个人电脑操作系统上的垄断地位。这个案件并没有进行审判，微软和政府最终达成和解。在和解协议中微软同意在很大尺度上限制它的专利使用权转让协定（这个协议最终于 1995 年 6 月 16 日通过）[②]。这个和解协议的一个很重要的方面是微软不能把其操作系统的使用许可和它的其他软件产品的使用许可捆绑销售，但是这个协议却明确允许微软继续发展其"整合产品"。反竞争性的捆绑销售和有利于竞争的整合产品之间的区别成为微软案的核心问题。在大的对决开始之前又有另外一个小冲突在上演，伴随着互联网的快速发展，PC 用户需要一个更容易的接入网络的软件，第一个取得巨大成功的网络浏览器产品是网景（Netscape）公司的浏览器，在非常短的时期内，网景的导航者（Navigator）浏览器成为市场领先者，1996 年的市场份额大约为 70%。

尽管在对网络巨大潜力的认识上失去了先机，微软迅速调整方向，在

[①] 例如，参见 Gilbert (1999)。
[②] *U. S. v. Microsoft Corporation*, 1995 – 2 Trade Cas. p. 71, 096 (D. D. C. 1995)。

1996年集中力量进攻网络浏览器软件。一个新的反垄断诉讼随着微软要求电脑整机制造商如果获得安装 Windows95 操作系统的许可授权的话，必须同时安装微软的浏览器（IE）的捆绑行为而产生。美国政府起诉微软将操作系统和 IE 捆绑的做法违反了 1996 年的和解协议。微软则声称 IE 浏览器和操作系统是整合在一起的产品，因而许可收取应被视为 1995 年和解协议的例外。美国政府在一开始取得了胜利，1997 年 12 月 11 日，托马斯·彭菲尔德·杰克逊（Thomas Penfield Jackson）法官命令微软将 Windows 95 操作系统和 IE 浏览器分离。但是本案上诉至哥伦比亚地区上诉法院时则倾向于微软一边，法院声称微软提供了证据显示，将 IE 和操作系统整合在一起才能提供"非整合"产品所不能提供的功能[1]。但上诉法院明确指出，它的决定仅仅是基于对政令里的内容，而并非建立在一个广泛的反托拉斯的原则上，这是一个后来会被视为有远见的做法。

对决在 1998 年 5 月 18 日正式开始，美国政府、20 个州以及哥伦比亚区法院对微软提起诉讼。司法部认为微软采取的一系列行为由于限制了自由贸易而违反了《谢尔曼法》第一条，其中包括与电脑整机制造商达成的操作系统授权许可、与互联网服务供应商（ISPs）签订的合同，以及将操作系统和 IE 浏览器捆绑在一起。司法部同时声称，微软试图垄断网络浏览器市场的行为违反了《谢尔曼法》第二条。微软案的核心是，微软所采取的一系列行为的目的如果不是唯一的，至少也是主要为了保护和维持微软在操作系统市场上的垄断地位[2]。

关于这一点，需要首先了解一些背景资料。在政府诉微软案的前几年里，微软很清楚地意识到网景的"导航者"浏览器可以作为一个软件"平台"，对微软的 Windows95（以及之后的 Windows98）操作系统构成潜在的竞争。操作系统提供了应用软件的编程接口（APIs），通过这一接口应用软件才能与操作系统，进而通过操作系统与硬件完成交互。应用软件的开发者必须按照特定的操作系统应用编程接口（API）来编写软件程序，而将应用软件"移植"到不同操作系统的时间和成本是很大的。"平台"就是指一套能够用于编写应用软件的接口。

由于 Windows 操作系统巨大销量以及操作系统用户网络的庞大，大量的应

---

[1] U. S. v. Microsoft Corp., 147F. 3d935 (D. C. Cir. 1998)
[2] 除非另作说明，"政府"指 U. S. 司法部、州和哥伦比亚行政区。

案例 20：美国政府诉微软案

用软件包括非常成功的 Office 系列办公软件都是基于 Windows 系统编写的。如果一个公司想要成功的提供一个竞争性的操作系统，它必须能够同时提供大量的应用软件，包括文字处理和商业应用软件。20 世纪 80 年代时苹果就认识到，如果不能提供足够的应用软件以吸引商业用户，将会妨碍其操作系统市场份额的扩大①，由于很多软件开发和营销的成本都是沉没性的，（例如不能在其他操作系统上运行）。其结果是操作系统市场上存在很高的"应用软件进入壁垒"。正是由于具备了降低这一高进入壁垒的能力，使 Java 编程语言才受到微软和其竞争对手特别青睐。

网景"导航者"浏览器器（以及其他浏览器）都是基于 Java 编写的，Java 编程语言由太阳微系统公司（Sun Microsystems）开发及运营它是一种"跨平台"编程语言，可以让程序员只编写一次软件程序，但却可以将软件在所有的操作系统上运行。跨平台的 Java 语言有效地提供了一种"中介"，它既置于操作系统之上，同时也是其他应用软件的基础。在美国政府看来，网景之所以能够威胁到微软是因为它的浏览器有将跨平台的 Java 编程语言分发至独立软件开发者的潜力。如果那些软件开发者选择为其他操作系统，如 IBM 的 OS/2 或 Linux 编写软件（或者直接基于网络浏览器的编程接口编写网络应用软件），那么 Windows 系统的垄断地位便岌岌可危。

关于维持垄断地位的指控，美国政府声称微软采取了一系列目的在于严格限制网景浏览器商业活力的行为，包括试图与网景进行分割市场，以及阻止苹果公司和英特尔公司进入密切相关并对自身有潜在威胁的软件市场，另外还包括排他性手段（包括前面所提到的）和其他掠夺性行为的组合策略，掠夺性行为的目标部分是 Java 语言，部分则是网景的浏览器，因为网景的浏览器是 Java 语言分发至各个电脑用户的重要手段。排他性行为是指让竞争对手难以竞争，而掠夺性行为是指一个公司放弃短期利润以期将竞争对手赶出市场，然后在未来从该市场或其他市场获取利润进行补偿。

2000 年 4 月 5 日，地区法院的裁决支持了美国政府关于微软违反《谢尔曼法》第二条的指控，包括对微软维持垄断的核心指控以及试图垄断浏览器市场的独立指控。在判定浏览器与操作系统的捆绑以及某些合同是否违反了《谢尔曼法》第一条时，法院认为美国政府并没有提供充分的证据证明排他性

---

① 作为对这一点的回应，苹果将其 Windows1.0 许可给微软，换取得 Macintosh 版本的电子表格 Excel 软件（和 Windows 版 Excel 的发行时间一年的推迟）。

反托拉斯革命

行为阻碍了竞争。

杰克逊（Jackson）法官接受了政府提议的纠正措施，包括限制微软排他性合同的使用和对个人电脑"桌面"控制的行为纠正。杰克逊法官还支持美国政府将微软拆分成两个小公司的提议——即一个操作系统公司和一个应用软件公司，后者将继续维持经营现有的浏览器业务，不过操作系统公司将持有浏览器现行版本的支持产权。

杰克逊法官同意延缓纠正，直到上诉法院对此案进行审理。由于该案的重要性，在审理中出现了非常罕见的一幕，微软案的上诉由哥伦比亚地区上诉法院符合条件的所有法官（而不是通常的三名）来共同审理。最后全体一致通过的判决可被视为美国政府的胜利，但同时对双方都有有利影响。从微软的角度讲，这个判决是有利的，因为上诉法院（1）否定了杰克逊法官关于微软试图垄断浏览器市场的意见；（2）将案件发回至低级法院，对纠正方案重新审理。对于美国政府而言，这个判决也是有利的，（1）上诉法院既支持关于微软维持垄断的指控，（2）也支持美国政府就微软采取的一系列排他性和掠夺性行为的指控。

20.3 对有关经济学问题的回顾

美国政府诉微软一案中体现了两个重要的经济学问题：

1. 微软是否在个人电脑操作系统市场上拥有垄断势力？

2. 微软是否通过一系列的反竞争行为维持其垄断势力，从而不合理地限制了竞争？

对于第一个问题，美国政府认为微软确实在与 Intel 处理器兼容的个人电脑操作系统市场上拥有垄断势力。微软则回应到，反垄断意义上的相关市场范围应远远超过基于 Intel 处理器的个人电脑操作系统，应包括手持设备操作系统和服务器操作系统。此外，微软也面临来自其他电脑操作系统的竞争，来自其他可支持应用程序的非操作系统平台的竞争，以及未知的创新技术的竞争。事实上，微软发现有必要对网景和 Java 采取对抗行为这本身就说明这些公司的产品属于同一市场因此结论是微软在该市场上不具备垄断势力。

关于第二个问题，美国政府认为微软预见到了其 Windows 操作系统的主导地位有可能被网络浏览器和跨平台的 Java 语言所侵蚀，因此采取了一系列反

案例 20：美国政府诉微软案

竞争行为以保护 Windows 操作系统的垄断势力。微软则回应到，它确实察觉到了来自 Java 的竞争性威胁，并且采取了一系列应对措施。但作为竞争者，这些应对措施是合情合理的，并不应被视为是微软维护其操作系统垄断地位的行为。

美国政府提出了另外一个有关浏览器市场的问题，这一问题引出了与本案相关的第三个经济学问题：

3. 为了挫败网景"导航者"浏览器的竞争优势，微软是否运用了很多类似的行为以严重伤害网景的浏览器软件？

由于问题 2 和问题 3 都设计对微软反竞争行为的诉讼，所以对问题 3 和问题 2 的经济学分析是高度相关的。虽然问题 3 在地区法院那里得到支持，但却遭到巡回上诉法院的反对。巡回法院认为美国政府并没有证明存在一个独立和不同的浏览器市场，或是在浏览器市场上存在高进入壁垒。为了保证讨论的集中，本案例分析将集中于问题 1 和 2。

如前所述，本案的核心是美国政府的第二个指控，即微软运用了非法的反竞争行为以维持其操作系统的垄断地位。按美国政府的说法，微软的行为维持并提高了个人电脑操作系统市场的进入壁垒（这扭曲了网络浏览器市场的竞争），这些行为包括：

1. 将 IE 浏览器和操作系统捆绑（要求生产商必须安装微软的网络浏览器，才能安装微软的 Windows 操作系统），这严重阻碍了网景浏览器的发展，并削弱了软件开发者基于浏览器平台编写非微软操作系统软件的威胁；

2. 从最有效的分销渠道（电脑整机制造商和互联网服务供应商）中对浏览器竞争对手进行排他，使得竞争对手不得不使用成本更高但效率更低的分销渠道；

3. 签订协议要求电脑整机制造商不得卸载微软的浏览器，或用其他浏览器取代；

4. 与互联网服务供应商签订排他性协议，要求他们抵制或不支持网景以及其他网络浏览器。协议内容包括不为网景浏览器做（或做很少的）促销、分销、应用或向它支付费用。

5. 免费分发其浏览器（承诺永远这样做），甚至补贴用户采用其浏览器。

以下部分将详细讨论本案引出的两个经济学问题，首先说明双方的立场，然后是法院的立场。

20.4 有关经济学问题的争议

20.4.1 微软是否拥有垄断势力？

20.4.1.1 美国政府的角度

美国政府认为微软在与 Intel 处理器兼容的个人电脑操作系统市场上拥有垄断势力，为此美国政府提供了有关市场份额的数据，表明微软在个人电脑操作系统的份额非常高，并且一直保持稳定。确实，与 Intel 处理器兼容的电脑操作系统在 20 世纪 90 年代的出货量在全球的市场份额至少占 90%。此外，大量的电脑整机制造商是个人电脑操作系统最重要的直接客户，相信他们除了获得和安装微软的 Windows 操作系统外并没有任何其他选择。

美国政府将苹果公司的操作系统排除在本案的相关市场之外，这是由于苹果公司的操作系统和 Windows 系统之间的替代性几乎没有。但是，由于苹果系统的市场份额非常小，是否将其排除在相关市场之外对美国政府的分析并不重要。

有着更大的潜在重要性的是像 Palm Pilot 这样的非桌面设备，它们至少可以部分地取代电脑的功能。在这一点上，微软在电脑操作系统上的垄断势力将会受到削弱。从政府的角度讲，没有理由相信如果 Windows 系统的价格较之竞争水平提高 5%~10%，会使大批用户放弃电脑转而选择 Palm Pilot。① 此外，就算非桌面设备能够在很大程度上替代个人电脑，美国政府认为微软的垄断势力也只是受到削弱而不会消失②。

请注意，在有关苹果操作系统和手持设备的问题上，关键性的问题（政府认为）不是硬件产品是否与 Intel 处理器兼容的个人电脑之间存在竞争，这一点对于讨论个人电脑市场上的垄断会十分重要。相反，本案中微软的垄断是

---

① 尽管这一假想的"很小但是很重要的非短暂性价格增长"测试是司法部－联邦贸易委员会合并条例框架中关于市场定义的中心部分，但是其在确定垄断地位的使用中是备受争议的。参见 White (2000)。

② 同样的争论也适用于服务器。

案例 20：美国政府诉微软案

在个人电脑操作系统市场上。因此，合理的测试应该是，如果 Windows 操作系统涨价 5% 或 10%，是否会导致消费者选择其他操作系统或其他硬件。这个可能性看来微乎其微，因为相对于如今的电脑价格，Windows 操作系统的价格只是很小的一部分，如果 Windows 系统降价，这一部分将变得更小。

如果高市场份额是垄断势力的重要标志，那么美国政府的指控拥有更广泛的基础。具体来讲，有确凿的证据表明，作为 Windows 系统最重要的直接客户，个人电脑整机制造商认为如果微软提价 5% 或 10% 并不会使他们放弃购买安装 Windows 系统。另外，微软的内部文件也表明他们公司在制定价格时候并没有考虑其他操作系统的定价水平。

本案双方都同意，操作系统具有很强的网络效应。用户需要一个能够运行所有他们需要的应用软件的操作系统，其结果便是软件开发者们倾向于只为最流行的操作系统编写软件，为特定操作系统编写的应用软件，不能在其他操作系统上运行，除非花高额成本进行全面修改或扩展。

另外，操作系统还有其他的网路效应。例如，操作系统变得越来越复杂，它们具有网络效应一方面是因为企业不愿意为使用另一种操作系统再进行投资用于培训员工，另一方面是因为使用多个的操作系统将会大幅的增加技术支持开支。这使得公司倾向于在所有电脑上使用同样的操作系统，而且同一个操作系统也被其他的公司广泛使用。其他的网络效应包括文件交换的便利和互相学习的机会。

由于规模经济和网络效应，本案中的各方均认同微软操作系统的成功导致了较其他操作系统更多的（大约 7 000 个）应用软件，这又稳固并提高了微软操作系统的市场份额，进而导致更多的应用软件基于 Windows 而不是其他操作系统。按照美国政府的说法，这种正反馈效应形成了一个"应用软件进入壁垒"，使其他竞争性操作系统很难或者根本不可能在操作系统市场上获得一席之地。确实，美国政府相信只要应用软件进入壁垒保持稳固，微软的市场份额和垄断势力是不太可能被新进入者侵蚀的。

政府也考虑了微软所辩称的来自已安装 Windows 系统的老用户的激烈竞争。假如真是这样的话，微软将不能毫无顾虑的提升它的新操作系统的价格，因为那些老用户可以选择不升级操作系统。微软争辩到，它需要持续创新的原因就在于此。但是，这个关于老用户的争论只涉及操作系统升级的价格，但并不适用于新电脑，新电脑往往是因为硬件或软件方面的优势才被购买的。

20.4.1.2 微软的回应

微软否认它具有垄断势力。微软声称美国政府的市场定义是无效的,微软强调由于网络效应的作用,本案的焦点应是平台而不是操作系统。平台软件提供了能够使软件开发者进行标准操作从而避免重新编写代码的标准化路径,Windows 操作系统就是这样的一个平台(就像其他的操作系统一样),微软辩称其他一些非操作系统软件、"中介软件(middleware)"也可以作为平台。例如 Lotus Notes 就是一种网络用户普遍使用的具有电子邮件和其他功能的中介软件。另一个重要的平台是万维网(World Wide Web),由提供信息的服务器组成,其中就包括提供公共交流网络的应用软件。

微软辩称它为在保持其软件平台市场上的主导地位一直在激烈竞争。事实上,微软如果不能持续的改进它的软件,它将会被其他竞争性平台所取代,由于面临这已知或是未知的、现实的或潜在的竞争,微软认为它现在所具有的任何市场势力都是暂时性的,因此不应被视为垄断势力。

微软也反驳了美国政府关于应用软件进入壁垒的观点。在微软看来,如果存在高进入壁垒,那么不论是网景还是 Java 都不能成功地吸引到独立软件开发者来编写软件,这与事实上已经存在的来自网景和 Java 的严重威胁相是矛盾的,尽管在一开始他们的应用软件数量很少(美国政府对此回应道,从来没有说过软件进入壁垒是不可克服的,否则微软也不会实施反竞争性的行为了)。

作为对拥有垄断势力的指控的反驳,微软给出了一个短期垄断价格的标准静态模型,以证明其 Windows 从操作系统的定价远远低于垄断定价。假设其拥有垄断势力的话,微软的经济学家计算了消费者对 Windows 的需求弹性,此需求弹性的数据来自消费者对电脑的需求弹性、微软的市场份额以及 Windows 的边际成本(非常低)。应用"拇指定价法",微软计算了 Windows 操作系统的短期垄断定价是大约 1 800 美元[①],大大超出了其实际价格(大约 60 美元),因此政府认为微软拥有垄断势力的观点是错误的。

关于 Windows 操作系统的短期利益最大化价格在审判中引起了十分激烈的辩论,可能是因为本案对后续的私人诉讼会起到示范作用,也可能是因为在分

---

① 可参见 Pindyek and Rubinfeld (2001),第 333~334 页。依据拇指定律,产品利益最大化的价格由下列公式给出:P = MC/(1 + 1/Ed),这里 P 代表价格,MC 代表边际成本,Ed 代表公司面临的需求弹性。

析中集中体现了短期和长期、静态和动态的区别。美国政府强烈反对微软的观点，指出因为 Windows 软件的边际成本非常低，因此对微软来说短期利润最大化行为是将定价于需求弹性等于 1 的水平（成本为零时，这一水平使得收入和利润都达到最大化）。美国政府认为这一点不管微软是否具有垄断势力都成立。美国政府认为微软在定价中考虑得很显然不仅仅是短期利润极大化，一定还有其他的垄断利益来源（例如通过更高的应用软件价格）。此外，美国政府认为微软操作系统的定价行为（特别是电脑整机制造商的合同定价）与在网络市场上垄断厂商长期利润最大化的定价行为是一致的。

一个公司应该如何定价以在动态的网络市场中获取最大利润是一个复杂的问题。在网络产业中，任何主导厂商在定价时都会考虑一系列因素，在其他条件不变的情况下，这些因素会导致比一个简单的短期理论所预测的更低定价。这些因素包括（1）保持并扩大用户群的价值，这是网络效应的重要来源；（2）创造对互补性应用软件更高需求的可能性，这提供了额外的收入来源；（3）打击盗版软件的需求；（4）通过合同对电脑整机制造商客户进行限制，作为其保持长期垄断利润的反竞争战略的一部分。

20.4.1.3 法院的观点

杰克逊法官的观点并没有集中在定价问题上，它的裁决论据（1999 年 11 月）支持美国政府对于市场定义和在垄断势力的观点。法院充分理解在垄断案中界定市场范围时，应当强调从操作系统购买者的角度对垄断势力进行限制，而不是对互补产品的限制。从这个角度来看，"导航者"浏览器和 Java 是操作系统的互补产品，它们可以促进同样是互补产品的应用软件的编写。它们并不是替代产品，因此不应该界定在同一市场范围内。

法院也同意的确存在很高的应用软件进入壁垒。苹果的操作系统有 12 000 个应用软件，OS/2 系统有 2 500 个，但是都不能与微软的超过 70 000 个应用软件相提并论，这其中一个便是在市场上占主导地位的 Office 办公软件。

上诉法院在这些问题上并没有反对杰克逊法官的裁决论据，反而再次确认了地区法院认为微软在操作系统市场上具有垄断势力的证据。关于动态竞争的特性、市场势力如何衡量以及如何合理评估拥有市场势力的厂商定价行为的分析框架等问题学术和政策上的争议将会继续，甚至超越微软案件的范围。

20.4.2 微软是否通过削弱网景浏览器的竞争威胁来维持其操作系统的垄断？

20.4.2.1 美国政府的论据

美国政府认为微软采取了一系列主要目的是保护其操作系统垄断地位的行为，政府指出，1995 年 5 月微软 CEO 比尔·盖茨已经警告过他的高级管理层网络浏览器可能将会成为操作系统的主导。他担心的是如果网景的浏览器成功了，程序员们将会很容易的去为微软竞争对手的操作系统编写软件，这会对微软造成损害。因此保持其垄断的关键在于削弱网景领航器的成功。

美国政府强调，在微软免费提供其浏览器之前，互联网服务供应商和零售商们是将操作系统与浏览器分开销售的。有很明显的证据证明市场上对不含有浏览器的操作系统和可选择包含浏览器的操作系统都是有需求的，这证明了美国政府的观点，即微软免费提供浏览器并不仅仅是为了打进浏览器市场的竞争策略。证据同样支持了美国政府提议的纠正方案——微软应该允许电脑整机制造商厂商去选择提供何种浏览器，或根本不提供浏览器。

美国政府认为，通过绑定浏览器与操作系统以及免费提供浏览器，微软阻止了其他公司成功地进入浏览器市场，除非它们能成功地先进入操作系统市场。这一"双层进入"提高了操作系统市场的进入壁垒，因而保护了微软在操作系统市场上的垄断地位。政府相信，微软认识到了来自网景导航器的威胁，因为浏览器可以独立于操作系统来支持应用软件。由于减少了对操作系统的依赖，浏览器就不必将所有的传统功能置于操作系统中，也因此可以降低应用软件进入壁垒，并提供了一个与操作系统竞争的机会。总的来说，美国政府非常重视的一点是微软担心浏览器将最终发展成为可替代平台，并将因此威胁到 Windows 操作系统[①]。

这一威胁是真实的，因为网景的"导航者"浏览器可以在许多不同的操

---

① 1996 年 4 月比尔·盖茨写道"网景的策略是通过将浏览器建入 Windows 和苹果的麦金托什操作系统中，使这些不相关的操作系统成为全特征的操作系统。届时，网景将会增加内存空间、文件夹系统、安全措施、日程表以及其他一切 Windows 应用程序所需要的。它们希望它们的浏览器可以成为实际的软件发展平台，最终取代微软的主流软件标准地位。在网景的计划中，人们将会摒弃已有的 PC 和 MAC 应用程序，转而选择新软件，这将会大大地推进网景浏览器的发展"（4/10/96"The Internet PC," Plaintiff's Exhibit 336）.

案例 20：美国政府诉微软案

作系统上运行，包括 Windows、苹果的 Macintosh 系统以及各种版本的 UNIX 包括 Linux。网景浏览器含有一系列编程接口，使得程序开发员可以编写应用程序，因此软件可以在不同浏览器上运行而不用考虑基本的操作系统。同样，浏览器可以削弱操作系统的垄断势力，通过促进网络应用的扩展，使用"客户机程序"的用户可以通过网络接入到服务器上的应用软件，而不是只在本地电脑上运行应用软件。

美国政府认为，微软意识到若要保护其在个人电脑操作系统市场上的领先地位有两个办法，一是获取并保持在互联网浏览器市场上很大的市场份额，二是避免其他浏览器获得市场份额，使它们不能威胁微软的平台主导地位，也不能作为平台存在。此外，如果微软的 IE 浏览器成为主导浏览器并且微软决定只支持基于 Windows 系统的技术，那么软件开发者基于非 Windows 系统编写应用软件的动力就会很小。

在关于浏览器份额的争论上，美国政府出示了网景的市场份额（1996 年为 70%），在 1997 年有明显的下降，由于微软的缘故，这种情况似乎将持续到 1998 年和 1999 年，事实上也正是如此。在美国政府看来，浏览器市场已经严重向微软倾斜。在事后证明，这个倾斜确实存在，微软目前的浏览器市场份额已经超过了 85%[①]。

总的来说，美国政府相信微软采取了一系列反竞争行为以排斥网络浏览器市场上的竞争，若不是它确实试图阻碍竞争并保护应用软件进入壁垒，微软将不会采取这些行为，具体包括：

（1）市场分配。美国政府声称微软采取了一系列市场分配行为（包括网景、苹果和 Intel），其最终目的是使对它的操作系统垄断的竞争威胁最小化。

1995 年 6 月，微软与网景公司进行了一次商业会晤，其目的是请求这个初露锋芒的竞争对手加入一个市场分配计划，为此微软提出允许网景在服务器市场上毫无竞争的提供浏览器，微软则控制个人电脑浏览器市场。如果网景同意的话（事实上它没有），微软将会成功地排除在浏览器市场上唯一的旗鼓相当的竞争对手。

美国政府相信，微软也针对 Intel 采取了同样的做法。当 Intel 计划提供某种平台层面的软件时，就与微软的平台计划相冲突。微软感到了威胁，因此采

---

① 2000 年 6 月 IE 浏览器使用份额是 86%（Clark, 2000）。

取了某些手段抑制对 Intel 新一代处理器的支持①。据 Intel 董事会主席讲，Intel 最终退让并且放弃了努力，至少是在其自身的品牌之下，他解释道，"主动引入一个微软不支持的而又基于 Windows 系统的软件……是不太可能的②。"

最后，微软与苹果公司曾达成了一项协议，要求苹果公司将 IE 作为其 Macintosh 操作系统的默认浏览器。在美国政府看来，这项协议强迫苹果公司将所有其他浏览器放在一个文件夹里，并将这些浏览器从桌面上移除。微软也限制了苹果公司推广其他浏览器的能力，并且试图阻止苹果公司发展自己的 QuickTime 流媒体播放软件，因为这同样也是对 Windows 系统的一个平台性威胁。

美国政府认为，微软对网景、Intel 和苹果公司采取的行为与阻止浏览器对应用软件进入壁垒威胁的做法是一致的：①微软受到了平台层面软件的竞争威胁，这些软件可以用于编写应用软件；②平台层面的编程接口可以降低进个人电脑操作系统的应用软件进入壁垒，编程接口支持能够运行于多个操作系统的应用软件；③微软试图以获得潜在的可替代性平台层面软件供应商的同意来挫败平台软件的提供，或者使其着重发展不具有潜在平台功能的产品；④微软准备采取行动以阻碍潜在平台软件供应商获得成功，除此之外他的行为没有其他合理的商业理由。

（2）掠夺性定价。在美国政府看来，一旦微软认识到了来自网景浏览器的潜在威胁，微软便开始每年至少投入 1 亿美元用于 IE 浏览器的研发，并且每年投入上千万美元的营销和促销费用。虽然它在这方面投入了大量的费用，微软却以负价格提供其浏览器。IE 浏览器不但是免费提供的，而且接受、使用、分发和促销 IE 的公司还会得到微软优惠操作系统授权许可价格。免费的浏览器是有利的"渗透价格"策略，可以有效的扩展市场份额。美国政府引用微软的内部文件来证明微软并不想从浏览器的发展上赚钱，而是为了阻止网景浏览器与微软垄断性操作系统的竞争。事实上，微软将 IE 称为"非收入产品"，但同时微软又强调浏览器的重要性在于对微软的竞争地位的影响③。

在决定免费提供 IE 时，微软评估网景的收入有 20%～50% 是来自浏览器

---

① 特别是微软试图说服 Intel 同意不与微软进行平台竞争即不发展其本地信号处理（NSP）技术，这项技术将会加强微处理器的影音功能。因为 NSP 技术可以在非 Windows 平台上运行，这将会对微软的垄断势力构成威胁。
② 1996 年 7 月 8 日，Brent Schleder，"A Conversation with the Lords of Wintel"，Fortune；Plaintiff's Trial Exhibit 559，第 8 页。
③ 政府审判证物 39。

案例20：美国政府诉微软案

授权（这项收入大约为每年2亿美元）。当得知网景对浏览器收费并且依靠这些收入来继续进行有效竞争时，微软决定将其浏览器价格定的成本还要低。事实上，微软曾坦率地向Intel描述其浏览器定价并以此说服Intel放弃与网景的合作，说"微软将会免费提供浏览器"，并且"这一策略将会切断网景的生命线，使网景不会再得到任何能够进行再次投资的收入"。[①]

掠夺性定价策略是指厂商放弃当前利润以排除或降低竞争对手的生存空间，以期在未来从同样的市场上获得补偿收益。在美国政府看来，微软的价格策略作为正常的商业行为来是无法理解的，他免费提供产品（"无收入产品"）并且花费大量资金研发和分销（放弃收益），而领先的竞争对手对于这类产品却是收费的。只有从为了保持和扩展其垄断（收回亏损）地位并从中获利的角度去理解，微软的行为才是合理的。从政府的角度来讲，微软在操作系统市场上的垄断地位得以维持这本身就足以收回浏览器市场上的损失了。事实上，美国政府引用同一时期微软公司文件显示，公司的零（或负）浏览器价格并不被认为是一个获得辅助性竞争性收入的手段。

（3）捆绑销售和电脑整机制造商限制。尽管IE浏览器在1995年夏天首次发布时，并没有与零售版的Windows 95"搭售"或"捆绑"销售，但微软确实在将Windows 95销售给电脑整机制造商时将其与IE捆绑，并且，确实在将Windows 98操作系统销售给零售商电脑整机制造商渠道时，将IE与所有的Windows 98系统捆绑销售[②]。（在Windows 98中浏览器是整合在一起的，它被设计成与操作系统共享编码。）美国政府认为，微软决意捆绑IE浏览器和Windows系统，即使是市场上存在对独立于操作系统的浏览器需求时也在所不惜。

美国政府还认为，微软决定捆绑销售并不是为了提高效率，而仅仅是为了阻碍竞争。阻碍竞争的不是捆绑本身，而是微软没有给电脑整机制造商安装不带浏览器的Windows系统的选择权，强迫电脑整机制造商和用户不得不为安装Windows系统而安装IE浏览器。这种削弱竞争的行为对消费者产生了直接的损害，他们选择浏览器的权利被限制了。对消费者的损害不仅仅来自面临对浏

[①] Steven McGeady 8/10/98 Dep. Tr. 16–17
[②] 传统经济学术语中，捆绑销售的意思是，公司销售两个或更多产品的组合，可能这些并不是消费者的需求。搭售是一个更一般的术语（尽管经济学家们经常将之与捆绑销售替换使用），它的意思是，尽管有两种产品的独立需求，但是消费者必须购买其中的一种产品以获得另一种产品。在这个意义下，可以说浏览器与操作系统搭售。

览器选择权的限制，还有安装不必要的繁琐的操作系统以及对那些不想使用微软浏览器的消费者带来的限制。

微软也认识到电脑整机制造商都希望研发使用自己的电脑桌面并且用网景浏览器替代 IE，美国政府认为微软在 1996 年就意识到了这种威胁，随后利用开机显示内容和"开始"菜单方面的限制来阻止电脑整机制造商发展自己的开机画面或设置比 IE 更好的浏览器。从政府的角度来讲，如果微软只是简单地视浏览器为操作系统的互补产品，那么它将有明确的动力支持所有种类的浏览器，例如网景浏览器获得成功后将会必然增加市场对 Windows 操作系统的需求。然而，微软视网景浏览器为一个能够支持可替代性操作系统的平台，面对潜在的可替代性威胁，微软对电脑整机制造商作出的限制性行为是理性的，是利润最大化的，但同时也是反竞争的。

微软要求电脑整机制造商安装分销 IE 并限制安装其他浏览器，微软与电脑整机制造商签订的协议要求希望在电脑上预装 Windows 95 或 Windows 98 的电脑整机制造商也必须预装微软的 IE 浏览器，协议同时限制了电脑整机制造商促销其他浏览器或用其他浏览器代替 IE 的能力，协议还要求电脑整机制造商不能修改或删除微软的任何软件产品。协议同时防止了电脑整机制造商从操作系统中卸载 IE 的任何部分，包括可见的打开 IE 的快捷方式等，例如桌面上的 IE 图标或是"开始"菜单上的 IE 入口等，这一局面直到 1998 年早期微软和司法部达成的一个协议才有所改变。

微软的协议中并没有禁止电脑整机制造商在桌面上安装其他浏览器，但是大多数电脑整机制造商都更愿意只安装一种浏览器，以避免给用户造成的混乱和提高用户技术支持费用，以及整机测试的成本。另外，一些电脑整机制造商认为桌面或者磁盘空间就如同房地产一样稀缺，通常不愿意预装多个同类功能的软件。

微软在开机画面上的限制在案件开始审理之前有过修改，因此电脑整机制造商可以比在限制实行时有多一点的自主权。但是，IE 浏览器仍然被要求安装在每台电脑上，并且 IE 图标不能被移除。在美国政府看来，电脑整机制造商将 IE 作为唯一的浏览器在大多数电脑上安装是一种严重的排他性行为。到 1999 年 1 月，只有很少的一部分电脑桌面上放置的是网景"导航者"浏览器。

（4）与互联网服务器供应商签订的排他性协议。美国政府认为，微软还通过与互联网服务供应商签订协议的方式要求对方对 IE 浏览器进行促销和分销，同时限制其他浏览器的促销和分销，以保护微软的操作系统市场。互联网

案例 20：美国政府诉微软案

服务供应商是及电脑整机制造商之后最大的浏览器分销商。

尽管微软与互联网服务供应商签订的协议允许其分销其他浏览器，但微软的合同大多要求互联网服务供应商只能对很小一部分客户提供其他浏览器，有一部分互联网服务供应商被允许平等分销 IE 和网景的浏览器，微软在内部文件用"IE 对等"来描述这些公司。

微软同时为某些互联网服务供应商在电脑中提供了一个独立的桌面文件夹，并与 AOL、CompuServe、Prodigy 和 AT&T 达成协议使用这一文件夹。美国政府提供证据显示，在这一过程中微软强迫互联网服务供应商承诺不与网景进行交易，或者只进行非常少量的交易。其中最为重要的一项协议是与 AOL 达成的，到 1996 年早期，有大量电脑上都被安装了含有 AOL 的文件夹及 IE 浏览器。

一般情况下，微软对互联网服务供应商的限制条款分为对大型互联网服务供应商的安装比例限制，以及对小型互联网服务供应商的促销限制两种类型。这些限制包括：①要求 75% 以上的互联网服务供应商将 IE 作为唯一浏览器安装，并且除非消费者提出特殊要求，互联网服务供应商不能安装竞争对手的浏览器；②对非微软浏览器的总量安装作出限制。

美国政府强调，在协议中微软提供给互联网服务供应商在电脑桌面上非常有利的位置，同时直接支付折扣或奖金。作为交换，微软要求互联网服务供应商减少促销或分销网景浏览器。美国政府认为这些行为是反竞争的，其目的和效果是削弱其他浏览器生产商通过主要互联网服务供应商分销和促销浏览器的能力。

20.4.2.2 微软的回应

微软同意互联网既带来机遇又带来威胁。互联网扩展了平台软件的市场，具体来说，是扩展了对 Windows 操作系统的需求。但是互联网对微软来讲也是个威胁，它为竞争对手提供了控制互联网通讯和编程语言标准的机会，这会使微软处于非常不利的竞争地位。

微软认为它在浏览器市场上的争夺是为保持其个人电脑 Windows 软件"平台"供应者领先地位的一部分，软件代码可通过编程接口接入平台，也因此为软件开发者提供了大量的功能和服务。微软争辩到，作为一个竞争者来说它的回应是合理的。微软也确实相信如果网景的"导航者"浏览器添加充足的编程接口将会吸引软件开发员从而可以成为一个竞争性的软件平台。如果成功的成为一个平台,"导航者"浏览器将会在很多方面影响互联网标准,这对微软是不利的。微软这样解释,"因此与最具威胁性的平台竞争对手进行攻击性的竞争是非常正确的选择"。

微软更进一步表示,它对抗网景的行为并不是掠夺性行为,因为它的做法只是直接改进自己的浏览器和操作系统,而并不是将网景作为浏览器竞争对手来削弱或排除。微软声称早在1993年就已经决定将互联网特性整合进Windows平台中。每年微软投资1亿美元来改进和研发新的IE版本。事实上,由于这些投资的成功,IE浏览器在质量上确实已经可以和网景浏览器相媲美。但是由于当时互联网并没有充分得到发展,微软选择不将其浏览器整合进Windows 95系统。微软认为它一直计划将网络浏览器"整合"进它的操作系统,并且已经取得了很大效果。投资浏览器的回报与它期望的整合进操作系统的其他工具性软件的回报是相当的,这些回报来自于Windows操作系统的增长,当然前提是Windows操作系统继续保持主导的软件平台地位。

对于美国政府的市场分配指控,微软这样辩解,"我们与网景、苹果和Intel的会晤是有正当合理的商业理由的,每一次会晤都有利于促进竞争"。事实上,作为几个公司面临的共同问题,磋商涉及软件接口以及有关其他软件公司的互补性产品等的确能够对各方及消费者都能产生益处。微软强调网景浏览器和他的操作系统之间是互补关系,Intel的视频流软件工具、苹果的QuickTime软件和微软的操作系统之间也是互补关系。微软声称和这几家公司最终没有达成任何协议,也并没有威胁竞争对手们改变它们的行为,所以竞争对手们后来也一直像以前那样成功。对微软来说,苹果将继续为Windows系统研发QuickTime,Intel的软件研发虽然延迟了,但并没有完全停止。

关于定价,微软回应称在"赢者通吃"的市场竞争中,厂商有时候会免费或在很低的价格上提供软件。此外微软声称在Windows 95中免费提供网络浏览器最终是将有价值的工具整合进操作系统的必经之路,而它也确实将互联网浏览功能添加进Windows 98。微软还辩解说网景的收入有不同的来源,例如可以在其门户网站——Netcenter上做广告。最终,微软认为美国政府并没有提供任何有说服力的证据能够证明微软的整合策略是以故意伤害竞争者而不是以利润最大化为动机的。

关于捆绑销售和对电脑整机制造商的限制,微软认为限制电脑整机制造商是合理的,因为可以通过限制电脑整机制造商改变"开机"的过程来保证"开机"过程的质量和速度,并且为每电脑用户提供持续的"不间断"的开机

案例 20：美国政府诉微软案

过程。微软也辩解说它并没有实质性的市场势力，也没有垄断势力（或者至少强大的市场势力）的情况下捆绑销售不是一个理性的反竞争的策略，相反是无害的，并且具有合法的商业目的。事实上，对于微软而言通过使 IE 浏览器和 Windows 系统相互依赖产生的商业利益高于任何可以想象的捆绑销售的反竞争效果。

微软进一步声称捆绑可以提高效率，这是微软如果强行将浏览器功能与操作系统分开所无法做到的。微软进一步争论到美国政府关于任何产品，特别是软件产品的设计都会提高效率或利润的说法是偏离正题的。在微软看来，浏览器功能是操作系统必不可少的组成部分，因此将两种已经整合在一起的产品分离是不可能的。

最后，微软声称 IE 浏览器的缺失将会损害操作系统的质量，这对用户是不利的。美国政府认为微软已经提供了将 IE 浏览器从 Windows 95 移除的方法，但微软认为这不适用于 Windows 98，Windows 98 和 Windows 95 是不同的，认为如果一种功能会导致操作系统质量的下降，那么它根本就不会被提供。微软还认为美国政府认为将利用 IE 浏览网站的功能从 Windows 98 移除或用其他浏览器代替 IE 将不会对 Windows98 产生不利影响，这种观点是容易使人误解的，美国政府的专家们所认为的只是将浏览器的可视化图标移除，而不是将浏览器功能本身从系统中卸载。

至于互联网服务供应商协议，微软认为由于自身所处的位置，它对浏览器的分销采取了较为激进的竞争策略是合理的。例如，AOL 的成功是由于高质量的产品以及所提供的有利的竞争策略。微软强调 IE 浏览器本身有明确的"模块"，这使 AOL 能够很容易地将 IE 的"技术"整合进自己的专用软件。最后，微软声称网景并没有像微软这样提供技术支持，例如允许 AOL 在浏览器中建立自己的门户网站。

对于电脑整机制造商和互联网服务供应商的两个协议，微软认为"没有伤害，没有犯规"，微软为此提供了证据，微软认为网景可以通过很多渠道分销它的浏览器。另外，微软可以通过邮寄光盘即所谓的"地毯式轰炸"，也可以鼓励个人从网站上下载 IE 浏览器。因此，无论是网景还是其他的竞争对手都没有在与微软的竞争中被削弱。

20.4.2.3 法院的观点

杰克逊法官强烈支持美国政府的论点，认为微软已经运用了反竞争行为来维持操作系统的垄断。法院谴责微软关于垄断的行为，在以上列举的四种行为——市场分配、掠夺性定价、捆绑销售和排他性协议中法院都支持美国政府。

此外，关于捆绑销售的争论，法院同意即使不考虑维持操作系统垄断地位这一目标，将浏览器捆绑至操作系统也是反竞争的。微软在地区法院唯一的"胜利"是，杰克逊法官裁决美国政府并没有提供充足的证据证明微软对电脑整机制造商和互联网服务供应商的限制损害了竞争[①]。

巡回法院的上诉支持杰克逊法官的关于维持垄断的判决，所以也完全支持美国政府指控的核心。具体来说，上诉法院肯定了地区法院关于电脑整机制造商和互联网服务供应商限制是反竞争的裁决，也同意低级法院的裁决，即微软将浏览器和操作系统捆绑所采取的手段是反竞争的。但是上诉法院就捆绑销售问题本身提出疑义，将这个问题发回至地区法院作进一步分析以确定微软捆绑IE和操作系统的做法对竞争所造成的利益和成本。

20.4.3 微软被指控的反竞争行为是否对竞争有害？

20.4.3.1 美国政府的观点

美国政府认为微软成功地将网景几乎完全有效地排斥在电脑整机制造商分销渠道外，获得Windows授权许可的电脑整机制造商被要求安装（并且不能卸载）IE浏览器，对大多数包括最大的电脑整机制造商来说，这意味着在电脑上只安装IE浏览器。

在评估微软的行为对浏览器竞争的影响时，美国政府的争议在于合理的衡量方法是微软的浏览器使用份额，微软对网景和其他浏览器竞争对手造成损害的证据可以从微软在互联网服务供应商分销浏览器的份额上获得，即对比让互联网服务供应商将IE作为默认浏览器和没有作为默认浏览器时的份额。到1997年底，微软通过互联网服务供应商安装浏览器，享有约94%的平均份额，这是由于互联网服务供应商同意将IE作为默认浏览器，与之对比的是没有将IE作为浏览器时，微软通过互联网服务供应商装载浏览器只享有约14%的份

---

① 在这里，法官并没有成功地说明竞争者们的实际成本负担将会损害消费者。即使这些竞争对手没有被从市场中驱逐出去，它们有效竞争的能力也将因为浏览器分销成本的大幅提高而降低。

案例20：美国政府诉微软案

额。更进一步来说，将 IE 作为默认浏览器时互联网服务供应商的用户中使用微软浏览器的比例超过60%，相反，没有将 IE 作为默认浏览器时，这一比例只有不到20%。

图 20-1 表示出从1997年1月到1998年8月三种互联网服务供应商的用户每月浏览器使用比例，最上面的线显示出 AOL 和 CompuServe 用户使用微软浏览器的比例急剧上升，选择这些公司（现在已经合并）的原因是因为它们代表了美国最大的互联网服务供应商（用户数量超过1 150万，大约占所有用户的65%，居于1997年度的80强），由于受协议所限，AOL 和 CompuServe 作为在线服务提供商比大多数其他互联网服务供应商对非 IE 浏览器的促销和分销有更多的限制。

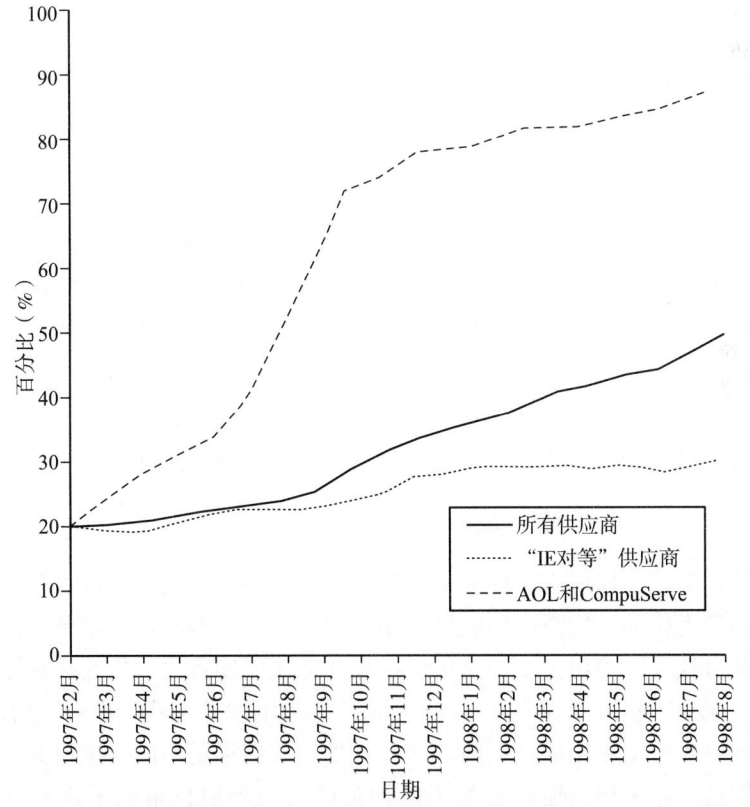

图 20-1 微软搜索器市场份额（按互联网服务供应商分类的三个月滑动平均）
资料来源：AdKnowledge, Inc.

中间曲线表示微软对所有互联网服务供应商的市场份额，下面那条线表示微软对前80名的互联网服务供应商的份额，微软将此标示为"IE对等"（此种互联网服务供应商的浏览器选择权没有被微软的合同所限制），在这项下有超过10 000个用户使用比例是根据可以获得的数据计算的。

站在美国政府的角度，这一影响是显著的。微软的"IE对等"浏览器使用比例在20个月内从20%升至不到30%，这其中包括IE技术的进步也，同样包括微软捆绑销售的影响。相比之下，"所有互联网服务供应商"显示出微软的份额从20%升至49%，而AOL和CompuServe用户使用微软浏览器的比例从超过20%升至超过87%（这一显著跳跃发生在IE的改良版本IE4引入之前，即1997年10月），因此是合同限制而不是浏览器的质量或互联网服务供应商的选择造成了网景的市场份额总体下跌。

将网景和其他竞争性浏览器从电脑整机制造商渠道排斥已经变得越来越剧烈，尽管一些电脑整机制造商试图用网景替代IE，但是没有人被允许这样做。IE被要求包含在操作系统中的事实在大多数情形下意味着只有IE可以被安装在操作系统中。

由于创新和成功，作为世界上第一个被广泛使用的浏览器，网景一开始在浏览器市场上占有很大的市场份额。微软的浏览器在1997年初只有大约20%的份额，而1997年之前甚至更低。不管份额是如何测量的，在1997~1998年，微软浏览器份额的急剧增长都是明显的，而网景浏览器却急剧下降。事实上，如前所述微软的浏览器份额在1999年仍持续上升，到2000年中期甚至达到超过85%。美国政府声称微软的目的并不一定是将网景完全驱逐出市场，而只是避免网景浏览器成为大多数消费者的选择，这一点从历史上可以看出。

20.4.3.2 微软的回应

微软在审理中回应到，即便不考虑从减少竞争中所获得的好处他的行为是符合利润最大化的，广泛的浏览器分销使得更多的人购买个人电脑以浏览互联网，因此微软可以卖出更多的Windows操作系统。换言之，作为操作系统的互补产品，在很大程度上浏览器的销售可以增加消费者对Windows的需求。此外，微软辩解说他希望通过创新的产品发展来改善浏览器的质量以获取利润。

微软进一步声称，他确实为了保护自己的市场地位采取了进攻性竞争行为，但是没有一个行为像美国政府指控的那样伤害了消费者，微软在以后也不会这样做。此外微软认为，他们并没有成功地排除来自网景和Java的竞争威

案例 20：美国政府诉微软案

胁，只要 AOL 愿意，它可以选择分销网景浏览器，如果 AOL 确实决定这样做的话，那么目前微软占主导地位的浏览器市场份额将会急剧下降。

微软反驳了美国政府的关于衡量浏览器市场份额的标准，并提供数据认为浏览器市场并没有向微软倾斜，所谓的与互联网服务供应商的限制性分销协议并没有削弱网景，因为网景拥有许多分销浏览器的机会——通过电脑和互联网服务供应商以及通过下载，微软进一步声称，其实网景可以更有效的营销它的浏览器，但它失败了。

对微软来说，网景市场占有率下跌的真正原因是微软依据自身条件赢得了互联网浏览器技术战斗的胜利——微软拥有更好的产品。微软为此采取了很多并不是反竞争性的行为，包括：（1）每年投资 1 亿美元在浏览器的研发上；（2）大量投资于 IE 浏览器的分销渠道；（3）将 IE 浏览器整合进 Windows 系统中；（4）与 AOL 签订合同，使 AOL 的用户使用 IE 技术，这是有利于竞争的。微软认为，美国政府把本来是促进竞争的行为说成是一个狭隘意义上的反竞争行为。

20.4.3.3 法院的观点

杰克逊法官的裁决论据支持美国政府，认为微软的反竞争行为导致了直接的伤害。法院认为：

对消费者有伤害的……微软采取了一系列行为试图保护应用软件进入壁垒，并加强其垄断势力来应对各种来自中介软件的威胁，包括网景的网络浏览器和 Sun 公司的 Java 编程语言。他的多数行为由于扭曲了竞争而对消费者造成了直接和可辨识的伤害。这些行为同时也造成了间接的但仍是严重以及影响深远的对消费者的伤害。（第 409 段）

通过拒绝向要求不带网络浏览器的电脑整机制造商提供 Windows 系统，防止电脑整机制造商在产品出厂之前卸载 IE——或者甚至更明显的运用它的用意——微软强迫电脑整机制造商忽略了消费者对于没有浏览器的 Windows 版本的需求。……那些并不需要浏览软件的 Windows 购买者……不得不……屈就于一个比带有浏览器的 Windows 最新版本运行缓慢并提供少量可用内存空间的电脑系统。通过采取上述行为……微软强迫那些本来会选择网景"导航者"浏览器的消费者要么支付可观的费用（下载、安装繁琐低级别的系统运行以及缩小了的内存空间），要么屈就于 IE，这些行为没有一个是促进竞争的。（第 410 段）

微软采取的很多策略也通过扭曲竞争间接的伤害了消费者，微软对抗网景浏览器的行为阻碍了创新，这种创新可能有效的降低应用软件进入壁垒，使其他公司可以在 Intel 兼容的电脑操作系统市场上与微软进行有效的竞争。这种竞争将提供给消费者的更多的选择权并促进创新。……很明显……微软阻止了或者甚至窒息了……中介软件技术可以将竞争引入这样一个重要市场的过程。（第 411 段）

伤害最大的是微软在电脑行业中向所有具备创新潜力的企业传递的一种信息。……微软曾成功伤害了这些公司并阻止了创新的这一事实，会进一步妨碍在技术和商业领域可能对微软造成潜在威胁的投资。最终的结果是，一些对消费者有利的创新将会因为它们与微软的自身利益不一致而永远不会产生。（第 412 段）。

20.5 本案的解决方案

在本章的编写过程中，本案看上去已经解决了并且也确定了纠正方案，但是确定纠正方案的道路是曲折的。上诉法院对把微软分成两个独立的公司（一个操作系统公司和一个应用软件公司）这一结构性纠正方案明显不赞同，案件被发回到地区法院，由法官科琳·科拉尔·科特利（Colleen Kollar-Kotelly）主持进行关于解决方案的商议。美国联邦政府和 18 个州中的 9 个继续作为起诉人并与微软达成了一个暂时性和解方案，微软同意一系列的行为纠正方案。但是，另外的 9 个州和哥伦比亚特区则倾向于不加入这一协议，他们反对这一纠正方案，认为它是无效的，并迫切要求更严厉的纠正方案。法院举行了一个纠正方案听证会，对一系列问题进行了辩论。

美国政府一方面强调微软试图损害来自网景的竞争，另一方面，同在首次审判中已经争论过的一样，在有关纠正方案的争议中美国政府继续强调该案中存在着一个更广泛的问题——即微软采取了一系列反竞争行为，其目的在于阻止那些威胁它操作系统垄断地位的中介软件产品的竞争力。从这个角度来看，什么是合理的纠正方案以重建竞争力以及如何才能达到适当的威慑作用的问题，在听证会上一直没有最终的结论。

在最初的纠正方案争论中，美国政府认为行为纠正方案暂时是有用的，但是这一纠正方案在执行中可能会有困难，并且成本很高，而且对微软的错误行

案例20：美国政府诉微软案

为缺乏威慑作用。另一方面，结构性纠正方案的规制性较弱，也因此不会被利益相关各方进行干涉，有人认为将微软一分为二的提议是无效的，而且不能保证会促进操作系统市场的竞争。

由于上诉法院不鼓励结构性纠正方案，加上自己也对该措施表示怀疑，司法部（现在布什政府下）以及9个同意和解的州将所有的注意力集中在行为纠正方案方面，并且与上述争论相反，将结构性纠正方案排除在外。他们提议的解决方案包括三个组成部分：首先，通过排除限制性许可协议，以及禁止对电脑整机制造商采取报复性手段以阻止微软削弱电脑整机制造商分销渠道的能力；其次，通过限制微软阻止其他人研发、促销或分销非微软的中介软件产品的能力，来保证互联网服务供应商分销渠道的畅通；第三，协议提供了一系列措施以保证方案协议的各个条款得到实施。

一些反对这个纠正方案的州认为，行为纠正方案在很大程度上是无效的，它们主要的担心是这一方案并不能阻止微软将中介软件产品非法的捆绑到Windows操作系统中，如果不能够阻止微软这样做，那么当一种软件被视为可以与Windows系统竞争的潜在平台时，没有什么可以限制微软从技术上将非浏览器的中介软件绑定至操作系统中。反对州还争论到，提议的和解协议也不能有效地阻止零售商的行为和限制性的授权许可，并且不能有效的维持互联网服务供应商分销渠道的畅通。他们还声称，纠正方案将允许微软对竞争性中介软件产品的开发员们保留关键技术的信息，最后他们认为协议的实施过程也将是无效的。

科拉尔·科特利法官的裁决总体上支持微软与美国司法部达成的解决方案协议的，虽然法院否决了9个诉讼州提出的许多更激进的纠正方案，并且自己也提出了一些更激进的同时也可能更有效的措施，这些措施对那9个诉讼州是较为有利的。在整个判决的总结中，法院指出纠正方案是"仔细量身定做的以适合于本案情况……提出的解决办法中的参数也是有前瞻性的……同时是为了培养已经被垄断的市场上的竞争"①。只有未来会给我们一个答案，这个包含了一系列复杂的行为纠正方案的协议是否会确实重建竞争，并有效阻止错误的反竞争行为。

美国政府诉讼微软案已经过去了十年时间。简要的回顾在这期间发生了哪

556

---

① "Executive Summary." http：//www.micruosoft.com/presspass/trial/nov02/98 - 1233summary.pdf（November 1，2002），第19页. See more generally U. S. v. Microsoft, 231 F. Supp. 2d 144（D. D. C. 2002）.

· 547 ·

些和本案相关的事情将会十分有趣。在这十年的大部分时间里，美国政府关于浏览器市场竞争的预测都被证实为是有效的。IE 浏览器的市场份额在该案例判决后的前 5 年里增至高于 90%，同时其操作系统的垄断地位（超过 90% 的市场份额）并没有减弱。当时争辩微软的垄断地位会转瞬即逝的观点与事实背道而驰。

然而，计算机软件和硬件市场高度动态化，常常会发生改变。大量显著事实表明，未来十年微软和竞争主管部门都将面临新的挑战。首先，新兴的浏览器，例如 Mozilla Firefox 和 Opera，已经开始大举动摇微软浏览器的支配地位。其次，万维网的日益普及已开始将市场支配力转移至基于万维网发展的公司，例如谷歌和雅虎。再次，基于 Linux 的操作系统已经逐步开始赢得个人计算机市场的青睐，尽管该类操作系统本身仍存在问题。新推出的微软 Vista 操作系统能否延续其早先版本的成功，在目前来讲仍未可知。但有一点十分明确，即美国政府将更加积极的审视在软件和相关高技术市场的竞争行为。

参考文献

[1] Clark, Scott. "Browser Statistics Look Good for IE." http://www.internetnews.com/wdnews/article, 10_4033661, 00.html（June 27, 2000）

[2] Evans, David S., and Richard L. Schmalensee. "Be Nice to Your Rivals: How the Government is Selling an Antitrust Case without Consumer Harm in *United States v. Microsoft.*" In *Did Microsoft Harm Consumer?: Two Opposing Views*, edited by Robert W. Hahn and Robert E. Litan, 1 – 44. Washington, D. C.: A. I. Press, 2000.

[3] Fisher, Frank M., and Daniel L. Rubinfeld. "United States v. Microsoft: An Economic Analysis." In *Did Microsoft Harm Consumers?: Two Opposing Views*, edited by Robert W. Hahn and Robert E. Litan, 45 – 86. Washington, D. C.: A. I. Press, 2000.

[4] Gilbert, Richard J. "Networks, Standards, and the Use of Market Dominance: Microsoft (1995)." In *The Antitrust Revolution: Economics, Competition, and Policy*, 3rd edition, edited by John E. Kwoka, Jr. and Lawrence J. White, 409 – 429. New York: Oxford University Press, 1999.

[5] Gilbert, Richard J. and Michael L. Katz. "An Economist's Guide to *U.S v. Microsoft.*" *Journal of Economic Perspectives* 15（Spring 2001）: 25 – 44.

[6] Klein, Benjamin. "The Microsoft Case: What Can a Dominant Firm Do to Defend Its Market position?" *Journal of Economics Perspectives* 15 (spring 2001): 45–62.

[7] Pindyck, Robert S., and Daniel L. Rubinfeld. *Microeconomics*, 5th edn. Upper Saddle River, N. J.: Prentice-Hall, 2001.

[8] *U. S. v. Microsoft*, Civil Action No. 98–1232 (Antitrust), *Complaint*, U. S. District Court for the District of Columbia.

[9] *U. S. v. Microsoft*, Civil Action No. 98–1232 (TPJ), *Findings of Fact*, U. S. District Court for the District of Columbia, 84 F. Supp. 2d 9 (D. D. C. 1999).

[10] *U. S. v. Microsoft*, Civil Action No. 98–1232 (TPJ), *Conclusions of Law*, U. S. District Court for the District of Columbia, 84 F. Supp. 2d 30 (D. D. C. 2000).

[11] *U. S. v. Microsoft*, Civil Action No. 98–1232 (TPJ), *Final Judgment*, U. S. District Court for the District of Columbia, 97 F. Supp. 2d 59 (D. D. C. 2000).

[12] *U. S. v. Microsoft*, 253 F. 3d 34 (D. D. Cir., 2001) (en banc).

[13] *U. S. v. Microsoft*, 231 F. Supp. 2d 144 (D. D. C., 2002).

[14] White, Lawrence J. "present at the beginning of a new era for antitrust: reflections on 1982–1983." *Review of Industrial Organization* 16 (March 2000): 131–149.

案例 21

销售市场与售后市场的联系：柯达案（1997）

杰弗里·K·麦凯-梅森（Jeffrey K. MacKie-Mason）
约翰·梅茨勒（John Metzler）[*]

获得零部件、技术信息和诊断软件的难度有效地把第三方服务的提供者挡在了先进设备的售后市场之外。[①]

IBM 与施乐会出售备用零部件，但是我们不会，这使第三方机构更难以为我们的复印机提供服务。[②]

21.1 引　　言

1987 年，17 家小公司针对柯达公司联合提起了反垄断诉讼，其中包括一些夫妻店类型的小公司，这些一直为了向使用昂贵的柯达复印机、缩印机提供维护服务的消费者而与柯达竞争。这一诉讼在 11 年后引出了两个地方法院的判决、两个第九巡回上诉法院的判决和一个最高法院的判决。之后柯达对判决不满向最高法院又提出一次上诉，但最高法院不予受理，1998 年宣告结案。由柯达一案所引发的有关反垄断问题的争议成为很多研讨会上的热点，同期法律和经济学的期刊上也发表了大量的文章对该案进行了分析。自最高法院最初的判决开始就产生了许多相关的法庭判决意见，而这些意见在至少两个问题上有着相当尖锐的冲突。柯达一案是最近十几年来最有争议的问题之一，它所引起的争议远远还未平息。

---

[*] 麦凯-梅森是一位在法律责任方面为原告出庭作证的经济学家，梅茨勒协助了本篇文章的经济学分析。

[①] 审判证物（Trial Exhibit，后面简称为"Ex."）99 第 6762 页，柯达关于微缩图形服务的一篇报告。

[②] 审判证物 649 第 1315－1316 页，一个柯达公司内部文件。

案例 21：柯达案

本篇案例研究包括柯达公司的历史和现状，焦点集中在有关经济学的问题上。尽管对本案中所采取的针对经济问题的反垄断政策仍存在很大的分歧，人们对所涉及的基本经济理论的框架、假设条件、结论已经达成相当广泛的共识，对柯达的一些特有的实际情况仍有争议。在介绍相关的事实和程序背景之后，我们将描述理论以及双方在法庭上提出的经济分析，最后我们会讨论由柯达案引发的法律及经济学上的一些反垄断问题，这些方面的涵义远远超过耐用设备及其维护问题。[①]

21.2 市场背景

这个案件涉及柯达公司为缩印机及高速复印机提供的零部件及维护服务，这些机器属于耐用品，即消费者在购买时就期望能够通过长期的使用来获取效用（消耗品则指通过一次性使用为消费者提供效用的商品）。大部分耐用品都需要定期的维护来保证正常功能，一台复印机如果灯泡烧坏了则与厨房里台面的用处差不多。

有一些专有名词来描述这类产品销售的市场，譬如汽车，由于汽车的功能是吸引消费者进入市场的因素，买卖汽车的市场被称为售前市场（foremarket）或主要市场（primary market）。对产品维护的需求完全是由消费者对汽车的消费构成的，试想如果没有汽车，客户也就不会要求一项刹车维护服务，在这里我们把提供服务及技术支持的市场称为售后市场（aftermarket）。[②]

21.2.1 缩印设备

缩印设备是指可以创建、整理、恢复、浏览以及打印微缩文件的设备，微缩文件包括缩影胶片、缩影胶卷（例如《纽约时报》的过刊微缩版）以及可为特工人员服务的微缩文档。各种微缩文件的共同之处是运用镜片和高密度胶

[①] 前三个小部分总结了相当多的事实。我们认为，为公平起见，应先将无异议的事实呈现清楚，当然，完全不存在争议的对事实的陈述是几乎不存在的。限于篇幅，我们将不对所有的审判证据提供详细的索引来支持这些背景事实，对总结性的证据，我们将提供索引。

[②] 销售市场和售后市场并不局限于设备的销售、维护，例如我们可以有操作系统的销售市场，以及应用程序的售后市场。

片，把图像尺寸大大缩小，再印到介质上，进而节省很多存储空间。使用时再用另一种镜片将胶片上的图像还原成原始大小，以便观看或印刷。①

柯达在20世纪20年代末期已经发明了这种缩印技术，在随后的70多年里，这种技术在照相机、胶片处理器、胶片复制器、阅读器、电脑投影仪、自动化的电脑数据整理器等中得到广泛应用。而这一类仪器大多数是由柯达公司制造与销售的。

21.2.2 复印机

柯达于20世纪70年代中期开始生产并销售用于大批量印刷的复印机，这些大型设备重达几百磅，售价1万美元左右，一个月可以进行6万~10万份的复印量。

21.2.3 维护工作

复印机与缩印机都需要频繁、持续的性能维护，包括人工的调试与零部件的更换。在本案中所有的维护需求都包含人工服务，几乎所有的维护都涉及零部件。鉴于客户可以选择修理、更换零部件或者预防性的性能维护，人工服务与更换零部件并没有固定的比例。

柯达分别为其复印机和缩印机建立了两个全国性的连锁服务机构，并且通过广告大力宣传其高品质的售后维护服务。

20世纪80年代早期有许多小型的独立服务机构（ISOs）可以为柯达缩印机提供性能维护，少数一些ISOs可以为柯达的复印机提供维护服务，这些ISOs提供维护服务的价格比柯达低15%~30%，但服务质量大体相同，他们有时还可以提供用户定制的服务，而柯达则不能。

21.2.4 零部件经营政策"

1985年影像技术服务公司（Image Technical Services，ITS）与电脑技术服务公司（Computer Service Corporation，CSC）签署了一份关于缩印维护服务的

---

① 这里讨论的技术领域问题是1980~1995年时本案涉及的技术问题。

案例 21：柯达案

大额合同。在这之前是柯达为 CSC 的设备提供服务，承诺 4 小时内对报修做出回应，费用大约为每年 20 万美元。ITS 同样提出 4 小时内回应的服务，而价格仅是 15 万美元。柯达随之把价格降到了 13.5 万美元，然后 ITS 又开出了 10 万的价格，并承诺提供全天候技术服务。

不久以后，柯达制定了新的政策不再向 ISOs 出售缩印机的零部件，[1] 柯达的这一行为显然改变了缩印机行业的习惯，以往柯达向任一个向其订购的 ISOs 出售零部件，看起来支持小规模的 ISOs。柯达承认这是一项经营方针的改变，但声称该计划的实施是前瞻性的——这项政策只适用于柯达在该政策实施以后推出的设备。

改变复印机零部件销售惯例是否算作经营方针的改变现在还尚不明确，柯达以前曾经向一些 ISOs 出售零部件并委托他们帮助柯达进行技术热线服务，而柯达则宣称以前的这种零部件销售其实并没有什么特殊含义。

随着时间的推移，柯达逐步扩大了不出售零部件的政策。柯达亦开始调查零部件销售，以确保客户没有购买超过实际需要的零部件，并要求购买方提供其拥有柯达设备的证明才可购买。柯达还特别规定了购买复印机必须雇佣柯达培训过的人员来维修，并要求客户保证不会将零部件转手出售。

20.3 案件历程

21.3.1 最初的案件与简易判决动议

1987 年 4 月，ITS 与几家 ISOs 在加利福尼亚北部地方法院提出了对柯达的诉讼，声称柯达利用其对零部件的垄断控制复印机和缩印机的售后市场，而且与外部零部件供应商合谋阻碍 ISOs 获得零部件，构成了对售后市场的垄断。另外柯达公司还整合了服务劳动部门，损害了售后市场的竞争，这些行为都违反了《谢尔曼法》第一条和第二条的规定。

---

[1] 该政策到底是在 1985 年还是 1986 年实施还不清楚，至少 1986 年中期之前这一政策没有认真实施过。

在案件调查的初期,柯达提议进行简易判决①,柯达辩解到他在设备销售市场中并不具有市场势力。柯达认为客户根据拥有设备的总成本②在许多备选设备中做出选择,因此柯达在维护市场上榨取高额利润的企图将会导致消费者购买其他厂商的产品。鉴于柯达在售后市场上不可能拥有市场势力,根据法律他自然不应被判定为有垄断售后市场的罪名。法官同意了这一观点,同意作出简易判决。③

ISOs 上诉至第九巡回法庭,他认为柯达的辩解完全只是理论上的,众多的市场不完善因素会破坏售后市场的提价与售前市场上产品销量减少之间的联系,使得售前市场的竞争无法有效影响到售后市场的市场势力。第九巡回法庭同意这一观点,否决了简易判决,发回地区法院重新审理。④

柯达上诉至最高法院,1992 年最高法院同意第九巡回法院的意见,裁决将这个案件退回地区法院重新审理。⑤

有一点很重要,最高法院并没有认定柯达有任何垄断或捆绑销售的违法行为,也没有认定零部件和售后服务必然是相关市场。最高法院只是认为柯达在简易判决中的举证不充分,柯达没有成功说服法庭经济理论可以证明它不可能是有罪的。相反,最高法院认为 ISOs 的经济理论是可信的,柯达的清白与否取决于对案件有关事实的阐明和理解,为此审判是必须的。

21.3.2 审判过程

1995 年 6 月 19 日,本案在地区法院开庭审理,这次审理共历时 27 天,有 63 人出庭作证。接近尾声之时,原告放弃对柯达捆绑销售的起诉。因此,唯一向陪审团提出的上诉请求就是控告柯达垄断高速复印机与缩印机的售后市场。被指控为垄断行为的事实就是柯达的限制性零部件销售政策,这使其在零部件的垄断延伸到了售后市场。陪审团经过 13 天的考虑,一致同意认定柯达有罪,柯达将赔偿所造成的 2 400 万美元经济损失的 3 倍,即 7 200 万美元。

---

① 即决判决在这种情况下做出:当法庭被说服,即使所有的争议都以有利于非提议方的方式解决,非提议方根据法律也不能赢得官司。即决判决本质上是为了节约法庭资源。
② 拥有设备的总成本是:包括未来的维护费用在内的,所有与拥有、使用该设备相关的总支出的折现后现值,这也叫做生命周期分析方法。
③ 1988 WL 156332(N. D. Cal.)。
④ 903 F. 2d 612(9th Cir. 1990)。
⑤ 504 U. S. 451(1992)。

||| 案例 21：柯达案 |||

1996 年 2 月 15 日，地区法院判令柯达在十年之内以非歧视性价格向 ISOs 出售零部件。①

柯达上诉至第九巡回法庭，提出了三个有意思的经济学观点：柯达能够被强迫出售含有专利保护的零部件和拥有版权的服务软件指南吗？在两个零部件之间没有可替换性的情况下，"所有的柯达设备零部件"能组成一个相关市场吗？在没有被首先发现获取超过竞争性水平的系统利润或价格的情况下，一个公司可以被指控垄断自己产品的售后市场吗？

1997 年 8 月 26 日，第九巡回法院做出判决，驳回柯达的上诉，在赔偿问题上也维持了原判。②

21.4　对售后市场势力的经济学分析

柯达一案在经济学上的核心问题在于它引发了一场关于售后市场上市场势力方面的争论，柯达在最高法院上辩解，按照经济学理论在售前市场上有充分竞争的情况下，售后市场上不可能存在反竞争性行为。当最高法院否定了柯达的辩词时，柯达又声称应当假定售后市场的市场势力一般是不太可能存在的，而柯达的实际情况正符合这种假定。我们将这一说法称作系统（systems）理论。原告的观点是，有几种理论可以表明，在通常情况下耐用品的厂商也会垄断产品的售后市场，因此柯达提出的假定是不成立的。另外，原告还列举了事实说明柯达拥有并行使了市场势力。为了表述双方的观点，我们将用一个简单的公司利润的模型来分析售前与售后市场。

当只在一种产品市场上竞争时，厂商只需要决定一个价格水平，而当厂商既处售前市场又处于售后市场时，其利润最大化③的决策则需要同时考虑两个

---

① *Image Technical Services, Inc., et al. v. Eastman Kodak Co.*, C87 - 1686（January 18. 1996）和 *Image Technical Services, Inc., et al. v. Eastman Kodak Co.*, 1996 - 2 *Trade Case*。（CCH）71，624（N. D. Cal., Feb 28, 1996）。

② 因为原告的会计专家与证人在统计时没有计算相关联的反垄断损失，法庭要求进行一个新的审判以对这部分数据重新计算。见 *Image Technical Services, Inc., et al. v. Eastman Kodak Co.*, 125 F. 3d 1195（9th Cir. 1997）。

③ 公司是用价格竞争（伯川德模型）还是产量竞争（古诺模型）在这里并不重要，为方便起见，我们讨论价格竞争。只讨论价格（或产量）竞争是一个重要的简化。当产品差异化的时候，消费者会考虑除了价格外的众多因素。差异化在服务类产品中更为突出：不同服务的技术含量、反应时间、合同的灵活性、制造商独立的建议等方面有所不同。从柯达的调查可见，消费者列出了除了价格外更看重的几个因素（审判证物 . 264）。

市场上的价格水平（p^f, p^a）。首先假设（c^f, c^a）是厂商的边际成本[①]，厂商要最大化其利润 π：

$$\pi = \pi^f + \pi^a$$
$$= (p^f - c^f)q^f(p^f, p^a) + (p^a - c^a)q^a(p^f, p^a)$$

我们假定两个市场的需求量都取决于两个市场上的价格，如：$q^f = q^f(p^f, p^a)$，即如果售后服务的价格上升，我们一般会预期产品销售数量下降。这种售前市场和售后市场之间的联系是售后市场经济学的核心特征之一。可以这么说，大部分争论针对的问题就是售前市场与售后市场的关联在现实具体情况中是强还是弱。

我们首先假设售前市场与售后市场都是完全竞争的：$p^f = c^f$, $p^a = c^a$，我们所关心的是，当售前市场是完全竞争时，厂商是否能够通过在售后市场取得市场势力来增加其利润。我们将讨论一个厂商把 p^a 提高到 c^a 之上能否总体获利。争议的焦点是，假设一开始价格是处于完全竞争水平，$\dfrac{\partial \pi^f}{\partial p^a} + \dfrac{\partial \pi^a}{\partial p^a}$ 是正的还是负的。

本案中双方的经济学家都认为，在大多数情况下，售后市场的利润会增加，即 $\partial \pi^a / \partial p^a > 0$，但同时售前市场利润却会有所下降，即当 $\partial \pi^f / \partial p^a < 0$，因为 p^a 的增加使拥有设备的总成本支出增加，有远见的客户因此就会减少设备的购买。所以，争论的焦点就在于 $\partial \pi^f / \partial p^a$ 的负值是否足够大，以至于可以抵消售后市场的利润的提高，使得垄断售后市场完全无利可图。

最高法院宣布其决定后，经济学家们（其中至少有一名曾为柯达出庭作证）发表的研究成果大体都同意，在某些情况下垄断售后市场仍会提高厂商的整体利润，即 $\partial \pi^a / \partial p^a > -\partial \pi^f / \partial p^a$[②]。我们下面将简单描述其中一些理论，用以作为描述法庭上的事实以及有关经济学理论的框架。

21.4.1 预备知识

在什么条件售前市场上的竞争能够维护售后市场的消费者利益呢？也就是

[①] 一般来讲，产品销售与售后消费的发生是要间隔一段时间的，所以这里说的售后市场价格（对消费者）与售后市场利润（对公司）分别指的是未来支出和利润的折现值。

[②] 见 Borenstein, MacKie – Mason, and Netz（1995，2000），Shapiro（1995），Carlton（2001），Chen and Ross（1993），Waldman（2007）。这里还有另一个问题：在某些情况下，垄断售后市场总体上是盈利的，社会福利只受到轻微的伤害，甚至可能提高，这时法律上的反垄断干涉就不那么合适了。

案例 21：柯达案

说，在什么条件下，$\partial \pi / \partial p^a$ 为零或为负会使得售后市场的垄断并没有吸引力。

首先，为了使这个问题的讨论有意义，必须存在一定的售后市场的市场势力，我们定义为 $\partial \pi^a / \partial p^a > 0$。也就是说，忽略对售前市场的影响，厂商有能力把售后市场价格提高到完全竞争时的价格水平之上，并且能提高它在售后市场上的利润。这需要两个必要的条件：一是售后市场必须受到一定程度的保护，二是必须存在与售前市场产品相关联的转换成本。

受保护的售后市场意味着，产品制造商的售后市场上存在有限的替代品和有限的进入[①]。如果售后市场有很多价格适宜的替代品，譬如来自独立的零部件生产者和服务提供者，则 p^a 的增加只会导致产品的客户转向其他公司的服务，以至于 $\partial \pi^a / \partial p^a \leq 0$。

同样，如果设备的使用者可以转向使用其他的设备而没有转换成本，一种设备服务价格的提高将使客户转而使用其他厂商的设备和改用其他厂商的服务。如果一个厂商在售后市场上有市场势力的话，使用其设备的客户转向其他品牌的成本必然会较高。这里所说的转换成本主要有两种：一是二手设备市场的低效率，二是使用主要设备所特有的互补性沉没投资。二手市场的低效率是指由于柠檬效应或是其他原因[②]，二手设备的拥有者出售设备时不能回收设备的全部价值。我们将其看作为"财务上"的转换成本，它与特定设备的寿命相关即当一个设备的经济价值为零时，转而使用另一个牌子的设备也就没有转换成本了。

厂商为了设备的运行除了购买设备以及售后服务以外，还必须做额外投资，这时就产生了来自补充投资的转换成本，而这些成本对于其他厂商生产的设备没有任何价值。关于投资的补充，相关的经典例子是为了某特定操作系统所编写的应用软件——当更换操作系统时，这些软件必须重新编写。另外，转换成本还包括训练熟悉新系统，转变档案文件格式与数据，定制外围设备以及与专家、销售人员、服务人员建立联系等等。以上这些被称为"技术型"的

[①] 这意味着销售市场是垄断性竞争市场，或者是差异化产品寡头垄断。难以想象有保护的售后市场可以同产品同质化的销售市场联系起来：如果销售市场上的产品之间基本无差别，售后市场的机制如何只针对某种"牌子"的主要产品发挥作用呢？

[②] 参见 Akerlof (1970)，即使完美运行的二手设备市场也不能消除已拥有设备客户的机会主义行为带来的套牢现象。

转换成本，它们的存在可能比设备及其零部件的使用寿命还长。[1]

总转换成本决定了厂商在售后市场服务能榨取利润的上限。任何试图榨取高于设备拥有者转换成本的利润的行为，都会导致消费者转向另一个牌子的产品。但是，如果转换成本高昂，这个规律也就不成立了，我们称之为，转换成本非常大时消费者就被锁定了（lock-in）。[2]

如果售后市场不受保护，转换成本可以忽略，则很难存在局部性的售后市场上的市场势力，即$\partial\pi^a/\partial p^a<0$，上面提到的系统理论就会成立。

21.4.2　系统理论成立的必要条件

当耐用品的厂商有了局部性的售后市场势力（$\partial\pi^a/\partial p^a>0$），系统理论的拥护者提出，售前市场的充分竞争加上与售后市场之间的联系，将可以保护消费者，使其免受垄断行为的压榨，即$\partial\pi^f/\partial p^a$为负且绝对值很大。厂商在售前市场的利润损失抵消了售后市场的利润的增加，原因之一是转换成本不高，设备拥有者可以轻易转换设备，进而约束厂商的售后市场势力；原因之二是设备的新顾客（也包括更新、替换设备的顾客）也会考虑到售后市场的高价格，压低设备的售价或是干脆考虑其他厂商的产品。究竟在什么条件下售前市场与售后市场才能有这样密切的联系呢？我们认为有三个必需条件的：足够且低成本的信息、两个市场消费决策的有效同步性以及竞争性的售前市场，以下将逐一介绍。

21.4.2.1　充足且低成本的信息

系统理论假定，消费者对于售后市场的价格是有足够信息的，会考虑到每种产品的售后市场做出自己对产品的未来需求的合理预期，并利用售后市场的价格信息来对售前市场的产品做价格比较。所以，设备供应者通过提高售后市场价格赚取超额利润的行为会被消费者发觉，随后将选择其他厂商的服务。

---

[1]　对购买设备的分析成了对售后市场的分析，这可能会带来一些困惑：对于未来产品的购买是参考了当前的消费后决定的。因此，技术上的转换成本会增强新产品市场上的竞争，但却会减少成熟产品市场上的竞争，在新兴市场中，厂商为争夺和套牢更多消费者而激烈竞争；在成熟的市场中，大多客户已经被某一牌子的产品锁定了，见 Klemperer（1987）。

[2]　关于更多转换成本和锁定的内容，参见 Porter（1985），Williamson（1985）和 Farrell（1985）。

21.4.2.2 有效的同步性

售后市场的产品与服务的购买通常是发生在售前市场的设备销售之后,而系统理论要求售后市场价格提升伴随着产品销售数量下降,这两种现象间的联系是建立在"有效的同步性"这一概念上的,即消费者针对两个市场的决策是同时发生的,市场要在这种情况下运行。系统理论的支持者认为,以下几个渠道可以促使两个决策同时发生。首先,产品的寿命很短,现有的客户很快就会购买新设备,在看到现在较高的售后市场价格的时候,这些客户会意识到将来更换设备时售后市场的价格也会很高(注意此处假设了转换成本较低或不存在,因为高转换成本可以把重复购买设备的顾客锁定)。第二,潜在的新购买者远多于现有的已经购买了设备的老顾客,以至于高昂的售后市场价格会吓退数目可观的潜在顾客(这要求厂商没有能力在新老顾客间公开进行价格歧视)。这两个方面都对厂商在定价方面的声誉有要求,因为顾客会参考厂商从前的定价行为。

另外,产品保修承诺、签订长期的售后服务合同也可以使这两项决策同时发生。同样,包含售后市场产品及服务的租赁协议可以减少锁定现象①,从而有效限制公司的售后市场势力。但是这些对于柯达(及一些类似案例)没有意义,因为它从未签订过产品的终身售后服务协议。

21.4.2.3 竞争性的售前市场

根据系统理论,耐用品的厂商不能拥有售后市场势力,其第三个前提就是耐用品的售前市场是竞争性的。因为在一定程度上,在售后市场赚取高额利润的行为会被设备售前市场的激烈竞争所挫败。

21.4.2.4 关于售后市场势力的各种理论

1992年,柯达向最高法院申诉认为就法律上来说,以系统理论为重要依据,柯达有售后市场的势力的说法是不能成立的,所以这个案件应当放弃,根本不必进行调查取证。一些参与或没有参与该案件的经济学家回应说:在可信的条件下系统理论的任一个前提都可能无法实现,柯达缺乏售后市场势力的结论就不成立。下面我们就来讨论几个挑战系统理论的主要观点。

---

① 这些保护措施是针对财务方面的而非技术上的套牢。

21.4.2.5 针对已有客户的机会主义行为（Installed Base Opportunism，IBO）

有一种理论驳斥了两个市场的有效同步性这一假定，至少有一些客户不会在两个市场同时做出决策：他们已经拥有了设备，且短期内不会更换。即便其他的假定成立，厂商这时候也可以采用所谓的针对已有客户的机会主义行为，即当已经购买了设备的客户被锁定后，突然把售后市场的价格抬高到竞争性价格水平之上。① 售前市场的竞争压力可能会使得厂商在销售设备时在价格上打折扣，抵消了售后市场的涨价，使该厂商在销售市场上出售的新设备的利润为零，但由于竞争本身，厂商在所有已有的顾客上获取的利润本来就是零。运用机会主义策略，厂商能够获取等于它已有客户的转换成本的超额利润。机会主义策略在成熟的或是已进入衰退期的产品市场上是特别有效的，在这些市场上厂商的收益主要来自锁定的老客户，而不是新客户。

21.4.2.6 昂贵的信息

在没有可利用且低价的信息时，理性的客户会放弃对产品生命周期的成本分析。另外，昂贵的信息减轻了"信誉"的有效性，同时还减弱了两个市场的"有效同步性"假设。② 耐用品一般有七到十五年的寿命，甚至更长。它们有数以千计的零部件，所以得到有效的关于未来成本、未来需求的信息是十分困难的。另外，耐用品及其售后市场可能是高度差异化的，也就是说做出完整的分析需要拥有各种品牌的技术数据以及除了价格之外的许多其他特征。实际上，许多售后市场的产品带有很大的"体验"性质，潜在购买者很难在购买之前对其价值做出判断。③

21.4.2.7 不完全的售前市场竞争

另一种批评系统理论的广泛应用性的观点认为，售前市场完全竞争的假设过于严格。昂贵耐用品的市场通常是高度集中的，即便有一些不是，产品间的

---

① Salop（1992）把 IBO 理论应用于柯达一案。该理论之前在其他地方也被运用过，参见 Williamson（1985）。
② 原告向最高法院提出了这种理论；Shapiro（1995）对其进行了讨论。
③ 有关体验型产品的背景，参见 Carlton and Perloff（1994，第 601~602 页），以及 Tirole（1988，第 294~295 页）。

差异化也是相当大的。这样我们就看到了垄断竞争的条件：每一个公司都面对一条向下倾斜的剩余需求曲线①。

克伦佩勒（Klemperer, 1987）已经向人们说明了在存在转换成本的寡头垄断市场中，共谋的产出水平可在非合作性的市场均衡中产生。当售前市场不是处于完全竞争状况时，一般情况下，一家厂商对售后市场的垄断确实可以进一步提升它的利润（参见 Borenstein, MacKie - Mason, and Netz, 2000）。有学者已经提供了一种方法视厂商可以用售后市场价格歧视的手段来提高售前市场的利润（如 Chen and Ross, 1993）。假设顾客从产品以及售后服务中得到的效用不一样，这种差异性在售前市场上可能观测不到。但是它与客户对售后市场服务的需求是相关的，如果售后市场是垄断的，厂商就能够把售后市场作为一个衡量客户需求的一个装置，从而榨取额外利润。②

21.4.2.8 不完备承诺

鲍伦斯坦、美奇 - 梅森和内茨（Borenstein, MacKie - Mason, and Netz, 1995）提出的基于系统理论的一个模型表明，即便系统理论的假定都成立，高于完全竞争水平的市场定价行为也会存在，消费者（以及社会整体）的福利会受到损失，该模型的主要结论是：如果为耐用品在整个寿命期间及其所有可能性故障签订售后服务合同是不可能的，那么两个市场的有效同步性就只能是一种近似，还存在榨取利润的空间。

不难想象，只要已经锁定了一些客户，厂商就能通过收取高于竞争性的售后市场价格来榨取垄断利润。售前市场的竞争可能会使厂商损失一些利润，需要降低设备产品的价格，但由于本来厂商之前就只是获取竞争利润（零利润），故售前市场的微小价格变动所带来的损失几乎为零，或是与售后服务的利润增加相比微不足道。给定转换成本和锁定现象的存在，任何一个理性的厂商都会通过售后市场榨取利润，尽管售前市场上的竞争约束使得其不能榨取所

---

① 在高容量复印机方面，那几年里市场 90% 的产品是由柯达和施乐生产的。不仅市场集中度高，而且产品差异化很大。

② Chen and Ross（1993）提出了售后市场的价格歧视模型。他们认为价格歧视本身对福利有不确定的影响：公司可能增加了自身收益，而同时消费者与生产者总的福利可能增加，也可能减少。Huasman and Mackie - Mason (1988) 年提出，当市场开放或是规模经济显著时，价格歧视甚至能带来帕累托改进。但是，这些理论并不与基本的观点抵触：当一个公司拥有销售市场的市场势力时，它会由于垄断售后市场而获取更高的利润，这正与系统理论相反。但要赢得官司的话，还必须要表明有利可图的垄断行为对竞争带来了伤害。

有的利润。这种结论并不需要 IBO 理论中的突然提价的假设。

当售后市场垄断减少了消费者需要的产品的差异性（例如服务的种类和质量），或者消除了售后市场中的竞争性创新（Borenstein，MacKie – Mason，and Netz，1995）消费者的损失就会更大。由于这一理论表明系统理论从来不会完全成立，以及对竞争危害的幅度取决于具体情况。所以，该理论对那种售后市场的垄断从法律上来看是完全合法的或应该被假定为合法的观点提出了直接挑战。①

21.5　在最高法院以及在审理中的争议

21.5.1　最高法院（1992 年的简易判决）

这里有必要重复一下，柯达最初来到最高法院是为了请求简易判决，这对结果产生了两点影响：所有关于非动议方（即本案中的独立服务公司 ISOs）事实的争论都已解决了，而动议方柯达必须证明在对案中有关事实的合理阐述下自己都是无罪的。法院在其判决中也提到，柯达的请求是在案件早期阶段处理的，那时最高法院对于该案的事实了解甚少。

柯达辩称，他在复印机与缩印机的市场上面临相当激烈的竞争，复印机的竞争对手有施乐、佳能等，缩印机的竞争对手包括佳能、Anacomp、Bell & Howell，3M 等等。柯达声称如果其试图从售后市场榨取超额利润，对其设备的销售将有毁灭性的结果，它这样做得不到任何利益。所以说零部件与服务市场不可能是反垄断意义上不同的相关市场，柯达不应被冠以垄断售后市场或者捆绑销售的罪名。

根据判例法，即使柯达确实实施了捆绑销售或垄断，只要它有合法的商业理由也不能判为有罪。柯达给出了三个有利于竞争的商业理由：提供高质量售后服务、控制存货成本、防止 ISOs 在柯达的设备、零部件以及服务方面投资方面搭便车。

---

①　欧盟的法律本质上假定售后市场的垄断行为是有害的，设备生产商必须向独立的维修服务商出售产品零部件，参见 Reed（1992）。

案例21：柯达案

ISOs 对此回应称，消费者并不完全知情且面临高昂的转换成本，所以即使售前市场是竞争性的，售后市场的消费者也未必能免受因厂商权利的滥用而遭受的侵害。ISOs 还提供了证据表明柯达实施了 IBO，所以柯达的两点结论是与系统理论相抵触的。

法院以详细的观点拒绝了柯达的申诉。法庭认为，柯达的理论缺乏对现实世界的假定[①]；柯达的陈述从纯理论角度来看不是十分有说服力[②]，且与现实不符。[③] 另外，ISOs 对于柯达的理论为什么不能解释事实的分析是可信的。[④]

21.5.2 审判

该案件在审判时的争论与最高法庭上的争论有所不同，这种不同来自于原告发现柯达在高度集中的售前市场中占了相当大的市场份额。

尽管案件涉及复印机和多种缩印机，我们将主要针对复印机进行分析，在结尾我们将简要说明缩印机的不同之处。

21.5.2.1 原告的论点

原告提出了三个主要观点：第一，柯达在零部件及维护市场上具有垄断势力，并通过这一势力维持、扩张了其在售后市场的垄断。第二，柯达在售前市场有毋庸置疑的市场势力，这一点是为了反驳柯达的辩护。第三，有几个因素破坏了售前市场与售后市场之间的联系。

（1）市场定义。原告认为，存在一个柯达复印机零部件的相关市场。有证据表明，柯达的许多复印机零部件是柯达独有的，根本没有替代品，而且转换成本也相当高，所以面对零部件的提价，顾客的需求是刚性的。而且生产零部件的进入壁垒也很高，显然，控制了零部件进入途径的厂商可以大幅提价以获利。

---

① 柯达提出的"设备竞争排除了任何派生的售后市场的竞争"的观点，是建立在关于设备和售后市场的交叉需求弹性假定上的。法庭认为，两个市场之间有多大联系要由本案实际情况决定。

② "因此，与柯达的主张相反，这里没有一成不变的物理原则——不存在基本的经济现实——来表明竞争性的销售市场不可能与售后市场的市场势力同时存在"。Kodak，504 U.S 451 at 471。Borenstein，MacKie–Mason，and Netz（1995）稍后证明了，即使在柯达是最理想的条件下，正如斯卡利亚（Scalia）法官的异议中提出的，都意味着它在售后市场上有一定的市场势力。

③ *Kodak*，504 U.S 451 at 472。

④ *Kodak*，504 U.S 451 at 473。

原告认为，零部件市场定义中的"所有零部件"（all parts）这一特征偏离了美国司法部及联邦贸易委员会指南中的严格意义上的规定，并同时导致了同一相关市场中互补零部件的聚集群，例如复印机滚轴与成像电路就属于这一相关市场。原告指出，基于本案的"商业现实"，"所有零部件"都应算作相关市场：假设零部件的需求者得不到所需要的滚轴，也就失去了对成像电路的需求。柯达零部件部门的经理证实，要在服务市场中立足就必须有"有保证的零部件供应"[1]。大多数客户只会与可以保证提供所有零部件的厂商打交道，而柯达正是一个能保证供应所有零部件的厂商。

与零部件有关的转换成本同样也与服务人工有关，这一说法削弱了柯达的系统理论。因此，控制了所有服务的公司便可以显著抬价以获利，服务也是一个相关市场。

最后，原告还认为，高速和高容量复印机也构成一个相关市场。客户的证词、柯达的内部文件以及一些行业信息都明确证实高速复印机市场是被柯达与施乐两个厂商双头垄断的，原告进而依据复印速度、容量与耐用性对这一市场进行界定[2]。

（2）市场势力。原告认为柯达在零部件市场上拥有市场势力，柯达对许多重要零部件有专利，而且拒绝提供其他零部件的规格。除专利外，零部件生产还有其他的进入壁垒——特别是显著的最小有效规模（minimum efficient scale）。[3] 由于潜在服务商必须拥有种类齐全的零部件才有竞争力，这些限制条件可以证明柯达在零部件市场上有垄断势力。

柯达亦被指控在售后市场拥有市场势力，它占据了98%的市场份额。[4] 有证据表明，柯达限制了它提供服务合同的范围[5]，而且对顾客有明显的价格歧视行为，这些都是拥有市场势力的表现。[6]

---

[1] Tr. at 5585。柯达在一年里为其复印机服务中就用了 9 942 个不同的零部件，在缩印机服务中用了 6 430 个不同的零部件。Tr. at 5558-5559。

[2] 原告依据两种速度（包括单页单张的文档和双面多页的文档）、容量、和重量（反映耐用性）来对复印机市场进行界定。尽管在20世纪90年代初期，日本的一些复印机对单张纸的复印速度很高，但在其他特性上远不如柯达和施乐的机器。见审判证物.724，725，726，744，752，753。

[3] 一个复印机零部件的制造商证实，大多数情况下，他们要为 2 000 部或更多的机器提供零部件，大约为柯达已有客户的5%，才能保证设计和加工投资的回报（技术上和专利上的困难不计）。Tr. at 818-820，825-827。

[4] 审判证物，730。这样的话，ISOs的市场份额只不过是它们在其他高科技产业中市场份额的 5%~25%，柯达的专家认为柯达的市场占有率是90%。见 Tr. at 4573；11-16。

[5] 例如，ITS 公司向 CSC 公司提供了常驻公司的技术人员，柯达却没有这样做。

[6] 见审判证物.238，239。

案例 21：柯达案

原告还认为售前市场的竞争并没有规范售后市场上的市场势力的行使，证据之一是柯达没有参与系统定价。系统定价要求支付了较高服务价格的顾客为设备付较低的价格，反之亦然。但没有统计上显著的证据显示，顾客为设备和为维修所支付的价格之间有什么联系，数据显示基于整体拥有成本（TCO），① 不同顾客所支付的系统价格差别很大。

原告给出了几点设备价格和服务价格不存在联系的理由：

● 不同复印机之间的转换成本非常高②。另外，在改变零部件销售政策之后，对于之前从其他地方购买或者他人提供服务的复印机，柯达把检查和维修的费用提高了4倍，从而增加了柯达服务市场上的转换成本。③

● 柯达的客户证实他们并没有采用TCO定价，柯达的销售人员表明所提出的TOC建议最多仅包含最初几年的各项服务，而设备的使用寿命通常长得多。④ 柯达的专家证明要正确计算TCO的价格，必须把后来续延的协议也计算进去。⑤

● 柯达在设备市场中拥有市场势力。用于大复印量的高速复印机市场几乎完全被柯达和施乐垄断。⑥ 在该市场上对设备购买者亦存在严重的价格歧视行为。⑦

原告表明，当ISOs可以获取零配件供应时，他们可以用更低的价格、同等的质量在服务合同上与柯达竞争。柯达的内部文件也表明，零部件经营政策帮助它避免了竞争（见本章开头的引文）。因此原告认为，柯达的零部件政策被用于维持并拓展了它的服务垄断地位。

（3）IBO。已有设备用户的投机主义行为（IBO），在提交给最高法院的证据中，虽然不是唯一的但确是显著的一个。在对复印机市场的审判中IBO不是核心问题，不过原告也提供了IBO的证据。这类证据对于缩印机更为显著。几个客户证实，柯达的设备在几年后维护价格显著提高。此外，一个柯达的销售人员也作证，更新维护协议的条款比设备出售时购买协议的条款更加局

---

① 见审判证物.743。
② 见审判证物.735，更详细的分析见原告在债务问题上的专家报告。
③ 这使得使用ISOs的服务具有风险，当你不满意ISOs的服务想转回柯达的服务时，就会十分昂贵。
④ Tr. at 4511–4517。
⑤ Tr. at 4587–4589。
⑥ 审判证物748。高速复印机市场上的赫芬达尔指数（HHI）超过了3 100。
⑦ 一些顾客用1.7~2.3倍的价钱购买了与别的顾客同样的设备。

限也缺乏吸引力。① 因此，尽管柯达没有在某个特定日期开始对所有拥有其设备的客户提高价格，但确有证据证明 IBO 被应用于一个接一个的用户。加之行业早期的标准惯例是允许独立服务的，IBM 和施乐都为他们的复印机出售过零部件，柯达也出售过缩印机的零部件。因此，当柯达开始执行拒绝出售零部件的政策，并随着市场成熟阻碍了 ISOs 的发展时，顾客们惊奇地发现，ISOs 无法得到柯达的零部件，即便表面上没有涨价维修服务的实际价格也比原来的水平要高。②

21.5.2.2 柯达的辩词

柯达专家的证词与他们在最高法庭上的类似，这意味着他们遵循了一个与原告的陈述显著不同的框架。柯达的假定是，设备售前市场上的竞争排除了售后市场势力的滥用，因此产品与服务的"系统"是相关的市场。

（1）市场定义。由此，柯达的市场定义严格集中在复印机的设备市场上。它主张该市场属于速度超过每分钟 60 页的复印设备。不考虑设备忽略吞吐量和耐用性，柯达认为在 20 世纪 90 年代该市场就存在激烈竞争。柯达还辩称原告对价格歧视的证据没有证明集中市场中存在市场势力，证据所显示的不过是客户在恶性竞争的环境中不断讨价还价的结果。③

（2）售后市场的市场势力。柯达专家又分析了竞争性的设备售前市场是否能充分保护柯达售后市场上的客户。④ 他们提供了假设的例子来说明，如果柯达对售后市场客户要价过高，可能会因失去未来的系统销售额而丧失利润。⑤ 鉴于很大一部分复印机和缩印机是由现有顾客购买的⑥，运用售后市场的市场势力会损失未来的销售量，柯达专家称这种预期是很合理的。但专家并没有提出直接证据证明，老客户对售后市场上的行为是敏感的。

柯达的复印机专家认为用户转换成本并不很高，专家对此没有进行细节分

---

① Tr. at 4511-4517。
② 当 ISOs 可以得到零部件时，它们提供大约比柯达低 15%~30% 的价格。当柯达作出回应时，它会大幅度降价。例见审判证物 729。
③ Tr. at 4634, 4669-1670。
④ 柯达的经济专家就复印机方面认为，系统理论是决定性的：专家认为柯达与施乐的竞争已经足以证明，柯达不可能损害其售后市场上的顾客。Tr. 4515：23-4516：3。
⑤ 见审判证物 3697 and Tr. at 4603-4608。这是建立在假设柯达将损失所有未来的系统销售之上。最高法院拒绝接受其作为决定性的意见接受，而是要求做事实的检验。柯达在其缩印机市场的陈述中也用了这种假设。见审判证物 3768 和 Tr. at 6010-6014，以及 6323-6325。
⑥ 1986~1994 年间，75% 的柯达复印机销售是针对曾经或正在使用柯达产品的顾客；1990~1994 年间柯达的缩印机也是有 68%~90% 的销售来自于以前或现在正在使用柯达产品的客户。

析，因为他已经得出结论说，即使存在锁定现象，柯达从被锁定的用户身上也无法获利。①

柯达辩说，信息成本也不显著。他们提供的证据证明，实际上存在一些出版物来指导客户如何进行 TCO 评价，同时，也存在一些独立（即便是零散）的关于定价的信息。另外，高比例的回头客也会减轻信息成本的影响，因为这些客户可以将 TCO 分摊在每次购买中，故其每套设备的信息成本更低。柯达的专家还指出，柯达花费了可观的资金来发展一套自动报价系统，其中包括了最初的服务合同定价。专家指出，如果柯达认为顾客无知或并不会常常问起 TCO 信息，就不可能发展该系统。②

柯达还指出，设备的生产者商们通常都拥有较大的售后市场份额。柯达"创造"了柯达的售后市场，自然在一开始就拥有 100% 的售后市场份额。因此，柯达的垄断不是其零部件经营政策的结果，而是柯达创造了市场的自然结果。③

（3）商业理由。柯达对其零部件经营政策提出了几个有利于竞争的商业理由。柯达认为它选择了采用高质量的维护服务的策略来参与设备售前市场的竞争，这同"相互指责"（finger-pointing）④ 一起，是不让 ISOs 为柯达设备提供维修的原因。另外，柯达声称为了控制零部件存货成本，成为唯一的服务提供者是很有必要的。柯达认为 ISOs 在柯达的维修方法、工具和零部件上的投资上搭了便车。最后，柯达提出它所拥有的专利权赋予其明确的权利，以拒绝出售有专利保护的零部件。

21.5.3 陪审团裁决

陪审团下达了一致反对柯达的裁决。根据法官写给陪审团的指示（以及

---

① 这个结论是基于审判证物 3697。见 fn.48 和相关内容。
② Tr. at 4592–1593。
③ 柯达专家列举了一些其他产业的例子，包括 IBM 复印机。IBM 复印机市场上的 ISOs 只占市场份额的 5%。IBM 必须向任何需求 IBM 产品零部件者出售零部件，所以这个例子非常恰当。Tr. at 4578，审判证物 3693，3692。
④ 相互指责现象是指客户缺乏辨别劣质服务还是劣质产品的能力，所以，他们可能会把本来是劣质服务带来的问题当作是设备质量问题。因此，柯达认为其有权控制售后服务的质量，因为劣质服务会损害柯达设备的声誉。

第九巡回法庭评审本案的书面意见），我们可以推断①陪审团做出了以下结论：

第一，设备、零部件和售后服务是不同的相关市场。

第二，柯达在零部件市场上处于垄断地位。

第三，柯达利用零部件垄断获得了售后服务的垄断。

21.6 柯达案背后的反垄断和经济学

柯达一案引发出许多关于经济学在反垄断分析中所扮演角色的有趣的问题，这些问题改变了有关售后市场的经济学分析。受篇幅所限，我们在这里只简要地分析两个问题：首先，从纯粹法律的角度来说，仅仅一个合理但未经检验的经济理论是否就足以使一个案件免于陪审团对相关事实进行的裁断？其次，当一个案件到了陪审团那里，原告用局部均衡的证据来举证相关市场的义务，在一般均衡的世界里终点到底在哪里？

政府市场上的干预，即使是为了纠正市场失灵，其自身也是有成本的，并且很有可能出错。简易判决这一程序之所以存在，部分原因是为了平衡政府干预的成本与反垄断执法的益处。如果即使有关事实全部以有利某一方的方式解释，从法律上讲也不足以判另一方有罪，在这种情况下，另一方就可以请求简易判决。在本案中柯达请求的简易判决多少有些新颖，柯达声称即使原告讲的所谓事实全部是对的，根据一种经济理论要证明柯达拥有市场势力也是不可能的。如果原告不能证实柯达市场势力的存在，柯达即获胜。这里的问题是法院是否应该不顾事实，而只依据一个新颖而且未经证实的经济理论来做出判决，从而认为原告不可能证明柯达拥有市场势力？

当面对诸如市场势力这样的问题时，法院自然要依据经济学原理行事。但是我们认为，法院应该持有一个很强的前提立场，那就是不会只根据一个在以前的案例或经济学文献中都未被检验过的理论来做出简易判决。柯达的理论有很强的表面可行性，并得到了大法官斯卡利亚（Scalia）不同于最高法院主流意见的支持。然而如上所述，自柯达一案以来的经济学研究表明，原告的另外一种理论是经得起推敲的并且还有新的理论发表出来并被广泛接受，这些研究

---

① 一般来讲，陪审团与法官不同，他们不用书面评价来支持自己的观点。但在本案中，法官要求陪审团在判定柯达有罪之前，对几个有关问题做出具体的调查。

案例21：柯达案

认为售后市场的市场势力是可以存在的。① 当反对方提出了另一种合理的理论时，法官要根据事实来做出判断，从相互竞争的各种理论中来选出较为正确合理的理论。但法官们常常不是该领域的专家，因此存在很大的误判风险。

关于第二个问题，我们认为这关系到反垄断经济学的基础：当不可能就市场中的相互作用做完整的一般均衡分析时，原告举证责任的范围究竟应有多大呢？柯达在地区法庭审讯及第九巡回法庭的上诉中辩称，在系统竞争条件下，由于售后服务市场较高的利润会被设备销售市场的利润损失所抵消，所以原告有责任证明整体利润会上涨到高于竞争性利润的水平。只有到那时，柯达宣称才能确认其垄断服务市场并盈利的能力，也就是说只有当柯达确实赚取了整体的垄断利润时，原告才真正证明了它拥有市场势力。我们认为，对这个复杂的证明问题需要做出政策评判，究竟应该是原告的责任来证明系统竞争不能使消费者免于垄断损害，还是被告的义务来证明系统竞争确实能保护消费者福利？

在一个理想的世界中，我们可以评价垄断市场与其他相关市场间所有可能的相互作用。如果在考虑到所有的相互作用后，被告不可能会危害整体的社会福利，那么我们就不会对其定罪。完整的一般均衡分析几乎是不可能的，但如果因为原告无法做出这么详细的分析就阻止他们申诉，显然与反垄断政策不符。一般来说，所有市场定义的分析本质上都是建立在局部均衡之上的。

举一个例子，假设柯达辩称如果它收取超过竞争水平的服务价格，大量不满的顾客将停止购买柯达胶片产品，则总体上柯达将不能获取超竞争利润（本案涉及的大多数微缩图形设备都需要使用胶片，当然柯达也出售其他的胶片）。原告是否有责任证明，柯达胶片销售利润的损失少于服务利润的增加？② 如果柯达提出的是一种更微弱的产品和服务之间的联系呢？原告举证的责任范围应该在哪里呢？

本案引出的关于举证义务以及运用市场定义的合理边界的问题均具有一般性，在实际中原告都运用局部均衡分析，法庭也允许这样做，但是这种分析只不过是作为一般的指导。原告举证的责任应该多大，是法庭或者国会应该回答的一个政策问题。

---

① 实际上，柯达方面的一个经济学家已发表了一篇文章，承认在各种不同理论中有四种在理论上是正确的（夏皮罗（Shapiro），1995）。

② 这一例子并不牵强。柯达在审讯时辩说，不应只针对柯达的设备及其辅助服务，所有的服务的消费者可能购买的柯达生产的设备都应在考虑范围内。Tr. at 6010-6014。因此，柯达是要建立一个"系统"的假设，只要存在互补的产品并且柯达的"声誉"足以把表面上无联系的产品变成有效的互补品：柯达不能对微缩服务的顾客收取高价，因为有朝一日他们可能会购买柯达复印机。

· 569 ·

21.7 柯达和独立服务提供商的前途未卜?

在1997年巡回法庭作出结论时,柯达的复印机业务已明显开始下滑。柯达在1996年末将复印机的销售、营销、售后服务业务出售给了全球最大的复印机经销商Danka公司,1999年柯达将复印机生产业务出售给了Heidelberg公司,在这之后柯达品牌的告诉复印机在美国市场上不再占有重要的市场份额。另一方面,柯达仍然是缩印设备的主导生产厂商并且在2000年收购了一家主要的竞争对手,Bell & Howell公司。

复印机的独立服务提供商在美国基本消失了,2000年联邦法院法庭在一个针对施乐的类似案件的意见中表达了一个模棱两可的观点,当设备制造商对其零部件拥有专利权时反对ISO的存在(见"附录2")。另外,自20世纪90年代中期以来,设备制造商将设备设计为必须是有专有软件才能进行维护,但拒绝向未经授权的ISO提供软件,针对这一行为的法律诉讼大多未能胜诉。凡是对柯达提起诉讼的ISO最后不是退出该行业,就是转变为其他品牌的授权经销商。

附录1:最高法院是否限定只使用一种经济理论?

自1992年最高法院做出了关于柯达一案的判决以来,巡回法院做出了很多关于售后服务市场问题的判决,而且这些判决在对待原则性问题的立场上有着截然不同的观点。我们认为,其中三个判决明显地误解了柯达一案的精神。[1]

这三个判决的观点集中于同一问题:对IBO的指控是不是柯达一案的核心问题?第一、第六和第七巡回法院各自认为售前市场是竞争性时,厂商在政

---

[1] 我们认为的三个误解判决分别是:*Lee* v. *Life Ins. Co. of North America*, 23 F. 3d 14 (1st Cir.), certdenied, 513 U. S. 964 (1994); *PSI* v. *Honeywell*, 104 F. 3d 811 (6th Cir.), cert. denied (1997); 和 *DigitalEquipment Corp. v. Uniq Digital Techs.*, *Inc.*, 73 F. 3d 756 (7th Cir. 1996), 500 U. S. 1265。其他四个判决是,柯达第二次到第九巡回法庭的判决: *United Farmers Agents v. Farmers Ins. Exchange*, 89 F. 3d 233 (5th Cir. 1996); *Allen – Myland v. IBM*. 33 F. 3d 194 (3rd Cir. 1994); 以及 *Virtual Maintenance v. Prime Computer*; 11 F. 3d 660 (6th Cir. 1993)。注意,第六巡回法庭在它的两个判决中自相矛盾。

案例 21：柯达案

策上做出的突然转变可以被认作是一个独立的售后服务市场存在垄断的必要条件[①]。因此他们都驳回了原告的诉讼要求，因为没有 IBO 的证据或指控。

最高法院没有指明 IBO 是唯一的、特殊的导致售后市场势力存在的情形。法院写道：

> 设备销售市场对售后服务市场的价格有约束力这一事实，决不是反驳售后服务市场上存在市场势力的理由……因此，与柯达的主张相反，这里没有一成不变的物理原则——不存在基本的经济现实来表明竞争性的销售市场不可能与售后市场的市场势力同时存在。(*Kodak*, 504 U. S. at 471 [强调部分后加])

法院强调指出一些"市场现实"和市场不完备，例如昂贵的信息费用和转换成本造成的锁定现象，"都会造成服务、零部件价格和设备销售之间的一种反应度低的关联"。(*Kodak* 504 U. S. at 473 [强调部分后加])。

在柯达案中，最高法院提出了与我们上文理论描述的相同的意见：判定售后市场是否可能存在市场势力的关键在于，对于高于竞争水平的售后市场价格，售前市场和售后市场做出反应之间的关联强度。法院指出每一个垄断者都面对着对其自身价格的一定约束，关键在于售前市场和售后市场之间的交叉弹性：它们之间的联系到底有多强？

这一关联是所有的反垄断案件中关于市场定义的关键问题。例如，计算尺在一定程度上是电脑的替代品，但这种联系是否足够强，使得计算尺市场上的竞争可以保护消费者免受电脑垄断的伤害？原告认为，由于 IBO 的存在这种联系会变弱，最高法院同意这种观点，并同时指出，转换成本和昂贵的信息成本也会使联系变弱。总之，法院指出 IBO 是会使系统理论失效的一种理论但并不是唯一的理论，这一观点已得到随后研究柯达一案的文献的支持，就连柯达自己的一个经济学专家也在其发表的文章中罗列了四种可能导致售后市场垄断的方法，这些方法会伴随消费者福利的减少（Shapiro, 1995）。

这里有一个前后一致的经济学主题：利润最大化是厂商追求的目标，厂商一旦有机会就会像垄断者一样行动，但只有较少的情况下才存在着垄断利润。关键的经济学问题在于：当厂商有能力从消费者身上榨取超额利润，或从事其他损害消费者利益的行为时，市场将对其有怎样的约束？研究售后市场行为的时候，一个市场约束便是"售后市场定价对售前市场利润的影响"。这种联系

---

① 例如，第六巡回法庭认为，"当被告在套牢一部分顾客后没有改变其经营政策时，反垄断原告便不能以柯达型理论胜诉。"见 *PSI v. Honeywell*, 104 F. 3d at 820。

应在售后市场的案件中进行分析。但同时也存在许多因素，会使这种联系不足以预防垄断的危害。简单但不完美的经济理论不应当作为所有潜在有害行为的挡箭牌。如果原告方有可信的另外一种经济理论及相应的事实证据，案件应当被送去审理，正如在柯达案件中一样。

附录2：知识产权能否在反垄断面前得到豁免？

柯达诉讼案结束之后，诉讼程序中随后出现了另一个非常有争议的观点，上诉法庭之间也出现了冲突。争议在于：专利可以在何种程度上保护柯达，使其免于反垄断责任。

柯达在上诉抗辩中声称，由于对部分零部件拥有专利，柯达有权拒绝将零部件销售给ISO。第九巡回法庭裁定，保护自己的知识产权可被推定为一种有效的对竞争有利的商业理由，来为拒绝销售或拒绝许可辩护。然而，法院认为这是一个可驳回的推定，原告通过举证柯达10 000种零部件当中只有65种申请了专利，以及柯达零部件经营政策的策划者的证词，称在其起草该政策时并没有任何保护柯达知识产权的打算，从而成功地驳回了柯达关于专利的辩护。

作为听取专利诉讼案上诉的特殊法庭的联邦巡回法庭，最近在施乐诉讼案中裁定知识产权所有者享有更广泛的反垄断豁免权："反垄断法不能否定专利所有者在专利项目上的排他权。"① 施乐诉讼案与柯达一案有着惊人的相似（同样牵涉到拒绝将高速复印机零部件销售给ISO），但结果却不同：审判施乐案的法庭认为，厂商不管出于何种动机都可以拒绝销售受专利保护的零部件，即便其动机是出于阻止个别市场（如服务市场）上出现的竞争。

这两个联邦法院的判决之间的冲突是十分明显的，在施乐一案结束两年期

---

① *In re Independent Service Organizations Antitrust Litigation* (Xerox), 203 F.3d 1322 at1325 (Fed. Cir. 2000), cert. denied, 531 U.S. 1143 (2001), 引自 *Intergraph Corp. v. Intel Corp.*, 195F.3d 1346 at 1362 (Fed. Cir. 1999)。关于施乐一案的判决的具体涵义是什么还有许多的不确定性。例如，在美国诉微软（253 F.3d 34 at 63）一案中，哥伦比亚地区上诉法庭引用了施乐一案写道：

微软主要的版权争论近似于无谓。微软公司要求一种绝对的、不受约束的行使其知识产权的权利：它声称，"如果知识产权可被合法取得"，那么，"知识产权的行使不会造成反垄断的责任"。见上诉人的开场发言（Appellant's Opening Br. at 105）。这就好像说，一个人使用自己的私人财产，例如一个垒球棒，绝不可能造成对他人的伤害。正如联邦巡回法庭简要陈述的那样："知识产权并没有可以触犯反垄断法的特权。"见 *In re Indep. Serv. Orgs. Antitrust Litig.*, 203 F.3d 1322, 1325 (Fed. Cir. 2000)。

尽管如此，上文引用的微软的辩词也声称用了施乐一案作为支持论据。

案例 21：柯达案

间，有许多学者就此发表了的意见（见卡茨和塞弗（Safer，2002），博伊尔等人（Boyle et al.），2002）。这个问题突出显现了一个长期争论的领域。专利法以及其他知识产权法确立了所有权，这些权利或多或少会造成某种有限的垄断，这是为了鼓励发明和原创，并赋予产权的所有者从事排他行为的权利。而反垄断法把垄断者的一些排他行为视为非法。这两种法律的初衷都是为了提高消费者的福利。知识产权法促进了创新与发明，反垄断法则限制了拥有市场势力的公司配置资源的低效性（高价、质量或种类的下降）。因此，出现了这样一种情况即：两种法律都在很大程度上寻求达到同一个效果（消费者利益最大化），但它们却相互抵触。

从经济学的角度来看，应该存在某种平衡，某些情况下，反垄断应该限制公司行使其知识产权的方式；另一些情况下，知识产权又可以不受反垄断的限制。最高法院反复声明，知识产权法案授予了财产权，但这些财产权有时应受到反垄断法（及其他一些法律）的制约。例如在柯达一案中，最高法院写道："（我们）曾多次阐明，通过一些自然优势（譬如专利权、版权或商业直觉）而获得的力量，可能会使得'厂商利用自己在一个市场中的主导地位，进而把其帝国拓展到下一个市场'"。[①] 但是，目前法律还没有明确反垄断法在何种情况下能够限制厂商拒绝销售其专利产品的行为或者在产品销售或技术许可合同里附加反竞争的条件。

柯达案还将继续成为近年最有争议的反垄断案件之一，有关的争论已延伸到售后市场垄断之外的一些问题，诸如知识产权法和反垄断法的矛盾。柯达案和施乐案之间特有的冲突，需要最高法院在未来的案例中解决。今天一些著名的观察家认为：近来的相关案件，尤其是联邦巡回法院关于施乐案的判决，以特有的方式打破了传统知识产权和反垄断之间的平衡，这种方式将对未来高技术产业的反垄断产生令人不安的影响（Pitofsky，2001）。另一些著名的分析家认为柯达案件判错了，施乐案才是正确的（Carlton，2001）。恐怕只有到最高法院解决这一争端之时，厂商和审判法庭才能明白法律的真正含义。

参考文献

[1] Akerlof, G. "The Market for Lemons: Quality Uncertainty and the Market Mechanism." *Quarterly Journal of Economics* 84（August 1970）: 488 –

---

① 504 U.S at 480 n.29（引用 *Times – Picayune Publishing Co. v. U.S.*, 345 U.S. 594, 611, 1953）。

500.

[2] Borenstein, S., J. MacKie-Mason, and J. Netz. "Antitrust Policy in Aftermarket." *Antitrust Law Journal* 63 (1995): 455-482.

[3] Borenstein, S., J. MacKie-Mason, and J. Netz. "Exercising Market Power in Proprietary Aftermarkets." *Journal of Economics and Management Strategy* 9 (Summer 2000): 157-188.

[4] Boyle, P., P. Lister, and J. Everett, Jr. "Antitrust Law at the Federal Circuit: Red Light or Green Light at the IP-Antitrust Intersection?" *Antitrust Law Journal* 69 (2002): 739-800.

[5] Carlton, D. "A General Analysis of Exclusive Conduct and Refusal to Deal…Why Aspen and Kodak Are Misguided?" *Antitrust Law Journal* 68 (2001): 659-684.

[6] Chen, Z. and T. Ross. "Refusal to Deal, Price Discrimination, and Independent Service Organizations." *Journal of Economics and Management Strategy* 2 (Summer 1993): 593-614.

[7] Farrell, J. GTE Laboratories Working Paper 85-15, 1985.

[8] Hausman, J., and Mackie-Mason. "Price Discrimination and Patent Policy." *RAND Journal of Economics* 19 (1988): 253-265.

[9] Katz, R., and A. Safer. "Should One Patent Court Be Marking Antitrust Law for the Whole Country?" *Antitrust Law Journal* 69 (2002): 687-710.

[10] Klemperer, P. "Markets with Consumer Switching Costs." *Quarterly Journal of Economics* 102 (May 1987): 375-394.

[11] Pitofsky, R. "Challenges of the New Economy: Issues at the Intersection of Antitrust and Intellectual Property." *Antitrust Law Journal* 68 (2001): 913-924.

[12] Porter, M. Competitive Advantage. New York: Macmillan 1985.

[13] Reed, C. "EC Antitrust Law and the Exploitation of Intellectual Property Rights in Software." *Jurimetrics Journal* 32 (Spring 1992): 431-446.

[14] Salop, S. "Kodak as Post-Chicago Law and Economics." Unpublished manuscript 12/13/92, presented at ALI-ABA "New Directions in Antitrust Law," January 21-23, 1993.

[15] Shapiro, C. "Aftermarkets and Consumer Welfare: Making Sense of

案例 21：柯达案

Kodak." *Antitrust Law Journal* 63 (1995): 495-496.

[16] Tirole, J. *The Theory of Industrial Organization.* Cambridge, Mass.: MIT Press, 1988.

[17] Williamson, O. *The Economic Institution of Capitalism.* New York: Free Press, 1985.